李顿调查团档案文献集

主编 张生

《中央日报》报道与评论（上）

编者 屈胜飞 陈志刚 杨 骏

南京大学出版社

本书由

国家社会科学基金"抗日战争研究"专项工程
"国外有关中国抗日战争史料整理与研究之一：李顿调查团档案翻译与研究"(16KZD017)

教育部人文社会科学重点研究基地"南京大学中华民国史研究中心"
重大项目"战时中国社会"(19JJD770006)

南京大学人文基金

江苏省优势学科基金第三期

资助

编译委员会

主　编　张　生

副主编　郭昭昭　陈海懿　宋书强　屈胜飞　陈志刚

编译者　张　生　南京大学中华民国史研究中心教授
　　　　　王希亮　黑龙江省社会科学院历史研究所研究员
　　　　　郭昭昭　江苏科技大学马克思主义学院副教授
　　　　　陈志刚　西南大学历史文化学院副教授
　　　　　宋书强　中国药科大学马克思主义学院讲师
　　　　　屈胜飞　浙江工业大学马克思主义学院讲师
　　　　　陈海懿　南京大学历史学院助理研究员
　　　　　万秋阳　南京晓庄学院外国语学院日语系讲师
　　　　　殷昭鲁　鲁东大学马克思主义学院副教授
　　　　　孙洪军　江苏科技大学马克思主义学院副教授
　　　　　李英姿　江苏科技大学马克思主义学院副教授
　　　　　颜桂珍　浙江工业大学马克思主义学院副教授
　　　　　黄文凯　广西大学文学院副教授
　　　　　翟意安　南京大学历史学院讲师
　　　　　杨　骏　南京大学历史学院讲师
　　　　　向　明　江苏科技大学马克思主义学院讲师
　　　　　王小强　江苏科技大学马克思主义学院讲师
　　　　　郭　欣　中国药科大学马克思主义学院讲师
　　　　　赵飞飞　鲁东大学马克思主义学院讲师
　　　　　孙绪芹　南京体育学院休闲体育系讲师
　　　　　刘　齐　南京大学历史学院博士后
　　　　　徐一鸣　南京大学历史学院博士研究生

常国栋	南京大学历史学院博士研究生
苏　凯	南京大学历史学院博士研究生
马　瑞	南京大学历史学院博士研究生
菅先锋	南京大学历史学院博士研究生
吴佳佳	南京大学历史学院博士研究生
张圣东	日本明治大学文学研究科博士研究生
张一闻	日本明治大学文学研究科博士研究生
叶　磊	中山大学历史学系博士研究生
史鑫鑫	南京大学历史学院硕士研究生
李剑星	南京大学历史学院硕士研究生
马海天	南京大学历史学院硕士研究生
张雅婷	南京大学历史学院硕士研究生
杨师琪	南京大学历史学院硕士研究生
潘　健	南京大学历史学院硕士研究生
唐　杨	南京师范大学马克思主义学院硕士研究生
郝宝平	江苏科技大学马克思主义学院硕士研究生
陈梦玲	江苏科技大学马克思主义学院硕士研究生
张　任	江南大学马克思主义学院硕士研究生
黎纹丹	西南大学外国语学院硕士研究生
朱心怡	西南大学外国语学院硕士研究生
杨　溢	西南大学外国语学院硕士研究生
孙学良	西南大学外国语学院硕士研究生
孙　莹	西南大学外国语学院硕士研究生
费　凡	浙江师范大学人文学院硕士研究生
竺丽妮	浙江师范大学外国语学院硕士研究生
戴瑶瑶	浙江师范大学外国语学院硕士研究生
杨　越	西安电子科技大学
曹文博	浙江工业大学外国语学院
余松琦	西南大学含宏学院

序 言

中国历史的奥秘，深藏于大兴安岭两侧的广袤原野。

明治维新以来，日本企图步老牌帝国主义后尘，争夺所谓"生存空间"；俄国自彼得大帝新政，不断东进，寻找阳光地带和不冻港。日俄竞争于中国东北，流血漂杵；日本逐步占得上风，九一八事变发生，中国面临亡国灭种的新危机。

日本侵华之际，世界已进入全球化的新时代，民族国家成为国际社会的主体，以国际条约体系规范各国的行为，以政治和外交手段解决彼此的分歧，是国际社会付出重大代价以后得出的共识。而法西斯、军国主义国家如德、意、日，昧于世界大势，穷兵黩武，以求一逞。以故意制造的借口，发动侵华战争，霸占中国东北百余万平方公里土地、数千万人民，是日本昭显于世的侵略事实。

国际联盟（League of Nations）应中国方面之吁请，派出国联调查团处理此事。1932年1月21日，国联调查团正式成立。调查团团长由英国人李顿爵士（The Rt. Hon. The Earl of Lytton）担任，故亦称李顿调查团（Lytton Commission）。除李顿外，美国代表为麦考益将军（Gen. McCoy），法国代表为亨利·克劳德将军（Gen. Claudel），德国代表为希尼博士（Dr. Schnee），意大利代表为马柯迪伯爵（H. E. Count Aldrovandi）。为显示在中日间不做左右袒，国联理事会还决定顾维钧作为顾问代表中国参加工作，吉田伊三郎代表日方。代表团秘书长为国联秘书处哈斯（Mr. Robert Haas）。代表团另有翻译、辅助人员。1932年9月4日，代表团完成报告书，签署于中国北平。报告书确认：第一，九一八事变之责任，完全在于日本，而不在中国；第二，伪满洲国政权非由真正及自然之独立运动所产生；第三，申明东三省为中国领土。日本为此恼羞成怒，退出国联，自绝于国际社会。

《李顿调查团档案文献集》就是反映李顿调查团组建、调查过程、调查结论、各方反应和影响的中、日等国相关资料的汇编,对于研究九一八事变和李顿调查团,具有重要的参考价值。

如何看待李顿调查团来东亚调查的来龙去脉？笔者认为应有三个维度的观照：

其一,在中国发现历史。

美国历史学家柯文提出的这一范式,相比"冲击—反应"模式,即从外部冲击观察中国历史的旧范式,自有其意义。近代以来,由条约体系加持的列强,对中国社会产生了巨大的影响。中国沿海通商口岸是中国最早接触西方世界的部分,在资本主义全球化的过程中得风气之先,所谓"西风东渐",对中国旧有典章制度的影响无远弗届。近代中国在西方裹挟下步履踉跄,蹒跚竭蹶,自为事实。但如果把中国近代历史仅仅看成西方列强冲击之结果,在理论、方法和事实上,均为重大缺陷。

主要从中国内部,探寻历史演进的机制和规律,是柯文提出的范式的意义所在。

事实上,九一八事变发生、国联调查团来华前后,中国社会内部对此作出了剧烈的反应。在瑞士日内瓦所藏国联巨量档案文献中,中国各界通过电报、快邮代电、信函等形式具名或匿名送达代表团的呈文引人注目,集中表达了国难当头之时中华民族谴责日本侵略、要求国际社会主持公道、收回东北主权、确保永久和平的诉求,对代表团、国联和整个国际社会形成了巨大影响,显示了近代中国社会演进的内在动力。

东北各界身受亡国之痛,电函尤多。基层民众虽文化程度不高,所怀民族国家大义却毫不含糊。东北某兵工厂机器匠张光明致信代表团称:"我是中华民国的公民,我不是'满洲国'人,我不拥护这国的伪组织。"高超尘说:"不少日子以前,'满洲国家'即已成立了,但那完全是日本人的主使,强迫我辽地居民承认。街上的行人,日人随便问'您是哪国人',你如说是'满洲人'便罢,如说是中国人,便行暴打以至死。"辽宁城西北大橡村国民小学校致函称:"逐出日本军,打到[倒]'满洲国',宁做战死鬼,不做亡国民。"陈子耕揭露说:"自事变以后,日本恶势力已伸张入全东北,如每县的政事皆由日人权势下所掌握,复又收买警察、军人、政客等,以假托民意来欺骗世界人的耳目,硬说建设'满洲国'是中华人民的意思,强迫人民全出去游行,打着欢迎建设'新国家'的旗号……我誓死不忘我的中华祖国,敢说华人莫非至心不跳时、血停时,不然一定于[与]他们周旋。"小学生何子明来信说:"我小学生告诉您们'满洲国'成立我不赞成……有一天我在学校,日本人去了,教我们大家一齐说'大日本万岁',我们要不说他就杀我们,把我迫不得已的就说了。其中有一位七岁的小孩,他说'大中华万岁!打倒小日本!'日本人听了就立刻把那个小同学杀了,真叫我想起来就愁啊。"

经济地位和文化水平较高者,则向代表团分析日本侵占中国东北的深远危害。哈尔滨商民代表函称:"虽然,满洲吞并,恐不惟中国之不利。即各国之经济,亦将受其影响。世界二次大战,迫于眉睫矣。"中国国民党青年团哈尔滨市支部分析说:"查日本军阀向有一贯之对外积极侵略政策,吾人细玩以前田中义一之满蒙大陆政策,及最近本庄繁等上日本天皇之奏折,可以看出其对外一贯之积极侵略政策,即第一步占领满蒙,第二步并吞中国,第三步征服世界是也。……以今日之日本蕞尔岛国,世界各国尚且畏之如虎,而况并有三省之后版图增大数倍,恐不数年后,即将向世界各国进攻,有孰敢撄其锋镝乎?……勿徒视为亚洲人之事,无关痛痒,失国联之威信,而贻噬脐之后悔也。"

不惟东北民众,民族危亡激起了全中国人的爱国心。清华大学自治会1932年4月12日用英文致函代表团指出:中国面临巨大的困难,好似1806年的德国和1871年的法国,但就像"青年意大利"党人一样,青年人对国家的重建充满信心。日本的侵略,不仅危害了中国,也对世界和平形成严重威胁,青年人愿意为国家流尽"最后一滴血"。而国联也面临着建立以来最大的危机,对九一八事变的处理,将考验它处理全球问题的能力。公平和正义能否实现,将影响到人类的命运。他们向代表团严正提出"五点要求":1.日本从中国撤军;2.上海问题与东北问题一起解决;3.不承认日本侵略和用武力改变的现状;4.任何解决不得损害中国的领土和主权完整;5.日本必须对此事件的后果负责。南京海外华侨协会1932年3月16日致电代表团:日本进兵东三省和淞沪地区,"违反了国联盟约和《凯洛格—白里安公约》,扰乱了远东地区和世界的和平。

同时,日本一直在做虚假的宣传,竭力蒙蔽整个世界。我们诚挚地请求你们到现场来,亲眼看看日军对中国人民的生命财产进行怎样的恣意破坏。希望你们按照国际法及司法原则,对其进行制裁。如果你们不能完成这一使命,那么世界上将无任何公平正义可言。在这种情况下,为了民族的生存,我们将采取一切手段自卫,决不会向武力屈服。"

除了档案,中国当时的杂志、报纸,大量地报道了九一八事变和国联调查团相关情况,其关切的细致程度,说明了各界的高度投入。那些浸透着时人忧虑、带着鲜明时代特色的文字表明:九一八事变的发生,对当时的中国社会是一场精神洗礼,每个人都从东北沦陷中感受到切肤之痛。这种舆论和思想的汇合,极大地改变了此后中国社会各界的主要诉求,抗日图存成为压倒性的任务,每一种政治力量都必须对此作出回应。

其二,在世界发现中国历史。

以中国为本位,探讨中国历史的内生力量,是题中应有之义。但全球化以来,中国历史已经成为世界历史的一部分。仅仅依靠中国方面的资料,不利于我们以更加广阔的视野看待中国历史和"九一八"的历史。

事实上,奔赴世界各地"动手动脚找东西",已经成为中国学者深化中国近现代史,特别是抗战史研究的不二法门。比如,在中日历史问题中占据核心地位的南京大屠杀问题。除中国各地档案馆、图书馆外,中国学者深入美、德、英、日、俄、法、西、意、丹等国相关机构,系统全面地整理了加害者日方、受害者中方和第三方档案文献,发现了大量珍贵文献、图像资料,出版《南京大屠杀史料集》72卷。不仅证明了日军进行大屠杀的残酷性、蓄意性和计划性,也证明南京大屠杀早在发生之时,就引起了各国政府和社会舆论的关注;南京和东京两场审判,进行了繁复的质证,确保了程序和判决的正义;日方细致的粉饰,在中国人民和全世界正义人士的揭露下真相毕露。全球性的资料,不仅深化了历史研究,也为文学、社会学、心理学、新闻传播学、艺术学等跨学科方法进入相关研究提供基础;不仅摧毁了右翼的各种谬论,也迫使日本政府不敢公然否认南京大屠杀的发生和战争犯罪性质。

国际抗战资料,展现了中国抗战史的丰富侧面。如美国驻中国各地使领馆的报告,具体生动地记录了战时中国各区域的社会、政治、军事等各方面情形,对战时国共关系亦有颇有见地的分析;俄、美、日等国档案馆的细菌战资料,揭示了战时日本违反国际法研制细菌武器的规模和使用情况,记录了中国各地民众遭遇的重大伤亡和中国军民在当时条件下的应对,以及暗示了战后美国掩饰"死亡工厂"实情的目的;英美等国档案所反映的重庆大轰炸和日军对中国大中小城市的普遍的无差别轰炸,不仅记录了日本战争犯罪的普遍性,也彰显了战时中国全国军民同仇敌忾、不畏强暴的英勇气概。哈佛大学所藏费吴生档案、得克萨斯州州立大学奥斯汀分校所藏辛德贝格档案、曼彻斯特档案馆所藏田伯烈档案等则从个人角度凸显了中国抗战在"第三方"眼中的图景。

对于李顿调查团的研究,自莫能外。比如,除了前述中国各界给国联的呈文,最近在日内瓦"国联和联合国档案馆"中发现:调查团在日本与日本政要的谈话记录,在中国各地特别是在北平和九一八事变直接相关人士如张学良、王以哲、荣臻等人的谈话记录,调查团在东北实地调查、询问日军高层的记录,中共在"九一八"前后的活动,中国各界的陈情书,日本官方和东北伪组织人员、汉奸的表态,世界各国、各界的反应等。特别是张学良等人反复向代表团说明的九一八事变前夕东北军高层力避冲突的态度,王以哲、荣臻在"九一八"当晚与张学良的联系,北大营遭受日军进攻以后东北军的反应等情况,对于厘清九一八事变真相,有着不可取代的意义。

我们通过初步努力发现,李顿调查团成立前后,中方向国联提交了论证东北主权属于中国的篇幅巨大的系统性说帖,顾维钧、孟治、徐道邻等还用英文、德文进行著述。日方相应地提交了由日本旅美"学者"起草的说帖,其主攻点是中国的抗日运动、东北在张氏父子治下的惨淡、东北的"匪患",避而不谈柳条沟事件的蓄意性。日方资料表明,即使在九一八事变发生数月后,其关于"九一八"当晚情形的说辞仍然漏洞百出、逻辑混乱,在李顿询问时不能自圆其说。而欧美学者则向国联提供了第三方意见,如 *The Verdict of the League: China and Japan in Manchuria*(《国联的裁决:中日在满洲》),哈佛大学法学院教授曼利·哈德森(Manley O. Hudson)著;*Manchuria: Cradle of Conflict*(《满洲:冲突的策源地》),欧文·拉铁摩尔(Owen Lattimore)著;*The Manchuria Arena: An Australian View of the Far Eastern Conflict*(《满洲竞技场:远东冲突的澳洲视角》),卡特拉克(F.M. Cutlack)著;*The Tinder Box of Asia*(《亚洲的火药桶》),乔治·索科尔斯基(George E. Sokolsky,中文名索克斯)著;*The World's Danger Zone*(《世界的危险地带》),舍伍德·艾迪(Sherwood Eddy)著;等等,为国联理解中国东北问题提供了有益的视角。另外,收藏在美国斯坦福大学胡佛研究所的蒋介石日记等也反映了当时国民政府高层的态度和举措。

这次出版的资料中,收集了中国台湾地区的"国史馆"藏档,日本外务省藏档,国联和联合国档案馆 S 系列藏档等多卷档案。丰沛的资料说明,即使是李顿调查团这样过去在大学教材中只是以一两段话提出的问题,其实仍有海量的各种海外文献可资研究。

可以说,世界各地抗日档案和各种资料,不仅补充了中国方面的抗日资料,也弥补了"在中国发现历史"范式的不足,体现了历史唯物主义对历史研究全面性、客观性的要求,自然地延伸推导出"在世界发现中国历史"的新命题。把"中国的"和"世界的"结合起来,才能更深广、入微地揭示抗日战争史的内涵。

其三,在中国发现世界历史。

中国历史,是世界历史的重要组成部分;中国抗战,构成了第二次世界大战的东亚主战场。离开中国历史谈世界历史注定是不周全的。只有充分发掘中国历史的世界意义,世界史才能获得真正的全球史意义。

过往的抗战史国际化,说明了中国抗战的世界意义。研究发现,东北抗联资料不仅呈现了十四年抗战的艰苦过程,也说明了战时东北亚复杂的国际关系。日方资料中的"华北治安战""清乡作战"资料,从反面反映了八路军、新四军的顽强,其牵制大量日军的事实,从另一面说明中共敌后游击战所发挥的中流砥柱作用。1937 年 12 月 12 日在南京江面制造"巴纳号事件"的日军航空兵官兵,后来是制造"珍珠港事件"的主力之一,说明了中国抗战与太平洋战争的联系。参与制造九一八事变、华北事变和南京大屠杀的许多日军部队,后来在太平洋战场上被美澳等盟国军队消灭,说明了太平洋战场和中国战场的相互支持。中国军队在滇缅战场的作战和在越南等地的受降,中国对朝鲜、马来亚、越南等地游击战和抗日斗争的介入和帮助,说明了中国抗战对东亚、东南亚解放的意义和价值。对大后方英美军人、"工合"人士、新闻界和其他各界人士的研究,彰显了抗日统一战线的多重维度,等等。这对我们的研究富有启发性意义。

李顿调查团的相关资料表明,九一八事变及其后续发展,具有深刻的世界史含义。

麦金德1902年在英国皇家地理学会发表文章,提出"世界岛"的概念。麦金德认为,地球由两部分构成:由欧洲、亚洲、非洲组成的世界岛,是世界上面积最大、人口最多、最富饶的陆地组合。在"世界岛"的中央,是自伏尔加河到长江,自喜马拉雅山脉到北极的心脏地带,在世界史的发展中具有重要意义。其实,就世界近现代史而言,中国东北具有极其重要的地缘战略意义,堪称"世界之砧"——美国、俄罗斯、日本等这些当今世界的顶级力量,无不在中国东北及其周边地区倾注心力,影响世界大局。

今天看来,李顿调查团的组建,是国际社会运用国际规约积极调解大国冲突、维护当时既存的凡尔赛—华盛顿体系的一次尝试。参与各国均为当时世界强国,即为明证。

英国作为列强中在华条约利益最丰的国家,积极投入国联调查团的建立。张伯伦、麦克米伦等知名政治家均极愿加入代表团,甚至跟外交部官员暗通款曲,询问排名情况。李顿在中日间多地奔波,主导调查和报告书的起草,正是这一背景的反映。

美国作为国联非成员国,积极介入调查团,说明了美国对远东局势的关切,其态度和不承认日本用武力改变当时中国领土主权现状的"史汀生主义"是一致的。日美之间的紧张关系,一直延续到珍珠港事变发生。在日美最终谈判中,中国的领土和主权,仍然是美方的先决条件。可以说,九一八事变,从大历史的角度看,是改变日本和美国国运的大事。

苏联在国联未能采取强力措施制止日本侵略后,默认了伪满洲国的存在,后甚至通过对日条约加以承认,其对日本的忍让和妥协,延续到它对日本宣战。但日本关东军主力在苏联牵制下不敢贸然南下,影响了中国抗日战争的形态。

日本侵占中国东北,却始终得不到中国和国际主流社会的承认,乃不断扩大侵略,不仅影响了对苏备战,也使得其在"重庆政权之所以不投降,是因为有英美支持"的判断下,不断南进,最终自取灭亡。2015年8月14日,日本首相安倍晋三在战后70年讲话中承认:"日本迷失了世界大局。满洲事变以及退出国际联盟——日本逐渐变成国际社会经过巨大灾难而建立起来的新的国际秩序的挑战者,前进的方向有错误,而走上了战争的道路。其结果,70年前,日本战败了。"从这个意义上说,九一八事变—李顿调查—退出国联,成为日本近代史的转折点。

亚马孙雨林的蝴蝶振动翅膀,可能在西太平洋引发一场风暴。发生在沈阳一个小地方的九一八事变,成为今天国际秩序的肇因。其故焉在？马克思和恩格斯在《德意志意识形态》中指出:在历史演进的过程中,人的"普遍交往"逐步发展起来,"狭隘地域性的个人为世界历史性的、真正普遍的个人所代替"。近代以来中国人民的历史,与世界历史共构而存续。

回望李顿调查团的历史,我仿佛感受到了太平洋洋底的咆哮呼啸前来,如同雷鸣。

是为序。

张 生

2019年10月

出版凡例

一、本文献集所选资料,原文中的人名、地名、别字、错字及不规范用字等,为尊重历史和文献原貌,均原文照录。因此而影响读者判断、引用之处,除个别需说明情况以脚注"译者按"或"编者按"形式标出外,别字、错字在其后以"[ ]"注明正字;增补的字,以"【 】"标明之;因原文献漫漶不清而缺字处,用"□"标识。

二、凡采用民国纪年或日本天皇年号纪年者等,为尊重历史和文献原貌,均原文照录。台湾地区的文献中涉及政治人物头衔和机构名称者,按有关规定处理,在页下一并说明。

三、所选资料均在起始处说明来源,或在文后标注其详细来源信息。

四、外文文献译文中,日本人名从西文文献译出者,保留其西文拼法,以便核对;其余外国人名,均在某专题或文件中第一次出现时标其西文拼法。不同时期形成的中文文献中涉及的外国人名、地名翻译差异较大,为尊重历史和文献原貌,一般不作改动。

五、所选文献经过前人编辑而加脚注注释者,以"原编辑者注"保留在页下。

六、所选资料中原有污蔑中国人民、美化日本侵略之词,或基于立场表达其看法之处,为尊重历史和文献原貌,不改动原文,或在页下特别说明,请读者加以鉴别。

本册说明

《中央日报》是中国国民党中央机关报，1928年2月1日创刊于上海，1929年2月1日迁往南京出版。九一八事变后，《中央日报》连续报道了日本侵华、中日交涉、国联对中日冲突的处理、日本退出国联以及各国政府、社会舆论的反应等，并相应地发表了诸多社论、来论等。将这些新闻资料汇编成册，就是一部日本侵华史，一部中国人民抗日斗争史，一部中国抗日外交史，集中反映了九一八事变后中国与国际社会风云变幻的历史。其中，《中央日报》关于李顿调查团的记载是这段历史的重要组成部分之一。

《中央日报》对于李顿调查团的组建、调查等过程，及其报告书的编制、公布、各界反应等，均进行了详细报道。本文献集不仅梳理了《中央日报》关于李顿调查团的直接报道，而且也整理了关于其活动背景的间接报道，便于人们能够准确了解李顿调查团的来龙去脉。故本文献集收录的《中央日报》时间期限为1931年9月19日至1933年3月31日，共分为上中下三册。

本册是上册，主要收录《中央日报》1931年9月19日至1932年6月15日所载的新闻报道、评论等，时间跨度起于九一八事变，止于李顿调查团决定在北平编制报告书时。本册内容主要包括九一八事变后日本侵华、中日双方外交折冲、国联处理中日冲突情况，李顿调查团的组建及其赴日本与中国上海、杭州、南京、汉口、北平、东北等地的调查活动。其中，《中央日报》关于李顿调查团在上海、南京、北平的活动情况报道尤为详细，包括中外各界人士、社会团体与李顿调查团的会谈、电报、信函等。然而，由于日军当局与伪满的限制，《中央日报》关于李顿调查团在东北调查活动的报道相对简略，部分内容源自中方代表顾维钧等由东北返回北平后的披露。

最后，需要说明的是：(1)"满洲"为中国东北旧称，除特指伪满洲国时加双引号以为否定之意外，余则依原文照录。(2)为与现代报纸体例相近，本册文献中的新闻抬头采用"【 】"标识，这并非是增补的漏字，请读者留意。(3)因《中央日报》多数资料未加标点符号或分段落，编者根据其内容作了相应编辑，水平有限，难免有错误，敬希读者指正。

目 录

序 言 …………………………………………………………………… 1

出版凡例 ………………………………………………………………… 1

本册说明 ………………………………………………………………… 1

1. 日人惯发狂妄言论,竟鼓吹占据满蒙对我宣战,谓不惧俄美协力助华抗日,意欲扰乱世界和平耶? ……………………………………………… 1

2. 甘心破坏远东和平,日军占领沈阳长春营口,借故实行其预定之侵略阴谋,在沈肆行焚烧掳掠备极惨酷,我军奉令未加丝毫抵抗行动,驻日英大使及各国代表深切注意 ……………………………………………………… 5

3. 中执会临时常会,中央切告全国同志同胞,必须一心一德团结御侮 …… 10

4. 中央决贯彻和平,期一致团结共御外患,李张吴三委劝粤方一致救国 …………………………………………………………………… 11

5. 社论:以必死之决心作最后之奋斗!呜呼幸灾乐祸之日本帝国主义者 …………………………………………………………………… 11

6. 日军强占我疆土,外部二次严重抗议,要求日军立退出占领区域,并保留提出正当要求之权,王正廷对各记者之重要表示 …………………… 12

7. 日军入寇亡无日矣!中央电粤请共赴国难,切望精诚团结共挽沉沦须一德一心巩固国基,日军此种横蛮举动在世界历史上几无先例,传孙科通电主和粤当局将通电罢兵一致对外 …………………………………………… 13

8. 驻平各使认日破坏东亚和平,美法武官先后赴沈阳 …………………… 15

9. 日方所谓解决方针,由地方解决悬案分别交涉 ………………………… 15

10. 揭开日军阴谋告世界民众,昨日中央常委谈话会,决廿三日下半旗一天 …………………………………………………………………… 16

1

11. 对日暴横,全国民众同深愤激,电请中央出兵御侮,对日绝交愿作最后牺牲 ……………………………………………………………………… 16
12. 国联注意沈阳事件,中日代表在国联会各有陈词,旅沪美人认为有背非战公约,日人此次妄举不啻破坏世界和平 …………………………… 18
13. 蒋主席昨日旋京,对记者谈日本暴行蛮横奇突,同胞同志精诚团结为国效命,昨晚在陵园会商对日方针 …………………………………… 18
14. 日军暴行案,施肇基向国联提出,根据联盟会章要求干涉,国联理事会定今晨审查,已表示盼日方立即撤兵 …………………………… 19
15. 中央告诫同胞团结御侮,国联理事会主张公道 ……………………… 20
16. 各国不满日本暴行,美政府表示惊讶及忧虑 ………………………… 22
17. 请全世界主张正义,日军之行动显系违反非战公约,倘不能制止侵略世界和平无望,全国名流电请美国主持公道,吴稚晖等对全世界发表宣言 ………………………………………………………………… 23
18. 国联劝告撤兵后,日内阁急思转圜,日将声明愿撤兵至铁路区域,国联将再召集特别会议讨论 …………………………………………… 25
19. 外部否认将与日本直接交涉,应由国际公平处理,日方意在避免国际干涉,捏造我国有此项提议 ……………………………………………… 26
20. 外部昨提第三次抗议,破坏和平责任更加重,要求撤军及交还各条 … 27
21. 涮洗我当前耻辱,国府昨发告国民书,凡我同胞应各悉听中央指导,蠲弃私见整齐步伐誓死救国,政府已有最后决心决不辜国民期望 ……… 27
22. 国际间是非渐明,美国责日满事负全责 ……………………………… 28
23. 日军暴行案由国联办理,王正廷昨日谈话 …………………………… 31
24. 外交部发正式声明,痛驳日方所谓条约根据 ………………………… 32
25. 答复国联,日巧词诡辩,谓已开始渐次撤军,无交换意见之必要,一味狡猾自欺欺人 ……………………………………………………………… 33
26. 日本诬我毁满铁,日人自己亦不信,日领声明此说系官场性质的,荣致谈日人之诬赖昭然若揭 ………………………………………………… 34
27. 暴日蹂躏东省事,美与国联态度一致,美照会中日两国出任调停,国联行政院继续开会讨论 …………………………………………………… 34
28. 世界舆论一致抨击暴日,日军暴行为人类所共愤 …………………… 36

29. 日本决定永占南北满,芳泽拒绝国联调停坚持直接交涉,日派大队工兵急剧建筑吉会铁路 ……………………………………………………… 37
30. 中国坚拒直接交涉,施肇基重言声明令撤日军,国联果能主持正义到底否? …………………………………………………………………………… 38
31. 国际舆论抨击暴日,日军入寇何异白昼行劫,国联会亟应设法制裁 … 39
32. 美人来华调查东北,研究特殊权利鲜案中村案等 ………………… 40
33. 国联行政院俟日军撤退后闭会,行政院主席请日速即撤兵,日下令撤回铁路线外军队 ………………………………………………………… 41
34. 外部要人谈交涉方针,恢复东三省完全主权,赔偿因暴行所受损失 … 42
35. 日复美照自欺欺人,还说无干犯国际公约行动 …………………… 43
36. 外部答美政府照会,除日兵立即退出占领区域外,中国政府不能觅得其他方法 ………………………………………………………………… 43
37. 国联大会定今日休会,芳泽向国际联合会声明,本星期撤至满铁附属地,占领区域是否完全退出? ……………………………………………… 44
38. 国联威信安在,对日本暴行竟无办法,主席称经最大努力未能解决,英代表谓直接交涉应即开始,芳泽明言不能保证撤军确期 ……………… 45
39. 社论:对外宣传与经济绝交 ………………………………………… 47
40. 有需要时国联行政院将复开,昨日会议中日代表各有陈说,日内瓦对施继外长空气颇佳 ……………………………………………………… 48
41. 国联休会两星期,施肇基称日军应即撤退,责任及赔偿由国联指定 … 49
42. 顾维钧昨由平抵京,今晨谒蒋主席报告一切,对东省事将有意见陈述 ………………………………………………………………………… 50
43. 国联会处置东事经过,政府某要人之谈话 ………………………… 51
44. 日本欺国联,未遵议撤军,国联应有以制裁之 …………………… 53
45. 美政府召询驻日美使关于满洲事件 ………………………………… 54
46. 所传东省独立运动,日本应负完全责任,蒋作宾向日方声明,未撤兵前日负全责 ………………………………………………………………… 54
47. 国联行政院对满洲事件决议原文及附件 …………………………… 55
48. 顾维钧昨日赴沪,蒋主席设宴为顾洗尘,对外交方针亦有商谈 …… 56
49. 国联怀疑日本撤兵,请中立国报告实况,东省日军未撤监视各机关,被占领各地治安情形日坏 ……………………………………………… 56

3

50. 顾维钧昨过京返平,昨再谒蒋主席有所报告 …………………………… 57
51. 颜惠庆昨日抵京,下午谒蒋主席请示一切,日内赴沪准备出国赴任 … 58
52. 顾维钧谈对日问题,先决条件须日本撤兵 ……………………………… 59
53. 颜惠庆定今晚回平,日内即来京转沪出国,蒋主席昨晚在励志社欢宴
    …………………………………………………………………………… 59
54. 施肇基照会国联,抗议日本扩大军事,日人在东暴行均一一陈述,第二舰队将开往塘沽秦皇岛,日陆相令本庄冲要地决不撤 ………………… 60
55. 国联定十四日开会,讨论日军不如期撤退问题,特邀各国重要政治家列席,代表团以日军行动告国联 ……………………………………… 61
56. 施肇基向国联声明,日援用战时公约没我飞机,已自认破坏和平对我作战
    …………………………………………………………………………… 62
57. 因日军轰炸锦州,国联决定重行开会,请当选理事各国派有力大员出席,日本怙恶行暴引起全世界之注意 ……………………………… 62
58. 日本暴行益厉,国联提早十三日开会,美政府开会讨论将有重要表示
    …………………………………………………………………………… 63
59. 暴日侵略东省阴谋,政府与军人事先早计划就绪,欲一举囊括我辽吉黑察四省,对国联及美国舆论仍怀畏惮,最近感受排货痛苦窘状毕露 …… 65
60. 英法意外长将出席国联行政院,美政府奉措予国联极大助力 ………… 68
61. 日军横暴,英人有公论,谓中国领土已被人侵略,抵制日货为自然之表示,国府政治理想趋向大同,国联应尽其责秉公判断 ………………… 69
62. 国联行政院今日开会,英法意各国外长均抵日内瓦,美注意国联派驻法美使列席,英法意外长昨晚非正式会谈,我国将向会提出具体方案 …… 71
63. 美政府正式电国联,请尽力解决东三省事件,声明保留单独行动权利
    …………………………………………………………………………… 72
64. 我国据理痛驳,对日复文今日送达,选购物品为人民自由政府无法干涉,近十日内之严重局势皆日人所造成,日本若仍依恃兵力所生结果应负责
    …………………………………………………………………………… 72
65. 国联行政院昨开会,施肇基痛陈日暴行,白里安主席提出解决方案,日谓我排货遭主席驳斥 ……………………………………………… 74
66. 我国复日抗议全文:人民厌薄日货由于日方不友谊行为,两国人民感情隔阂皆不法日军造成,日倘能设法解除方能改善两国关系 ………… 78

4

67. 施肇基坚拒直接交涉,白里安劝双方静候国联解决,芳泽大肆狡辩意仍拒绝撤兵,国联昨日继续开会,白里安与中日代表会晤,施肇基芳泽前日大舌战 …… 80

68. 日军横暴有目共睹,美青年会领袖爱狄电国联,报告目击日军之侵略挑衅 …… 82

69. 暴日目中岂有国联,秘密动员积极备战,将屯集大虎沟帮子等,巨流河新民各站均被占领,继续在各地掷弹伤亡颇多 …… 83

70. 社论:国联毋为日人所欺骗! …… 85

71. 瑞士舆论主持正义:危害和平违犯和约,似忘却国联之存在 …… 86

72. 社论:国联如何制裁日本暴行? …… 88

73. 国联对中日事无进展,日本反对美参加国联,恫吓国联谓如坚持或有不幸结果,国联行政院昨开不公开会议,对中日争执尚在研究中 …… 90

74. 社论:日本蔑视国联之铁证 …… 92

75. 国联通过请美参加行政院会议,日本坚持反对美国参加,美国接受与否尚无表示,国联正式通告美国,昨日行政会通过发出请书 …… 94

76. 施白谈话,白氏请中国出诸忍耐,谓行政院将始终注意 …… 97

77. 来论:日人强占东省已一月矣,国联究将如何对暴日? …… 97

78. 美国出席行政院会议,日本坚持反对声言退出国联,国联昨开秘密会议,美代表列席颇受欢迎,今日仍将照常开会议 …… 99

79. 罗文干谈对日外交,我人应先静候国联之判断,在未明判前不宜过事非难 …… 103

80. 社论:国联能负荷其使命否乎? …… 104

81. 国联对解决中日问题已议定方案,将提今日公开会议讨论,国联照会中日注意非战公约义务,日本将有欺骗世界诡词答复国联,施肇基向国联报告日军续有暴行 …… 106

82. 国联对中日事件授权白里安直接商榷,白氏即将晤施芳表示乐观,但日本始终坚持不肯撤军,国联修改解决方式,据称冀能为中日双方接受 …… 109

83. 非战公约签约国劝告中日两政府,注意非战公约第二条义务 …… 112

84. 社论:国联可容日狡诈乎? …… 113

5

85. 国联授权白里安后，行政院布告无期延会，国联方案已送交中日政府，日竟坚持须我承认"廿一条"，世界公理之试验究间如何 …… 116

86. 我国电日内瓦痛驳日诡辩，匪区在日军占领范围以内，全系日军造成应由日负责 …… 119

87. 出渊对美声明，不再反对美国参加国联？保证不再炸击中国城市？ …… 120

88. 日人竟认东省问题为日本生死关头？政局严重由于币原外交失败，政友会迭开会议商打开国难，倭奴侵略野心业已和盘托出 …… 120

89. 美人之公论，日侵略东省危及全世界，欧战后之努力将成泡影，顽强自大滥用武力实属错误 …… 121

90. 社论：何谓满蒙既得权利！ …… 122

91. 国联对中日问题，昨五国代表续有会议，日方接受白里安建议，所传国联决定之五点，完全系日本制造空气，东省问题变成慢性，白里安正努力破除困难 …… 124

92. 我国答复英法等国，国际公约义务愿严格遵守，希望国联之努力圆满成功 …… 126

93. 日本复文到国联，行政院五委大不满，白里安愤言未走出荆棘之途，芳泽言词闪烁态度狡黠异常，国联对日暴行何以未提只字，昨日公开会议未成，因芳泽诡言日复文未全到，行政院决议案已粗具规模 …… 127

94. 社论：团结与救亡 …… 132

95. 国联行政院提出解决中日问题决议案，限日军于十一月十六日前撤尽，接收撤兵区域得请第三国参加，中日两国间将组永久调解机关，日对撤兵仍思延宕，英代表称决议案必须有效，宣称须中国尽条约上责任 …… 133

96. 社论：国联应严厉执行撤兵决议 …… 139

97. 国联行政院大会因日态度顽强无结果，日本坚持基本原则须加入决议案，行政院要求透彻解释日拒绝不允，行政院草案及日对案均未能表决 …… 141

98. 《密勒评论报》驳斥日人荒谬举动，侵略东省业已图穷匕见，无理要求实属滑稽可笑 …… 148

99. 社论：国联通过中日问题决议后 …… 149

100. 国联行政院大会通过中日问题决议案，限日本三星期内撤尽军队，日本对案提出后全体否决，各国代表纷纷赞扬白里安 …………………… 151

101. 国民政府为国联决议案宣言，国民当刻意忍耐守法助正义成功，深信日政府可如期撤兵恢复友谊 …………………………………… 155

102. 各中委昨谈商外交，已完全表示本党对外一致精神，对国联主张公道应接受与感奋，定今日上午再继续会商 ……………………… 155

103. 中日问题国联决议后，日本精神上受一重创，日内瓦觉日必须撤兵，施肇基暂留日内瓦 ……………………………………………… 156

104. 英伦舆论界对于国联决议批评，拒绝议决案者全世界必发生厌恶，国联能坚持主张足以加增其荣誉，为维持公道国联应派员监视撤兵 …… 157

105. 国联令日本撤兵后，东省日军行动反形扩大，副张电施肇基日扩大军事占领，沈阳维持会将扩充成辽省政府 ……………………… 158

106. 强词夺理之日政府宣言，坚持基本原则五点，抹杀事实不顾公论 … 159

107. 社论：日政府之狂吠 ……………………………………………………… 161

108. 日对国联别有企图，认为中国未遵各约列表提出，重光葵日内将由沪来京接洽 ……………………………………………………………… 163

109. 国联行政院决议案，日本反对无损于法律上效力，依盟约十五条规定完全有效 ………………………………………………………………… 164

110. 日声明书，国府决驳复，昨晚可送达国联 …………………………… 164

111. 国府致牒国际联合会，对日本政府牒文驳斥无遗，日当局所称之危险皆由日军屯驻造成，政府担任保护接收区内日人生命财产 ………… 165

112. 接收东三省，派定顾维钧等为委员，日军果能如期撤退否 ………… 167

113. 日宣布不接受我提议，坚持须承认日方所提五原则始撤军，扩大暴行炮轰通辽城死伤达数十人，勾结溥伟凌印清及蒙匪等无恶不作，其残暴野蛮蔑视我中国且蔑视国联 ……………………………………… 167

114. 接收东北各委国府令已下，顾维钧任委员长，顾谈在平筹备就绪以后，请各国派代表二人参加 ………………………………………………… 170

115. 白里安驳复日本声明书，前次国联行政院票决有充分道德力量，就法律言应遵九月卅全体通过之决议，日要求最先四项已包括国联决议案内，第五项可依我提议或付国际法庭裁决，白氏函复日代表芳泽据理一一驳斥 ………………………………………………………………………… 171

7

116. 因日军扩大暴行,国联将提早开会,关于东三省问题之会议,将由日内瓦移巴黎举行 …………………………………………………………… 172
117. 接收东北各国允派代表参加,各国均复文表示赞成,英法西意允各派一人 …………………………………………………………………… 174
118. 社论:国联如何执行其决议 …………………………………………… 174
119. 施肇基向国联声明,在军事压迫下拒绝谈判,日态度违反国联盟约及非战公约,国府照会日本派代表商撤军细目 ………………………… 176
120. 我国驳斥日本复牒,占领中国领土不能认为自卫,中政府盼促进对日良好关系,白里安请日履行前约撤兵 ………………………………… 178
121. 接收东北委员会昨日开会,办事细则即公布 ………………………… 181
122. 社论:愿友邦毋为日宣传所朦蔽 ……………………………………… 182
123. 日军犯黑暴行,施使正式通告国联,请与日政府接洽制止战事,行政院十六日在巴黎开会 ………………………………………………… 185
124. 英美苏俄各报发表田中奏折,日人大惊愕急予否认 ………………… 187
125. 我国拟即复电国联会,始终尊重国联决议,日暴行有加无已致事变愈形扩大,国联昨电我避免中日战事可能性,各国将考虑撤回驻日大使 …………………………………………………………………… 188
126. 美国务院照会日本迅速撤兵,史汀生坦然表示将出调解,容揆请美注意华府九国条约 ………………………………………………… 190
127. 马占山军继续自卫中,国联对日将执必要之行动,白里安对嫩江时局表示重大忧虑,日本答复依然坚持五项基本原则 ……………………… 191
128. 我国昨电复白里安,盼止日本侵略行为,行政院会员国应取有效方法,施肇基诋责日本不遵守信约 ………………………………………… 193
129. 日答复美牒,内容与复白里安照会同,国联将宣告日破坏盟约 …… 194
130. 国联行政院公布十六日在巴黎开会,国联邀请美国如期参加,中日复白里安文均公布 ………………………………………………………… 195
131. 国联中人之一种建议,国际警察维持辽吉治安 ……………………… 196
132. 各国重视国联行政院会议,美派陶斯将军赴法商洽,日加派驻英意大使赴会,会场中悬有东三省大地图 ……………………………… 197
133. 施肇基向国联报告,津暴动确系日本主使,日本急图推翻黑省府 … 198

134. 白里安照会中日,中立观察人员即来,中国政府答复表示欢迎,盼往嫩江桥昂昂溪天津,当予以一切必要之便利 …… 199

135. 为暴日破坏国际和平,四全会对全世界宣言,为保障国联非战等约之尊严,及执行中华民族生存之自卫,虽有任何重大牺牲亦所不恤,领导我全中国民族奋斗到底 …… 201

136. 国联行政院今开会,施肇基抵巴黎与陶斯会晤,日本仍将坚持五基本原则 …… 203

137. 国联行政院昨日开会,白里安对东省情形作总报告,大会旋即休会开不公开会议,国联盼早日解决东三省事件 …… 204

138. 社论:暴日阴谋全部实现矣 …… 208

139. 国联行政院昨晨续开秘密会议,施肇基与陶斯昨有重要谈话,会议集中谈商两项试行建议,议论甚多但尚未商得一致归结 …… 209

140. 国联昨续开秘密会,中日问题届重要时期,会内讨论主要为条约问题,美声明反对在华特殊利益 …… 214

141. 国联局势依然严重,行政院邀陶斯参加,因日倔强亟盼美国有表示,或将考虑十六款严峻行动 …… 217

142. 德报界评论,各国态度袒日原因,军缩会议日本居极重要地位,故均改变态度以免招日反感 …… 220

143. 国联形势昨略有转机,芳泽表示不坚持五基本原则,美方称甚注意非战公约责任,施肇基提五点严重质问国联 …… 221

144. 汪伍等电中央陈述对日外交意见,沪市商会电请国联责令日本即期撤兵 …… 223

145. 四全会六次会决议,捍卫国权保护疆土,国联应注意其神圣义务,四全大会授国府以全权,推定大会宣言起草委员 …… 224

146. 施肇基向国联声明,今日之事为中国生死问题,亦即国联与军缩生死问题 …… 226

147. 时论:国联与中国须撤销日本在华特权 …… 226

148. 日公然宣称将攻击锦州,日本暴行将无底止,国联面目扫地尽矣 …… 229

149. 美致日照会极强硬,因日军占据齐齐哈尔,促日方注意非战公约 …… 229

150. 国联公开会议,白里安称九月决议案继续有效,日方仍坚持必须先谈判后撤兵,行政院将派调查团赴东省视察 …… 230

151. 外部照会日本促速撤兵,盼与我国接收委员,商订撤退接收细目 … 233
152. 社论:国联忘却撤兵决议耶? …………………………………… 234
153. 国联行政院公开会议结果如此,芳泽提议派代表调查东省情形,并欺骗各国谓日军已撤一部分 ………………………………………… 236
154. 朱兆莘谈对日问题:国联如无办法盟约等于废纸,维持世界和平惟有自决行动 ……………………………………………………………… 238
155. 解决中日问题草案,送达中日政府,昨行政院秘密会议决定,草案措词谨慎不落实际,施肇基谈撤兵不容规避 …………………………… 239
156. 张副司令发表宣言,如国联不令日军先行撤退,形势将更趋严重不能解决 ………………………………………………………………… 242
157. 英伦舆论促日本撤兵,如不撤兵候正当解决,国联之威权将成笑谈 ……………………………………………………………………… 242
158. 国府令施肇基正式提出盟约十六条,中国政府坚持解决本案三要点,国联必须限期令日本迅即撤兵 ……………………………………… 243
159. 国联如无撤兵规定,中国政府绝难接受,施肇基郑重面告白里安 … 245
160. 国联形势僵持,我国坚决要求撤兵,国联对我国要求尚未明白采纳,日政府自称业已让步不能再让 ………………………………………… 248
161. 顾维钧定今晨就职,即午赴外部对部员训话,顾谈国联应坚持日撤兵 ……………………………………………………………………… 251
162. 国联办法大致商定,行政院今日开大会,派调查团赴东三省视察一切,九月三十日决议案认为有效 …………………………………… 252
163. 社论:国联应坚持撤兵决议 ……………………………………… 256
164. 锦州安全问题解决,我国向国联提出后已有办法,中日两国政府均已表示接受 …………………………………………………………… 258
165. 国联新决议案,行政院定今日举行公开会议,中日两国复文均已到达国联 ……………………………………………………………… 260
166. 国联进展异常迟缓,昨日开秘密会决议案复加修改,日如占锦中国不能接受决议案 ……………………………………………………… 263
167. 社论:国联应坚定其公正之立场 ………………………………… 266
168. 行政院秘密会,努力制作新决议案,施肇基发表对于决议案意见,决加入调查团报告撤兵一条 ………………………………………… 268

169. 日皇制止日军行动,因币原报告外交失败 …………………… 269
170. 国联重心集中锦州,日本态度突然变化,拒绝中立观察员参与设锦州中立区,施肇基认日表示不攻锦不足为保障 ……………… 270
171. 国联新决议案将草竣,日方竟提议有清剿东省土匪全权 …… 273
172. 社论:国联新决议案属草中之两大问题 …………………… 275
173. 国联决议草案已定,拒绝日方保留防匪权,草案外将附以主席解释及演辞,征求中日同意后举行公开会议 …………………… 277
174. 社论:再斥日方所谓防匪权 ………………………………… 281
175. 国联宣言内促日撤军,日对第五款调查撤军报告持异词,国联正待中日答复明日尚难闭幕 …………………………………… 283
176. 外部紧急训令施肇基,正式拒绝日本提案,日本提议之缓冲地办法不能接受,原案不过为日掌管东省全部张本 ……………… 287
177. 国联行政院进展甚缓,日本复文反对决议案第五款,施肇基表示决不撤锦州军队 ……………………………………………… 289
178. 国府对新决议案迭令施肇基坚持重要保留,绝对否认日本在国土之警察权,第五款正修改剿匪权问题难决 ………………… 291
179. 社论:国联其屈服于暴日武力耶 …………………………… 293
180. 国联仍在商决议案,施肇基昨出席起草委员会,日本对案尚在推敲未决定 ……………………………………………………… 295
181. 顾维钧复沪友电,陈述一周来办理外交经过 ……………… 296
182. 国联决议案商妥,将经公开会议通过,白里安望日军勿再越过驻地,锦州中立区计划已完全作罢 ………………………… 297
183. 国联行政院今日大会,政府训令施肇基坚持删除剿匪,撤兵问题白里安将有公开声明 ………………………………………… 299
184. 国联昨末次会议,施反对日本无理要求,芳泽仍声明日军得随时出动,违反决议案精神我决不接受,决议案原文及主席诠释内容 …… 303
185. 国联决议案正式通过,芳泽仍称不得限制日军必要行动,施肇基声明八点促日军立即撤退,不能容许任何外军攫夺警察职权,白里安希望日军即撤退万勿再延 ………………………………… 308
186. 国联决议案通过后,日内阁昨日总辞职,若槻提出总辞空气甚紧张,外交财政之恶劣为其主因,日皇派铃木征求西园寺意见 …… 313

11

187. 国联决议案通过后,起草委员会前日开会,商议成立调查团问题,施肇基因受劳过度前日已离巴黎,国联前日秘密会议讨论国联财政 ……… 314

188. 史汀生对报界声明,东省问题解决方法,应不危及世界和平 ……… 314

189. 国联调查团可扫除远东战争,英薛西尔爵士乐观语 ……… 316

190. 法报对国联之批评,对此次调处东北事件毁誉参半 ……… 316

191. 东省调查团名单正在研究中 ……… 317

192. 调查委员团组织正在接洽,日内即可决定,法国代表将派赫尔中将 ……… 317

193. 国联闭幕后,日芳泽踌躇满志,谓满洲为日人最重要之国家问题,内阁虽改组但并不改变根本计划 ……… 318

194. 调查团组成,各国人选大致已定 ……… 318

195. 法政府派定调查团委员,克劳特尔将军已允担任 ……… 319

196. 国联调查团名单,委员会将于一月底东来 ……… 319

197. 调查团名单,巴黎方面正式公布,英代表兼任委员长 ……… 320

198. 日军攻锦州违反国联决议案,白里安与芳泽胡世泽谈东事,若日本引起战事我将提申诉 ……… 320

199. 调查团人选困难,英美委员均未应允 ……… 321

200. 胡世泽访法外部,报告日军开始战斗 ……… 321

201. 胡世泽促白里安,调查团有速即出发必要,英国代表人选迄难确定 ……… 322

202. 我请国联制止日军,白里安转知会员各国 ……… 322

203. 胡世泽赴日内瓦,中国照会已分送会员国 ……… 323

204. 施肇基返抵伦敦,将赴马拉加或北非洲养病 ……… 323

205. 颜惠庆将继任国联代表,施肇基坚辞慰留无效,调查团英代表定赖敦 ……… 324

206. 国际形势一转,美国干涉东三省问题,昨日正式照会中日两国政府,不认任何事实上情势为合法,昨晚中央临时常会讨论应付 ……… 324

207. 美政府对日态度坚决,中国政府复美照会尚未送出,英法两国未与美采一致态度 ……… 327

208. 英对东三省事件,外部发表正式宣言,要求日遵守东三省门户开放诺言,中国尚未向国联要求惩罚日本 ……… 331

209. 国联专员到沪后,定明日偕哈斯同入京 …… 332
210. 顾维钧谈美国照会观察,或能防阻日人侵略政策,吾人有一线光明及希望 …… 332
211. 美报调查占据东省之日军,有关东军等数约十万 …… 333
212. 外部昨晚答复美照会,全文今日可公布 …… 333
213. 东三省事件,美朝野表示愤慨,惟盼中国人民力自振作,林百克致中国友人函 …… 334
214. 东省调查团,今明日正式成立,十六日首途东来 …… 334
215. 外部复美照,昨日下午方行送出,陈友仁今日可回京 …… 335
216. 日复美照会,待芳泽回国决定 …… 335
217. 调查团人选中日均表示同意 …… 335
218. 日政府一味无赖,谓美照会使直接交涉机会展缓,又说中国政局未固不进行交涉 …… 336
219. 外部复美照会全文,东案责任应由日政府担负,日本暴行已破坏国际公约,盼美继续增进公约之效力 …… 336
220. 维持九国公约,他国将有同样表示 …… 338
221. 调查委会组织成立,白里安及秘长已盖印 …… 338
222. 日答复美牒,自称并无领土野心,词意间对美甚不满 …… 339
223. 俄德舆论抨击日侵略行为,俄报揭发倭奴用心在破坏中国革命,德斥责其动摇国际军缩及世界平和 …… 340
224. 英使向日严重抗议,反对榆沈段归南满经营 …… 341
225. 救济财政困难,中央厉行紧缩政策,国府派定颜惠庆出席国联,提盟约十五六条制裁暴日,孙院长昨在国府纪念周报告 …… 341
226. 日复美照会侮我太甚,某外交当局之谈话 …… 343
227. 外部研讨国联盟约,决将提出第十五十六条 …… 344
228. 国联调查团中国委员派顾维钧 …… 344
229. 美舆论界驳斥日对美复牒,日本复文为近代狡辩杰构,外务省毫无诚意于此可见 …… 345
230. 国联理事会将举行定期会议,主要议案为军缩筹备,东省事件竟搁置耶? …… 345
231. 比对美照会表赞同,比政府通知中日代表盼和平解决 …… 346

13

232. 顾维钧入京,辛仁发等同行 ································ 346
233. 国联调查团,白里安称二次决议案责任仍严重,昨日开会讨论赴东省行程及计划 ······································· 347
234. 英报痛责日本 ·· 347
235. 顾维钧过京赴沪,对记者畅谈对日绝交问题 ············ 348
236. 国联调查团下月初起程东来,过京沪均将盘桓 ········ 349
237. 国联行政院明日在日内瓦开会,外部长电训示颜使 ··· 349
238. 外部搜集东案材料,日本尚坚持总括的调查 ············ 350
239. 国联行政院昨午公开会议,讨论中日问题后开秘密会议,颜惠庆详述东省及沪案经过 ·································· 351
240. 顾维钧来京筹划国际调查团事 ································ 351
241. 国联行政会中中日代表一场舌战,颜谓东事对世界和平有重大危险,上月来日对行政院决议置之不理,颜惠庆电外部请再颁给训示 ········ 352
242. 国联漠视东省问题,多主暂时搁置俟调查后再讨论,行政院对沪案先为友谊劝告之 ·································· 354
243. 国联已起草宣言,注重维护国联盟约原则,调查委员会下月二日起程 ··· 355
244. 外交方针,昨日中央详密讨论,外部昨训令颜惠庆 ··· 356
245. 国联会代议长将发表宣言,行政院开密会讨论 ········ 356
246. 英报主张调查团赴沪,国际应采严厉方式 ················ 357
247. 国联行政院讨论上海案,颜惠庆向国联报告,军缩会议势将延期 ··· 357
248. 国联行政院待沪报告再开会,国联将组委员会来沪 ··· 358
249. 国联调查团今日乘法轮东来 ······································ 359
250. 国联调查团昨日抵纽约东来 ······································ 359
251. 东案调查团出发,先至日本再来我国 ······················ 359
252. 国联调查团任哈斯为秘书 ·· 360
253. 国联调查团过檀赴日 ··· 360
254. 国联调查团已抵东京 ··· 360
255. 国联调查团即来京,该调查团不仅为调查事实之机关,目的在使中日发见永久协定基础 ······························· 360

256. 国联调查团在日本之酬酢情形,日皇及芳泽均设宴招待,莱顿爵士说明任务 …… 361

257. 国联调查团十四日可抵沪 …… 362

258. 国联调查团赴西京,定十一日由神户乘轮赴沪 …… 363

259. 国联调查团来华,抵沪后先赴南京再往辽宁 …… 363

260. 国联调查团即到沪,国府派顾维钧筹备招待,本京之招待亦在准备中 …… 364

261. 国联调查团即到沪,中日各派定陪查员,利便调查监视本国利益 … 364

262. 国联调查团今日下午可到沪 …… 365

263. 国联调查团即来京,旬内可到本京各界筹备招待,各校抗日会决议发告该团书 …… 366

264. 国联调查团昨已抵沪,各界代表均至码头热烈欢迎,希望秉公调查暴日侵华真相 …… 367

265. 国联调查团抵沪后,决努力进行远东和平,郭泰祺吴铁城设宴招待致欢迎词,李顿爵士表示来华负有和平使命 …… 368

266. 远东问题应由国联特委会解决,颜惠庆向西姆士声明 …… 373

267. 国联调查团到沪后,和平似呈曙光,日称十一师团廿四旅即撤,蓝溥森前晚邀美法意日诸使茶会,郭泰祺同被邀,据称和议已渐接近,沪和平会议顾维钧被任首席代表 …… 373

268. 日本四实业团体招待国联调查团情形,朗读颠倒黑白之对华问题意见书 …… 375

269. 微言:国联调查团到了 …… 375

270. 国联调查团将参加中日和平谈判,日军撤退后之警备问题待讨论,日仍提议设立中立区我已严拒,传十一师团明日撤回留沪日军尚有七万,日轮昨又满载十四师团工兵及军械到沪 …… 376

271. 英美法义四使昨欢宴国联调查团,并邀英美各领事及我国代表等作陪,沪大学联会欢宴李顿爵士曾致答词 …… 377

272. 日人无耻欺骗国联调查团,极力掩饰闸北一带之炮火惨状,逼令商民开市图掩遮团员耳目 …… 378

273. 首都全市民众筹备欢迎国联调查团,全国即将到京各界筹商欢迎办法,切盼国联对日暴行予以有效制裁 …… 380

274. 沪新闻界及顾维钧等昨欢宴国联调查团,史量才代表致词望主持公理争和平,李顿表示各会员国应守不侵略政策 ………………………… 382

275. 上海罢市乃日军暴行所造成,市民联合会等将事实报告,国联调查团非常关怀 ………………………… 385

276. 国联对远东事件表现其犹豫不决及软弱,英自由党领袖乔治之演说 ………………………… 386

277. 平市筹备招待调查团,刘哲等为招待会委员 ………………………… 386

278. 上海和会希望极少,日代表所接受条件日政府均拒绝,国联委员会讨论指导上海会议事,十日已过未获解决大局满含危险 ………………………… 387

279. 外次郭泰祺谈上海停战会议经过,经各国使领调停曾拟定基本原则数项,但重光以未奉训令为辞会议遂陷停顿,沈觐鼎昨对新闻界之报告 ………………………… 390

280. 各省市纷电国联调查团,请戢暴日凶焰 ………………………… 391

281. 顾维钧辞沪会代表,因须偕国联调查团北上,暂由郭泰祺氏负责接洽 ………………………… 392

282. 调查团将视察战区,尚拟视察两军前线阵地 ………………………… 392

283. 国联调查团定期来京 ………………………… 392

284. 沪市商会欢宴国联调查团,王晓籁痛陈暴日侵略野心 ………………………… 393

285. 欢迎国联调查团,本京三百余团体热烈筹备,望其以公正态度报告真相 ………………………… 395

286. 国联调查团明日视察战区以后,将详电日内瓦报告 ………………………… 397

287. 佐藤对记者之谈话,对中日纠纷前途表示疑虑 ………………………… 397

288. 国联调查团视察战区,外部对沪会训令昨已颁发,今日续开否全视日方如何 ………………………… 398

289. 东北各团体请调查团主持正义,代表三千万民众表示欢迎,希望得一公平合理的解决 ………………………… 400

290. 津日军欺骗调查团,拆除所设防御物 ………………………… 401

291. 李顿谈话引起报界误会,该团秘书辩正 ………………………… 401

292. 国联调查团到京后决留四日,招待程序均已排定 ………………………… 402

293. 淞沪战区遗痕宛然,宝山路一带满目瓦片无人烟,真茹防御工事依然处处可见,吴淞镇房屋全毁较闸北更惨,国联调查团昨日视察各地 … 402

294. 徐州各界筹备欢迎调查团 ……………………………………… 404
295. 国联注意东省局势,亟盼早日接到调查团报告 ………………… 404
296. 欢迎调查团行列及路线已定妥 …………………………………… 404
297. 国联调查团即来京,现正在沪与各方作私人谈话,林主席汪院长拟欢宴调查团 ……………………………………………………… 405
298. 国联同情会欢迎调查团 …………………………………………… 406
299. 各省旅沪代表昨谒调查团,陈述对该团之希望 ………………… 406
300. 国联调查团即来京,各界积极筹备欢迎,建搭柏叶牌楼印制欢迎标语 …………………………………………………………… 406
301. 国联调查团决分两组同时晋京,廿六日离沪廿七日可到达,津浦北宁准备调查团北上 …………………………………………… 407
302. 我国促调查团应速往东三省 ……………………………………… 408
303. 鲁省府电沪,欢迎国联调查团,济各界组织欢迎筹备处 ……… 409
304. 京市欢迎调查团,积极筹备业已就绪 …………………………… 409
305. 调查团将过汉北上,京中筹备欢迎布置已竣,东北民众团体盼早日出关 ……………………………………………………… 410
306. 调查团定明日来京,童军全体出发戒备 ………………………… 411
307. 调查团明日莅京,我方招待布置及日程均订妥,该团昨在沪对工商各界谈话 ……………………………………………………… 412
308. 日企图欺矇调查团,唆使叛逆组织御用民意机关,亟应深切注意以免是非混淆 …………………………………………………… 415
309. 调查团明日抵京,欢迎办法完全决定,各参加行列规定集合地点 … 415
310. 国联调查团今日到京,李顿马柯迪乘轮来京顾维钧偕行,麦考益希尼克劳德转京杭国道来,秘书长哈斯因事定明日乘轮来京 ……… 416
311. 东北同胞宣言否认叛逆伪组织,铲除敌寇严惩卖国贼,以维护政治土地完整 …………………………………………………… 419
312. 调查团今日抵京,下榻励志社,一切布置均已妥善 …………… 420
313. 国联调查团昨莅京,李顿勋爵等昨早先到第二批晚亦到,罗文干陈仪陈绍宽等均亲登轮欢迎,各委员昨未见客与外罗作私人接谈 ……… 421
314. 苏省各民众团体电国联调查团,对东北之非法组织誓不承认,深望洞烛暴日阴谋予以制裁 …………………………………… 424

17

315. 调查团来京,市农会昨发表宣言,希望秉公调查并对日予以制裁,完成维护世界和平之伟大使命 …………………………………………… 426

316. 调查团北上专车,津浦路已准备就绪 ………………………… 427

317. 社论:中国民族根本无排外观念 ……………………………… 427

318. 国联调查团抵京后,政府当局作重要表示,汪院长罗外长均有恳切演词,各委员昨先后谒见汪蒋林罗 …………………………… 429

319. 湘省府电调查团请主持正义 …………………………………… 434

320. 李顿爵士对遗族校童军演说,希望为全人类服务 …………… 435

321. 全国学联告调查团,说明日本毒辣侵略政策,望维护盟约予以有效制裁 ……………………………………………………………… 435

322. 时论:为东省事件促国联调查团注意(一) …………………… 436

323. 来论:国联调查团应从速北上赴辽 …………………………… 438

324. 国联调查团昨会晤我国政府当局,对中日事件调查范围交换意见,调查团全体委员昨觐见林主席 ………………………… 439

325. 日方阴谋层出不穷,拟阻止我国代表往东省 ………………… 443

326. 中国代表处今日招待报界 ……………………………………… 443

327. 时论:为东省事件促国联调查团注意(二) …………………… 443

328. 国联调查团即赴汉,调查团与政府当局二次会谈,蒋委员长昨晚在励志社欢宴 ……………………………………………… 446

329. 中国代表招待记者,张祥麟代顾报告代表处任务 …………… 448

330. 王均令所部警戒津浦路南段,保护国联调查团 ……………… 448

331. 首都各团体代表今日谒见国联调查团,教警两界向该团痛陈日本暴行,深冀公正调查获得公平之解决 ……………………… 449

332. 专载:敬告和平使者国联调查团 ……………………………… 451

333. 中委昨欢宴调查团,李顿爵士昨率全体委员谒陵,今日再与当局晤谈晚间赴汉 ……………………………………………… 453

334. 调查团今晨接见报界 …………………………………………… 456

335. 国联调查团昨西上,汪院长罗外长亲至下关欢送,李顿昨对新闻界有重要谈话 ……………………………………………… 456

336. 国联调查团与我当局晤谈经过,四次谈洽中日问题概况 …… 459

337. 李顿秘书三人到汉,今日将由汉飞往重庆 …………………… 460

338. 汉准备欢迎调查团,推周泽春赴浔代表欢迎,调查团行程定明晨到汉 ················· 460

339. 调查团今日抵汉口,前昨经过安庆九江备受欢迎 ··················· 461

340. 国联调查团昨抵汉,何夏及民众团体在码头欢迎,今晚七时返轮东下转车北上 ··················· 462

341. 国联调查团在汉接见各界代表,将赴戴家山一带视察堤工,何成濬前晚宴该团希望实现公道,李顿爵士称愿尽力促成远东和平 ··················· 465

342. 国联调查团今日过浦口北上,外长罗文干等今日将过江欢送,李顿离汉前特接见工商界代表 ··················· 467

343. 叛逆来电荒谬异常,反对顾维钧以代表名义赴东,外部决不理已电颜报告国联 ··················· 468

344. 东省日人图掩调查团耳目,伪造人民拥戴伪组织名册,汉奸于冲汉等均供其利用 ··················· 469

345. 国联调查团昨北上,行前入城至萨家湾会晤罗外长,李顿表示伪国不能阻止顾前往 ··················· 470

346. 李顿并未遗失物品 ··················· 473

347. 英政府不承认东北伪组织,对叛逆照会不予答复 ··················· 474

348. 国联调查团过徐济,沿途备受各地团体热烈欢迎,过济时张鸿烈代表各界致词 ··················· 474

349. 国联调查团抵北平,张学良及各界领袖均在站欢迎,过天津时各界代表面递备忘录,李顿表示北上印象极佳过津济得不少参考 ··················· 476

350. 伪国拒顾问题,李顿表示严重态度,调查团员资格不准任何人疑难,如伪国拒顾入境全团均不赴东,调查团五委员昨日访晤张学良 ··················· 479

351. 外部拒收叛逆电报,一面报告国联及调查团,一面向日本提严重抗议 ··················· 481

352. 日本侵略东北真相,张学良报告调查团,东三省为中国之一部不能分离,日本攫夺东省乃嫉视发展结果 ··················· 481

353. 国难会全体会员致国联调查团,请根据事实为正确之报告,使暴日受正义与公理裁判 ··················· 483

354. 国联调查团昨与张学良等谈话,正式交换关于东北问题意见,昨日起李顿接见各团体代表 ··················· 484

19

355. 顾维钧之重要谈话：伪国无拒绝华代表权利，安全问题已向国联报告 ………………………………………………………… 486

356. 叛逆拒顾事件，全世界起严重反响，国联委员会将采极强硬手段，日自知无理声称当保顾安全 …………………………… 486

357. 日方虚伪宣传暴露，一九〇五年中日条约并无密约 ……… 488

358. 沪会停顿日负全责，国联委会将开会讨论，颜惠庆将日方刁难情形详报国联，欧洲各方目标复集中于远东问题 ………… 488

359. 调查团详询荣臻，将东北事变经过制成书面查考，李顿请各国使领随时协助调查 ………………………………………… 489

360. 张祥麟因病滞平 ……………………………………………… 490

361. 调查团出关将展期，中国代表团出关安全依然有问题，蒙古王公揭开日人挑拨汉蒙感情 ………………………………… 490

362. 今日国联特委会，日本竟声称拒绝参加，反对大会接受中国请求讨论沪会事，并称如引十五条处理东案宁可退出 …… 493

363. 日本训令吉田，劝调查团由连赴东，谓由山海关赴东危险颇多，顾维钧决定随调查团出关 ……………………………… 493

364. 日本删改东北教科书，教部已将确证汇编成册，即送外部作为交涉证据 ……………………………………………………… 495

365. 调查团出关期未定，因安全问题与日方协议未决，在平征询材料工作大体完竣 …………………………………………… 495

366. 沈觐鼎招待记者谈中日外交，在领土内筑路何得干涉，停战会决裂日应负全责，调查团行止更不受任何拘束 ………… 497

367. 沪日军撤退日期，政府静候国联解决，海门斯正与中日代表商谈办法，俟商有结果再向双方政府请示，《日内瓦日报》讥特委会毫无把握 …… 499

368. 国联调查团出关期路线仍未定，日方提议分两组出关我坚拒，调查团仍与旧东北长官晤谈 …………………………… 500

369. 调查团出关波折多，伪国声言如顾越南满线将加逮捕，调查团准备今晚出关日方仍刁难 ……………………………… 501

370. 罗文干谈话：调查团将改道赴东省，沪会续开待国联决议 ………… 502

371. 马占山通电已送达国联 ………………………………………… 504

372. 调查团昨晚始出关,大部分团员仍取道大连赴东,仅美意二国委员乘专车出关 …………………………………………………………… 504

373. 国联调查团昨过秦皇岛赴大连,定今晨由大连首途赴沈阳 ………… 505

374. 沈日军部利诱农民,迫向调查团请愿 ………………………………… 507

375. 铁次曾仲鸣谈所谓并行线问题,既无条约根据又无先例,日方何得向我提出对议 …………………………………………………………… 507

376. 调查团昨夜抵沈阳,李顿顾维钧等专车赴沈阳,叛逆竟声称武力拒顾入境 ……………………………………………………………………… 509

377. 马占山致调查团电全文,揭发日人一切鬼蜮伎俩,望该团加以实际之调查,东省无一人愿脱离本国 ………………………………………… 510

378. 日报禁载马占山消息 …………………………………………………… 513

379. 国联调查团昨开始在沈阳调查,本庄繁派密探监视调查团,叛逆声称将拘捕顾维钧等 …………………………………………………… 514

380. 日阀发狂,警告国联勿干涉东事,以强硬手段应付沪会 …………… 515

381. 丁李电国联调查团,望主持正义公道,详述日军暴行真相,自卫军决奋勇抵抗 …………………………………………………………………… 515

382. 于冲汉等向调查团表明心迹,受日人威胁不得不暂为屈服,商人承认伪国家者均非诚意 ………………………………………………… 518

383. 叛逆喋喋,对顾入东等事,复又照会国联 …………………………… 519

384. 日在东省侵略路权真相:积极投资敷筑支路,操纵东省商运经济 … 520

385. 十年前之日本国防方针,竟将我国大陆划入范围,以东三省为粮食征集地 ……………………………………………………………………… 521

386. 戈公振被捕,日人唆使叛逆实施暴行,复称遇有意外不能负责 …… 522

387. 调查团在东省行程,由沈而长春吉林哈尔滨及各地 ………………… 523

388. 美顾问谈调查团,东北治安大坏将予注意,三月份匪案达四百余件 …………………………………………………………………… 523

389. 中东路严禁总罢工 ……………………………………………………… 524

390. 调查团仍滞留沈阳,顾维钧决偕李顿赴北满,日本侦探满布调查团四周 ……………………………………………………………………… 524

391. 国联调查团北行期未定,各委员再晤本庄繁 ………………………… 525

392. 调查团初步报告书,专述日军撤入南满路区问题,顾维钧决偕调查团入

21

伪国境 …………………………………………………………… 526
393. 东北叛逆之下场,赵欣伯被拘即押解东京,溥仪等将送往大连豢养……
　　 …………………………………………………………………………… 526
394. 日本积极移民东省,在沈阳等卅余县设立鲜民村,令其开辟水田并设警
　　 察保护 ………………………………………………………………… 527
395. 东北叛逆令人民售地外人,日设昭和土地公司收买土地 …………… 527
396. 沈觐鼎报告外交:沪会正式会议待特委会议决后,日军干涉京沪路税关
　　 执行职务 ……………………………………………………………… 528
397. 我代表团在沈被日人监视,代表团所在地侦探密布,顾维钧拟偕调查团
　　 赴黑 …………………………………………………………………… 529
398. 马占山声明,黑省从未与日签订契约,如有伪造名义概不承认 …… 529
399. 国联调查团抵长春,李顿爵士及顾代表等同行,日军监视严行政[动]殊
　　 不自由 ………………………………………………………………… 530
400. 国联调查团初次报告书,将在日内瓦及沈阳公布 …………………… 530
401. 调查团初次报告书,陈述东省军事情形全依日本报告,所列日军数及满
　　 洲军额皆非确报 ……………………………………………………… 531
402. 日本阻碍调查工作,调查团与中国代表团同受监视,颜惠庆向国联报告
　　 顾维钧去电 …………………………………………………………… 532
403. 调查团报告全文,外交部昨晚正式发表 ……………………………… 533
404. 英报评国联行政院,过于谨慎几近于无意识 ………………………… 536
405. 乌烟瘴气之沈阳,各机关职员大半为日人,东北遍地已兆饥馑 …… 536
406. 国联调查团定今日赴万宝山,在长春社晤见国贼溥仪等,并有伪代表请
　　 见李顿爵士 …………………………………………………………… 537
407. 颜代表向国联送备忘录,对调查团初步报告有所说明 ……………… 537
408. 英报严刻批评国联调查报告书,不过日军事当局之传达者 ………… 538
409. 苏俄声称拒绝与调查团合作,谓俄非国联会员亦未参加调查 ……… 538
410. 国联调查团初步报告书内容,已足证明日军在东省之横暴行为,罗外长
　　 昨对记者发表谈话 …………………………………………………… 538
411. 调查团昨日赴吉林,但一切行动均被日人监视,日仍指使叛逆拒顾入北
　　 满 ……………………………………………………………………… 539
412. 罗文干谈片,沪事与东省须整个解决 ………………………………… 540

413. 中国代表团对调查团报告书评语,证明日本志在并吞东省,并未履行国联各决议案 ·············· 541
414. 国联调查团我国随员先后返平,因在东省均被日人监视 ·············· 541
415. 调查团已抵哈尔滨,沿途均由叛逆监视,顾维钧等全失自由 ········· 542
416. 调查团初步报告书,将交九月国联全体大会讨论 ·············· 543
417. 戈公振抵平,谈东行不自由 ·············· 543
418. 日方监视顾维钧,颜惠庆将政府去电转致国联 ·············· 543
419. 调查团在长春严诘叛逆郑熙张等,各叛逆觍颜答复词甚支吾 ········ 544
420. 顾维钧即赴黑垣,声明此行始终未发表意见,日人竟无端造谣盼勿置信 ·············· 545
421. 调查团拟晤马占山,叛逆坚决反对纠纷复起 ·············· 545
422. 调查团决放弃晤马计划,因日本及叛逆极力反对 ·············· 546
423. 调查团定明日返沈,齐齐哈尔改由专家视察 ·············· 546
424. 调查团离哈,返长春后再定行止,苏俄拒绝假道晤马 ·············· 547
425. 调查团遄返沈阳,在沈留五日即赴大连 ·············· 547
426. 国联调查团抵沈,顾电平准备军舰专车迎接 ·············· 548
427. 国联调查团将赴威海卫 ·············· 548
428. 国联管理东省谣传,外部对此并无所闻 ·············· 548
429. 国联调查团即离沈返平,到平后将赴北戴河 ·············· 549
430. 北平准备迎调查团专车开赴榆关 ·············· 549
431. 国联调查团将在榆关实地调查,访晤何柱国询榆关情形 ·············· 549
432. 调查团将视察榆关,返平后将再与平津当局晤谈 ·············· 550
433. 调查团决遵陆入关,日方限定过锦州大凌河不许停留 ·············· 550
434. 国联调查团即入关,预定在平留两星期,专事整理调查材料 ········· 551
435. 李顿否认谣传,哈斯昨抵北平,哈过榆关访晤何柱国,颜德庆抵平担任招待 ·············· 552
436. 召集国际会议,解决中日纠纷,外部当局称原则上不反对,但必须讨论中日整个问题 ·············· 553
437. 斋藤实谈片,日俄形势险恶无根据,对东省自称无并吞意 ·············· 553
438. 调查团明日离沈,经过锦州将下车视察,王广圻奉命赴榆关慰劳顾维钧 ·············· 554

23

439. 斋藤对外方针如此,希望圆桌会议早日召集,决定扶助叛逆傀儡政府,斋藤向议会报告之侵华政策 ………………………………… 555
440. 罗文干谈最近外交,目前严重问题在东北,望国人一致沉毅应付 … 557
441. 国联调查团今晨离沈明晚可抵北平,顾夫人等昨晚赴榆欢迎 …… 558
442. 调查团昨抵榆关,过锦州时下车稍留当晚赴北戴河,全团月底赴日本顾维钧亦将偕行 ………………………………………………… 559
443. 外交界某要人批评日阁外交方针,上海安全决不成为问题,援助叛逆毫无国际信义 ………………………………………………… 560
444. 国联注意斋藤演说 ……………………………………………… 561
445. 调查团昨晚返北平,晨游北戴河后启程下午过津,顾维钧谈此行感想极为沉痛,所见皆伤心惨目愿人人勿忘东三省 …………………… 561
446. 调查团整理文件忙,顾维钧痛谈东北陷后惨状,三千万同胞极盼政府拯救,不到东北不知自由之可畏 …………………………………… 563
447. 调查团今晚赴青岛,顾维钧吉田等均将同行,制作报告书地点仍未决 ……………………………………………………………………… 564
448. 调查团昨晚赴青岛,英德义代表及中日代表均行,顾维钧谈东省事若不依条约解决,则爆发之日不远全世界将受影响 …………………… 565
449. 外部正式声明,叛逆擅派东路理事长,我政府绝对不能承认 ……… 567
450. 日方宣传四国答复圆桌会议,谓原则上无异议但不愿在东开 …… 567
451. 调查团昨下午到青,此行系决定编制报告书地点,李顿过济南时对记者发表谈话 ……………………………………………………… 568
452. 斋藤约四使"秘密谈话",英报严词指摘,若各国借此交换意见,对华提条件殊欠公正 ………………………………………………… 569
453. 不承认叛逆,日本决定从缓 ……………………………………… 569
454. 中俄复交方针已定,拟先订中俄互不侵犯条约,外部亚洲司长沈觐鼎谈话 ……………………………………………………………… 570
455. 调查团游览泰山,昨晚离泰山北上,顾维钧今日飞京 …………… 571
456. 调查团抵平,编制报告地点未定 ………………………………… 573
457. 顾维钧昨日来京向中央报告陪查东北经过,顾氏昨对记者发表谈话 ……………………………………………………………………… 573
458. 调查团报告书将决在平编制 …………………………………… 577

459. 顾维钧今日飞浔,谒见蒋委员长报告赴东北经过,顾因在东北受刺戟深将不赴日 ………………………………………………………… 577
460. 汪院长偕顾罗等昨午飞庐山晤蒋,商外交财政剿匪大计,李济深黄绍雄李石曾偕行,汪等定今日即乘原机返京,顾临行痛陈国人亟应团结 ………………………………………………………… 579
461. 李顿谈报告书内容,调查团定二十二日赴日 …………… 584
462. 日议会通过承认叛逆组织,内田访荒木永井长谈 ……… 585
463. 社论:圆桌会议 ……………………………………………… 586
464. 苏俄与东北问题关键在"东海滨省" ……………………… 588

索　引 ………………………………………………………………… 591

1. 日人惯发狂妄言论，竟鼓吹占据满蒙对我宣战，谓不惧俄美协力助华抗日，意欲扰乱世界和平耶？

日本国民新闻社之某氏，近著有《满蒙重大性与实力发动》一小册子，已出十二版，共发行一百六十七万余本。神户英文《纪录报》，曾译载其要略。兹转译如左，我国民甚注意焉！

该小册子著者之意，以为日本与中国实际已在战争状态，日本为保护其在满蒙之既得权，应正式对华宣战，即使有苏俄或美国助华抗日之虞，日亦当冒险一战。纵令俄美协力于经济上封锁日本，日只须占有满蒙，即可胜利到底。满蒙不但于战时为日本所必要，于平时亦为必要。质言之，满蒙直与日本民族生存有绝对不可分离之关系。该著者谓日本与其余世界之关系，一言以蔽之曰，处于四面被锁闭地位。不但美国，即坎拿大①、澳洲、南非，皆排斥日人移民。甚至有大宗棉货与日本作交易之印度，亦以一种差别税率阻日本进展之路。法属印度友邦亦不愿与日人通商。

试思日本对中国让步，在满蒙退走，同时畏美惧英，甚至对俄亦取守势，日本之地位何等怯弱可怜。今日国民精神之不振，纯为沉郁之时势所造成。欲救国家出于精神的、经济的不振状态，非先唤起国民之国际观念，开一国民在世界活动之路不可。此非谓日人应诉诸如从前之侵略政策，或从事武力之滥用。盖每一民族皆有生存权，日本在中国尤其满蒙实施其既得权在地理上、历史上、经济上乃至其他理由，并无不合之处。不宁惟是，彼若能迅速充分实施其权利，且为对人类尽其天职。因彼代表一切非阿利安种人对俄美英法力持正当之要求，乃彼最高之国际责任故也。

倘日本国民能觉悟对此项责任及使命，则今日无理锁日本之其余世界，即将对彼开放，而日本今日所遭之经济不振苦痛，将立即消灭。欲达此目的，并无须任何高远之政策，只须依赖正义，坚持现行条约之忠实履行而已。不幸许多日人不解日本正在经过之危机之性质，甚至不求了解，亦有深信二三列强为自利计而鼓吹之和平主义者，更有受新教育之青年，标榜新智识，反对国家意识、国

---

① 编者按：即加拿大。

民精神，其中有崇拜苏俄或马克思者，有沉缅于恋爱主义及其他奇衺主义者，尤为可悲。综而论之，日本民族现已入于神经衰弱状态，足以发展种种之狂象。

日本今日之病根，不在经济萎痺，亦不在世界的不振，根本原因乃在国民忘却国家生存之最要条件，而不复追求自给自助之政策。于民族生存上，倚赖他人太甚，而其反映之结点，厥为经济。例如因美国不以高价购日丝，日之农区即大受影响，输出入差数立即变动，正金流出国外，物价随之下跌。反之，其他列国则均在从赖他之政策转向自赖之政策，争相抬高关税，拒斥外货。今日遍及全世界之关税战争，不过为各国自给自足之国家政策之表现而已。当明治时代，日本国民能明了其在世界之地位，依一确定之政策以进行。换言之，即彼知依其自力，保障远东和平，不容外界之干涉及播弄。为此目的，日本曾从事三次成功的战争。从明治至大正，约十年一次，即对华之战，对俄之战，及欧战。是世人对此，认日本为一侵略的民族，是乃偏见。彼等忘却美国自独立战争以后，在一百四十年内曾加入二十次（未完）（续）战争，平均七年一次。日本之由战争而勃兴，实因其战事乃出于日本之国民理想，为正义而战，为自卫其生存而战。自覆幕尊王以至对俄战争及合并高丽，日本始终依一国家政策而行动，不但对华对俄两战，即征服台湾，高丽事件，对英同盟，对俄订约等，均为一大剧中之各个分幕，而此剧全以远东和平为其主旨者也。顾自日俄战事告终，日本之国民紧张亦即懈弛。盖当时因对俄战胜及合并高丽骤得第一等国之名，国民被其麻醉，其后国民精神即呈变象。于明治皇帝之崩逝，伦敦《泰晤士报》曾著论谓日本运命之转换点已到，此预言已为其后种种事实所证明，日本民族之进步精神渐形萎缩。迨至今日，则是否尚有国民觉悟心之存在，成为疑问。其最良之证据，即为华盛顿会议（一九二一）及伦敦会议（一九三〇）。

华盛顿会议为欧战后两大外交事件（其一为国际联盟）。有人以为日本于华会为成功，不知华会实为日本国民理想之墓，又为其退化衰落之第一步也。此会系美国发起召集，据美国之说，当时欧洲大局虽已安定，而远东则暗云四布，有风雨欲来之势，为挽回此危机故，召集此会议。然按诸事实，当时欧局绝未安定，远东则除为中国宣传家所宣传者外，并无暗云。然日本对于请柬，欢然接受，忘其辛苦造成之地位及其远东和平防护者之使命。迨会议之幕一开，日本被视为一刑事犯，受一种国际法庭之鞠审，久被视为远东和平枢纽之日英同盟被毁弃矣，承认日本在满蒙特别利益之蓝辛石井协约被破坏矣。一九一五年之中日条约及在满蒙之某种既得权，亦须放弃矣。甚至日本之主力舰比率,被迫减至对英美为六与十之比。明治时代之日本史完全逆转,日本国民之理想扫地以尽。日本所辛苦经营于远东者,既被如是之斩伐,则不久又遭另一打击,自在意中。

伦敦会议者,华府会议之必然结果也。向使日本于华会议十年内,张目洞瞩世界,恢复其明治时代之精神及理想,则去年之伦敦会议或可一变面目,或且无此会议之举行,亦未可知。顾事实不然,于是英美提议召集该会议。结果则依于欺人的和平理想与国民负担减轻之嘉名,由日本签署一第二保证书,而会议便告终了。然在彼时,有和平保障之需要者,仍为欧洲而非远东。欧洲当时战争之谣甚盛,领袖政治家如劳合·乔治及墨索里尼且参加于此种呼声。然英美汲汲与日本折冲,而置法意两国于不问,美国对于法意是否参加,全不措意。盖美国所要者,非世界之和平,乃欲握远东之绝对羁[霸]权,取日本之地位而代之耳。职是之故,美国强迫日本对于主力舰承认百分之六十之比率,犹不满意,复欲适用此比率于补辅舰,并反对日本对于潜艇之合理要求。

潜艇系纯粹防守之武器,不合于横渡大洋袭击他国之用,此人所共知。而美国反对日本关于此纯粹防守武器之要求,其意盖欲减削日本此项防守武力,俾彼能来攻日本也。日本之主力舰力,既已对美国之十减缩为六,辅助舰力又对美国之百减至六六,是日本已绝对不能取攻势,而维持充分之潜舰力,以保其国防,又复不许。由是观之,所谓限制军备者,直是便美国扩大其武力,俾在远东称羁[霸]而已,又何有其他意味耶?

日本历史上有一特点,即日本民族往往在一优秀外国文明之势力支配下,即失其民族自觉心,如从前服膺佛教及中国文明,维新时代崇拜欧西文明,今日则有醉心于和平意义者。夫和平主义并非新创,自古有人提倡之。关于此主义之书,可以汗牛充栋。然在实际上,除使强者利用此主义以牺牲弱者,或使利于维持现状之国,用为口实趋以阻止新兴国之发展外,更有何效用耶?例如伦敦会议,据言其目的在使凯洛格非战公约有效,然在会议席上,非战之原则早被弃诸脑后,其所孳孳致力者,惟在减缩他国之实力至某种限度,俾自己一方之武力扩增。大战以还,英美等国军费大增,无力负担,乃图减缩,本不足怪。所可异者,彼等自己减缩军备同时必立致他国同减,使彼等仍保其优越地位,华府与伦敦两会议之目的在此,明年将举行之日内瓦会议之目的亦在此。若谓此系追求和平之一种努力,则世界各国,一致降服于英美两强,即可谓之和平矣。(未完)

（续）军备减缩，谓系世界之一种总趋势。是大不然，今日列国之军力，较诸大战中固已减缩，然在多数国家其军力较大战前则远过之。又西方诸国之军力谓较日本为小，是亦不确，盖彼作此言者，未将常备军以外之军力如英之国民兵、美之国防队等并计之也。大战以后，西方军力实已非常扩张，尤其化学上技术上之军器大为进步。故今日一卒可抵战前五卒乃至十卒。空军之发展，尤不待言。而日本军力于此诸点，远不及西方列国。特罗斯基氏评论英美之军缩提议，谓无论成立何种国际的协定，而拥有优秀工业力之国必仍保其优越地位。当欧战时其大部分武器系于开战后始行制造，战事依此等武器之力而决定。故一种军缩协约之天然结果，无非使大工业国如英美者之武力优越地位更加增高，而决无保障世界和平之效果也。此诚确论，夫真理终为真理，不得以人废言，奈何日本国民中多有麻醉于和平理想，忘却其思自觉心，竟致不克认识其国家所处地位之四面受摧者，不大可悲耶？发起于海约翰、加工于路德之确立中国统一政府之美国政策，不但未改良中国内政，反使其愈趋愈恶，此已由华府会议以后之种种事态证明之。就表面观之，南京已有一政府于一九二九年成立，然此非统一的政府，集中于沈阳之北方势力仍控制中国之半部，广州今复宣告独立，冯、阎势力迄未销减。在现状之下，美国所期望于南京政府者，恐难实现。南京政府无政策可言，苟有之者，只有其反抗日本之外交政策。此为彼之生命、灵魂及惟一宝物，南北两方势力苟表示若干一致之倾向者，惟较此反日政策之共同系结。南京与沈阳之携手，端由于此。彼等对于内政建设，既无确定之计划，于是专一从事于反日运动，以期对内维系民心，对外取得美国之后援。盖非此则彼等将如猿猴之从树上跌堕也。日本对中国已尽量让步，而对华关系未见改善，不解决之悬案反愈积愈多。中国对日压迫亦愈趋愈甚，此乃全由中国以政治为业者，自知其权力地位必须利用对外争端始克保存，故不断的从事播弄耳。

美国之无思考的态度，为中国政客所利用，其结果如何，已彰彰在人耳目。而日本人民对华观察及应付是否较胜，尚为疑问。夫日本既为协约国及世界之和平尽力，而于华会反被置诸阶下囚之地位，何耶？此全因彼自己忘却其在世界政治上占有权利，彼之一战胜中，再战胜俄，又于大战中获光荣名誉者，皆此世界政治的雄心致成之。

若彼不忘其世界政治之旧雄心，则对于如中国美国之误解与猜疑，尤其有意作成之虚伪的误解及猜疑，大可不必措意。今乃汲汲于移除此等误解，抑何徒誉精神之甚。须知日本愈努力解释误解，中国愈加傲慢；日本愈对中国让步，以期解决无数之争端，美国愈加猜疑，愈注意于中国之反宣传。盖西方人于其权利，苟受任何无理侵犯，必力争到底，而见日本惯于让步，必认为可怪也。由此点言，日本之努力于消弭国际误会，实为无益而反有害。彼于对华种种悬案之谈判中，立足点一失再失，而仍无结果。更有一层可叹者，我国民中有一部分醉心西化，对于美国人之评论，辄接受之，一若为金科玉律，而不知关于中国事情之美方批评，实由中国政客所宣传者。中国人之意见，一经译为英语，便得真大之力量及权威，诚可怜而又可笑矣。

中国之一切对外问题，无论其关于关税、法权、租界或借款等，其最有利害关系者，为日本。西方诸国关系比较细微，就贸易数额及侨民人数言之，现状苟有任何变动，日本所遭之不良影响，必远过于任何他国。显然可见，职是之故，日本有应以步武他国为满足，而应奋起以领导他国自任。然而日本对华软弱已极，甚至反映于小学校之教科书，中国之一切教育机关皆用反日教本，以植反日思想于儿童。而日本当局则令一切教科书及公牍中之"支那"之名称改为"中华""中国"或"中华民国"，其实"支那"之称并无侮辱之意味也，日本如是一再退步，其结果只有引起中国之一再进逼，日本不久将被锁于东海一小群岛中，而中国则分崩离析，势必至为西方列强所共管而后已。日本若继续为其只知取悦中美两国之外交家所引导，必陷于上述之厄运。欲免此危机，非速恢复明治时代之远大政策，勇猛迈进不可。（完）

《中央日报》1931年9月19—21日第一张第四版

2. 甘心破坏远东和平，日军占领沈阳长春营口，借故实行其预定之侵略阴谋，在沈肆行焚烧掳掠备极惨酷，我军奉令未加丝毫抵抗行动，驻日英大使及各国代表深切注意

外部昨提严重抗议

据确实消息，关于日本军队攻击沈阳事，闻外交部已照会日使重光葵，提出紧急严重抗议，请其电达日本政府迅令日本军队停止一切行动，并即日退回

原驻地点。一面并电令我国驻日江代办向日本政府提出同样紧急抗议。

我未抵抗日军轰击

副司令行营效日来电云：(衔略)钧鉴，密。顷接沈阳臧主席、边署荣参谋长皓午电称：日兵自昨晚十时，开始向我北大营驻军，施行攻击。我军抱不抵抗主义，日兵竟致侵入营房，举火焚烧，并将我兵驱逐出营，同时用野炮轰击北大营及兵工厂。该厂至现时止，尚无损失，北大营迫击炮库被炸，迫击炮厂亦被占领。死伤官兵待查。城内外警察各分所，均被日兵射击，警士被驱退出。无线电发报台亦被侵入。向日领迭次交涉，乃以军队之行动，外交官不能直接制止等语相告，显系支吾，并云由我军攻坏南满路之桥梁而起，实属捏词。截至本日午前五时，尚未停止枪炮。以上等情，均经通知各国领事。旋又接沈阳无线电台公报，日军已于今早六时，三十八大队入城，将各机关占领。现各通讯电报电话，一律不通。北宁路皇姑屯站，已为日军占领，交通只通马三家子。最后情况不明。谨先电闻，除容续陈。

天津北宁路局来电：兹据报告，迄今晨四时止，所有长春以南至营口各要地，均经日人强硬占领。兵工厂飞机厂，均被破坏。北大营粮秣厂，至今尚未息火。东北大学，以学府亦横被占领。警察及无辜良民伤亡甚众，已有记者出发调查矣。又据报日本兵车两列，开到营口，强占本路车站，当地军警，均被缴械。驻站警务长及站长，均被日军绑去。新修之营口码头，已被破坏矣。

沈城军民死亡无数

【本社十九日北平专电】 驻沈日军巧(十八日)下午六时，在沈采自由行动，占领沈阳。东北军未抵抗。住沈军民及外侨受日军枪击死亡无数，财产损失甚巨。荣臻闻已被俘。东北军撤退山海关、沈海线。平各报均出号外。平津记者定皓(十九日)晚赴榆关视察。

【本社十九日上海专电】 路透沈阳皓(十九日)电，昨夜日军强占沈阳，收管无线电台兵工厂及其他政府机关，并削断中国所有电线。许多华人被杀，来复枪弹纷纷飞入沈阳俱乐部，历若干时始已。

日军此举早有准备

【本社十九日上海专电】 路透天津皓(十九日)电，日军准备已久，今则已占据沈阳宽城子、牛庄、沟帮子矣,并派兵在青岛登岸矣!在日军进行其布置极善指挥极佳之行动中,华人死伤不少,而据日方消息,日军仅伤一军官,死一兵耳。日人采此强烈行动之最近原因,据日人称系巧(十八日)夜十时半北大营华兵炸毁南满铁路一段事。惟此事全未证实,一时亦难以查明。因此段现已修好通车矣。

【本社十九日上海专电】 路透北平皓(十九日)电,外人观察,日军拟占守沈阳及南满全部,迫中国依其条件,解决中村案及其他悬案。

长春驻军尽被缴械

【本社十九日上海专电】 长春电,日军二百人皓(十九日)晨四时至城北二道沟包围我第三营,要求缴械。营长傅冠军不允,当被击毙,复开枪击毙士兵商民百余名。公主岭日军五百皓(十九日)晨徒步至长春□岭兵营,五时缴我炮兵第十团械,以机枪扫射,我士兵死六十名,日军复放火焚我军需。我军奉令,始终未抵抗。长春公安局散步、关兴路两派出所,被日军缴械,长春城外交通断绝,商民关门。

【本社十九日上海专电】 电通新义州电,停泊鸭绿江之华舰靖海、海龙两舰,皓(十九日)晨被日军缴械。安东全市警察,械亦被缴。

日方声明一味卸责

【本社十九日上海专电】 重光发声明书一味卸责,尚谓此种意外发生之地方事变,当以极迅速之方法,办理解决之。

【本社十九日上海专电】 日方讯,重光皓(十九日)午后发宣言云:巧(十八日)华军在沈阳城外北大营附近,毁坏南满路(?)①,因与日守备队冲突,日政府为欲竭力不使事态扩大起见,已由外相训令关东军司令。

【本社十九日上海专电】 电通东京皓(十九日)电,今晨十时,紧急临时阁议议决,发表声明如下:因华兵破坏满铁,致日军冲突,日政府将不使事体扩大。又币原训令驻沈总领请阻止事件扩大,急由地方解决。

【本社十九日上海专电】 电通沈阳电,关东军司令官本庄皓(十九日)正午自旅顺抵沈。

---

① 编者按:"(?)"为原文所有,下同。

驻日英使注意沈事

【本社十九日上海专电】 路透东京皓（十九日）电，英大使及其他数国外交代表，今日亲至外务省询沈阳事件详情。外相对新闻记者言：渠以此事发生为憾，并详说防免此事扩大之必要。陆相对新闻记者称：事态渐静，如无意外发展，可无从朝鲜遣出援军之必要云。陆军省称：平壤空军已派飞机若干架赴沈。

借故寻衅违背公法

【中央社北平十九日电】 沈电，日军自行炸毁满铁线一段，捏称系我国所为，借此寻衅，故事前对我未发最后通牒，显系违背国际公法。

中央某委员接到私人电，沈垣在昨夜今晨间实际已被日军全占，我方无抵抗。沈阳日军攻北大营，将皇姑屯至沈阳站间桥梁、电线毁断，营口已被占，锦州亦有动作。外部接北平方面电，十八日夜十时，日军准备占领沈阳，十一时向北大营及兵工厂发炮，五时占沈阳，并进兵营口，且有西来模样。

北宁党部昨日电中央报告，日兵进占沈阳，原电如次：南京中央执行委员会钧鉴，日兵巧（十八）夜二时进占沈阳，谨报。北宁党部皓（十九日）。又交部接北平电报局报告谓：日军今晨（十九日）突然强占沈阳，北宁路沿线有线及无线电报，均不能通报云。

东北干部紧急会议

【本社十九日北平专电】 张皓（十九日）晨在协和召东北干部，开紧急会议，以日人违反国际公法，破坏东亚和平，决取不抵抗主义，一切听各国裁判，并电顾维钧、汤尔和，来平向各使领说明日人暴动真相，一面电呈中央。

【本社十九日北平专电】 日军因自将南满炸毁，诬我国所为而出兵，已将沈阳兵工厂烧毁，我军完全无抵抗。截至现在，日军已将长春、沟帮子、营口、辽阳等地占据。

【本社十九日北平专电】 皓（十九日）晨张继、吴铁城、李石曾谒张，商应付日方办法。决定将日本军事行动昭告世界，唤起国际同情，据理力争，一面对日军以沉着态度应付。张吴复于午后召省市党委，告以我方态度。

臧式毅等下落不明

【本社十九日天津专电】 今晨九时,日本军队占领沈阳、营口、辽阳等地,有开入关内模样。辽主席臧式毅下落不明,荣臻被日军逮捕,第一旅旅长王以哲殉难。日军队第二师团进占沈城后,恣意搜索,省府及兵工厂均被焚毁。驻鲜日军三个师团,今早过江,开凤凰城,向沈阳进发。日本政府准备派十三个师团开往东三省。

【本社十九日天津专电】 沈阳巧(十八日)亥电:日满铁守备队,突于本夜十时起,无端寻衅,将皇姑屯以东之铁道炸断,开始军事行动。又皓(十九日)丑电,日军已强行占据沈市,商埠地一带,到处焚掠,全城陷入混乱状态,我军无抵抗。又寅电:驻□沈之第二师团,寅夜向沈开拔,途中到处寻衅,焚掠极惨,自二时起,以巨炮袭击北大营地方。我军力持镇静,未加抵抗。该地驻军,当沿沈海线东退,途中被日军截击。军民死伤甚众。津市党政军当局据报,当定皓(十九日)下午召开紧急会议,讨论应付办法。市党部并派邵华等驰赴沈阳,实地调查。

下旗三日哀悼死者

【本社九日天津专电】 沈阳于皓(十九日)晨二时被日军占领后,至八时,营口、长春亦同时被占。沈阳各机关长官,均被扣。所有交通机关,完全破坏。北大营粮秣厂被焚,东大亦被占领。营口站长等,均被绑,营口附近并埋地雷。刻沟帮子以西情形不明,平吉通车,皓(十九日)晚已断。当日军炮击沈阳时,军民死伤无算,奔走呼号,惨不忍睹。津市党部闻讯,特于皓(十九日)午召集党政军联合紧急会议,由鲁荡平提出议案,经众通过如下:(一)致电广东,促其速觉悟,一致对外。(二)将日军暴行,宣告民众及全世界。(三)哿(二十日)起下半旗三日哀悼死难同胞。驻津日领加籐,皓(十九日)赴市府声明,此事系军队行为,与外交无涉,希津市无激烈举动,否则日方不负责任。又驻津日军约三千名上下,连日在界内演习机关枪,并准备沙袋电网等物,以备栏阻交通。我国民愤慨异常,当局刻正设法防止。张学铭定哿(二十日)晨返津,筹商对日办法。

《中央日报》1931年9月20日第一张第三版

3. 中执会临时常会，中央切告全国同志同胞，必须一心一德团结御侮

中常会为日军攻陷沈阳事，昨日下午八时召开临时会，主席戴传贤，详加讨论。各中委发言甚多，认为此事关系国家生死存亡。闻拟定：（一）定二十日下午三时续开会。（二）通电全国一致对外。（三）发布告党员及民众书。（四）通电沿海各省军队注意防范。

告各级党部书

各省市党部，海外各级党部，各特党部均览。日本谋占我东三省，进而图我全国，已非一日。数十年来，其一切政策，皆集中于此。我国民妇孺皆知，无须更述。今乃乘我内忧正急，天灾突起，遍地灾民，死亡枕藉，举国上下，正在救死扶伤不暇之日，突出重兵，占我沈阳、长春、安东、营口等地，其蛮横至何程度，尚不可知。此种野蛮暴虐之行动，在世界历史上几无先例。本党同志在此时，只有全体一心，立决死之志，唤起全国国民努力救国！

（一）除危害民族生存之"赤匪"必须根本铲除而外，必须一心一德，巩固国家基础，充实政府实力。

（二）一切人民必须一心一德努力于救灾，与御侮之工作。

（三）本党同志，必须抛弃其一切意见，造成强固之大团结，以为全国一致之表率。

上述三点，各地党部必须团结同志，唤起国民切实工作。天助自助之国，人类不能灭亡，则公理不能消灭。蛮横之日本，其必受世界公理之制裁。可以断言，中央正以全力为最善之努力。国家存亡，民族成败，在此一时。切望同志同胞，奋起图之。急电驰告，余俟再布。中央执行委员会。

《中央日报》1931年9月20日第一张第三版

4. 中央决贯彻和平，期一致团结共御外患，李张吴三委劝粤方一致救国

中央对于粤变，始终未放弃和平主张，苦心容忍，以待觉悟。顷得日本侵占沈阳消息后，更以国事危急至此，非实现和平统一，无以一致对外，除前已由蒋主席电邀张、李各委员南下，共商和平运动外，中央方面拟再电粤方，恳切劝告，俾全国团结，以御外患云。

李、吴、张三委，因日兵突占沈阳，特电粤方，取消敌对形势，一致救国，并电中央报告。原文如下：中央执行委员会钧鉴：顷致粤方一电文曰：皓晨电甫发，忽得确讯，日本军队，本晨实行占领沈阳营口一带，并有推进之势，我方既未挑衅，又绝未抵抗。国家危在旦夕，共御外侮，刻不容缓，务求两粤同志，即日宣布取消敌对形势，一致救国。痛切盼祷。煜瀛、继、铁城叩皓等语。谨以奉闻。煜瀛、继、铁城叩。皓（十九日）。

【本社十九日北平专电】 张继、吴铁城、李石曾皓（十九日）晨电汪、孙、古等，内有今日非和平不能统一，又非和平不能救国，两粤同志，如认和平为前提，而欲达到和平，惟有接受调停，若仍欲坚持绝对主张，不惟失却调停之意，且恐人谓两粤同志总乏和平之诚意也。今日时势，岂可与讨袁时代并论。此时国家民族之利害，实有超越一切利害之上，惟有"剿赤"、救灾、御侮为国家所同情，反是则为国人所不恕。望本总理博爱忠恕之精神，念人民之痛苦，共倡和平等语。

《中央日报》1931 年 9 月 20 日第一张第三版

5. 社论：以必死之决心作最后之奋斗！呜呼幸灾乐祸之日本帝国主义者

危难困苦之中国，方竭其全力为民族求生存，为国家谋独立，乃日本帝国主义者，野心勃勃，倒行逆施，竟乘我国洪水为灾之日，突出重兵，侵占我沈阳、

长春、安东、营口。噩耗传来,发为之指,眦为之裂,血为之沸!我中国民族立国之道,尚仁爱,重同情,讲信义,不幸人之灾,不乘人之危。日本固尝受中国文化薰陶者,今竟具此残酷之天性,毒辣之手段,几使人不信世界上有如此人性灭绝之民族。七八年前日本亦曾蒙地震之奇灾,当时各国表示同情之诚挚,日本想能记忆。中国虽历受日本之欺侮压迫,然而朝闻东京地震之讯,夕募赈济灾民之款,踊跃救难,惟恐或后,初不以日本为国仇,而稍存幸灾乐祸之心。日本苟非健忘者,想亦能记忆及之。今日我国受灾区域凡十六七省,被难人民亦五六千万。日本民族苟有丝毫人性者,纵不效法我国急公好义救灾恤怜之精神,亦何忍突于此时,借端挑衅,无故兴师,乃致破坏东亚和平,造成绝大恐怖乎?日本帝国主义者之狰狞面目与野蛮兽性,实已暴露无余,吾诚不知公理之何谓,人道之何谓。世界上不乏主持正义之友邦,请对日本暴行下一公平之裁判可也。呜呼!大祸当前,国亡无日,杀身救国,今兹其时。不共戴天之国仇,已与我短兵相接矣,愿我同胞以必死之决心,作最后之奋斗!

《中央日报》1931年9月20日第一张第三版

6. 日军强占我疆土,外部二次严重抗议,要求日军立退出占领区域,并保留提出正当要求之权,王正廷对各记者之重要表示

据确息,沈阳事件,我国外交部于十九日对日提出紧急抗议后,继得报告,安东等处,亦被日军占领,我国军队,绝未抵抗,似此不顾一切,着着进逼,实属故意破坏和平,该国政府对于此事应负完全责任。现外交部已提出第二次抗议,要求日军立即退出占领区域,恢复原状,并保留提出正当要求之权。此项照会,已于二十日午后六时,派员送交驻京日领,转寄重光。一面电令驻日江代办,向日政府提出同样抗议云。

自日军占领长春、沈阳各地后,全国国民异常愤慨。京平沪汉各报社记者,于昨日(二十日)下午五时谒见外交部长王正廷,请其发表意见。据王氏云:此次日本军事暴行,外部于昨(十九)日下午五时接到各方报告后,已根据报告,向日使提出抗议,以后外部又续接官方正式详细报告,乃于今(二十)日

再向日使提出紧急抗议,同时并电知驻日江代办向日外务省提出紧急严重抗议。国人对日方此次军事行动,自应愤慨,因从任何方面情形言,中国没有一点可使日本有出兵理由,乃竟发生此大不幸事件,殊属遗憾。现中央负责当局正商议应付办法。而外交部方面,为希望国际明了真象起见,已将事实经过,一面电国际联合会详细报告,同时并电我国出席国联合会代表报告国联。一面电加入凯洛非战公约各国政府,希望主持公道。现值国家危急存亡之秋,唯一希望,只有国内联合共救国难云。

又王外长昨日接见外国记者报告日军袭击东北军队情形,并称国府对于日军占领沈阳各地,无端启衅,认为非常严重,除向日政府严重抗议外,特电国联及非战公约各签字国,声述日军背理妄动,以明谁为戎首云。

【本社二十日上海专电】 副张号(廿日)电孔祥熙,今早汤尔和往晤日代办,质询此事。彼推诿不知。

【本社二十日上海专电】 外部紧急抗议号(二十日)晚送沪,由重光电东京。沪日领署全日工作甚忙。

《中央日报》1931年9月21日第一张第三版

7. 日军入寇亡无日矣! 中央电粤请共赴国难,切望精诚团结共挽沉沦须一德一心巩固国基,日军此种横蛮举动在世界历史上几无先例,传孙科通电主和粤当局将通电罢兵一致对外

中央执行委员会,昨急电广州古应芬,转在粤各同志,报告日军侵辽状况,并望精诚团结,共挽沉沦,特录原电如下:

急限即刻到。广州古委员襄[勷]勤,转各同志均鉴:日本谋占我东三省,进而图我全国,已非一日。数十年来,其一切政策,皆集中于此,我国民妇孺皆知,无须更述。今乃乘我内忧正急,天灾突起,遍地灾民,死亡枕藉,举国上下,正在救死扶伤不暇之日,突出重兵占我沈阳、长春、安东、营口、辽阳、宽城子、沟帮子等地,其蛮横至何程度,详细真相,尚待继续探查。此种野蛮行动,在世界历史上几无先例。综合现时所得报告,日满铁守备队,系于十八夜十时无端

寻衅,将皇姑屯以东之铁道炸断,开始军事行动,向我北大营驻军施行攻击。我军抱不抵抗主义,日兵竟致侵入营房,举火焚烧,并将我兵驱逐出营。同时用野炮轰击北大营及兵工厂,炸毁迫击炮库,占领迫击炮厂。城内外警察各分所,均被日兵射击,警士被驱退出,无线电发炮台亦被侵入。枪炮轰击,彻夜不绝。驻沈军民,死亡无数。迄十九日晨六时,大队入城,将各机关悉行占领,并拘辱我军政长官。辽主席臧式毅下落不明,荣臻及其眷属,被日军拘禁于日军司令部,第一旅旅长王以哲殉难。日军恣意搜索,省府及兵工厂,均被焚毁。东北大学,亦被侵占。其第二师团开拔赴沈时,途中到处寻衅,焚掠极惨。北大营驻军,沿沈海线东退时,途中被击,军民死亡尤众。日军除强占沈阳外,并分遣队伍,在辽境自由行动,所至将我军警缴械,先后占据长春、安东、营口、沟帮子、宽城子、辽阳等地。并闻日海军已占我连山湾,驻鲜日军两师团及驻平壤空军亦奉令向辽进发,暴行侵掠,不知所止。中央自得到警报后,除饬外部迅提紧急抗议外,于十九日晚八时,召集临时紧急会议,当经决议以下列三点,通告全国同志,转告同胞,共赴国难:

(一)除危害民族生存之"赤匪",必须根本铲除而外,必须一心一德,巩固国家基础,充实政府实力。

(二)一切人民,必须一心一德,努力于救灾及御侮之工作。

(三)本党同志,必须抛弃其一切意见,造成强固之大团结,以为全国一致之表率。

国难日深,沉沦待挽,精诚团结,谅有同心,掬诚电达,不胜切望之至。中央执行委员会。

【本社二十日上海专电】 郑洪年电孙科,略谓:报载兄通电主和平御侮,弟深信兄真爱党爱国,总理创业艰难,党国复安,匪异人任,盼兄努力,苟有所命,愿效驰驱。

【本社二十日上海专电】 粤讯,粤当局有即将通电罢兵,一致对外说。

【本社二十日上海专电】 孔祥熙号(二十日)电粤方,末谓:务祈捐一时之意见,秉救国之遗规,团结一心,以纾国难,表彰诸同志革命之人格,保全吾国家独立之主权。

《中央日报》1931年9月21日第一张第三版

8. 驻平各使认日破坏东亚和平，美法武官先后赴沈阳

【本社十九日北平专电】 英使及各国公使接到日本占沈阳消息后，均即用无线电，向本国报告，皆同情我国，认日方为破坏东亚和平云。

【本社二十日北平专电】 各使馆闻日军占沈不幸消息发生后，美使馆陆军参赞，昨晨先赴沈调查真相，法陆军参赞，亦有出关视察意，哿（二十日）可成行。

《中央日报》1931年9月21日第一张第三版

9. 日方所谓解决方针，由地方解决悬案分别交涉

【本社二十日北平专电】 电通东京哿（二十日）电。中国抗议，今日已达到外务省，华方拟由中央交涉，日方拟将基本事项，在南京交涉，细目与东北交涉。

【本社二十日北平专电】 电通东京哿（二十日）电，日政府对解决满洲事件之方针，如下：（一）日军军事行动出于自卫，（二）由地方解决，（三）不愿第三者置喙，（四）与满蒙诸悬案分别交涉。

【本社二十日北平专电】 日代办矢野真哿（二十日）晨谒张请求保护侨民。张答在可能范围内，通令军队，不得扰乱，惟人民无法制止，望贵国侨民，在未解决前，暂勿外出，更望贵军早离沈。矢【野】又谓出兵事件，系陆军省之事，敝使馆不知情云。

《中央日报》1931年9月21日第一张第三版

10. 揭开日军阴谋告世界民众，昨日中央常委谈话会，决廿三日下半旗一天

中央执行委员会，昨日（念日）下午三时，举行临时常务委员谈话会，到于右任、戴传贤、丁惟汾、朱培德各常委及吴稚晖、邵元冲、朱家骅、王正廷等各委员，对日军侵辽事件，继续有所讨论。各委以日军蛮横无理，违背国际公法，强占我国领土，破坏东亚和平，决发表告世界各国民众书，揭布其阴谋，与事变之经过，以唤起世界民众之同情，求人道公理之裁判。

又以此次日兵强占我国领土，东北军民无辜被难，实为国家之奇耻大辱，决通电全国，于本月廿三日下半旗一天，并停止娱乐宴会，以志哀悼云。

《中央日报》1931年9月21日第一张第三版

11. 对日暴横，全国民众同深愤激，电请中央出兵御侮，对日绝交愿作最后牺牲

上海

【本社二十日上海专电】 反日会号（二十日）下午开紧急会，议决：（一）呈请中央集中全国军队，立即出兵东北，推五代表当晚入京请愿。（二）电粤速停军事，一致对日。（三）定养（二十二日）开各界大会。（四）组抗日义勇团，共付［赴］国难。

北平

【本社二十日北平专电】 平市民对日军占领沈阳，愤激万分，均愿作最后牺牲，市党部昨接中央电询真相，并令静候中央命令办理，市党部定马（二十一日）晨举行扩大纪念周，张继、李石曾、吴铁城均出席，共同讨论一致行动。

【本社二十日北平专电】 周学昌谈：昨中不学全体生员，对日事拟作大规

模示威运动,经制止,静候中央命令。

汉口

【本社二十日汉口专电】 日军以暴力强占沈阳,警耗传来,三镇民众团体,虽在星期,亦分别涉水集会,当一致决定自马(廿一日)起,臂缠黑纱下半旗,停止娱乐三天,民气愤慨异常,咸愿一战。又市党部亦于号(二十日)午后,举行临时紧急会议,讨论对付办法,并电粤方息争对外,一面电请中央,严厉交涉,断然处置,以维国权,誓为后盾。

镇江

【本社二十日镇江专电】 省执委会对日暴行,哿(二十日)发出三要电:(一)电请中央向日本严重交涉,并昭告世界各国,请一致主张公道。(二)电请张副司令,严加防范。(三)通电全国,一致加紧反日工作,并厉行对日经济绝交,并定马(廿一日)晨十时与省府磋商应付国难。

又县党部呈中央,即对日下哀的美敦书,并令各省市组党员义勇军。

长沙

【本社二十日长沙专电】 湘对日会及各界民众,闻日军在我东北占据沈阳、长春,缴我军械,炮击兵工厂等暴行恶耗传来,异常愤慨,纷纷通电,一致主张实行对日绝交,并请国府严重交涉撤退日军,惩办祸首,誓以湘省三千万民众,为外交后盾云。

太原

【本社二十日太原专电】 晋绥将领对日军强占辽吉,辱我国体,愤澈异当,现经议决,即行联名电请副张,速息内争,一致对外。

某要人语记者,日军此次蛮行已属神人共愤,国人急宜猛省,速息内争,一致对外。晋绥将领,情愿荷戈前驱,效命疆场,平定旅并人士,发起组织对日外交后援会,一致对日。

《中央日报》1931年9月21日第一张第三版

12. 国联注意沈阳事件，中日代表在国联会各有陈词，旅沪美人认为有背非战公约，日人此次妄举不啻破坏世界和平

【本社二十上海专电】 路透日内瓦皓（十九日）电，今日午后，国联行政会中日代表各发关于沈阳事件之言论，日代表芳泽称：仅知中日军在沈冲突，未得详报，俟接到后，当通知行政会，日政府定当竭力避免纠纷。中代表施肇基称：此事非华人方面任何举动造成，渠当以所接各种消息通知行政会。议长称：本会希望美满和平之整理云。日内瓦对此事予以甚大之注意，因此事发生，适在宣布巩固弭战方法的公约之原则，业已成立之日也。

【本社二十日上海专电】 旅沪美人对东省日军暴行，认有背凯洛格非战公约，极注意。

（中央社）据熟悉国际情形之外人谈，满洲日军，于中国正谋和平解决各项悬案之际，突然采取断然手段，进占沈阳各地，显系日本军阀无理取闹之举动，故颇含有军人专政意味。由日本政治立场上观之，此次满洲事件，将为日本政权是否由武人所操纵之重大关键。然此次日军在满洲之妄举，非特侵害中国，实不啻存心破坏世界和平云。

《中央日报》1931年9月21日第一张第四版

13. 蒋主席昨日旋京，对记者谈日本暴行蛮横奇突，同胞同志精诚团结为国效命，昨晚在陵园会商对日方针

蒋主席于十八日离京赴赣督师"剿赤"，甫行抵南昌，接到国府电告，因日军在东北种种暴行，关系重大，亟须回京主持，即于二十日乘永绥舰离赣，昨日（二十一日）下午一时三十分抵京，在三北码头登岸。各要人至下关欢迎者有宋子文、孔祥熙、邵力子、王正廷、谷正伦、吴思豫等。以时间匆促，未能赶及出席昨日下午三时之中央常会谈话会，各中委于中常会谈话会散后，应蒋主席之

约,均赴总理陵园,有重要会商,筹议应付对日方针云。

又蒋主席抵埠时,有记者迎候趋前,询问对沈变意见,蒋主席答称:日本此次乘我大灾,突以军事行动,强占我沈阳,及辽吉各地,蛮横奇突,实为国际上之创闻。国家受此重大之侵侮,凡在国民,均应刻骨铭心,与政府取一致之步骤,同救国难。记者询以胡汉民先生是否将销假视事,主席答谓:此乃当然之事,国难至此,本党同志均应精诚团结,为国效命,不仅胡同志,凡属总理信徒,皆当积极负责,共任巨艰云。

《中央日报》1931 年 9 月 22 日第一张第三版

14. 日军暴行案,施肇基向国联提出,根据联盟会章要求干涉,国联理事会定今晨审查,已表示盼日方立即撤兵

【本社二十一日上海专电】 日内瓦二十一日电,施肇基今日向国联理事会,正式提出根据联盟会章第十、第十一两条,干涉日军在满行动。理事会从华代表请,定二十二日晨十时审查此案。

【本社二十一日上海专电】 英总领事谈:愿本非战公约,促沈案不再扩大。沪西报记者鲍尔等,组考察团马(廿一日)乘车北上,赴关外考察。列强认日军暴行为世界问题,英对东方金融悲观。

【本社二十一日上海专电】 美人所办之《大美晚报》,马(廿一日)社论,谓日当局宣称:占沈系军人所为,非外交政策表现,足证日政府无力管束军人。日方有效处置,应立即令日军退出占领区域,并向华方道歉及赔损失。

【日内瓦电】 国际对于日军在东省行动甚为重视,于必要或可采取相当办法。国际方面设如日军进占沈阳,非出政府同意,则吾盼望日军立即撤兵,撤兵后可由国际组织国际调查团,帮同中日两国解决争端云。

【华盛顿电讯】 美国当局对于东省之日军暴行,甚为注意,希望日方觉悟,避免军事行动,解决争端。又华盛顿《明星报》社论称:日本素谋占领东亚大陆,故借口中村事件,以谋攫夺南满主权或宗主权云。

《中央日报》1931 年 9 月 22 日第一张第三版

15. 中央告诫同胞团结御侮，国联理事会主张公道

日本暴行，迄不少戢，中央昨特发告全国同胞书，以勖勉全国民众。我国在国际方面，情形渐趋有利，昨日国联理事会已决定通知日本即日撤军，回至原地，并决派委员会赴满洲调查真相，可见国际是非，尚未泯灭。日军一部正向哈尔滨前进，希图昨日占领该埠，与俄日益接近，俄方已照会中日代表，声言不能再袖手旁观，日俄关系，似趋紧张，兹分录各项消息如次：

国联决议日本撤军，理事会向中日紧急通知，决派委员会至满洲调查

【本社二十二日上海专电】　日内瓦二十二日电，国联理事会今晨十时五十分开会，考虑中国申请干涉日本在满之军事行动，空气紧张，向所未有。中国代表施肇基，首先莅会，日代表芳泽到会较迟，面色灰白，状殊疲乏，吸雪茄，默坐案后，以待开会。开会后，施即起立，责日本强占北宁路之一段并强占沈阳等城，又掳中国官员多人，押禁日军营。日军更蹂躏地面，屠杀人民，据最近估计，华人被杀者达六百名，被掳者千余名云。

【本社二十二日上海专电】　日内瓦二十二日电，施肇基在理事会发言大胜利，芳泽答辩无理由。理事会授权主席勒乐即向中日两国政府，发出紧急通知书，申请避免扩大形势，并要求日本即将军队撤至原地，及恢复战前原状。理事会并于英首席代表薛西尔阻止中日代表雄辩后，议决：派遣委员会至满洲调查。

【本社二十二日上海专电】　日内瓦二十一日电，闻国联为道德的义务所驱使，不得不有所行动，即使引起日本之恶感，亦所不惜。至于国联准备采取之行动性质如何，现尚非常含糊，众料国联理事会将即请中日当局双方下令将军队撤至不易冲突之地点，一面由远东外交与军事代表组织委员会，实地调查真相。

日军凶暴继续中，中央告全国同胞书，日本蛮横为国际法规约章所不许，我遭此奇辱应一致僇力救国御侮，并必守确实团结加倍刻苦之教条

中央顷为日本乘我天灾人祸，救恤不暇之际，突以暴力侵占我东省，特发表告全国同胞书，望以坚定之意志，矢必死之决心，救国御侮，以换危亡，特录原文如下：

日本乘我内乱未平,天灾突起,死亡游离,救恤不暇之际,突以暴力施行侵略,十九日强占沈阳以后,辽吉要地,多被蹂躏,强暴之举,继续未已！其举动之蛮横,非惟国际法规约章所不许,实亦世界历史之创闻。我国家遭此无比之奇辱,民族受此重大之侵凌,凡有血气,莫不骇愤！本党秉总理之教训,为救国而革命,中央职责所在,必以最善之努力,挽此未有之危局,深信公理尚未沦丧,强暴不受裁制,亦深信吾同胞义愤奋发,各有宁为玉碎之决心,至最后必要时机,必能为国家人格民族生存,而洒其最后之热血！唯有欲为吾全国同胞告者,国家遭此非常之事变,必赖举国一致之力,尤必确认共循之径途。救国御侮,世上最艰巨最严重之工作也。唯其严重,故决不可掉之以轻心；唯其艰巨,故必运之以极坚强之组织。我国频年忧患,国力未充,致危召侮,事非一因,而最著之一点,则为缺乏团体动作之纪律。此次外患性质之严重,为从前所未有,欲期公理得伸,强暴敛迹,必须动作一致,步骤一致,听统一之指挥,守严整之纪律,而后乃能造成整个之力量,以收确实之效果。于此原则之下,愿为吾同胞指陈下列数事：一曰必须确实团结,应知当前,只有救国之一大事宜,以完成此一大事为至切要之任务。在捍卫民族利益之大原则下,切戒一切阶级区域,乃至见解情感之分歧,世上任何行动,罔不基于团结。临大敌而人自为战者必败,当大事而交诋互谪者必亡。故一切言论行动,必须真实保持全国之一致。二曰必须坚定沉着,须知吾人当前之责任,为极严重之责任,艰危之局,非虚声所能挽回,亦非人仅凭感情冲动之表示,所能有效。故吾人必须练热烈之感情,为坚强之力量,无时无刻,不作牺牲之准备,而一切必确守秩序,力戒矜张。须知他人之轻我者,在虚憍,则必力求坚毅；知他人之所希冀者在发生枝节,则应慎防奸谋。三曰必须加倍刻苦,无论国家与个人,均应倍矢辛勤,加紧工作,于应付危局之中,培养国家之基本。须知民族生存之努力,不容一刻休止。吾人此时,应痛切省悟于国力不竞之由来。故一方面国家仍须努力于"剿匪"、救灾,而吾人民无论为农为工为商为学,均不宜片刻荒弃其各自应有之工作,只须全国国民,深刻认识,切实作随时可以牺牲之准备,则国难无不可救。否则纷心无补于救亡,而损失将适以资敌。以上三者,均为吾全国必守之教条,事变当前,已不容吾人稍有徘徊与怠忽。切望以坚定之意志,守强固之纪律,矢必死之决心,作持久之奋斗,救国即以自救,御侮即以兴邦,转祸为福,视吾全国之努力何如,唯共图之。

苏俄声称对满洲不作旁观者,外委会副委长昨正式通知,战委会委员长已

飞来远东，日军急趋哈埠中东路轨昨被炸毁，俄日双方均有挑衅行为形势恶化

【莫斯科二十二日电】 外交委员会副委长今日正式通知日大使及华代办云，俄政府对于满洲方面之冲突，不能再为绝无关系之旁观者。战事委员会委员长伏洛希荣夫，已乘飞机往远东。

【本社二十二日上海专电】 电通沈阳养（二十二日）电，日军已将四洮线玉郑家屯及吉林全省占据，尚欲北上哈尔滨，今晨由沈开哈一联队，午后三时又有一联队续发。

【本社二十二日上海专电】 路透东京电，日军如占据哈尔滨，则势必牵涉中东路之地位，而日俄间之关系将发生问题矣。

【复旦京社北平二十二日电】 某使馆顷接哈尔滨急电，长春日军奉驻哈日领命调来哈，计有第二军团、多门师团及铁道守备队，今晨（二十二日）晨悉数向哈出发。昨（二十二日）晚哈埠发现巨大炸弹多枚，炸击正金银行及日侨住宅，传系俄人所为，一说日人自为。侵入南满、安奉两线日军，连日有向俄方挑衅行动。日军团二十二日晚可占领哈埠，市面呈极恐慌状态。苏联出兵即实现，日俄关系恶化。

【中央社哈尔滨十九日电】 此间秩序虽尚安谧，惟空气则异常紧张。日总领事已通电日侨准备不测，同时日领署警告中国官宪，不得容许任何反日举动。宽城子（南满、中东换轨处）已被日军占领，东路中俄职员，一概逃避。全城居民，亦偕相率逃亡。宽城子电报局，被日军轰击，有职员数人，死于炮火之下。

中央社据外人方面消息：中东路满州［洲］里一带路轨，昨日已被炸毁，逆料为日军之暴动，现闻苏俄亦甚注意云。

《中央日报》1931年9月23日第一张第三版

16. 各国不满日本暴行，美政府表示惊讶及忧虑

日本在东北暴行案，已引起各国政府之深切注意，均认为日人违犯非战公约破坏世界和平，兹将各国对日态度分志于次：

英报主张国联干涉

伦敦电讯。本月二十一日英国《孟撤斯德指导报》社函,主张国联干涉东省事件,略称日本侵犯东省,甚为敏捷,足证其为一种有组织有准备之举动。日本军阀蓄谋日久,并为有利于此种行动之激烈宣传。日方行动,实危及各国在华之利益,且违反凯洛克非战公约之精神,非战公约之与约各国,允宜加以注意云。

美国政府深刻注意

关于日军在东北暴行案,兹据某方确息,美国政府对日军行动表示惊讶及忧虑,且对满洲方面之军事行动,已加以深刻之注意云。

又华盛顿电讯,美国务院对于东省日军暴行,较之日前已加以更严重之注意,美政府方面虽未完全确定中日事件,是否能适用非战公约,但一般观察,均认为华府会议之九国条约,确可应用于此次事变。

法国反对激烈行动

外部顷接法京电讯,关于东北日军暴行案,法外部称:法政府颇反对国际间之激烈行动,苟有任何纠纷,应用和平解决云。

《中央日报》1931 年 9 月 23 日第一张第四版

17. 请全世界主张正义,日军之行动显系违反非战公约,倘不能制止侵略世界和平无望,全国名流电请美国主持公道,吴稚晖等对全世界发表宣言

暴日无端占据东省,国人无不义愤填膺,悲痛欲绝。我国名流胡适之等二十余人,前日在沪召集会议,联名通电美政府及人民,宣告日本甘心破坏世界和平,要求友邦主持正义。其原电略称:吾人为世界和平正义起见,电请美政府及人民,注意日本之公然破坏凯洛非战公约。满洲日军,无端启衅,十九日占据沈阳,旋复轰击占领沈西,以达鲜境之各城市。毁坏生命财产,残害无辜

居民,损失详情,现尚未明,或将永久不明。盖日军已将一切电讯机关捣毁矣。日方初则借口国军毁断南满铁轨,突向我军袭击,继复改变前说,谓南满路铁桥被我军炸毁。

最近东京电讯,又称日军进驻东省,系因一般激烈下级军官,不满政府对华之"懦弱"政策,致敢自由行动。然吾人深信日本此次行动,与一九一五年日政府之行动,同出一辙,是对日本乘欧战之机会,迫使中国承认残酷之"二十一条件"。此时西方各国,正因于经济问题,中国复忙于拯灾"剿共",日本乘人之危,谋图加害友邦,占据土地。中国领土被占者甚广,日军行动,事前显有筹备,无可纬[讳]饰。至于事件暴发原因,日方于两日之间,三易其辞,其不足信可知矣。日本之无端袭击中国,实属违反凯洛之非战公约。倘该约不能制止强国侵略弱邻,则无保障世界和平之效能。如此则世界人类,将永久沦于战祸,同归灭亡。非战公约,已经世界各国签字生效,日政府甘心破坏公约条文与精神,不啻对于各签字国之信义,加以藐视。吾辈盼望赞助该约之美政府及人民,为世界和平,主持公道云云。

签名者张嘉璈、胡适之、顾维钧、颜惠庆、陈光甫、郭秉文、张伯苓、刘湛恩、余日章、晏阳初、史量才、张竹平、董显光、刘鸿生、夏启麟、郭德华等二十余人。

又昨日中国知识界,由马湘[相]伯、陈三立、欧阳竟无、吴稚晖、李石曾、蔡元培、章太炎、胡适、谢寿康、陈寅恪、黄侃等领衔,用美、法、德、世界语等文字,通电全世界学术界领袖,暨学术机关,请各对于日本此次在华暴行,在正义人道之立场上,唤起各国政府,群起严厉制裁,确保世界和平,兹觅得其中原稿如下:日本乘吾华全国史所未有之洪水泛滥,及吾政府不惜巨大牺牲,以全力肃清积"匪"之际,悍然举其诳骗世界之理由,以重兵夺我东三省及华北各海岸,吾华猝然遇此,全国震惊,自维无力抵御,只得呼吁于世界爱护公理与人道文明人之前。此蔑视世界和平惨酷之劫掠焚杀,匪特是激起吾少年中国同仇敌忾之心理,产生剧烈之混乱,以列强在吾国利益错杂之关系,结果必演成世界第二大战之导火线,谨此宣言。中国智识界全体宣言。

《中央日报》1931年9月23日第一张第四版

18. 国联劝告撤兵后，日内阁急思转圜，日将声明愿撤兵至铁路区域，国联将再召集特别会议讨论

【本社二十三日上海专电】 路透东京漾（二十三日）电，日政府对满洲态度之宣言，已草就，在币原之考虑中，一二日内即发表。政府现正考虑国联来文，预料日内即将答复，声明日本愿撤兵至铁路区域，惟首须与中国谈判，不受第三方面之干涉。关于治安之担保，及日人生命财产之安全，日本各报及民众，似均与币原同一意见，愿缩小事变范围尽速解决之。

【本社二十三日上海专电】 电通东京漾（廿三日）电，内阁决不派兵赴哈，他处亦不增兵，币原今晨谒若槻，报告国联已劝告日本撤兵，日政府若不撤兵及其他解决方针，下最后决心，在国际上势将失坠声誉。

【本社二十三日上海专电】 日内瓦漾（廿三日）电，国联秘书处今日宣布，行政院将再召特别会，讨论满洲事件。

东京电讯，二十三日日内阁再开会议，阁员中外陆两相颇起争论。外相谓陆军如欲吞并东三省，无异吞一炸弹，内阁恐将引起国际责问，致蹈德国复辙，故决定为外交保障占领。又闻南陆相已电令取消土肥原为沈阳市长原命云。

国联通知书

外长王正廷，顷接日内瓦国联行政院主席勒乐氏来电，略称：关于中国东省事件，中国政府要求援照国联章程第十一条，今特开会议，行政院一致通过，援［授］权令余为下列行动：（一）对于中日两国政府发紧急通知，务须避免一切足以使事变扩，足以妨害和平解决之行为。（二）与中日两国代表协商一种确实方法，使两国立即撤兵，并使两国人民之生命财产不受妨害。（三）行政院决定将关于本件之会议纪录，及其他文件通知美国。余确信中国政府，必能依照行政院之请求，采取必要方法，借以避免一切足以使事变扩大，或足以妨害和平解决之行为。余立即与中日两国代表协商，使第二项所指办法，立即实现。余与德意法英诸国代表共同与中日代表，为上述协商第三项所指办法，业已实行。西班牙外长国联行政院主席勒乐启。（记者按，美国未加入国联会，

但为凯洛克非战公约之发起人,故国联会决议之第三项,将本事件之会议纪录,及其他文件通知美国。）

华代表声明

中国代表团对国际联合会秘书长提出之书面声明,大意如次：

为奉本国政府命令,请贵秘书长注意下列事件,并请根据盟约第十一条,立即召集国联理事会,以便采取最有效之方法,保障国际和平事。查中国代表团已于十九日将此严重情势,及中国不负任何过咎之事实,通知行政院,此后屡接本国政府电告,得悉情形已愈趋严重。日本之正式军队,已无故向中国军队,及沈阳开始轰击,同时将兵工厂营房破坏,火药库焚毁并将长春、宽城子一带之中国军队缴械,其后复行占领沈阳、安东,及其他要城多处。各地之公共机关,均经强迫占领,各交通机关亦均被占据。对此种强暴之行为,中国军队及人民因遵守中国政府之命令,并未有任何抵抗,或其他可令形势愈加严重之行为。中国为国际联合会会员之一,认为对于此种形势,国联会应根据盟约第十一条之规定,采取有效之动作。故本代表团奉中国政府命令,请行政会根据盟约第十一条所授与之权,采取最有效之方法,阻止此种情势之扩大,以免危及国际间和平,同时恢复原来之状况,并决定中国因此次事变所受损失,所应得赔偿之性质及数目,中国政府对于行政会之建议及大会之决议,决定遵守无异议云。

《中央日报》1931年9月24日第一张第三版

19. 外部否认将与日本直接交涉,应由国际公平处理,日方意在避免国际干涉,捏造我国有此项提议

外交界息：日本政府因受国际联合会严重责问,令其立刻撤兵,进退两难,其政府内部已自起纠纷。日方宣传将与我国直接交涉,企图避免国联会之干涉。我国方面已洞鉴日方此项诡计,在外交上暂视国联会决议之威信如何,坚决认为日军如不撤兵,谈不到交涉,此时并不赞同所谓直接交涉。据外部息,东京联合社载称,中国政府提议,组织中日共同调查委员会,及芳泽在国联行

政院所称,有中国高级官员提议,直接交涉各节,完全不确,中国政府绝无此项提议,现此事既经提出国联行政院,即应由国联公平处理云。

《中央日报》1931年9月24日第一张第三版

20. 外部昨提第三次抗议,破坏和平责任更加重,要求撤军及交还各条

东省事变,外部会两次提出紧急抗议,现日军仍继续侵占不已,长春、营口、宽城子、吉林与吉长铁路及其他各处相继被陷,又复任意焚毁,人民多被杀死。外部又于昨(二十三日)晚已提出第三次严重抗议,认日本方面故意使此事扩大,其藐视国际公法、国际条约,破坏东亚和平之责任,更应加重,仍要求立即撤退日军,将强占各地完全交还。

据外部息。日本政府对我国紧急严重抗议日军暴行之第一、二两次照会之答复,迄昨晚止,尚未送至外部。至外部致日方第一次抗议原文,拟日内即行发表云。

《中央日报》1931年9月24日第一张第三版

21. 湔洗我当前耻辱,国府昨发告国民书,凡我同胞应各悉听中央指导,蠲弃私见整齐步伐誓死救国,政府已有最后决心决不辜国民期望

国民政府为日军在东三省暴行事,顷发表告国民书,原文如下:

日军在东三省暴行发生以后,我全国人民应取之态度,中央已有详切之指示。国民政府今以政府目前应付本事件之经过,及政府对于国民之希望,撮其要略,以陈述于全国之国民。此次日本军队,在东省之暴行,基性质之严重为空前所未有。此种事变,实于我国全国之存亡有莫大之关系。当本月十八日日军暴行开始之时,事前既无肇衅之事端,而其举动,且与国际惯例及任何条

约冲突,乃竟公然侵占我疆土,残杀我人民,戮辱我军政官吏。且继续暴行,有加无已。日人所加于我国之侮辱,实为对全世界文明国家之威胁。国际联合会之设立,本为防止战争,且谋合各国群力,以防止侵略。今兹事变起后,政府已立即将日人之暴行,报告于国联,并要求第一步先使日军立刻撤退。二十二日国联行政委员会开会,对于停止军事行动,及撤退军队已有决议。政府并已电请国联行政会,一俟日军撤退,应立即设法对此蛮横事件,谋一正当之解决。深信此次事件,苟经一公平之调查,国联本其应有之职责,必能与我以充分之公道,及合理之补救。政府现时既以此次案件诉之于国联行政会,以待公理之解决,故已严格命令全国军队对日军,避免冲突,对于国民亦一致告诫,务必维持严肃镇静之态度。至对于在华日侨,政府亦严令各地方官吏妥慎保护,此为文明国家应有之责任。吾人应以文明对野蛮,以合理态度,显露无理暴行之罪恶,以期公理之必伸。然为维持吾国家之独立,政府已有最后之决心,为自卫之准备,决不辜国民之期望。时至今日,国内一切纠纷本均应立时冰释,全国同胞悉宜蠲弃私见,一致团结,群集于国民政府之下,为国家谋安全,为民族求独立。吾通国同胞,尤应实认非拥护国家之统一,无以对外,断不容以任何意气情感,摇动中央所决定之方策与步骤,以影响一致救国之决心。政府丁此困难,肩巨承危,处存亡绝续之关头,惟当秉承中央方略,时刻注意,并随时公开于国人之前,凡我同胞,其各信任政府,整齐步伐,一致听中央之指导,誓死救国,以发扬我民族精神,澌洗我当前耻辱,此尤愿与全国同胞,共相警勉者也。

《中央日报》1931年9月24日第一张第四版

22. 国际间是非渐明,美国责日满事负全责

国联劝告日本撤军后,美国态度在国际间,最关重要,昨日美国务卿已照会日使,谓日本对满洲事变,应负完全责任。同时答复国联,赞同国联之决议。美国态度,至是遂已完全明了。不过日人狡诈险恶,国人仍当继续努力,抗此凶暴。其在北宁之日军,业已向北宁全线出动,通辽、辽源各地,均告失陷,吉林城内,烧杀惨剧,尚在继续发生。兹分录各项消息如次:

我国接纳国联决议，美国态度完全表明

美政府通知国联议案极为赞同，施公使向国联敦促速派调查团，日政府欺骗国联伪称业已撤兵。

美国照会日使满事应负全责

据华盛顿确讯，美政府已于今日正式照会日本驻美大使，略谓：根据美政府所得之各方报告，此次满洲事件，日本应负完全责任云。

美国务卿史汀生，致文国联略称：现由美驻瑞士公使处，收到国联议决案，美政府对于国联诸议案中之态度，极表赞同，并将以同一之意旨，通知中日两国云。

王正廷电复国联行政院主席

国联行政院主席，昨有电致王正廷，通知行政院开会讨论日军侵华案情形，业志报端。昨王外长已有电答复该院主席，其大意首述本人对于行政院答复之迅速，表示钦佩，并对该院所决议之办法，表示满意。次即称对于行政院决议之第一点，国民政府以此项案件，既已诉□于国联，已严格命令全国军队，对侵略军避免冲突。对于国民亦一致告诫，务必维持严肃镇静之态度。对于第二点之意，则谓中国并未采任何违背该项决议字面或精神之办法，亦无任何军队调动，并谓中国政府对于国联会主张，以取最有效之方法，图日本军队立即撤退，殊为欣感。一俟中国政府恢复日军退出区域之管理权后，自当负保护生命财产之完全责任。末谓中国政府对于行政院将会议纪录转达美国政府一节，亦表示满意云云。

各国代表密议行政院将续开

外部顷接国际联合会中国代表团电告：自二十二日国联行政院会议，下午闭会后，英、法、意、德、西班牙等国代表，即开秘密会议，历一小时半，此后即请我国代表在地图上指出日军占领之区域，及日本侨民居住及投资地点，同时询我方代表，是否反对各国派驻平使馆陆军随员赴东北视察，及我国能予彼等交通上之便利至何地而止，当由我代表答称：对于派平使馆随员北上视察，极表欢迎，惟交通上之便利，只能达山海关，因逾此则中国铁路皆为日军占领也云

云。再我国代表将继续与兹五国代表会谈办法云。

日内瓦电讯,本届国际联合会闭会后,行政院将继续在西班牙京城马德里开会,讨论日军强占满洲事件。

【本社二十四日上海专电】 日内瓦敬(二十四日)电国联行政院长勒乐,今日宣布国联议会及行政院今后将继续开会,处置满洲事件。勒乐复称:现行政院正为恢复远东和平,尽力满洲问题,颇有早日解决之希望。

施公使敦促速派调查团赴东

外交部顷接日内瓦中国代表团电称:中国代表施肇基,顷与英代表薛西尔接谈,施称:国联行政院主席业已通知中国采取镇静态度,静候解决,但情形愈趋险恶,日本竟在长城以内,自由行动,并有日本海军向中国海岸前进之说。国联行政院应立即指派中立调查委员会,并立即再行召集行政会议,讨论紧急处置。若国联不即指派调查委员会,明日会议中,施将于大会中向行政院建议应请何国担任调查责任。薛谓:"予该委员会以种种便利,请将中国政府之主张及决定,通知国联总秘书处。"施答:"通知书业已拟就,立即送去。"

【(中央社)日内瓦二十三日电】 国联理事会,因中日事件,于本晚七时开会,在九时五十分始散。对于解决方针,尚无具体办法。国联方面,急待华盛顿复电,以明美政府采取何种态度与国联合作。闻会议时,我代表施肇基公使,极力主张各国选派在省调查团,警告日代表,如日方对于调查一节,不作明显表示,行政院拟即召集公开会议。二十三晚会议前英德法意西五国代表先行集议,约一小时半,据云:对于遣派调查团之提案,意见颇趋一致。施公使莅场数分钟,对于此点,应与各国代表同意。国联方面因东省情势日趋险恶,故拟由驻日华两国使团遴选干员,赴满调查,其人选则专限于文人及外交官吏,希望日政府能予同意。调查团将负报告国联关于中日两方是否避免一切扩大行动,并监视双方撤兵之责任。二十三晚会议时,施公使当众宣读中国之最近报告。芳泽亦报告日政府对于十八至二十一日一切事件之解释,词意与日方所传出之新闻相似。会议结果,芳泽允向日政府查明对于国联派遣调查团一节,是否同意。闻芳泽并以彼未得政府训示,要求理事会暂行停止开会两天。美联社消息云,国联理事会虽于下星期六闭幕,惟以东省事件,只有增加严重,故各委员会将继续在日内瓦讨论处置办法,一切进行,大有赖于美方态度之如何云。

日政府复国联措词异常含糊

【本社二十四日上海专电】 东京敬(念四日)电,日政府今日训令芳泽,答复国联行政院云:行政院通告奉悉,惟日政府于国联行政院采取此类行动前,业经力使满洲事件范围缩小,日政府曾由芳泽大使通知行政院,日本对于中国代表在日内瓦交换撤兵意见,并不反对,满洲日军现已撤回原防(?),故交换意见,日政府认为无此必要。

《中央日报》1931年9月25日第一张第三版

23. 日军暴行案由国联办理,王正廷昨日谈话

外交部长王正廷于昨(念四)日上午十一时,接见各报记者谈:日本在东省暴行问题,据云,日军此次暴行,违反国际盟约、凯洛克非战公约及华府九国协定。因此国民政府,乃正式向国际联合会及参加凯洛克非战公约各国政府,提出要求,请根据盟约及协定,公平处理。自该项要求提出后,前日国联会行政院已议决三点:(一)对于中日两国发紧急通知,务须避免一切足以使事变扩大,足以妨害和平解决之行为。(二)与中日两国代表协商一种确实方法,使两国立即撤兵,并使两国人民之生命财产不受妨害。(三)行政院决定将关于本事件之会议纪录,及其他文件,通知美国。行政院勒乐,已正式通知本国政府,本国政府业已答复,表示接纳,并说明此事,中国军队毫无侵占对方土地行为,所有军队移动,不过为奉命不抵抗之行动,现仍请求国联继续进行办理。昔时希腊与保加利亚、巴拉圭与玻利维亚、波兰与立陶宛之争执,每次均由国联行政院,第一步,令双方停止军事行动,第二步,由国联派员调查,第三步,根据调查事实,予以公平处决。是以我国仍要求国联继续进行办理,第二、第三两步工作也。嗣王氏又云:关于致日方第三次抗议,因外部不能根据普通消息提出抗议书,昨日接张副司令报告称:吉林、长春、安东各重要地,均被日军强占,遂于昨晚提出第三次抗议。至蒋公使业已抵日视事矣。

(中央社)日军在东省暴行,为国际所注意,近以我国提出国际公断,彼复造中日直接交涉之空气,并捏造重光葵于十九日在沪晤宋子文时,宋氏亦表示

中日直接交涉之说，企图掩尽国际间之耳目。兹据确实方面探悉，当日军在东省暴动行为将发生时，重光葵于十九日晨往访宋子文，提出中日直接交涉之要求，彼时宋事实未明，仅答以考虑。越二日，日军暴动，强占东省各地，事实业已证明。重光葵又派人，晤宋子文，仍提出中日直接交涉之要求，当被拒绝。又据可靠方面消息，我国以日军暴行事，已经国联处理，当然静待国联办理，日方造中日直接交涉之空气，异常荒谬云。

《中央日报》1931年9月25日第一张第三版

24. 外交部发正式声明，痛驳日方所谓条约根据

日昨日陆相曾对日记者，发表关于东三省之荒谬谈话，外部对此特于昨日下午，发表下列之声明：关于东省事变前，日本陆相于接见新闻记者之时，谓日本根据条约上所得之权利，在南满铁路每一基罗迈当，有派驻军队十五名之权，故南满铁路日本总计可驻兵一万六千五百人，但现在实际上日兵驻兵仅一万五千人云云。窥日人之用意无非欲借此混淆世界之听闻，以造成有利于本国之空气。殊不知事实俱在，今欲以一手遮天，日人虽巧恐亦难达目的。查此次日军占领东省，论其军队之数目，在两师团以上，其继续由朝鲜来者，尚不在内，连在乡军人等，大约至少有五万余人。论其出兵之经费，日内阁已决定每月二百二十万元，而临时紧急支出尚不与焉。占领我如许之城市，杀戮吾如许之人民，劫夺吾如许之财帛，乃谓系根据条约之行动，世界宁有是理！日陆相之言论，想系借口一九〇五年日俄和约附约第一款，殊不知此事中日两国条约中，迄无明文承认，且依照光绪三十一年中日会议东三省事宜附约第二款："日本政府愿副中国期望，如俄国允将护路兵撤退，日本允即一律照办。"现在中东路俄兵，既早经撤退，所有护路事宜，完全由中国军队担任，是日军之继续驻满，根本上失其条约之依据。总之，日本在南满维持驻军，无论借口何种理由，但决不能任意轰占我国之领土，掠劫我国之财产，杀害我国之人民，其理由明甚，无容置辩焉。

《中央日报》1931年9月26日第一张第三版

25. 答复国联，日巧词诡辩，谓已开始渐次撤军，无交换意见之必要，一味狡猾自欺欺人

【东京二十五日电】 日政府已于今日发表正式致国联会之答复，其大意仍谓上星期五，因中国军队在北大营附近，将南满路拆毁，同时向日军开枪，为此事变发生之原因。继谓是时为保障在满蒙百万日侨之安全起见，日军不得不迅速动作，将不靖区内之中国军队解除武装云云。该项声明又称：目前在满日军，除驻扎南满沿线外，尚有一部分驻沈阳、吉林及其他南满各要地。并否认日军占领营口、山海关盐务稽核所，四平街、郑家屯间之铁路，沈阳至新民间铁道，及派兵赴间岛等事。又称：凡至吉林之军队俟安靖后，即将开回长春云云。末称日军目前在东三省之数目，为条约所允许云云。其诡词巧辩，欲以一手掩尽世界人耳目之态度，于此益见。又闻日方对于国联派调查团东来事，始终持反对论调云。

据二十四日东京确讯，日政府电令芳泽答复国联通告，二十四日通过阁议，二十五日送出，其要点如下：（一）按照盟约日本允接受通告。（二）对于通告第一项，日本政府决定防止扩大，并由陆军省电令关东司令。（三）俟日侨生命财产安全无虑，或得有保障时，日本将军队撤回原驻地点，自无异议。（四）允诺国联行政院长与中日代表交换意见，以求撤兵之适当方法，惟只能在此目的范围内。（五）现日军已开始渐次撤退，恐将另交换意见之必要云云。又满洲出兵，日内阁于二十二日阁议始追认，每月经费三百二十万，尚无确实着落，然国内非战之声渐起。

日军此次侵犯东三省，日关东司令本庄，调兵遣将，指挥屠杀有条不紊，显著表现其为预定之计划。此种举动，为日本传统之大陆政策，无可隐讳。讵事实发生后，日本政府极力宣传，此为陆军当局之单独行动，更捏造币原外相与南陆相因此而冲突，惑乱国际听闻，认为辽东事件日政府尚不负全盘责任，为将来国联公判时，借此而为卸责之余地。日本此种狡猾行为，国联早洞烛其奸，徒见其心劳日绌耳。

《中央日报》1931年9月26日第一张第三版

26. 日本诬我毁满铁，日人自己亦不信，日领声明此说系官场性质的，荣致谈日人之诬赖昭然若揭

【本社念五日上海专电】 路透沈阳通讯，述日军轰击沈阳暴行甚详。内有十九日日领署正式布告，据谓华兵在北大营轰毁满铁，致日军有此行动云云。此说虽日人自己亦不信之，盖全部事件系预先布置者，固明显也。日领事声明此说系官场性质的军人之说，领署初无所知，直至已成事实之后始知之云云。

【本社廿四日北平专电】 荣臻谈：日方厚诬华兵炸南满路，实则南满系双轨，其破坏只一轨，以理度之，决非希图破坏之人急促所能为。（二）日方巧（十八日）下午十时廿分攻我北大营，而《盛京报》号外，则诬我军十一时半始将南满炸毁。（三）日军于发生事端后，即派人至华官厅，要求签字，承认衅自我开，路为我毁云。

《中央日报》1931年9月26日第一张第三版

27. 暴日蹂躏东省事，美与国联态度一致，美照会中日两国出任调停，国联行政院继续开会讨论

【华盛顿电】 美国务卿史汀生已正式照会中日两国，该照会内容如下：美政府与人民，数日来对东三省事，极关心，且觉为国际间极不幸之事件，美政府与人民希望国际间一切疑难问题，均可用和平宗旨与步骤解决之。再者非战公约中曾有规定"国际间如有纠纷，不得用武力解决"之明文。美中日三国皆为该条约之缔约国，因此美政府觉有出任调停之资格。美政府深望中日两国立即停止军事行动，勿有干犯国际公法或国际条约之行为，致使东三省事件和平解决上发生困难。

【日内瓦电讯】 国联行政院二十四日电，美国务卿史汀生略称：关于中日间不幸事变，美政府同情于国联所处之态度，并将向两国政府作同样劝告。行政院深觉欣幸，行政院对于解决满洲事件，并无任何预定方式，惟谋以最适当最有效之方略，以达到其保障世界和平之义务。行政院认为解决满洲事件，须

世界各国共同策略,方可期望得到完满结果云。

外部昨接出席国联会议代表团电称:美国务卿史汀生顷已电复国联秘书长,略称国联所致中日两国通知书,业已阅悉。美政府对于国联之措施极表同情,并将照会中日政府,促双方停止中日军事行动,避免目前险恶情形,俾得恢复和平状态云云。又行政院二十四晚开会时,英代表薛西尔主张,国联立即派遣中立视察团赴满,芳泽对于此举是否适当,表示疑虑,盖恐日方舆情将受激荡,致解决满事更觉困难。施公使极力主张视察团之重要,并称如国联不能立即派遣,应请行政院提出中立国家或名人,由我政府聘请赴满视察。芳泽旋称:渠未知日政府对于薛西尔提案能否同意,但予转达本国政府,惟国联如未经日本同意,即行委派视察团,则日政府不负任何责任。至于日军占领区域之扩大,芳泽则称:扩大范围仅限于保障日侨生命财产之需要。施公使旋复坚持委派视察团之主张,最后行政院决定,由芳泽电询日政府要求迅速答复。惟国联对于派遣视察团赴满调查真相一节,认为非常重要,希望能得日本之援助。暂定团员七人,由中立国人民组织之,国联委派三人,中日两政府各派二人。施公使对于此节表示同意,声明该视察团名义上应由国联委派,负随时直接报告行政院之责任,并谓此举尚未得迅速执行,彼将重行向行政院要求,介绍相当人选于中国政府云。

又行政院主席业已通知国联大会,略称:行政院对于中日事件,正在极力设法,谋获完满结束,于相当时期,当向大会报告。大会主席复称:中日事件,未曾提出大会以前,行政院自可考虑国联章程,规定计划、和解方针。惟在此情形之下,最大关键,即国联一切措施,当依世界舆情为转移。如国联能满足各方对于国联之期望,尚可博得世界同情。故不仅行政院于可能范围内,须尽量公开讨论,即大会亦希望于未闭幕前,得一详细报告,以便发表意见。盖国联一切会员国,均认中日事件与国联本身关系綦重云。

【日内瓦二十五日电】 国际联盟会行政院长已正式宣称:在中日事件未结束前,行政院将继续开会。原定本星期六闭会之议,现已结束作罢。现行政院在日代表芳泽未接其本国政府训令以前,尚难作进一步之表示云。

外交界息:日内瓦国联议会中罗马尼亚代表剔帝勒司哥宣称:于议会延会前,应先得行政院报告,俾克详细讨论中日纠纷。并主张会议于必要时,应永久开会,以便明悉公众意见云。

《中央日报》1931年9月26日第一张第四版

28. 世界舆论一致抨击暴日，日军暴行为人类所共愤

英国

【伦敦电讯】 二十四日晨伦敦国联促进会执行委员会，讨论日本侵犯东省事件，当为下列决议：东省事件，极关重要。国联行政院所持态度，甚为适当。一致拥护行政院提议之办法，并希望英国政府及代表，努力维持国联规程，不使任何国加以破坏。该会将上述决议，通知国联行政院各理事，及英国政府，并设法督促英国议院，于本晚开会时，一致赞同。

苏俄

【莫斯科电讯】 苏联工人，视日本占据满洲为帝国主义者之侵略压迫，并谓中国工人流血于帝国主义者之铁蹄下，全世界工人莫不表示同情，苏联人民对于华盛顿之态度及美国将援用华会条约之消息，颇为注意。

比利时

【中央社比京二十四日电】 日军侵满事，比外部表示：中比友谊甚笃，此事希望和平解决。国际联合会行政院现经受理，尤盼早有解决云。

南美洲

外部顷接智利京城来电，内称智外部已急电国联会智代表，令对满洲日军暴行事件，在国联会席上予中国代表充分援助，并盼国联会能将此案圆满解决云。又玻利维亚、阿根廷舆论对中国舆论，极表同情。玻政府对此或将有所表示云。

巴拿马

外部接巴拿马电讯：巴政府对于日军占领东省事，对中国极表同情，已电令驻国联代表提出严重抗议，无理侵占友邦领土，并维持公理云。

《中央日报》1931年9月26日第一张第四版

29. 日本决定永占南北满，芳泽拒绝国联调停坚持直接交涉，日派大队工兵急剧建筑吉会铁路

日本强盗行为激进，本庄强要沈海吉海等四路归日本，日飞机猛炸北宁车破坏平沈交通，俄调大批军队保护东路

外部接神户电讯，日军部现决定占领南北满，不畏第三国干涉，其驻鲜陆军擅赴吉林，林司令密下动员令，召集在鲜之日本退伍军人，约二三万名，由军部供给枪械赴北满，日本内地师团，亦有出动讯云。

【本社念[廿]六日北平志电】《东三省民报》社长赵雨时脱险到平谈：沈城文官自厅长以上，武官处长旅长以上，均被监视。汤玉麟、张作相、臧式毅、吴俊升家，什物均被搬运；副张宅贵重均抢空。差役缴费十元，始得命。皓（十九日）本庄即向臧式毅提出沈海、吉海、洮昂、四洮等铁路须全归日经营，东北五省区准日人实行自治等条件。臧拒绝，即被押宪兵部。日并向北宁路局提出：（一）准日军在各站设长途电话；（二）准日免费运兵，沈新间铁路归日警备。当局无力，已被迫承认。《民报》漾（念[廿]三日）晨被占，由日人改办《奉天公报》。

【本社念[廿]五日天津专电】俄调大批军队，实行保护东铁。日军开宽城子后并未前进。有（念[廿]五日）晨北宁车由津驶至巨流河，被日军检查，将路警枪械缴去，并绑走一人，余逃逸。又十一时，由沈西开列车，在赵家屯被日军飞机追至掷弹，幸未伤人。同时由津东开例车在饶阳河亦被日机轰炸，未受损失。

【本社二十六日北平专电】沟帮子电：饶阳河车站宥（廿六日）被日机炸毁。

（又电）日机连日四出掷弹，在兴隆店轰击北宁车，在饶阳轰炸打通车，死伤甚多。窥其用意，似欲阻断平沈交通，掩盖辽吉一切真相。

【中央社天津二十六日电】（一）二十五日上午五点四十五分，一〇三次车至巨流河，日兵登车检查旅客。见押车路警制服携枪，即上前将制服枪械子弹完全劫去，路警一人被绑。（二）二十五日上午十一点半，白旗堡站来日机一架，用机枪扫射车站。（三）二十四日，一〇二次车行经兴隆店被日机追击，

被击毙者二人,伤五人。内一抱孩之妇,当时手被击断,孩即抛坠轨道轧毙,妇亦跳车轧毙,其情甚惨。该次车于二十五日午后抵津,已将受伤者二人带来,伤者及车上弹孔,并经记者照摄,北宁路局某洋员亦在车上目睹。(四)日军退通辽时,放炮示威,嗣又来飞机对电灯厂及南站两处掷炸云。

【本社二十五日北平专电】 皇姑屯电。沈商会募华警六百,会同日军维持治安,均系徒手,臂章白布,缀"自卫团"三红字。日军铁甲车司令部设沈钟楼南永清照相馆,日夜派两车梭巡市内。皇姑屯开票车六次,专运难民三万余。

【中央社北平廿五日电】 沈阳归客谈:前在北大营缴获我军之枪械,日军已拨七列车,全部运走,并载去我国童子军十余名。至兵工厂手枪六万余支,均发交日人,以为屠杀华人利器。我军大部现集中沟帮子一带,秩序极佳。

《中央日报》1931年9月27日第一张第三版

30. 中国坚拒直接交涉,施肇基重言声明令撤日军,国联果能主持正义到底否?

【外部接日内瓦二十六日电讯】 国联行政院昨下午五时公开会议,意欲根据日本最后之照会,解决满洲问题。中国代表施肇基即宣称:日本现占领中国领土,直接交涉,系为绝对不可能之事,并称中国于日军撤退以后,当负保护日侨生命财产之责。现在在日军占领区域以外之日侨,莫不异常安全,即可知中国政府实具有保护之能力。并称:中国现在对此事,已悉听国联之处置。英代表薛西尔谓,甲国派遣军队占领乙国土地,以保护甲国侨民,实为危险之事。嗣芳泽递新照会,施肇基复重言声明,要求国联应令日军撤退至九月十八日以前之原驻地点,并提议中立视察团应考虑撤兵之办法及时期,并报告国联。芳泽则称:日本政府预备立即与中国直接交涉,并谓据彼个人意见,现在形势已缓和(?),可以实行原来所提议之双方交涉。芳泽亦递正式公文,谓日本在中国无侵略土地之野心云云。

【本社二六日上海专电】 孔祥熙谈:中央对日方针与步骤,早已决定,如国联不能主持正义，制止暴日越轨行动，我国为自卫计，惟有出死力与之一战。粤方无问题，唐少川已动身来沪，以便与中央共商大计。

《中央日报》1931年9月27日第一张第三版

31. 国际舆论抨击暴日，日军入寇何异白昼行劫，国联会亟应设法制裁

德舆论均不直日人

（中央社）柏林电讯。德报均不直日人行动。《德意志日报》谓日人因此次军事行动，引起抵制日货运动，实属得不偿失。如国联不能解决，恐将牵动世界全局。《柏林地方新闻报》谓，日人在满洲兵力雄厚，所称之中国炸毁南满路铁桥，似不可靠。《柏林日报》谓日军声称在奉，系演放手溜弹，然炸毙中国兵七八十人，殊觉奇异。如国联不能解决，此事将引起世界之惊疑。社会民主党《前进报》谓国联开会，日本竟有此强盗行为，殊觉奇异。解决满洲问题，须用协调方法，消除外人势力云。

国联会应切实制裁

《日内瓦日报》晚刊载有欧洲最著名公法家威廉·马丁氏极强有力之论说，其要点如下：满洲事件，实极严重之事件。国际联合会之存在与否，将以此事为转移。华盛顿条约、非战公约、国联盟约，现均一律破坏。如国联于此不能有何种举动，日本军队仍行留占满洲，而事变以前之状态，不能立即回复，则一切保障公安之条约，均可摧毁无余，俱成废纸。军缩会议之前途，乃至欧洲之命运，现在均属危险。此次之事，乃系世界和平与武力主义之决斗，但如果此次之事变，为日本与国联较量武力者，日本应即让步。又日本与中国，均系行政院会员，中国已将此事告知国联，且并无何种鲁莽之行动，均系于此事有利，谁为戎首，极易断定。凡有拒绝国联行动，必为公义所裁判，而终于屈伏也。

日军何异白昼行劫

海参威[崴]电讯。伯利《太平洋星报》念一日载《日本占据北满案评论》一文,谓日本并未向中国宣战,竟派兵占领沈阳等处,其目的不仅占据北满,且拟进占内蒙,日本计划军事已久,迭次中日军警行动,均为日方所造成,借以宣传日侨在东三省地位之危险,其国人亦日造危言,以耸听闻。中村事件发生,日帝国主义之报纸,遂利用以为宣传利器,日本军警恃其武力,乘人之弱,在中国政府自有之家国内,加害华人,犹谓系保障日本在满蒙之特殊权利,何异于白昼行劫。苏联现在责任,惟在严重注意满洲事件之发展,与本国疆界之防卫云。

另讯,俄京《真理报》载《日帝国主义之进攻》社论一文,略谓日军此次动员,虽借口中国军队谋拆南满路,其动机实因东三省年来经济建设之发展,使日人利害,蒙重大打击,深为嫉视。又谓中国向恃国联及非战公约为保障,此次事变,国联竟公然接受日代表之报告,而华盛顿方面初亦谓此种事件,不足为破坏非战公约之根据,殊属可叹云。

《中央日报》1931年9月27日第一张第四版

32. 美人来华调查东北,研究特殊权利鲜案中村案等

【世界社纽约讯】 纽约国际事情研究所长杨格博士夫妇,因调查我东北问题,现乘大赍船杰弗逊总统号来华。博士为美国研究我东北之第一人,青年时代曾任乔治华盛顿大学之助教授,其后来华三年,研究南满铁路等之情形。回美后,由霍布金斯大学聘为教授。著有《东北租借地》一书。此次拟留北平二年,调查东北各国之特殊利权与旅大租借地之历史等,并拟调查最近之万宝山案及中村案云。

《中央日报》1931年9月27日第一张第四版

33. 国联行政院俟日军撤退后闭会，行政院主席请日速即撤兵，日下令撤回铁路线外军队

【本社二十七日上海专电】 日内瓦感（二十七日）电，国联行政院今晨宣布，在此一周中，暂不休会，须俟确知占领满洲各地之日军完全撤退后始休会。

又本京某机关，顷据日内瓦急电，国际联合会行政院议决延长一星期，俟日军完全撤退后，再行闭会。

路透息，日本陆军部长向记者宣称：经过商议之后，参谋总长决定不再派兵向满洲铁路以外区域保护侨民，并训令数日之内将所有在铁路区域以外之军队，一律撤回。至自朝鲜派来之后援军，在可能范围，亦将速返原防云。

外部昨接日内瓦二十六日施公使电称：在二十五日国联行政院会议席上，日代表芳泽，已确实声明即将撤兵，同时行政院已令日军须即日撤退云。

国联行政院主席勒乐，已在今夕行政院表示，该会对于日本照会认为满意。英国总代表薛西尔亦于今夕结束满洲事件之讨论时，声称行政院业履行会章第十一款之责任，渠亦赞同芳泽大使之言，解决满洲争执之责任，在中日两国云。最后主席勒乐又在散会前，重请日本尽速撤回在满军队。至满铁附属地以内，并对于中国宣称，将视日军撤退情形负责保障该地日侨生命财产一节，表示认可。

【日内瓦二十五日电】 中国代表施肇基公使，今在国联行政院愤激宣称：当日军强占中国领土之时，中国政府之直接谈判，乃绝对不可能者。施氏之发此言，系在日代表芳泽照会行政院声明，日本未见国联有干涉东省事件与派遣调查委员会之必要，及日政府仅愿与中国直接交涉之后，以故施氏愤慨万分，语音竟为之震颤。日使芳泽则于致送前项照会后，又送一新照会，一再声明日本并无占据中国领土意。按国联行政院系于今日下午五时召集公开会议，中代表施公使宣称中国不愿于日军强占领土时直接谈判后，并报告理事会：中国一俟日军退出所占领土，即负保护该地日侨生命财产责任，中政府保护日侨生命财产之能力，观于未为日军占据各地之日侨安居无恙，可为明证。此辈日侨迄未被人侵扰，因在国民政府保护之下。又谓中国今日将其国家完全听命于

国联,毫无保留条件。日代表芳泽亦在行政院演说称:日政府准备与中国立即开始直接谈判,俾得圆满解决。渠意满洲时局及中日间关系,业已进步至可以放弃中国原议代以直接交涉之程度云云。迨日代表送出新照会,施公使复一再要求国联使日军退至本月十八日以前原驻地点,并提议推派中立国代表组织委员会,调查日军在满撤退之状况与日期,俾将撤兵情形报告国联行政院。按国联自日本拒绝调处后,已大感棘手,今以中日代表之演说,益陷于进退维谷之境,故国联中人大觉失望,但然承认日本已予国联一大打击云。

《中央日报》1931年9月28日第一张第三版

34. 外部要人谈交涉方针,恢复东三省完全主权,赔偿因暴行所受损失

关于二十五日出席国联会之日代表芳泽提出声明日军即将撤退及不赞成国联会派调查团至远东视察事,昨外部某要人发表重要之谈话,略谓:二十五日国联行政院开会时,日代表芳泽郑重为日政府声明,立将现在东省之日本军队撤退至南满铁道附属地,此事足证日军阀已受极大惩创。同时国联行政院,已接受我国代表施肇基之宣告,谓中国军队还防后,当负全责,保护日本侨民之生命、财产。日军侵占东省之一幕凶剧,由此将告一段落,日本军阀苦心经营之计划竟于一星期内归于失败。日本军阀鉴于世界舆论之可畏,国联大会及行政院空气之严重,美政府之通牒,及苏俄表示之态度,知世界舆论之可畏,已不得不放弃其已经实行之计划,并将军队撤至满铁附属地带。至国联派遣武官调查团,监视日本撤兵事,日军阀竟强迫币原外相急令驻美日使出渊,向美国疏通,及出席国联代表芳泽,要求列强不坚持此点,因此事与日政府颜面有关,不如此,日内阁且将为国内军阀所挤倒。在国联行政院开会时,芳泽曾重宣称:"日本可以信义担保自动撤退,现在东省之日军,至满铁附属地,以备与中国政府交涉解决此次争端。"总之无论日方所称交涉之方式如何,我国今日唯一之方针,即为恢复我国在东省之完全主权,及赔偿我方因日军暴行所受一切生命财产之损失,一日不达此目的,则此次事变,不能认为结果也。对于最近日军之积极以炸弹机枪攻击北宁路火车事,予信世界文明各国,自亦当表

示惊讶也。

《中央日报》1931年9月28日第一张第三版

35. 日复美照自欺欺人，还说无干犯国际公约行动

【路透东京念七日下午六时电】 日政府明日阁议后，即发出答复美外长史汀生之照会，大意称：关于美国希望东三省事，不扩大之意，日政府极表赞同，日本决无干犯国际公约条文之行动，并希望此事，可早日与中国以和平方法解决之。

《中央日报》1931年9月28日第一张第三版

36. 外部答美政府照会，除日兵立即退出占领区域外，中国政府不能觅得其他方法

美政府于二十六日由驻华美使转来之照会，对于日军在东北自由行动事，有所表示，外部已于二十七日电复美政府，谓对于东北事件，日本应负侵略责任，除日方即日撤兵外，别无他法，可以维持国际公法之信用云云。兹将原照会译录于次：

中国政府昨日午后，接准美国政府交由驻华美国公使，自北平递到关于中国此次事变之通牒，美国政府及人民对于因日本军队之行动，在中国所酿成之事变，深为关切，因是希望中日间之关系，如其他文明各国间之关系，应适用和平之原则及办法，而不诉诸武力一节，中国政府及人民颇为欣感。中国政府深信，美国政府于分致通牒于中日政府之际，受热诚愿望之驱使，欲以缔约国一份子之资格，维持国际条约，尤其一九二八年在巴黎签订之非战公约之尊严，各该条约拘束各缔约国于彼此关系间不采用战争，而采用和平方法也。

此次日本军队侵略行动之结果，我国领土为其侵入，我国城市为其占领，并有为其劫掠者，我国官员及无辜人民，为其侮辱伤毙，且当美国政府分致同样通牒于中日政府劝告制止武力行动之日，中国装载难民之北宁路客车，尚为

日本军事飞机,以炸弹机关枪攻击,伤毙者甚多。是日本政府虽声明采取一切方法,以免事变愈趋严重,并将军队自占领区域,立即撤回。然日本军队,仍有此种新发生之战争行动。虽处此情势之下,而中国全体人民,犹受训告,维持镇静严肃,盖深信在维持和平之国际条约尊严原则之下,违约国家在全体文明国家之前,将全伏其暴戾举动之罪也。

当此国际公法国际条约横遭蹂躏之际,除日本立即撤兵完全退出占领区域,予被害方面,助中国政府及人民以充份[分]之补偿外,中国政府不能觅得其他方法,以满足国际公法国际协约之需要。

中国政府热诚希望立即采用最有效之方法,以维持上述各国际条约之尊严,及其不可侵犯之原则,庶几各国尤其美国所有过去维持和平之一切努力,不致全功尽弃也。

《中央日报》1931年9月29日第一张第三版

37. 国联大会定今日休会,芳泽向国际联合会声明,本星期撤至满铁附属地,占领区域是否完全退出

【本社二十八日上海专电】 日内瓦感(二十七日)电,国联议会,原定星期六休会,现因对东省事件得一解决,保证今日决定至星期二休会,行政院大约尚将俟日军撤退之后,开至星期六。芳泽今已向国联保证满洲日军在星期四当可撤退回至满铁附属地。国联中人云:俟日军退出占领区域后,中日即可进行交涉。

【中央社外部接日内瓦二十八日电】 国联大会及行政院须待日本侵占东省事件有确实解决方法后闭会,预计大会闭会日期,至早为本星期二,行政院大约至星期六始闭会。又日方已向国联切实声明,在本星期内,日本在东三省军队,均撤至南满路附属地内云。

【中央社日内瓦念七日电】 今日国联辩论制止战事办法公约时,挪威、荷兰两国代表,向国联处置中日事件之政策,大肆抨击。挪代表声称:现今公约比诸草案较弱,徒此制定约章,至于危急之秋,蹂躏约章者,一味蹂躏,无所忌惮,诚无裨于事也。挪代表提及中日事件时,谓国联政策,不啻自杀,至少亦对

于自身施一重大打击,世界对于国联压制侵略主义之信仰,大受影响,一时碍难恢复云。

《中央日报》1931年9月29日第一张第三版

38. 国联威信安在,对日本暴行竟无办法,主席称经最大努力未能解决,英代表谓直接交涉应即开始,芳泽明言不能保证撤军确期

国联大会昨日闭会,施肇基严诘日军袭击火车事,芳泽厚颜否认残杀我妇孺事

【本社二十九日上海专电】 路透日内瓦电,国联行政院今日散会时议长宣布,行政院对再集议办理中日问题会期将延长数日云。行政院本定今日闭会,今晚延长期之决议,当可对南京政府之努力以结果,激烈主张而成就和平解决。今日午后理事会开会时,芳泽宣布日军撤退正在进行之后,施肇基起言:渠以甚大注意,听日代表之言论,少注意于撤兵一事。渠若知日军已全数撤退,当渠不知日代表对日飞机攻击北宁客车事,将有何言,渠愿闻之,击火车未有华兵在内而附近地地方亦未有华兵踪迹。中国在最好情谊上,与世界各国共同生活,不惟对日本如是。尽速恢复原状,乃最切望之事。渠以和解精神,放弃日前所发立即派中立国人调查团赴满之请,拟请行政院继续襄助,俾两国就地和平解决云。芳泽答词:否认日军屠杀中国妇孺之说。又谓,渠不能给予日军完全撤退之确期,渠将以中国所发直接谈判之建议,电告日本政府云。至是中日代表争执颇久,芳泽赞成施肇基坚持行政院应参加两国谈判之说,芳泽反对之,谓不能将此建议转达日政府,渠所可为者在以中国所提出直接谈判之议,电告政府。英代表薛西尔谓直接谈判,应即开始,如遇困难,可再提交行政院云。最后主席声称,明日国联议会闭会时,渠将发表关于满洲事件之言论,行政院将延数日云。

【本社二十九日上海专电】 日内瓦艳(二十九日)电,国联会今日已闭会。末次大会时,行政院主席勒乐声称:中日问题经行政院最大努力,未能解决。行政院信任日本不贪中国土地,及日军在可能上尽速撤回满铁附属地之宣言,

深信两方之善意与中日间之直接交涉,将为达到最后解决之最妙方法,行政院将继续促进此种方法,直至解决而后已。次议会主席答称:议会无不注意中日间危局,或讨论行政院处置之表示云。

我国出席国际联合会首席代表施肇基,昨有电到京,报告国联大会艳日(廿九日)闭幕,同时由大会名义发表宣告,对此次日军侵占我国东三省之争端,认为国联大会开会时期中最不幸之事实,行政院理事会有鉴于此项事实之严重状态,通知中日两国极力避免战争行动,大会对此,除希望各该国遵从此项决议,和平解决所有争端外,并希望各会员国尊重国际盟约之精神,今后不再发生类此不幸事件,以维持世界之和平等语。国联大会虽已于昨日闭幕,但国联行政院理事会尚须待十月三日闭幕,在此数日中,限令侵入东省腹地之日军悉数撤退,以保持国联决议之尊严。

外部据路透社念九日上午九日上海电话:日内瓦电,国际联盟昨日(二十八日)大会开会前,南京路透电讯,闻因民众不满意国联态度而殴伤王外长消息已到日内瓦,国联主席勒乐起立宣称:因南京民众误解国联态度,而致殴伤王外长,至为不幸,并代表国联慰问王外长。日领袖代表芳泽称:彼与王外长系至交,彼于王外长才能品格素极钦佩,芳泽代表日本代表团慰问王外长。我国领袖代表施肇基答谢国联与日本代表团之盛意。芳泽公使宣称:日军在南满铁路区外,已开始撤退。在吉林、长春等处日军,已于上星期五撤清。虽北满日侨屡次电日政府派兵保护,日政府为迅速解决东三省问题起见,已决议不派兵去北满。施公使便起立称:对芳泽日军撤退报告,甚为欣慰。不过如日军完全撤清,则中国代表团当更加满意矣。施公使并质问日代表团关于日飞机用机枪扫射北宁路火车事,望日方答复。双方争辩多时后,国联主席勒乐,起立宣称:关于东三省事,国联今日(廿九日)有重要宣言发表,大会虽今日(廿九日)闭会,行政院将继续开会数日,借可早日解决东三省问题云。

《中央日报》1931年9月30日第一张第三版

39. 社论：对外宣传与经济绝交

此次日帝国主义之暴行，凡属我国国民，莫不义愤填膺，誓死反抗。但暴日之侵害我民族，已有三四十年之历史，其祸华之阴谋，亦有长久之企图。今日之反日，决非短时间所能奏效，必须国人团结一致，为长久之努力，且须极力作对外之宣传，取得国际方面之同情。近顷国联所表示之态度，虽未能悉依正义，然我苟能根据联盟约章，据理力争，则国联终不能抹杀不顾，以自隳威信也。

记者以为今日之事，吾人仍须本此方针，努力奋斗，为一切必要之宣传与活动，引起世界对于远东战祸之注意，务使日本之暴行，终受国际正义之裁制而后已。故吾人亟宜搜集日本在东北暴行之材料，作成日本强占东北事件之详细说明书，以宣达于世界。更依据上项材料之基础，从法律之见地，作成诉述式之文件，扩大国际之宣传。同时，对日交涉须采取攻势，除于要求东北境内日兵应即时全部撤退外，并须质问日本在东北暴行之责任，提出具体要求，以求外交上最后之胜利。

至于我国民众处此国运危急之顷，须作坚强之团结，为政府外交之后盾。更须采取更有效力之手段，为长时间之奋斗。目前吾人对日经济绝交，实为抵制暴日之有效手段。日本对华侵略之背景，纯为日本资产阶级与军阀利益之发动。年来日本不景气之迫切，愈使日本加紧其对华侵害之野心。故吾人今日当于经济上采用绝对不合作之方针。过去曾厉行数次经济绝交，皆曾使日帝国主义蒙极大之损失，今日我全国同胞苟能同心协力，一致为经济绝交之进行，必可以挫暴日之锐气，使知我民气之不可侮。所谓经济绝交，即系排斥日货及断绝对日一切经济关系，而排斥日货尤为最有力之外交手段。日本向以我国为其销纳过剩货物之市场，我国如能切实实行抵制日货，足以制日本工商业之死命。年来我国反日有发展，据调查所得本年二月起迄六月止，日本在我国境内新设工厂共计达五百余所，就长江一带而论，其数已达三百七十五所，资本总额，已达七千万日金，其余在东北之经营，更属可惊。故日本之武力占据我国领土，实以其经济之侵略为骨干。我民众在今日悲愤之时，应下决心，为长久经济绝交之奋斗。吾人此种行动，纯系自卫之行为。经济绝交之目的，只求能将日本在华之经济势力,完全铲除,因此而可以断绝其在华之一切之势力,则吾民族之独立,将由此而臻于巩固。吾人认定此种手段为实行洗刷国耻,谋民众解放之唯一方法。吾人尤须坚定意志,在日本对华政策未曾改善以前,决不停止经济绝交之工作。

吾人今日犹不能已于言者,大难当前,吾民族之生命危于一发。我民族在今日欲求自存,必须及时奋发,以培养民族之实力,强固政府之组织,以解放压迫我民族最狠毒之日本帝国主义者之势力。在此危急存亡之一瞬间,吾人当努力求不为日人之鱼肉。一国之盛衰,固以民气之奋发与否为基础,但实力之充实,亦为一民族图生存之重要因素。一国实力之有无,全由其军备、人口、经济力、产业力及其他相关之要素而决定。我国今日在实力方面已极缺乏,我民族之尚能图存者,则国民精神尚能保持其强烈之情绪。吾人希望自今为始,本固有之民气,为实力之充实,则十年生聚,十年教训,我民族未始不可于极艰难之国运中,以求自强。国人乎!在今日外患与天灾交侵之时,吾人当念其处境之苦,而求所以自存之道。吾人相信争取民族之自由,与独立,惟在目前。否则,一再因循,国将不国,我民族将永沦于帝国主义铁蹄之下,历万劫而莫复。时危势迫,惟我全国之民众,其速起图之。

《中央日报》1931年9月30日第一张第三版

40. 有需要时国联行政院将复开,昨日会议中日代表各有陈说,日内瓦对施继外长空气颇佳

【本社三十日上海专电】 路透日内瓦电,国联会将于陷(三十日)午后四时开最后一次会议,听取中日两总代表关于满洲事件之陈说,然后草拟纪录双方陈说之议案,并决定如满洲事件之情形,暂有召集行政会之需要,则行政会于十月十四日复开。

【本社三十日上海专电】 国民新闻社日内瓦电,国联中人表示,中国以施肇基继任外长,在办理东省事件上,大足以加强中国在行政院之地位,或可使国联行政院延长会期,而施在行政院中之要求,亦或更可坚持。此间熟悉时事者,咸信施升任外长,位望更隆,将可迫芳泽切实答复中国之要求,故此对于王

辞职与施继任平时格外注意。行政院迄今仍在觅一解决中日危机之方式,现一般人咸认此次施之继任外长,将于造成有利中国之世界舆论上大有裨益。

【本社三十日上海专电】 国际商会华分会及全国商联会,陷(三十日)电勒乐,请迅即采行必要步骤。

《中央日报》1931 年 10 月 1 日第一张第四版

41. 国联休会两星期,施肇基称日军应即撤退,责任及赔偿由国联指定

【本社一日上海专电】 路透日内瓦三十日电,国联行政会三十日午四时开会,通过英法意德四代表组合特别委员会,三十日晨密议所拟定提案,行政会后即闭会,至十月十四日复开,但议定如日军退出占据区域中日已进行谈判前可延期。议案节略如下:(一)承认日政府所称在满无土地一节之重要。(二)请双方肆力促成两国寻常关系之恢复,并完成谅解之实施。施肇基会后发表宣言,俟日军全退原状恢复后,中政府将继续请示国联相助,解决九一八事变之责任,及所有损失赔偿。

外部接十月一日日内瓦中国代表团来电称:本日下午国联行政院开会,主席勒乐氏声明,保障和平,乃国际天职,但撤退军队至南满铁路附属地,须有相当时间,似无再开会之必要,现在暂告休会,行政院对于东省事件极为关心,如需相助之处,自当尽力为之。芳泽声称,愿接受该项决议,但实地调查消息,实非必要,行政院各理事接到其本国政府所发消息后,即通知国联秘书长可也。施肇基声称,中国政府将供给国联各种消息,国联肯负责办理,自当满意,希望日本撤兵从速实行,完全恢复以前状况。若十四日内尚未完全恢复原状,行政院应再集会讨论应付办法。余曾提议由调查团就地办理,行政院于十四日集会时,当可予以考虑。中国政府保留国联规程赋予之权利,将重行请求行政院,指定当事人之责任及赔偿。根据上述之谅解,全声明接受决议,决议遂一致通过。行政院于是即休会,至十四日再行集议云。

解决办法内容

外人方面息,国联行政院,于昨(三十日)下午四时开最末一次会议,对于

日军强占东省事,业已正式宣布,根据中日双方之报告,决议解决办法如下:(一)限日军即行撤退至南满铁路附属地,在撤退期内及撤退以后,中国政府有担保保护日侨生命财产之责,且双方务须谅解合作极力避免再有轨外行动,使国联感觉更难寻觅解决之途径,并希望于最早期内恢复九月十八日以前状态。(二)日军撤退完竣,中国即行收回行政权,迨恢复原有状态时,中日双方开始交涉。(三)此次事件,设发生争执,有万不得已之困难,双方不能解决时,得陈诉国联,在十月十四日再召集理事会解决之。(四)行政院希望中日双方依照本决议案遵守施行,得一圆满解决,不致有再开理事会之举。闻其余尚有关于解决满洲事件之附带问题五点,亦由行政院决议同时宣布云。又大会宣读决议后,我国出席代表施肇基起立,除感谢国联解决之意外,并声请附加决议一条,谓此次事件,中国政府请保留将来交涉时认为日军确有非法行动,中国有请求赔偿道歉等点之权。日代表芳泽当即起立表示反对,认大会决议,对此点已包含在内,毋须再另行附加一条。最后施代表复声述,希望日本政府即日遵照决议实行,在十月十四日以前,务必将侵犯东省军队完全撤退,以恢复东省九月十八日以前之原有状态云。

《中央日报》1931年10月2日第一张第三版

42. 顾维钧昨由平抵京,今晨谒蒋主席报告一切,对东省事将有意见陈述

顾维钧行将来京,已志各报,兹悉顾氏于昨(一)晨八时由北平乘副部之福特飞机南驶,沿途并未停留,于下午一时五十分飞抵首都明故宫飞机场。同来者仅秘书李鸿栻,及随从一人。事先到站欢迎者,有财长宋子文、中委吴铁城,及高维岳等十余人。顾氏下机后,与欢迎诸人握手寒暄后,即赴励志社休息。日日社记者随即往访,比承接见,并发表谈话如次:日本在今日世界倡导和平之际,竟乘我国天灾匪乱之时,出兵侵我国土,不惜破坏国际各项公约与世界和平,如此重大侮辱,举国愤慨,凡我国人谁能堪此。际兹国难临头,外侮日亟,此次来京,当就个人意见所及,建议政府之采行,以谋国家外交之胜利。张副司令对于东省事件,认为国家整个问题,惟听候中央之交涉。张氏向中央

日有电报往还，本人此来，附带再作详细之陈述。兹定明（即今）晨晋谒蒋主席，报告一切。日军占领东省各地后，在沈阳等处，煽惑我国人民，起立自治，图抗政府，有所谓中和独立国者，谣嚣蜂起，日人之野心，可怕殊甚。被陷区域，电讯阻滞，一切消息，均被日方操纵，不能通达。故翔实情形，尚难得知。闻国联宣布令其撤退，但观其后效如何云云。

《中央日报》1931 年 10 月 2 日第一张第三版

43. 国联会处置东事经过，政府某要人之谈话

中央社昨日政府某要人，应中外记者关于国联处置日本侵占东省事件之询问，发表谈话如下：

距今十二日以前，日本开□破坏远东和平，暴力侵占东省，当时日本国内军阀，趾高气扬，目空一切，以为多年迷梦并吞计划，可以实行，孰料不旋踵间，已不得不在国联行政院宣告失败。始则国联行政院，命其立即撤兵，三日后美国外交部，予以同样之要求，是皆日本军阀始料所不及。前星期内，日本外务省几无日不有宣言，谓此系"地方"事件，无需"第三者"与闻，然仍不得不逐日备有正式报告，递交国联行政院，并由国联转电美国，详述日本撤兵经过。查自国联决定令日本撤兵以来，日本通牒报告，已开始撤兵，继称已逐渐撤退，又称铁道区域外，仅数处尚驻有少数日军，讵又称铁道区域外，仅吉林、沈阳、郑家屯及新民屯驻有极少数日本军队，最后则谓上述四处日军必于最短期内尽行撤退。

嗣日政府又宣称已得国联同意无需派调查团至东省监视其撤兵行动，然日本原定与沈阳当地各国武官洽商撤兵事宜之计谋，今已不得不取消，另须将撤兵之迟速程度，逐日详报国联行政院中十四国之外交部长。星期一（九月二十八日）国联行政院会议时，日代表芳泽宣称，日方虽已实行撤兵，而何日能完全撤退，则于当日会议之时尚不敢断言。行政院闻芳泽之报告，决暂告休会，至星期三（九月三十日）重行召集。据最近所知，行政院已于昨日将中日事件，及日方撤兵之程度，汇成报告，并决暂行休会，至十月十四日再行召集。同时行政院知照日方代表，希望于十四日开会时，日方军队，已完全撤退，回复侵占

前原状。

　在此时期内，国联行政院长，有注意日方撤兵之进行及随时与以扶助之权。又可随时应中日两国任何一方之请求，召集会议。然如十月十四日以前，日方撤兵事宜，已得双方满意解决，则行政院接得通知后，当将十四日之会议取消。又行政院已得各国同意，由国联各会员国，命其外交代表，在当地搜集可用材料，供给国联秘书处，以备研究。英、法、德、爱尔兰、意大利、挪威、西班牙、波兰等国之外交代表，将有报告送达于下次会议，并分送各会员国。我国施代表当在行政院郑重声明，如十四日到期，而日方并未将军队完全撤退，侵占前原状亦未回复，则中国必请求国联继续进行处理，并由国联正式委派调查委员会，实地监视日军最后之撤兵行动。至生命财产损失之赔偿及交还公产与文件等要求，为日军完全撤退原状恢复后急宜进行交涉之事。芳泽每次报告撤兵经过时辄与吾国施代表商请直接交涉，若我方允其请求，则日本必借侵占状态中之恫吓与我交涉，我方自难承认。然国联行政院已对日方明白宣示，吾国之要求第一步为日军完全撤退，以后之交涉，悉归第二步。又谓中日交涉之最好方法，自当由两国自定。然苟有须国联处理襄助之处，国联无不乐为之。

　国联处置日本侵占东省事第一期经过，可综述于下：（一）国联已迫令日本撤兵，并以行政院名义监视其撤兵之进行及步骤。（二）日方每次递交国联之撤兵报告，皆经行政院详细研究审核，各国外交代表亦时时搜集当地材料送交行政院研究。（三）日政府以已信义在国联担保，于最短期内将军队完全撤退。（四）国联决再行召集行政院会议，以定日方究否履行其信约。（五）日方未完全履行信约前，任何交涉不得进行。（六）国联行政院决于短期内重行开会研究日方完全撤兵之报告。如在此时期中，日方行动，国联认为有不满意时，行政院当提前开会以研究处理之。又国联可于任何时应我方之请求召集行政院会议。

　吾国虽受日方种种侵凌，现强自制抑，极意忍耐，日人侵我疆土，终必为正义与公道所逐。现我方已得世界之公判，且此公判已在实行中。余深信国联及国联会员之各国，皆能主持正义与公道，此公判不久必当完全实现。我方所应要求之赔偿损失，及在我领土上行使完全主权之安全之问题，俟公判实行后，亦必能在国联所必须主持之正义与公道之下为正当之主张也。

《中央日报》1931年10月2日第一张第四版

44. 日本欺国联，未遵议撤军，国联应有以制裁之

芳泽业已启程回国

据确实消息，日本对国联决议，毫未遵守，不但东省日军未能撤退，近复以辽宁省政府在锦州组织成立，乃又调大批日军袭攻锦州云。

日军飞机于九月二十四日轰击北宁路列车，中外旅客多被炸毙，但日当局否认飞机有轰炸北宁路行为。各外人对此，颇认为憾事，并谓日方伪言无异轻视彼国之国家，与丧失该国在国际上之信用云。

外部顷接日内瓦电，国联行政院闭会后，日本代表团芳泽谦吉等一行，定今（二）日起程返日，向该国政府报告此次会议经过。中国代表团施肇基等，决留日内瓦，对国联决议限日本定期撤退侵犯东省日军案，逐日将所得中国政府报告，转陈大会，以凭处理，须俟大约十四日行政院再度会议后，始能决定行踪云。

施肇基谈话

【（中央社）日内瓦讯】 施代表肇基在星期三国联行政院开会后，对新闻界发表如下之谈话：日本政府既宣言对于满洲土地无侵略之野心，并撤退大部分日军，且将进而将所余部队，从速撤退，而国联方面又谓其自身已深悉此次争议之原委，并继续开会，意欲至日军完全撤退，且预备于必要、经我方请求时，可即时再行开会，故对于国联延期至十月十四一节，事实上要难为有效之异议，即在日军全撤前，此状况恢复之后，中国政府仍当继续请求国联，对于九月十八日以后之责任问题及赔偿问题，协助中国与以解决云。

《中央日报》1931年10月3日第一张第三版

45. 美政府召询驻日美使关于满洲事件

【本社二日上海专电】 国民华盛顿电,美国务卿史汀生,二日召上月回国之美国驻日大使福白寿,至国务院,询问满洲事件意见。

《中央日报》1931年10月3日第一张第三版

46. 所传东省独立运动,日本应负完全责任,蒋作宾向日方声明,未撤兵前日负全责

(中央社)东京确讯,驻日蒋公使,对于所传东省组织独立政府,破坏中国领土一节,经备文向日方声明,日政府在未撤兵前,对此应负全责云。

近据传说:日本嗾使东北四省及蒙古,宣布独立,建设中和国,脱离国民政府,以袁金铠等所组织之维持会为中心,协议新政府方针,及吉林组织新政府,熙洽就长官职务,总揽军民两政及地方监督之全权,已废委员制云云。此项传说,虽未证实,然日本处心积虑已非一日。东省现在其暴力宰制之下,自必利用少数不肖份子假借名义,为所欲为。兹闻政府已电令日内瓦施代表等,在国际联合会声明日军未正式交还所占领各地方城市以前,当地如有不合法之组织,日本政府应负其责,中国概不承认,一面并电驻外各领馆,向驻在国政府及人民,为同样之声明云。

【本社二日上海电】 东京电,日政府答复中国照会之复照,于冬(二日)送交蒋作宾,转达国府,内容否认在满独立运动,谓在满日军除铁路附属地外,仅占据一小地,俟其市面恢复,日军即渐撤回铁路附属地,日在占领区域未曾设立军政府。

【中央社天津二日电】 日军司令迫熙洽改组吉林省府俭(念八)成立一切听日人指挥支配,人民反对则受监视且不许集会,邮电亦受检查,日军仅撤一部,飞机仍到处投炸射击,颇有死亡,吉人迫切待救。

【中央社】 日本处心积虑,以攫夺满蒙,其在东省强占暴行,固为人道公

理所不容,近尤复嗾袁金铠、阚朝玺、于冲汉、赵欣伯、佟兆之与肃王遗族等,在满蒙组织独立国,以作其灭亡朝鲜之故智,更属藐视国际公义。兹据日方露出消息,在东省日军,现日方不但不愿撤退,并闻日陆军省且准备大批军械,运往东省,以备供给组织独立政府应用。又日政府以华民对日愤慨情形,甚为注意。闻安达海相前派大批军舰来华保护日侨并密令在华各军舰所有陆战队,视我全国民众游行示威时,即行登岸干涉,或以炮击口岸商埠。至于日本全国资本家,不忘并吞满蒙之迷梦,纷纷请求日政府向我国宣战云。

《中央日报》1931年10月3日第一张第三版

47. 国联行政院对满洲事件决议原文及附件

国联行政院三十日之末次会议,正式宣布,对满洲事件决议案九点,内容略志昨报,是项原文,已于昨日到京,兹转录如下:

决议案原文

(一)本会议长阅悉中日两政府答本会所发迫切请求之复文,及其依允此项请求,而已采行之步骤。(二)本会承认日政府所称日本在满洲并无土地目的一节之重要。(三)本会备悉日代表所称日军之撤退,刻在进行中,日政府意欲依日侨生命财产之安全,获有切实担保之比例,继续尽速将其军队撤回至铁路区域。日政府希望能以在可能范围内,尽量尽速实行此意各节。(四)本会备悉中代表所称中政府在日军撤退及中国地方官与警察恢复之际,担负铁路区域外日侨生命财产安全之责任一节。(五)本会确知中日两政府皆亟欲避免可扰乱两国间和平,与良好谅解之任何行动,并悉中日两国代表已发诺言,声明其政府将采行各种必要方法,以免满洲事件范围之扩大,或时局之愈臻紧张。(六)本会请双方各尽其力,促成两国间寻常关系之恢复继续,并从速完成以上各述谅解之实施,以恢复寻常关系。(七)本会请双方时常以关于满洲事件发表之完全消息,供给本会。(八)本会决定如不发生必须使本会立即召集之意外事件,将于十月十四日即星期三日集议于日内瓦,以便考虑届时所有之局势。(九)本会授权议长,如议长在与其同事及中日代表商榷后,为以根据其所接到中日代表或行政会其他会员,关于时局发展之消息,未有于十月十四日召集会议之必要,可取消十月十四日之会议。

附件

议决案中之附件,有:(一)中日两国致行政会劝令和平解决之复文。(二)日政府所发否认日本欲吞并满洲土地之声明。(三)日本正式宣布撤回占据区域内日军之声明。(四)中政府对于南满铁路区域外日人生命财产担保责任之声明。(五)中日两国允采行种种方法以免时局愈臻严重之担保。

《中央日报》1931年10月3日第一张第三版

48. 顾维钧昨日赴沪,蒋主席设宴为顾洗尘,对外交方针亦有商谈

(中央社)顾维钧奉召,于前日偕秘书李鸿栻抵京后,昨(二)晨晋谒蒋主席,对日军强占东北我国应取之外交方针,有所贡献。蒋主席特于昨(二)日上午十二时半钟,在励志社设宴为顾洗尘,并邀吴铁城、戴季陶、于右任、李石曾、陈绍宽等作陪。二时许散席后,蒋主席与顾及吴、戴、李、于等在该社社长室密谈,讨论我国应取之外交方针,并调阅外部一切文件。至三时始散。三时二十分顾偕吴稚晖、魏道明等乘副部福特机赴沪。顾临行与记者谈:明(三)日仍乘机回来,上午十时可到京再谈云。

《中央日报》1931年10月3日第一张第三版

49. 国联怀疑日本撤兵,请中立国报告实况,东省日军未撤监视各机关,被占领各地治安情形日坏

日内瓦讯:国联秘长向施代表称,中立国方面,业已由国联请其报告下列数事,即:(一)日军是否撤退。(二)俘虏是否释放。(三)公产是否返还。

（四）军队撤退后，是否以武装警察替代。据二日巴黎电，法外部当局声称：本人向主和平，对此次中日事件，尤极注意，现行政院停会，并有决议，希望十四日前此案和平解决云。

据哈尔滨二日来电：日军在占领地，虽将主力撤退一部，仍留多数日兵，监视各机关及电局。查沈阳、吉林、郑家屯、新民县等处，日军复将四处原有行政官署推翻，勒迫组织新政府，意由日军宪监视，行政悉听其意旨而行。其用意在先使东省脱离中央，暗受日人统辖，犹之昔日日本强迫朝鲜脱离满清为自主国，鬼蜮伎俩，昭然若揭。日方既已破坏我行政完整，我方无由负保侨之责。长春市内，仍有日宪兵，在我公安局所，监督指挥。吉林日警岗犹未撤，宽城子站尚有日军二十余名。其余南满安奉铁路沿线各城镇，传闻日军多未撤退，惟距哈埠较远，无从证实云。

《中央日报》1931年10月4日第一张第三版

50. 顾维钧昨过京返平，昨再谒蒋主席有所报告

（中央社）顾维钧偕秘书李鸿栻，于昨（三日）晨九时四十五分，由沪乘副部福特飞机抵京，下机后换乘汽车赴陵园，晋谒蒋主席，有所报告。十时半钟乘原车回励志社休息。十一时零五分，顾偕秘书李鸿栻，及随从二人，赴明故宫飞机场，仍乘原机返北平。国府秘书高凌百、东北驻京办事处杨处长，均到场欢送。顾临行与本社记者谈：余昨日赴沪，系关于此次日军侵犯东北，我国向国联提案，及国际处置经过详情，与宋子文部长会谈。至中央对外方针，事关政府机密，个人未便奉告。余今日仍乘机返北平，蒋主席盼余在京多住几天，必要时当再来京一行云云。

【本社三日北平专电】 顾维钧江（三日）午后五时乘福特机抵平，即谒张复命。

《中央日报》1931年10月4日第一张第三版

51. 颜惠庆昨日抵京，下午谒蒋主席请示一切，日内赴沪准备出国赴任

新任驻美公使颜惠庆，应国府电召，于昨日上午由平抵京，下榻于惠能饭店。正午赴外部访李锦纶次长，适值特别外交委员会正在开会，同时晤谒中央要人于右任、戴传贤等，深谈后，即同在外交部午餐。下午三时，赴总部晋谒蒋主席，蒋以对外问题，日趋严重，当面促颜使，早日赴美就任，俾得国际间能深切了解此次东省事变之真相。兹悉颜氏已定二三日内赴沪一行，顺道购订出国船票，返京后，即向国府领取赴任国书，即行赴津，将年来经手所办之慈善事务，办理结束，及摒挡个人私事，即行南下到沪放洋，尽在本月以内，务必成行。

日日社记者昨晚访晤颜氏于客邸，即作谈话如下：暴日入寇东北，沉痛已极，全国一致奋起，抵御外侮。余以为对外问题，首□国内有精诚团结，国内团结以后，在国际间自能得到优势。对日事件，一面当沉毅镇静，一面当充实准备，盖敌人之侵我，乃得寸而进尺，吾人决不能无抵抗之准备也。抵御外侮，为今日国人一致之目标。吾人以为尚须同时顾到国内状况，即观国内"赤匪"猖獗，水灾大患，皆有不能顷刻忽视之严重。譬如一时有三个敌人当前，又不能同时应付者，必须严别其轻重，在应付其一之时，更须兼顾其余之不致扩大。日本侵我东省之野心，蓄蕴已久，所谓大陆方针者，为彼国一贯之政策。此次之行为，日政府尽有缜密之计划，步骤井然，决不是偶然之行动。吾人谋应付对策，更须慎重妥密也。日政府对此事，现已有撤兵之宣告，望勿食言而肥，不顾信誉，而自坠其国际地位也云云。

对本报记者谈话

对本报记者谈话：此次来京系因被任驻美公使，特来京请训。本来预备明年出国，今因外交关系重要，特提早放洋。本日会见蒋主席、于右任、邵力子、丁惟汾、吴铁城、贺耀组、李锦纶、樊光等多人。

我大约在三五日内即赴沪转津，再行出国。

我自前几年脱离政界后，便从事实业、教育及各种社会事业，如燕大、协和、南开、红十字会及华洋义赈会……均有我参加在内工作。我认为要替国家社会服务，尽有各种办法，不一定要做官的。

对于外交希望国民以冷静的脑筋,来研究各项外交问题,不要含糊笼统的赞成或反对。最好多办专谈外交的杂志报纸,使各项外交问题均能有深切的明了。此种研究的结果,往往足以转移各国的舆论。

最近东北事件发生,固为国家之不幸,但因此种重大外侮而促进各方的团结,将来终足排除外界之困难。现在国际舆论均同情我国,国内民气尤其激昂。党国负责人员天天开会讨论,精神甚佳。依此看来,将来外交当有满意的结果云。

《中央日报》1931年10月4日第一张第三版

52. 顾维钧谈对日问题,先决条件须日本撤兵

【本社四日北平专电】 顾维钧支(四日)晨语记者:在京晤蒋主席三次,日先决对条件,须日撤兵。想日当遵国联如期撤退,各国态度,与国联一致。日煽动东省独立,国府将宣告世界。副张入京期未定。

【中央社北平四日电】 顾维钧江(三日)下午乘机抵平,晚六时赴顺承王府谒张。张当电召万福麟、戢冀翘、王树翰等到府会商,迄至夜深尚未散。

《中央日报》1931年10月5日第一张第三版

53. 颜惠庆定今晚回平,日内即来京转沪出国,蒋主席昨晚在励志社欢宴

驻美公使颜惠庆,自前日抵京后,已再次晋谒蒋主席,详谈一切。昨(四日)晚七时,蒋主席复在励志社宴请颜公使,并请戴季陶、朱培德、李锦纶、熊式辉等作陪。席散后,复详谈甚久。至十时许,颜始辞出,回下关惠龙饭店。闻颜决今晚七时,先回平一行,有所接洽,再来京转沪出国。蒋主席已令津浦路局特备花车一辆,附挂今晚七时开行之特别快车赴平云。

《中央日报》1931年10月5日第一张第三版

54. 施肇基照会国联，抗议日本扩大军事，日人在东暴行均一一陈述，第二舰队将开往塘沽秦皇岛，日陆相令本庄冲要地决不撤

【本社六日上海专电】 日内瓦微（五日）电：施肇基今日正式照会国联行政院正式抗议日本在东扩张军事行动，详述种种情形，并报告谓现有日骑兵百余名驻北宁路新民站。又北平中国大学生开会时，有日浪人数名乘汽车疾驶冲过，辗伤数人。又据天津电报，日军占据皇姑屯站，封锁电话电报房，检查所发电讯，并将货栈粮食运往南满路。

【本社五日北平专电】 美使将派员赴沈视察，英使馆陆海军参赞尚留沈。

【中央社北平五日电】 国联行政院具有限日本于寒（十四）前撤兵之决议，日军在东北各地暴行有加，至今尚无撤退之意。闻非战公约各国，以中日两国亦曾参加签约，此次日本骤然开入中国东北各地，诚恐世界和平，有因此发生破裂之虞。对于中日问题，极为注意。各国在华使馆皆将派员视察东北情形，分别电告本国政府，同时尤注视日军在限期内，是否如期撤兵。俟各国政府复电到华，然后再正式派遣参赞赴沈阳等处，查察实况，再行报告，以定办法云。

【本社六日北平专电】 外息，日陆相对寒（十四日）前撤兵已有密电致本庄，先尽不紧要处所之驻兵撤去，俾应付国联，而缓和国际之空气，沈阳等冲要地，暂决不撤。

【本社六日北平专电】 东北日军仍无意撤，且派员分赴各县，指导亲日运动。

【本社六日北平专电】 某方息，本庄已将日前会议决定，决不撤兵转达各方，日舰队除第一舰队已向长江开动外，必要时第二舰队将开至塘沽、秦皇岛一带。

【本社六日天津专电】 日关东军司令本庄鱼（六日）布告：沈市商民，各安生业，如有轨外行动，决严惩不贷等语。故自午后五时，街上断绝行人。闻日政府有在沈设满蒙总督说，日土肥原市长鱼（六日）晨赴东三省官银号视察，并

令该号日内开业。

【本社六日北平专电】 某方息：侵吉日军有三十、十六两联队，宪兵一大队、机枪一队、野炮一队。

【中央社北平五日电】 沈阳仍在恐怖中，居民因日军及鲜便衣队骚扰不止，一夕数惊。本庄司令近对部训话，谓日军无论如何决不退出。若在东省经营十年，即可称霸于全球云。

【中央社北平六日电】 沈电，本庄关东军司令官，已决定彻底解决华军，并拟于用军司令官之名，发表声明书后，即采积极行动，以铲除东三省方面旧政权与旧军权之势力。

《中央日报》1931年10月7日第一张第三版

55. 国联定十四日开会，讨论日军不如期撤退问题，特邀各国重要政治家列席，代表团以日军行动告国联

【中央社日内瓦电】 国联行政院定于本月十四日重行开会，据中日两方及各国领事馆报告，日方不能于十四前将军队撤退，至南满铁路附属地，十四日行政院开会时，特邀各国重要政治家如法意英三国外长白里安、嘉郎第及里第子爵列席。又日方通知行政院，将北满军队撤至吉林。据一般人观测，日本在吉林军队不肯立即撤退。

【中央社日内瓦电】 国联行政院闭会后，我国代表团仍随时以日军满行动消息，通知国联，截至六日止，我方送达国联文件共四十一件，施公使于六日午刻谒国联秘书长特拉门爵士，请于调查范围内加入日军建筑吉会路一项，并向国联声明东省一切邮电机关，均被日军占领，传递消息极感困难，即外人主办之路透及美联两通讯社，亦未见有自沈阳传出消息。惟据哈尔滨外人消息，吉长日军非仅尚未撤退，且奉令扬言撤退，阴实向北满前进。据我方正式报告，日兵宪依然占据沈阳、吉林、长春、辽源、新民屯、牛庄、安东、抚顺、敦化、凤凰城、昌图、盖平等处。国联方面告施公使，关于东省日兵行动，国联急谋得到迅速正确报告，时与巴黎、伦敦互换消息云。

《中央日报》1931年10月8日第一张第四版

56. 施肇基向国联声明，日援用战时公约没我飞机，已自认破坏和平对我作战

【本社八日上海专电】 日内瓦虞（七日）电，施肇基今日又照会国联行政院，附送沈阳日军司令函，该函声明日军根据一九零七年海牙战时公约第五十五款，没收中国军用飞机，事属正当行为，是日军既引用战时公约，则已自认破坏和平对我作战。此外施又将所得关于日军在满增调军队及飞机掷弹等消息，报告行政院备寒（十四日）开会时讨论。

《中央日报》1931年10月9日第一张第三版

57. 因日军轰炸锦州，国联决定重行开会，请当选理事各国派有力大员出席，日本怙恶行暴引起全世界之注意

国联定十四日开会，英外长准备出席赞助国联，美目下拟与国联密切合作

【本社九日上海专电】 日内瓦庚（八日）电，今夜国联接日飞机轰击锦州之报，非常惊骇。国联行政院定将于十四日重行开会，考虑东省事件。国联中人皆发生一显著之印象，认日政府已失控驭军人能力，现料施肇基将根据国联会章第十五款，再向行政会陈诉。国联秘书处刻正与当选理事各国接洽，请其派最有权力之大员出席十四日会议，并冀美国继续赞助国联，以求解决中日间争端云。

【本社九日上海专电】 日内瓦佳（九日）电，施肇基今日正式申请国联行政会，提前开会。施氏迄今尚未援引盟约十五十六两条提出请愿，显系等待本国政府训令也。

【本社九日上海专电】 日内瓦佳（九日）电，因中日间局势严重，国联行政院或将提前于十二日开会，国联各方面渴望各国外长均能出席。英代表薛西尔，亦当与会。

【本社九日上海专电】 伦敦佳（九日）电，外长李定准备出席国联行政会，

赞助国联,解决中日问题。

【本社九日上海专电】 华盛顿庚(八日)电,中国代办容揆,访史汀孙,详述东省现状,及中日间局势之紧张,长谈三小时。嗣据国务院消息,史氏对于日军在东省继续扩大军事,异常注意,目下拟与国联密切合作,暂不另有动作向日本加以压力云。

《中央日报》1931年10月10日第一张第三版

58. 日本暴行益厉,国联提早十三日开会,美政府开会讨论将有重要表示

国联通告中日两国,在行政院重开会议以前,应遵守国联约定之义务,避免足使事件扩大行为

外部顷接国联行政院主席勒乐氏来电内称:本月九月中国代表团因东省形势紧急,以书面通知各理事,行政院会议应提早重开。行政院会议原定十月十四日(星期三)重开,现改为十三日(星期二)提前开会。按照九月三十日本院决议第九项,请将事件扩大情形,从速通知国联秘书长以便转达各国理事云。又外部接国联行政院秘书长特拉门氏来电称:奉行政院主席谕,将下列事件通知贵国政府,据接到消息,在满洲及其他各地方发生种种事件,足以惹起纠纷,并使调解益感困难,在行政院重开会议前,双方应遵守在国联中约定义务,避免一切足使事件扩大之行为,并希望双方采取适合于国联会中之声明,及九月三十日决议之处分。

【路透社日内瓦十日电】 国联行政院理事会因中日问题,日加严重,决于下星期二(十月十三日)下午二时,提前开会,讨论中日问题。国联秘书长奉国联主席命,已分别电告中日两国政府,称按最近报告,东三省各地及其他各处形势日趋恶劣,国联特再通告两国,务须遵守国联决议案,切勿再有轨外行动。

【路透社伦敦十日电】 英外长吕丁因中日问题严重化,决亲自赴日内瓦出席国联理事会,十月十三日大会。英外长星期一(十二日)由伦敦启程赴日内瓦。中日问题之险恶,伦敦方面极为明了,一般人均觉日本海军之调动及多数战舰开扬子江各埠,或可引起极大问题。多数人均觉中国政府与人民,实有

遵守国联决议案之诚意。

【本社十日上海专电】 日内瓦佳(九日)电,国际联合会考察日满洲事件之继续发展,认为有召开特别会议之必要。中国代表施肇基因日飞机轰炸锦州等暴行,续演不已,已请国联考虑,提前开会。国联秘书处正努力邀请各国外长亲自出席,以增加国联力量,而获有效之处置。但此间人士,多抱悲观,盖日本之态度强硬,始终未肯让步也。欧洲报纸,对国联多持不信任口调,惟仍希望其有相当之效果。

【路透社十日早三点二十五分伦敦电】 此间适接国联行政院主席勒乐电称:已电告各理事定十月十三日午前十时开理事会,国联接中国代表团报告称有严重消息报告,故决提早开会。国联勒主席因开会期近,请各理事将最近情形立即电告国联秘书长。

【路透社十日伦敦电】 英国《每日电闻报》社论称:满洲风云日形紧急,国联将遇成立以来未有之大难题。中国政府虽尚持以忍耐,尚无应战之表示,但据某方之观察,如国联对满洲事件竟使中国失望,则势将迫成中俄之联络,亟望世人留意云云。

美政府对中日问题开阁议,凡倾向战争事件均反对之,唤起世界舆论制止日暴行

【路透社华盛顿十日电】 美总统胡佛,因中日问题有恶化势,昨(九日)召集内阁会议,讨论此事,会议结果无从探悉。但美国务院有非正式声明称:美政府关于中日问题日内有重要表示。

【外部接华盛顿八日电】 美国务卿顷语中国容代办云:对东省事件极注意,认国联九月卅日议决案为最适当,彼将以最善方法,助其实现。又云:彼以现在唯一工作在促进和平,持中正不偏态度,凡有倾向战争事件,均反对之。

【本社十日上海专电】 华盛顿佳(九日)电,胡佛总统今晨召开特别阁议,关于满案讨论甚久。交换意见结果决定唤起世界舆论,制止日本之暴行。至其具体办法,尚未宣布。又电:美国务院将驻日大使及驻哈尔滨领事之报告全文,呈报胡佛总统后,当召集特别阁议,决定与国联取一致之态度,制止日人横行,以免影响世界和平。

《中央日报》1931年10月11日第一张第三版

59. 暴日侵略东省阴谋，政府与军人事先早计划就绪，欲一举囊括我辽吉黑察四省，对国联及美国舆论仍怀畏惮，最近感受排货痛苦窘状毕露

东京特约通信。此次日本出兵横占我辽吉等地，其目的在贯彻其夺取我满蒙之阴谋，为世人所共见。兵出以后，日本朝野上下一致高唱一举而满蒙问题总解决及满蒙悬案不解决则不撤兵，其阴谋所在不打自招。

自横占我辽吉后，其野心仍未戢，报纸仍鼓吹继续进兵，陆军部、参谋本部仍继续协议出兵占地计划。二十二日《日日新闻》号外，竟公然载出军部有意于〇月间将南北满洲完全占领，然后要求解决一切悬案之特电（〇照原文录，因关军机，故不明言）。所谓南北满洲，乃指辽吉黑察四省，故近日继续出兵问题之宣传，集中于哈尔滨、齐齐哈尔、洮南等地。推其用心，一方在欲一举而囊括我东四省，一方试探国际舆论，然后大胆下手。现以国际对日舆论不佳，遂看风转柁，于昨日阁议决定哈尔滨出兵问题中止。但同时仍于昨日出兵进占洮南，并意图向齐齐哈尔方面活动，矛盾狡猾昭然若揭。其对于哈尔滨方面，乃因未得国际谅解，遽尔出兵，恐引起国际交涉，初非愿意放弃。日人此种阴谋，本为朝野所一致主张，表面由军人发动，政府居于默认地位，并道出外务省与陆军省之所谓不一致之宣传，假作圈套，以欺骗国际舆论，实际上，全为政府预定策略。故兵出以后，种种折冲，皆由政府担当。而以出二百万元兵费由预备金项下提拨之决定一项，为最足证明。吾国万勿被此蒙蔽，专指为其少数军阀之行动也。现在除军事行动，仍节节进行外，其他种种活动，亦甚猛烈。所有手段与方法，卑劣恶辣，无所不用其极。兹略记如下，以供国内同胞参考：

（一）报纸。自十九日起各报纸除每日全幅专载关于此案之消息及论文外，并每日加发号外。如《朝日新闻》等号外，有时每日竟发三四次者。深夜拂晓，叫卖号外之声不绝。号外除载军事特电及其他特要消息外，且印载画报，计每日各报所刊画报，在三四十幅以上。其材料均为日兵在我东北杀我同胞，炮击我城市，凌辱我官吏，掠劫我财物等残酷野蛮行为之摄影。伤心惨目，不忍卒看。日人兽性，于此见之。（二）电影。此种影片，大半以画报材料编为

影剧。并搜集关于满蒙地势富源实业状况等材料，加入片中，以激发国民对满蒙之野心，发扬军国主义之兽威。现东京全市逐日分区在各广场各中小学校公映，由政府主办，不须入场券，故收效广大。（三）播音宣传。日本播音机之使用，非常普遍，现中央放送局之节目，殆每日均列有关于此事件之宣传演讲。常见多数商店门前，立有听众甚多，神气肃然，足见日人之重视于此。（四）展览会。在东京京桥宏大建筑内，开中国政情展览会。其展览之材料，为所搜集之中国对日各种宣传品，抵制日货等文告，中小学校教科书，及中国报纸等。搜集材料颇广，其中并有日人自己伪造，以鼓动国民仇华心理者。（五）集会。连日各种集会甚多，如满蒙问题演讲会、时局演讲会、中村慰灵会等，均由专家演讲，予国民以理论上之认识。（六）警戒。十九日后留日华侨大都精神上受无限痛苦，尤以东北侨胞更为悲愤。日方宣称对华侨极力保护，但同时又云恐力有不及。危词恫吓，以图镇压。我同胞处刀人俎之上，势难自主，只咬紧牙根，任其处分，且念只于祖国有利，一头一身，毫不足惜。故对所谓保护与否，绝不介意。群以悲壮沉痛之气概，化为镇静严肃之态度。日方仍不放心，予〔于〕中国留学生监督处、党部、中国青年会等处，均派有警察驻守，名为保护，实为监视。另于早稻田神保町一带派有多数便衣警察，专监视留学生之行动。其活动之努力，仅就上面观之，已足知其利用一切入骨奏效之方法，非仅凭武力而已。此外关于对抗经济绝交，各财阀实业家亦起而努力活动。今日报载日华实业协会、日华经济协会、商工会议所、大阪诸实业团体等，均纷纷集会，讨论对抗经济绝交之对策。表面声称经济绝交，在所不辞，实际上在集中全力量，谋宰制我工商业之更进一步的办法。望我国内商业家、实业家群起图之。

日方虽大逞兽威，向我节节进逼，但外强中干，内部呈多少不安之象。如连日内阁对我方针手忙脚乱，即可知其破绽。兹略述其原因：

（一）国际舆论之闪烁。日方此次举动违反国际正义，破坏和平公约，故各国均起反感。其中美国之舆论非常强激。近日虽稍和缓，但态度闪烁，使日方不敢放势下手。二十二日《纽约晚报》对日本有下述之抨击："日本人依然是中世纪的东洋人。现乘西洋诸国正努力救济此最古的伟大国民之时，竟以军事的'苟的达'盗取中国之辽宁省。此种残暴狡猾及绝无国际信义之行为，完全不外长于支配旧日本之野蛮的特质。"又同日纽约《世界电讯晚报》载有下述议论："日本负近世史上最旁若无人之侵略战争之罪。中国人不必据守国土，可将武力屈服。盖中国人对于此种侵略之行为，认为根据华府九国条约及凯洛格条约,可以维护故也。与凯洛格条约之发生最有亲密关系之美国,为救凯洛格条约及自国之名誉计,不得不与各国共同的或单独的出而干涉,使日本撤兵。倘日本不服干涉,应予以经济的财政的封锁。"此种国际舆论之反响,使日本汹汹勃勃兽威,受一大打击,日方对此颇为忧虑。联盟方面对我亦甚同情。虽未必于我有积极之援助,但亦未必极端偏袒日方。此亦足使日政府感到棘手不安之处。自联盟与美国督促和平通牒到日后,日政府即宣言承诺撤兵,以缓和空气。同时以日内瓦对日空气不佳,日使芳泽甚窘,纷纷讨议向联盟活动之方法。对美亦纷电驻美大使出渊氏向美政府活动,以示好感。东京方面重视联盟及美国之空气,以二十四、五两日为最紧张。因二十五日国联将讨论调查委员派遣之提议,此为日方所最怯者。现国联虽有期望中日直接解决之传闻,美国对日空气亦似转和,同时又电驻英俄大使,极力活动,图外交发展,但仍使日方不安,盖恐今后交涉前途,仍多棘手,未能尽量发挥其兽欲,此为日政府所抱之遗憾。

（二）经济绝交之打击。经济绝交之武器,为日人所最畏怯最痛恨者。因此种武器之厉害,足以宰制其经济发展之命脉,且可促成其发生革命之危机。过年来日本对华贸易,被我使用经济绝交之武器,所予之打击,非常之大。输出输入,逐年减少。如本年上半年之减少,比之减少最多之去年,输出减少百分之三二,输入减少百分之二五。此次暴行事发,输出输入,全部中绝,以致一面发生滞货恐慌,一面失去制造品之原料。尤以在上海之纺纱厂难免关闭,而国内无十分活动余地为最可忧虑之事。今日报载万一发生倒闭之事,只得向南洋、近东、阿非利加、印度、南美等处谋活动。但此种理想,谈何容易。又海运亦非常恐慌,今日报载二十六日由上海出发各轮,几全是空船,二十七日沿海航船,无一吨货物,有全部停航之虞。现日本财阀,虽起而应战,苦无适当办法。连日种种集会之结果,惟有向我提出取缔排货要求,及向国际商业会所提出报告,求得援助,此外束手无策。而其内部利害又不一致,一般大财阀虽有未来更大利益之企图,忍痛牺牲,但中小商业家,不堪蒙此打击,劳动界发生失业之恐慌,更难支持,种种矛盾,日益深刻。望我国内同胞,须紧握此犀利之武器,勇往迈进,必可致倭奴之死命也。

（三）英国停止金本位制之影响。美［英］国停止使用金本位制后,日本金融界大起危机。加之此事正界发生于我国对日厉行经济绝交之时,故市场更加摇动。连日各项交易所完全休场,债券暴落,股票市价混乱;一般银行家极力而市场安定之策,政府亦出谋员助财界安定市场;并派遣协使赴英美协谈善后办法。其中以今后对于英国商品之竞争,为最更虑。因英金本位制停止后,金磅汇兑暴落,不但对日输出有利,且在英领印度、加拿大、非洲等处,对日输入商品之竞争,亦大有利。此种财界恐慌现象,即日本资本帝国主义没落之反映。财界□正集中全力以应付此经济危局,大可影响政府对外方针。此不可不注意者。

日本对我东省,存必夺之心。平日鼓吹对我战争,则称东省为东亚火药库;煽动国民,则曰东省为日本之生命线。其所用之手段与方法,如此毒辣,处心积虑,已非一日。此次所发动者不过开场一端,我国民努力奋斗之目标,不可以今日之问题为止。但吾人分析日本之社会现象及世界之政治变迁,亦不必悲观,吾人深信今后能有持久的努力,十年以内,必可解决一切难题。(甲声)

《中央日报》1931年10月11日第一张第四版

60. 英法意外长将出席国联行政院,美政府奉措予国联极大助力

国联先开非正式会,各方盼中日问题由国联解决,以此试验国联能否阻止战争

路透社日内瓦十日电。此间一般见解,以为美政府对于中日问题之举措,于国联和平解决此事之努力,有极大之帮助,实属毫无疑义。各方公认此次中日问题乃国联成立后最重要与最困难之一案,凡对国联表好感者,均望国联可完满解决此案。英外长李定出席十三日会议,即实现;法国外长白里安、意外长葛兰第均有亲自出席会议之望,加大理事会之威力不少。德国总理白鲁宁因国会开会,不能离柏林,外交次长毕鲁可出席。

十三日大会前将有秘密会议,国联主席勒乐,英、法、意、德、中、日代表先有非正式会议,讨论中日问题有相当结果后,再提交大会讨论。

【路透社日内瓦十日电】 国联已接受中国请求,将中国致国联之二照会全文,分发各理事。照会大意,要求日军即撤退占据各地。

【中央社日内瓦十日电】 国联中人以为下星期二之国联行政院会议,如不能阻止中日冲突,则明年军缩会议,亦即可不必召集,盖此次东省事件,实为

国联是否具有阻止战争能力之最大试验。倘竟失败,此后各国亦只有自备相当武力,以为国防准备而已,此可见国联空气之激昂云。

外部顷接西班牙方面十日来电称:国联行政院会长勒乐氏,定十日夜起程赴日内瓦,十三日行政院开会,英法德意等国外交总长,均将列席云。

【路透社十一日伦敦电】《伦敦观察报》今早社论称,虽世界各国正有经济财政各种重大问题,急待解决,但中日问题实为近世史中一最严重之外交案,此案不但可证明国联是否有实力解决国际纠纷,且对将来世界军缩会议有莫大之影响。

对中日问题美国态度趋于积极,如国联决议案未全履行,美国将取相当对付办法

【路透社十一日华盛顿电】 关于中日问题如国联决议案未能完全履行时,美国政府即取相当对付办法。

【中央社华盛顿十日电】 美国务院声称:满案现状非常险恶,切望中国政府恪守九月三十日国际联合会议决案,并已向日外相有同样表示云。

【中央社纽约十日电】 此间智识界,谓日本侵略东北,近遇多少阻碍,如扩张军事,则惧经济难久持,因英国忽放弃金本位,致日本对外贸易受损,况美总统救济金融计划已有把握,可分力顾及远东,日本不无顾忌。又今日参议员勃罗克哈脱在美京,宣言美政府应抗议日本暴举并与国际联合会,合作制止战事云云。至此间人民,初惑于日人宣传,信有撤兵诚意,近因日兵抛掷炸弹,对日已完全失去信仰云。

《中央日报》1931年10月12日第一张第三版

61. 日军横暴,英人有公论,谓中国领土已被人侵略,抵制日货为自然之表示,国府政治理想趋向大同,国联应尽其责秉公判断

《字林报》最近曾载自署"一英国人"者投函,对于日本此次暴行,有详尽之公论,兹译其意如下:

中国与日本间之关系如继续于此不健康的状态,吾人(指在华外侨)亦将

断不能保持其健康状态。中日两国如果公然破裂，英美在华商业所遭危害，至少等于一部分人所过虑于领事裁判权废止后所可遭者。敢问上海之英美人已觉悟于此项事实否乎？倘已觉悟者，则何故彼等于其他事态时辄嚣嚣然唱其高调，而此次独默默无声，不以彼等商业之危机呼告其政府耶？有人竟谓日本对华用军事行动足以奖励沪埠之外国商业。噫，愚而无识至此，吾欲无言。

关于中日此次事变，吾人处于第三者地位，当然劝华人忍耐。然外人若提议中国政府应以命令禁止华人抵制日货运动，则为笑谈。须知中国领土已入侵入者之手，而外人谓中国人不应依一极自然的极普遍于民众的方法，以表示其态度，何蛮悍乃尔？任何中国政府若在今日下令阻挠抵制日货，必立被全国人民驱逐。然则吾人自不应以不可能之事期诸中国政府，亦不应作无理之责言，谓中政府不能禁止抵制日货，即丧失其政府之资格地位。吾英美人向以政府为民意之表现之总教训中国人，今中国人依此说而行动，吾人又复否认之，非自相矛盾耶？

日人船津氏投函贵报，谓中国"对其贴邻挥弄武器"，吾请告船津曰，在华人方面看来，适得其反，盖挥弄武器者非中国，乃日本也。若彼以为此非中国人之一般感想，或仅为表面的而无实际，则吾敢彼又大误矣。其原因姑不论，而一种根深蒂固之仇日心理已普遍于一般中国人民，则为确凿之事实。且其性质至为严重，非小小药石所克救济。然而船津氏所提供之救济法无他，只求中国抛弃抵制日货，且隐然谓如抵货不停止，日军即将侵入扬子流域。噫，日政府所准备进行之程度，船津氏实不啻承认之，如是则何怪每一日人之友谊提供辄为华人所怀疑不信哉。

中国现正瞻望国际联盟尽其责任。彼以热诚切望期待于国联之权能，若此热诚切望，竟成泡影，则为远东不幸。夫中国之诉诸国联，并不得谓之"徒作好梦"，国联对于今之国民政府，固曾屡次予以鼓励，国府之求助于国联，亦非自今始。不宁惟是，有许多外人执甚谬见，谓中国人现沉浸于排外主义之中，此真无识之谈，不知事实上适相对照。盖中国今日之政治理想趋向于一种宽广的大同主义，而反对徧[褊]狭的国家主义。孙中山所诏示其国人者为爱国思想，而非西方所称之国家思想。假使国际联盟，此次不能尽其职任，对于中日之倾向于国家主义，乃至激进主义耳，上海之英美人果有方法而促国联觉悟，不负其存在者乎？盍亟起图之。

《中央日报》1931年10月12日第一张第四版

62. 国联行政院今日开会，英法意各国外长均抵日内瓦，美注意国联派驻法美使列席，英法意外长昨晚非正式会谈，我国将向会提出具体方案

【本社十二日上海专电】 日内瓦文（十二日）电，国联行政会考虑东三省时局之特别会议，今夜或即非正式开始。李定、薛西尔午间抵此，俺极下午可到，白里安、格兰第晚间可到，此五人定今晚会晤，非正式交换意见。

【路透社伦敦十一日电】 英外长李丁氏，与西席尔爵士，于本日下午二时离伦敦赴日内瓦，出席国联会议。

【路透社上海电话十二日晚十二时巴黎电】 法外长白里安今晚离巴黎赴日内瓦，出席明日开会之国联行政院会议。法政府前曾声称，东省事件如不扩大，不愿参与是项会议。白氏今既赴会，一般人认中日问题，已趋严重化。

【中央社】 据官方接美国方面确讯，美政府已表示态度，设国联仍不能解决中日问题，美国即以相当办法予以处置。又闻美方观察国联趋势，如果对决议案，毫无实效，美国将遵照非战公约及华盛顿九国协约，强制施行。我方出席国联代表施肇基，于今日国联行政院开会时，将向国联提出具体方案，供国联参考，请其执行。至该项具体方案内容，闻今日外部方面或可发表云。

【中央社】 国联行政院已决定明日开会，讨论中日问题。闻各国均以此次事件关系国际和平，异常重视。现英法意外交总长皆亲往出席，增加会议声势。至美国方面亦已派美国驻法大使，赴日内瓦列席云。

【本社十二日上海专电】 日内瓦真（十一日）电，国联秘长发表日政府九日复中国政府五日照会，略谓：在满日军之退入铁路区域。须以铁路及在满日侨之安全为条件。目前要着，在镇静两国舆情，然后日军方可退入铁路区域。日本亦可准备，立即与中国开始谈判。日军沿满铁之行动目的，在以预防行为，清除人数较众的华军，或将发生之危害云。施肇基今日以十日南京来电，送达国联秘长，言日军炸锦事，请采紧急方法，保障和平，并派员赴锦调查缮具报告。

《中央日报》1931年10月13日第一张第三版

63. 美政府正式电国联，请尽力解决东三省事件，声明保留单独行动权利

【本社十二日上海专电】 日内瓦文（十二日）电，美政府请国联施加压力尽力解决东三省事件，美国愿为后盾之电，已于今晨递到国联秘书处，电中并表示倘日内瓦不能解决，则美国准备援用凯洛格非战公约，执适当之处置。

【路透社华盛顿十一日电】 美国务卿史汀生，已电告国联秘书长，力促国联，于其权力范围之内，尽力解决东三省问题，美政府一方面拥护国联主张，一方面仍保留其单独行动之权利，或赞助国联，或依非战公约处置中日问题。美国务卿已将电文全文转达日政府。

美外长致国联电，于十月九日发往日内瓦，美政府称：国联行政院已有决议案，规定中日双方所应履行之程序，且双方亦已报告国联，愿遵守国联主张。但美政府希望国联切勿稍放松，或停止其监视与制止工作，同时美政府应以外交方式单独进行。

赞助国联主张，表示美政府对中日问题，极为关心，并未忘却中日双方对非战公约及华盛顿公约签字各国应有之责任。如必要时，美政府定令双方了解彼等应尽之责。

美政府处置中日问题，取以上方式，因可不令国联行动上感觉困难。

今（十一）日美总统春佛与国务卿史汀生，正详细研究美国派往东三省调查员之报告，同时看国联十三日行政院会议结果如何，再定美方态度。

《中央日报》1931年10月13日第一张第三版

64. 我国据理痛驳，对日复文今日送达，选购物品为人民自由政府无法干涉，近十日内之严重局势皆日人所造成，日本若仍依恃兵力所生结果应负责

（中央社）我国答复日本十一日节略之复文，大体已决定，尚待最后斟酌，约今日可送出。据负责方面消息，今日（十三日）当可送出。兹探得其要点如

下：(一)指出日本军队,此次突然侵占我辽吉各地,为蔑视国际公法,及违反国联规约、非战公约及九国协约之举动,日军侵入时甚至有为战时国际公法所不许之举动。(二)中国以中日两国均为上述条约签字国,在国际义务上应设法以和平方法解决纷争,故提交国联处理,国联旋即决定令日本撤兵,日本并已向国联表示愿接受请求。(三)中国政府自事变最初发生,即未采任何敌对行为,同时竭力节制全国人民之愤慨,使不逾越法轨,在中国行政权所及之广大区域内,迄无意外事故发生。中国向国联行政院所提出之保证,实已执行周到。(四)选择购买物品为个人之自由,任何政府无法干涉或禁止,中国人民普遍的厌薄日本商品之心理,乃万宝山事件以来,日本政府接续的不友谊之行为所激成。(五)在中国竭力防止事态扩大之际,日军不独未实行撤兵,且仍继续侵略,甚至以飞机轰炸辽宁临时省府所在地之锦县,及其他各地,并无端派多量军舰来华,是最近十日内局势之更为严重,皆由日方所造成。(六)日军不断侵略,中国已处极困难地位,但对日侨仍竭力保护。惟日本若仍以兵力为实行国策之工具,其因此而发生之不幸结果,应悉由日本负其责任云云。

另据政府某要人谈称:此次中国国民之抗日运动,完全系因日本在东三省暴行所引起,日本无故占据东三省土地,杀戮东三省人民,全国人士,激于义愤,起谋抵抗,组织抗日救国会,对日经济绝交,促日方之反省,完全系思爱国精神之表现。苟无轨外行动,政府实无法可以制止。且日本政府尽管违背国际公法、华盛顿九国公约及非战条约等,屡施暴行于我,而国民政府则始终镇静,尊重国联决议,谋正当之解决。对于侨华日人之生命财产,尽量保护。自九月十八日事变发生以后,国民政府统治下之各地日侨,安全如故,从未遭任何损害,即为国民政府保护周到,与中国国民无轨外行动之明证。日本在华暴行山积,而中国人民犹能服从政府命令,谨守秩序,除和平抵抗外,丝毫无轨外行为,此种忍耐性,世界各国均为感动。试以日人处我之地位,其举动又将何如!外交部将根据此种理由驳复。某要人最后谓:日本政府如希望中国人民停止抗日运动,则日政府必首先反省尊重国联决议,立即撤退东三省军队,恢复九月十八日以前之状态。现日政府不但无此种表示,且增派军舰来华示威恫吓,又以飞机轰击锦州,残杀军民,希图推翻辽宁临时政府,中国人民抗日运动,自必更加激烈,因此而引起之纠纷,日政府不能不负其责云。

《中央日报》1931年10月13日第一张第三版

65. 国联行政院昨开会，施肇基痛陈日暴行，白里安主席提出解决方案，日本谓我排货遭主席驳斥

按欧亚间，每日时间相差约九时，本报上版为三时半，在日内瓦为下午六时许，其时会议或尚未毕，故芳泽发言以及其他情形，尚无电来，今日如有电到，当随时刊发号外，以飨读者。

举世瞩目国联处置，白里安代勒乐为大会主席，美国务卿以全副精神注意

【路透社日内瓦十三日电】 国联理事五人，今早十时开委员会，讨论法外相白里安所提出解决中日问题之方案。国联理事会拟要求日本有切实担保，此后在东三省不得再有军事行动。

【路透社日内瓦十三日电】 国联行政院正午正式开会，天气清朗，阳光十足，会议厅观者拥挤不堪。西班牙驻美公使马达加就主席后，请法外长白里安代勒乐任主席职。白里安应允后，即说明此次本轮流到法国担任主席职务。白里安就席后，即详说九月三十后经过情形，并宣告因接受中国代表请求，将会议日期提早一日。据中国代表称，日本最近又有军事行动，如轰击锦州等等。同时日代表通知国联称，中国抵制日货。中国代表团报告国联，谓中国政府已累次明令宣言制止轨外行动。白里安继言，抵制日货事，不在东三省境内，此时可无庸讨论，国联为不愿牺牲人命，故极望中日双方务取和平态度。

白里安称，中国已报告国联，中国驻日代表，曾向日政府接洽即速撤退侵占区内日兵，而日政府则坚望直接交涉。白里安又报告，美政府曾正式通知国联，决赞助国联决议案，并已派二代表去东三省就地观察。主席白里安报告毕，即请中国首席代表施肇基起立发言，约一小时后休息。下午三时半继续开会，由日本首席代表芳泽发言。

【路透社日内瓦十三日电】 施肇基发言后，充满愤慨，指明自日军九月十八日夜突然出兵后，中国立即诉告国联，中国土地为外国军队占据，中国人民受残杀，在他国人民必以野蛮手段对付，但中国将此案完全交国联处理，愿遵守国联意见。中国希望十月十四日前，铁路区外日本军队可行撤清，岂知不但

兵未撤,反又有侵略行动,如轰击锦州等。因日军轨外行动,如此严重,中国乃有请国联行政院提早开会之议。

施氏继复详述中国请国联处置经过。蒋主席九月廿二日宣言,及本月间数次谈话,均表示中国未抵抗,而自动撤退,态度尊严和平,因中国乃国联一忠实会员,并信任国联。中国依国联与非战公约,如船之依赖铁锚,有风浪时,可依以安定,如国联与非战公约与以援助,中国觉定可胜过一切风灾。国联与非战公约,如世界和平大厦之基础,倘使彼等倒,大厦定随之而倾倒。余意世界各国决不致眼看国际盟约有效否,第一次试验即失败,而可明年二月再聚于日内瓦坐谈军缩。假使此次虽有美政府赞助,尚且失败,明年军缩又失败,则将来世界如何可再有永久国际组织,如何可再以非战公约去阻止战争?

【本社十三日上海专电】 施肇基元(十三日)在国联发言,略谓:国联有迅速解决辽吉事件之必要,否则明年军缩会势将破坏。国际间欲渡经济危局之一切合作为之解体,目前日军未撤,暴行依然,故今日行政会当前问题,仍为日军必须撤退,中国现唯希望文明力量之胜利,保障和平之基础。中国对于本国军队,已严令力避与日军冲突,对于文官已下令保护日侨生命财产。中国寄其希望于国联会章与非战公约,认两者为十二年来所奠立之世界和平基石,设吾辈竟任此基石倾圮,则全世界之和平亦将同坠。中国已将辽吉事件完全托付国联,希望国联力能制止日军暴行,且深信国联将能保障不和平。施发言时,激昂异常,言毕就座,掌声大起。行政会于是宣布延至三时续开,届时芳泽将发言。元(十三日)行政会开会时,英代表发表天津英领报告日军铁甲车开到通辽,与日兵拆毁铁轨,及用地雷轰炸货栈情形。

【路透社纽约十三日电】 美国务卿史汀生,正式派美国驻日内瓦领事吉尔勃,参加国联行政会,此为美国第一次参加国联行政会议。

【中央社日内瓦十三日电】 本日国联行政院特别会议之组织,最后之变迁如下:法外长白里安替代勒乐为主席。勒乐已行在途中,因西班牙国会有重要辩论事,突被西首相中途召回也。英外相吕定与薛西尔爵士,及义外部格兰第,皆到会。惟德国总理兼外交部长白鲁宁,因事不能离开柏林,改由前驻罗马尼亚公使马第亚斯充任代表。德国虽未派部高级人员莅会,然众信德国对于中日事件,自仍坚守原有之态度。至美国列席国联之观察员,原定驻瑞士公使威尔逊,现改由驻日内瓦领事杰尔勃脱充任云。

【中央社日内瓦十二日电】 此间因国联行政院再次集会讨论东省事件,

空气异常紧张,谣言极盛。群众对于行政院将采何种步骤,以解决纠纷,亦多所推测。中国方面代表仍坚主国联会应即派国际调查团实地视察,日方对此同极端反对,并表示日本宁愿退出国联,而不愿受国联之支配云云。同时日方提出一离奇提案,主张将东三省改为委任统治地,由日本行统治权,但此说已为华方代表所驳斥矣。

我国代表声明要点

政府方面确实消息,日内瓦十三日报告称,国际联合会行政院十三日开会,我国代表预备在该项会议中声明下列各事:第一,声明我国自九月三十日国联行政院决议后,我国政府已经完全依照决议切实实行。(一)国民政府已经于九月二十日及十月七日,两次明令全国政府机关,切实保护外侨生命财产,确守秩序。九月二十日命令中,并特别声明,切实保护在华日侨生命财产之安全。各地方政府,无不竭尽全力,为有效之执行。在此十余日间,全国人民虽极悲愤激昂,然无论在何地方,均十分忍耐,绝无越轨行动。(二)本国政府因希望日本能接受国联行政院之决议,实行撤兵,于二日切实电令东北边防司令长官张学良,迅速派员负责接收日军撤退地方,并切实负责恢复秩序。经已派定张作相、王树常两员,前往接收后,即将此事电令驻日蒋公使通知日本政府,迅速电令该国占领辽吉地方之军官,遵令完全撤退,并与我国所派张王两员接洽。

第二,声明日本在国联行政院决议后,不但不履行撤兵之决定,实践该国政府所自发表之不扩大声明,且更继续在各地实行各种军事行动。(一)十月三日在洮南地方有日军三十余名,押运军械一车,接济蒙匪。(二)十月二日日军在辽源地方,运去军械十余牛车接济蒙匪。(三)十月七日日本飞机五架,在新民地方抛投炸弹多枚,炸死人民三人。(四)十日日军铁甲车一列,到通辽炸毁铁道,同时散放传单,并通告人民已埋放地雷。(五)八日飞机十二架袭击锦州,投炸弹七十余枚,并用机关枪扫射,死交通大学教授俄人一名,工兵一名,平民十四名,伤二十余名,并散发传单,痛诋我高级长官,煽动并威逼我国人民叛离国家。(六)三十日以后在长江内陆续增加军舰八只,并增加陆战队,均在上海、镇江、南京直至汉口、大冶等地方示威,在中国海南部增加军舰四只,在温州、厦门、福州等地方示威。(七)在东北各地实行挑拨,威逼地方官绅,组织非法政治机关,实行破坏中国行政权。(八)十日日飞机在唐山工业区域及其他各地飞机示威。(九)日兵舰四只到青岛示威。(十)其他日本陆海军行动。

第三,要求行政院另定有效办法,并请贯彻其原定令日本完全撤兵之主张。

英美注意国联处置

中央社伦敦十三日下午四时路透电。英国此时虽全国注意于大选,但全国政府人民极注意国联,此次对中日问题之处置,人人全知此事为国联成立以来最重要与最困难之一案,不但远东和平,即世界军缩问题纯依此案而左右。

外交界息。国联秘书长近接美国务卿史汀生之备忘录,原义选译如次:余信国联与美合众国,必须依照东事发生以来所采取程序,继续工作。东事暴发时,适逢国联行政院及大会集会之期,行政院对于东省问题,已恳切详细考虑国联章程,且备有解决是项纠纷久经试验之方略。中日两方已在行政院各诉其理由,而全球凭借行政院会议之记载,亦得以知东事之始末。行政院现已规定双方互应履行之程序,两国政府既向国联承认遵守,国联切勿放松其监视,并须于权力范围内尽量运用其压力,使两方行动,不得逾轨。美政府仍于外交上采取单独行动,以援国联表示美政府对中日问题非已不加注意,并未忘却中日对非战公约及华盛顿九国协定各签字国应有之责任。如必要时,美政府将使双方了解彼等应尽之责。

中央社华盛顿(十二日)路透电。今早十二日蒋主席在国民政府纪念周演讲词,已到此间,措词严重之至。美政府当局极为注意,深恐中国政府或因愤慨国联无力制止日本,而诉诸武力。美政府今晚(十二日)立即有急电致国民政府详询态度。又讯,美国务卿史汀生以全副精神注意此事。

《中央日报》1931年10月14日第一张第三版

66. 我国复日抗议全文：人民厌薄日货由于日方不友谊行为，两国人民感情隔阂皆不法日军造成，日倘能设法解除方能改善两国关系

我国答复日政府九日抗议之复文，于昨日下午三时三十分，由外交部派亚洲司科员马长亮，送至日本领事馆，当由上村领事接收、转达，一面并电驻日公使蒋作宾，送达日政府。兹录其原文如次：

对于本月九日自日本政府之节略，中国政府兹特申述意见如下：日本军队不顾国际公法，违反国联盟约、巴黎非战公约及华盛顿九国条约之之规定，未受对方之挑衅，即突然侵入中国领土，并占领中国辽宁及吉林省各地方，推翻省县合法行政机关，且于侵入之时，作多种战事之行为，及其他即在战争时亦为国际公法所不许之举动，如杀戮无辜人民，轰击无防御之城市，击射客车，移去并没收公众及私人之财产等等。中日二国既同受上述各国际条约之约束，各该条约令签字诸国，对于解决一切纷争，应负设法用和平方法之义务，于是中国政府，乃立即提请国联行政院处理。行政院决议请日本政府命令该国军队，从速撤出自九月十八日以来占领之区域，并决定承认日本政府所作庄严之保证，谓当遵守该院之请示，如届时不能履行上述之保证时，规定以十月十四日为再行集会之日期。中国政府自事变最初发生以来，即不作任何对敌之行为。虽日本军队之挑衅举动，日见激烈，蔓延益广，但仍竭力所能，严格命令各军队，对于日本军队继续之进逼，不作任何形式之抵抗。

同时对于全国施以一种严格之纪律，尽其方法，以保在中国行政权下中国领土内诸日本侨民之生命财产。观于中国所管辖幅员辽阔之地面，无论何处，均无不幸事变发生，足以确实证明中国对于向国联行政院所作之保证，实已慎密遵守。政府迭次之命令，布告节制我国人民正当之愤激，使不轶出注意范围。十月七日，中国政府又命令各地方官吏"所有外侨生命财产负责保护，并严防反动分子乘机煽惑行动越轨"等语。足见政府之告诫，益强而有力。此种明令之颁布，适在日本政府不履行其撤兵约言，异常明显之时。中国政府遵照国联行政院之决议，指派大员二人接收退出地方，并将此事正式通告日本政府

及国联行政院，但日本政府迄未实行其表示之意思，将占领地方，交还于中国官吏。而观于中立国视察者之报告，沈阳、吉林、敦化、巨流河、新民、田庄台等处，现尚在日本军队占领之下，一面此种军队仍无故继续杀伤无辜平民，毁坏财产。

故中国人民之愤激，仅限于不购买日本货物，此实为全世界所惊异。夫选择个人所购物品之自由，乃系个人权利，任何政府均不能加以干涉。政府固有保护外国人民生命财产之责任，然无论任何公认之规则，及无论任何国际法之原则，未有需要政府令其禁止或惩罚实行公民初步之权利者，使对于此事，果有责任，则责任应完全由日本负之。盖自万宝山案件发生以来，日本政府以其多数不友谊之行为，酿成对于日本货物，普通厌薄之心理也。

中国政府以最严格之方式，遵守国联行政院之决议，慎密保护日人生命财产，并制止各种足使局势愈趋严重之行为，其结果无论任何日本人民，均迄未遇有不幸之事变，已如上述。当此之时，日本军队在东省仍继续其侵略行为，甚至最近以飞机轰击自辽宁省城沈阳占领后辽宁省内文官暂时所设办公处所之锦县，此种作战行为，一如日本政府所深知，使国联行政院决议提前，原定开会之日期。中国政府对于日本政府所引两国对于国联之责任一节，表示满意。惟声明最近十日以来，对于各种足使局势愈趋严重之行为，以致国联行政院之决议不能实现者，皆出于日本方面，中国政府不负其责任。中国政府虽因日本军队继续不断之侵略行为，正处于异常困难地位，但对于日本侨民生命财产仍竭力予以保护。但日本如仍用兵力以为其国家政策之工具，因此如有不幸结果，尤其在两国政府已将案件提交国联行政院及国联行政院已规定两国应循方针之际，日本政府应负完全责任。中国政府因深信中日两国人民间感情之隔阂，及两国通商上之困难，全为日本军队种种非法举动所造成之当然结果，以为日本政府倘能努力将其所以致此之之原因，设法解除，于改善两国间之关系，而维持东亚及世界之和平，当有良好之结果也。

《中央日报》1931年10月14日第一张第四版

67. 施肇基坚拒直接交涉，白里安劝双方静候国联解决，芳泽大肆狡辩意仍拒绝撤兵，国联昨日继续开会，白里安与中日代表会晤，施肇基芳泽前日大舌战

【本社十四日上海专电】 日内瓦寒（十四日）电，据国联中人消息灵通者称，行政会现将用种种方法，使中日间东省危局得以友谊解决。倘至万不得已时，则将被迫实施联盟会章第十六款。现望在数日内能商得一种协定，俾日军可以撤回满铁附属地，而中日间将可开始直接外交谈判。若美国参加会议，则美国代表除投票外，可享其余一切权利。如此会中对于各项提议，便可获知美国态度，免致将来议决后，有为美国所不能接受者。据称，九月间行政会本拟派国际调查委员会，因探悉美国不甚赞成而罢，故此次行政会，美政府俱赞成，有美代表列席，谅日政府当亦不能独梗众议，遂行拒绝也。

【中央社日内瓦十四日电】 今日上午九时半，白里安重行召集行政院会议，继续讨论东三省事件，今日下午将与中日两国代表会晤一次，以谋迅速之解决，希望能于本星期秒结束一切，及实行撤兵等项云。

【中央社日内瓦十三日路透电】 本日下午继续开会后，日本首席代表芳泽发言称：日本有两次曾以邦国之存亡，在高丽与东三省作孤注一掷之奋斗，故日本觉高丽与东三省与日本本身命运，有密切关系，日本在东三省并无侵略野心，但确有重要政治经济关系。日本对东三省一向主张经济发展，开放主义，任何国家，俱有同等机会。自日本到东三省后，对外贸易，增加十倍，中国亦得极大利益，数十万人去东三省成家立业，二十年内东三省人口增加一倍。日本在牺牲多少生命金钱后，争得自身安全，其尽力经营东三省，并无奇特之处。经营东三省最重要之事，在能维持治安，日本之坚强政策，使中国国内不得蔓延至东三省。日本在东三省投资额达二十万万元，近年来日本之权利与事业，当有受侵犯之危险。自国民政府成立后，屡次有重要政府人员明白的反对日本在东三省之权利。政府人员对南满铁路日人及朝鲜人态度，有时甚为难堪。芳泽继称：中村之被杀，为中国对日人态度之一表示。日政府虽极力主持镇静，以忍耐和平手段对付，但政界空气，日趋激烈，人民亦愤慨万分。芳泽

又提起中国军队,于九月十八日攻击南满铁路事,日政府希望中国明了情形之严重,改变以前态度,纯以情理及合作方式与日本切实联络,避除将来之一切争端。日政府随时可与中国政府直接交涉,但此意见,虽得国联赞同,而迄未能实现者,系因中国内部问题。芳泽提起南京、广州议和之经过,复称:日本军队九月十八日之措置,为合法的自卫行动。日本不惜任何牺牲,必须抵御侵犯日本东三省地位之外界势力,只须日本在东三省人民财产安全,有切实保障,日本军队,可立时撤退至铁路区域以内。在解决如此重大问题时,不能过于注重主义或理想,应注重实际及政治上现在情况。中国全国之激烈抗日运动,使此问题更加严重。日政府希望国联理事会设法先使两国在精神上不再互相敌视,以求一正常解决。日政府希望中国即时制止抗日运动,与日本规定两国协商之基础条件,先恢复中日两国平常之关系。此层做到,则空气可渐趋和缓,而日兵撤退之障碍,亦可除去矣。

【日内瓦十四日电】 当十三日下午继续开会时,日代表芳泽于施代表发言毕,继起声明,谓日政府仅希望能充分成立协定之基础,以谋中日两国之直接交涉。若此事议定,其他问题自可迎刃而解。施代表旋称,中国代表已决定接受国联之议决案。若国联及美国不能充分合作,以避免此次战争之危险,则一切之军缩及所谓国际保障,皆无成功希望。同时各国必自互相嫉视,互结与国以谋一逞。军备之竞争,必然复起。故目前之时局,可谓关系世界大局,其危机非文明各国一致合作,实不易避免。但中国仍信国联会能成功,各文明国必能合作,以谋一圆满之结束云。至此施又朗诵由中国发来之电报两通,第一电报告日机在打虎山掷弹并施放机枪,第二电报告日机在沟帮子掷弹情形。旋谓中国对于日侨保护异常周密,但日方仍进攻不已,若因此而发生不幸之事件,则日本应负完全责任。至于目前中日两国人民之恶感,实为日军非法侵略行为所促成,故日军能即日撤退,则两国人民之好感,必能增进云云。白里安主席旋起立称,根据双方之报告,日本方面屡次声明并无恶意,若日侨之安全,得有担保,即可撤退占领区域。中国方面亦称,决不采报复行为及其他一切暴力行动,若然实无冲突之理由。今既已造成目前之局面,行政院应采最严厉之方法,履行其应尽之责任。同时中日应信任国联之处置,不得再采令目前局面更加严重之行动。因此事关关系各国,其影响将及于全世界也。今中日双方外交关系,既未断绝,则双方代表可共坐一堂,以和平方式讨论一切。至于国联会决不放弃责任,在可能范围以内,必执行其职权云云。言后即宣告散会。

【中央社日内瓦十三日路透电】 芳泽发言毕,中国首席代表施肇基起立发复[言],力斥芳泽所举各点,均与正题毫无关系。芳泽所言中国前外长有挑战言论等语,施代表称,无论任何政府不能强迫人民购买彼等所不喜之货物,解决中日问题,惟有消除纠纷之根源。施代表朗读二电文报告,日飞机轰炸中国沈阳以西无武装之城市,又举数例说明中国政府处处保护日侨、韩人生命财产,又将重要美国人目睹日军无故攻击沈阳经过之情形,报告大会。施代表复宣告大会,在目前情况之下,中国决不能与日本直接交涉,故诉诸国联。

【中央社日内瓦十三日路透电】 中日代表发言毕,英外长李定建议,请日代表芳泽即向东京方面问明最近日飞机轰炸各地情形,芳泽应允照办。主席法外长白里安将双方意见作一总结束称,如国联有应尽之责任与义务,国联行政院决尽责,决不避免。主席劝双方代表,力请中日两政府,切勿再使东三省问题扩大,静候国联解决。余深知二大国,必觉凡有轨外行动而引起重大惨剧者,其责任之严重,将无以复加。主席发言后,即宣布休会。

按国际联合会盟约第十六条规定如下:"联盟盟员,如有不顾本约法第十二条、第十三条或第十五条所定之义务而遽行开战者,则据此事实,应当然视为对于所有联盟之其他盟员有战争行为,其他各盟员即担任立刻与之断绝各种商业上或财政上之关系,禁止其境内人民与破坏盟约国境内人民间之各种往来,并阻止其他任何一国,为联盟盟员或非联盟员境内之人民与该破坏盟约国境内之人民,财政上商业上或个人之往来。"

《中央日报》1931年10月15日第一张第三版

68. 日军横暴有目共睹,美青年会领袖爱狄电国联,报告目击日军之侵略挑衅

【中央社日内瓦十四日电】 自国联行政院特别会议后,中日两方虽各保持其原有态度,不稍退让,然至少有三要素,立使国联中人乐观:(一)施肇基已明白表示,中日冲突,并非地方事件,实足影响军缩会议前途,及救济目前经济危机计划,与国联自身生存问题。(二)中日两方,并无扩大其原有条件。

(三) 白里安当主席手腕灵敏,且有法国之声望为其后盾,均足援助国联。行政院开会时,施代表诵读美国青年会领袖爱狄来电:略称渠目击日军占领沈阳情形。日军无端启衅,事先显系极有准备。日军尚未撤退,依然占据各重要地点。亚洲人士均信东省事对国联前途关系巨大,如国联此次失败,则中日势将倾向苏联及共产主义,全球有陷于无政府状态之危险云。

【中央社路透日内瓦十三日电】 今日会议时中日双方代表态度和平稳重,收效极佳。英国代表团某代表称,大会已有一极良好之开场。又路透社记者往访中国首席代表施肇基,问及东京所发出消息,谓中国方面如国联不愿干预时,准备与日本直接交涉等语,不知确否?施肇基答谓:此种消息与彼所接到中国政府训令意义,不但不符,且甚相反。

【中央社华盛顿十三日路透电】 美总统胡佛,在内阁会议时报告:据各方观察,东三省问题已有进步。

外部顷接日内瓦中国代表团电称:在十三日会议时,日代表芳泽提议中日直接交涉,当即加以拒绝。英外长李定请日代表电日政府,查询日飞机轰炸沟帮子、打虎山事件真象。白里安直言国联会将坚决执行其职权,并谓双方不得再采侵略行动云云。

【中央社日内瓦十四日电】 驻沈阳德领,已向国联报告日军在南满路区域外人数,谓据十月九日调查,计在沈阳者二千七百人,在巨流河者二百二十人,吉林一千二百六十人,长春六百七十人,营口一千八十人云。

《中央日报》1931年10月15日第一张第三版

69. 暴日目中岂有国联,秘密动员积极备战,将屯集大虎沟帮子等,巨流河新民各站均被占领,继续在各地掷弹伤亡颇多

【本社十四日天津专电】 沈阳日军二千余名,共搭铁甲车三列,并携大批军械寒(十四日)晨九时向巨流河、新民一带开拔。又皇姑屯日军,亦于今晨起乘兵车六列开赴马三家,每隔七分钟开一次,其前方铁甲车,已向前进至新民,余车均有西开模样。闻日军司令部已下秘密动员令,大队日军有屯集大虎山、

沟帮子、锦县模样。巨流河、新民、白旗堡等站，寒（十四日）晨九时，已被日军占领，居民纷纷逃难。本日所有北宁西开列车，均未开出。日机五架，寒（十四日）晨十一时，由沈飞至锦县未停即向葫芦岛飞去。

【本社十四日北平专电】 新民屯日军续有增加，吉林日军征发其退休兵，在地门岭挖壕筑垒，积极备战。

【本社十三日北平专电】 日军传准备由新民西进，且将利用飞机掩护。打虎山有日机五架投弹五，伤亡颇多。王以哲部至打虎山时，三弹落于兵车上，情形极惨。

日兵大部元（十三日）开抵新民，弹药及重炮车亦开到。站中高悬日旗，沈自卫枪枝亦被日收回。

【本社十四日北平专电】 沟帮子电，沈市日军，仍驻各要人宅，与各机关，无撤退模样。晚六时戒严，匪氛甚炽。日军在南满兵力共一师团，四平街南北各一旅团。本庄驻东拓会社，改称日军司令部。皇姑屯军械库存品，日军侵入后悉运去。

【本社十四日北平专电】 袁金凯[铠]消极，于冲汉派活动最力。日军促维持会接收各机关，以便操纵。

【本社十四日北平专电】 锦电，元（十三日）晚蒙匪在日军飞机掩护下猛侵通辽，经第三旅奋勇击退，毙匪甚多。寒（十四日）晨马山家地方来日兵车四列，铁甲车一。日兵均下车，以剿匪为名，到附近乡村滋扰。寒（十四日）晨九时半，盘山县日机，在空中用机枪射击第三次列车，幸未伤人。

【中央社北平十四日电】 十三日晨九时，有日飞机一架至黑山县城回翔三周，并放机关枪。转至大虎山大营军草场，掷炸弹二枚。适七旅三团兵车在站，日机遂以机关枪扫射。及兵车开至高山子，日机又追掷炸弹二枚，损失待查。

【中央社天津十四日电】 日机文（十二日）、元（十三日）迭在汪清龙和敦化投弹，损失奇重。

【中央社北平十三日电】 日军在吉长路组巡察队，乘压道车巡路。日改筑图门江铁路为宽轨，与吉会路衔接。沈海路依日方意，改组为官商合办，沈市长土肥为官股董事。

《中央日报》1931年10月15日第一张第三版

70. 社论：国联毋为日人所欺骗！

国联行政院日昨续开会议，我代表施肇基痛陈日军在我东省之暴行，已引起会员诸国之深切注意。日代表芳泽仍以其诡诈之措词，为无理之狡辩。观其所陈述之各点，与东京联合社真电日本对国联复文之内容，可谓绝无出入。盖日人之欲强占东省，乃其数十年来不能片刻愸置之迷梦。所以隐忍至今而始发动者，徒以扼于世界均势及国际舆论，未能急切下手耳。何幸中国遭值此百年罕见之严重水灾，扶伤救死，力且不及，乘危蹈隙，宁能放过？又何幸今日世界各国除极少数拥有较雄厚之资力外，无不有极重大之经济难关，正待解决。日人之意，以为在目前局势下，各国决无充分时间及力量，过问日人在东亚之行动，乃事与愿违。自九月十八日人袭击东省之消息传播于世界后，举世震惊，国联行政院立即行使其职权，限日人于十四日内撤退侵入东省之军队。日人至此已陷于进退维谷之境，悄然而退，则心有所不甘，任情直行，则不免遭世界之诘难。筹虑之结果，仍不甘舍弃其硬干之办法，然同时又不能不酝酿一二可资为口实之事实以为借口之地步。于是最近十余日内乃在中国各地肆意挑衅，连日派大批军舰驶入长江示威，并以飞机先后炸锦州、敦化、沟帮子、打虎山等地，用意惟在于此。无如中国国民在此严重之国难中，仍能以严肃之态度，整齐之纪律，规律其爱国运动。不因内心之沉痛而为越轨之行为，不因精神之紧张而为盲目之发泄，此征诸最近之事实，殊为举世所共睹，不容日人信口雌黄也。而日人对国联之复文及其代表芳泽在日内瓦会议席上之狡辩，所反复陈述者，仍不外其绝无事实根据之理由。其复文之要旨，大致如下：（一）须俟满洲日侨生命财产确保后方能撤兵，并谓非直接交涉不能圆满解决。（二）飞机轰炸锦州为拯救韩侨而出动，不能看作事态扩大。（三）派舰来华为保护日侨免除排日运动危险。（四）日军撤防困难未至由中国接收占领地之时会。（五）目前急务在双方协力融和国民感情云云。芳泽日昨之辩论，虽言多而辞冗，然其大意，要不外以上诸点。吾人今兹殊不愿从字面上作枝枝节节之辩论，且事实俱在，初无加以折难之必要。吾人今愿为国联会员诸国恳切一言者：中国国民为爱好和平之民族，我先哲诏示后世之遗训，常以"仁""义"二词并举。所谓"仁""义"也者，以今语释之，亦即和平之谓也。中国民族数千年来常能笃守此原则而弗渝，即历史上当最强盛之时，亦从无以强力侵略其他民族之事实。救灾恤邻，尤视为人类应尽之义务。年前日本遭遇剧烈地震，中国政府及民众均各就力之所及加以救助，所以然者，为人类互助之谊，不得不尔也。近年以来，中国全国方努力于民族运动及新国家之建设，因全国上下之共同努力，成绩已大著。政治方面之改造已渐臻于成功之域，国民经济方面，较之并世各国虽稍稍落后，亦不过为暂时的现象，而前途之发展，则方兴未艾。地大物博，储藏丰富，开发之后，不仅足供本国之需要，且可救济世界经济之困难。故对于各友邦均以肫挚之态度，谋有以促进世界人类之共同生活。本年不幸遭遇重大之水灾，面积之广，灾情之重，亘古罕见。同时复有为人类公敌之"共匪"，搅扰社会之秩序。中国方致其全力以救灾、"剿赤"，而日本突于此时占据我东省，破坏我主权，并作种种虚伪宣传以朦蔽国际观听，其用心不仅在乘中国之危，实乘世界之经济困难以趁火打劫。不仅在破坏东亚之和平，实欲扰乱世界之秩序，侵害举世人类及国际间之共同生活。二十世纪之时代，不容有此人类之蟊贼；二十世纪之时代，不容有此强暴之行为。国联为维系国际和平，巩固国际共同生活之一种重要组织，即负有维系和平确保人类共同生活之使命。国联是否能确实行使其职权，是否能不负其固有之使命，胥于此次之事件为最终之判断。狡诈之日人，其奸计若果得售，国联而不能为有效之制止，则不绝如缕之国际和平，必为日人所破坏，世界前途之危机，必将不可思议。此次出席国联会议诸代表，早已烛照日人肺肝。吾人之所以不惮词费、郑重陈辞者，非尽着眼于中日事件之本身，实因站在维系世界和平及促进国际共同生活之立场上，有不容吾人缄默也。

《中央日报》1931年10月15日第一张第三版

71. 瑞士舆论主持正义：危害和平违犯和约，似忘却国联之存在

按日军自九月十八日突占我东省后，各国舆论界，纷纷著论，不直日人所为，可知公道自在人心。瑞士为国联会所在国，其舆论如何，更足注意，最近该国《日来佛报》，对于日军此次暴行，著论痛加抨击，题曰《不平之鸣》。兹将其

原文刊载如左,借证明日人之残暴野蛮,为全世界所共弃。

东省事件之消息,于四十八时内已渐明了,而情势则更趋严重,兹事不但可以危及远东与世界之和平,即国联之生存问题,亦有关焉。国联视此日本军人之暴行,为空前之大事。畴昔国联和解国际战事案件,虽已数见不鲜,而独此次中日问题,实含有特别性质,可称为国联一种模范案也。从前果尔夫之案,希腊措置不当,一面既已请求于国联,而同时又请求于大使会议,致使国联责任减轻一半。又如希腊与布加利之争执,波利维亚与巴拉圭之纠纷,均仅属小国之纷争,易于解决。而此次之案情,则迥异往昔。今以一大强国,又是国联行政院常任会员,竟以军队强占行政院其他会员国之土地,侵犯性质,已昭然显著。一九二二年华盛顿条约,巴黎非战公约,以及国联盟约,咸被其破坏无遗。倘国联行政院对于此案,漠不关怀,日本之军队依然占据,东省原状不能速复,则世人必视已往与日后之保安条约如废莸无用,将不复再信矣。现在东省发生之事件,非仅关系三数城市或土地而已,明年之裁军会议,与夫欧洲之前途,实有莫大之影响焉。如国联此次失败,谁能再信裁军之高调与高枕无忧乎？诚恐军备之竞争,又将重现于吾之眼帘,而其结果实有不堪设想者也！此事乃和平与战争、国际安宁与军国主义者之奋斗,或甚至变为日本与国联之奋斗。似此则国联须操胜券,而日本必须退让而后已。国联之机械将仍照旧工作耶,抑将从此消灭耶,此今日世界各国政府所引领而望以待国联解决此案,以定其将来对国联之态度也。国联如非得已,决不愿予会员国以难堪。如日本不坚持到底,国联必尽力设法顾全日本之体面。日本对于该国在满洲人民所抱之不满,应用最谨慎之方法以研究之。组织调查团前往调查,则不难满意。不可促行政院太甚,应予日本以时日,使之了然世界大势。时期虽迫一日又何足计,但有一点国联有不能退让者,倘稍事让步,则形同自杀,即应使日人立即退出以武力所占之土地是也。如日本恐于其退兵后,其居民被人屠杀,似此尽可依法向中国政府要求,予以相当确切之保障,不可将退兵与此事相提并论。要知中国今日之仇恨,系日本军国主义者暴举所致。此案固系一极困难问题,因满洲之政治法律情形极形复杂,主权权利利益诸问题,均融在一起,实难解决。此种现象,确因欧洲距日本甚远,鞭长莫及之故。苏俄似与日本军人有密约之消息,而行政院现在之组织柔弱无能,但此种种均不足使吾人有所顾虑。因国联非专为解决易事而产生,盖非有困难之事,不足以显其用处也。就现在事实而论,正惟其距离东亚甚远,更可使行政院易趋一致。出事两造均系行政院会员,中国已将其案情无条件的交付国联处理,数日来并无何种不谨慎之行动发生,兼有国联之职员尚在南京,实可以抱乐观。美国对于此案,决不袖手旁观,日本军人乘欧洲经济恐慌自顾不暇之际,贸然迫其政府出此暴行,而自炫得计。若在畴昔,此计或可成功,今则情势迥异矣。列强政府得此惊耗,互以函电交换意见,不免发生误会。而且外交活动不特漫散而且迟延,在此时期中,日本大可乘势造事。但日本军阀之计划,有一根本错误,因其忘却国联之存在。因此案之发生,恰在九月国联大会期中,国联舆论所在决不能任行政院软化也。曩昔倘有战事发生,戎首之罪,究难判定,今则不然。凡有启衅者,不受国联之劝告,则不膂自遭世界之唾骂,而不能不让步也。世界舆论乃吾人惟一救星,须远大深明。东京距国联甚远,纵大声疾呼,其达到音浪,究属微薄。且不能达到奉天日参谋之耳鼓。但此声虽微,其力则不可抗,且能知其所欲为不平之鸣,未可厚侮。

《中央日报》1931年10月15日第一张第四版

72. 社论:国联如何制裁日本暴行?

此次日本侵占我东省之暴行,已引起全世界民族及全世界各国政治家之严重注意。国联此次亦努力于负荷其职责,保持其威信。国际和平之一线曙光,全视国联对于日本暴行能否为适当之处置,全视国联对于日本暴行能否为有效之制裁。吾人于今兹国联行政院继续会议之际,爰将日人之暴行再作一度之揭发,以促国联会员国之注意。

日本此次在中国之暴行,表面上虽系突发,而实布置已久,为日本对华大计划之发动。近年以来,因中国民族国际地位之增进,引起日人甚深之嫉视。同时世界各国方致力于其国内经济危机之补救,更启日人扰害东亚之野心。适日方政局转变,日本军阀乃乘时而有对华政策积极之倾向。该国跋扈军人之一种"磨刀霍霍",以邻为壑之暴相,当亦为世界各国所共知。盖自万宝山案起,及日本唆使鲜民排华案,以至最近之东省事件,皆为一贯之计划。数月以来,中国民族始终保持和平奋斗之态度,绝不模仿日人之褊狭心理,以损害世界所企求之和平局面。乃日帝国主义者侵逼之来,竟敢违背国际公法,无理侵占我东北领土,至数千里之广,犹复惨杀我国军民,破坏我国官署、兵营及兵工厂。凡此种种暴行,实属骇人听闻,开世界空前之恶例,为我民族永世难忘之大耻辱。

　　日本此次暴行,为日本有计划与有组织之对华作战行为,决非如日方所传,南满铁道中日军队之冲突。中国军队在事实上不但事前绝未挑衅,而且自始即未为任何军事之准备,日本暴行发生后,犹始终忍退,任其惨杀攻击,不与以抵抗。吾人以为日本此次暴行较任何事件为严重,东三省为中国之领土,日本竟以武力占据,设官置警,在中国疆土之内公然作成日军事占领区域。如此强横之情事,决非区区中日间局部之纠纷,而实根本影响及于远东全部之和平。

　　就国际公法言之,日本此次暴行,事态之恶化,尤为世界人类所共愤。国际公法者世界文明国家共同遵守之规则也。据国际法之规定,凡侵犯一国领土,为国际间最重大之不法行为。今日日本不仅侵犯我国之领土,且在我国领土上有大规模之作战行为,尤为国际法所不容。日本与我国同为国际社会之一员,乃竟唾弃国际社会所共守之公约,是其有意扰乱世界之和平,甘为国际社会之戎首。吾人本人类之正义,当唤起世界人士之注意,对此暴日之违背盟约,当与以严重之创惩,以为破坏非战公约者戒。依国际联盟规约第十条"联盟有保障盟员领土及政治独立,不使受外来侵犯之义务"。是日本此次无理强占我国领土,国际联盟已不容坐视。又依规约第十六条:"凡盟员漠视规约,不将争议提出理事会审议,或交付仲裁,或司法解决,而迳行对他方当事国宣战,是认为对于全体联盟盟员之开战行为,应受经济或军事之制裁。"日本此次对于东三省之军事行动与战争行为,已等于对我国宣战;而日本于开始此等战争行为之前丝毫未经联盟所规定之程序,而且事前中日两国并无不可用和平解决之重大事件,是日本此次暴行,明明已违犯规约,应适用第十六条之制裁。中国自始即极端尊重国联维系和平之精神避免一切冲突,即至现在仍未改变此种初衷。盖此次事态,不仅为中日间局部问题,而实为国际平和问题。国际联盟之使命,既在于保障和平,禁止侵略,今从国际联盟欲保持其威信,履行其使命,必须对于日本此种公然破坏盟约之行为,予以严厉之制裁。全世界民族将持此以觇国际联盟之信义,国联维系和平之权威及力量,究至若何程度?吾人将拭目俟之。

　　　　　　　　　　《中央日报》1931年10月16日第一张第三版

73. 国联对中日事无进展，日本反对美参加国联，恫吓国联谓如坚持或有不幸结果，国联行政院昨开不公开会议，对中日争执尚在研究中

【中央社日内瓦十五日路透电】 国联行政院委员会，继续审查中日两国纠纷之法律要点。今日（十五日）下午五时，决开全体行政院不公开会议。预料该时日本政府关于美国参加国联行政院会议，答复可到日内瓦，届时日方答复可提出讨论。

【中央社日内瓦十五日路透电】 日本代表团已接到东京日本政府训令，日本觉准许美国观察者参加国联行政院会议问题，是否合乎法规，此点尚有疑问，请国联行政院将详细研究此点结果通知日本政府，则日本可再答复。据可靠消息，行政院对请美国参加国联行政院会议之提议，不预备作罢，故相信日本对此点决让步。

【中央社东京十五日下午十点四十五分路透电】 美国参加国联行政院会议问题，芳泽向日政府请示电报全文尚未到齐，此时只到一部分。在电文全部送达前，日政府暂不答复。但同时日政府已电令日本首席代表芳泽，力请国联行政院将此议作罢。日方恐如国联坚持此点，或有极不幸之结果。日本政府反对美国参加国联行政院会议理由约分三点：（一）原则问题，此种办法是否有条文根据，尚有疑问。（二）日本政府始终未放弃此点，即不愿有第三者干预中日间东三省问题。（三）日方深恐此举或激起日人仇美风潮，因日人稍觉美人有干涉日方行动，立即有全国震动之危险。

【本社十五日上海专电】 路透东京删（十五日）电，日政府已训令芳泽，竭力疏通国联行政会，打消美国参加。芳泽□□电，东京□接到一部分，须视全电收到，日政府方可有切实答复。

【本社十五日上海专电】 东京删（十五日）电，外务省决定反对美国出席国联行政院，今晚币原已飞电芳泽。又东京删（十五日）电，今日临时阁议，决不赞成美国列席国联行政院。外务省除电芳泽，并电驻美大使出渊，谓恐开恶例，故表示反对。

【本社十五日上海志电】 合众东京删（十五日）电，日政府现正考虑要求国联行政会，对于辽吉事件延至明春再行决议，并欲请国联派一委员会至中国，作一般的调查，惟仍不能同意于第三者之干涉，欲使国联对于中国关系之历史与背景，获得日方所谓之公正报告，然后根据此项报告，作成决议，行政会即休会至明春再开，此时日本即准备与中国直接谈判，解决各项悬案。

【本社十五日上海专电】 路透日内瓦删（十五日）电，各要人仍进行私人谈话，但非至日本决定愿否美国参加后，行政会实际工作不能进行。又电，英法德意西所组成之行政会委员会，删（十五日）午前在国联秘书处集议，继续研究中日双方争执各要点，决定删（十五日）午后五时召集行政会全体之非公式会议，预料日复文是日当可到此。

【中央社十五日上午九时上海电话】 路透日内瓦电，中日东三省问题，忽变而为美政府能否参加国联行政院问题。日本首席代表芳泽，昨日（十四日）与主席法外长白里安作长时间谈话后，宣称关于美国可否参加行政院会议一层，彼须呈告日本政府请训。在日本政府训令未到前，国联理事会，昨日（十四）会议未开会。又闻中国代表团对美代表参加会议一层已表示同意。

【中央社十五日上午九时上海电话】 路透日内瓦电，日本代表将拒绝美政府代表参加国联行政院会议。

【中央社日内瓦十四日路透电】 今早行政院理事会随开秘密会议，不准旁听，中日两国代表亦未参加，临时请美国代表列席，当即讨论国联处置中日问题之方案，闻已有结果，决今日下午开大会，大会中将准许旁听，并宣布请美国列席大会。

【中央社日内瓦十四日路透电】 今日秘密会议，将议决请美国参加行政会讨论中日问题。

【中央社日内瓦十四日路透电】 国联主席法外长白里安，设法得行政院全体同意，请美政府派代表参加行政院会议，讨论中日问题如一二理事因法定手续理由反对非会员国家参加会议，行政院或可不理此项反对意见。但美政府在此时是否情愿参加，实为一问题。国联章程第五条，如派委员会讨论特种问题时，行政院多数理事赞同，即可通过，无庸全体通过。

【又电】 英政府代表团意见，此问题须待美政府决定，是否愿派代表，以顾问资格参加会议。美国驻日内瓦领事吉尔勃，乃美政府在国联之非正式观察者，随时将国联开会情形，报告政府。据一般人推测，此事已先与美方接洽，但此时美方尚无答复。日本代表团称,关于美方代表参加国联会议事,芳泽尚未接得通知。日方代表称向无非会员国参加会议之例,美政府曾有观察者列席各委员会,日方代表正详细研究国联规约,研究此举有无法律规定,日本态度完全以规约条文为定。美国虽曾参加委员会,讨论禁烟、军缩等问题,但参加行政院会议,实为创举。此事国联方面议论纷纷,极注意将来有何结果。因如成功,则可开一特例矣。主席白里安,今日(十四日)下午继续与各理事谈话。行政院大会,明日或可开。中国代表团适接本国来电,称东京所传,如国联不干预,则中国准备与日方直接交涉等消息,绝对不确。

【又电】 日本或不坚绝反对美方参加会议。各方均注目东京与华盛顿,急候该二处消息。又电,华盛顿美方答复已到,大约美方可同意以观察者名义参加行政院会议。大会明日(十五日)可开。

【中央社日内瓦十四日路透电】 国联处置方案已定,唯须先征求中日两国同意。在秘密会议后,中日两国代表往访主席白里安,推测中国政府对国联处置方案可同意。

【又十四日日内瓦路透电】 今日(十四)上午九时三十分,国联行政院主席法外长白里安,在彼所住之旅馆内,接见行政院各委员,讨论中日问题。国联深知中日问题之困难,各方急于得到国联行政院关【于】此案之最后决议。至今中日双方态度坚决,丝毫不愿让步。日方要求立即由中日直接交涉,东三省军事情形,暂不讨论。中国方面则非日本将铁路区外军队撤退,决不开始交涉。

《中央日报》1931 年 10 月 16 日第一张第三版

74. 社论:日本蔑视国联之铁证

自东北事变陡起,日寇之兽行蛮性,突破世界之沉寂,赫然暴露于公理正谊之前,国际为之震骇不已。国际行政院依据盟约应负之责任,通告日方限期撤兵,以防止事态之扩大,足征守法不阿之诚意。日寇于我无抵抗之下,不三日间,强占我辽吉,蹂躏我民众,破坏我国脉,侵害我主权,我国家我民族所遭受精神上物质上之损失,其重大直非言语数字所能衡计。此种残酷悖理之行动,宜为交战时期所不能有。此种空前之奇耻大辱,直为安南、朝鲜人民之所未□见。我国家纵积弱不振,我民族纵怯懦至极,亦何能隐忍苟安于旦夕,而无背城借一之思？但为尊重国际盟约、接受国联善意计,于兹举国同仇敌忾、热血腾沸之际,仍不得不含垢忍辱、少待须臾,以冀国联公正不颇之评判,与夫急切有效之处置。此种重视盟约、酷爱和平之精神,当为世界公正之友邦所共昭鉴者也。顾日寇睹我之暂忍,竟以为畏惧,见国联之干涉,竟以为不当,仍复怙恶不悛,冥意孤行,凶焰益张,肆无忌惮,轻视国联之威力,为继续不断之暴行,甚且飞机战舰,到处示威,诡计阴谋,任意挑衅。凡所以危害和平者,几于无所不用其极。国联鉴于事态之益趋严重化,不得已始有提早重复开会之举,并有通知美国派员列席之拟议。美国虽非国联之一员,但居于发起开洛克非战公约并华盛顿九国远东公约之地位,其制止战争恢复和平之热心,实不后于任何国家。国联之召请,于情于理,实至允当,独日寇自知理屈,积肆阻挠。且在国联集议之顷,犹复派赴飞机多架于北宁路沿线打虎山、沟帮子、锦州等地投掷炸弹,并用机枪扫射,造成绝大之恐怖,其为目无国联,至为显著。尤有甚者,据电通东京寒电,日陆相及参谋长且以山海关为满铁沿线附属地外侧守备上,必要时为军事侦察。中国如采敌对行动,即可应战。山海关以西,与美法共同守备,日军单独行动固谨慎,但不得已时可出于适当之处置,训令其驻屯军司令官香推[椎]照办云云。似此日寇不但无悔祸之诚意,实有积极作战之准备；不但无撤兵之决心,实有内犯之企图；不但无静待解决之意念,实有使事态扩大之可能,且诬美法以共同守备,尤为荒诞不经之谈。世安有与不顾国际信义之国家为友而与之言合作者为其诬蔑,何俟烦言？惟自日寇继续之暴行及今,已越兼旬。虽国联屡致其善意之劝告,亦迄未收若何之效果。但我国家所被之损害,我民族所蒙之耻辱,视前反益加甚,此何以故？则以我国始终信赖国联能为适当之处置也。虽然,我国今日固蒙此莫大之损害与耻辱矣,但国联独无所损,无所失乎？提倡国际联络及达到不恃武力而保守国际之和平与稳固,为联盟之最高理想；保障盟员领土及政治独立,不使受外来侵犯,为联盟应尽之义务；漠视盟约,不须法定手续宣战,即认为对全体联盟盟员之开战行为,应受经济或军事之制裁：皆载在盟约,彰彰甚明。我国为国联之忠实盟员,深信国联之权威,必能有执行之实力,故宁忍痛斯须,不欲别觅解决之途径。我国今日虽蒙绝大之牺牲,但极端尊重国联维系和平之精神,固足以昭示于世界。日寇之继续暴行,实为蔑视国联之铁证,不独为我国之敌,实为国联之公敌。国联处此,若不能善运其威力,予以严厉之制裁,则国联维系国际公理与正义之力量,必将扫地以尽,永隳无余也!

《中央日报》1931年10月17日第一张第三版

75. 国联通过请美参加行政院会议,日本坚持反对美国参加,美国接受与否尚无表示,国联正式通告美国,昨日行政会通过发出请书

国联通过请美参加

【中央社日内瓦十五日路透社电】今日下午行政院会议结果原则上赞同请美国以观察及旁听者资格,参加行政院会议,明日(十六)可正式通告美政府。今日开会后,由主席法外长白里安建议,立时通知美国,请参加行政院会议。日方首席代表芳泽反对此议,谓此事不仅为手续问题,实为原则问题。英外长李定驳之,谓此事完全系手续问题,在原则上美国当然可以以观察者资格列席。行政院会议地点,实毫无疑义。芳泽提议另组法律委员会研究此问题。主席白里安质问日本是否能完全遵守该委员会之决议,芳泽不能确实答复此点,于是主席将此问题付表决,全体一致,原则上赞同请美方参加,只有日本一票反对。

通知书今日下午准备不及,明日可送出,请美国以观察及旁听者资格,出席行政院会议有发言权。

【中央社日内瓦十六日电】关于美国参加国联行政院会议,讨论中日事件,昨日会议日代表仍坚持反对,认美国非国联会员国,此次参加无法律根据,势必牵及国联根本问题。但白里安及国联行政院其他理事,咸认美国之参加,仅属程序问题,无须得全体会员之同意。况九月国联会大会,曾议决将一切关于东三省事件之文件,一律通知美国。故此次邀请美国参加,仅立法上之变更,并不牵及法律问题。行政院鉴于日本方面反对态度坚决,又以东三省形势之严重,势非急谋解决不可,白里安遂提议以投票方式解决。首由白里安询有反对美国参加会议者否,芳泽即谓予仍反对之,并主将本案交法律专家委员会

讨论。但芳泽之主张，并未获通过，各会员遂开始投票，结果以十三票对一票，通过邀请美国参加会议之提案，反对者仅日本一国，并定于本日将对美之邀请书提出通过。此次国联不顾日本之反对，突采坚决之手段，邀请美国参加，实国联会成立以来第一次之严厉处置。因东三省形势严重，国联如此之处置实属正当也。

【中央社日内瓦十五日电】 本日国联行政院秘密会，决定请美国参加会议后，于九时散会，定明晨十时再开。

【中央社日内瓦十五日路透社电】 今日行政院开会有三小时之久，关于请美方参加一案，只表决手续问题，原则并未付表决，只有芳泽一人反对，此案其他各理事，均觉根据国联规约第五条，只要大多数赞同，即可通过，但日本坚称，非全体赞同不可。

【本社十六日上海专电】 路透日内瓦铣（十六日）电，今晨十时行政会忽开公会议辩论，请美国参加问题，除日本外，各会员皆赞成，发出请书。白里安乃宣布请书即将发出，并希美国接受之。今晨辩论所表示者，无人赞同日本对于此事之意见耳。

五强集会讨论应付

【又日内瓦十六日电】 十五日下午四时，英美法意德五强代表重行集议，讨论应付日本拒绝美国方策云。又日内瓦十六日电，关于美国参加国联行政会议，国联与日本已拟定办法云。

【中央社日内瓦十六日电】 日本反对美国参加国联行政院会议，各国莫不惊讶。日方声称，须有相当时间研究美国参加国联之结果，及其可能与否，如此则于两三日内国联方面不能有所进行。又电，日政府拒绝美国参加国联行政院会议，讨论中日问题，消息传出后，国联会员俱大震动，现日内瓦空气已复趋恶劣，众信国联将于三办法采取其一，以挽僵局：（一）放弃请美国参加之主张，但若采此办法，则国联威信将从此扫地。（二）请美国派员备咨询，但此种办法不得日同意，亦有困难。（三）商请日本让步，但国联为体面计亦难出此云。

美接受否尚无表示

【本社十六日上海专电】 华盛顿删（十五日）电，截至今日深夜止，国务院对于是否接受国联邀请守缄默,拟待正式请书到后再发表态度。同时中国代办容揆发表一文,声明中国对美国参加国联理事会讨论中日争端之解决,极表欢迎云。

【本社十六日上海专电】 华盛顿删(十五日)电,此间多信美国明日接到国联行政会请书后,必将拒绝参加。此事已令史汀生左右两难,盖渠早已电令日内瓦美总领吉尔白,如正式接受请书,即以美代表资格列席行政会。今若拒绝参加,则出尔反尔,必将见恶于国联及为此事力争之十三理事。若毅然接受,则又恐开罪日本。

【中央社华盛顿十五日路透电】 美国务院觉此次日政府坚决反对美代表参加国联行政院会议,完全系出于误会,美国务院有非正式声明发表,说明此次参加会议,全为设法阻止中日战争。

【中央社华盛顿十五日路透社电】 因美方极欲劝解日本赞同美国参加行政院会议,美国务卿史汀生今日招见日本驻美大使,说明吉尔勒[勃]决以观察者资格,参加会议。至关于国联制止战争规定,则美方代表无权过问。

【中央社纽约十五日路透社电】 美国务院人员,今夜表示:美政府是否应允参加行政院会议,完全看参加性质而定。一般人觉美总统胡佛决同意参加。

日坚决反对美参加

【本社十六日上海专电】 东京铣(十六日)电,今日阁议,币原报告国联通过美代表参加行政会不合法理,且无先例,日政府决予反对,并令出渊请美政府谅解。

【又电】 日政府对此事之方策,惟有二途:(一)促行政会反省,提议休会。(二)日代表停止出席理事会,外务省将开紧急会议讨论。

【本社十六日上海专电】 东京铣(十六日)电,西园寺公因政府及宫中之属望决于哿(二十)前后来东京。又山本、清浦两伯爵因时局重大化,希望举行非御前会议之重臣会议,俟西园寺来时,再商其意见决定。

【本社十六日上海专电】 政友会删(十五日)晚开紧急总务会,佥认造成今日之事态,全由于现阁之软弱外交,决积极进行倒阁运动,具体方法,由久原干事长等办理。

《中央日报》1931年10月17日第一张第三版

76. 施白谈话，白氏请中国出诸忍耐，谓行政院将始终注意

【中央社十五日日内瓦电】 十四日中午我国总代表施肇基曾与国联行政院议长白里安作重要谈话，此事极为世人所注意，兹采得当时谈话要点披露如下：（一）白称，据云中国某军队有不安行动，确否？施答，此谅系指王以哲军队由东省开至长城以内者而言，中国已令其避免与日方相接触。（二）白询，华方是否反对收回撤退地方时请中立国人员莅场？施答，并不反对，并谓此与以前本代表所请求者大致吻合。（三）白询，中国是否反对美国参加行政院？施答，中国甚表欢迎。（四）施询，该项中立委员会是否兼及九月十八日以来之责任问题及赔偿。白答，并非委员会，乃系由中立国人员于撤兵时莅场，此系根据波兰—立陶宛案件，其时曾经日本委员所赞成者。（五）施向白声明，直接交涉之谣言，毫无根据。白云，甚为了解，并谓现在在行政院中同处一堂之谈话，亦可称为中日交涉。（六）施请白氏注意撤兵之急迫，并诵读关于我国驻日使馆所称日参谋省甚为活动之来电。白答，请中国出诸忍耐，因行政院已接受此事，将始终予以注意也。

《中央日报》1931年10月17日第一张第三版

77. 来论：日人强占东省已一月矣，国联究将如何对暴日？

一月前之今日，我不共戴天之仇敌，突以重兵侵占我沈阳。辽吉要地，相继失陷。同胞蒙此绝无仅有之奇耻大辱，悲哀愤激，有非言语所能形容者。一月以来，日本暴行，变本加厉，国联劝告，置若罔闻。迩者，国联鉴于强占东省之日军不但未遵议撤退，且有扩大事件之企图，迫于情势，提前开会，世界局势乃走上和平与混乱之歧路。苟国联中人尚憒然于事实之真相，不以全力为公理正义之维护，以惩创此搅扰和平之举世公敌，则殊无善法以避免人类前途之厄运也！

默察日方之情况，一月以来，始以诡诈之词施其狡饰，继以反对美国参加会议相要挟，甚至大放厥辞以恫吓国联，其毫无听候国联处置之诚意，彰彰明甚。据路透电讯，则日本军人且鼓动学生示威，主张宣战，已蠢蠢欲动矣。证以东省最近之事实，日本突然封锁大连，为急行运输军实之准备。复屯集大军于新民、巨流河一带，并有向西退□企图。今沈阳四周又挖掘战壕，积极扩大作战行为，其未放弃武力压迫之政策，亦昭然若揭。吾人从上述事实以测日本之用心，无非欲欺骗国联，摒绝第三国之干预，迫我于武力威胁之下，俯首承受其本来愿望之直接交涉而已。

然而，目前东省事件之局面，已造成世界安危之问题，日本甘为人类之蟊贼，即应受公理正义之制裁。吾人只知信义之可贵，已为国联之一员，必须尽力维持国联威严与权力，根本不明直接交涉在今日果有若何之意义。况事变之初，日本已未依照国际惯例先与我交涉，遽以兵戎相加，遽以征服地相视，在举世瞩目之严重形势中，暴露外交官不解军事动作之弱点，而其飞扬跋扈之军人，竟如中风[疯]狂，如附鬼魅，暴戾恣睢，有非吾人所能想像者。故今日之日本政府，迹其政治外交已失常态，究其意思已不惜自外于世界，复何直接交涉之可言？

抑日本军人之野心，非仅限于攫取我东省权益，其抄袭欧战前德意志雄视全球之故智，司马之心，路人皆见，而日代表芳泽在国联之发言，亦曾为露骨之说明。为防止将来之惨祸，我民族本其仁爱天性之遗传，自应尽其职责。益以世界各国，均努力于军缩运动之时会，何能一任日本横行天下，重陷世界于苦痛之深渊。是则国际共同阻止日本之暴行，实为不可稍缓之正当途径矣！

上述之理论已阐明，吾人敢言今日国联之重大任务，应为充分洞烛日本之用心，应以世界和平为前提，断然作公允平等之处置。纵日本顽不就范，亦无须多所顾忌。如此方足以明是非而昭大信。不然，混乱之前程愈趋愈近，终非人类之福祉。此又为国联对世界人类所应负担之重大责任也。惟是日人强占我东省，破坏东亚和平，截至今日止，为时已届一月。国联行政院虽两度会议，迄无若何具体方法以制裁日人之暴行，若长此迁延，国联不将自隳其威信欤？此吾人不能不为以维系世界和平为使命之国联惜也。

虽然，吾人于此，尤当作进一步之探求，日本军人固极力钳制其政府，积极扩大作战行为，但其用心，不过对我国加威胁之力，非敢于此时即为戎首。苟国联不受欺骗，则险毒之阴谋无从实现，彼蛮横之日人亦无可如何也。十五日美联东京电讯所传"日政府现正考虑要求国联行政会,对于辽吉事件,延至明春再行决议……此时日本即准备与中国直接谈判,解决各项悬案"云云,即可证明日本政府在世界公正舆论责难中,方转换其进行方向,另图出路。果所传非虚,吾人益觉国联有迅速判断之必要,若错过此时机,则彷徨歧路之局势,又不知将作若何之变化矣。

呜呼!日本之横暴,实开人类历史未有之先例,无论其如何诡辩,如何掩饰,要难遮盖其破坏世界和平之罪恶。时至今日,混乱之魔鬼已临于吾人之前面,人类之厄运果将无法避开乎?国联固应当机立断,速图解决,而我神明华胄之中国民族,蒙耻已逾一月,抗日犹鲜效果,自今日起更应急起直追,恢复其固有之精神与能力,为最后之准备,作最大之牺牲,以膺惩此凶顽之暴日!(淡霜)

《中央日报》1931年10月18日第一张第三版

78. 美国出席行政院会议,日本坚持反对声言退出国联,国联昨开秘密会议,美代表列席颇受欢迎,今日仍将照常开会议

【中央社伦敦十七日路透电】 今(十七日)早伦敦《每日邮报》载有该报日内瓦专电谓:依国联盟约第十一条,维持和平办法失败时,英国将以海军力量,帮助国联履行国联规约第十六条。该报专电又谓,行政院理事数人要求,如日本不立即履行国联,关于东三省案件决议时,行政院应召集临时紧急国联全体大会,讨论世界各国采取一致对付办法。

【本社十七日北平专电】 使馆息,白里安在国联所提方案内容:(一)日本撤退侵占区域军队;(二)第三者派员监视;(三)一、二案实行由中日两国直接交涉。

【本社十七日上海专电】 合众东京篠(十七日)电,上院领袖今日开会通过决议案,促政府坚守原定政策,勿顾国联目下决议。南陆相今日与参谋总长金谷会商后,向报界宣布,无论国联或其他第三者取何途径,日本对满政策决不更变云。

行政院开秘密会议

【本社十七日上海专电】 日内瓦篠（十七日）电，行政院秘密讨论历两小时，今日尚将继续进行，各员均允暂守秘密。惟目下虽尚未获有决议案，但谈话进行颇形顺利。格兰第因须于十月马（二十一日）赴柏林，定今夜离此。行政会职务，将以谢乐嘉为代。

【本社十七日上海专电】 日内瓦篠（十七日）电，国联行政会今晨十一时三十分开秘密会议，续商满案。中日代表俱未出席。美代表吉尔白列席，参加讨论。下午一时十五分散会。定晚六时再开。据称，明日星期日或将照常开会。闻行政会现仍集中其努力，于将觅一方式，俾中日可借直接外交谈判。又闻秘书处及国联其他机关中人，日来主张，非至万不得已时，当避免施用会章第十六款交涉。

【中央社日内瓦十六日电】 一般观者俱觉非正式会议比公开会议得益较多，故明日（十七日）将继续以非正式谈话交换意见。

各国一致表示欢迎

【中央社日内瓦十六日电】 行政院于本晚六时会议，白里安诵读美国接受国联邀请之覆书，旋请美代表吉尔白就席。吉称，美国对于国联之努力促进满事和平解决，早已表示援助。嗣后各国代表发言表示欢迎吉尔白。施代表称，中国对于美国参加国联之热烈，极端赞许，对美欢迎之忱，当无较中国尤甚者云云。英代表李定称，国联会员观美国于此困难情形中协同国联努力，实践非战公约，无不极端满意云。意代表葛兰梯称，美国之参加，定可援助解决满事，国联会章与非战公约既已互合，则吾人可任择其一以得最好之解决。芳泽并未发言，态度莫测。行政院七时二十分闭会，下次开会尚未定期。

【中央社日内瓦十六日路透电】 美国代表吉尔勃今晚出席行政院会议，正式公布美政府已应允参加会议，且彼已被派列席行政院会议。吉尔勃谓，美国甚感国联在此国际形势严重时期，请美方参加讨论，在巴黎非战公约范围以内之各问题，美方决不干预及国联规约所指定之责任，或非战公约以外之行动。但行政院主席白里安及美前国务卿俱为发起非战公约主要份子，美方深信巴黎条约足可引起全世界公论，赞助和平方法，解决一切国际间之纠纷。如能在相当时期，用此种公论，用此种权力，定可阻止破坏世界和平之势力。吉尔勃同时赞赏白里安为世界和平奋斗之努力。英外长李丁于此事经过结果，极表满意，且谓个人方面甚觉荣幸，因在第一次代表英国参加行政院会议时，即有美国参加。除日代表芳泽外其他各代表均极表满意。意大利外长格兰蒂谓，此为美国与国联合作之成功。西班牙代表马帝加惊呼东方西方已联合维持世界和平成一气了。中国代表施肇基谓，中美间相隔大洋名"太平"，此二字可代表美国与世界之关系。吉尔勃在会议将毕时，感谢各代表欢迎美国参加之盛意，且谓各代表之意，与美方吻合。美代表第一次出席实为极大之胜利，旁听席拥挤不堪，几不能呼吸。全场注目会议情形，寂静无声。其最令人注目之事，即在开会前日代表芳泽趋前与美代表吉尔勃握手甚欢。

【中央社十七日日内瓦电】　昨夜六时十分，国联行政院继续会议。首由白里安宣读美国允派代表出席国联之牒文，即请吉尔勃就坐于马蹄形之长桌。继由吉尔勃声称，美国政府对国联请其参加一事，极表谢意，美政府前已声明愿以全力赞助国联设法解决东三省不幸事件。吉言毕，各国代表发言欢迎吉氏参加。中国代表施肇基，谓各国中对美国参加国联一事，赞成之切，希望之深，无如中国者。

【中央社十七日日内瓦电】　昨夜英外长李定在国联发言，谓联盟各国会员国，对美国参加会议，在此困难情形，设法履行巴黎和约之义务，均表极端满意。意外长格兰地，则谓美国能参加东三省问题，必可得适当解决。行政院于七时二十分休会，未确定下次会议时间。又十七日日内瓦电，昨夜国联行政院会议，日代表芳泽对于美代表吉尔勃之参加，始终缄默，未发片语欢迎。各国代表咸极注意，且以为怪事。

美国正式宣布参加

【中央社华盛顿十六日路透电】　美政府已正式公布，决参加国联行政院会议。

【中央社华盛顿十六日路透电】　美国务院有训令致美驻日内瓦代表吉尔勃，谓吉尔勃可参加国联行政院会议，讨论一切，与非战公约有关之各问题，亦随时将讨论结果报告国务院，俾国务院可根据此报告，而定应付办法。如会议时讨论与非战公约无关之问题，则吉尔勃只能以观察与旁听者资格参加。

【中央社日内瓦十七日电】　白里安在国联行政院中声称，满洲事件与国联规程及非战公约俱有关系，非战公约第二条规定一切争端应用和平方法解决，美国为该公约之发起国，及首先签字国，故认美国对于满洲事件，极有关系。又称，美国参加国联行政院会议，仅由书面通知改为口头陈述耳。英国代表李定称，美国参加国联，仅居咨询地位，此为程序问题，无须全体同意。若美参加表决，须得全体赞成。西代表马大利埃加称，国联为道德上势力之工具，美国参加国联，定以加增道德上势力，应从速进行。若对于法律问题多所争论，不免太费时间。下午十时行政院开会决定邀请美国加入之请书。

【又日内瓦十七日电】 白里安在国联行政院中声称，关于美国参加国联，虽发生法律方面争执，但国联行政院决定解决中日纠纷，一般人均希望开端的问题迅速解决，以尽解决国际纠纷之责任，决不应使事情扩大发生战祸云。又十六日下午六时白里安接到美国愿加入国联之正式通知，本日下午六时，行政院开会时，美代表吉勃尔准列席。

【中央社日内瓦十六日路透电】 今日上午十时，行政院开会时，主席白里安立即提出希望美国合作问题。白里安将国联九月间大会讨论情形，向大众申述一番，谓请美国以非战公约签约国资格，参加会议。又称既有例在先，以后凡有同样情形时，当然可请非会员国参加。又称在讨论时，有人发言，谓中日问题不但涉及国联规约，且涉及巴黎条约，此意完全正确。因巴黎条约第二条有明文规定，谓如有争端，只能以和平方法解决之。白里安言毕，日首席代表芳泽作长时间之演说，极力反对主席所提办法。英外长表示不赞同日本主张。白里安即宣布行政院决请美政府参加会议，且谓此案除日本一票反对外，已由大会全体通过，并希望美国应允参加。芳泽表示反对，谓日政府觉此案须得全体通过，方为有效。

日方声言退出国联

【中央社日内瓦十七日路透电】 今早除中日代表外，行政院全体代表开不公开会议，美国代表吉尔勃亦列席。东京电报称，日本有退出国联可能性之消息传来，引起一种极痛心之反感。一般人均希望此极困难问题，不致再生曲折。东三省问题已到一紧要关头，并已到实行时期。此间深觉日本军队必须撤至铁路区内，使中日直接交涉，及中日问题解决上较为便利。如日本觉日兵撤退后，日侨及韩人生命财产无保障，则国联可提议派定观察员若干人去东三省，在精神上制止中国对日侨暴行之可能。

【中央社东京十七日下午十时三十五分路透电】 日本之退出国联，比日兵退回南满铁路区内之可能性较多。日本官方仍希望可设法使日本中国与国联颜面上均可过得去，不致采任何严厉手段。日方坚称美国之参加国联会议，徒使中国更加拒绝直接交涉。国联方面谈如此案处置失败，则国联生存有关。日方觉如国联干预此案，则日本生存问题，颇有危险。日方觉中日问题之根本，与永久解决办法，只有中日直接交涉可以办到。

【中央社东京十七日下午八时路透电】 在日本政府正式宣布其最后决议前，日政府已有新训令与首席代表芳泽，对国联决议案是否合法有疑问，并质问国联为何在法律手续未明白前，即已执行其决议案。日方指摘美代表只能于非战公约有关问题上发言，但日本政府相信东三省问题尚未至战争时期，将来亦决不至因此而发生战争，故觉实无引用非战公约之必要。如此案实涉及非战公约，则为何所有非战公约的签订国不全数请去参加国联会议，而单请美国？依此点而论，日政府觉苏俄更有被邀出席之理由，因苏俄与东三省之关系，较美国为深。

【中央社东京十七日路透电】 国联请美国参加行政院决议，已引起此间极不幸之反感，各方力斥此所谓极不公平之压迫手腕，不止于军人，即贵族院领袖各政党及各报纸，一致攻击国联之措置。各方请日政府坚持贯彻原有政策，有力者竟赞成日本至必要时退出国联，不愿受国联之指挥，因此案关日本本身之存亡。

【中央社日内瓦十六日路透电】 日本首席代表芳泽，今日与英外相李丁谈话一小时有半，但无结果。

【中央社日内瓦十六日路透电】 日本撤退铁路区外军队事，国联方面仍未接到报告。

《中央日报》1931年10月18日第一张第三版

79. 罗文干谈对日外交，我人应先静候国联之判断，在未明判前不宜过事非难

中政会特别外交委员会委员罗文干，昨语日日社记者，东省事起，迄兹一月，中日均系国联会员国，自应诉之国联，以求公平判断。迩来国人以日军非

独不能履行十四日以前撤兵之信约,反续演掷弹焚杀之暴行,益引起民众之愤慨。是故国人期望国联,速以有效方法,俾早解决此项纠纷,亦愈益切迫。又以国联方面,截至今日,仅仅解决美国参加行政会之一事,同时且遭日本之反对,于是国人颇有以此责难国联者。夫本案性质,关系极为重大,国联既受理此案,则自有其审慎调查之必要,然后方能决定处置方法。鄙意以为吾人一方应静候国联公平之判断,一方应积极准备本案各种材料。将来如认国联之判断为公允,固无问题,否则我亦有第二步之进行办法也。例如甲乙与讼,既诉诸于法庭,自当信任法官,待候公判。在未明判觉,吾人不应有不信任或过事非难法官之表示云云。

《中央日报》1931年10月18日第一张第四版

80. 社论:国联能负荷其使命否乎?

日人强占我东省,截止现在止,业经匝月。我国自事变之始以迄现在,绝对避免与日方发生任何冲突;人民方面,虽爱国之情绪十分激昂,然仍力自遏抑,即对于各地日侨之挑衅行为,亦置不与较。所以然者,吾人非畏之也;吾人以为国联之任务在维系世界和平,扶持人类正义,中国与日本既皆为国联会员国,则此次之事件自应由国联为正当之解决。在国联尚未决定何种具体办法以前,中国政府与人民宁忍痛须臾以待国联之处置。且事变发生之际,正当国联举行六十四届行政院会议,对于中日事件立即加以讨论,并有九月三十日限日本于两周内撤退侵入东省军队之决议案;乃限期届满时,日军不惟并未撤退,且正以大批飞机四出轰击,同时日人更积极着手组织其所谓"满蒙中和国"。其欲吞并东省,据为己有之野心,曾不因国联限期撤兵之决议而稍沮,国联之威信与力量,至此已可谓受一重大打击。嗣国联乃提前于十三日继续会议,并临时改由事实上为欧洲盟主国之法国外交界要人白里安氏任主席之职。白里安者,资深望重,国际间最负时望之外交人物也。大战结束以后,以至于今,白氏尽瘁国际政治,维护国际公理正义,厥功甚伟;虽间有人目国际联盟为少数强权压制弱者之工具,吾人以为殊不尽然,且深信国联有如白氏等之和平外交家主持之,运用之,当能尽其应尽之职责,发挥其维护国际正义人道之使命。吾人兹所引为惄惄过虑者，国联自十三日续开会以来，忽忽又届一周。除第一日中日代表对于东省事件略发言论外，迄未有若何具体办法以制裁日人之暴行，中间且突发生美国应否列席国联会议问题，致中日事件反遭搁置，耽延三四日之久。夫美国之列席，乃受国联之邀请。国联者，会员国之合体也。以会员合体机关之行动，何能因会员一份子之异议而整个牵动？岂此合体机关之行动，不能支配其份子，而转应唯其份子之马首是瞻乎？若然，则国联之为国联，不亦可以已乎？今者国联已以十三对一通过正式邀请美国列席矣，而日本政府犹训令其代表芳泽坚持反对论调，以为抵制。少数服从多数之原则，日本竟全然抹杀，不知国联将何以善其后也？不知国联将何以执行其决议案也？日人对付国联之狡诈油滑如此，其在我东省之暴行与其代表在国联会议席上之辩词，其不相符合，即此一端，已可推证矣。国联会员国家，不亦可以憬然悟乎？而谓中国在如此现状下，可与如此无赖之国家直接交涉耶？抑吾人犹有进者，国联此次继续会议，自始即似已忽略其使命。何则？限日人两周内撤退侵入东省军队者，国联行政院九月三十日之决议案也。此项限期至十月十四日届满，期满而日军未撤退，国联决议之效力，究何在耶？甚至限期已满，日军不惟未撤退，且在积极扩大事变之范围，国联在日内瓦集会，日军方在东省强筑无条约根据、有关东省存亡之吉会路，方以飞机炸弹犯轰我锦州、打虎山、沟帮子及其他等地。炸弹之声，虽不能传达于日内瓦会议席上会员国诸代表之耳鼓，然而驻华使领之报告，固不绝于邮电也。吾人非谓国联对于日本之暴行绝无惩创之办法，亦非谓负国际外交誉望之白里安及各国外交领袖不能善运国联之权力以负荷其维护国际和平扶持人类正义之重任，惟今日之时机，已至不能延宕之时会。日人现方积极组织所谓"满蒙中和国"，日人现方漏夜赶筑吉会路，日人现方封锁大连港口，日军舰及飞机现方准备待发，稍稽时日，所谓"满蒙中和国"者完全告成，日人破坏中国领土完整之阴谋，全部告竣矣。吉会路成，东省不亡亦亡矣；大连港口封锁日久，事态愈趋严重矣；日军舰及飞机陆续动员，东亚战机将一触即发，世界和平为日人之兽行破坏无余矣。要之，今日之事，国联应以迅速有效之方法，制止日人之暴行。徒托空言，不能弭止东亚之危机；稽延时日，间接转予日人以搅扰世界和平之便利。果尔，则所谓维系和平扶持正义云何哉？

《中央日报》1931年10月19日第一张第三版

81. 国联对解决中日问题已议定方案，将提今日公开会议讨论，国联照会中日注意非战公约义务，日本将有欺骗世界诡词答复国联，施肇基向国联报告日军续有暴行

【本社十八日上海专电】 路透日内瓦巧（十八日）电，行政会虽值星期，亦不休息，仍努力谋中日问题之解决，今日行政会之讨论，已入于一种新局面，盖已着手东三省难题觅调解方案。午前十一时，除中日代表外，各会员举行非公开会议，考虑数种草案。其所议定之方案，将提出于明日公开会议。促进中日政府注意其非战公约之义务之照会，昨夜由各委员之签定该约者，分别发出交外交官转致。照会措词不同，命意则一。美代表亦同样办理。负责方面，认召集国联议会紧急会议之说不致实现，此间未知有此计划。今晨非公开会议历一时四十八分之久，散会时已十二时四十分。明日公开会议将于午前十时半开始。又电，格兰第虽已往罗马，筹备游德事宜，但或可复来参加东省之最后讨论。格氏赴德定下星期日，故可留于日内瓦至星期五，由此直赴德京。此间希望行政会可于星期三左右结束。

【本社十八日北平专电】 巧（十八日）晨某使馆接本国电告，中日问题至迟下星期二以前，必须筹出一切实办法。此项办法，决定后，各代表有即离日内瓦之说。

【中央社华盛顿十七日国民社电】 中日事，美京官场对日内瓦国联之种种进行，均极注意，以为必能获有解决是案之办法。美国方面之目的，在防免战事，相信日本政府当有觉悟云。

电中日两国注意非战约

【中央社日内瓦十七日路透电】 今晚（十七日）开行政院会议，中日代表均未出席。讨论约一小时后，决发电与南京东京中日两国政府，请两国注意于非战公约所应遵守之义务。讨论完毕后，宣告休会，定明（十八）日早十一时继续开会。国联秘书处收到关于东三省案各处拍来电文极多。日本代表团今日发表长篇通告，说明日飞机之东三省完全因该地土匪屡次危害日侨，并称日方

以诚意避免东三省问题之扩大。日代表团否认日本有请俄国参加联合会议之提议。

【又日内瓦十八日电】 昨日下午六时,国联续开秘密会议,吉尔勃亦参加。其日程据探得者与上午相同,为(一)讨论如何鼓动全世界之舆论及精神上力量,以制止中日两国决裂,(二)讨论根据凯洛克条约作更进一步行动之可能性。七时半散会。对东三省问题,毫无解决希望。星期日将再开。闻国联将分牒中日请注意凯洛克条约第二条之义务。

【中央社日内瓦十八日电】 国联十七日之秘密会议,昨晚七时三十分闭幕,定星期日继续开会。各理事及美代表俱赞同分函中日两国,请注意对于非战公约,特别对该约第二条应负之义务。又义外长因事返罗马,定下星期一返日内瓦。

施肇基报告日军续暴行

【中央社日内瓦十七日电】 今日下午六时开秘密会议,美代表吉勃尔列席,中日代表均不参加。英代表谓会议进行颇顺利,国联势非确定解决满事办法不可云。法国某代表则称,形势极严重。据国联秘书处消息,非至不得已时,应避免援用国联章程第十六条。中国代表施肇基通知国联行政院,日军在延吉北河塘间建筑四百亩广地之飞机场,十四日日本飞机在新民屯投炸弹二十枚。据第四十旅王旅长报告,被蒙匪攻击激战四小时,死二百人,有日飞机六架协同蒙匪炸我军。施公使又通知国联行政院,日军在七里河矿区挖掘战场,十五日轰炸锦州,并在城外筑战壕云。

国联有召集非常大会讯

【中央社日内瓦十七日电】 今日白里安与芳泽会商后,行政院十三国代表两度秘密会议,然仍未能打破僵局。据最可靠消息,下午六时之秘密会议程与午前相同:(一)讨论集中全球舆论制止中日决裂;(二)讨论引用凯洛克公约办法。闻行政院会议,如未能调解中日问题,惟有引用经济抵制,或召集国联非常大会,集中全球舆论借资应付。惟经济抵制,料难实现。观察者称,一九二六年国联允许德国加入时,已有非常会议之先例,其时仅有巴西一票反对。据称行政院十三日密会,已讨论迅速召集非常大会之手续云。

【又日内瓦十八日美联电】 国联当一九二六年允许德国加入时已有召集

临时大会之先例,当时理事会中仅巴西一票反对,现因东三省形势严重,理事十三人之秘密会议,已研究用何种方法国联秘书长能迅即召集临时大会。

【日内瓦十八日电】 昨白里安芳泽之会晤仍无结果,后即开十三人秘密会议。

【十八日日内瓦美联电】 国联最高当局,在特别谈话中,谓理事秘密会议赞成,如东三省问题陷于僵局,即召集临时大会以谋解决。

日本仍是主张直接交涉

【中央社十八日日内瓦美联社电】 昨日日代表芳泽往晤法外长白里安前记者曾与之谈话,芳泽谓:日本对东三省问题曾有详密研究,政府文武官吏意见完全一致。日政府非得中国政府保护东三省日侨生命财产之确实保障后,不能撤兵。日政府绝对主张与中国直接交涉,不受任何方面干涉。

【又日内瓦十八日电】 芳泽通告国联谓:因南满路线时有大股骑匪伤害日侨,故用飞机四旋侦察,并非战事行动。如未先受攻击,决不掷炸弹。

日本答国联一片诡辩词

【中央社东京十八日下午九点四十五分路透电】 因国联即发通知书与中日两政府,请两国注意非战公约条文,及要求日政府撤退南满铁路区外军队。日政府已起草宣言,说明日方意见。宣言内容如下:非战公约反对以战争为国家政策,但日本九月十八所采取行动纯为自卫(?)即九月十八日以后一切行动亦根据该项理由。故并未涉及国家政策,或有作战思想。查非战公约建议,国际间一切纠纷,不能以和平以外方式解决之。日政府党在日本要求与中国直接交涉一点,即可见日本实希望以和平方式解决此案。日政府党中国朱先设法与日本解决此案,而迳提交国联,实系中国方面之错误。日本政府以国联方面接受中国政府意见,即推测日政府欲以武力报复,实为一根本大错。日本政府现驻南满铁路区外军队极少,与直接交涉一层,丝毫无关。此少数军队之驻铁路区外,系为自卫,该军队不能撤退,仍驻原地。除非使日本调兵□卫之原由,不成问题,日侨生命财产危险毫无后,日本始可将该驻军撤退。

中日对撤兵意见不一致

【哈瓦斯社十八日日内瓦电】 国联行政院深以撤退日军为念,在中国人士之意,无论何项谈判,必俟日军撤退后,始可举行,此在日本则以缔结一种原则上之协作为先决条件。日内瓦方面,拟觅一折中办法,一面由日本分期撤兵,一面即于撤兵期内由中日两国开始谈判。此层中日两方意见亦不一致,中国之意无论谈判情形若何,日军必须继续撤退,日军之意则反是。此外尚有较严重之困难,即在日本所谓原则上之条件中,此项条件币原不愿向中国驻日公使提及,日内瓦方面则严守秘密。据本社所知,其中至少有一项未便加以考虑,其余各项或可提出讨论。综观以上各节,行政院尚在多事之秋,而日军又日以轰炸为事,尤足使行政院为难,但白里安借其个人力量,卒获极大胜利,可视为来日之佳兆。

英报对日本之深刻批评

【中央社十八日路透电】 伦敦星期日《泰晤士报》,今早(十八日)有社评,谓日本此次反对美国参加国联行政院会议,态度毫无容纳之可能。假使因一方反对程序问题,而行政院之决议案,可以推翻,则国联之存在等于零。此种困难,必须征服。目前最紧急问题,不在东三省之纠纷,实乃日本阻止国联以和平方式解决中日纠纷问题。国联乃世界国际间最高机关,日本亦会员之一。日本此次反对美国参加行政院会议,实毫无价值,且足供世界各国对日本友谊,受极大之打击。日本不值得采取此种态度。为日本自身利益着想,日本政府应立即训令日首席代表芳泽,撤回此种不应有之抗议。

《中央日报》1931年10月19日第一张第三版

82. 国联对中日事件授权白里安直接商权,白氏即将晤施芳表示乐观,但日本始终坚持不肯撤军,国联修改解决方式,据称冀能为中日双方接受

昨日复开秘密会议

【中央社日内瓦十九日路透电】 今早行政院十时三十分开秘密会议,开会时间整整一小时,十一时三十分散会。内容未宣布。据云形势较佳,日方态度尚和平。今日(十九日)下午将再开秘密会议,讨论国联提出之方案。闻日

方亦有方案提出，届时或一同提出讨论。

【中央社日内瓦十九日路透电】 会议时，日本对东三省之事实，最为注意，有长篇备忘录，交与行政院。内称虽日侨屡次请求，而日军未曾深入东三省内部各地。日本甚愿撤兵，但中国排日空气及形势，必先转和缓，不然日兵撤退后，情形必更加恶劣。中国与国联方面虽表示在东三省日侨之安全，但日本不能以其侨民生命为冒险品，遽而撤兵。

主席法外长白里安答复日本十月十八日之备忘录，谓所有国联会员均以为无论何种理由或机遇，不能为破坏国联规约之解释。彼曾将日本致彼之十月十五日函中所列各点加以研究，希望日方收到彼同日之答复后，可了解国联所持之态度。请美国参加行政院会议，不过完成已有之接洽，俾消息传达上，可得相当之便利，不发生何种法律问题，故此点并未讨论。彼认为此时讨论与事实无关之法律问题，毫无益处。

今早秘密会议约一小时，十一时半散会。据谈，空气转佳。对讨论解决此事之方案，似有切实发展。但对于日本撤退军队期限，尚未能决定。一般人觉东三省问题，当有满意结果。

【中央社日内瓦十九日路透电】 主席白里安今日（十九日）接见中日代表，希望能得双方同意于一解决中日问题之方案。德国代表团接到东三省较好之报告，称沈阳、海龙（译音）间火车已照开。日本军队已停止在上海登陆。下次行政院会议日则尚未定。

【中央社日内瓦十九日路透电】 日方代表已提出解决东三省事之方案。计分五点，详细情形未宣布。据谈，日本方案，避免国联直接干预，可得日方民众之满意。日本方案与行政院所提方案，今日下午会议时，可提出讨论。传闻日方反对中国现在所建筑之新铁路，与南满铁路作平行线，日方提议此新铁路由中日共管。

【中央社巴黎十九日路透电】《巴黎日报》称，日方态度纯系出于误会，此种误会必须早日除去，俾东三省问题可有公平解决办法。《巴黎晨报》称，国联为极严重问题所震动，欧洲人不易明了东三省情形，而日方之操纵消息，使此案成一新局势，国联请美国参加，极为正当，美国实为发起国联者。

【中央社伦敦十九日路透电】《曼城指导报》称，如日本不接受国联任何处置办法，则必动所有国联签约国之公愤。此次反对美国参加，不过争口舌意外，凡有诚意国家，决不反对此举，况美国乃重要份子。如日本接收国联决议案,则美总统胡佛必立时将吉尔勃撤回。

【中央社日内瓦美联社十九日电】 星期一行政院公开会议,因白里安答复日本照会内,对于延请美国参加之法律点,未尝谈及,已行延期,并已定于今晨改开十三国秘密会议云。

【本社十九日上海专电】 日内瓦皓(十九日)电,今日行政院授权白里安与中日代表直接商榷,冀觅一解决满案方法。白氏将与施肇基、芳泽从事洽商。据闻国联处理满案,今日已大有进步,行政院秘密会议,系上午十时开会,至十一时半而散。现委白里安与双方接洽,料下午当不再开会。今晨之会,中日代表仍未出席,美代表则照旧列席。闻各理事现谋修改解决方式,既能为中日所接受,不难再有公同讨论,与激烈之辩论。今日芳泽将中国人民抗日方案,尤其长江流域各地之抗日方案,撮述大要,分送各理事,竟指为具有敌对行为,违反国际条约之文字与精神云。

【中央社日内瓦十九日电】 调解情况略有进步,白里安几有乐观之言,谓今日会议之后,吾人希冀事势将开始推进。众知白里安对于非行政院会议国之凯洛克公约签字国,现正送达各会员国所致中日之知照公文。此项知照,虽仅属形式,然究能令各国明了各国情势,任彼自由采取相同之步骤。

日本始终不愿撤兵

【中央社日内瓦十九日电】 星期一行政院将要求日本指定日期,完全撤兵至铁路区域,一面要求中国担任保护日侨,惟日本代表团已预有宣言,说明不可能之缘由。其言曰华人担任保护日人固甚可感,惟证于近来华人违反不抵抗日军之命令,日军撤退后国联纵有确保,日久不能转疑云。按日人所谓华人违反不抵抗日军之命令,实狡辩欺人之言也。

【中央社东京十九日下午二时十四分路透电】 此间接到日内瓦消息,谓国联提议,限日本三星期内将铁路区外军队撤退,一星期内与中国开始直接交涉,交涉时有中立观察者列席。对此提议,日本政府负责者谈,此二条件,日本均不能接受。彼谓中日直接交涉与撤兵,乃两项事件。日政府不能应允国联提议,将此二事合而为一,因国联方面似已觉日本不应占据南满铁路区外各地。关于中立观察者参加交涉一层,彼承认在山东事件交涉时,曾有二种办法,但彼谓此时情形,与前不同。一九二七年夏田中内阁曾有宣言,通告各国,谓东三省一切问题,日本不让任何外界干预,且不让东三省发生紊乱,以致日侨与其他外侨生命财产有危险。当时日方所指紊乱状态,即类似此次变故。如现在日本军队撤退,而无满意保障,则此种紊乱,必又将发生矣。

日本决不退出国联

【本社十九日上海专电】 东京皓(十九日)电,今日临时阁议,已决定无论如何,不退出国联,但竭力谋取各国对于日方地位与政策之谅解。日本始终自以为其政策合乎公理(?)且不北[背]国际公约之精神(?)

【中央社】 日兵侵占东省已届一月,国联方面有令日方即日撤兵之意。兹据东京可靠电讯,南陆相态度仍强硬,昨曾发表谈话,虽退出国联,亦所不惜。外相虽允照陆相之意进行,惟现鉴于国际联盟情形,似有向陆军各方疏通缓和之意云。

《中央日报》1931年10月20日第一张第三版

83. 非战公约签约国劝告中日两政府,注意非战公约第二条义务

【中央社日内瓦十八日电】 昨(十七日)行政院中日除外,十二国并美国会议决议,以签订非战公约名义,推白里安电知所有非战公约签字各国,由各该国电其驻中日公使,劝告中日政府遵守该约,凡在中日无驻使之签约国,则由该国迳电中日政府。现白氏已照办云。

【中央社日内瓦十九日电】 行政院会议国除中日外,于昨日十一时集议,考虑解决满洲困难之方案,以备明日提交公开会议。考虑之后,曾有草案数种,签字于非战公约之国联行政院会员国,声请中日两政府,注意对于该约所负之义务之公文,已于昨晚由外交当局分别送达。各国文虽不同,主张则一。美国观察员,亦作同样之行为。召集大会非常议会之说,此间当局均谓必无此事。秘密会议,十二时四十分闭会。今晨十时三十分,开正式会议。义代表虽赴罗马,且尚有柏林之行,然对于中日事件最后之行政院会议,有返日内瓦列席之可能,且希望事毕后,星期三之会议,即可到会。

【中央社日内瓦十八日电】 英法德意挪,今晚由日内瓦直接照会中日两方,除德国外其余四国公使均在日内瓦,惟德代表穆梯斯已由德政府,予以此

项权力。据称,美照会即将由华盛顿送出或已送出云。

【中央社东京十九日下午六时十九分电】 英国驻日大使奉英政府训令,于今日下午往谒外相币原,劝告日本须遵守凯洛格非战公约第二条之义务。

【中央社日内瓦十八日路透电】 传闻英政府在南京与东京之代表,已接到训令,口头通告中日两政府,注意非战公约第二条。据云,其他非战公约签约各国,亦采所同样行动。日本在日内瓦代表,尚未接到东京训令,如何应付此新局势。日代表坚称,不能涉及非战公约,因东三省并无战事,日方谓国联此次措置,因对于东三省实在情形,尚未充分了解。

【(中央社)日内瓦十八日路透电】 按目前计划,明日(十九日)开会时,由中日双方代表,申述意见后,再起草解决中日纠纷之最后方案,预料在星期五前行政院不得闭会。

(中央社)关于英法意德挪五国照会中日两国政府,遵守非战公约条款,现英法德意四国照会,尚未递至外部。至挪威政府训令该国驻华使欧伯递至外部,兹照译如下:挪公使奉该国政府训令将下列劝告中国政府内称,满洲事件自九月十八日发生以后,形势日益紧张,挪威政府深为注意。国联行政院既已受理设法解决,本国政府派往国联代表协同努力。中国为一九二八年八月二十七日非战公约签字国,依照该[约]第二条规定,各签字国允诺国际间任何性质及任何原因之纠纷,应用和平方法解决之。本国政府请求贵国政府注意全世界舆论,希望中日政府遵守该公约上应有之义务。本国政府确信必能达到目的,并因该项公约意义之重大,相信两国政府必能避免一切行动,足以妨碍和平解决之成功。本国政府对于日本政府,业经为同样之劝告云。

《中央日报》1931 年 10 月 20 日第一张第三版

84. 社论:国联可容日狡诈乎?

日本强战我辽吉两省,瞬逾一月。我国对于日军暴行,坦直诉之国联,以待国际公正之评判与适当之制裁。为拥护维持世界和平伸张人类正谊之国联故,含垢忍痛,不敢惜任何之牺牲。此一月中,我民众之所悲愤呼号,我政府之所恺切宣告,我国联代表之所严正抗议者,无一而非事实之真相,是非曲直之所在,早已大白于世界。独日本甘为祸首,悍然不顾一切,藐视盟约,反复无常,凭恃武力,阴毒日甚,而彼野心勃勃之朝野上下,犹复铸张为幻,振振有词。惟公理足破奸谋,事实胜于诡辩,日本纵狡诈至极,决难任其踌躇满志,终当有陷于孤立无援不得不屈服之一日,可断言也。方日本发难之始,我国据实指陈于国联之前,一时日本犹未脱野蛮侵略思想及军阀干涉外交之两种丑态,实予各国以极恶劣之印象,英代表西锡尔于九月二十四日晚国联行政院开会之际,遂有由国联立即派遣中立视察团赴满之主张。惟芳泽深置疑虑,日本冀图掩饰其首先启衅之责任,遂照会国联理事会长勒乐,谓:(一)满洲事件系自卫,事件性质系局部冲突,国联及其他第三国,不必容喙。(二)满洲之中日关系系特殊性由国联派遣调查委员,恐反致阻害两国关系。故日政府不能应命。其措词之狡展,拒绝之坚决,直不知世界上更有其他强大之国家。但终以慑于国际空气之不佳,一时哈尔滨、黑龙江、通辽、洮南等地之暴军,均有未即前进之势。日本虽凶顽,亦不能无惧于劣迹之充分暴露也。嗣日本见我不予敌[抵]抗,以为良懦可欺,意思以武力压迫,促成直接交涉,解决中日间一切悬案。我国不为所惑,致彼计无复施。而当时国联派员赴满之拟议,虽不幸遭日本之抨击,但各国正式及非正式调查团迢来我东北调查此次事变者,仍络绎不绝于道。日本之暴行与阴谋,终至暴露无遗,而为世界舆论攻击之的。国联觉察事态之严重,是以有提早复会并邀请美国参加共同解决当前难题之举。日本弁髦国联,图穷匕现,竟欲以一票拒美国于千里之外。但美国以十三票公意之拥护,终立于国联庄严灿烂会场之上矣!自美国莅会后,挟非战公约与九国远东公约之精神以俱来,国联坛坫之声威,为之大振。独日本如芒刺在背,骇汗至于无地。默察日本最近之外交论调,已有极显著之重大变化。据日联社十四日东京电,满铁总裁内田康哉近谓:"此次事变,不能看做单纯的一个满洲问题,实属中国全体的问题。"又据国新社十五日东京电:"日本政府现正考虑要求国联理事会对于辽吉事件延明春再行决议,并欲请国联派一委员会至中国作一般的调查,欲使国联对于中国关系之历史与背景获得日方之所谓公正报告,然后根据此项报告作成决议。故拟向理事会提议即行休会,俟明春再行议论此案。"又谓:"此时日本即准备与中国开直接触外交谈判,解决两政府间各项悬案。"是知日本对东北事变,已不能维持向来所持缩小范围拒绝国联干涉之主张,而不能不趋于改变之趋势。自东北暴行迄今,日本无日不目此重大事变为"地方事件",而今日谓为中国全体的问题,国联派员调查之举,自始已遭拒绝，而今日竟自动请求，此其效果安在欤？请申言之：

第一，蔑视盟约之权威——此次日本强占我东北领土，妨碍我政治独立，屠杀我无辜民众，无故进兵，不宣而战，其为破坏盟约，至为显著。而国联毫无责难之词，仅作通告撤兵之语。至期而不撤兵，是明明故意摧毁盟约，为对于全场盟员之开战行为，宜受经济或政治之制裁矣。而国联虽提前复会，仍未闻执法以绳。他如最先派员调查之主张，及近日美国参加之邀请，无一不事行婉商，而卒召拒绝。是以同一重大事变，日本欲抑之使小则小，欲扩大之使大则大。真相未明竟阻止调查，真相已明反请求调查，朝三暮四，随意所如，是非蔑视盟约之权威面何？

第二，图卸暴行之责任——此次日军突然侵入我国辽吉，我军民于无抗抵之下，继续惨遭荼毒，轰击无防御之城市，击射通行之客车，掠夺公众及私人财产，行同寇盗，为文明国家所不齿。而芳泽于国联席上竟大肆狡辩，且诬我国家有散兵盗匪之种种行动，其意若曰："在此无维持秩序能力之境内，为既得之权益及侨民生命财产之安全计，不得不出于自卫，并非故意使事态扩大，且不得不请求调查也。"但试思所谓万宝山事件、朝鲜事件，及此次东北大事变，我国人所蒙生命财产之损失，至如何程度？而反观一月以来，在我国行政权下所辖幅员辽阔之领土内，日本侨民之生命财产，虽在激昂悲愤之余，曾受丝毫之损害乎？孰为无维持秩序能力之国家？岂容掩饰？日本图卸暴行之责任，亦徒见其心劳日拙而已。

第三，转移国联之注意——此次日本进兵强据辽吉，本为贯彻传统之大陆政策，处心积虑，实已三十余年，布置筹划，亦非伊朝夕之故，一旦侵入，方且欢欣鼓舞之不暇，安有立即撤退之理？现于沈阳地方之悉易日名，辽吉境内之悉悬日帜，以及拟建中和国之阴谋，唆使张海鹏之犯黑，与夫吉会路之强筑，无一而非企图永久占领之布置。国联虽所蔑视，但国联之威力实至伟大要视其运用之河若耳？国联之重振旗鼓，使能毅然决然大张挞伐，日本亦安能勿稍顾忌？故不得不出诸请求调查之举，以转移国联之视线，借遂其延缓撤兵之谋，非果有表明责任之诚意也。

观此而日本居心之叵测，已昭然若揭。但即请求调查以冀移转国联注意之一点观之，日本似尚怵然于公论之不可侮。国联果能利用此良机有所建树乎？是宜当机立断，万勿为日本之毒计所中也！

《中央日报》1931年10月21日第一张第三版

85. 国联授权白里安后，行政院布告无期延会，国联方案已送交中日政府，日竟坚持须我承认"廿一条"，世界公理之试验究间如何

白里安与中日代表昨日继续接洽交换意见，日本提五要点迫我承认

【本社二十日上海专电】 日内瓦皓（十九日）电，今夜行政院，忽发布告称：今因缺少正确消息，及须静待新发展起见，行政会对于该问题之讨论，已决定无期延会云云。该布告并称白里安以代会长名义，今将尽力于调解工作，并随时报告于行政会云。

【本社二十日上海电】 巴黎皓（十九日）电称，赖伐尔在法岛船上对中日事件十分关心，时时与白里安以无线电通消息，借知中日间新变化，及国联处理之方针。赖氏抵美后，即将与胡佛讨论远东事件云。

【中央社二十日日内瓦电】 中国代表团昨向美联社记者宣称，对东三省问题之解决办法，如全世界认为公平者，中国政府均可接受。中国深信国联必能主持公道，求适当之解决。施肇基并谓中国自始即绝对服从国联行政院之决议。

【中央社华盛顿十九日路透电】 此间正式公布，美国愿协助国联根据非战公约，阻止中日间之冲突，但美政府不愿出为领袖。

白里安与中日代表会商

【中央社二十日日内瓦电】 昨日白里安与施肇基及芳泽分别会商终日之结果，局势似较前进步，中国代表仍拒绝与日本直接交涉，日代表亦拒绝确定撤兵日期。惟其他各点，则双方态度更趋和缓。行政院则希望能得一方式，一方面使日本撤兵，同时予日本侨民以确实保障，庶各种困难，可逐渐解决。一般观察者，以为本星期五行政院公开会议，可以闭幕云。

【中央社日内瓦十九日路透电】 施肇基与芳泽，今（十九日）与主席白里安晤面外，尚有其他私人谈话。施肇基曾往访英外相李丁，李丁亦曾与美代表

吉尔勃晤面。中日两国代表将谈话经过，已电告两国政府请示。在中日两国代表收到答复以前，行政院暂无会议。

【日内瓦十九日路透电】 主席白里安因其职权关系，为一极有用之居中调解人，今日除与芳泽晤谈外，下午五时又接见中国代表施肇基。与芳泽谈话纯为交换意见谈话，内容须提交大会时，始得悉。在大会时，主席白里安或将其努力居中调解经过，详为报告。施肇基与白里安晤谈约四十分钟，据称并未讨论及切实提案，仍只交换意见。一般人推测无甚大进展，白里安仍继续设法使中日更可接近。

【本社二十日上海专电】 日内瓦二十日电，行政会活动，现暂中止，以待中日答复。行政会所提解决满洲问题之试验的计划，今日恐未必开会，惟晚间如接到复文，则今夜或仍将开会。今日白里安续与芳泽、施肇基谈话，盖行政会提出之计划，今仍在胚胎阶级也。

【本社二十日上海专电】 日内瓦号（二十日）电，白里安及国联秘长，原与芳泽约定今日正午会晤，芳泽当以日本五项要求及日本对白里安建议之意见相告，届晚芳泽因东京训令未到，请求改期。

国联方案已交中日政府

【中央社日内瓦十九日路透电】 据可靠消息，国联所定解决中日纠纷方案，与九月间决议案，大略相同。国联所定方案，已交中日两政府，此后情形须等南京与东京之回话。国联行政院不愿固定任何方案，如中日两国能同意于解决此案方法之任何原则，国联均可接收。

【中央社日内瓦十九日电】 本日国联十三代表秘密会议，决定解决满洲事件之条件有五要点：一，日军退至满铁附属地以内。二，中国切实保护日侨生命财产。三，中国对保护日侨生命财产有切实声明。四，中国须尊重以前中日所缔之条约及日本在满蒙既得权。五，以上四条惟决定后，由中日双方直接交涉。

【中央社日内瓦十九日路透电】 今晨行政院秘密会议，对日本军队撤退期限无确定结果。据传期限有定三星期之说。

【中央社东京二十日下午十时四十五分路透电】 中日纠纷之解决，已渐有望，一般人俱觉此问题最紧要点，即日本坚持中国须先承认关东三省一切协定权利，一九一五年条约亦在内（"二十一条件"即由一九一五年条约而起），中国从未承认此种条约,谓该项条约乃在威力压迫下所签订。日方谓如南京理由可存在,则多数国际条约(巴黎和会及国际联盟条约)均将成为无效矣。日方谓中国必先承认该项条约,最低限度,须承认此原则后,中日交涉方可开始。日方谓此次东三省案之暴发,完全因南京不承认该项条约而生。

【中央社巴黎二十日路透电】 国联行政院处置中日纠纷方案之原则,不外乎国联使中国政府明了日本军队之撤退实看中国给日侨生命财产安全保障之是否有效,俟中日两国于原则上同意后,国联即令日本撤退铁路区外军队。国联在方案中须声明,东三省一切情形,应即恢复九月十八日以前状态。但一般法国舆论咸反对修改任何现行条约,认此举将开一极不良之先例。

【中央社巴黎二十日路透电】 中日问题之进步,引起此间政界之满意。日方政策似以坚决趋于和平,一般人推测,不无特殊情形,使交涉上发生困难,则此案可于最短时期内解决。东三省问题之良好化,大半系得力于各国驻南京与东京外交代表向双方接洽之结果。《巴黎之声报》谓此事之有进步,实因各方了解,国联不能与日本决裂,同时国联尚须得日本之帮助。

【中央社日内瓦二十日路透电】 据华盛顿报告,谓日本已撤消其反对美方参加国联行政院会议之意。此间日本代表团,称此报告有令人误解处,即日本不反对吉尔勃参加会议,但日方所反对者系法律手续问题,此点不能忘却,日本保留将来对此点争执权,此事业于上星期日致国联之照会中说明。主席白里安代表行政院,所提出之处置方案,尚未接到东京复电。

日方提出之解决五要点

【中央社东京二十日下午二时路透电】 日本政府关于解决东三省问题,提出五要点,日本坚持中国在原则上同意此五点后,日本始撤退南满铁路区外军队。日方提案,已交主席白里安、国联秘书长特莱孟及美国务卿史汀生。据官方消息,此五要点如下:(一)中日两国互不侵犯,保障双方领土完整。(?)(二)一切抗日运动(抵制日货在内)须永远取消。(?)(三)东三省建筑铁路时须用日方资本。(四)中国须承认一切关于东三省铁路建筑之中日现行条约。(五)中国须承认一切中日现行条约所规定之日方权利,包括租借地权在内。

【中央社东京十九日路透电】 日本之坚强态度,反对任何国联决议案,或系一种外交手腕,使此案久延时日。因时日较多,则国联可多明了日方意见,一方又明了中国促国联迅速解决此案非为必要。

【中央社十九日东京路透电】 据本日此间三数方面意见,似日本所以对国联各种主张,皆取强硬态度,半系故延时间,使国联得了解承认日本所争之地位,且使知中国方面实故作惊惶,以促国联之动作。此间官方故意制造空气,竟谓南京政府不日倾倒,新政府必大半为粤方份子,而粤方份子,必能承认日本在满洲所受之种种损害,且愿与日本直接交涉,以定各种根本上之解决。又日本一方面坚持主张不稍让步,一方面以本日闻华盛顿有表示好感之意,故日本初恐美国参加国联,以制日本,今已不复恐惧云云。以上种种,似使东京方面生甚好的反应。又此间官方感想,觉国联已渐知霸道之效用甚微云。

《中央日报》1931年10月21日第一张第三版

86. 我国电日内瓦痛驳日诡辩,匪区在日军占领范围以内,全系日军造成应由日负责

外交界息,闻我方于十九日电日内瓦,反驳日方借口胡匪逃兵轰击锦州等处各情形,略称:日方飞机,无故施行侦察轰击,反借口中国当局对胡匪逃兵,不能控制,实属毫无理由。查在九月十八日以前,日方所指有匪各地,均极安谧,并无胡匪,此有事实可考。现在日方谓某某等处有匪,即有数处属实,亦均在日本占领或其兵力范围之内。由是则:(一)胡匪系由日军造成。(二)我方权力不及,无从剿除。依据此二项事实,则上述各处有匪,应由日方负责。至日方所谓逃兵一节,查原在日军占领各该处,均被迫逐渐退出,以避冲突。如日军所指大虎山、沟帮子、锦县、义州、彭武、海龙各处之军队,均系原驻各该处镇守边防境,并非逃兵。又日方投弹,均在城边及有商店居民之处,并未轰炸居民,日方所称未向城市及居民投弹尤非事实云云。

【中央社北平十九日电】 张副司令顷电国联施使,谓我军并无不稳行动。前为尊重国联议决案,及友邦劝告,曾将日方注视最重之王以哲部,调至与日军极难接触之地,现已陆续到达平绥南口一带,请向国联间声明云。

《中央日报》1931年10月21日第一张第三版

87. 出渊对美声明，不再反对美国参加国联？保证不再炸击中国城市？

【中央社华盛顿二十日电】 日本驻美大使出渊，已向美国国务卿史汀生声明，吉尔勃参加国联行政院会议，已不再反对，并将撤退战斗飞机至高丽，同时陆战队亦将撤回。又声称，满洲局势已大有进步，沈阳各银行重开，无线电台即回复原状，铁路运输照常营业，且确切保证不再有炸击中国城市事云云。

《中央日报》1931年10月21日第一张第四版

88. 日人竟认东省问题为日本生死关头？政局严重由于币原外交失败，政友会迭开会议商打开国难，倭奴侵略野心业已和盘托出

【中央社东京十九日电】 政友会本日继续开会，仍商满洲今后问题，并决定重要议案多件。犬养毅对满洲事件之主张，本日已发表，谓此次事件为日本生死关头。

【中央社东京十八日电】 政友会鉴于时局重大化，昨日午后四时，在犬养毅总裁邸，开最高干部紧急会议，讨议关于对华问题，决定对策如左：目下各般情势，不许静观，不必偏重倒阁问题。在打开国步艰难的目标之下，应开始积极的运动，定于十八日午后议士会讨议右记决定案。犬养总裁在席间演说：对华外交财政问题，决定将当前重大问题□确固态度，声明于天下。一，对华问题，今日的重大时局，实出于币原外交失败结果。一，政局不安，现内阁对现在的状态，便同无为无策，政府处于未曾有之不安，我党对此不能不问政府的责任。

《中央日报》1931年10月21日第一张第四版

89. 美人之公论，日侵略东省危及全世界，欧战后之努力将成泡影，顽强自大滥用武力实属错误

世界社译美人 Vietar Frene 通信云：目下东省所遭之事变，其意味即为日本已决计图并吞东省，彼之帝国主义的侵略计划，处心积虑，由来已久，观一九二七年田中义一之奏书，其野心不啻和盘托出。此次之事，乃其结果耳。若中国天产富饶之三省竟变为日本殖民地，则欧战后于国际间确立一种新道德之努力，将尽成泡影。

中国为邻所迫，势必采用军国主义，亚洲将崛起一大武力国，而欧洲大战之打败德帝国主义，将毫无意义。在日本之见地，认彼之大陆政策为当然，因彼需要原料及剩余人口之出路。然日本以德帝国为模范，顽强自大，绝不顾他人之所需要，若听彼侵略他人，以取其所需，不加阻止，则世界他国之将来发展，必遭一新危险无疑。日本从未有所创造，彼之精神文明得诸中国，物质文明则采自西方，故日本在精神上道德上不配为他国领导。若许其占领别一国之土地，该土地必被日人之私用，此种私用不但不利于他国，并不利于日本自身。一国必自有其伟大之国民性，始配领导他国，使他国受其益。日本之大乃其自大，并无历史或事实证明之。

夫德国之自大狂既被认为人类之敌，而各国一致推翻之。则貌小之日本之自大狂，更无应容其跳踉之理。况在今日之世界，即最伟大之国家，亦应自觉其欠缺，自行克制，而不以武力战取他国之所有。中国今日无力抵御武力之侵略，有人以为彼既孱弱，应受孱弱之罚，不知今日岂犹是石器时代？一民族之伟大应以武勇为标准耶？

又有人不满意于中国二十年来之内乱，以为其前途无望。然中国乃一古国，地大民众，欲其调整自身以适合于现世界之环境，自非一蹴可几。中国具有其特有之个性，彼之迟迟适合于西方标准，应认为中国人性质有独特的价值之证，不应认为中国文明之崩坏之证。彼虽在此近代化之进行中，而仍依其自己之方法。此种方法，外人不明华人性质，当然不能了解。然吾人若仅因中国人与西方人异趣，不了解其方法，即诋为错误，此岂科学时代所应有者耶？

全部东方在其长历史中所独自培养而成之人类生存之原素，正为西方于急急图物质文明之进步中所最为忽略者。吾人以中国数十年来外侮不绝，内乱频仍，目下有水灾难民数千万，而当局者犹高谈政治理论，不务实际，觉对于中国难再忍耐。然吾西方之时人不亦于自身穷饿之时，尚吟诗自乐？西方之大人物，亦有宁死而不放弃主义者乎？当此英国正图觅得方法以餍足印度之民族希望之际，若许英之从前同盟国否认中国之存在，吞并其三重要省分，使其地之原料及土地为中国自己所需者尽入日本之掌握，此岂合于逻辑乎？

目下所需要者，厥为善意与慎重。美国对华善意，为中国人所素悉。目下欧洲各国各自有其困难，致国际联盟对于东省问题，未能予以相为之注意。于此而欲觅解决之方，舍美国莫属。美国应使日本明白，彼所自择以使彼趋向伟大之径路，不但令彼自己并令全世界陷于深渊。日本在华府会议已交还山东于中国，今后在另一国际会议将交还东三省。在各国之中，只有美国能以蓄意及慎重致与中国，并致日本。从前日本之酣眠，系美国唤醒之。故美国对于中国，似负有一更沉重之责任。美国应指陈于世界，一国而滥用武力者，决然无效。美国已救欧洲，应再救亚洲。美国以自己之经验，知独立之价值，乃创造民族自决主义。民族自决主义者，少数民族亦适用之。而在东三省，则自决乃极大多数之要求也。

《中央日报》1931年10月21日第一张第四版

90. 社论：何谓满蒙既得权利！

龚德柏

日本帝国主义者，积极侵略中国，常以保全"满蒙既得权利"为借口。究竟"满蒙既得权利"之意义何若，日人从未明白解释。吾人对于日本在东三省依合法条约所得之权利，固无否认之意，惟日本依暴力压迫所得之权利，如"二十一条"之类，及由侵占所得之权利，如铁路用地内施行警察权行政权等之类，绝对不能承认。故"既得权利"云者，依合法与不合法之区别，相距不啻天渊，断不容日人滥用此笼统名词，以遂其侵略野心也。今试分述如左：

（一）旅顺、大连租借权。该项权利,根据一八九八年三月二十七日中俄条约,租借期限为二十五年,至一九二三年三月二十六日即已满期,日本至今恃强不还。至"二十一条件"要求时,虽将租期延长为九十九年,然该约系以暴力压迫所缔结,根本上即属无效。而中国方面,既未根据与宪法同等之临时约法,由国会批准,又经巴黎和会、华盛顿会议两次否认其有效,至一九二三年(即民国十二年)三月十日曾通告日本,声明"二十一条"无效,是日本根据"廿一条"强租旅大,根本上即不合法。故旅大租约,早已于八年前满期,中国应要求交还也。

（二）南满铁路经营期。南满铁路经营期限,根据一八九六年中俄所缔中东路条约,由开通之日起,三十年后,中国可以备价赎回;八十年后,无代价交还中国。该路开通于一九〇三年,至一九三九年,即由今年起八年后,中国即可备价赎回。至"二十一条"时虽强迫中国承认延长为九十九年,然该约早经宣告无效,已如前述。故南满铁路在八年后,中国即可备价赎回也。

（三）安奉铁路经营期。安奉铁路经营期限,根据光绪三十一年(即一九〇五年)中日东三省条约附约第六条,至光绪四十九年(一九二三年)满期,即八年前业经满期。虽"二十一条"时强迫中国承认延长为九十九年,然该约无效,已如前述。故安奉铁路经营期限,在八年前已满,中国应据约赎回也。

（四）吉长铁路代管权。吉长铁路根据中日一九〇七年、一九〇八年、一九〇九三次条约,规定中国借日款一半,即二百十五万元,由中国自营。至"二十一条"时,强迫中国改约,一九一七年(民国六年)十月十二日,由当时北京非法之卖国政府,与日本缔约,借南满铁路日金六百五十万元,三十年还清。在未还之前,由南满铁路代为经营,遂入日本掌握。然该条约既未经合法国会批准,当然无效,中国可以即时还清其借款,收回自办也。

（五）驻兵权。在东三省驻兵,系俄日两国自行规定,绝对不能束缚中国。一九〇五年十二月二十二日,中日东三省条约附约第二条,曾规定"中国政府声明极盼日俄两国将驻扎东三省军队暨护路兵队从速撤退,日本国政府愿副中国期望。如俄国允将护路兵撤退,或中俄两国另有商订妥善办法,日本国政府允即一律照办。(下略)"是俄国撤兵,日本即应撤兵。在民国七年,俄兵即已撤退,日军自应同时撤退。然至今不撤,是恃强横行,毫无条约根据。至后筑之安奉路,尤无驻兵权利。故日本驻兵权,十三年前已失根据,中国应即要求其撤退也。

其他如南满铁路用地(国人袭用日本有作用之"铁路附属地"名称,毫不思索,可耻孰甚)内行政权警察权,完全系侵略行为,毫无条约根据(其详容另篇论),及其他由侵略所得之种种权利,当然在否认之列也。

现在国联所拟定之解决方案,是否有涉及满蒙既得权利之处,吾人固不能推测,即假定日人仍以此为要挟,吾人以为应列举的声明,绝对不能概括的声明,以遗他日之大纠纷。兹为便于了解起见,将日本在东三省之合法权利,及中国绝对的收回之权利列左:

(一)日本在条约上之权利南满铁路经营至一九三九年之权利。

(二)抚顺、烟台煤矿经营权。

(三)鸭绿江采木公司经营权。

中国绝对应收回权利:(一)旅顺大连租借权;(二)安奉铁路;(三)吉长铁路(但须偿还日款);(四)日兵驻扎权;(五)铁路用地行政权警察权;(六)其他一切侵略之权利。

《中央日报》1931年10月22日第一张第三版

91. 国联对中日问题,昨五国代表续有会议,日方接受白里安建议,所传国联决定之五点,完全系日本制造空气,东省问题变成慢性,白里安正努力破除困难

【中央社东京二十一日下午六点三十一分路透电】 此间表示,日本政府愿接受国联主席白里安意见,放弃日方原有要求第四点(即在交涉开始前,中国须承认关于日本在东三省铁路权利一切协定),只要求中国应允在原则上遵守中日间条约指定之责任。据云,日政府已有上项训令与芳泽,令彼即通知白里安。如白里安能劝中国政府接受日方意见,则中日纠纷之解决,可有极重要之进展。中日交涉开始,及日本军队撤退,诸问题之障碍,可立时除去矣。

五国代表昨开秘密会议

【本社二十一日上海专电】 路透日内瓦马(廿一日)电,今晨英法德意西五国代表在议长室集议,自十一时半起至十二时四十五分止。散会后,各代表

面有忧色。新闻记者趋问之,则以讨论严守秘密为答,仅有一代表谓,行政会或将于明日开会耳。至于是否公开会议,则未说明。

【本社二十一日上海专电】 路透日内瓦马(二十一日)电,路透社探悉,芳泽已接到东京训令,接受白里安关于日本所提出五项要点之建议。日本原主张中国必须在原则上承认此五项要点,然后日军方可退入铁路区域,白里安则建议日本应抛弃以中国须承认日本铁路权为开始谈判先决条件之要求。闻白里安将设法破除因日本拒绝定期撤兵而起之困难,拟于星期五或星期六日内行政会会议,而于三星期内再开会于巴黎,料想是时日军当已全撤矣。

东三省问题颇有久延性

【中央社日内瓦二十日路透电】 国联行政院主席白里安(一般人称为国联之怪杰)今日与人谈及东三省问题,谓:此案颇有久延性,或稍有进展,但迟慢已极。白里安有全权代表行政院处置此案,直至今日仍不能寻得一相当基础可迅速解决此案。

【又电】 今日私人谈话极少,都静候东京回音。英外相李丁往访白里安,催促行政院设法使中日交涉,早日开始。白里安之秘书长今早与芳泽晤面。下午芳泽往访国联秘书长特鲁孟,彼此交换意见,据云系谈国联程序。(又电)日本答复白里安之提案,明早(廿一日)恐不得到此。(又电)明早或开不公开之行政院会议,关于谣传中国请英法两国派兵东三省消息,负责方面,均称完全不知。日本代表团否认此消息,系出自芳泽之口。此间对此谣传,均觉可笑。

【中央社东京二十一日电】 本日国联开秘密会议,预定日本若允撤兵,将闭会两星期再在巴黎开会,在闭会期内由白里安处理一切,如认有必要时,可召开特别会议。

【中央社二十日下午八时日内瓦美联电】 国联行政院因公开会议结果,可引起外界种种批评,使中日双方感情上,发生不良影响,故决定以后多用私人磋商方法,俟有解决可能时再开大会。

【中央社二十日日内瓦电】 今晨十一时三十分国联议长白里安,曾与英外长李定,对东三省问题作长时间谈话,内容未公布。

【中央社日内瓦二十一日电】 星期一晚日本代表团接到东京训令,仍留日内瓦,撤回退出国联之成命。星期三国联行政院秘密会议结果如何,尚未可知。

若日本允许撤兵,行政院即开会两三星期,将来再在巴黎开会,在闭会期内由白里安处理一切,遇必要时得召集特别会议云。

【中央社东京二十日下午十点四十五分路透电】 传闻白里安表示,日本所提要求中国承认一切中日间关于铁路协定后始开始交涉一点,恐中国不能应允,因之交涉一时不能开始云。

中国代表报告日机轰炸

【中央社日内瓦二十日路透电】 中国代表团根据张学良报告,谓十月十七日、十八日二日,日军炮轰沟帮子(译音),十八日飞机轰炸通辽。中国代表团谓东京所传日方提出五点消息,彼等丝毫不知,且并未接到此种提案。日本代表团对此消息,不愿发言,只承认芳泽与白里安已商谈,及与上项相似之提案。

【中央社日内瓦二十日路透电】 在行政院未能继续开会时,中日双方电告国联秘书处,东三省一切军事行动,中国代表团接南京电报,内有张学良之报告,谓自十月十六日至十九日间,日飞机仍轰炸中国城市。日方沈阳领事报告,则否认轰炸。

【中央社二十日下午八时日内瓦美联电】 此间日代表团声称日本在东三省飞机,现已逐渐撤回朝鲜,但东京方面,则又声称,现以侦察机代替掷弹机。此事极为人注意。

《中央日报》1931年10月22日第一张第三版

92. 我国答复英法等国,国际公约义务愿严格遵守,希望国联之努力圆满成功

非战公约签字各国,先后照会我,请注意非战公约之责任。外部于前、昨等日,业已复英、法、德、挪、意、波、南斯拉夫等国政府,兹录复照全文如下:

为照复事。接准贵国政府通牒,贵国政府于该通牒之内,引起中国政府对于一九二八年八月二十七日非战公约规定之注意,并表示希望中日两国政府避免采取任何步骤,致使欲求和平解决中国之时局已在进行中之努力,其成功

受厥危险。自九月十八日起，日军藐视国际公法与非战公约，及其他国际公约，开始无端袭击沈阳及其他各地，贵国政府对于嗣后此事在东北之扩大，关怀綦切，中国政府深为感谢。中国深愿严格遵守、依照国际公约所应负义务，尤其国际联合会之盟约及非战公约。其对于日本之武力的侵略行动，竭力避免，以武力与之接触，且自始即企图以和平方法，求公正适宜之解决。故吾人不加保留，以全案付诸国联。吾人所绝对倚赖非战公约、国联盟约及其他为维持和平之国际公约内所包含之庄重约言者，盖信日本将省识其对于人类文明法律上及道德上应负之职责也。中国政府极诚希望，现正在日内瓦进行中，力求解决此案之努力，为正义与和平之利益，不久能得圆满之成功。因是项努力，不仅为中国之幸福，亦为世界之幸福也。至中国政府自仍当坚持其努力，求以和平方法，解决任何性质之一切问题，并极力援助国联策划永久制度，保障此项政策此后在远东有效之遵守。相应照复贵公使查照，即希转达贵国政府为荷。须至照会者。

【中央社华盛顿二十日路透电】 美政府与英政府及其他国联理事国采取同样行动，照会中日两国，请注意非战公约第二条。美国务卿史汀生，今日已有同样文字，照会分致中日二国。

【中央社开罗二十一日电】 埃及政府已电请中日两国政府，遵照非战公约，从速以和平方式，解决纠纷云。

《中央日报》1931年10月22日第一张第三版

93. 日本复文到国联，行政院五委大不满，白里安愤言未走出荆棘之途，芳泽言词闪烁态度狡黠异常，国联对日暴行何以未提只字，昨日公开会议未成，因芳泽诡言日复文未全到，行政院决议案已粗具规模

国联不满日本答复

【中央社日内瓦二十二日路透电】 传闻日本政府答复白里安白里安之复文，业于昨夜深夜间送到。国联方面对日政府所表示态度，极不满意。行政院

五委员现正在白里安之旅馆内,秘密会商此事。复文深夜始到。日本代表团人员,全夜工作,□□码翻出。行政院提交大会议之决议案,最后整理时,发生疑难,五委员开会至深夜犹未散。国联秘书长闻亦列席该会。决议案之文字上,修改颇多。

【中央社日内瓦念二日路透电】 主席白里安独自一人,最先下楼,迳回旅馆,面色严重已极。在旅馆将接见日首席代表芳泽。白里安与路透记者谈话,谓我们尚未走出荆棘之途。其余各委员亦均沉默无言。此间空气紧张已极,大有一触即发之势。日本政府复文,引起极沉痛之印象。

【中央社日内瓦二十二日路透电】 国联行政院正式宣称,认日本答复为不满意,五委员在今早十一点十五分散会时,将此情发表。该五委员今早开会时间共约一点十五十分,议决今日下午四时开公开会议,将中日纠纷全部内容完全公开讨论。

【中央社日内瓦二十十日路透电】 五委员开会时关于应否加入一款,即中国须承认现有之条约,颇有争辩。决议案内有请日本允许撤兵,请中国应允保护日侨,停止反日运动,及开始中日直接交涉诸款。虽决议案有行政院休会三星期一条,但行政院将加有解释,即行政院仍认为事实上继续开会。如必要时,随时可召集会议。

【中央社日内瓦二十二日路透电】 今早(二十二日)此间形势紧张已极,因各方均知今日会议,必有相当结果。临时五委员召集会议,在秘书处已讨论有四十五分钟之久。芳泽约定十一时卅分与主席白里安晤面,一般人推测,必为传递日方正式复文。中国代表团继续电告国联东三省最近形势,中国代表团引路透社驻沈阳北平二处所发电报为证,谓东三省各地为日兵占据,故中国无法剿匪。日代表团谓自朝鲜派往东三省军队,已于十月十六日撤回。

【中央社日内瓦二十二日路透电】 芳泽、白里安晤面后,中日问题忽有奇突变化。芳泽与白里安谈话整整二十五分钟,出门时芳泽与路透记者谈话,谓日本复文未全到,有数段尚未收到。芳泽称,彼已请行政院将原定今日(二十二日)下午四时开大会之决议暂时延期执行。芳泽随即回旅馆,与同僚有所商谈。十一点五十五分时芳泽曾向路透记者称,日本复文态度甚好。

【中央社东京念二日下午七时四十分路透电】 日内瓦方面虽多悲观空气,但日本政界觉中日问题,前途极可乐观,一二日内即有解决办法。关此种解决办法之创造人,及办法之内容如何,则日方坚不发表。据云此新提案各方均可容纳。日本尚未答复各国念一日之照会,因复文字句上,尚有修改。虽修改字句,不十分重要,但甚有意味,如关于日本在东三省军队,复文中不用"兵"而用"护路队"字样。

【中央社上海二十二日下午十时半电话】 路透日内瓦二十二电,日本代表团仍力延搁中日问题,希望行政院无结果而闭会。今早日本自认答复主席白里安之电文已到,但芳泽坚称,该电只到一部分,全文尚未收到。

施肇基提解决条件

【中央社日内瓦廿一日电】 国联行政院提议闭会三星期,中国代表施肇基表示略谓,若此项提议认为在行政院闭会期中,关于撤兵事宜应由中日两国直接交涉,则中国不能承诺。中国其他代表复称此种办法,即系抛弃中国方面对于国联之正当的愿望,且于政治上将发生重大影响,国家对于国联规程,及非战公约,既不能有所凭借,则共产制度或不免因此而流行矣。

【中央社日内瓦二十一日电】 中国代表施肇基复向白里安声明,中国方面之要求:(一) 撤退日军为交涉先决问题;(二) 日军撤退时及撤退后,应组织中立调查团;(三) 赔偿及损害之承认;(四) 中日事件永久的调解及仲裁部之设立。国联行政院正设法使日军撤退,或至迟三星期内撤退。国联中各小国,俱称若日军不即撤退,于国联本身,极有妨碍,况美国业已参加会议,故关系尤为重大。

【中央社上海二十二日国民社日内瓦电】 今日中国总代表施肇基,通知白里安,用简单明了之字句说明中国基本要求:第一,东三省日军撤退后方能开始交涉;第二,在日军撤退时及撤退后须由中立国派调查团监视;第三,日本须承认损失之赔偿;第四,设立永久中日问题调解及仲裁机关。行政院现有两途可走,或集中力量促日本让步,以图早日解决;或则仿东方外交之延宕手段,延会三星期,在此期内,徐观变化。

【中央社日内瓦廿二日路透电】 中国代表团因国联对中日纠纷久延不决,表示不满意,今日下午施肇基往访主席白里安,半为探听形势,半为表示中国希望此案早日解决。闻行政院正候东京回音。中国态度仍旧,施肇基坚持日方应先撤兵,应允许赔偿损失,损失数目,可日后再定。此二条件无完满答复不能开始交涉。又中国代表团适接报告,谓日本在武力保护之下,暗修铁路,由吉林通朝鲜边境之会宁。此铁路为军事上极重要路线,中国反对日人建筑此线。据中国方面观察,此为日本缓撤兵之一理由。

国联将决请日撤兵

【中央社日内瓦二十一日电】 今晚五大国开会,决定明晨日本政府新训令可到,若日方坚持故态,使解决不能成功,则于行政院会议中为日本应即撤兵之决议。若日本为反对之表示,则日方须负侮蔑国联之责任。

【中央社日内瓦二十一日路透电】 国联行政院五委员,明早(二十二日)十时半将继续讨论中日问题。五委员今晚会议,虽已有决议案,但一切仍看日方答复而定。日方答复迄今尚未收到,日方复文措辞与态度,于明日提交大会决议案之措辞有直接影响。一般人均希望日方训令,态度和缓,使中日在十一月间,下次行政院会议开会前,可双方同意于一解决方案。但如日方仍固持其强项态度,则国联明日决议案中关撤兵期限将更加明定,与九月三十日之决议案相同。据云,议长白里安之极力容纳日本意见,或此事之早得解决,但如日本之条件过苛,使中国无法接收其提案,则国联之苦衷将付诸泡影矣。

【本社日内瓦二十一日国民社电】 国联五理事今开会,决定如明日日代表所受日本政府训令,不能使东三省问题从速解决,则行政院将开大会请日本撤兵。届时日本如投反对票,或不听大会决议,则是甘心负与国联为敌之责任也。

国联新决议案起草

【中央社日内瓦二十二日路透电】 新决议案已起草,内容已与日方先有磋商。中国代表觉内容亦应告知中国代表,俾彼等可电告国民政府请示。在提交大会前,彼等可得知应采取何种态度,中国方面对国联不能立即解决此案,颇不满意。日方对白里安提案之回音,迄未收到。

【中央社日内瓦二十一日路透电】 严重之行政院五委员会议,讨论中日问题,约一小时有半,决议明日(二十二)开公开会议并提出决议案,请中日两国在指定的时间,设法自己解决双方纠纷,大略以下次行政院开会日期为标准。据云,将在十一月中旬。

【中央社日内瓦二十一日路透电】 法代表团今晚较他国为乐观。白里安深信日本之满意答复,最迟明早(二十二日)可到。即答复不能令人满意,行政院明早决开大会讨论方案,希望星期五(二十三日)夜可闭会,等十一月间再开。有人谓已定十一月十二日继续开会。

日本之撤兵五条件

【中央社上海二十二日国民社电】 据东京昨晚电讯,日本政府经慎密考虑之结果,一致同意芳泽向白里安建议日军撤至铁路区域之五项先决条件,日政府决定后即于昨日下午电知芳泽。其建议五点如下:(一)中国政府查禁所有抗日运动及抗日教育。(二)中国政府保证日人生命财产之安全。(三)中国政府承认日人在华之居住营业权。(四)中日两国政府,应互相保证尊重彼此之领土主权。(五)中国政府向国联声述,承认现行一切中日条约(包括"二十一条约"在内)。

【中央社日内瓦廿一日路透电】 今晚国联关于中日问题形势突变紧张,据传行政院态度似有软化趋势,有劝中国放弃开始交涉之条件说。按中国提出条件,即撤兵与谈判时有中立者列席,如今晚谣传属实,则国联得让日本在兵力占据中国领土情形之下,对付中国此种感觉,引起国联各方间一极不痛快之印象。一般人均觉如国联采取此种政策,不但对明年军缩会议有不良之影响,即国联本身亦为一至大关键。

美与国联携手合作

【中央社日内瓦二十一日路透电】 据可靠方面消息,美国与国联,处处携手合作,关于日本在华盛顿向美国有表示之消息,此间绝无所闻,一般人咸以为荒谬奇谈。美政府虽不能与国联事事取同样行动,但美方曾宣言拥护九月三十日国联决议案,且有催促日方撤兵之表示。

【中央社华盛顿二十二日电】 据可靠方面消息,胡佛总统及国务卿史汀生等,欲乘法总理赖伐尔莅美之机会,与其商榷充实凯洛非战公约力量之办法,拟将该约中增加遇有战事危险时签约国得自动磋商解决办法一条云。又驻美日使出渊近告史汀生,谓日方已将沈阳行政权交还中国官吏,日本人员已全体辞职。此间因华方尚未有此项消息,故信疑参半。至政界中人,则信解决满洲问题,已略有进步云。

《中央日报》1931年10月23日第一张第三版

94. 社论：团结与救亡

九月十八日，日军突然袭占我沈阳，并以次进展及于东省其他地域。月余以来，事件之范围益趋扩大。大批飞机无故猛轰我锦州、通辽、打虎山、沟帮子等地，同时以械弹接济胡匪，唆使其四处骚乱。及于近日，东省已无地无匪，无处不乱，日人即在此混乱之环境、骚扰之秩序中，趁火打劫。除漏夜赶筑其存心已久图谋未得之吉会路外，并积极着手进行其所谓"满蒙中和国"，冀以其亡朝鲜之方法，并吞我东省，奇耻大辱，莫此为甚！我中国民族自有历史以来，从未遭遇如此蛮横之民族，如此奇重之侵凌，吾人不幸生丁兹世，此一幕一幕之惨剧，乃继续出现于吾人眼前。河山破碎，外侮荐臻，言念及此，其痛心为何如耶？虽然，外患何为而来乎？日人处心积虑谋我东省者已数十年之久，何为在此时始突然发生，积极行动实施武力侵略乎？此中自有因果关系，自有其召侮之由，此实值得吾人之深思，值得吾人之自省，值得吾人之检查，值得吾人爬罗剔抉之问题也。民国成立以来，迄今二十寒暑。自辛亥以至民十六北京政府消灭时期为一阶段，自本党扫除军阀势力，统一全国，握有政权，以至现在为又一阶段。假使此二十年之岁月，俱能用于刷新政治，发奋自强，则国际地位，当能屹然确立。今日之侮辱，必无自而来。退一步言，假使本党握有政权以后，党内领袖能切实合作，共谋国是，则此四年之训政光阴，当亦不致虚掷，东省之事件，或亦无自而生也。然而第一阶段之北京政府时代，政权全然为腐化势力所支配，不足以有为，亦不足以语此。十六年之大好光阴，因而虚掷。本党握有政权以后，政治本有可为，曙光本可略现，乃本党同志南辕北辙，分道扬镳，致政府之力量，无形分散，国家之权力，不能集中。此次突如其来之东省事变，一言以蔽之，即此分崩离析之局面有以造成之也！本党同志应坦白承认自己过去之过失，应坦白检查自己过去之行为，须知今日国家之艰难，国际地位之危殆，非任何个人所造成，同时各个份子皆应负担一部分之责任。无论就政治道德言，就社会伦理言，皆应有此光明磊落之态度，皆应有此雪亮晶莹之胸怀。若苛重以责人，轻约以责己，甚至利用国家地位之艰难，发为茫无涯涘之高言空论，使党治原则、国家法统，根本受其摇动，使政府对于迫不及待之"剿赤"救灾及御侮等工作之效能，愈加艰困，愈感掣肘，则不惟有背于政治家应具之政治道德,抑亦自绝于国人!记者固深信本党同志皆服膺总理遗训,精诚谋国,决不致有此;且在此国难当前之日,救亡不暇,何至如此?惟念外侮之日亟,国势之阽危,深觉非精诚团结无以御侮,非集中力量无以救亡。爰不惮词费,以此老生常谈之义,略陈于本党同志之前。苟本党同志能不唾弃斯义,大彻大悟,共谋团结,则民族前途之一线曙光,未必不即在于斯也!

《中央日报》1931年10月24日第一张第三版

95. 国联行政院提出解决中日问题决议案,限日军于十一月十六日前撤尽,接收撤兵区域得请第三国参加,中日两国间将组永久调解机关,日对撤兵仍思延宕,英代表称决议案必须有效,宣称须中国尽条约上责任

施使电京报告,七项决议之内容

国际联合会行政院主席白里安二十二日上午十二时半,以行政院所决定"关于中日事件解决办法"决议案之草案,手交我国全权代表施肇基,复于二十二日下午四时举行公开会议,将该草案讨论后,经施代表电告国民政府,兹照录如次:

行政院依照其九月三十日之决议案,并知悉除中国援引盟约第十一条外,多数政府,并曾援引非战公约第二条。

(一)兹特重伸[申]各政府在该决议案中,向行政院所作之允诺,尤其日本代表之声明,谓日政府当依照切实保护日人生命财产安全之程度,继续令速撤兵至铁路区域以内,及中国代表之声明,谓中国政府当负保护铁路区域外日侨生命财产之责任,此项允诺,包括切实保护在满之日侨。

(二)再重伸[申]两政府已保证,避免凡足令现有状态愈趋严重之任何举动,故两政府不得诉于任何侵略政策或举动,并须采取办法,消除敌对运动。

(三)重伸[申]日方之声明,谓日本在满洲并无领土目的,并知悉此项声明与国联盟约,及九国条约之规定相符,合九国条约各签字国,曾保证"尊重中国主权与独立及土地与行政上之完整"。

（四）深信实践此项保证及允诺，为恢复两方通常关系所必要！甲：要求日本政府立即开始，并顺序进行，将军队撤至铁路区域以内，俾在规定之下次开会日期以前，完全撤退。乙，要求中国政府履行其保证负责保护在满洲一切日侨生命安全之允诺，采定办法，于接收日兵撤退地面之时，得能保证在该日侨生命财产之安全，并请中国政府令因此事委派之中国官吏，会同各国代表，俾各该代表，得观察此项办法之执行。

（五）建议中日两国政府，应立即指派代表协定实行关于撤兵及接收撤退区域所有各事之细目，俾得顺利进行，不生延缓。

（六）建议一俟撤兵完成后，中日两国政府，开始直接交涉两方之悬案，尤其因最近事件所发生之问题。关于现在各项困难之问题，此种困难，因满洲铁路状况而发生者，为此目的行政院提议双方，设立调解委员会，或类此之永久机关。

（七）决议：延会至十一月十六日，如届时行政院对于时局将重予考量，惟授权于行政院主席，于渠认为有必要时，得提早召集会议。

【中央社日内瓦廿二日下午六时〇八分路透电】 今日公开会，有一极可惊之开场，全体行政院各理事坐候芳泽到会，有二十五分钟之久。下午四时主席白里安就坐，芳泽仍未到。又等十五分钟后，英外相提议派人出外探询。数分钟后芳泽赶到即朗读宣言，谓日本虽反对非会员国家参加行政会议，但彼欢迎吉尔勃，因日本只求与美国保存其和平亲善之关系。吉尔勃答词表示同样感觉。主席白里安起立谓行政院已有决议案，希望双方对国联决议案表同意。截止此久延辩论，结果行政院（除中日两国外）一致通过"解决中日问题之草案"，虽尚有修改，但大致亦不过如此。

【中央社二十三日上午一时日内瓦电】 昨日下午一时，中国总代表施肇基，应白里安之约往见。白将国联理事秘密会中所决定解决东三省条件交施。施比云：此项事件，极为重要，非先向本国政府请训，不敢答复此条件。本拟在昨日下午行政院大会中决定，因施肇基之请，求展期一日讨论。

日对撤兵表示，不能如确期撤尽

【中央社东京二十三日下午七点十九分路透电】 日本虽有条件的，应允撤兵，但表示不能切实应允，于十一月十六日前撤清，因日方撤兵之速度，完全依中国对保护日侨之态度而定。据称，发与芳泽之最近训令，与新决议案无关,只令对国联秘书长所提三草案中之第一草案,有让步。

【中央社东京二十三日下午五点二十七分路透电】 日政府已有训令与芳泽,令彼报告国联,谓日政府应允立即开始撤兵,尽力设法于三星期内撤完,但日方要求中国须承认条约规定之责任并取缔一切排日运动。日本虽仍反对先撤兵,后交涉之原则,观今日与芳泽之训令,可见日本实已让步,因日方一向反对限制撤兵时期。此训令约今日下午可到日内瓦,或于下午大会时,可正式公布。日本对撤兵之让步,可表示日方对条约权利一层之注意,日本觉此点,实为永远解决东三省问题之最重要一点。

此间表示,日本因谅解国联所以提出此次决议案之原由,故愿接收白里安与国联秘书长关于修改方案之建议,其目的为使国联可以接收该方案,日方觉从此各事都可平稳解决。国联秘书长曾有三种草案,每种国联俱可容纳。日本训令芳泽谓:此三种草案中,日方赞成第一种,唯须略加修改,内容与白里安及芳泽二人所商定者相同,计分五点。日方训令昨日(二十二日)早晨已送出,在开会前应可送到。日本预料此第一草案可提出讨论,但国联突然决议,履行第三草案。按此草案为中日两国对前二草案均反对的,始得引用之。行政院今日下午在公开大会时,讨论并起草关于中日问题之决议案,但此决议案中,有数提议,乃日本所决不能接收者。

国联末次会议,中国代表团待训

【中央社日内瓦二十三日路透电】 国联行政院今日下午或不能闭会,明日(廿四日)将为末次会议。据云:会议不致延至下星期,中国代表团尚未收到南京训令,但希望今日下午可收到。

【中央社日内瓦二十三日路透电】 日内瓦各方静候南京覆电,今日下午五时行政院大会恐不能开,因南京覆电能否于开会前抵此,尚属疑问。日本态度毫未变更,仍坚持中国须承认一切条约规定之责任。但此间不明日方所指条约,系中日间条约,抑专指关东三省之各种协定而言。再者国联决议案中,并未提到此条。如国联今日下午不能开会,明日(廿四日)或可再开会一次。

施肇基之表示,与我要求差甚远

【中央社日内瓦二十二日路透电】 关【于】国联今日决议案之草案,中国代表施肇基谈:此决议案极为重要,已限定日兵于十一月十六日前撤清。决议案与中国所要求者相差甚远,故请稍待,等南京方面消息。再者决议案指定十一月十六日重开会议。彼至今午十二时三十分,始得见草案原稿,故无暇将内容电告南京。芳泽又称:日本无侵略野心,但不能应允指定撤兵时间,因东三省地方不靖之故。谓接到东京覆电后,立即报告行政院。白里安提议明日(二十三日)下午五时开大会。

两决议案比较,权力范围均较大

【中央社日内瓦二十二日路透电】 此次决议案与九月三十日之决议案相比,有数可注意之处:(一)此次决议案提及非战公约与华盛顿会议,上次决议案并无此二点。此次所加二点,一则可使本次决议案权力增加,再则范围亦较阔大。(二)日本军队完全撤退之期限,指定为十一月十六日。日兵撤完后,直接交涉立即开始,并非同时进行,此点为中国方面所要求。(三)日本军队之撤退,并无中立者监督之,但外国代表得观察中国对保障日侨安全办法之实行。(四)决议案中并未提及现有条约规定之权利,但日军撤退后中日立即开始谈判中日间各重要悬案。在京所传日方要求,此间毫无所闻。中日二国代表团今晚(二十二日)均不愿对国联决议案有所表示,在本国训令未到前,不愿发表任何意见。

英国代表宣称,决议案必须有效

【中央社日内瓦廿二日路透电】 英方代表称:此次国联决议案,决不让其无效。各国当注意中国履行关于保护日侨之决议,外国文武随员领事将就□调查实情:有一极奇突之事,即双方皆无此次损失之详细报告。谣传日方提出五点之消息,亦并未提交行政院。因中日二国皆未提出方案,故国联不得不自己备有切实决议案也。

【中央社日内瓦念[廿]三日路透电】 关于今日行政院会议之结果,议论纷纷。决议案之草案须全体通过,始为有效。如日方代表反对(意料中事),则决议案经多次修改,而原来意旨,将完全遗失矣。除非能在十一月十六日前,再开会议,不然则惟有等十一月十六日再重新讨论。

【中央社日内瓦念[廿]三日路透电】 日本坚持原有态度,芳泽谈:本日大约无训令,除非日政府更改原有态度。关于训令事,丝毫不知。故不知今日决议案之影响何如。

【中央社日内瓦念[廿]三日路透电】 日方代表对东京消息,谓日本准备撤兵,中国应允遵守条约规定等,毫无所闻,行政院会议或可延期。

国联决议经过,美国态度最坚决

【哈瓦斯社念[廿]三日日内瓦电】 渴望已久之公开会议,顷已举行。主席将行政院之决议案提出后,形势不复旧观,人心为之安宁。此项决议案并未提及赔偿一层,而对于中国其他要求,则予以公平之待遇,相信南京不致拒绝。自一星期以来,行政院各会员研究种种方策,以谋双方意见之接近。上星期日行政院概括讨论决议案内容时,本社当已报告其所拟词意,即本日所提出者。嗣因日本反对甚力,行政院不无偏重之势。但据昨夜可靠消息,日本仍然坚执,中国亦再三要求主持公道,而美国态度则较为坚决,于是情形为之一变,行政院乃重行采用星期日决定之态度。主席提出之决议案,对于日本所提之各主要□,加以相当注意,即互约不相侵略并尊重条约,暨安全保障,与夫反日宣传抵制日货之终止等事。决议案明白要求日本于十一月十六日以前将军队完全撤退,行政院即于是日重行开会。决议案又将特别声明国联会仍继续注意遇必要时行政院仍可提前召集。又组织中立委员会,藉以监视撤兵一层,决由中国行之。此项委员会,当以外国观察员组织成之。至于直接谈判,则须俟撤兵之后,始可举行。凡此均为中国取获满意结果之点。日代表于开会时,迟延半点钟之久,始行出席。各会员为之惊异不置。其答复主席时重新声明日本对于撤兵规定日期不能承认。日本代表之言如是,不审究将何以出之。按之最近情形,行政院未便重行采用九月间所采之决定而不加以变更,此为日本所当了然者。芳泽陈述理由,谓日军在满洲,与一九二七年英军一万五千在上海登岸,初无二致。施博士当答以外国军队驻扎中国领土,诚为憾事,但此项军队之态度,无可疵议,居民未受惊恐,而日军袭击之举,大异于是。日内瓦人士之意,决议案无论由何方面观察,均极满意,以往效力既可强制维持和平,并可增进国联会之权能故也。又日内瓦人士交相耳语,谓此项决议案在此二十四点钟以内,所以能如此修改者,美国代表所接训令,不无影响。据闻白宫因各方面责其柔软,乃改变态度。前此所发训令,一方赞成日军撤退以前先行谈判,一方并不限期撤兵,现已概予取销云。

国联将提警告，对日掷弹示惊异

【中央社日内瓦念[廿]三日电】 国联行政院白里安声明，自上次开会后，无时不与施肇基、芳泽协商。双方均表示愿意解决，不愿使事情扩大，但因情形复杂，交通时间长久，不免有许多困难，但必须设法得一解决途径。

（又电）白里安声称：中日双方主张迄未变更，现在已无战争危险。日方声明并无占有土地计划，并愿意撤兵，惟欲使其国人得安全之保障。华方声称，中国确切保护日侨，现我人应寻一种方式或提案，使时局安定。

（又电）国联行政院拟警告日本，请注意九国公约。

（又电）国联行政院拟建议俟日军撤退后，中日设立永久调解委员会，解决一切悬案。

（又电）国联行政院拟请中国关于保护日侨方法，由他国协防。

【中央社日内瓦二十二日电】 国联接满洲发生冲突之消息，大为惊愕。国联行政【院】正预备停止闭会，但如此即不啻默认国联现时不能解决纠纷。且日本官方一面确切声明撤退军队，一面日军掷弹飞机又复发现，殊令人莫测云。现国联是否撤消停止闭会之提议，现尚未定。

日方不愿接受，代表拟提出对案

【中央社二十三日东京路透电】 此间因国联准备于本日上[下]午五时提出解决东三省问题之决议案前，未得日方同意，均引为诧异。据负责方面消息，此项决议案，日方不能接收。

【中央社二十三日日内瓦美联电】 据可靠消息：日本代表团对国联行政院秘密会议所决定之数点，仔细研究后，认为不能接受，并拟另提出决议条文，其要点为：（一）直接交涉应注重南满铁路条约上所规定之权利。（二）中国对日方有善意表示后，日方始能谈及撤兵手续。（三）满洲民政及商务官署事务之执行，须详细规定（按此条电文不甚明瞭）。（四）撤兵分五步逐渐进行。（五）关于此后东三省一切问题，只由中日直接交涉，第三国不得过问。日方此项提议，不明定行政院下次开会日期，亦不限撤兵何时完竣，均极可注意者。据云：此项条件或在本日下午五时大会前交议长白里安，但究提出否，尚未十分确定。

《中央日报》1931年10月24日第一张第三版

96. 社论：国联应严厉执行撤兵决议

　　国联行政院此次为解决日人在中国东省暴行事件，于休会两周后重复集会，聚若干负有国际誉望之各国外交人物于一堂，复以手腕灵敏声誉特隆之白里安为之领袖，衣冠济济，群贤毕集。目的又在弭东亚之战机，维系世界之和平，此不仅横被日人暴力侵略之中国，静待国联之适当处置，即全世界国家亦将于此觇国联维系平和制裁暴力之力量到底如何。而行将于明春举行之世界军缩大会，其前途可否乐观，亦于处置此次之事件卜之。集会以来，瞬已经旬，并按行政院常例，先后作数度之秘密会议，以研究事件之真相，俾根据事实，归纳一具体方案。在国联诸君，或以为不如此不足以昭郑重，不知国联诸君，在山明水秀世界公园之日内瓦从容讨论和平之日，迷信武力侵略之日人，正在倾其暴力在中国领土内之东省，备肆蹂躏，以杀人越货之盗匪行为，公然施诸邻国境域以内。中国因尊重庄严灿烂之国联地位与其维系和平正义之使命及精神，故并正当之自卫权亦暂时忍痛未及行使。中国民族酷爱和平之心理与夫为和平而牺牲之精神，正与迷信武力侵略之暴日，适成一反比例，此应为举世所灼知者也。今者国联于熟筹深虑而后，对于解决东省事件已拟定具体方案。就决议案大体而论，诚如中国代表施肇基所言，不能完全满足中国政府及人民之意，但中国政府始终尊重国际间之公意，宁愿为世界和平而牺牲，不愿模仿日人一意孤行狡诈无赖之态度。吾人今有更为国联一言者：国联决议方案最扼要之点，为令日政府即日开始将侵入东省之军队，迅速撤至铁路区域以内，此最扼要之点。日人是否不以蒙蔽之方法欺骗世界，以日本民族根性之狡诈及其素来惯用之遮眼法证之，吾人殊不能无疑。倘日人不遵国联决议，对于此点不能迅速履行，则东省事件之初步仍不能谓为已告解决。国联若仅有文字上之决议而不能为事实上之督促与执行，亦不能谓为已尽其应尽之职责。且此点若不能切实执行，东亚之危机可谓根本未能消除。以日人鬼蜮成性之伎俩，随时皆可造成严重之事态。此非吾人之过虑，请以事实证之：国联行政院上次集会时，正值东省事件突然发生，国联立即决议限日军于两周内撤退，日人迄未履行，行政院始有此次之重行集会。日人对于国联九月三十日之决议案置诸不理，安见其对于此次之决议案必能履行耶？此其一。国联之使命为扶持国际正义,保障世界和平,而日人迷信武力侵略,悍然不顾一切,使世界和平基石,根本受其动摇,其心目中尚有正义和平可言耶?此其二。国联以此次事件涉及华盛顿条约及非战公约,因正式邀请美国参加,国联以十三票之绝对多数通过,而日政府心怀鬼胎,训令其代表芳泽于事前百端诋排,于国联正式通过以后,仍复哓哓不休,甚至以退出国联及暂不出席以相恫吓,其藐视决议之顽强态度,于此可见!此其三。国联对于东省事件正郑重集议,而日人乃用飞机在中国领土内继续轰炸,不啻对此保障世界和平之机关,予以最严重之威胁,此其四。国联前数日通知中日政府注意对非战公约及国联公约所负之义务,日政府之复文,措词诡诈,几不知公约义务为何物,此其五。英代表薛西尔于日昨大会席次向芳泽质问,日人违背国际公法之责任,哀梨并剪,爽利无伦,芳泽理屈词穷,仍以绝无理由之狡词以为搪塞,日人何知所谓信义耶?此其六。芳泽昨在大会中对于撤兵期限仍饰词狡赖,全无尊重决议诚意,此其七。信手拈来,不胜缕述。从事实归纳之结果,日人是否履行决议迅即撤兵?诚属绝大之疑问。故国联对此最扼要之撤兵决议,应采有效之方法,严厉执行,庶日人不得再弄其狡狯,不得再售其奸计,而后东亚之危机始能消除,而后其他一切始能谈到。抑吾人尤有言者,国联所拟撤兵决议尚有一最大罅漏,即撤兵至铁路区域以内是也。铁路区域为东省交通中心,若仅撤至铁路区域以内,是东省不啻仍在日人之掌握。且日人在东省所获得之护路权,系根据日俄朴资茅斯条约。姑无论该约中国始终未予承认,且在华盛顿会议席上中国曾向日代表植原明白指明。退若干步言,日人即由该约而得有护路警权,每一基罗米特内,至多只能有路警十五名。日军在东省者,现有三师团之众。此为护路之必要耶?抑留此以继续制造东亚危机耶?此问题决非一哑谜,实为一显著之事实也!国联如不欲和平之基石为日人所抛碎,对于此点应作最后之考虑与详细之修正。国联如欲有扼要之撤兵决议不等于空洞之赘疣,对于日军之撤退,应为严厉之督促与执行。吾人言尽于此,即此最低限度,中国仍为世界和平而牺牲也!

《中央日报》1931年10月25日第一张第三版

97. 国联行政院大会因日态度顽强无结果，日本坚持基本原则须加入决议案，行政院要求透彻解释日拒绝不允，行政院草案及日对案均未能表决

行政院续开大会，芳泽仍称不能接受决议案

【本社二十四日上海专电】 日内瓦敬（二十四日）电，今晨行政会重行开会，芳泽于辩论行政会决议草案及日本对案之价值后，宣布渠不能接受行政会之草案。行政会即宣布延会至午后四时，对行政会草案及日本对案均未作表决。当延会之前，情势吃紧。时西班牙代表麦达利亚加谋获同意之最后努力，提出修正案，规定双方于日军撤退完毕之日，即开始直接外交谈判，以谋解决彼此之争端。按基本原则四字，今实为中日两国解决争端之障碍。日本对此四字拒绝向行政会所解释。行政会拒绝在日代表未将东京政府所谓基本原则四字作透彻之解释前，接受日本之对案。众视本日午后会议之最后努力，实无希望可言。芳泽答复西班牙代表之修正文，谓日本不能容许将基本原则四字，在行政会中详释，并不能容许任何人除中国外讨论此四字，日本不能撤回对案中基本原则四字。白里安于是答称，行政会未先知日本命意所在，亦决不能将此四字列入决议案中。至是芳泽起曰：余当重行声明者，日本实无借武力解决满案之意志。

【中央社二十四日下午九时美联社日内瓦急电】 国联行政院大会，今晨十时开会，继续讨论，昨日本代表所提之决议案，特别关于日军撤退时，日侨安全之必要保证，芳泽谓，日方仅希望关于日军撤退事先由中日两国直接初步交涉，同时说明日本不能接受国联所提决议草案。讨论至十一时三十五分休会，定下午四时继续开会。上午对国联所提及日方所提之决议均未投票。

【中央社日内瓦二十三日路透电】 行政院今晚开会时并未如二十二日因等芳泽而迟开，芳泽今晚按时出席，并与各代表握手甚欢。旁听席拥挤非凡，因一般人急于目睹此重要争端之最后一幕。中国首席代表施肇基，到会最晚。下午六点二十分正式开会。

【中央社日内瓦廿三日路透电】　中国代表团已收到南京训令,行政院公开大会,下午六时二十分开会,中国首席代表施肇基电称,中国政府已命彼接受行政院之决议案,但中国仍觉此次决议案,关于东三省问题,有数要点,并未能彻底应付。日本政府提出对案,要求中日两国,先将中日寻常国交基本原则协定后,再开始撤兵。撤兵情形,由中日两国代表并非由中立国代表监视之。施肇基表示不能接受日方之对案。主席白里安宣称,此问题之焦点,在日本所指之基本原则,是否包括中日两国多年不能解决之各问题。大会于下午八点三十分休会,定明早(廿四)上午十点三十分继续开会。

【本社二十四日上海专电】　日内瓦敬(二十四日)电,今午四时所拟举行之行政会公开会议已展缓至五时开会。

施肇基演词全文,恺陈中国接受决议之意义

【中央社日内瓦二十四日电】　昨日国联行政院公开会议时,中国代表施肇基有长篇演说,其辞如次:

中国政府希望,此时国联行政院能解决日军迅速完全撤退问题。查大部东三省,被日军占领者,有一月以上。虽经国联行政院九月二十二日至九月三十日及十月十三日至今日之继续讨论,又经美国政府与国联合作,并派代表参加,并通知国联不可放松,并用全力应付本项事件,美政府复允采单独行动,以外交方式援助国联之行动,同时声明美对此已加充分注意,及中日两国对于其他非战公约及九国协定签字国家应负之义务;但日军仍继续占领该地。

舆论方面时时感觉不耐,予恐舆论方面,鉴于五星期来及今日之形势,将认为若美国及国联之合作,不能于五星期内,令一会员国及非战公约与约国非法侵入他会员国及与约国土地之军队退出,则维持和平之机关组织,必欠完备,或各文明国必缺少使该机关增加工作效率之决心。若此种怀疑之心理成立,则其对于军缩会议前途,及美国与国联合作之影响,不问可知,必为吾人所引为憾事者。因此予对于此种迟缓及踌躇不决之现象,声述意见,对此予与行政院同人同抱遗憾。此次事件,为国联会成立以来最严重之事,将为各国对于国联信用如何之试验品。美国既愿为国联行动之后援,世界舆论,又一致表示愿拥护能维持国际和平之任何有效行动,则吾等之进行,自应非常慎重。维持世界和平之机关虽迟钝,有数部尚未加试用,但其权力当能笼罩一切,其效率当日益显著。为此种种原因,予虽对此种迟钝,表示遗憾,但对行政院认为必要之主张仍表服从。同时中国政府,虽认议决案未能将最重要数点及目前之危机加以解决,但仍授权与予,令予接受是项议决案。吾人接受此项议案,仅为最低限度,并仅认为国联处理此问题目前之一段落,且因此决议既系全体会员国长时间讨论之最后结果,并公开建议于吾人之前,则其主要之点必须认为确定,所可修改者,仅限于细目而已。

今更将中国政府所以接受此议决案之见解,加以申述:中国政府认为此议决案之要点,在行政院定于十一月十六日再行开会之规定,及促日政府立即循序撤兵,以期于再行开会之前完全撤尽,并责成中国政府指派代表由各国代表会同视察办理接收日军撤退区域之手续,并保证各该处日侨生命财产之安全。中国政府对于议决案所规定之撤兵期限,认为太长。依照议决案则撤兵期限之延长,又将一月,在此期间无日不在危险中。今晨予尚报告国联秘书长陈说最近二日内,又有日本飞机掷弹三次。现在无时不在极危险状况中,随时可使迅速和平解决发生阻碍之危险。惟中国政府决接受提案,并声明准备履行此项提案。加诸中国之义务,中国政府非特接受,并愿更进一步竭力消除日方关于接受区域内日人生命财产安全之疑虑。余信此项疑虑,毫无根据。中国政府认为占领区域内紊乱不安之现象,实由日军占领所致。此种不安现象,且将与占领日期俱增与日军撤退俱减。然为礼貌起见,余当声明余信日政府此项之顾虑,并非虚伪,惟余亦望日方代表,信任中国政府真实愿望,解除此项之隐忧。

中国政府对此愿望非常热烈,不但予接受议决案中请中立国武官参加接收,并准备对日代表及国联行政院为进一步之保证,即中国政府为使日本政府不再疑虑日侨将因日本依国联议决案撤兵后,而受危险起见,愿立即以极友谊之精神,考虑任何扩充中立国武官组织之建议,或其他由国联协助拟定在接收区域内实地保护日侨生命财产之任何办法。

予悉议决案中之"撤兵"与"接收撤退区域"之意义,系指一切日本军队及类似军队之宪兵、警察、各种飞机,及归还一切日军于九月十八日以后所没收中国所有之公私财产,并取消对中国官吏人民银行商业工业机关之任何限制而言。总而言之,在事变前之原来状况,应完全恢复。

予现要求国联行政院,及美国代表,能表示接受,即将由中国政府,送到之请帖,并指定代表,会同中国政府,执行议决案之第四项。中国政府认为下列之点最为重要,即议决案第六项之撤兵。为行政院目前最重要之问题,在撤兵未完成以前，不再讨论其他事件。但另有一点不能不述明者，即中国政府认为除撤兵问题外，尚有责任问题，及九月十八日以后中国方面损失估计问题。对此，中国政府自始即愿将此事交由中立第三国，根据国际联盟之原则先例，及法律之原则，加以决定。然以侵占满洲为强迫解决其他要求之机会，系反背盟约精神，并违犯非战公约第二条之规定，于武力占领压迫之下，或于以武力造成状况之下，中国决不与任何国家谈判任何问题。此点极为重要，并系目前争论之根蒂，亦为国际联盟、非战公约成立之基础，中国政府认为此乃根本问题，故予特郑重声明之。中国政府确信执此态度，必受国联一切会员及和平公约一切与约国无条件之道德上援助。中国与任何国家，关于任何问题，作任何谈判，必须根据中国依照盟约及非战公约，应有之权利及义务举行之，且须遵崇华盛顿会议所议所规定之关于中国与各国关系之原则。关于此节，予欲极明白郑重声明，一俟此不幸事件解决，及日常关系恢复后，日政府将知中国政府非特愿意，且极盼望以极友谊之精神，谈判中日间一切问题。中国唯一之愿望，即与各国相安无事，尤望与邻邦亲睦。并盼此次两国虽受巨大激动相诉于国联，然或因此激动，致使双方坚决获此后两国关系之改善，并谋建设远东永久和平之基础。以此精神，中国政府欢迎行政院关于设立永久和解委员会，或类似机关之建议。余且可向国联保证中国政府，非特将审慎遵守国联公法内所有之义务，谋与日本增进良好邦交，且将竭力转移其人民之思想于和平友谊一方，以图忘却悲痛之过去，希望较好之将来云云。

日代表百般狡展，结局不是愿遵照决议撤兵

【中央社日内瓦二十三日路透电】日本首席代表芳泽，提出日方对华，谓中日须先在原则上有协定后，日本始可撤兵。撤兵情形，由中日代表非中立代表监视之。日本政府提议中日两国立即开始交涉，可于上列各项有相当谅解。

关于国联决议案，限定日本立即撤兵，并于十一月十六日前撤完一节，芳泽称日政府不能确定撤兵日期，因日兵在东三省本非为压迫中国，实乃为应付该处当地情形。日本首席代表称，日政府在东三省并无侵略野心，如撤兵后，不致有危险发生，则日本决将军队撤去。彼谓东三省此时情形紊乱，而中国当局无力维持治安，再者在意气激昂之时，中日军队，或不能相接近。日本不能指定何日为军队撤清之日，但此并非谓日本无意撤兵，亦并非日本有永久留驻所在地，为争占新土地或新权利之用意。芳泽谓，日本对国联提出保障之效力,此时尚有疑问。日本觉中国人民之排日空气,应稍降落。关于直接交涉一层,无论中国何时愿与日方交涉,日方皆可应允。于此点,中国如有建议,日方随时可以答复。且觉对于此点,中日两国,极易自行解决。芳泽末谓,日政府希望国联行政院,信任日本之善意,反对国联证实之忠诚。主席白里安作一总结束,谓日本要求如日兵撤退后,中国对日侨不得有报复行为,中国方面已承认负保护责任。根据双方意见,白里安谓关于日兵撤兵一层,极易解决。但另有第二部问题,系中日两国多年不能解决之悬案。如此种问题,均须解决,则所限定日本撤兵之期限,似觉太短促。白里安关于日方代表日方所提出之对案所指原则一点,是否指此第二部问题而言,如指第二部,则各种困难,又将重新发现矣。但如日方所指之原则,只指日侨安全而言,则彼深可自慰,中日问题之解决,已有进步矣。主席谓,此种问题在短时期内不解决,并称除关秩序问题以外,其余决议案,均须得全体通过,连中日二国包括在内。英代表薛西尔爵士谓,日飞机轰炸中国城市事,使各国政府不安,且此种行为,在国际公法上极难解释。芳泽起谓,日方对案之重要点,为顾计日侨之安全,如中日交涉开始时,日本将交涉情形,当随时报告国联。日本对十一月十六日继续开会,并不反对。

日政府态度崛强,表示日本或可退出国联

【中央社东京二十四日路透电】 如国联不愿维持条约之尊严,则国联不应压迫日本,使日本改变其态度。上项意见为日本政界对国联决议案之反响。日本极失望,且极不满国联不理日方关于中国先承认条约规定权利而后撤兵之要求。日方表示,不明了国联处置之严重,但日本拟坚持条约权利一点,日本或可退出国联。如国联不愿维持条约之尊严,国联之拒绝日方要求,即将国际间来往之第一原则完全消灭。

【中央社二十四日上午四时日内瓦美联电】 昨日国联行政院大会,开会前先经种种协商,故延至六时十五分始开会。中国代表施肇基发言,谓此次国联所准备之决议草案,虽不能完全满足中国政府及人民之意,但中国政府仍愿为世界和平计而牺牲,已见接受此项提议。中国俟当前问题解决后,亟愿开诚布公,与日本解决一切悬案。日本代表芳泽则谓,日本日本政府对撤兵原则,极表赞同,但确定撤兵时期,则不能承认,随提出日本方面所拟之决议,与国联决议不同点如下:

（一）在日侨生命财产安全状况之下，中日两国可立即会商撤兵之如何实现。（二）中日两国各派代表协定撤兵及接收日军撤退各区域之详细办法。（三）此项撤兵及接收之进行，中日两国政府须随时尽量报告国联。（四）授权行政院院长随时考核撤兵之进行，及用各种方法以促撤兵之完全实现。如渠认为对远东局势有必要时，可随时召集行政院会议。

日本意见提出后，施肇基谓，此□案中国决不能承认。中日代表有激烈之辩论，会场空气甚为紧张。旁听者满座，均屏息静气以观结果。讨论至八时二十五分，由白里安提议，延会至明日（即星期六）上午十时重行讨论，遂散会。本案今日未付表决。

【中央社二十四日上午七时日内瓦电】 昨日国联行政院大会中，英代表薛西耳质问日代表三点，谓：（一）日飞机在东三省抛掷炸弹，有引起战争可能，全世界均为之不安，此种举动，非国际公法所许，请详细解释。（二）日本要求直接交涉为撤兵先决条件，请解释直接交涉之原则为何。（三）日本所提决议各点，是否可解作撤兵时准许中立国组织调查团调查。芳泽答如下：（一）日飞机在东三省掷炸弹，并未奉政府命令，想系因军事上有必要而出此。（二）直接交涉之基本原则，为确立对日侨生命财产安全之保障。关于中立国组调查团一节，芳泽置未答复。（转入第一张第四版）

（接前第一张第三版）【中央社二十四日上午七时日内瓦美联电】 据国联内部人传说，在星期六晨集会以前，国际力量必可使中日两国之争执，得一结局。施肇基昨日已声称，中国愿接受国联所提出之决议。日本现虽反对确定撤兵日期，但如撤兵前先有一度初步协商，则日本或亦不致坚持。国联各国表均不愿将日本代表之提议正式付表决，以免有否决之形式。一般希望如将国联决议草案略加修改，当可得全场一致之可决也。

英代表严诘芳泽，白里安请日说明意旨安在

【哈瓦斯社二十三日日内瓦电】 行政院明日始将结束，本日中国政府已无保留接受决议案，行政院业已为之备案。但日本代表提出一对案，据薛西尔爵士所见，此案目的殆为恢复九月陷日之状况。芳泽被英国代表穷诘至于无词可答，主席乃宣告延期讨论。施博士于接受行政院意见时，谓中国对于外国军队占据行为，尚须容忍若干时日，实为憾事，并指出此事所含之危险。施氏又云，行政院延长日军之占据，不啻措火于积薪之下。施氏复对行政院及日本代表切实声明,谓中国必能保障外侨之安全,但中国无论对何国家有所谈判,决不能在军队压迫之下行之。南京固愿与东京解决一切悬案,但举行此种交涉,必须双方均系完全自由,且合于一九二二年华盛顿会议所承认之原则而后可。经施氏此番坚决诚恳之宣言后,行政院为之大慰,盖至少当事之一国,业已接受决议案故也。惜此种安详气象为时甚暂,旋即由白里安宣读提出之对案,一切均被推翻。实际言之,东京对于决议案与军事问题相关前三案业已承受,此种条文,即牵涉日本所谓根本原则,而争论甚烈者,但芳泽随复提及神秘之原则,要求予以承认,而于该原则之究竟,并不加以说明。日本之对案中其他各条则允许定期撤兵,而要求预为谈判,并拒绝中立委员会之监视。其对于下次行政院之召集,亦不明定期限。日本代表于解释对案时,仍以满洲混乱状态为理由,此言盖业已陈述多次矣。芳泽对于行政院所提出之保障方法,不无疑虑,并谓日本忠于国联会,请行政院不必致疑。总之本日情形始由当事国双方舌战,继而薛西尔为提出惊人之问题,以窘日本代表,并云:日本所提之重要各点,认为中国必须承认而为中日后来关系之基础者,日本代表固屡屡言之,但其所谓主要之点,究属何事?惟芳泽知之,行政院则不明其所以然。欲行政院表示赞否,当使之彻底明了。芳泽对于薛西爵士此项问题,避不答复。薛氏对日本飞机轰炸事,及主席接日本修正案所能采取之手段,复提出质问。芳泽亦置之不答。而白里安亦另行提出质问,大意谓谈判不外两点:(一)为安全及撤兵条件;(一)为中日关系全部问题之讨论。二者截然为两事,如欲根本上解决中日关系,则撤兵将遥遥无期,决非中国所能承受,日本意旨究竟安在,此点必须说明乃能作一协定。主席言至此,乃要求施博士忍耐以待,并宣告延期,至明晨开会。下次会议结果如何,尚不可知。由此观之,双方主张相去极远,设非日本改变方针,恐无调和余地。否则行政院之决议案,不能全体一致通过,结果将成一种建议案而已。但以日内瓦在精神上之权能与世界舆论之督促,十一月铣(十六日)行政院召集之前,此项建议案当可望期生效。

《中央日报》1931 年 10 月 25 日第一张第三版
《中央日报》1931 年 10 月 25 日第一张第四版

98.《密勒评论报》驳斥日人荒谬举动，侵略东省业已图穷匕见，无理要求实属滑稽可笑

据《密勒评论报》云，日本侵占东省之目的何在，现已如图穷而匕见。据路透东京电讯，某权威方面称，日本要求中国承认五项，然后撤兵：（一）中日互不侵犯，保证彼此领土完整。（二）中国一切形式之排日行动抵制日货，永远取消。（三）保证在华日人生命财产之安全。（四）偿付用以筑造东三省各铁路之日款，承认东三省筑造铁路之现有条约。（五）承认现有之条约权利，包括租借地权在内。

按日本于侵略东三省半部，置其人民于兵刃之下之后，乃要求中国不侵犯，洵属滑稽之至。而要求保证领土完整，尤堪发笑。中国何时曾图侵犯日本之领土完整乎，只日本常常不尊重中国之领土完整耳。"一切排日行动须永远取消"，此甚可笑。又人所共晓，盖日本自己正在大煽其排华感情，演说家轮流于各大小学校作仇华之演说，中国于此亦应要求一切排华行动永远取消。关于第三项，在华日人生命财产至今安全无恙，无须更求保证。关于第四项中国应要求日本说得明白些，将其所欲履行之条约内容宣布，盖从前之东省军阀在日本控制下曾订不少秘密"条约"及"协定"，日本殆欲此等"条约"一律有效乎，使人不能无疑。至日本在东省之所谓"权利"究何所指，亦需说明，不得含混其词。例如日本坚持有权在东省驻扎铁路警卫队，而著名东三省历史及问题之权威者邢格博士，于其所著《南满铁路区之日本管理权》中，则谓日本之在沿满铁驻扎警卫队，其权并非从俄国承袭而来。当日俄订《朴资茅条约》时，协定每基罗米突至多驻十五人以保路线，然此协定迄今未经中国承认，华府会议对于此点亦曾向日代表植原指明也。

又据英报云，日本官界及非官界正在不断的大声诉说中国抵制日货之深刻，彼等似不悟中国人关于东省事件，已痛愤至于极地，中日友谊之恢复殆已大为困难矣。侨华日人纷纷移居于较近其本国之安全地方，东报称彼等为可怜之难民，因避华人之侮辱暴行而出此。然而从日本及日人管理下之地方之华人亦正在大批迁回中国，满洲《日日新闻》嘲笑大连华人满载一船离去该地，

指为"被幻想□韩人幽灵所吓坏"。然而平壤韩人之惨杀华侨,并非幻想,以如此之凶暴手段对待一邻邦侨民,岂是文明高尚之举动耶?

《中央日报》1931年10月25日第一张第四版

99. 社论:国联通过中日问题决议后

国联为解决九月十八日日人在东省所引起之严重事件,于九月三十日休会以前,郑重决议限日方于两周内撤退所有侵入东省之军队。及限期届满,日本政府对于是项决议迄未履行。同时日军占领区域且继续扩大,复派遣大批飞机猛轰我锦州、通辽、打虎山、沟帮子等地。中国政府为遵守国联"毋扩大事件范围"之决议,及不欲使国联解决此事件之地位愈增困难,故并正当之自卫权,亦暂时忍痛未及行使。盖吾人深信以维系世界和平为己任之国联,必不肯有负其正当之使命也。本月十三日行政院提前续开会议,各国代表俱于政务纷忙中驰赴日内瓦出席。大战以还尽瘁国际政治最勤努力国际和平最著成绩之白里安君,亦暂时舍置其本国极重要之政事,□注其精力以谋解决此次之严重事件。凡此忠勤于国联职务之精神,及其不避艰巨之负责态度,俱至足称道者也!同时美国以此次事件有关东亚及世界全□,复与华盛顿九国条约及非战公约有极大关系,亦欣然列席与国联合作,以共筹世界和平,实予国联以莫大之助力。中国虽因日方之反对,致会议之□程搁浅一二日,然既经行政院之一致通过,日方卒亦不得不屈服就范。行政院此次集会以来,历时旬余,对于事件之真相,殚精竭虑,不厌求详,各代表均能惨淡经营,始终不懈,经极详尽之研讨,始于昨大会席次通过解决此次事件之最终决议案。在决议案未付表决以前,日代表芳泽竟以闪烁之陈词,要求于决议案内加入所谓"基本原则",冀他日以此所谓"基本原则"予取予求,向中国政府作无限止之要求,实现其所希冀之利益。西班牙代表请日代表对于所谓"基本原则"作透彻之解释,芳泽氏之答复,竟谓日本不能容许将基本原则四字在行政会中解释,除中国外不能容许任何人讨论此四字。其外交方策之扑朔迷离,足予全世界以甚深刻之印象。犹忆一九一八年日本代表石井菊次郎与美国务卿蓝辛氏所立蓝莘[辛]石井协订,其内容有"日本在中国之特殊利益"一词,该协订发表后,日舆论狂喜,咸认中国从此非完全独立之国家,而为日本之保护国,盖其解释"特殊利益"四字,系包括中国全部之内政外交各政权而言。此次之所谓"基本原则",其事殆与适间所引之例如出一辙。国联诸君烛破其隐,不为所欺,足证其目光如炬,非可轻易蒙蔽者。至于行政院决议案之内容,就其大体而论,中国政府与人民本未能认为全然满意,但此项决议既系全体会员国长时间讨论之最后结果,并公开建议于吾人之前,中国民族为爱好和平之民族,中国政府正注其全力以着手于一切建设事业,甚愿与全世界友邦提挈合作,以共进于和平幸福之域,不愿以褊窄之心理,为无益之报复,尤不愿以倔强之态度,拒绝各友邦之公共的善意。吾人更企望国联维系和平扶持正义之苦心孤诣,能为全世界国家所晓然共喻,不再有迷信武力背弃盟约及予世界和平以重大威胁之行为,同时能逐渐化除各民族间狭义之国家心理,及畛域之观念,进而为爱世界爱人类爱文明爱和平之伟大精神。吾人深信国联对于确保和平所具之深远理想,最后终必有实现之一日也。惟有言者:国联对于此次事件所通过之决议,其最重要之一点为日军即日开始撤退,并于三星期内全部撤尽。此次严重之事态,始于日军无故侵入我东省,曲突徙薪,最关重要者,自仍在于此点是否即日实现。国联今已通过限期撤兵之决议案矣,今后尚有未了之任务,即在如何督促与执行此项撤兵决议。必有严厉督促与有效执行,而后此项决议始不□空疏,而后此次严重之事态始能根本消除。至若撤兵后东省日侨生命财产安全问题,中国政府自愿负责充分保护,且此项问题纯属日方掩护其违背决议延未履行撤兵义务之饰词。盖在九月十八日以前,东省秩序极为安定,毫无若何问题。至九月十八日以后,始陷于混乱骚扰之状态,然亦不在中国军队控制区域以内,其不安定之事实,伊谁造成之乎?抑尤有进者,日人之侨居中国者不仅东省一隅,中国各地俱有日侨,其经营工商业于长江流域者尤夥。在此次事变以前,固熙来攘往,安居乐业。即至最近,亦绝无若何不安全之事实。中国人民对于东省事件虽极感愤慨与悲痛之情绪,然仍尽量运用理知,抑制情感,不为任何轨外行动,不采任何报复手段。惟其如此,故自东省事件发生以至现在,日民之侨居中国者,并未遭遇如中国侨民在朝鲜所遭遇之惨状。使中日人民易地而处之,其事态常与此全然相异,关于此点国联尤应深切明了者也。最后有愿为国人一言者:此次东省事件事态之严重,有使东亚局面世界和平俱被牵动之可能性,国联费几许气力,始□□山雨欲来之满天风云暂时清除。但日人谋侵略我领土,劫夺我利权之野心,数十年来,已成公开□秘密。日人之阴谋,绝不因此次国联之处置而戢止。今后其侵略计划或将愈益周到,愈曾精密。吾人不可不思患预防,早为之所也。况此次国联之决议,事实并未能全如吾人之所期望。质有言之,不过最低限度耳。且即此最低限度,是否能束缚暴日,使其迅速履行,犹为问题。吾人若犹过其酣甜之迷梦,不积极准备作最后之奋斗,则明日之难,正未有已。国人究将何以自处,是不可不速下决心也。

《中央日报》1931年10月26日第一张第三版

100. 国联行政院大会通过中日问题决议案,限日本三星期内撤尽军队,日本对案提出后全体否决,各国代表纷纷赞扬白里安

大会通过议案一瞥:日本对案只芳泽举手,下月十六国联重集会

【中央社二十五日上午九时日内瓦急电】 国联行政院原定昨日下午四时开会,后因事前须协商改至五时开会。开会前白里安与日本代表芳泽密谈一小时。五时开会,白里安宣布渠与芳泽协商未得结果,渠希望能将决议案造成一新形式,使日本亦愿接受。但芳泽谓此事非先得政府训令不可,在未接训令以前,不能有任何表示。故现在只有将行政院所提决议,及日本所提修正之决议,均付表决。白里安先请赞成日本所提修正案者举手,结果只芳泽一人否决。白里安又起立发言,谓行政院决议现在日本代表之手,日本代表当能完全了解国联对于此事之期望。白里安言毕,芳泽亦起立发言,谓此事系日本生死关头,请各国代表应以事实为判断之标准,而不能以理想为判断之标准,日本政府认此决议为不足。芳泽言毕,主席即付表决。到会十四国,英、法、德、意、中国、挪威、波兰、秘鲁、爱尔兰自由国、巴拿马、瓜地马拉、巨哥斯拉夫、西班牙十三国代表投赞成票,只日本投反对票。美代表吉尔勃因系列席资格未投票。白里安乃起立宣布,谓行政院决议除日本外,全场一致通过,行政院延会至十一月十六日再开会,渠希望至行政院再开会时,日本能通告世界此问题已结束,一场恶梦已过去矣。白里安对美国此次之与国联合作表示最高之谢意。

附行政院决议案要点如下:(一)要求日本政府立即开始,并顺序进行,将

军队撤至铁路区域以内,俾在规定之下次开会日期以前,完全撤退。(二)要求中国政府履行其保证,负责保护在满洲一切日侨生命安全之允诺采定办法,于接收日兵撤退地面之时,得能保证在该地日侨生命财产之安全,并请中国政府令因此事委派之中国官吏,会同各国代表,俾各该代表,得观察此项办法之执行。(三)建议中日两国政府,应立即指派代表,协定实行关于撤兵及接收撤退区域所有各事之细目,俾得顺利进行,不生延缓。(四)建议一俟撤兵完成后,中日两国政府开始直接交涉两方之悬案,尤其因最近事件所发生之问题及关于现在多项困难之问题,此种困难因满洲铁路状况而发生者,为此目的行政院提议双方设立调解委员会或类此之永久机关。(五)决议延会至十一月十六日,届时行政院对于时局将重予考量,惟授权于行政院主席,惟渠认为有必要时,得提早召集会议。

各国代表赞扬主席,施肇基赞为和平工作,芳泽赞白聪慧与公平

【中央社日内瓦二十四日路透电】 今日下午在末次行政院会议前,此间各方俱心神不定,民众急待结果,各代表则沉重非凡。主席白里安将文卷翻来翻去,西班牙代表马德和头垂至胸闭目静思。中国首席代表施肇基,进会场时,满面笑容,手挟黑色文卷皮包。五点零五分正式开会,白里安宣称:早会闭后代表等继续谈话,希望能有解决办法。有一时他觉中日代表,可同意于一方案。此方案,可全体一致通过,但不幸此事未能告成。国联行政院会议,须讨论两方案,一为国联行政院自身提出之方案,一为日政府提出之对案。白里安谓今早散会后之私人谈话,并未使形势恶化。主席谓,在此严重时期,日代表已宣称日本政府决不用暴力解决东三省问题,彼希望日方之和平态度,可以持久,且此案可以彻底解决。彼希望在下次开会时,彼将有好消息报告,同时请各理事随时将情形报告国联。

在提案付表决前,有多数演说。英代表薛西尔颂扬主席白里安之能得到如此成绩。日代表芳泽赞扬白里安之聪慧与公平。中国代表施肇基谓:局势进步希望很少,因日本坚持在撤兵及谈赔偿损失问题前,先开始直接交涉。中国代表觉十一月十六日开会相隔时间过远,中国保留权利。如日兵撤兵进步停止时,可临时招集会议。

施代表亦赞扬白里安为和平而工作,彼谓白里安之参加此次国联最重大困难问题,即为国联此次成功之先声。白里安答谢称,我(白里安自称)将终身努力于此种工作至死方止。

日本对案先付表决,用举手式,国联决议案之表决,则仅为点名手续。表决国家程序如下:(一)英国;(二)日本;(三)秘鲁;(四)爱尔兰;(五)巴拿马;(六)瓜地马拉;(七)中国与其他六理事。对国联决议只有日本一票反对,结果为十三票对一票通过。日本之提案,亦以十三票对一票否决。

主席白里安作结束演说,请中日两国代表劝双方政府,切勿再有行动,使此案恶化。彼希望在下期行政院会议时(十一月十六)此案可以了结。西班牙代表马德加表示,希望美国继续帮忙。多人(施代表在内)曾赞扬美国此次参加行政院会议,故美代表吉尔勃答谢各代表盛意。

据传下次会议在巴黎举行,但尚未证实。在今日下午会议闭会后,施肇基语人,彼在希望中度日,现在情形完全看从此时到十一月十六日中,有无变化。行政院之决议案,虽因日本投反对票,未得全体一致通过,但白里安极注重此次决议案精神上之价值,并宣称,此案在行政院记录上为十三国对一国之表示。会议完后,白里安宣布休会,至十一月十六日再开。

希望日本按期撤兵,施肇基氏表示极愉快,中国以友谊精神交涉

【中央社日内瓦廿五日电】 中国代表施肇基,于一特别会晤中,曾表示对于国联通过议决案,颇觉愉快,并称:凡日本所要求之一切保证,中国均愿给与,中国并愿将此事由中立者管理。不过于敌军压境之情势下,中国不能为有效的和平交涉,或缔结条约。中国愿生活与和平,而对于近邻之日本,则尤愿和平相处,希望日本能实行对于国联之盟约,按期撤兵,使吾人至十一月十六日时,即能以友谊之精神,遵照国联盟约所赋予之权利,以彼此进行交涉云。

国联对日违抗态度,积极派主张积极干涉,稳健派谓前途尚有望

【中央社日内瓦二十五日电】 关于国联是否能将中日纠纷完全解决之问题,国联中人意见尚未一致。积极派坚持满洲局势甚为紧张,日军侵占满洲违反国联规程第十条、非战公约第二条,且对于国联及非战公约各签字国,表示明显的侮辱。俱称日本武力占领系强迫中国交涉,借以取得满洲各项权利,故非由英美法三国积极干涉不能成功。此次国联开会,为讨论和平的及友谊的方法之最后一次,下届开会,应由国联采取积极有效方策,预料中国将要求援用国联规程第十五条及第十六条之规定云。又稳健派之论调,则谓国联若采取断然的手段，恐不免发生战事。确信严厉的决议，比全体通过空泛之决议，为有效。现尚有二种不稳之点，一为日本在满洲之军队尚未撤退，二为日本要求与中国直接交涉，其性质及目的，俱不明了。观下列数点，对前途尚有希望：（一）美国与国联合作；（二）非战公约可以适用；（三）和平解决之程序之推广，即在直接交涉及成立中日永久调解委员会时，由第三国代表参加；（四）日本态度之益趋明显；（五）日本除接受国联解决办法外，即处于孤立地位；（六）日本在南满铁路区域外，已渐渐减缩其军队；（七）十三国联盟会员国，已同意在十一月十六日前日本侵略军队，应完全撤退；（八）引起世界舆论，鼓吹和平解决。

日尚侈谈条约权利，坚持中国承认"廿一条"，芳泽误会日政府训令

【中央社东京二十五日路透电】 因芳泽误会日本政府训令，日政府又有电与芳泽，命彼解释条约规定一层。日政府将一九一五年中日条约（即"二十一条"）亦包括在内，并坚持中国须承认此点。日政府又命芳泽将日方对案之五点重新申说，因昨日会议为基本原则问题争辩时，彼并未将此五点说出。

据可靠方面消息，日本所以坚持条约权利一点，因前外交部长王正廷，在中日法权交涉时，曾要求日本将南满铁路、辽东半岛、旅顺与大连退还中国，作日人在中国有杂居权之交换。国联秘书长特来孟，未将日本已允接受之方案提出，因最后知中国决不允承认一切条约权利，故将第三方案提出，即中日二国于前二方案，已不能同意时，始提之方案。

关于条约权利一层，国联秘书长非正式建议，请日本提交海牙国际法庭。日方则坚持如国联不愿维持条约之尊严，则与国联生存有关。国联秘书长谓，彼不愿请中国承认一九一五年条约（"二十一条件"），因撤兵问题，必因之而迟延。如日方以承认条约权利为前提，有人建议，请中国承认双方互认为合法之条约。日方坚持一九一五年条约既为他国所承认，中国亦必承认。日方谓国联之存在根据和平与条约，如国联应允中国保守和平之要求，国联亦当应允日本维持条约之请求。

《中央日报》1931年10月26日第一张第三版

101. 国民政府为国联决议案宣言，国民当刻意忍耐守法助正义成功，深信日政府可如期撤兵恢复友谊

国民政府为国际联合会已通过解决中日问题之决议案，特发布宣言，原文如次：

国际联合会行政院，已于二十四日决议拒绝日本之提案，而通过该院原案。虽日本坚决反对，而其余行政院会员如英、法、德、义、爱尔兰、瓜得马拉、南斯拉夫、挪威、巴拿马、波兰、秘鲁、西班牙等十二国，一致与中国拥护行政院原决议案。于此可知中国坚持日军即速完成撤退一节，实合国际公道与正义，而为世界各国所确认，并予以完全赞助也。

依照国联行政院决议案，日军应于十一月十六日前完全撤退，是国联对于任何国家凭借武力而图解决国际纷争，其反对之意，益可于此证明。而决议案又建议，俟撤兵后中日组织调解委员会或其他类似之永久机关一节，尤足表现国联努力促进和平之意。

国民政府深望国联行政院决议案早日实行，并盼国际联合会继续努力，务使目的能完全达到。吾国国民自当刻意忍耐，恪守法律，以助正义公道之成功。

国民政府深信日本终能尊重世界公意，依照国联决议，于十一月十六日前，将军队完全撤退，俾其他问题得赓续进行，以谋恢复两国国民间之良好友谊，而东亚永久和平之基础，亦得赖以巩固焉。

《中央日报》1931年10月27日第一张第三版

102. 各中委昨谈商外交，已完全表示本党对外一致精神，对国联主张公道应接受与感奋，定今日上午再继续会商

【本社二十六日上海专电】 宥（二十六日）午二时至五时，中央及粤代表在戈登路伍宅会商。散会后，由汪精卫、蔡元培具名，正式发表新闻云：今日因

李石曾先生未到会,故不作第一次会议,只作共同谈话性质。最先讨论外交问题,经全体同意者有两点:(甲)甚感国联能主张公道,闻外间有主张退出国联者,想系国民一时激于爱国热忱之愤慨语。此次日本侵占我国东三省,系绝对无理行动,不只侵犯我国疆土主权,且系违背国联约章及非战公约。吾人应使世界人士明了此意,并与吾人一致反对此次日本之行为。盖此不仅关系中国之领土主权而已,实尤关系国联之将来,及非战公约签字各国之尊严。故国联及非战公约签字各国,均有应负之责任。吾国人民应明了日本现已处于孤立之地位,不但不应有退出国联之主张,且应督促国联,贯彻其主张公道之精神,以抑日本之横暴。(乙)又外间有主张即日与俄复交者,此系属另一问题,不必与对日问题相提并论。此次谈话,足以表示国民党一致对外之精神。此外虽尚谈及其他问题,但尚在交换意见中。(一)今日在座汪兆铭、孙科、伍朝枢、李文范、邹鲁、陈友仁、张静江、张继、蔡元培、陈铭枢。(二)明(二十七)日上午九时,开第一次会议。十月二十六日汪兆铭、蔡元培。

《中央日报》1931年10月27日第一张第三版

103. 中日问题国联决议后,日本精神上受一重创,日内瓦觉日必须撤兵,施肇基暂留日内瓦

【中央社日内瓦廿六日路透电】 中国首席代表施肇基决暂在日内瓦停留一星期,中国政府或请国联行政院在十一月十六日前,提早开会。如日本在南满铁路线外军队不撤退时,中国或要求国联引用国联盟约第十六条压迫日本退兵。日本首席代表芳泽已回巴黎。芳泽表示,彼将在巴黎与行政院主席法外相白里安,继续谈判解决东三省问题办法。日内瓦各方均觉日本此次非撤兵不可,如日本不撤兵,则国联为维持正义必取有效方法,使日本履行国联决议案。日内瓦方面并无日本拟退出国联消息,一般人亦料日本决不出此。

【中央社东京廿六日路透电】 日本朝野均觉此次在日内瓦,日本已受一精神上重创。但日本退出国联之议,虽前数日颇有此传说,在国联决议案表决后,反无所闻。

【中央社廿五日东京电】 日政府不日将开一重要会议,以彻底考虑对东三省问题态度。预料此会对于日本将来对满蒙政策,有重要关系。阁员及满铁总裁内田,均将出席云。

【中央社日内瓦廿五日路透电】 回忆及前数日之国联会议,此间觉日本精神上得一重大失败,且自此事之发端日本地位已极不稳。行政会议终结时,只为三巨头之与日本舌战。三巨头为英国之薛西尔爵士,法国之白里安,与西班牙之马德加。西班牙代表之请行政院注意,联盟约第十条,震惊全场。第十条乃各会员国应尊重彼此之土地主权,与政治独立权。薛西尔与马德加均用极显明之语句,责备日本首席代表芳泽所取之态度。

《中央日报》1931年10月27日第一张第三版

104. 英伦舆论界对于国联决议批评,拒绝议决案者全世界必发生厌恶,国联能坚持主张足以加增其荣誉,为维持公道国联应派员监视撤兵

【中央社伦敦二十五日电】 伦敦各报,关于国联会议情形,俱有详细记载。《伦敦时报》关于此事亦发表言论,标题为"日本撤兵之期限",略称据日内瓦通讯员报告,若有一方拒绝接受国联决议案者,即对于其他行政院理事表示反对态度,全世界必极注意,且对于此种反对,必发生厌恶观念。据北平通讯员称,中国中东路经理报告日本飞机于十月二十一日晨,在大兴附近掷炸弹五枚,同日下午一时,又在该处掷炸弹五枚。又据上海通讯员称,南京官厅方面报告禁止一切非法的反日运动。《孟却斯脱导报》称,据日内瓦通讯员报告,今日之国联决议案,比昨日草案为优胜,因指定十一月十六日为日军完全撤退时期故也。该项决议均认为满意。若国联坚持其主张,足以扶助中国,并加增国联之荣誉。在他方面观之,此种决议案,尚有不能使人满意处,即国联未派调查委员会,实地监视撤兵是也。国联为维持公道起见,应从速派他国代表,赴满洲监视一切。须知此事件,尚未入于平稳境界。

【中央社伦敦念六日路透电】 国联会议情形,今日各报皆登载于重要地位,但正逢国会大选各方忙碌之时,故各报尚少有关于国联决议案之批评发

表。惟伦敦《泰晤士报》,则有社评讨论此事,该报谓国联此次应付适当,毫无欠美之处,国联决议案虽有日本之一票反对,不无遗憾,但国联记录上明白载有世界最高仲裁机关慎重表决之意见。

《中央日报》1931年10月27日第一张第四版

105. 国联令日本撤兵后,东省日军行动反形扩大,副张电施肇基日扩大军事占领,沈阳维持会将扩充成辽省政府

副张电施,四洮被占

【复旦京社北平二十七日电】 官方感(二十七日)晨据报,四洮路各站,悉被日军占领。关东军司令陆战队千六百名,分驻各站,有久驻意。副张已电施(肇基)请将此项情形通知国联,谓系国联决案成立后,日军扩大军事占领区域之明证。

【中央社北平二十八日电】 新民、巨流河、皇姑屯等处日军,奉命集合队伍,整理军器,系因白川大将不久亲至新民一带检阅。白川未到前,扫除附近一切障碍。新民以东各车站,漾(二十三)日军均已增加,各桥梁岔道处增设兵棚。强迫附近农民侦察匪情,如知情匿报,即予连坐。

日拟另组辽吉政府

【本社二十七日北平专电】 日军近在东省建筑木质营房三百余,已竣工。巨流河驻日炮兵一营,新民炮一连、重炮六尊,马三家子驻一联队,打虎,绕阳河每日发现日机。本庄与赵欣伯商另组辽吉政府,已草拟条文十条。哈市面异常恐惶,汇兑不通。闻有现洋百二十万,装六百箱,径(二十五日)由营口运日。

中央社沈阳二十六日路透电(迟到)。此间维持治安委员会,已迁入省政府公署办公。该委员会已渐扩充成省政府,阚朝玺已被委为辽宁省剿匪司令。据传沿南满铁路线各地匪风甚炽。

飞机行动依然活跃

【本社二十七日北平专电】 沁(二十七日)下午二时,日机到大凌河视察,

十分钟即去。绥芬河附近无日军,无铁甲车。新民县长报告,日军无理干涉我方下半旗。

【中央社北平二十七日电】 有(二十五)午日机一架,由沈飞出,准备飞北宁路沿线侦察,讵飞行不久,机身在空中发生故障,飞机坠落,机身跌为粉碎,驾驶员亦摔成肉饼。

日人接济辽省匪军

【本社二十七日天津专电】 沈阳邮局,有日军十名,常川驻守,对邮件检查极严。东三省官银号等之附属营业,均为日军没收。该号及举行兑现事宜,均须日人经手,并限每日兑出现款十万。沈市盗匪横行,夜间枪声仍不绝于耳。又辽阳近发现大批股匪,有三圣、北风等名称,强迫村民加入编制仁义军,以抗日军。著匪小白龙,现聚三万余人,屯集抚顺、凤城一带,由日人供给枪械,声势益大。锦县感(二十七日)发现日军便衣队三十余名,希图扰害治安,军警已严加戒备。秦皇岛日军八十余名,分驻海港及车站,查夜出动。感(二十七日)晨日军飞机一架,至大凌河一带视察,盘旋数周,并未掷弹。日军在沈各布店订制五色旗一万面,该旗四周并缀花边。

【中央社天津二十七日电】 沈地方维持会,将恢复清乡局,募保安队万二千,拟推阚朝玺为督办。又日军在沈,时有劫掠及强奸妇女事,人心益慌。

《中央日报》1931 年 10 月 28 日第一张第三版

106. 强词夺理之日政府宣言,坚持基本原则五点,抹杀事实不顾公论

(中央社)据南京路透社息。此间日本驻华公使办事处,今日下午,公布日本政府二十六日所发表之宣言,其全文照译如下:(由英文转译)

(一)十月二十二日日本代表,于国联行政院会议时,提出修正案,所修正者系关于日本撤兵及直接交涉二点。日本所提修正案,未能通过,因并未得到会场一致赞同。

(二)日本已屡次宣称,此次东三省问题,完全起于中国军队极烈与含有

挑衅性的攻击。南满铁路,现在尚有少数日本军队,仍驻铁路区外,因该地日侨生命财产甚有危险。在东三省之少数军队,不能认为系日本用以威胁中国承认解决此案之各种条件者,日本绝无在中日交涉时,以武力压迫中国之意。

(三)日本政府已数次声明,日本坚决不能让日本之权利与利益有损失。此种权利与利益,于日本国家之存亡,有重大关系,且于日本与中国之政治及经济关系,关连极深。不幸近来中国所谓恢复主权运动,发展过度,且中国教科书中,明显地鼓励反日思想,致仇日思想,深入人心,不顾条约与历史。中国现正有激烈之运动,以摧残日本之权利,甚至最致命之权利为目的。按目前情形,只有中国之担保,而日本即将军队撤退在铁路区内,必造成一不能容忍之状态,使日侨冒极大之危险。此种危险,有过去事实与中国此次情状为证。

(四)日本政府,深信日侨在东三省能得安全,全在设法除去两国间之仇视与疑忌思想。为达此目的,日本外相币原曾于十月九日照会中国驻日公使蒋作宾,表示日本可与中国开始直接交涉。依据数项原则为表准,日本觉唯有此种程序,可得一救济现时局势之办法。日本在国联会议时,力持上项各点,日本所指基本原则如下:(一)双方互相取消仇视政策与行动;(二)尊重中国领土完整;(三)完全取缔一切阻止自由通商,及激起国联恶感之有组织的运动;(四)对日侨在东三省一切平和的业务,作有效之保护;(五)尊重日本在东三省之条约上的权利。日本政府认为上项各点,俱与国联目的与主张相吻合,且为远东和平之基础,应为世界公论所赞同。日本代表所以不愿在行政院会议时发表此五点,因彼觉此五点,应为中日直接交涉时之主旨,仅与中日两方有关。

(五)为两国之未来幸福着想,日本政府觉此时中日两国应立即合作,以求解决东三省问题,为双方谋幸福与发达。日本政府之意,从未变更,仍愿与中国开始交涉。此有关中日两国平常关系之基本原则,及东三省撤兵问题。

【中央社二十六日东京美联电】 今日内阁会议,外务大臣币原提出致重光之重要训令,经阁议通过即拍发。

(中央社)据某方讯,日本军阀派南陆相、金谷参谋长等对元老派西园寺公主张顾虑国际舆论,认为软弱,仍力持原定计划,以实行其侵略之目的云。

《中央日报》1931年10月28日第一张第三版

107. 社论：日政府之狂吆

九一八事件发生以后，日人之暴行，日人之迷信武力，日人之甘心破坏和平，不仅被其侵略之中国民族突受一剧烈刺激，即全世界民族无论其在此次事变以前与日本之国交为亲密为疏远，对于日人之暴行，均无不同声责难。综合月余来各国舆论界所发表之言论，其蔑弃事实之真相，作偏袒日本之论调者，可谓绝无。此种事实，决非偶然，实由日人对其狰狞可畏之面目以前犹知藏头露尾，用种种方法，遮蔽国际之视线，至此则全然暴露无余，无法掩饰。同时并世各国在朝在野之政治家，均以锐利如橡之目光，注视此违背国联公约危害世界和平之严重事态。负有调解国际争端扶持和平正义使命之国际联合会，绝不放弃其职责，接受中日问题后，立即限令日方撤退侵入东省之军队。乃限期届满，日军不惟不履行决议实行撤退，且以飞机到处轰炸，纵使日韩浪人焚杀掳掠，其行为之残暴，有非二十世纪时代之人类所可想像。国联鉴于和平前途荆棘载道，披荆斩棘，尚待努力，乃于本月十三日重复集会。经旬余之惨淡经营，始重行决定解决中日问题之具体方案。其为和平而努力而奋斗之精神，实有足多者。就其解决方案论，距中国政府及人民之所期待者固尚远，然为遵守国联决议及世界友邦公意计，中国政府仍毅然接受。不意强词夺理顽强到底之日人，在国联决议通过后，绝不改其抹杀事实罔顾公论之常态。日政府且公然发表其荒谬绝伦之声明书，坚持其所谓"基本原则"五点。日前日内瓦会议席次，芳泽曾将此所谓"基本原则"嗫嚅陈词，经西班牙代表之严厉诘问，请其作透彻解释，芳泽含糊吞吐，答非所问，会员国代表均嗤之以鼻。日政府不稍自省，复置之于正式宣言中，必使全世界人均嗤之以鼻，胡颜之厚，一至于此？试观其所谓"基本原则"乃无一而非谰言。其第一项谓"双方互相取消仇视政策与行动"，第二项谓"完全取缔一切阻止自由通商及激起国联恶感之有组织的运动"，此两项之意义，可以合观，大抵系指我国国民之自动的经济绝交及激昂奋发之爱国精神而言。前次日政府致我国之抗议书，其内容亦不外此意，经我政府以严正之词折之，日人无所伸其狡辩，今又以此纳之于宣言中。彼其所以一再哓哓者，无他，深感我国民一致自动经济绝交之苦痛耳。记者前已详加论述，今不再复赘。总之，日人若感经济绝交痛苦，日人应根本移除此项痛苦之来由。若始终不改其传统的对华侵略政策,则中国国民自动的经济绝交,必长久坚持,决不松懈。任何势力,决不能强人贸易,强人买卖,即此一点,吾人相信足制日人之死命,吾人必永续与强暴势力奋斗到底也。所谓"仇视政策与行动",日人应自行检查。两月以来日军部以有计划有组织之策略,挑动人民对华之恶感,并用大批飞机散发富有刺激性之传单。此种行为始为真正之"仇视政策",真正之"仇视行动"。日政府不仅对华如此,对世界各国亦复如此。最近国联会开会时,嗾使人民反对国联,退出国联之声浪,高唱入云。美国受国联邀请,列席会议,日政府复嗾使人民排美,谓不容第三国容喙。英代表薛西尔严正质问日本违背国际公法之责任,芳泽无词以答,于是日政府又唆使人民反英。举动若此,无异疯狂。此皆为显著之事实,日政府实怂恿之,主持之,岂竟不知自反耶?其第二项谓"尊重中国领土完整"表面似甚冠冕堂皇,其实乃不然。中国为独立自主之国家,领土完整,乃为必然之事实,何须日人哓舌?日人之为此言,乃欲借此以掩蔽国际间日光对东方之注视,以遂其并吞侵占之野心。用心之毒,有如蛇蝎。其第四项谓"对日侨在东三省一切平和的业务作有效之保护"。在九一八事件以前,日人侨居东三省境内者,均受中国政府之充分保护,生命财产绝无若何不安全之事实。即在九一八事件以后,日人之侨居东三省境域以外,如长江流域及其他各地者,并不减少,生命财产亦并未受若何侵害。甲国人民侨居乙国而不得"有效保护"者,惟日本为然。朝鲜之大屠杀,中国侨胞伤亡数百人之多,日政府仍谓"不负责任"者,即其例也!立国二十世纪,对于他国侨民之仇视,俨若部落社会,原始状态,日人亦曾自反乎?其第五项谓"尊重日本在东三省条约上之权利",旅大租期已满,延不交还,为条约上之权利乎?自延吉县南以至会宁段之铁路,中国始终未与日本缔结任何协订,日军正以暴力强行建筑,亦为条约上之权利乎?韩民在长春强挖中国农地,以灌溉其水田,亦为条约上之权利乎?突以三师团兵力袭据我东省,杀人越货,到处横行,大批飞机,猛烈轰炸,亦为条约上之权利乎?一九一五年之"廿一条",日人以强暴手腕攫得,未经中国国会通过,未经中国人民同意,中国政府曾在华府会议公开否认,亦为条约上之权利乎?一国政府之宣言何等重要,乃信口雌黄,抹杀事实,日人之狂吠耶?日人谓天下耳目可以一手掩尽耶?在东省事件初起之时日政府谓为军人之单独行动,与政府政策脱幅,今则"不能即行撤兵"之言,出诸政府之正式宣言,究竟为军人之单独行动,抑为政府深思熟虑之结果而扮演之提线戏乎?何前后矛盾,不打自招耶?噫,日人可以休矣！日人不独欺人，欺世界，抑且自欺。持对华传统侵略政策之日人，将以并吞我领土为公开的秘密，愿我爱国同胞，一致奋起，抗日救国！不顾信义及盟约之日政府，终将危害世界人类之和平秩序，愿世界爱好和平之民族，一致注视及之！

《中央日报》1931年10月29日第一张第三版

108. 日对国联别有企图，认为中国未遵各约列表提出，重光葵日内将由沪来京接洽

据某方消息，日使重光葵，近接日外务省训令，对日方撤兵事件，及双方派员直接交涉中日悬案等问题，将于明后日由沪来京，与代理外长李锦纶接洽一切云。

【中央社东京二十八日下午一时五十三分路透电】日本政府，现正准备列表，将日政府认为中国未遵之条约，一一举出，在国联行政院十一月十六日开会时，提交国联。此为日本对施肇基致白里安函之答复。施肇基于彼致法外长白里安函内，谓中国为遵守国联盟约必尊重一切条约规定之责任。日本外务省表示不愿将中日条约问题，交海牙国际法庭，日方坚持所有条约，皆有效，即于解释上并无疑问。日外务省并问在海牙法庭决议未定前，日本在东三省之权利又如何。海牙法庭之决议，或需数年始可决定。

【中央社十月二十七日东京电】西园寺公昨日由东京抵兴津，今晨若槻首相赴该处访谒，以日政府关于东三省问题对付中国及国联之政策，征求彼之同意云。

《中央日报》1931年10月29日第一张第四版

109. 国联行政院决议案，日本反对无损于法律上效力，依盟约十五条规定完全有效

（中央社）据某法学者谈，本月二十四日国联行政院通过对中日事件议决案，因日本反对该案，各报多谓该案只有道德的价值，而无法律的效力。盖国联盟约第五条规定，行政院决议须得全体出席会员国之同意，方为有效云云。此种论断，不啻为日本方面片面的说法，实有纠正之必要。查国联盟约第五条第一款规定："除本盟约或本条约另有明白规定者外，凡大会或行政院开会时之决议，应得联合会列席于会议之会员全体同意。"按此规定，所谓全体同意，系通过"本盟约……另有明白规定"，此外之问题所必具之条件，此次关于中日问题之议决案适在第五条所称除外之列。盖第十五条关于解决国际争议之规定于第四款中载明："倘争议不能如此解决，则行政院经全体或多数之表决，应缮发报告书，说明争议之事实，及行政院所认为公允适当之建议。"又第六款："如行政院报告书，除相争之一造或一造以上之代表外，该院会员一致赞成，则联合会会员约定彼此不得向遵从报告书建议之任何一造，从事战争。"可知行政院在不能解决任何国际争议时，尽可以多数之同意，通过报告书，说明事实之经过，及行政院之建议。此种报告书一经争议国以外之行政院会员一致通过，各会员国即不能对于遵守该院建议之国家从事战争。此次行政院所通过之议决案适合第十五条第四款之规定，并为第五条所除外，虽有日本一票之反对，对于议决案之法律效力，并不能减少丝毫。乃世上盛传该议决案只有道德的价值，殊不知议决案依盟约规定解释，实具有法律效力也。

《中央日报》1931年10月30日第一张第三版

110. 日声明书，国府决驳复，昨晚可送达国联

（中央社）自国联于十月二十四日通过限日军在十一月十六日前，由东三省撤退之决议案后，日本政府于二十六日，以声明书致国联，不肯履行该决议

案,且将东三省事件,诿责任于中国。该声明书由国联秘书处,送达国民政府外交部。中央以日本如此强词夺理,不能不据理驳斥,以正观听,现正由特别外交委员会起草答复书,昨晚可送达国联,今日当可披露云。

《中央日报》1931年11月1日第一张第三版

111. 国府致牒国际联合会,对日本政府牒文驳斥无遗,日当局所称之危险皆由日军屯驻造成,政府担任保护接收区内日人生命财产

中国政府于十月二十八日接准国际联合会秘书长,转来日本政府二十六日牒文抄本,中国政府特拟答复牒文,已由外交部电达施代表,递送国联秘书长,原文如下:

日本政府对行政院各会员国之牒文中,重行声称,其拒绝撤退中国领土内驻军之唯一理由,因依该国看法,一经撤退,各区域内之日本侨民及财产,将受危险。关于此点,兹特申述意见如下:

（一）十月二十三日中国代表对行政院之声明,表示中国政府意见,谓日本当局现在所声诉之危险,实适由日本军队屯驻中国领土所造成。该项声明复经行政院主席白里安氏予以补充,白氏于十月二十四日行政院会议中谓:"若以军事占领,作为和平办法之一种,余恐为世界舆论所不许,余以为军事占领,应在此类办法之外,故延长该项之占领,其势必致延长现已历久之不安状态。"

当华府会议之时,美国国务卿许斯氏,力持军事占领,必将酿成无秩序状态,用以作为□□□□之口实。日方对华府会议之宣言,谓日本政府一撤退西伯利亚东部之军队,必致危及日本人民之生命财产。许氏评论此项宣言,称:"美国政府认为继续占领西伯利亚东部各要塞,及设立地方行政,势必引起误会及恶感。该区域内之不安及紊乱状态,匪特不能平息,且将有加无已。美国政府对于此项意见,若不加以申述,则美国政府将不患于一九一八年夏与日本政府协议出兵西伯利亚合作之精神。"关于西伯利亚东部之情形,许氏又于答复日本政府同一正式声明书内,称:"日本政府认为必须占领俄国领土用以作

为一种之方法，以保证与将来产生之俄国政府，图相当之解决，美国殊引为遗憾。"

（二）十月二十二日行政院会员国除关系国外，所提出并经中国接受之决议案，认为中国政府担任保证接收区域内日本人民之生命财产，并请中国政府于负责接收之中国官吏，会同中立国代表办理，中国代表并曾向行政院声明："中国政府甚愿以极端友好精神，在此即行考量任何提议，扩大中立国官员之组织，或由国际联合会之协助，筹定其他就地办法，担保接收地方内日本人生命财产之安全，以期打消日本政府所称若遵照行政院决议案办理或将危及日本人民之一切隐忧。"

日本十月二十六日牒文称：现在仅有少数日本部队留驻铁路区域以外之少数地点，此节如果确实，则中国政府深信得国际联合会之协助，尽可迅速择定办法，如中国代表所建议者，使此项少数日本部队迅即平安撤回。

（三）中国政府欣悉日本政府，坚决否认该国政府蓄意运用军事压力与中国相交涉。惟中国政府以为应指明加日本政府之看法，果系如此，则使其有效之唯一方法，为不再要求与中国先行商订两国将来全部关系之基本大纲，作为撤退军队之先决条件。

行政院之决议案，及中国政府对于行政院之允诺，已予日本军队撤退各地方日本侨民生命财产之安全，以最广大之保障。欲图此项保障及允诺之生效，则惟有就地定出一种局部办法，随日本军队撤退之程度，同时并进。正如白里安君在行政院中所云：需时至多，不过数日而已。故此节与中日政府间外交上之会商，迥不相同，亦完全不生关系。

（四）中国政府亦愿使两国间紧张之情势，可以从此永归终止，正与日本政府之愿望相同，并热忱愿意重建且改善其关系之基础，俾得保证永久和平及亲善。中国政府认为达到此种目的之第一步，在于遵从行政院之决议案。惟在日本军队违反行政院之请求，破坏国联盟约第十条、非战公约第二条、华府九国条约第一条之规定，非法占领中国土地时期以内，则欲求两国间良好关系或彼此从事会商，均为难能。

在此种情势终止之时，两国然后可以以国际联合会忠实会员之资格，彼此同意，开始奋力，而消除其不良之印象。中国政府以为欲求近数星期来所受教训之利益，欲收国际联合会处理之效果，欲防止危及远东和平各争端之再见，其惟一方法，在于如中国政府之提议，设立永久调解机关，以求和平并公正解决两国间万一之纠纷。中国政府须重为说明者,即现在先决问题,为日本军队应依照行政院决议案,立即开始撤退,而于十一月十六日前完成其撤退也。

《中央日报》1931年11月2日第一张第三版

112. 接收东三省,派定顾维钧等为委员,日军果能如期撤退否

国联二次决议,限定日军于十一月十六日前完全撤退,迄兹一周,日军不但无撤退意,且在日事寻衅。政府尊重国联意旨,接受决议案,对第四、第五两条,接收[受]日兵撤退地面,暨保护日侨安全之规定,日来积极准备。国府昨日正式委派顾维钧、张作相、张群、吴铁城、罗文干、汤尔和、刘哲等七人为接收委员,并指定顾维钧为委员长。关于保护日侨办法,现已草拟脱稿,日内即行公布云。

【中央社伦敦一日路透电】 英舆论界接日内瓦消息,国联方面重要人员,均觉东省问题,此时颇有和解希望。如日本在十一月十六日前自动撤兵,则和平破裂之可能决可免。东京方面应明了此点,向国联表示接受国联提议,由中立代表监视撤兵。为日本自身利益着想,为其条约权利着想,日本政府应利用此时机,采取适当与安全之政策。

《中央日报》1931年11月2日第一张第三版

113. 日宣布不接受我提议,坚持须承认日方所提五原则始撤军,扩大暴行炮轰通辽城死伤达数十人,勾结溥仪凌印清及蒙匪等无恶不作,其残暴野蛮蔑视我中国且蔑视国联

日态度强硬,坚持不肯撤兵

【(中央社)东京二日路透电】 关中国政府提议日本根据国联决议案于十一月十六日前将铁路区外军队撤清,日本政府已有答复。

日本政府正式宣布,不能接受中国政府之提议,并谓日本坚持中国必先承认日本所提出五原则,日兵始可撤退,中日交涉方可开始。

【(中央社)东京二日路透电】 此间仇英空气愈为浓厚,谣传谓中英已有密约,中国允许与英国特殊经济利益,同时英国允许在日内瓦于中国以相当之援助。

铁甲车四列,飞机掩护蒙匪

【本社天津二日专电】 日军铁甲车三列,载兵三百余名,冬(二日)晨由皇姑屯开新民。十时许有铁甲车一列,载兵百余名由新民开沟帮子,东(一日)晨日军铁甲车炮轰通辽时,路局曾将四洮接轨处拆毁。冬(二日)晨日铁甲车三列,满载材料,由四洮开来,将通辽钱家店间路轨修复,已修至北站扬旗附近。该处铁甲车忽向北站开炮轰击,日军二十余人当即下车,驰往该站,竖换日旗,以示占领。

【(中央社)天津二日电】 日铁甲车四列,东(一日)午抵通辽附近,开炮轰城。我民众死五人,伤数十人,人心惶恐。同时并有日机向城内开枪扫射,并有胡匪甚多,被日人勾结利用,袭击通辽城。日军在东除煽惑清室复辟外,并到处寻衅,收买土匪,攻犯城池。其行为之卑劣,实人类所罕有。

【本社二日北平专电】 吉林伊[依]兰道十三路,尚未被日侵占,民众抗日情绪激昂,反日会派代表王开江来平报告。据谈,侵吉日军,异常凶横,禁悬我国旗,禁阅华报,任意污辱各校女生,检查行人,没收金钱财物。

【(中央社)天津一日电】 最近日军暴行分列于后:(一)一日下午四时驻沈美国通讯员声称,辽宁新政府受日人主使,竟提盐税三百万元,存在长春中国各银行中,从牛庄中国银行共计提款六十万元。财部顾问皮耳氏告称,日人假手治安维持会,非法提取款项。近来本庄向皮耳氏声称,每年东北盐税二千四百万元,须归辽宁省政府,不准归国府或张学良使用。关于东北四省海关之收入,不与中国发生关系。(二)一日下午五时,通辽形势,又趋严重。是日午有日铁甲车四列到四洮车站,并放炮袭击通辽城。传称日人主使数千蒙匪,拟攻通辽北车站。为防日人袭击计,通辽南北两车站,又行切断。我第三旅兵车现在通辽。(三)三十一日下午三时四十五分至一日午一时半,日飞机一架侦查通辽北站,同时在北站十五里之五道韩地方,当地义勇军与蒙匪实行交战云。

【(中央社)北平二日电】 (一)三十一日午后一时半,通辽五道韩地方,团防剿蒙匪正搏战时,有日飞机至通辽县城飞绕,为匪助威。(二)三十一日午时,日铁甲车一列,带材料数车、兵车二列,各十余辆,由郑家屯开通辽钱家店。(三)日军在北宁马三家、思隆店两站间强筑站台一座,有日军多名保护韩人种稻,筑此为农卸之用云。

【本社二日北平专电】 沈讯,反日韩人团体集洋万元,捐助我难民兵士。本溪煤矿华职员职工,均被日军停职。

【(中央社)北平二日电】 锦县电。今午有日铁甲车四列,开至通辽县城北站外,向通辽城放数炮。并有数千蒙匪,在日军之后,预备攻通辽,并将通辽南北两站外之铁轨各拆去一段。我国军队第三旅铁甲车中山号,现仍在南站。按日方勾结蒙匪,以图扰乱我地方,证以十月十五日彰武张旅长树森来电,可知其处心积虑,已非一日,今竟彰明较著,开到铁甲车四列,掩护蒙匪,向通辽进攻,并拆去该站铁轨一段,其勾结扰乱之计划,更足证明。

【(中央社)北平二日电】 锦州一日电。辽省府黄显声转通辽公安局长蒋连瑞报告,谓日机一架,东(一日)在通辽城北用机枪扫射,未伤人,盘旋一时始去。并有甲车一列,开至城东之五道本村,向城内开炮十余响,伤五人,迄晚未去。汉家店与大林站亦有日兵车两列,有进入通辽模样。

【(中央社)北平二日电】 据锦州一日电。巨流河日军昨日换防,原驻该处日军七十七联队之一分队及炮兵一连、哨兵一连,均撤退回沈。

辅助凌印清,着手攻击锦州

【中央社东京卅一日电】 近日此间形势:(一)日本暗中仍积极辅助溥仪等,在东省活动,欲成一自主区域,以巩固日本之经济独立,预备抵制各国封锁,并与新政权直接交涉。(二)辅助凌印清攻击锦州,已着手进行。(三)日本因十六日国联行政院开会期近,已分电驻外各馆,向各国极力运动,以求和缓。(四)传政友系之三井银行,亏欠甚巨,将发生大破绽。安田银行,亦将涉及云。

【(中央社)北平一日电】 最近日军在东三省暴行列后:(一)巨流河日军所筑营房已完成四十余所。(二)一日下午二时日飞机至临江县散发传单。(三)侵据吉林之日军强迫士绅递呈挽留勿撤退。(四)吉省日军强迫伪政府撤换长春榷运局长,勒提盐款。(五)辽阳税局长王启沈,因解款送锦,被日军捕往沈阳。(六)哈尔滨及附近乡村,近日骤增朝鲜人万余。

【(中央社)北平二日电】 外人接沈电日军通知,辽省盐务稽核处,限将全年税款二十四万,提交维持会,现交否未悉。至长春之盐税三百六十万,已被日军强行提去。

【(中央社)东京一日下午五时卅分路透电(迟到)】 长春传来使人心不安之北满军事调动消息。此间已接到报告,谓由吉林开到长春日兵六百人,准备开往洮南。另一长春报告,谓日兵有开往哈尔滨情状。官方已证实日本驻吉林大部军队,已调往四平街。外交部方面否认日兵开往哈尔滨。

【(中央社)上海一日电】 据十月卅一日沈阳日本方面消息,关于驻扎铁道范围外之日军数目,外间传说颇言过其实。兹据本日此间半官式之宣布,将其数目录之如下:(一)吉林步兵一旅,骑兵一大队,炮兵一大队。(二)郑家屯步兵一联队,骑兵一大队。(三)四洮路沿线因该处土匪猖獗,新近开步兵一联队前往增援。(四)巨流河步兵两大队,炮兵一小队。

【(中央社)北平二日电】 确息,沈自卫警及商团颇多,治安仍不佳。各街市日军,均挖有战壕,人心惶恐,仍感不安。日鲜浪人复到四乡骚扰,居民不堪。

《中央日报》1931年11月3日第一张第三版

114. 接收东北各委国府令已下,顾维钧任委员长,顾谈在平筹备就绪以后,请各国派代表二人参加

(中央社)国民政府昨(二日)命令:派顾维钧、张作相、张群、吴铁城、罗文干、汤尔和、刘哲为接收东北各地事宜委员会委员,以顾维钧为委员长。此令。

【本社二日北平专电】 顾维钧谈:接收东省失地委会,决在平筹备,俟就绪后,即通知国联、日本,并请各国派代表二人参加组织,再商接收具体办法。

【又电】 刘哲冬(二日)晨语记者:接收失地委会成立期尚未定,届时吴铁城、张群将北来。接收保侨办法,外特委会在拟具中。依余观察,日政府将遵国联限期撤兵。顾少川四五日后将再入京,余入京否未定。

【(中央社)北平二日电】 刘哲谈:接收会系根据国联议决案第四条第一

项及第五条所组织,该会在政府发表后,即算成立,地点或在北平。会中人员,均系国内之外交政治家。因张作相为吉主席,为办事便利起见,故张亦参加。现我国已通知国联、日本及白里安三方,请派员参加接收。候日本复照到达,即正式进行。至未占区域之日侨安全,我方当绝对负责保护。在日占区域内,则非我方力量所及,将来当讨论妥善办法。现观日本朝野如若槻、西园寺等之意见,均不愿将此事扩大。我方亦愿极早恢复原状,在不丧失国土及国权范围之内迅速解决云。

《中央日报》1931年11月3日第一张第三版

115. 白里安驳复日本声明书,前次国联行政院票决有充分道德力量,就法律言应遵九月卅全体通过之决议,日要求最先四项已包括国联决议案内,第五项可依我提议或付国际法庭裁决,白氏函复日代表芳泽据理一一驳斥

【中央社(日内瓦二日电)】 关于日政府十月二十六日之声明书,国联行政院主席白里安致函日代表芳泽答复如次:

自前次行政院会议之决议草案,除日本代表外,经全体行政院会员通过以来,提交吾人考虑之问题,形势明了,可申述如下:前次行政院会议之票决,仍含有充分道德上的力量,但即舍此不论,而专就法律立言,其在吾人之前者,尚有九月三十日一致通过之决议,此项决议,继续有效,且含有充分之执行力量。

在此项决议中,行政院曾注意日代表之声明书,谓日政府"在可能的迅速中继续业经开始之撤兵行动,其程度一视日本人民之生命财产获得之有效保障为标准,并希望于最速期间内完全实现其意旨"。是当时日代表并无任何表示,谓日本在满洲之条约权利与日本人民生命财产之安全互相关联也。

抑更有进者,十月二十四日提交行政院之两种决议草案,其首三段完全相同,是则此三段为双方共同意志之表现,自可断言。在十月二十六日声明书中,日政府申述其所谓基本原则约略如下:

(一)双方互相否认彼此有侵略之政策及行为。查十月二十四日两种决议草案之第二段,均曾申言"两国政府约定不取侵略政策行动"。

（二）尊重中国领土之完全。查两种决议草案之第三段亦有同样之声明。

（三）禁止一切干涉贸易自由及挑拨国际恶感之有组织的运动。查两种决议草案之第二段均声称，两国政府约定采取办法，禁止仇视运动。

（四）日本在满人民予以有力保护，使得安居乐业。查两种决议草案之第一段，均曾声明中国政府保证给予日本在满居民以有力之保护。

夫中国政府接受行政院之决议，而日代表之对案中，亦含有上记之三段，此种事实足证明两国政府对于此四点，已完全同意。其最后之点为"尊重日本在满洲之条约权利"，关于此点，鄙人谨请贵代表注意中国代表十月二十四日之来函，在该函中施博士声称："中国遵守国联规约一如其他会员国，中国政府决心忠实的履行国联规约下之一切义务，对于此种决心，中国并可为具体的证明，即愿将一切中日间关于条约解释上之争执，交付仲裁，或按照国联规约第十三条之规定，提付国际法庭裁判是也。"

以此种种，鄙人深信行政院同人以及贵代表均可同意于下列事实，即中国政府对于日本政府所提出之各项基本原则，业已给予行政院以充分之保证。

鄙人深信日本政府渴愿履行其在九月三十日议决下庄严订立之义务，此项义务，在十月二十二日、二十三日、二十四日行政院会议之声明中，曾一再证实，并继续于最速期中，将日军撤至铁路区内，俾日本政府之志愿得于最短期内完全实现。至于日本政府非常重视撤退区域内日人生命财产之安全一层，鄙人敢请贵代表注意行政院十月二十四日决议之第五段，该段建议两国政府立即指派代表商定实行撤兵及接收撤退区域之详细办法，俾此种动作，得以有秩序而且无稽延的施行。

《中央日报》1931年11月4日第一张第三版

116. 因日军扩大暴行，国联将提早开会，关于东三省问题之会议，将由日内瓦移巴黎举行

【（中央社）日内瓦三日路透电】 东三省所来之报告，令此间不安，如形势无进步，国联行政院将提早在十一月十六日前开会。十一月一日由南京来之官方消息，报告日本在东三省行动，并谓日人有煽惑压迫地方叛变举动。

【(中央社)十一月三日日内瓦美联社电】 闻十一月十六日国联理事会关于东三省问题之会议,将由日内瓦移至巴黎举行。盖白里安与其本国之政府及国会,须时时接洽,不能离巴黎故也。

白里安复芳泽书,分发各会员国,外部训令蒋使驳日照

【(中央社)日内瓦三日电】 国联秘书长顷将白里安对日方要求五点之复书,分发行政院各会员(见前条),中国驳复日方五点之牒文亦经秘书长转达行政院矣。国联中人推测行政院下次会议,将在巴黎举行,盖白里安不能须臾离法。日方以中国小学教本含有排日材料,通知国联,并请国联内之国际智力合作委员会,加以研究云。

(中央社)日本外务省于十月三十一日致照会于中国驻日蒋公使,大意即系将致国联之声明书重述一遍,希望与中国开始商谈,确立中日平常关系基础大纲。本社探得外交部已于今日(三日)训令蒋公使,照复日本政府,驳复不肯撤兵之理由,并谓中国政府依据行政院之决议,邀请日本政府指派代表,商定撤退及接收之细目,中国已派定接收委员会,请日本速派代表,磋商上述细目,务于十一月十六日前完全撤退。俟撤兵完成后,开始交涉两国间之悬案,并设立调解委员会,或类此之永久机关。末谓中国政府关于此事之意见,已于十月三十一日通告国联,并请查照云。全文明日当可披露也。

蒋主席在京演说,我国复日公文,已分别送达各理事国

【(中央社)十一月三日日内瓦美联社电】 国联理事会秘书长特莱孟业将中国答复日本所提出五点之公文送达各理事国。该公文内称:日本军队如果依然违犯国联盟约第十条、凯洛非战公约第二条、华府九国条约第一条之规定,非法占领中国之疆土,则中日两国间友善之关系与谈判,实不可能。建树远东和平之唯一方法,惟有创设永久仲裁与调解机关,但十一月十六以前完全撤兵,乃先决问题,否则一切皆谈不到云。

【(中央社)十一月三日日内瓦美联社电】 施肇基博士请求国联理事会秘书长特莱孟,将中国国府主席十月二十六日在南京之演说词,交于国联各会员国。该演说词中,谓日本侵略东三省,系少数军人罪恶,中国对于日本人民,并不仇视,并希望远东世界和平之障碍,可于十一月十六日以前除去云。

《中央日报》1931年11月4日第一张第三版

117. 接收东北各国允派代表参加，各国均复文表示赞成，英法西意允各派一人

【本社三日北平专电】 接收东北委员会，即在平成立，会址已定在顺承王府。各国已有复文到，表示赞成。其中英、法、西班牙、意四国，并允各派代表一人参加。此项人选，拟在驻华使馆中选派。

《中央日报》1931年11月4日第一张第四版

118. 社论：国联如何执行其决议

国联行政院为解决东省事件第二次之决议，限令日方于十一月十六日以前，将侵入东省之军队完全撤退。此项决议办法，在未付表决以前，经国联长时间之讨论与极缜密之考虑，复经行政院之全体通过，其为有效，自不待言。中国政府为尊重国联地位及世界和平前途计，虽国联决议之内容未能充分满足中国政府及人民之希望，仍毅然接受，而日政府于国联决议通过后，仍复发表声明书，坚持其荒谬绝伦之基本原则。其无履行决议之意思，即此一纸声明书已为对全世界之明白表示。质言之，亦即对世界各国之公然挑战态度。今者决议案之通过已有日矣，日人在东省之暴行曾稍减少乎？日军舰在长江各地之示威行动曾一日间断乎？所谓"满蒙中和国"之组织，暗中进行，近且益力，国联重复声明之"领土完整"原则，日人何尝加以注意乎？最近复在着手修理冬季营幕，赶筑占地四百亩之广大飞机场，并以强力挨户勒买东北之食粮，屯连朝鲜，为坚壁清野之计。果将履行国联决议于十一月十六日以前实行撤退者，何须在中国领土内为此造成严重局面之工作乎？日政府之荒谬声明书，吾人前已严词辟之，近顷白里安氏对该项声明书亦逐条加以驳复。白氏复文中对于决议案之执行，曾有如次之申述："前次行政院之票决，仍含有充分道德上的力量，但即舍此不论而专就法律言，其在吾人之前者，尚有九月三十日一致通过之决议，此项决议继续有效，且含有充分之执行力量。"白氏谓后者含有充分的道德力量，前者则含有法律力量者，寻释其意大抵系因第一次之决议系

经全体所通过，日代表芳泽且曾在会议席次明白声明九月十八日之事件为军部之脱辐之行动，与政府无与。而第二次之决议，则日本曾投反对票。查国联九月三十日之决议，系限日方于两星期内撤退所有之军队，彼时日政府亦曾一再声明为一时之自卫行动（？），绝无占据东省破坏中国领土完整之意。姑无论其所谓"自卫"也者，全然为一妄拟之饰词，彼日本自国之名法学家横田喜三郎曾痛论其谬妄。然日政府彼时与中国政府同样接受国联九月三十日之决议，则为不可否认之事实也。国联第二次之继续集会，适当两星期撤兵之限期终了，是第二次集会之本题。本应在"执行"九月三十日之决议，非于决议外另谋其他决议。国联未直截了当着重于"执行"，乃另辟蹊径，而有第二次之决议。吾人固深信国联确有维护和平之诚意与精神，以言其手续，则实不无迂回曲折之憾，间接上转使日人得有充分之时间，以从容布置其侵略步骤。何以言之？国联第一次之决议，限日军于两星期撤退，第二次之决议，复展限三星期，而第二次之集会，历时又约两星期，前后殆已占两个月之时间。此次之事件，日人虽以所谓中村事件及所谓悬案为借口，其最初之主要目的，实在完成其侵略东省骨干之吉会路。此段路线中日间从未缔结何种条约，日政府曾屡次要求建筑权，中国当局以其关系东省存亡，迄未允许。盖吉会路一经完成，则日人之所谓满蒙铁路网，亦即告竣，不仅东省丰富之农作物及矿藏，将由滨朝鲜之清津或罗津港口以直达日本，同时中东路之效用亦将大减。在远东军事方面，更见重要，盖由此路以直趋东省腹地，较之由大连转"南满"路，其所费之时间，当缩短至四十小时以上，关系之重大，从可知矣。自九月十八日以后日军即以全力漏夜赶筑，该路未完成之距离，本非甚远，以时计之，殆已将次竣工矣。就目前之局势观，日人早已超越其最初计划，进而及于积极图谋东省北部。最近时而排美，谓中日事件不容第三国容喙；时而排英，谓中英有默契；时而对俄抗议，谓苏俄对日本威胁；时而谓国联处置未尽公允，高唱不惜退出国联之呼声。日人之举动，已成疯狂。试思其对于世界和平之威胁，已至若何程度乎！吾人今愿促国联之注意者，国联之职责为维系和平，然和平决非空言所能维系。若国联不能从法律的立场，执行其决议，则此惨淡经营之决议案，皆等词费耳！今距十一月十六日不远矣，吾人将于此觇国联力量之到底如何？国联不欲自隳其职责与使命者，现在其他一切可以不谈，当从法律的立场上，对于撤兵之决议，为有效之执行！

《中央日报》1931年11月5日第一张第三版

119. 施肇基向国联声明，在军事压迫下拒绝谈判，日态度违反国联盟约及非战公约，国府照会日本派代表商撤军细目

外部顷接日内瓦施代表来电，报告已于三日向国联秘书长提出声明书，并附送日军继续暴行之实况，兹将其声明书大意录下：

中国政府对于国联行政院闭会后，东三省形势之进展，表示严重关切，附送之备忘录，证明日军在南满行动之范围，已渐扩大，地位亦渐巩固，同时且有进窥北满之企图。犹忆九月三十日之议决案，曾载明日本政府"将于最短期内，撤退其已在撤退中之军队"，但是项声明，事实上并未履行，非但日军并未开始撤退，现日本政府竟拒绝履行其在国联行政院会议席上之诺言，竟宣称在中国对某种基本原则未同意以前，绝不撤兵，同时日本政府复拒绝履行中日两国在九月三十日议决案中之声明，不允派代表与中国代表开始讨论撤兵之详细办法，故日本政府之态度，实违反国联盟约第十条又巴黎非战公约第二条之规定。故中国政府必须重新声明，中国政府在军事占领之压迫下，绝对不允开始谈判，同时中国政府确信国际联盟各会员及美国，必不能坐视任国联盟约非战公约及九国条约被摧毁无虞也云云。

中国致日撤兵照会全文

中国致日本照会全文，已于昨日下午由外交部发表，兹照录如下：

为照会事。接准十月三十一日来照，业经阅悉。查国际联合会行政院十月二十四日要求占领中国东北各地之日本军队，于十一月十六日前完全撤退之决议案，系经行政院会员国十三国一致之赞成，中国政府深信贵国政府必能尊重维持世界和平最高机关之意思，实行决议案。且行政院九月三十日之决议案，系经贵国完全接受，国际联合会因是确信贵国必将立即开始撤军，于二星期内可告结束，乃贵国竟未履行，故行政院于十月二十四日重申前案，再完期间，以达恢复原状之目的。本国政府依据行政院之决议，邀请贵国政府，指派代表，商订关于撤退及接收之细目，来照末段，亦称贵国政府愿意迅速开始

商议,此项细目,深为欣慰。中国政府,兹已派定接收委员会,并经通知贵国政府,仍请贵国速派代表,与本国所派人员,商订上述细目,务于十一月十六日前,完全撤退被占各地。至来照所称日本政府之方针,希望开始商榷,确立中日平常关系基础大纲一节,查中国政府极愿依照行政院之建议,俟撤兵完成后开始交涉两国间之悬案,并设立调解委员会或类此之永久机关。但在撤兵尚未完成前,所有商议,自应限于撤军及接收之细目。中国政府关于此事之意见,已于十月三十一日通告国际联合会,并请查照,须至照会者。

国联认东省甚严重

【(中央社)日内瓦四日路透电】 东三省情形,日形严重。虽国联行政院应于十一月十六日开会,但提早开会,尤其如中国方面正式请示提早开会。国联秘书处准备发表一总报告,将东三省情形渐趋恶劣之事实,详细说明。一切材料,根据中国首席代表施肇基供给国联之报告。施肇基连日交与国联秘书长,关东三省日本行动消息极多。今日施肇基有照会与国联,请国联与美政府以有效方法,制止日本军事行动。日本军队进展至齐齐哈尔消息,今日使此间顿有不安气象,因如日本军队越过长春,则定引起俄国之干涉矣。日内瓦方面今日下午略为放心,因适接东京电报,谓日本政府正式否认,占领齐齐哈尔之谣传。同时日本政府郑重声明,并无派兵越过嫩江之意。根据国联秘书处所接之报告,东三省形势并未进步,已为毫无疑问之事实。不但如此且显有危险性。国联方面,对日本于十一月十六日前将日兵撤退之希望,已日少一日。在十六日开会时,国联将又须遇一重大难关。比中日纠纷初起时,将尤为棘手。

【中央社东京四日路透电】 东三省北部情形有趋严重化之势。据今晚所接报告,日本派往嫩江修桥之军队,已与马占山部发生冲突。今日报载马占山部队,不但阻止日本军队前进作修桥工作,且开枪向日本前哨步队射击。同时长春有报告,谓日本骑兵已开往洮南,据一般令推测,日本军事当局,不但派兵援助,今早已派出之五百步兵,并有进攻马占山部队之可能。

日本坚持原有态度

【中央社东京四日路透电】 在十一月十六日国联行政院开会时,日本政府将取之态度,今日已由官方有显明之表示。关于白里安所提之条约仲裁一层,日本决坚持中国须承认一切条约,一九一五年条约("廿一条件")在内。此层日本政府明日（五日）致白里安之复文中，必明白提及关于日本所提之五基本原则，白里安业经为中国表示遵守一切国际条约，于日本要求当已满足。日本政府代表谓日本所以在东三省有军事行动，完全因为中国不顾条约责任，中国不遵守条约致日本在东三省之地位，发生危险。此种令人不能满意之情况，引起中日纠纷之暴发，故日本不能承认，恢复原状，除非中国承认一切条约义务。

《中央日报》1931 年 11 月 5 日第一张第三版

120. 我国驳斥日本复牒，占领中国领土不能认为自卫，中政府盼促进对日良好关系，白里安请日履行前约撤兵

外部息。非战公约各签字国，前曾致同样之电文，于中日两国政府，日本政府旋以通牒答复，现施代表对于日本通牒，拟具答辩，于本月四日送交秘书长达拉蒙，其文如下：

（一）日本政府谓占领中领土，系自卫办法。查中国政府已屡次说明，中国军队并无进攻行为，并指明日本军队，向不许中国军队行近铁路区域。日本政府如不同意公开调查，则世界舆论，终难承认日本之持论，并公正之调查，实为唯一之方法，适合于国联确定责任问题之原则及习惯也。总之，借口自卫，以攫夺他国之军事重要地点，实不能视为与盟约不相冲突之举动。回溯一九二五年时，白里安、张伯伦及石井三氏，在行政院特别会议时之所言，现吾人似可予以引用："白里安承已了解希腊代表曾经表示，苟希腊无须采取迅速正当防卫，及保护之步骤，则该项事件不致发生。此种思想，不应印入国联会员国之脑海，而成为一种之法理，至为重要，因其异常危险也。在托辞之下，或将发生合理之争端，虽范围有限，但就其所引起之损害论，亦殊属不幸。此种争端，一经爆发，或将达于一种之程度，即发动争端之政府，自觉系属正当防卫者，不久将不能再予约束。张伯伦对于白里安所称各点，表示完全同意。石井谓张伯伦认可白里安宣言之声明，渠亦完全同意。"如日本政府真正之用意，撤兵仅系于日人民生命财产之安全，则中国政府，早已郑重声明，极愿作最充分之保证，并无限制的接受行政院之扶助，以便计划地方办法，予以实行。

（二）日本政府宣言用一切和平之方法，以求调解纠纷，中国政府甚为

欣感。但日本军队，现仍占领中国领土。查月十[十月]廿四日白里安君曾称：国联诚为其会员国所负义务之委托人，国联之职务，显系视察是项义务是否尊重。盟约第十条载称：国家团体内各份子同意，互相尊重领土完整及政治独立。非战公约第二条载称：缔约各国互允各该国间设有争端，或冲突，不论如何性质，因何发端，只可用和平方法解决之。鄙人对于此点，不望再予详论，但以为世界舆论实难承认，以军事占领作为和平方法之一种，鄙人以为军事占领，应在此类之外，故延长占领亦将延长业已历久之不快情感也。中国政府依照十月二十四日之决议案，已担任采取一种步骤，与日本委员讨论关于撤兵及接收撤退区域之细目，盖此实系在行政院中之唯一问题。十月二十三日及十月二十四日白里安及其他各会员已予指照，故无论何种之企图，欲以讨论他种问题为撤兵之条件者，均与行政院所指之途径相违背，而直肖否认盟约及非战公约也。中国政府兹特注意中国代表在行政院中之宣言，即谓此种不幸之局势，一旦解决，则日本政府即可见吾人不但愿意，而且望讨论两国间之一切问题。此系中国政府之决定政策，而与盟约、非战公约及行政院之建议实相符合。

（三）日本政府以为排货运动违背非战公约第二条，中国政府深为诧异，如非战公约可用以责备中国人民之拒绝购买日货，则亦必责备一国政府在另一签字国境内维持军队，更不待言。反日情感，为日本军队驻满直接自然及不可免之结果，一日仇视之原因既除，自能消灭。中国政府决意保护日本人民之生命财产，并极力促进对日之良好关系，以奠远东永久和平之基础。中国政府切望于极早可能期间内，与日本缔结条约规定一切争端之和解及仲裁办法。

【中央社日内瓦四日路透电】 施肇基又有函致国联秘书长，称日本在东三省之用意，已极明显，其政策乃破坏中国政府之主管机关，而以日方所拥护之私人或私人团体出而代之。公函外尚附加有盐务稽查克和兰之报告，说明日本军队强提盐款之事实。

白里安请日方履约

【中央社日内瓦五日电】 白里安已函知日代表芳泽及国联会员国，略称：中国已履行其对于日本之担保，同时国联决议案亦已包括日方所提出之五项原则，故日本亦应立即履行其在九月三十日国联决议案中之担保，而迅速立即撤兵。白里安称：日方五项原则之前四项，已于国联决议案之前四项中包括无余，同时该项议决案，已经中国接受，事实上除日本在东三省之条约上权利外，国联均已顾及，而条约权利问题，复亦于中国政府之声明书中，愿依国联盟约第十三条规定办法解决一点包括之。故中国政府，可谓已向国联声明予日方所提之原则以担保也。

【中央社巴黎五日美联社电】 白里安致一和蔼而坚决之书于芳泽，建议日本立即派定代表与中国代表合作，以磋商东三省撤兵之事。

日本复牒送达国联

【中央社日内瓦四日路透电】 各方议论纷纷，注意国联对中日纠纷有何第二步办法。国联方面均知中国与日本，俱不愿让步。日本外相币原，致中国驻日公使蒋作宾之照会，明显表示，日本政府坚执原议，不稍变更。中日问题已渐至紧张时期，日本驻法大使馆参赞，已将币原答复中国驻日公使复文，交与国联秘书长特鲁孟，内关中国提议日本即派代表与中国代表会商接收与撤兵事宜。币原外相，谓关于此事，日本固定方针已于十月二十六日之宣言内详细说明，请中国政府查阅，并谓希望中国政府，能接收日本政府意见，早日开始商谈五基本原则。依据此协定，中日可商恢复原有邦交及日兵撤退等案。白里安十月三十日致芳泽之公函全文，今夜由国联秘书处公布。

中央社日内瓦四日美联社电。国联行政会秘书长特莱孟，业将日外相币原对中国要求日本遵照十月二十四日国联理事会决议案，委派代表磋商撤兵与接收问题之复牒，送交理事会。在该复牒内，币原特别申明，谓国联理事会，并未成立何种决议。因该案提出时，未经一致通过之故。又再坚持谓中国须先行与日本磋商基本原则，以复旧有邦交，然后始能撤兵云。

施继续报告日暴行

【中央社日内瓦五日电】 中国代表施肇基，近复向国联行政院，送达节略，报告东省情势，计：(一)中国已派遣委员与日本商议日方撤兵之详细手续，惟日方则谓须先将基本原则议定后，始可谈及撤兵。(二)日本本庄宣言，东省盐税，计每年二千四百万，应一律解往奉天现政府。查该项盐税系为对外债款之担保。本庄此项宣言，实侵犯国际上之义务。(三)日本强擢奉天海关事，系日本欲使在省财政脱离中国本部之独立计划之先声。(四)日本军队，现已擢取牛庄盐税七十六万元，运往日本之现款，有一百二十万元之巨，计分装六百箱。又在奉天建筑军用营篷三百,在巨流河建筑军用营篷四十,炮队马队等均已预备,作长久屯驻之计。(五)日本军队现已攫取奉天海龙间铁路之营业权,且于满洲兴隆店间建立月台,以便日本军需之装卸。(六)日本军用铁甲车四列,已到绥中。(七)日军□有蒙匪数千,预备攻击通辽。(八)日本供给军火于凌印清,使攻击锦州,以消灭张学良在东省之势力。(九)日本在吉林之军队强迫当地人民上呈于日本军官,请求将日军留驻以保持秩序。(十)日军在东省此外之种种逮捕监禁,及其他强迫行为,以及军队军需之续续开到,及一切陆军政治空军之各种动作,均足证明日本之意,系欲将此种不法之武力占领,从政治、经济各方面使其日趋于巩固。

《中央日报》1931年11月6日第一张第三版

121. 接收东北委员会昨日开会,办事细则即公布

【中央社北平五日电】 接收东北委员会,支(四日)下午四时,在顺承王府开会,顾维钧、刘哲、汤尔和、张作相均出席,讨论内部组织及办事细则,旋奉中央急电修正,顾等当晚议妥将原文电京报告,闻定微(五日)晚或鱼(六日)晨全文由中央公布。又各国对接收东北,已一致赞成,皆派员参加。

【本社五日北平专电】 接收政委顾维钧、张作相、刘哲、汤尔和等,支(四日)晚在副张私邸开接收委员会,讨论修正该委员会组织大纲,办事细则已呈中央发表。

【中央社北平四日专电】 东北接收会,决在顺承王府成立,组织大纲已经张顾在京与政府商决,其组织细则,俟政府草竣公布后,即宣告成立。未成立前,一切准备事项,已着手进行。各国对该会组织均表赞同,已有复文到华,派员参加。至该会接收办法,已决定三项:(一)我国先派员成立接收委员会准备接收。(二)接收会成立后由中日两国议定细目。(三)再由日本正式移交占据各地,同我国接收云。

《中央日报》1931年11月6日第一张第三版

122. 社论：愿友邦毋为日宣传所朦蔽

龚德柏

敬告伦敦《泰晤士报》

中国素无国际宣传，故一切情形，他人无由明了。最近辽案发生，中国毫无作为，任日本一国大事宣传，致使外人完全为其朦蔽。幸日本过于横暴，全世界皆不直其所为。不然，中国尚有生存余地乎？即假定今后辽案办到日本撤兵，然后患尚不堪设想。何则？各国已误认日本之宣传为事实故也。日昨伦敦《泰晤士报》，对于日本排英之批评，即可为外人观察之反映。吾人读之，不禁有无限之遗憾，不能不为一言，以告《泰晤士报》及主张公道之友邦。

《泰晤士报》对于日本以武力占据中国领土，为遂行国策之工具，表示极端不满，吾人固无间然。至谓"日本在南满之建设工作，吾人予以同情与钦羡"云云，则吾人绝对不能同意。试问日本在东省之建设，果有何物？所谓南满铁路，固俄人之遗产也，四洮、洮昂、郑通诸路，中国借日款之所筑，其借日款，并非除日本外无款可借，实日本把持一切，不许中国借日本以外之款之所致也。吉长虽借日款一半，然实日本强迫所借与，并非中国所欢迎。吉敦则完全为遂行其二港（大连、清津）二路（南满、吉会）大政策，多方运动贿买腐化官僚，强迫垫款代筑之所致也。然其初南满铁路，因恐夺其营业，尚持反对之论，直至近年，因大连港已不能吞吐东三省之货物，始变更态度，而修筑该路也。其他若大通（又名打通）、沈海、吉海诸路，皆中国自己修筑，日本所极端不欢迎者也。惟安奉一路，系日本为军事上之目的联络朝鲜所筑。若云日本在南满之建设，则仅此一六一英里之铁路耳。在二十五年间，仅能修筑一六一英里之铁路，世界尚眩于日本之宣传，而夸其建设工作，日人即不汗颜，其如世界尚有识者何？然满洲之建设，何以如此迟迟不进，而其唯一原因，则在日本闭锁东省门户之政策，不使列国有参加之机会，不特不使列国参加，即中国自身之建设，亦在绝对反对之列。试以事实言，如锦爱（锦州至爱晖）铁路之设计，由日本勾结前俄帝国出而极端反对，遂使英美两国开发满洲富源之政策，完全失败。假使锦爱铁路，不因日俄之反对而得进行，则至一九一四年以前必能通行。较之现有参差不齐之打通、通郑、四洮、洮昂诸路,早通十余年或数年不等,则东省之开发,必较现在更为进步。而况因锦爱之开通,其他干路支路亦必随之进行,则现在之东省虽不能与美德两国比较铁路网之稠密,至少亦当与日本本地并驱争胜,此稍有常识者所能想像者也。惟其因日本欲闭锁满洲门户,不许英美资本入满洲一步,故虽与哈利满(美国铁路大王)缔结出卖南满路之约,俟其由俄国索得该路让与权,达到其目的后,即行违背原约,而由日本独占。而罗克斯满洲铁路中立之提议,及锦爱铁路之计划,皆因日本之反对而失败。因锦爱路计划失败,致英美袖手不敢对满洲染指,遂成今日除日本各军事铁路外,殊无一完整之路。世人若明了此种情形,即可了解日本阻碍东省之发展也。试观二十五年来,美国铁路之发展何如,因其无人阻碍也。即以中国而论,在日本经营南满之年,山海关以内,除京奉(只达新民屯)、正太、芦汉三路外,其他各路,什九皆尚未兴工。今则虽不能达满意之程度,其交通之便,远非昔比。此则完全非日本之力,而日本且挑拨内乱阻挠吾之建设也。故东省之不开发,实日本闭锁门户所致。若无日本之阻挠,则东省之繁盛,至少当倍于今日。《泰晤士报》以满路建设工作,归功日本,无乃本末颠倒乎?(未完)

(续)东省农产物,近三十年来亦有长足之发展,然此系中国人努力之所致。盖农产物之生产,全恃地利与人力,二者缺一不可。满洲土地虽肥沃绝伦,然使无多数耐劳苦之中国人民,从事耕种,亦殊不易发展。试观在日本经营东省之初,合三省人口,不达六百万人,现中国人已达三千一百余万人(辽宁一千六百余万,吉林九百余万,黑龙江六百余万)。此等人民,皆由中国山东、河北所移入。满洲之开发,完全系彼等之功劳。而日本自经营满洲以来,二十余年间,虽以国家之力量,南满铁路之资本,尽全力从事移民,然其结果,几等于零。日本在满洲之真正农民,殆如凤毛麟角,即有从事农业之人,然日人坐为地主,概系雇佣中国劳动者为之耕稼,并无一人愿出其劳力焉。故日本在满洲之人口,合辽东半岛(日人谓之关东厅)租借地内之官吏,南满铁路之职员,大连及满铁沿线之商人,共只十九万余人。然而官东职员商人及其家庭,即占十分之九以上,此十分之一之日人,则皆不法之徒,以从事非法营业(如鸦片烟吗啡之类)为职业者。故严格言之,在东省之日本人,几乎全为消费者,绝少生产者,则东省之开发,彼等岂有丝毫之劳绩耶?不特无丝毫之劳绩,且从而破坏东省之建设,如贩鸦片打吗啡之徒,残害中国人之身体,吸收其金钱。金钱既尽,则流而为盗贼,贻害地方。此特其小焉者也,而日本之退伍军官退职警官,如遂行其国家之政策,常为马贼之首领,指挥马贼骚扰地方,使一般和平发展之人民,常丧失其生命财产,日人所著《满洲马贼》一书内,言之十分详尽,军官及警官之名姓,为日本官吏于检查稿件时,悉行勾去,易以○○○,为美中不足,然明眼人一望即知也。此尚其小焉者也。日本政府借其驻军之力,亦常为扰乱东省之举焉。民元蒙匪之变,系受日本军队之援助,世人尽知,而吾人则有川岛浪速对华管见一密书为之铁证焉。民五勤王军及蒙匪之骚扰,亦日本军队所操纵,吾人则有日本前外务大臣后藤新平伯爵攻击大隈内阁扰乱满蒙一密书为之铁证焉。十七年张作霖之被炸,及满洲之骚然,完全系日本军队之阴谋,此则为世界所周知,无待吾人赘述也。最近日本占领辽吉后,所谓土匪,完全系受日人指使操纵,其上级干部,完全为日本退伍军官,此则世界周知之事实,不论何人皆不能怀疑也。即就吾人略举以上有确证之事实而言,日本只有扰乱东省阴谋,毫无发展之努力,而《泰晤士报》以东省之建设归功日本,吾人不能不向世界呼冤也。

《泰晤士报》又云:"华人妨碍日人合法事业之行为,华人之苛待朝鲜农人。……固可使日本振振有词。"云云。吾人对于所谓"华人妨碍日人合法事业之行为"云者,不知究何所指?日本恃其驻军及警察之非法权力(驻军与警察皆无条约及法律根据)及领事裁判权之力,妨碍华人合法事业之行为,随处可见,几于纸不胜书。至于华人妨碍日人之举,则吾人毫无所闻。若欲求其以是而非之事实或系指吉会路而言,该路日本在条约只有借款一半之权利,而何时修筑,应由中国自行决定,然后与日本商议,此一九○九年图们江界约所明白规定者。日本在条约上既无权利,而强欲修筑该路,中国不允,实为当然之当然。若谓此为中国妨碍日本事业之行为,则日本欲在香港设一炸弹制造厂,欲在印度驻一师军队,英人不允,亦可谓为英国妨碍日本事业之行为也!至朝鲜人在满洲和平之发展,吾人固毫不歧视,若为日人国策之先驱,为侵害中国权利之行为,则中国为维持其国家之生存,当然予以相当之管束,何得谓之苛待?

至谓"华人之自导铁路,与南满铁路成平行线,致违反中日条约之精神……"云云,吾人尤不能无言。所谓华人自造铁路,当然系日人所攻击之打通、沈海、吉海诸路而言。沈海之修筑,系以洮昂由日本垫款包工修筑为交换条件而许中国自修者,日本之攻击当然为毫无理由。至于打通、吉海两路,虽系中国人自修,然中国人在中国土地上自修铁路,岂须受他国之限制耶?所谓"违反中日条约之精神",吾人遍查中日间所有条约,从未发现禁止中国自修铁路之条文,虽日人自称一九〇五年中日东三省条约,有一秘密附件,亦系借当时有此谣传附会而云,事实上固无此密约也。若果有之,日本当然公诸世界,求世界之公评,尚何用其秘密耶?惟其无此密约,故借"秘密"之名,以售其奸耳。又况打通、吉海两路,皆离南满铁路在八十英里以上。若谓该两路为南满路平行线,则津浦亦可谓为平汉之平行线,比国公司亦当禁中国修筑也。善哉,日本东京帝国大学教授横田喜三郎博士之言曰:"若谓打通线为南满之平行线,则日本之东海道线亦当视为中央线之平行线也。"诚不愧为日本学者公平之言也。

以上不过略就《泰晤士报》之言,加以纠正,足见外人对中国事件之隔膜,而易为日本之国际宣传所欺骗。《泰晤士报》素着重世界情形,尚且如此,况其他报纸乎。中国不欲在外交上求世界之谅解则已,苟欲在外交上求世界谅解,则国际宣传殊不能少,且须从速举办以正国际视听。抑吾人更有愿为友邦一言者:阴险狡诈,为三岛民族自发至趾之劣根性;对华侵略,已为其数十年来之传统的国策。东省一隅,彼尤视为禁脔,攘窃强占,无所不用其极。而日人之口头宣传,则曰"中日亲善""共存共荣",而迹其所言与其所行,则全然异致。彼之所以为此虚伪之宣传者,欲以只手掩尽天下耳目,以遂其侵略之阴私耳。自九一八事变以后,日人之暴行,已为世界所共睹。观乎两月以来,友邦舆论,大抵多不直日人所为,足证事实终属事实,决非可以全然抹杀者。惟吾人希望我友邦能更进一步,运其如炬之目光,彻底了解中日纠纷之真相,毋为日人之虚伪宣传所朦蔽也!(已完)

《中央日报》1931年11月7日第一张第三版
《中央日报》1931年11月8日第一张第三版

123. 日军犯黑暴行,施使正式通告国联,请与日政府接洽制止战事,行政院十六日在巴黎开会

外部昨(六日)接日内瓦施代表电告,谓已于五日向国联秘书长特拉蒙,提出声明书,唤起国联对于日军最近行动之注意,大意略谓:日军现集中洮昂路,已危及北满治安。近来日军以修复嫩江桥为名,积极帮助张海鹏,反抗我合法

之黑龙江省政府。日军官林少佐,不顾黑省府与日领关于修桥之拟议,竟代表关东军司令,质问黑龙江省政府,华方能否修桥,否则满铁决于十一月四日用军队掩护,自动修理,同时并称,日本决以武力推翻黑龙江省政府,绝不顾及国联决议案云云。黑省政府虽向日领抗议,日领竟以不能制止日军行动为辞,置之不理。查日军独修江桥,实为掩护张海鹏散兵,进取黑龙江省城,造成与马主席军队冲突之危局。此种计划,将引日军进占齐齐哈尔,并切断中东路线。十一月三日日军曾过嫩江,直攻马主席兵营。日本之否认进兵嫩江北岸,正与不侵越长春以北之声明相等,与事实完全不符云。施代表于声明书中,亦将日军在通辽锦州之活动情形,详为申述云。

【中央社日内瓦六日美联社电】 关于最近日军攻黑事件,中国总代表施肇基,特向行政会提出报告书云:日军集中于齐洮路一带,使北满全部之和平与秩序,大为危险。日军援助张海鹏,反对黑龙江政府,甚为明显。日军少校林某,曾通函黑龙江政府声称,日人决意不顾国联,以武力改换黑龙江之政局,日军业已挑起嫩江桥附近之战事,占据黑边之大兴车站。日军乔装□兵,与马贼混合,日本飞机炸毁江桥之中国兵营,毙中国官兵二十余名。日本兵车六列,到达嫩江桥岸,显然意在援助张海鹏,向黑龙江前进。日本军队飞机与土匪将中国军队围困,以促起战事。日本阳托修理桥梁之名,派遣军队前往嫩江桥边,以实行掩护张逆海鹏,使其便于侵入黑龙江。日本否□江桥以北有日兵,正可与上述事实互助印证也。日军不特北攻黑龙江,又向南攻夺通辽车站。日军飞机五架,盘旋于锦州之空中。洮南、锦州、通辽等处,日军飞机铁甲车,亦甚形活动云。

【中央社日内瓦六日电】 施公使五日下午六时,复以通牒致国联秘书长略称,日军至嫩江一带,积极挑拨,利用飞机及联日之土匪,围困华军,逼与交战,应请立即通知行政院主席,请其干涉而因此项挑拨造成严重纠纷,日本应负全责云云。该通牒□录内称日军数百名,携带飞机十二架,过山炮多门,已越过嫩江桥,猛烈攻击,毙华军百余名云。

【本社六日上海专电】 日内瓦鱼(六日)电。白里安今日通知秘书长,主张召集行政会,于铣(十六日)在巴黎开会,德鲁蒙现正与行政会其他会员商榷。此项提议,大约可无异议,因会员□已多在巴黎,如白里安及巴拿马与瓜特玛拉两国之代表等是,目前未有提早开会之问题。

【本社六日上海专电】 日内瓦鱼(六日)电。国联秘书处,今午二时半正式宣告，行政院铣(十六日)前不开会,现国联中人正筹备在巴黎开会事宜云。

【中央社日内瓦六日美联社电】 嫩江铁桥,日军对华进攻,使国联各会员国,更形不安。一般预料中国或将请求国联执行盟约第十五条,或请求于十一月十六日以前,召集行政会非常会议云。

【中央社日内瓦六日电】 中日事件,为国联成立以来,第一次最棘手之事。截至现在止,日方对华,又有军事行动。现中国虽仍根据盟约第十一条,向国联申述,但国联会方面,认东省之局面或致不得不采更严厉之处置云。

【中央社日内瓦五日路透电】 今日下午中国首席代表施肇基,往访国联秘书长特莱孟,请其注意嫩江战事。施代表请彼即转告国联行政院议长白里安,并请国联立即与东京日政府接洽制止战争。日本代表团同时亦有通告书与国联秘书长,报告嫩江修桥冲突情形。日方谓该桥于二星期前被炸毁,因洮南镇守使张海鹏部队与黑龙江代理省政府主席马占山军队有冲突。日本通告书称,日本曾请中国当局修复该桥,但在日本顾问与中国代表往该处修桥时,马占山部队用机关枪与大炮轰击。洮昂铁路当局乃请日兵保护修桥工人,日本军队奉令绝对守中立,不助任何中国军队。但如有人阻止修桥工作时,日本军队得取相当自卫行动。日方并谓桥修复后,日军立即撤退。

施肇基代表往访国联秘书长时,留一照会,内称:日军态度,显然挑衅,致引起嫩江之战争。彼收到中国政府之报告,谓日本兵穿华服与蒙匪于十一月四日攻击中国军营,日本飞机二架炸轰中国军队,中国兵士死廿余人。十一月五日有六百余日兵渡过嫩江,向中国兵队进攻,中国兵士死一百余人。照会末谓:"余奉命请贵秘书长,立即转告行政院议长白里安外相,并请贵议长干预,使日本政府制止日军挑战行为。"施代表并未要求立时召集国联行政院大会,但一般人推测,白里安或觉有提前召集大会之必要。

《中央日报》1931年11月7日第一张第三版

124. 英美苏俄各报发表田中奏折,日人大惊愕急予否认

【本社六日上海专电】 鱼(六日)东京电,英美苏俄同时发表前日相田中奏折,此间闻之颇为惊愕,当局乃切实声明,此文为伪作。今日外务省发言人

特别奉命发表否认文,指此奏折显系杜造。谓一九二九年太平洋国际学会在南京开大会时,中代表曾拟分散此种伪文,日政府已声请中国当局停止此文之散布。迄至今日,政府以为此文一望而知其为伪作,不能欺人,故未发表正式文告否认此文之确实云。

【中央社伦敦六日路透电】 今早(六日)《伦敦早邮报》将田中义一奏日皇奏章之重要部分发表,该奏章为田中任首相时于一九二七年七月间奏诸日皇,该奏章对日本在东三省之积极政策,有所贡献,并以雄视全球为目的。

《中央日报》1931年11月7日第一张第三版

125. 我国拟即复电国联会,始终尊重国联决议,日暴行有加无已致事变愈形扩大,国联昨电我避免中日战事可能性,各国将考虑撤回驻日大使

官方消息。外交部昨日接日内瓦国联秘书长特鲁孟来电如下:兹奉国际联合会行政院主席训令,将下列电文,转达查照:"事变向北满之发展,及中日两国政府关于此种事变所通知各消息之严重,使行政院及舆论取一致必就办法,不使时局益趋严重。行政院于九月三十日决议案中,阅悉此种正式之允诺为履行该项允诺起见,鄙人以为现在似必须由两国政府,从速训令各本国军队长官避免中日军队战事之可能性质。因如再发生重大之事变,势必使行政院之努力以图维持和平方法解决该院所受理之争端者,愈形困难也。国联行政院白里安。"秘书长达拉蒙叩。

据云,外部接此电后,因日军在东三省暴行,日益增加,意图侵占【黑】龙江,局势严重异常,故拟立即复电国联。大意谓中国始终尊重国联决议,避免冲突,维持和平,及用和平方法解决东三省问题。不仅政府如此,即人民亦谨守法律范围。惟日本则得寸进尺,暴行有加无已,致事变愈形扩大,其咎皆在日本云云。闻此电今晨当可拍发,拍发后全文即可公布云。

【中央社日内瓦六日路透电】 今日国联秘书处将日本通知书发表,内载嫩江战事之日本官报。国联秘书处今日又公布施肇基代表之通告书,内称黑龙江省政府主席马占山,接到日本东三省司令通知后,即训令所辖部队避免冲

突。在十一月四日早，日本军队渡过嫩江北岸，捉着中国步哨二人，中国军队亦未抵抗。数百日军，复向中国阵地攻击，中国士兵死伤数十人。中国军队为自卫起见，开枪还击。日本军队继续向中国阵地攻击，直至夜晚为止。施代表称，日方军队数目日增，希望国联早日出任调处之责，否则恐有极严重之变化。同时日方接得沈阳日本军事当局报告，谓日军之去嫩江，为修桥，故日本东三省司令有令桥修复后，日兵即撤退。日方电报并谓中国军队于十一月二日向日军开枪，十一月四日日兵死十五人云。

【中央社日内瓦七日美联社电】 施肇基以嫩江战事之真象，报告国联理事会称：马代主席遵照勿使局面加重之命令，将军队撤退。孰料四日晨日军又渡江掳去中国哨兵三名，旋即有日军百余名，开枪射击，华人死伤数十名，致令华人不得不取自卫动作。同日下午五点日兵攻大兴车站，半夜未歇，日军继续增加，故应请国联急行干涉，以阻止极端严重之纠纷。

【中央社日内瓦六日电】 国联行政院于十六日开会时，将讨论以最大道德上压力，加于日本军阀，致必要时，各国联会员国，或将撤退各该国驻日本大使。又闻吾国现正研究日本扣留东三省盐税办法，于十六日开会时亦将提出解决云。

【中央社日内瓦美联社七日电】 将于十一月十六日集会之行政会，或将研究国联各会员国是否可用撤回驻日大使方法，以此精神上之重大责任，制止日本军事领袖之暴行，同时又将采取如何解决日本夺取东三省盐税行为之问题。关于此点，有利益关系之各国政府间，业已进行磋商云。

【本社七日上海专电】 巴黎阳（七日）电。今日法外部否认国联行政会将于铣（十六日）前提早开会说，并称：白里安业已分请中日两国维持和平，训令军队长官停止战事，免令和平解决益增困难。两电内容措词相同，此外白氏又特致照会于日政府，内容尚未发表。

外部顷接施代表电告：白里安已正式通知国联行政院各会员，谓因国会事务纷繁，十六日行政院会议，恐不能至日内瓦开会，故若各会员不反对，则下届国联行政院会议最好改在巴黎举行。施代表对此已表示赞同矣云。

《中央日报》1931年11月8日第一张第三版

126. 美国务院照会日本迅速撤兵，史汀生坦然表示将出调解，容揆请美注意华府九国条约

【中央社华盛顿七日电】 美国务院已电令美国驻日大使向日外部提出照会，请日本迅速停止对华纠纷，并将日军撤至南满路区域。众料东三省形势，已日益险恶，日本是否能遵守非战公约问题，最近恐将造成危局云。

【中央社华盛顿七日美联社电】 驻日美使福贝，奉美国国务部之命，面达日外务省催促日本与中国从速解决争端，并立即将日军撤至南满区域内。国务部因欲将此事保守秘密，故以非正式之形式出之。但一般人俱信福贝大使，已将该项意见之笔录留交日外务省。又闻史汀生之公文中，坦然表示美国欲调解之意见。日本在东三省之行动增加无限恐慌，一般观察者，谓日本对于凯洛非战条约之任意不遵守，在最近将来，似已到紧急关头云。

【中央社华盛顿七日美联社电】 驻美日使出渊向国务院声明，谓修理嫩江铁桥，大约需时一星期或十日，日军将于该桥修竣后撤退云。美国务卿史汀孙发表言论云：美国对东三省问题之政策不改变，仍继续以外交途径进行。关于每一举动，均保留自由判断。凡一切国家之目的，在保全东三省之和平，则美国亦将与之合作云。

【中央社华盛顿七日电】 美国务卿史汀生，于日驻美大使出渊往访时，宣称：美国对东省事件之态度，并未变更，美国仍继续为外交方面单独之行动，并保留对于一切行动之决断权。若其他各国之目的亦在保持东三省之和平，则美国亦与之合作云。

【中央社华盛顿五日美联社电】 本日中国代办容揆，以书面请求美国实行维持华府九国条约之安全，同时中国使馆方面宣布，新任驻美代理公使严鹤龄博士，将抵云哥华，即行赴华盛顿，向美国务院报告东三省中日冲突之重要进展。容代办又以日人在牛庄攫取东三省盐税之确凿事实，唤起美国务院之注意，坚持日人攫取东三省盐税，以及驱逐沈阳等处之中国官吏，俱系违犯华府九国条约之举动。又《华盛顿邮报》及《日日新闻报》之社论，俱谓嫩江之战事，足以表示日人图永远占据东三省之野心。《星报》社论谓俄国恐亦不免卷入漩涡云。

《中央日报》1931年11月8日第一张第三版

127. 马占山军继续自卫中,国联对日将执必要之行动,白里安对嫩江时局表示重大忧虑,日本答复依然坚持五项基本原则

黑军自卫却敌,日军飞机猛掷炸弹

【本社八日北平专电】 卜奎电。我军为自卫计,与敌在三间屯一带激战,毙敌数百,击落日机一架。在正河套之张海鹏部支队,被我军缴械。张鱼(六日)晨到泰来设蒙边督办行署。马占山昨电哈,外交特派员钟毓,请将日军袭黑暴行,转达各外领。

【本社八日北平专电】 马占山虞(七日)电平,本日早八时由辽飞来日机数架,两次向我三间房大小新屯一带防地掷弹百余,死亡数十人,大有进据省垣之势。齐(八日)晨又电,省垣情形照常。

【中央社天津八日电】 鱼(六日)至虞(七日)日军猛攻小三家子,马占山卫队团誓死夜战,伤亡逾半,仍苦力支持。鱼(六日)晚黑省委由马遣送安全抵哈。阳(七日)晨黑军退至距昂站十五里处,日军仍进逼,黑垣危急,传日人俟张海鹏入黑后,即以熙洽等拥溥仪独立。

【中央社北平八日电】 据江省马代主席占山七日电称,本日早八时及下午一时,日飞机数架,两次向我三间房大小新屯一带防地投掷炸弹一百数十枚。观测形势,日军大有进窥省垣之势。

【中央社沈阳八日路透电】 日本今日公布官报,谓中国军队集中在昂昂溪以南之新防地,共约一万三千余人,系由海拉尔及其他沿中东路各地,开拔而来。

日本破坏和约,国联将向世界宣告

【中央社日内瓦七日电】 国联会员国接到日本声明,在中国政府未接受日本五项基本原则以前不能撤兵之答复后,咸大为惊愕。国联方面,认日方之表示,已将日本不撤兵之真意揭露。日方原谓日军占领东省保护日侨,但现已

改为压迫中国承认五项原则,于此足证日军在十一月十六日以前原可撤兵,并不致危及日侨之安全,其所以不撤者,为谋借此达到其他目的耳。众料行政院于十六日开会时,将根据盟约第十五条采必要之行动,盖根据该条,国联之行动,可无庸全部会员国之同意,即可生效也。至于十六日会议之结果,众料将采下列之决议:(一)向世界宣布日本为违犯国联盟约及非战公约之国家。(二)国际视察团已无所用。(三)召回各国驻日大使,至最后不得已时,实行对日断绝经济关系云云。

白里安责芳泽,日方答复一味狡展

【本社八日上海专电】 巴黎庚(八日)电。昨晚芳泽以日政府复文送交白里安时,白氏即乘机与芳泽作长谈。闻白氏秘言满洲问题之严重景象,对嫩江时局表示重大忧虑,并指陈该处铁路之所有权。芳泽答谓该路虽确为中国所有,但因系借日款造成,中国未曾履行该借款,关于债息与还债金之规定,日人之干涉修桥事,纯为出于保障该路完好之一念。芳泽又谓,桥口日兵无多,而为四千华兵所攻击。又闻谈话时,言及中国境内抗日之情感,芳泽将中国各处所发生之抗日事件通知白里安氏。

【中央社日内瓦八日路透电】 国联行政院议长白里安已答复,日首席代表芳泽照会。白里安请芳泽注意,如国联行政院于十一月十六日开会时,日本态度仍然强硬,毫不让步,则国联将处于一极困难之地位矣。

芳泽于其照会内,则称洮昂铁路,系用日款所筑,且中国方面,对于借款合同应尽之责任,丝毫不顾。彼坚持日本之派兵到嫩江,完全为使该铁路可畅通无阻。芳泽并提及日本在嫩江军队数目极小,彼谓中国有四千军队在该处。

【中央社合作社巴黎讯】 白里安与芳泽谈话时,曾向芳泽指明谓嫩江桥距南满铁路区域约有五百基罗米突之远,日本曾在国联应允撤兵,如此继续前进,实与其应允者相背云。

日坚持五原则,非先承认不愿撤兵

【八日巴黎电】 日政府复白里安电文,昨于巴黎东京同时发表,全文大意仍以所谓五项基本原则为借口,略谓:日本在满应得权利既被侵夺,日侨生命财产已无安全保障,故日本暂时决不能撤兵,惟有根据日政府十月二十六日所宣示之五项基本原则,由中日两国直接交涉,方可解除此严重局势云云。

【本社八日上海专电】 东京庚(八日)电,日本仍坚持以提交日内瓦之五项基本原则为解决满案之基础,官方表示日本欲以国联为证人,签订包含此种原则之协定书,然后始允与中国协商撤兵详则。

《中央日报》1931年11月9日第一张第三版

128. 我国昨电复白里安,盼止日本侵略行为,行政院会员国应取有效方法,施肇基诋责日本不遵守信约

国联行政院主席白里安,鉴于近日黑省情势之严重,特于前日分电中日两国政府,力劝依照行政院决议案,勿令事态扩大。外交部已于昨日电复白里安如下:中国政府接准阁下来文,业经阅悉,兹答复如下:查中国政府对于日本以武力侵占中国东省各地之举动,始终信任国际联合会,希望达到以和平方法解决本问题而借以维持世界和平之目的。故对于行政院之决议案,所予之义务,尤以避免任何侵略政策或举动,足令事态扩大之义务,莫不忠实履行,以期行政院各会员国之努力可告成功。

不幸日本对于行政院之建议,不独至今无履行之意思,抑且竭力扩张其武力侵略之范围。自九月三十日后,日本违反行政院之决议案,积极继续其非法行动,最后有十月八日轰炸锦州之事。自十月二十四日后,日本又复违反行政院正式表示之意思,拒绝停止其扩大事态之行动。前一星期内发生之事实,已由中国代表逐一报告于国联行政院,最近竟有在牛庄强夺中国政府大宗盐款之事。

本月二日大队日军竟进至离黑龙江省城十九公里之嫩江桥,利用土匪及叛徒,公然渡江攻击中国军队。虽中国军队,驻在离江桥十余公里之地方,而日军仍节节进逼先行开衅,致中国军队不得不采取必要之自卫办法。现在黑龙江省情形,异常紧张。日本之欲以武力占领齐齐哈尔,借以达到推翻东省北部现有政府而扶护叛徒之目的,已暴露无遗。中国政府极盼各国政府速派代表,就地观察事实之真相,及日本违反决议案之证据。

中国政府认为国际联合会为维持和平之世界最高机关,深信行政院会员国,必能以盟约所许,最有效之方法,遏止日本之侵略行为,并令其切实履行决

议案,而阁下以行政院主席之资格,所为之努力必能圆满成功,庶和平与公平,终赖国际联合会之力,而得到最后之胜利也。

【中央社日内瓦八日路透电】 施肇基致国联照会内称,日本军队与中国黑龙江军队之冲突,完全因日本利用此机会,帮助张海鹏部下之叛兵,向马占山部队进攻。日本所谓修桥,纯为一种掩饰之词。修桥无须派重兵推进,更无须用飞机以炸弹轰击中国军队。施肇基谓日本军事当局不顾当地日本领事与中国长官之协定,擅自采用此种"特殊修桥方法",马占山为自卫起见,不能不予抵抗。施代表并力责日本之不遵守其屡次承认不敢轶外行动,致使形势严重之表示。

【中央社日内瓦八日电】 施代表交与国联秘书长之备忘录现已发表,中云:日本军队之集中嫩江桥,系日本欲以其羽翼下之人物替代东省合法政府之预定计划之一部分。至于修桥之事,乃日人借词饰过,良以修桥固不必有炮队、马队、飞机等之援助。日军之所为,实并与我省政府向日本驻黑领事允诺修桥之协议绝抵牾云。

《中央日报》1931年11月9日第一张第三版

129. 日答复美牒,内容与复白里安照会同,国联将宣告日破坏盟约

【中央社东京九日下午五时四十四分路透电】 日本政府答复美政府十一月五日觉书之照会今晚可送出,关于东三省北部发生战事,美国驻日大使于十一月五日,曾有觉书交日政府。日本复文内容,与答复白里安廿九日之照会大意相同,复文内容,尚未宣布。据云日本政府拟请美国政府同意将日美来往照会全文发表,可角解释许多惊人之谣传。日本政府方面宣讲,彼等不赞成此种秘密外交。

【中央社东京九日下午七时〇一分路透电】 日本可接收国联之友好劝告,但不愿容纳国联之强断,此实为日本对东三省问题之态度。日本各方面不满意国联之接收中国方面报告,日本可脱离国联,但决不让国联武断,因日人认此问题与日本之存亡,有密切关系。

【中央社日内瓦九日电】 国联会方面宣传,日本先索取中国接受日方五项基础原则之书面担保,然后撤兵之要求,更足证明日军之占领东省,并非为保护日侨,实欲借武力占领,以要挟中国让步,而置国联盟约以和平方法解决争端之规定于不顾。日本之行动,已不啻自认为国联盟约破坏者。至于日本以退出国联相恫吓一层,众料若十六日国联行政院会议,果将宣告日本为国联盟约破坏者,则行政院或将设法取消日本之国联会员国资格云云。

《中央日报》1931年11月10日第一张第三版

130. 国联行政院公布十六日在巴黎开会,国联邀请美国如期参加,中日复白里安文均公布

【中央社日内瓦十日电】 国联邀请美国参加本月十六日在巴黎举行之行政院会议。又巴黎十日电,法外部已宣告国联行政院会议于本月十六日在巴黎举行。

【本社十日上海专电】 伦敦灰(十日)电,新外相西门,决偕薛西尔赴巴黎,出席国联行政院。

【中央社日内瓦九日路透电】 国联今(九)日正式公布,行政院决于十一月十六日在巴黎继续开会,惟有多人反对在巴黎开会,因该处各国学生甚多,深恐"扰乱"行政院之商谈。

【中央社日内瓦九日电】 中国首席代表施肇基今(九)日有公函致国联秘书处,内称:希望国联、美国及世界公论,维持非战公约及华盛顿九国公约之尊严,并希望彼等采取任何必要方法,达到此目的。施代表之公函附有盐务总稽查克利夫南之一报告书,关于日军在东三省擅提盐款事。

【中央社日内瓦九日路透电】 国联秘书长特莱孟,今日将中国政府答复国联行政院议长白里安十一月六日电报复文之全文公布。白里安之电报,为劝告中日两国政府,切勿有规外行动,致使中日问题愈加严重。日本政府答复白里安之复文,亦于同时公布。日本复文内详细说明嫩江战事经过,日本复文谓日本军队极力避免与中国军队冲突(?),并谓无需虑及中日问题有更加严重之可能,只要中国军队不再取对敌行动。

【中央社日内瓦九日美联社电】 日本答复白里安停止战事之请求,仍坚持必须修理嫩江桥,但担保决不使局面增加严重,该复书略谓:"日本认为嫩江桥在封冻以前修好,实属必要。盖值此秋收时期,农产物之运输,异常拥挤,苟不修理通车,南满铁道将受重大之损失。至于战事起因,系由华人先开枪,吾人不能不将其驱逐至大兴车站以北,使江桥方面无阻。日本军事当局于六日下令,非万不得已不得擅动,故援军停止开拔。四平街与郑家屯之日军,竭力避免与中国军对抗,日本政府以为中国如不挑衅,绝无使局面增加严重之理。"云云。

【中央社东京十日路透电】 日本对美国照会之复文,昨夜已送出,日本外相币原,因目前情况,决不将内容公布,但如美国国务卿史汀生表示愿发表该照会时,日本亦不反对云。

施使声明日攫盐款

【中央社日内瓦十日美联社电】 施肇基致书国联行政院,声明日本军事当局业已承认,曾由长春中、交两行,攫取二百六十万元,该款业经运往东三省银行,日本军人依然继续假手于其所栽培所支配所指挥之机关(即东三省银行),以攫夺盐税。截至现在,日本提去盐税,合计三百万元以上。中国业已提出充分证据于国联行政院、美国及全世界之舆论,证明日本军阀实行其预定之策略,以伸展其占领之范围,而颠覆中国之机关,代以媚日之党羽,强行挪取中国之国税,事态现已完全明显。中国始终信赖国联会员各国、美国以及世界文明各邦之舆论,当能采取必要之手段,以维持国际盟约、凯洛非战公约与华府九国条约也云云。

《中央日报》1931 年 11 月 11 日第一张第三版

131. 国联中人之一种建议,国际警察维持辽吉治安

【本社十日上海专电】 日内瓦灰(十日)电,今日国联中人有组织国际警察维持辽吉治安之议,俾日军可以撤回南满线附属地。国联中人以为派遣他国军队至远东纠纷中心地,亦是一可能的解决方法。此项国际警察,亦可称为国际联盟之警察,可由力谋远东和平之各国合派,或即由目下驻华外兵组织,

其重大任务为保护南满铁路,与保护日侨生命财产。但此议须得日本同意,现料日本未必能赞成。至中国方面,或有同意之可能。果尔则国际警察可不必用以保护南满铁路,纯用于保护中国境内之日侨生命财产,使日军可以完全撤回满铁附属地。据倡议者意见,苟中国同意后,则日本势将不能反对派遣国际警察往中国境土内,只须不入南满铁路附属地可矣,如是日本将无复有占据中国境土之借口也。

《中央日报》1931年11月11日第一张第三版

132. 各国重视国联行政院会议,美派陶斯将军赴法商洽,日加派驻英意大使赴会,会场中悬有东三省大地图

【中央社日内瓦十二日路透电】 国联开会在即,各方俱注意其前途,不知将来中日纠纷结果如何。有人称,国联暂无确定表示,但如中国首席代表施肇基提议,请国联引用第十五与第十六条,国联将处于一极困难地位。

【中央社巴黎十二日路透电】 法国当局极力设法,使国联行政院会议于直一月十六日开会时,处处皆可得其方便。在开会场中,有一大东三省地图,已将绘毕。此厅即非战公约签字处,厅房则为秘书专员及新闻记者用。因欲使开会消息,立时可传达全世界,新长途电话线已装就,并特设一电报局,专为拍发会场消息用。

【中央社华盛顿十二日路透电】 美国驻英大使陶斯将军(前副总统),昨日已得美政府训令,赴巴黎参加十一月十六日开会之国联行政院会议。在公布此消息时,美国务卿史汀生称,陶斯将军之去巴黎,并不完全为逐日参加会议,但可随时与各国代表交换意见,商谈重要问题。因开会讨论东三省问题时,或有与美国权利,与条约规定责任,发生直接关系之事。

【伦敦十二日路透电】 关于陶斯将军代表美政府,出席国联行政院会议事,英外长西门称:国联此次开会有主席白里安之声望,有美国精神上之援助,在东三省纠纷之和平解决有望,国联道德上之力量可以巩固,余个人(西门自称)决尽力完成此目的。

【日内瓦十二日路透电】 国联方面得到报告,美政府派陶斯将军出席巴黎

会议,一般人觉此可表示美国对巴黎会议之注重,并觉美国或比以前较为活动。

【中央社华盛顿十二日电】 美国务卿史汀生,已电令美国驻英大使陶斯赴巴黎,俾便于十六日国联行政院开会时,与各国代表交换意见,但不参加正式行政院会议云。

【中央社东京十二日路透电】 日本政府已训令日本驻英意二大使,立即启程赴巴黎,襄助芳泽在国联开会时,说明日本地位。此二大使,不正式参加会议,但偶尔或代芳泽出席。美国务卿史汀生告日本驻美大使,谓陶斯将军之去巴黎,为与各国代表多接近,至必要时或合作,但不参加会议。日本官方赞成陶斯之赴法。

【中央社伦敦十二日路透电】 英外长西门在下议院内称,彼决去巴黎,参加国联会议,并谓自行政院休会后,各方仍然继续设法解决中日问题。西门谓彼接到报告称,日本军队一部已撤退,但东三省之西北部又有战事发生。关于天津暴民攻击中国地方事,西门谓此事之原由与用意,尚未十分明了。当西门报告彼决亲往巴黎时,下议院全场鼓掌赞扬。工党议员韬昂问及此不幸事件之根本原由,西门无明白答复,西门称英国并未加派军队往中国。当工党议员问及西门是否以其素之"和平心理"去巴黎时,英外相含笑点头。自由党议员满特,谓彼希望不致采用战争政策,希望非战公约之精神可以维持。如国联道德力量不足时,彼主张以抵制日货及经济绝交手段,压迫日本,采取正当态度。此层如做不到,则国联毫无用处。彼不赞成用武力,但主张用经济与财政压力。

【又伦敦十一日路透电】 英国内务部长商谋在满城国联协会演讲,主张中日两国立时停止战争行动。

《中央日报》1931年11月13日第一张第四版

133. 施肇基向国联报告,津暴动确系日本主使,日本急图推翻黑省府

【中央社十二日上海电】 美联社日内瓦消息,施代表继续报告国联行政院称,天津暴动,由日本所指使,提出三点证据:(一)暴徒十余人之自供。

（二）自日租界所发之炮弹上有"大正五年造"字样。（三）在由日租界驶入华界之汽车内检获步枪十五枝,弹二万发,又标有"大正五年造"之手溜弹云。

施代表十一日电告外部,谓已于本日向国联行政院秘书长特吕蒙为下列报告：（一）天津乱事,俱由日本军人煽动而起,日本供给军火于反动军队,促其攻击中国政府机关,被俘之人,声明为日人唆使,其所持军器为日货,炮弹上亦有日本文字,在一汽车中发见沈阳兵工厂制造之来福枪、手溜弹上亦有日本文字。（二）日本决计推翻黑龙江省政府,形势紧急,八号本庄派林秀义赴黑龙江省政府,要求退让。（三）日本军队及军火在泰来者甚多,并以三分遣队攫取中国福高湾（译音）矿,另派日人管理,将原股东逐出,故为一种掠夺行为,毫无疑义。最后请求行政院主席,通知日本政府,转饬日本军人恢复原状,勿令事件扩大云。

【中央社日内瓦十一日电】 施公使已将日军在东省最近之行动,通知行政院,大意略谓：据中国政府所得之报告,日军并未放弃推翻黑龙江省政府,以设立与吉辽两省同样政府之阴谋。日前嫩江桥附近之形势,仍极严重,日军官林义秀已令马占山向张海鹏投降。日军现正集中于江桥附近之泰来,共有步兵四千,骑兵二队,军用品二百四十车,野战病院十三车,飞机六架,重炮四十二门,铁甲车二列云。

【中央社日内瓦十二日路透电】 施肇基昨夜称,日本最近之军事行动,表示日本决意占据齐齐哈尔,中国有一极坚强之照会与国联。关于日本进攻黑龙江省城事,中国代表团收到全世界各国华侨团体来电,表示不买日货。

《中央日报》1931年11月13日第一张第四版

134. 白里安照会中日,中立观察人员即来,中国政府答复表示欢迎,盼往嫩江桥昂昂溪天津,当予以一切必要之便利

【中央社日内瓦十三日路透电】 白里安曾有照会与中日两国政府,请双方切勿有轨外行动,使形势再为严重。白里安提及请两国襄助国联观察员赴东三省,调查当地实情一事,此间认为是外交上绝好方法。据此可得知国联行

政院开会时，国联所采取之步骤。

施代表之报告，谓中国已准备接待国联代表，中国政府已于十一月一日成立接收委员会，顾维钧为委员长，该委员会请国联代表处与彼等合作。

外交界确息，国联行政院主席白里安，对此次中日不幸事件，始终以维持远东和平，调解双方纠纷为职志。本月六日既本是意旨，分由国联秘长，转电中日两政府。嗣即由两国政府，先后致复。昨（十一）日我国方面，又准国联秘长转到白氏来电，拳拳于不得有任何新行动之发生，并希望予各国派往当地调查人员以便利。当已由我国于昨日电由国联秘书长转复欢迎中立观察人员前往日军行动各地调查，尤盼此项人员能前往黑省之嫩江桥及昂昂溪以及天津，与其他各重要地点，并允对于此次人员，当予以一切必要便利。兹特将双方来往电文，探志于左：

国联秘书长特拉蒙来电

南京外交部：奉行政院主席训令，将下列电文，转达查照："十一月六日本主席曾由执事转电中日两国政府，兹接准中日两国政府复文。本主席爰请执事向两国政府代伸谢意。本主席详加研究，各该复文，及最近所接诸牒文之后，以为应再郑重声明，两国政府曾允诺竭力避免一切扩大时局之举动，本主席并力持应严令对峙各军队之长官，切勿有任何新行动发生。最后本主席以为最关重要者，为对于行政院会员国派往当地之视察人员，尤其对于派往嫩江桥及昂昂溪搜集九月三十日决议案所规定诸消息之视察人员，应予以便利。行政院主席白里安。"秘书长特拉蒙。

中国政府复国联秘长电

中国政府接准昨日阁下转到行政院主席来电，借悉白里安君对于远东之现有事态，仍极关怀，至为感荷！中国政府除对于日本之再行故意攻击，不得不采取必要之防卫办法外，仍当严格避免任何武力的行动。但现在局势，因日本继续不断之扩大行动，愈趋严重。如黑龙江省嫩江桥日军正在集中，并已声明夺取省城齐齐哈尔之意思。其司令官竟要求省政府马主席将政权移交于与日军合作之叛徒首领张海鹏。又最近日人在中国各地更有多种秘密扰乱之阴谋，其已经发生于天津之事件，完全出于日人之计划与指导，且以日兵营及日租界为其动作之根据地，殊令中外人民，更觉忧虑。在此情况之下，中国政府

□诚盼望并欢迎中立观察人员前往日军行动各地,以得真实之消息,尤盼其前往黑龙江之嫩江桥与昂昂溪,及天津与其他重要地点。中国政府对于观察人员,当予以一切必要便利,俾完成其职务。上开文件请即转致行政院主席为荷。

【中央社东京十三日路透电】 日本政府答复白里安照会之复文,已于昨夜(十二日)发出。白里安曾提议由国联派中立观察者赴东三省,日本复文谓,日本政府对各国政府代表赴东三省调查者,业已随时予以方便。

《中央日报》1931年11月14日第一张第三版

135. 为暴日破坏国际和平,四全会对全世界宣言,为保障国联非战等约之尊严,及执行中华民族生存之自卫,虽有任何重大牺牲亦所不恤,领导我全中国民族奋斗到底

第四次全国代表大会,于十一月十四日下午第一次大会,决议发布对外宣言,一方面唤起国际间对于日本暴行严重之注意,一方面表示御侮奋图之决心。此项宣言,业经分电各国,兹将原文录下:

中国国民党第四次全国代表大会,对于日本违反国际公法、国联盟约、非战公约与华盛顿九国条约,破坏国际和平,肆意侵犯中国主权独立及领土行政完整之严重情况,认为不仅中国存亡所关,亦为世界人类安危所系,谨代表全党及全国人民之坚决意志,宣言如下:

九月十八日日本军队,袭取沈阳,相继进占辽吉两省之各重要城市,至今瞬将两月。当事变之初,中国即提请国际联合会处理,期以国际间保障和平机关之制裁,伸张正义与公理。国联联合会行政院,于九月三十日全体一致议决,限令日本撤兵,并规定其撤兵完成之期,在十月十四日行政院举行下次会议以前。此项决议,且经日本正式声明接受。乃在此期间,中国政府尊重国联决议,极力避免冲突,加意保护日侨,使无任何不幸事件发生。而日本军队,不但无丝毫撤退表示,反以飞机袭击锦州,破坏北宁铁路,扩大占领区域,增派军舰,示威于沿海及长江各埠。于是国联乃有十月十三日提前之集会,于十月二十四日,除日本外,一致通过决议,明确限定日本于十一月十六日以前完成撤

兵，由中国政府接收所有日兵占领之各地方。中国政府复尊重国联决议，除依据该决议，派定负责接收人员，通告日本政府外，并履行中国方面关于该决议之其他一切义务。且中立国观察员亦早派定，乃日本蔑视前项决议，概置不理，并施行种种之破坏与阻挠，使中国与各友邦共同努力之和平，无法实现。嗣十一月二日白里安议长致日本复文，声明议决案仍有充分执行力量，不承认日本在东三省之条约权利与日本人民生命财产之安全，有相互关系，并唤起日本履行其迅速撤兵之义务。乃日本不但延未撤兵，而且增兵不已，进占洮南等处，屡次进攻通辽，袭击嫩江之中国军队，图谋进攻黑龙江省会之齐齐哈尔。复在辽宁、吉林，唆使中国土匪及复辟党，组织非法政府，进行独立运动，予中国以实行接收之困难。又在营口、长春等处，提取盐税收入，直接破坏中国之财政，间接影响中国履行对外经济负担之能力。复自十一月八日起竟在天津日租界利用匪徒，给予武装，由该租界出发袭击中国公安局，及其他行政机关。且自日本兵营迭次发炮轰击中国管辖之境，不但为各国人士所共见共闻，而且炮弹枪械证物俱在。似此不宣而战之敌对行动，其毒辣实为世界所仅见。是不特违反一切国际条约、国际公法，且系对于文明对于人道，及对于国联盟约、非战公约与华盛顿九国条约之直接破坏与挑战。在此时期，日本仍借口其提五项基本原则，坚持中国须先承认进行直接交涉，是日本明明欲在其兵力威胁之下，强迫中国承认其要求。中国国民对于日本向国联狡词饰辩，所谓条约权利之主张，证以九月十八日以来日本方面之行动，为国际公约之尊严计，不能不发下列五端极深之疑问：（一）国联盟约是否有效？何以日本能不顾盟约之规定，公然违反国联之决议？国联是否应援用盟约第十五、第十六两条之条款，与以正当之制裁？（二）非战公约是否有效？何以日军本队向我中国军队公然进攻，竟以武力实施其侵略之国策？签约各国对其背约举动是否应速加以纠正？（三）华盛顿九国公约，是否有效？何以日本公然侵犯我主权独立，与领土行政之完整？签约各国对其背约举动，是否有所挽救？（四）日本在中国领土内之租界，是否限于和平通商居住之通则？其在天津利用租界地位，以为破坏中国之阴谋策源地，是否为条约所许可？（五）为保证中国对各国应履行债务之盐税，而日本竟任意提取，其破坏我国财政固不待言，抑此等举动，又是否为妨害我国履行条约义务之行为？似此胁令我国单方尊重其所谓条约权利，而其自身则蔑视条约，乃至破坏条约之举动，层出而不穷。是日本将不仅为破坏国际和平之祸首，亦且为破坏条约尊严之罪魁。现国联行政院即将重行开会，本大会谨郑重唤起国联会员国及非战公约、华盛顿九国公约签约国之严重注意，俾知日本自九月十八日以来，早已视国联公约如废纸，中国主权独立及领土行政之完整，已为日本实际破坏。本大会坚决主张国民政府应速准备，实力收回东三省，保障中国领土之完全，勿令其有丝毫损失。并望国联于此次开会时，执行盟约第十五条及第十六条之规定，迅速予日本侵略行动以有效之制裁。更望非战公约与华盛顿九国条约签约之友邦，履行其各该公约上之义务，务使远东及世界和平，不致为日本所破坏；正义人道，不致为武力所屈伏；国联及国际条约之尊严，不致因此而失堕。日本武力占领东三省，至今已将两月，中国忍耐至今，已至最后之限度。如日本继续蔑视国联保持正义之主张，不顾国际公法之尊严，而国联及各友邦无法履行其签约国神圣义务之时，中国民族，为保障国联盟约、非战公约及华盛顿九国条约之尊严，及执行民族生存自卫权，虽出于任何重大之牺牲，亦所不恤。为生存自卫而抵抗，为独立国家应有之权利，亦国际公法所允许。本大会自当领导我全中国民族，奋斗到底，誓不稍屈于横暴武力之下，以保持国际之正义，与完成我签约国对于国际公约之神圣责任。谨此宣言。

《中央日报》1931年11月16日第一张第三版

136. 国联行政院今开会，施肇基抵巴黎与陶斯会晤，日本仍将坚持五基本原则

【中央社伦敦十四日路透电】 英外长西门，明早（十五日）十一时去巴黎，参加国联行政院会议，该会议定于十六日下午四时举行。与西门同行者有西席尔爵士、维勒爵士、西尔伯爵士、勃勒特爵士及嘉多庚，以上皆英国外交部重要人员。勃勒特爵士最初在中国任随习事领，一九一九任济南总领，一九二二在南京，一九二四年在上海，于一九二四年被调回部。日本驻英大使与其秘书，明早（十五日）亦离此赴巴黎，所乘车比英代表西门等之车较早，但将同船过英国海峡，并同车赴巴黎。

【中央社巴黎十五日路透电】 中国首席代表施肇基，已抵巴黎，今日（十五）与美国陶斯将军晤面。陶斯将军今日或可与日本首席代表芳泽晤面。日

本驻英大使,今日可到巴黎,襄助芳泽,参加国联会议。日本驻意大利大使,原定来巴黎,今已决暂不来法京。

苏俄驻法大使德夫格勒夫斯基,昨日(十四日)往访白里安,表示苏俄对中日东三省问题之关心,不亚于美国。白里安答谓,美国并无代表参加明日(十六日)会议。

【中央社日内瓦十五日美联社电】 施使向国联行政院,详述日本攫取盐税之种种暴行凡七款。

【中央社巴黎十五日路透电】 明日(十六日)国联行政院院会议地点巴黎之空气,完全不适于和平与理论,远不及日内瓦。关于日本愿让步或折中办法已近,此种谣传,在日内瓦闻之或可信,在巴黎则意味不不相同。日本方面,仍坚持顽强态度,路透记者今日(十五日)往晤日本一重要代表,据云日方将坚持其五基本原则,在此五原则未有满意办法前,日本绝对不交军队撤入南满铁路区内。

【中央社日内瓦十四日路透电】 国联秘书处又公布中日两国照会多件,中国照会请国联即制止日本侵略行动,并希望国联即派中立代表去东三省。

日本方面有三照会,一照会否认日内瓦报纸所载之田中奏折,谓为假造,作中国方面宣传用。另一照会反对国联秘书处所公布之中国照会,日方谓此种照会警动人心,使人对日本政府表示之诚意怀疑。日本照会谓公布此种消息,摇惑人心,与国联之本意相差甚远。

有一照会关于日本在东三省之军队布置,日本主力军队现在大兴,马占山部队之主力,集中昂昂溪,马占山部队比日人为多,中日两方前哨相距只有由四至八基罗米突。

《中央日报》1931年11月16日第一张第三版

137. 国联行政院昨日开会,白里安对东省情形作总报告,大会旋即休会开不公开会议,国联盼早日解决东三省事件

大会开会之一瞥,白里安偕致开会词

【中央社巴黎十六日下午四时卅分路透电】 于空气紧张中,国联行政院

今日（十六日）下午四时零六分正式开会，四时廿七分休会，会议时间整整廿一分钟，由议长白里安致开会词。在开会前，苏俄驻法大使德夫勒夫斯基再往访法外长白里安，据云所谈系关于最近苏俄与日本交换之照会事。开会前，议长白里安与中国首席代表施肇基、日本首席代表芳泽晤面，有长时间之谈话，详细讨论此次国联行政院会议之程序。

【中央社巴黎十六日路透电】 开会后议长白里安，将自上次行政院闭会后，东三省情形作一总报告，彼谓中国与日本政府均有照会与国联，虽日本并未依照十月念四日国联行政院十三理事所通过之决议案，履行其职务，但日本已向国联表示称，日本决尊重其所应尽之责任。白里安复提及中国首席代表施肇基致国联之公函，内称中国决履行一切对国联之义务，并愿将一切条约之解释问题，交诸仲裁。议长白里安称，于十月念六日，彼接到日本一照会，内有日方所谓五基本原则，将此五原则详细研究后，白里安觉前四原则，已包括在国联决议案内，关于最后之第五原则，白里安谓施肇基公函之提议，甚有研究之可能。至于东三省目前军事情形，白里安谓关于此点，中日两政府俱有详细报告与国联，日方并有照会，解释日方擅提盐款事之经过。行政院今日（十六日）之公开会议，于四时廿七分休会。休息后，继续开不公开会议，旁听者及新闻记者皆退席。

【本社十六日上海专电】 巴黎铣（十六日）电，法外部之钟室，华丽壮观，与日内瓦会议室之简朴迥异。午后四时前，早已人满。代表之首先到会者，为薛西尔子爵，国联诸秘书员继之。开会以前，西门爵士与芳泽曾有短时之会话。四时零六分，白里安面呈倦色，起立致词，历十分钟之久，言时数数呵欠，其状甚苦，令人非常担忧。议席为马蹄形，施肇基坐于极右，西门居中坐，芳泽在其左，国联秘书长德鲁蒙在其右。又白里安开会词中，有诸代表于今日在此室中会议，当追忆国联之成立而维护国联之责任云云。盖该会议室乃当一九一九年，法国老虎总理克勒满氏[①]在该室中，通过国联会章者，是则又弥复使人尤可注意者也。

（又电）今日国联行政院第一次会议时，议长法外长白里安于致开会辞后，即将中日辽吉争执事件从首至尾，宣读一遍，并日人在九月三十日接受决议案之诺言，及中国施总代表转致中国国民政府遵守决议案之函。白氏复谓，国联

---

① 编者按：乔治·克里孟梭(1841—1929)，外号"老虎总理"。

行政院仍当设法和平解决,中日争执案件,旋于四时二十七分闭幕后,乃进秘密讨论会议。

国联希望早解决,白里安态度或有变

【中央社巴黎十六日上午十时路透电】 万人注目之法国外交部大门,将于今日(十六日)下午四时开放,半句钟后,则国际联盟之戏剧可开场矣。剧中之排演人与角色,与上次在日内瓦开会时相同,且剧中之二主要人物,亦一切仍旧。

据云,因法国参谋总部之压迫,此次国联行政院议长白里安之态度,或有变更。彼虽对国联深表同情,但彼不能不奉行其政府之意旨。

各方极注意英外长西门爵士,此次出席国联会议,西门爵士今早(十六日)与法外长白里安密谈约四十五分钟之久。英国与法国甚希望于本星期五六,可有和解办法。一般人预料于今日(十六日)开会时,及最近数次会议时,中日双方代表态度,必极为强硬,但终久必渐转和缓。因中国、日本及国际联盟之前途,不能为此事而归绝望。

国联方面表示,日本虽有掌权之军人,但尚有学、商、工、农各界。中日问题之解决,为日本国内大多数人民所渴望。国联当局希望日本之非军人各界,终久可以贯彻彼等之主张,使中日纠纷得有完满之解决。

未开会前之形势,各国代表纷纷莅止

【中央社巴黎十五日路透电】 英外长西门爵士,今日(十五日)下午五时半由伦敦抵此。英国驻法大使康母尔及法外长白里安之代表,均在车站欢迎。日本驻英大使松平同车抵此,日本首席代表芳泽亦在车站迎接。英国西席尔爵士,今夜(十五日)十时可抵巴黎。波兰外长西勒斯基,及西班牙外长勒乐,已在巴黎。德国政府秘书长布鲁博士,与外交部之穆帝博士,今晚(十五日)亦可由柏林抵巴黎。

【中央社巴黎十六日电】 美驻英大使陶斯星期日午与我国代表施肇基晤谈,当由施将中国态度大概说明。陶氏随员曾向美合众社宣称,陶氏将在巴黎少驻数日,并不参加行政院会议,惟可贡献意见云。英外相西门、日本驻伦敦大使松平,昨下午五点五十分到巴黎,芳泽曾前往欢迎。此外意大利代表西爱罗甲、西班牙外长勒乐、波兰外长查斯基亦均莅止。

又据伦敦每日电报外交记者所谈，西门、陶斯、松平三氏，在伦敦谈话，及白里安、芳泽两氏在巴黎谈话之结果，解决中日事件之折衷办法，将提出于行政院。据此项折衷办法，将仍请日本重行允诺撤兵，惟不定期限。至撤兵则将由国联及美国所赞成之中立国视察员监视执行。并云按照此项折衷办法，日本关于条约之要求，如有必要，或将由海牙法院决定。

【中央社日内瓦十六日路透电】 十月二十四日国联行政院之决议案，请中日两国在撤兵后，立即开始直接交涉。此决议案，除日本一国反对外已通过。可见中日问题，不仅为一撤兵问题，故和平解决，须有切实之保障。如国联能达到此目的，则其功非浅。关于美国参加问题，日内瓦方面均觉无论美国正式参加与否，毫无关系，因无论如何，美国此次系与国联合作，以和平方法，解决此次中日纠纷。

英法舆论之一斑，日本必须赶早撤兵

【中央社伦敦十六日路透电】 各方咸知巴黎国联会议之重要，且对将来结果甚为忧虑，觉国联此次处置失当者甚多。彼等谓日本不能接受撤兵决议，国联声望必受损失，甚至本身不能存在。

伦敦《新闻纪录报》，今早（十六日）称，国联盟约之第十五与十六两条，可用以应付此种特别情事，国联应表示有勇气与决心，务以有力方法维持世界和平。

【中央社巴黎十五日路透电】 法舆论有一部分人，觉中国现请国联予以助力，因此于国联本身之威望有关，中国完全依赖国联可主持公道。日本则以国联为无用之物。《巴黎时报》今（十五日）早称，美国有调和办法之消息，毫无根据。据该说既不能证实，且办法内容亦不得而知。该报谓美国驻英公使陶斯将军，在国联行政院开会时，或设法将此意提出。《巴黎时报》谓国联行政院此次开会之目的如下："日本必须赶早撤兵，在日兵未撤完前，中国应设法与日本政府开始直接交涉。"（？）日本驻英大使在由伦敦赴巴黎途中，曾与英外长西门爵士有长时间之密谈。日本驻英大使抵巴黎后，立即往访其老友陶斯将军，二人有长时间之谈话。在陶斯将军离英赴巴黎前，二人亦曾晤面。由此可知美国代表陶斯将军，虽不参加国联会议，其地位仍非常重要。

《中央日报》1931年11月17日第一张第三版

138. 社论：暴日阴谋全部实现矣

暴日强掳我东省，截至昨日止，已两阅月。此两月中，日兽军在其侵占区域内无日不制造恐怖，飞机则随处掷弹，士兵则四出行动。北宁路为联络欧亚交通之路线，乘客熙来攘往，彳亍于是线者为数极夥。日军嗾令日韩浪人几经破坏，致行旅裹足，交通梗塞。并任意残杀我无辜良民，奸淫焚掠，无所不用其极。此非吾人臆度之言，乃驻华各使领馆于九月十八日以后派员驰赴东省各地实地视察之报告。其具有翔实性，无待赘言。若欲更进而求蛮无人性之事例，则最近天津方面日便衣队之暴动，尤为众目所共睹也！依照国际法及国际惯例，甲国与乙国间若因环境上事实上之相互的敌对行动，至于不得不出诸一战者，在开战之先，应有宣战之手续，及战端既开之后，亦应遵守国际间共同信守之正义法则。对于解除武装、既被俘虏之敌方士兵，亦不得滥施虐待、无故加以残害。此种信念为文明时代二十世纪之并世各国所共同信守，无或背渝。吾人尚持此原则以俭[检]查九月十八日以后日人在我领土内之行动，则何如者？在事变以前，中日双方并无若何显著之裂痕。有之，则万宝山鲜人强据我农民土地，与日人在朝鲜各地对我侨胞之大屠杀是已。而日人突如其来，据我沈阳，并以次扩大及于其他地域，始犹以自卫为掩饰，继则蛮干到底，延不撤兵。国联二次开会，为促日政府注意，曾于决议案中重复申述中国领土及行政完整原则。日人全然抹杀，置诸不顾。在占领辽吉之后，复向北推进及于黑龙江，欲一举而囊括东省全部，据为己有。夫日人所敷设之铁道及其他所谓既得权益均在东省南部，而日人忽向东省北部积极推进，其垂涎富源固为一端，然非尽着眼在北部之物质的取得，亦可概知。何以言之？日人既握有东省南部，即不啻对北部加一屏锁，况有南满路以吸取北部之谷物及其他一切财富，何至迫不及待乃尔？且重要海港如清津、罗津、大连湾、连山湾、营口、牛庄等均在其手，司北部货物之吐纳者，仅有中东铁路终点之海参崴一隅，其量究属有限。然则日人何为而亟亟于向北进展乎？其处心积虑，盖谋与苏俄挑衅。设一旦苏俄对日人之力迫威劫愤不能忍而致出兵护路，□彼时日人即可大声疾呼，向世界宣传苏俄与中国携手，东亚有赤化之危险。日人并以保障东亚之责自任，借以取得国际间之同情。于□国际之目光，尽为日人一手所蔽，日人得以予取予携,灭人种,亡人国,而遂其大欲矣!用心之险,宁堪图耶?幸我黑代主席马占山氏,整饬士卒,自卫守土,沙塞挥戈,屡却强敌,日人乃不能于十一月十六日以前,达到向苏俄挑衅目的。然马氏孤军御寇,外援频绝,而日军则汇集日多,增援不已。以势度之,迟早之间,终不免为敌所乘耳。其尤有进者,日人自占据东省以后,施其煽惑及迫胁手腕,始则压迫袁金铠、于冲汉辈,成立所谓沈阳治安维持会,并极力诱致逊清遗孽溥仪复辟,冀抄袭其亡朝鲜之旧文章,以并吞东省。今则溥仪已于日便衣队在天津暴动中被日人绑架以东,象版牙笏,傀儡登场矣!溥仪之受日人侮弄,固不足惜,而日人并吞东省之阴谋,至此则可谓已暂告一段落。自今而后,日人对国际方面,可退居第三者之地位,而其实际,则东省已为日人之版图。金瓯残缺,国土日蹙,大好河山,行将变色。言念及此,痛心何极!溥仪登场之日,即国联撤兵限期届满之时,日人伪为撤兵,更借溥仪请求保护为名而实地占领。设谋之狡,何以加兹?今国联虽于昨日再作最后集会,然巴黎空气远逊日内瓦,秋云四布,乐观无望。最后之希望,惟在于吾人最后之奋斗!日昨四全代表大会为暴日破坏国际和平,发表对全世界宣言,剀切声明:中国为保障国联、非战等约之尊严,及执行中华民族生存之自卫,虽有任何重大牺牲,亦所不恤。体察事势,牺牲殆已不能避免。国人其亦及时奋起,作最后之准备否乎?

《中央日报》1931年11月17日第一张第三版

139. 国联行政院昨晨续开秘密会议,施肇基与陶斯昨有重要谈话,会议集中谈商两项试行建议,议论甚多但尚未商得一致归结

昨晨之秘密会,日原则为最大难关

【中央社巴黎十七日路透电】 国联行政院今日(十七日)十时三十分举行秘密会议,下午十二时四十五分休会。行政院议长白里安向各理事报告中日纠纷之情形,及彼与中日两国代表商谈之经过。此时各方已明了,中日问题最大之难关,即日本方面所坚持之五基本原则。至十二时四十五分议决,今日

(十七日)下午暂不开会,等明日(十八日)再继续讨论东三省问题。同时议长白里安可设法得知日本所提出要求之要点,究竟为何?国联将请日本切实说明,所谓条约规定,系指何条约而言。因国联欲得知,究竟日方所提要求,与撤兵后日侨在东三省生命财产之安全,有何关系;究竟日方此次所提要求,是否纯为日本在东三省之经济权利。国联将以上各条,有十分之明了后,将开始寻觅一适当途径,使中日双方可得相当谅解。日本代表团今日(十七日)请国联之情报处职员在克利昂饭店午餐,日方借此表示,日本对国联本身,并无恶感。

施陶重要谈话,国联拟议两种办法

【本社十七日上海专电】 巴黎篠(十七日)电,行政会今晨十一时三十分开秘密会议,讨论东三省事件,中日代表俱未参加。开会前陶斯曾与施代表相晤,事后施氏语人,东三省及中日间局势日益严重,经渠竭力陈说后,陶斯已表示不拟折衷办法,渠确知美政府与陶俱无折衷处置之意,亦不欲将非战公约摈除于东北危局之外。又陶斯语人,渠与美政府俱未预料有列席行政会之必要,因调解之途殆大半将在私人谈话中获得云云。施陶两氏会晤之后,国联秘书处即正式发表今日不复举行公开会议,十二理事将继续秘密谈话,中日代表俱不参加。嗣开秘密会议时,闻各理事分组谈论,大都集中于两项试行建议:(一)拟即商订一东方法[洛]迦诺条约;(二)组织两中日委会在东三省并欧洲同时进行工作。商订东方法[洛]迦诺条约之提议,倘能获有成议,则将规定类似欧洲诸国所订法[洛]迦诺公约之条款,一国侵略则他国合阻之,而以中日条约目前状况为根据。第二项建议,系国联秘书处发出,将组织委员会监视日撤兵,同时另组一混合委员会,在欧洲开会,商定中日条约地位。秘密会议至十二时散会,在明晨以前,将不复有会议。又据可靠方面传出,目下虽已有数种提议,正在考虑,但白里安尚未有特别计划提出,现信行政会在星期五以前,恐未必能商得解决办法。

【本社十七日上海专电】 巴黎篠(十七日)电,今午法外部公报称,行政会星期三上午十一时开秘密会议。外间谓此公报足以表示各理事之秘密会议与私人谈话,迄今仍未能有充分进步,足以举行公开会议云。

前日秘密会议,侧重国联十月决议

【中央社巴黎十六日电】 据本日下午六时半,国联行政院所发表之正式简单报告，则知当非公开会议时，颇侧重同意于十月二十四日国联与日本决议案之前四点，但对于：一、中国所提安全之解释，二、关于满铁区域条约效力之解释，则意见仍属不能一致，现颇有僵局之形势，因更开秘密会议磋商。据云，我国代表施肇基与英之西门、日代表芳泽与白里安均曾分别谈话，施与西门之谈话时间尤长。

【哈瓦斯十七日巴黎电】 非公开会议，为时甚暂，仅彼此接洽，并规定会商手续，即已竣事，全部时间几由白氏占去。白谓美国实行非战公约，对国联予以助力，此次由声望素著之陶斯代表白宫，国联请其襄助，深信其必乐于出席。至争端已至如何程度，按之公布消息，当上次行政院散会时，业已发见两种见解，一方要求从速决定保障生命财产方法，盖无此项保障，则日不愿变更地位，而他方则赞成此种谈判，要求迅速解决，俾撤兵之举，得以从速完成。所困难者，厥维安全问题之谈判，其方案中应列入何项条款。日代表当即提出所谓五项原则之方案，其中前四项，双方似无异议，其大要精神，至少已插入十月二十四日决议草案。第五项，则中国认为根本谈判，当讨论安全问题之项，未便任其拦[阑]入，盖第五项牵入各种不相同利益，一经道及，费时必多。日代表谓其政府所注意者，在得安全。

【中央社巴黎十六日路透电】 议长白里安作总报告时，谓自十月会议以来，彼尽力设法，使中日双方同意决议案，但毫无结果。上次闭会后，施肇基向余（白里安自称）表示，中国深愿尽其责任，关于条约一层，可交仲裁或法庭。日本则谓中国对有数条约之能否成立，深为怀疑，日本决不能承认此种态度。白里安甚为感谢中日双方将所有最近情形，随时报告与国联，彼谓此可表示，中日均极愿与国联合作。

正觅解决办法，白氏主用公平方法

【中央巴黎十七日路透电】《巴黎之高[声]报》今日（十七日）称，所谓秘密折衷办法，仍然未作罢。美国之陶斯将军，英外长西门爵士，与日本驻英大使松平，在伦敦时曾作一度商议。此办法之要点，在不确定一撤兵日期，可使日本政府得从容将军队撤退，且东三省日侨之安全亦无危险。此办法之另一要点，即双方先有协定立时停止所有军事行动，同时中日两国开始直接交涉，讨论两国一切案件。以上所述办法，此时尚未正式提出国联行政院会议，公开讨论。但各方均深信，国联正在设法寻觅一相似之办法，迅速解决中日东三省之争端。

【中央社巴黎十六日路透电】 白里安称,国联行政院将继续设法解决中日之纠纷,取不匆不忙平心静气之态度,根据国际间责任,主张和平与公理。

【中央社巴黎十六日路透电】 白里安之报告,极为简要中肯,彼称,对保护日侨安全一层,亟应设法有完好办法。因无相当保障,日本不能更改其目前态度。但究竟所谓安全包括何物,日方谓最重要在保守东三省及南满铁路条约之尊严,彼觉施肇基致国联函所提议,可为双方谅解之基础,只要双方有好意之让步。

【中央社巴黎十七日电】 白里安向国联行政院各代表声称,当继续搜寻公平解决之方法,不应坚持成见云云。英西门、德布鲁两氏均表示赞成白氏意见,并表示英德两政府愿尽力合作。白里安宣读文件时,咳嗽甚烈。

【中央社巴黎十六日路透电】 今日(十六日)下午,国联行政院开会后,各方之印象,均觉中日东三省问题似无决裂之虞。国联此次议会开会时,深受宣传过甚之害,到处都有摄影记者摄影,电火爆发,有如炮声,电光火烟满室,致议长白里安咳声不止。

暂取私人谈话,中日停止公开争辩

【中央社巴黎十六日路透电】 英外长西门爵士,表示如纠纷国(中国与日本)双方停止公开争辩,则和平交涉,可有进步。德国代表布鲁尔赞成私人谈话方式,因所收文件过多,需时研究。白里安称,此种方式颇为有益。

【中央社巴黎十六日路透电】 今日会议散会后,当各代表出会议厅时,芳泽稍候未出,与白里安谈话。白里安曾差人出问施肇基,是否已离会议场,后闻施氏已去,遂未与施谈话。

【中央社巴黎十六日路透电】 散会后,路透记者往访芳泽。芳泽称,目前恐无公开会议,俾私人谈话得进行,明(十七)日或有秘密会议。路透记者问,明日之会议是否表示解决有望?芳泽谓彼之观察不同,但明日(十七)会议,可表示已有进步。

施肇基之危言,中国处极严重地位

【中央社巴黎十六日路透电】 在秘密会议中,中国首席代表施肇基曾作短时间之发言,彼谓中国现已处一极严重之地位,国联不能一再迟延,须早日将此问题解决。彼并主张能多有公开会议最好。日本代表芳泽未发言。

【中央社巴黎十七日电】 陶斯曾与国联秘长、松平及我国施代表为长时间之谈话。施后与合众社记者晤谈,坚称,陶斯并无提出折衷办法之说。施并自称,据彼所知华盛顿方面并未拟具何种折衷办法,实则亦绝无折衷办法之可能。在日本方面问题极为简单,即退出东省抑不退出东省,一言可决。自九月三十日以来日本曾屡次声明将日军撤退,而彼对于十廿四日国联决议亦复有遵守之义务。自中国之眼光观察,今日之会议,实仅为日本与国联间之会议所应讨论之问题,即日本是否撤兵,抑将自背其对于国联之允诺。至中国方面,则只知仍站定其原来之地位,承受国联之决议而已。又白里安曾接见英西蒙氏及苏联大使道瓦尼夫斯基氏,同时美陶斯氏复与日松平有第二次之谈话。

【中央社巴黎十七日电】 行政院秘密会议,延至昨晚(十六)六时始散,暂定今晨继续讨论。白里安在秘密会议席上,希望各国能共同合作。又称,美代表虽未出席会议,而该国驻英大使陶斯已到巴黎,特予行政院以极有力的道德的帮助。芳泽一言未发。施代表声称,中国在两月内处于困苦境地,希望中日事件能早日解决。其他各种会议有即举行可能,昨晚及今早在法外交部及各旅馆将续有秘密磋商,已若商洽能有相当进步,则将举行公开会议云。

陶斯或将出席,连日幕后活动甚力

【中央社巴黎十六日路透电】 美国今日(十六日)会议时无代表参加,但闻于必要时,陶斯将军或出席会议。又路透社得悉陶斯将军于本星期五六将出席行政院会议。

【中央社巴黎十六日电】 此间报界批评,行政院公开会议及白里安氏之演说,均谓或将先有根本的调停办法,而后随之以长时间之磋议。观于白氏之演说,绝无前此之激昂,即可知将有调停办法之出现。惟其性质如何,现在尚难悬揣耳。同时外交界之活动,则迟至午夜方休。法外部于行政院休会后犹久为民众所注视。美大使陶斯虽不列席会议,但其幕后之活动甚力,据云渠将忠实的与行政院合作云。

英法报纸批评,法报主速制止战事

【中央社巴黎十七日路透电】 关【于】昨日(十六日)国联行政院之会议,法国报纸今早(十七日)批评极多。《巴黎晨报》称,国联应即由在东三省国联之当地代表，出任调停之职。该报谓国联在巴黎，仍在高谈阔论，而东三省之战事已有一触即发之势。国联应即请在东三省之各国外交代表，设法制止战事云。

【中央社伦敦十七日路透电】 今早（十七日）英国全国各报纸，俱详载昨日（十六日）巴黎之国联行政院会议报告。但评论绝少，因各报俱觉在会议初步时期内，不便即可断语。在第一次会议场间，中日两国代表，无争辩之事，一般人对此，颇为满意云。

《中央日报》1931年11月18日第一张第三版

140. 国联昨续开秘密会，中日问题届重要时期，会内讨论主要为条约问题，美声明反对在华特殊利益

昨日两次秘密会议，中日代表均一度出席

【中央社巴黎十八日下午四时二十分路透电】 中日纠纷已入最重要时期，今早（十八日）秘密会议后，国联无公报发表，可见形势之严重。今早（十八日）上午十一时，有秘密会议，至下午一时休会。开会时间共约二小时，会场中不准新闻记者列席，国联秘书亦退席，即会场中亦不准有笔记，中日两国首席代表施肇基与芳泽，均未出席。议长白里安称，无论如何，国联盟约，必须维持。各方面得此消息后，精神为之一振。英外长西门爵士及苏俄驻法大使德夫勒夫斯基亦有同样主张。今日（十八日）日本驻英大使松平往晤英外长西门爵士与美国代表陶斯将军后，表示日方情愿让步，但日方所谓折衷办法，国联与施肇基是否愿接收［受］，尚未可知。

【中央社巴黎十八日下午五时路透电】 今日（十八日）下午四时，国联行政院举行一重要之秘密会议，日本首席代表芳泽被邀出席，解释日本所提之五基本原则，尤应说明日方第五基本原则之意义，并请芳泽说明，日方所谓条约，系指何条约而言。今日（十八日）下午五时，中国首席代表施肇基，被邀出席秘密会议，施肇基将向大会报告日本军队进攻黑龙江军队，准备占据齐齐哈尔之事实。

【中央社巴黎十八日路透电】 今日（十八日）巴黎英美记者联合会，请英

国代表西席尔爵士演讲,彼称:关于中日纠纷问题,彼只有一个意见发表,即此事之解决较易,如一国代表(指芳泽)说话清楚一点,一国代表(指施肇基)说话,不像他现时如此流利。

中国问题整个考量,美国不放弃传统政策

【本社十八日上海专电】 巴黎巧(十八日)电,今日上午国联行政会举行秘密会议时,各理事之讨论,集中于调和英法美三国对于中日条约及其与东省事件关系之见解,而确定九国公约之尊严尤为此中主要讨论问题,盖史汀生虽曾于谈片中表示美国业经考量施用制裁问题,但行政会迄今所会商者,犹未轶出讨论条约之外也。今日十二国理事,在法外部举行秘密会议时,白里安主席,中日代表俱未参加。闻海氏与罗斯福氏所倡中国门户开放政策之能否接受问题,实在今日秘密会议中居最重要地位。据报,行政会之确定目标,虽在日军撤退问题,而此时亦用策略,即在防免中日代表在行政会对于解决办法,获得一致同意前作笼罩一切之宣言,因目下行政会所最关切者,厥为商得一致同意,决不容中国有特殊利益之存在,而日代表芳泽则正欲作一冗长之公开宣言,要求承认日本在东省之特殊利益及让与权与投资。以故十二国理事之秘密会议,欲阻止此种宣言之发表,陶斯此时则正忙于向各理事,尤其向中日代表郑重声明,美国不能放弃其反对在华特殊利益之传统政策。陶氏虽未实际参加行政会正式讨论,但对于行政会正取一种地位,表示:美国认为欲其违反一八九九以来所抱之对华政策,决非美人所能加以思考者也。

【中央社巴黎十八日电】 美大使陶斯,现正在利用其私人之接洽,以确立华盛顿九国公约之权威。查该约第一条,即曾规定各国不得因中国状况,乘机营谋特别权利。国联中人均坚称陶斯在巴黎必将始终要求尊重九国公约及非战公约。

又施代表已致函国联,请求注意汤池及乌林诺两地马占山军之死伤,并正式否认中国曾要求俄方接济。

【中央社华盛顿十七日路透电】 美国务卿史汀生谓,陶斯将军不参加国联行政院会议,因美国现时不知国联对付日本究竟有无适当之办法。

条约问题极复杂,中国愿交诸正当仲裁

【中央社巴黎十八日路透电】 此间中国方面,均觉条约问题极复杂,且费时甚久,不应与撤兵问题,同时讨论。只要国际公认为合法,而不侵害中国主权之条约,中国俱可承认。凡条约可以履行,而不与中国其他所订条约相抵触者,皆可承认。中国遵守一九二二年之华盛顿条约,日本亦为该条约之签订国,赞成门户开放主义。一九一五年"中日条约",则与华盛顿条约相抵触,且一九一五年条约系一种压迫之性质。关于此种法律纠纷,中国情愿交诸正当仲裁。但在日本军队占据中国土地时,中国决不与日本单独谈判解释旧条约或谈判新条约云。

【中央社巴黎十八日电】 芳泽已将白里安所需关于日本条约之消息,而尤以关于一九〇五、一九〇九、一九一五年诸约之消息,提供于白氏。白氏将于本星期三与施代表商议此事,又白氏将于今日(即星期三)下午七时,与芳泽密谈云。

【中央社巴黎十七日路透电】 今日(十七日)虽经几度商谈,而中日两国之意见,仍相差甚远。双方最低限度之要求,均已交与议长白里安。据云:日本态度稍变强硬,英外长西门爵士在今日(十七日)议场中将中日双方意见详为比较。各理事均觉日本所要求应承认条约一层,当有较详细明确之解释。有代表数人以多数中日条约,纯为经济权利,乃条文解释问题,并非条约之能否存在问题,故一般人均觉如将纠纷点一一分开讨论,则进展较为容易。

【中央社巴黎十七日路透电】 因日方之要求,国联秘书处今日(十七日)公布日外相币原于十五日致中国驻日公使蒋作宾之照会全文,该照会为答复中国十一日之照会,抗议日本进兵嫩江事。

中国欢迎中立团体,日仍要求先承认原则

【中央社巴黎十七日电】 此间中国方面表示,东三省情势极为迫切,纯然理论之条约问题,应于日后无战争危险时一再详细讨论。如日方不信中国当局可保护东三省日侨之安全,中国欢迎中立团体去东三省监视日兵撤退,及中国方面保侨一切事宜。

【中央社巴黎十八日下午二时三十分路透电】 日本政府已表示赞同,国联派混合调查团至东三省,实地视察,但须国联先承认日本之五基本原则。

【中央社巴黎十七日路透电】 今(十七)日有中国代表团一报告全文公布,内称:于本月十三、十四两日日本军队向中国阵地进攻,致有战争发生,并称中国军队,现正退却。本庄之意在越过中东路而占齐齐哈尔,本庄之目的,已有其代表林义秀及苏俄之表示作证。

日方自草折衷办法，日要求并无充分理由

【中央社东京十八日路透电】 日本出席国联行政院会议之代表团，自动起草一折衷办法。此办法已呈外交部请示，日外部不愿将内容公布，亦不愿表示该办法是否可以接受。因日政府已接巴黎官方报告称，此时不宜在行政院公开会议时发言，日本决不令芳泽向国联要求发言，但表示芳泽之演说词，或用宣言式发表。

【中央社巴黎十七日路透电】 本日会谈虽舌敝唇焦，而中日两方之要求，依然不易接近。最低限制之条件，已送呈白里安。闻日方态度已稍变。本日讨论时，英代表西门对于两方立脚点，竭力作比较之研究，颇为费力。但行政会断定，日本要求承认之条约殊无充分论据。据一部分列席代表之意见，有数项条约，纯属经济性质，其问题不在条约之本身，乃在于其解释，故将争点另行讨论，必有一天进步。

《中央日报》1931年11月19日第一张第三版

141. 国联局势依然严重，行政院邀陶斯参加，因日倔强亟盼美国有表示，或将考虑十六款严峻行动

昨日续开秘密会议

【中央社巴黎十九日路透电】 国联行政院会议，今早（十九日）十一时开会，下午一时半休会。英外长西门爵士因须回伦敦，参加重要内阁会议，即离巴黎回英京，但日内或可赶回。今日（十九日）空气渐平静，故国联方面稍觉乐观。

【中央社巴黎十九日路透电】 今日（十九日）上午行政院会议，议长白里安因他事未能如期到场，直至十一时半始到。一小时后休会，毫无结果。明早（二十日）十一时或将再有秘密会议，下午或可有公开会议。

【中央社巴黎十九日路透电】 今日（十九日）下午国联行政院各理事，接

到消息,谓日本政府现并不坚持,须先承认五基本原则,可先由国联派中立委员会去东三省调查实情。同时闻日方撤退东三省军队一层,已无问题。中国首席代表施肇基将申明,在日本军队撤退前不能派调查团去东三省。

虽芳泽关于五基本原则,曾作详细解释,但国联各方,仍觉不十分明了,芳泽已允许再有书面解释。

【本社十九日上海专电】 巴黎皓(十九日)电,国联不因齐齐哈尔陷落之消息而打消其乐观,今仍以为当可觅得和平解决方法。昨夜行政会会议及秘密谈话之结果,今晨使群众咸信全案将因派遣委员团至满,而延缓六星期。据今日《晨报》载称,该委员团,将奉命查明中国有无维持东三省之能力,及愿否尊重该处日人所享之条约权利。闻日本已赞成此议,预料今日下午一时行政会集议时,日代表芳泽将宣布此层。

难关重重盼美表示

【本社十九日上海专电】 巴黎皓(十九日)电,今日行政会开会结果,又遇一重要难关。秘密会议,系十一时十分开幕,白里安主席,中日代表仍未参加,惟施肇基曾于开会前四十分钟与陶斯相晤。至行政会遭遇难关之主要原因,由于中日代表在昨日会议席上解释中日条约完全不同所致。现各理事正尽力搜求根据会章,有无其他温和调解方法。据大多数意见,认凡属合理之努力,已可谓知无不为。国联倘欲保持其尊严,必须援用会章十六款严峻行动,该款业经施博士提及,第犹未正式请求耳。此外尚有一层困难,即美国所处地位,现犹缺乏正式报告。行政会认美国在道德上与政治上,对于东北事件,俱为最重要之一国,陶斯实有表示其政府态度之道德上义务,且行政会现信日本态度,愈益倔强,苟不照其撤兵条件,则将占据不撤,故更有请美国表示态度之必要。嗣秘密会议于十二时三十分散会,定明晨十一时重开。而明日下午或将有一公开会议,刻闻行政会已正式邀请陶斯正式参加会议矣。又闻白里安于今日开秘密会议后,曾向美联社发一重要谈话,称渠自中日问题初起时,即认美国之干预不论独立行动,或与国联合作,将可分清地位,并巩固国联所享地位,使远东争执迅速和平解决云云。此皆足见行政会内认局势之严重,盼望美国表明态度之急切也。

【本社十九日上海专电】 巴黎皓(十九日)电,白里安今日下午亲访陶斯,正式邀其参加理事会讨论。又闻白氏已在行政会建议,倘星期五之会,仍未能觅得和洽解决办法,行政会应立即进行解释会章第十五款与第十六款。按此举结果,当可决定制裁问题。顷闻白里安于傍晚再访陶斯,对于美国在对日经济封锁上,究能合作至何种程度,探询一确讯云。

施报告东省愈严重

【中央社巴黎十八日路透电】 今日(十八日)下午秘密会议时,施肇基演讲约一小时,于下午七时五十五分,离开会场。行政院会议,于下午八时〇五分休会。明早(十九日)上午十一时,将再有秘密会议。于离开会场时,施肇基语人,今(十八)会议曾有多数问答。关于条约问题,施肇基面色极沉重,但无严重色。国联各理事,欲深知中日双方态度后,再定方针。

【又巴黎十八日路透电】 今日(十八日)下午,施肇基出席大会时,报告东三省情形,愈加严重。彼将最近收到之电报亦报告与大会。施代表对日本飞机轰炸齐齐哈尔事,提出严重抗议。国联秘书处,今日(十八日)公布中国照会,关于溥仪复辟事,内称:中国认该政府如能成立为反叛组织,且为日本之附属品,其一切行动皆为非法。

【又巴黎十八日路透电】 日本首席代表芳泽,今日(十八日)下午出席会议时,只停留五分钟,彼并未演说,只对各问题作简单答复。彼拟于明日(十九日)公开会议时演说。会议进行极慢,因芳泽关于条约问题答词时迟慢非常,彼用日语发言,故须再译成英文与法文。

陶斯乐观西门返英

【中央社巴黎十九日合作社电】 昨日行政院十二人非公开会议,系于下午四时十分举行。关于中日条约事,曾预备许多问题,请芳泽解释。芳泽系于下午五点十五分加入会议,施代表则在下午六点五十分加入。在施加入会议前之数分钟,芳泽即已离去。施代表加入该会议,直至下午八点五分,始行离去。十二人之非公开会议,因即延会,定于星期四日上午十一时再开。当芳泽加入会议时,系用日语,由其秘书传译。我国代表加入会议时,亦用中语。又昨日晨非公开会议时,关于日本在满洲各商务政治权利之确切的规定,出席各员之意见,彼此极为纷歧。又当下午芳泽加入十二人会议时,日大使松平亦同时与陶斯接洽,晤谈有一小时之久云。

又英外相西门曾通知行政院将于星期四日晨返伦敦,行政院因特别努力意欲求得迅速之进步,使西门得以返英报告,并取得新训令。据云,西门返英为时极短,将于廿四小时内即返巴黎。西门返英之际,将由薛西尔代为出席于行政院之会议。又现虽有齐齐哈尔被占之说,陶斯大使对合众社表示彼虽不知两日以内行政院方面能否有确切决定,但彼要仍属乐观。陶已发电美京,今夜并将与西门协议,届时或当有重要结果。又关于日军攻击齐齐哈尔事,施已向行政院抗议。施云,彼尚未接到官电证明该地被占,但彼对于日本飞机投掷炸弹残害人民事,不得不提出抗议。

《中央日报》1931年11月20日第一张第三版

142. 德报界评论,各国态度袒日原因,军缩会议日本居极重要地位,故均改变态度以免招日反感

【国民社十七日柏林电】 德报论调对于东三省事件,虽仍力求维持完全中立,但大多数晨报,今日评论巴黎国联理事会之希望,已有一种意见,以为当十月底时,世界舆论正值矢于日,今则日本地位已有显著进步。如《福锡志报》社论,可以概见,据称大半理事会今已切实袒日,其袒日之程度,正与在日内瓦时反日之程度不相上下。至变更态度原因,一由景象之转移,二由各大国政府已有回省时间,深觉日本在明年军缩大会时,居于重要地位,各国必不可招怨于日。至德国态度,该报以为德在远东无政治利益,但在东三省有巨大经济利益,今已大受打击,故将尽力谋中日争执之迅速公允解决,德当始终秉此方针,不为外界所转移云。

【中央社丹麦十八日电】 此间《正报》社评,略谓近日发现田中侵吞东亚谋划,虽难遽信,但此次进犯步骤,确与符合。日侨之安全,虽经中国充分担保,并愿国际监督,日仍恃强推诿,欲以军警、路矿为条件,果尔何必退兵云。

《中央日报》1931年11月20日第一张第四版

143. 国联形势昨略有转机，芳泽表示不坚持五基本原则，美方称甚注意非战公约责任，施肇基提五点严重质问国联

全场空气略乐观，日本不坚持五原则

【中央社巴黎二十日路透电】 今日（二十日）下午会场间空气突转乐观，日本首席代表芳泽谓彼已收到东京训令，可接受国联提议，派中立调查团去东三省，调查当地情形，日方并不坚持中国须先承认所谓五基本原则。

【中央社巴黎二十日路透电】 今日（二十日）下午行政院会议，极为重要，中国方面或要求引用第十五条规定，派调查团去东三省实地调查该处情形。

【中央社巴黎二十日路透电】 日本昨日（十九日）之强硬照会，使国联方面空气，顿变清爽，因国联所应付之形势，此时已极明显，解决或较容易。

【中央社华盛顿二十日路透电】 美政府人员咸为日方表示所震惊。日本驻美大使向美方表示，马占山军队不消灭前，日军不撤出齐齐哈尔。出渊谓，为齐齐哈尔事件，日本深表歉意，但称日方之攻击，乃纯为自卫起见。波拉上议员语记者，日本欲确据东三省。

白里安陶斯长谈，美注意非战约责任

【中央社巴黎二十日路透电】 今早（二十日）十一时正美国代表陶斯将军，往访国联行政院议长白里安。各方对美国是否与国联在一条战线上一层，议论纷纷。陶斯将军与白里安商谈约一小时，到正午十二时始毕。陶斯将军随即发表谈话，称：美国深为注意对非战公约及华盛顿条约之责任，并努力使其高尚意旨实现。美国政府希望此次在巴黎会议时，可有符合以上条约规定之解决办法。美国既非国联会员，如出席行政院会议，不但不适当，或使国联处困难地位。陶斯将军继称，美国所取之态度，并非不拥护国联，努力和平解决东三省纠纷，但美国愿保留其自动取决之自由。

【中央社巴黎二十日路透电】 白里安已见芳泽与施肇基，陶斯将军亦曾与松平及施肇基晤面。法国代表白里安，今早（二十日）已与美代表陶斯将军

晤面,希望能有一共同办法。昨日(十九日)陶斯将军业与国务卿史汀生,在长途电话中作长谈,陶斯将军可全权代表美政府。据一般人推测,美国不致于比国联作较进一步之表示。国联一向取和平方式,设法劝导中日两国,接受其和平办法。

施肇基严质国联,若不惩日惟有退出

【中央社巴黎二十日路透电】 中国首席代表施肇基,已向国联提出五要点,与日本之五基本原则相对抗。中国所提之五要点如下：

(一)国联有无实力,国联应否引用第十五、第十六条规定,制止日本暴行。

(二)非战公约有无效力？日本应否用武力实行其侵略政策。

(三)华盛顿九国公约,有无效力？各国应否取一致行动,应付目前形势。

(四)日本应否利用天津租界扰乱中国治安？

(五)日本擅提盐款是否侵害中国财政。

【中央社十九日巴黎国民电】 施代表已向各方声称:已接中国政府电令,若国联会不能迅速解决时,即引用国联盟约第十五、十六两条。若国联不予日本以惩处,则中国不俟通告,即退出国联。

昨末次秘密会议,英代表反对不公开

【中央社巴黎十九日路透电】 明日(廿日)之秘密会议,将为最末次秘密会议,英国代表团尤其反对不公开会议,觉此事讨论之经过,应处处公开。明日(二十日)或可有公开会议。

【中央社巴黎二十日电】 施代表附函中国国民党四全大会宣言送致行政院,借以将施代表之意见,陈诸公众。行政院正努力制止施代表或芳泽任何一方有紧急之演说,故仅举行秘密会议。施代表在书中对于其星期三非公开会议中,所闻有严切之批评。彼复希望此书发表,使中国之态度得以明白云。

【中央社巴黎二十日合众社电】 昨日午后六点二十分,施代表与白里安有长时间之会商。以后本为陶斯与白氏会谈,旋因期待大西洋长途电话而延迟,结果乃知二氏之会晤时间延至今晨十一时。行政院十二国之秘密会议,本来表列为今晨十一时举行者,亦延至下午四时云。

国联为日屈服？传将劝告直接交涉

【中央社巴黎十九日路透电】《自由报》称，日本已得胜利，因国联之劝导毫无效力。该报称，国联行政院已屈服于一已成之事实，国联对实力之压迫，毫无准备。

【中央社巴黎二十日路透电】 伦敦《每日电讯报》之巴黎记者称，此间最近谈话结果，表示法美英德四国，似有十分谅解，即于东三省之中日纠纷，决不用经济或武力压迫，将劝中日两国开始直接交涉。闻中国代表决拒绝此种劝告，并将向国联有严重之声明云。

《中央日报》1931年11月21日第一张第三版

144. 汪伍等电中央陈述对日外交意见，沪市商会电请国联责令日本即期撤兵

【本社二十日上海专电】 汪精卫、伍朝枢、邹鲁、张继等电中央，陈述应付国联之主张，谓应援引一九二五年十月希布先例，以处置中日事件，中国代表拒绝讨论中日条约，坚持日本撤兵。

【本社二十日上海专电】 市商会号（二十日）电国联，责令日本即期撤兵。如日不服公议，应实施盟约十六条制裁。否则中国人民，认国联无能为力，惟有督促政府，实施国家自卫权能，不惜任何牺牲。届时远东发生事变，咎不在中国。另呈国府速谋自卫，以武力接收防地。

《中央日报》1931年11月21日第一张第三版

145. 四全会六次会决议，捍卫国权保护疆土，国联应注意其神圣义务，四全大会授国府以全权，推定大会宣言起草委员

四全大会，以日本武力侵我东省，关系国家存亡，特于第一次大会时，组织对日专门委员会，讨论应付方针，经数次集议结果，大致业经商定。昨（二十）日第六次大会，该会特推戴委员传贤，向大会报告，并拟具决议案二则，当经大会一致通过。兹探录报告原文及决议于下：

日本以武力侵占我东三省领土以来，国际联合会两次决议，令日本在中立国代表观察之下，限期撤兵。关于决议案所付与之义务，中国政府，完全履行。日本不惟置国际公意于不顾，且益肆其阴谋与暴力，一面教唆各种反叛运动之进行，一面以武力节节北进，扩张其侵占之区域，致中国因黑龙江省之少数军队，不得不为正当之防卫。现在形势日趋严重，在国联重行集会期间，日本更以武力侵占我齐齐哈尔，侵占地带，愈加扩大。而国际间保障公道之权威，渐有为日本强权屈服之危险，全世界国家所赖以保持和平生存之一切国际公约，行将陷于破坏之厄运。本大会为保障国家之生存，与国际正义、世界和平，兹更郑重为下列之决议：

（一）中国黑龙江省政府主席马占山，对于日本军队进攻之正当防卫，不独为保障中国国家之领土，尤为保障国际正义与世界和平之存在，亦即为维持国联盟约、非战公约、九国条约及一切国际公约之存在而牺牲。本大会郑重唤起国联各会员国及非战公约、九国条约各签约国，对于其自身所负神圣义务之真实的注意。

（二）国民政府对于日本侵占东三省行为发动以来一切对内对外所取之政策，及临机处置，本大会认为确能尽忠于国家与民族。兹更郑重决议，今后关于捍卫国权，保护疆土，本大会授与国民政府以采取以一切必要的正当防卫手段之全权。望益励其忠诚，为保障国家生存与世界和平而奋斗。本大会愿领导全党同志，团结全国国民，以整齐严肃之精神，与政府同为积极之努力。并不惜任何牺牲，在精神与物质上为政府之后盾。

本大会更以至诚,告我全国国民。我国之奋斗,并非孤立,世界各国之拥护正义与和平者,无不同情于我国。即日本国内主张公道之国民,亦无不以其军阀所持者为害人自害之政策。我全国国民,坚持其团结一致以保障国家生存与国际正义、世界和平之决心,信任政府,努力奋斗,则最后胜利,终在我国也。

第六次大会

中国国民党第四次全国代表大会,于昨日下午二时,在四全大会会场,即南京中央大学大礼堂内,举行第六次会议,计到代表二百八十一人,列席十三人,中央委员二十五人,列席候补中委二人,主席团蒋中正、戴传贤、于右任、林森、蔡元培、戴愧生、潘公展、黄慕松、恩克巴图,主席蔡元培,秘书长叶楚伧,纪录王子壮、朱云光、许静芝、洪兰友、罗时宝、蒲良柱。行礼如仪。兹将大会议程报告,及决议概要,分录于下:

(甲)报告事项。一,宣读第五次大会议程。二,秘书处报告文件(计贺电十四,请愿文件十一)。三,主席团报告。四,各地党务报告,江苏、四川、河南、湖南、甘肃、辽宁、北平、北宁铁路、印度、伦敦、利物浦、秘鲁利马、法属马达加斯加、横利斯、海防、南洋帝文、南洋英属槟榔屿、南洋英属内基森美兰、南洋属北婆罗洲、朝鲜、东京、神户、长崎、巴拿马。

(乙)决议概要。(一)闻钧天同志等临时动议,暴日侵略日急,大会应决议国民政府主席蒋中正同志,迅即北上,本大会代表尤应同具决心,共赴国难,应请公决案。经全体起立表决通过。(二)对日问题专门委员会报告及决议二则,无异议通过。(三)河北省党部提,关于国民教育案,及董霖同志等四十人提修改党义教育之实施方案案,交国民政府教育部妥拟办法。(四)关于剿灭"共匪"案,交提案委员会军事组重行审查。(五)以大会各[名]义,奖慰海外侨胞,请本历来爱国精神,积极筹款,以救国难。(六)通过陈布雷、邵力子、罗家伦、王陆一、奇子俊、彭济群、程天放七同志为大会宣言起草委员,由邵力子同志负责召集。四时五十分散会。

《中央日报》1931年11月21日第一张第四版

146. 施肇基向国联声明，今日之事为中国生死问题，亦即国联与军缩生死问题

外部确息，国民党四全大会，关于日本侵略事之宣言，已由我国施代表于十八日附函送达于国联秘长，函之大意如下：

此项宣言，实为我中华民族之真确的表现，于武力压迫之下，与日本直接交涉谈判，彼之五点，实为绝对不可能之事。良以第五点既与安全问题完全无关，而所有各点，又均与政治经济有关，无非使日本在东省后建立一保护国。不惟此也，日本对于国联规约与非战公约，本具有其应尽之义务，今乃欲以中国复行签字于"二十一条"，为日本履行此种义务之前题［提］，中国实决难认可。如行政院提议，必以直接交涉为撤兵之先决条件，则中国惟有立即申请援用国联规约中之其他条文而已。中国极信赖国联，且以为有使国联得尽其最后能事之义务。如国联而竟至无所成就，则中国亦只有归咎于列强不欲尽举足之劳，以维护规约而已。今日之事，实中国之生死问题，亦即国联与军缩会议之生死问题也云云。

《中央日报》1931年11月21日第一张第四版

147. 时论：国联与中国须撤销日本在华特权

自九一八以来，已两阅月，日本在东三省仍继续完全实施战争行为，最近并攻陷我黑龙江。中国方面，为遵守国联盟约、九国公约及非战公约，故始终以合理的以相周旋，不愿扩大事件范围，使国联地位愈趋困难。按例，两国间之邦交及一切条约，已根本为日本之战争行为所破坏消灭。不意日本尚想保留旧条约并添加新要求，岂不怪哉。

国联为惩罚日本，并维持世界永久和平计，中国为保全领土及主权并赔偿中国损失计，必当根本撤销日本在华之一切特殊权利。兹述其理由及办法如下：

（一）国联两次决议，令日本撤兵至南满铁路区域以内，实不能满足中国之希望。盖所谓满铁区域，即为沿线之地，两旁平均各三十三英呎[尺]，满铁大站皆在辽吉大城镇之城外甚近，与中国地界毗连（例如辽宁省会之城垣，离日本车站仅二英哩[里]许）。若日军仅仅撤至满铁区域，决不能抑止日军之示威恫吓或暴动挑衅，且可随时扰乱中国之地方治安，伤害中国人民之生命财产。再退一步讲，日本若仅仅撤兵至辽东半岛租借地（普通称旅大，实则区域较此二市为大），则旅大离辽宁省城不上二二〇英哩[里]，南满车仅需十二小时即可运兵到沈。故后患仍在，日本可随时借端借口，卷土重来。国联若诚意欲维持世界和平，中国若真心欲保全领土与主权，则在华之日本警察及军队非全数撤退至日本不可。护路及治安可由中国军警负责，如中东路及沿线市镇已完全由中国负责，主权收回，成绩甚优，且远胜日本军警在南满之往往无理取闹也。

（二）一九〇四年日俄战争之战场几完全在我国之领土及领海上，我国所横遭之损害颇巨，如主权之破坏，土地之蹂躏，人民之死伤，财产之丧失等等，不计其数（吾国古迹被毁之遗痕犹在），至今中国尚未受任何赔偿。日本且于胜俄之后，擅自承袭俄国在长春以南之南满权利。按俄国之租借辽东半岛（一八九八年），期限二十五年，至一九二三年，早已满期，日本理当将辽东半岛归还中国。讵知日本先发制人，乘袁世凯叛逆中华民国将自称洪宪皇帝之时，突然向袁政府提出"二十一条件"，内有续借辽东半岛九十九年之要求。是类条件，非为真正之中华民国所承认签订，原无存在之理由。故国联当辩[辨]明是非，立即决议并执行撤销日本在华之一切租借地及特殊权利。

（三）日本在南满霸占享受之各种非法利益，已不可计算。此次又破坏九国公约、非战公约及国际盟约，且不宣而战，复劫掠我国领土，扰乱东省全区，无恶不作。中国之生命损失，已约三千，中国军需之损失，已值一万万元以上，其他待查。日本对外谎称自卫。试问日本进兵数万于辽吉黑，轰城掠民，布舰三十艘于中国沿海及长江，登陆肇事，又在中国境内，以飞机抛掷炸弹，机枪扫射，进攻欤？抑自卫乎？自卫则须在日本国之领土、领海及领空之范围内，况我国并未进一兵，驶一舰以侵犯日本，何得谓为自卫。若云保侨，则日本理当于施行战事以前，命日侨退出战事区域，况中国除日本占据地之外，至今仍始终未伤害日人毫毛，遑论生命财产。中国反极力保护，而日本军民之伤害中国生命财产，已如上述之多。中立国之证言报告，斑斑俱在。国联为维持威信及效能起见，当立即取消日本之会员资格，一致抵制，并以实力铲除日本在华之一切特殊权利，以断祸根，而保永久之和平。

（四）日本仅仅撤兵，决不能作为国联及中国之最后愿望。日本须将在南满之一切官产、军需、铁路等等，以赔偿中国官产、军需、铁路等损失。中国之私产损失，亦须以南满日人之私产作抵。又中国之生命损失及身体伤害，亦须另行赔偿。况中国对于历来惨案，若济南、万宝山、朝鲜及其他较小惨案正多，尚未向日本算一总账。故日本在南满之所有投资（他国投资可保留），若一并赔偿中国，实犹不足，须另进加赔款。以日本破坏盟约及不履行国联决议案论，国联须如此严惩日本。以中国之损失论，日本须如此赔偿中国。此非中国之奢望，实为以最低限度，赔偿最高之损失而已。

（五）日本所宣传之人口过剩，实系欺人之谈，借以掩饰其侵略满洲耳。日本之人口密度，平均为一五七人。比利时为二五〇人，荷兰为二一七人，英国为一八九人。故日本居第四位。试观日本于过去二十五年内，移殖于东三省者仅二十五万人，且几全为商人、政客及其家属，并非农民。又日本所宣传之粮食及原料不足，则尽可向各国购买，对于中国亦未始不可互惠通商，日本何必进兵侵略、杀人越货，而甘作国际之盗贼土匪也。况中国近受水灾之患，灾区十六省，灾民五千万，自己尚乏食粮，而向美国购买小麦。故国联为人道计，中国为自顾计，亦必须撤销日本在华之特殊权利也。

（六）朝鲜素以农立国，日本何必奖励移殖韩民百余万于东三省境内，强占我国土地，唆成万宝山惨案，并挑拨朝鲜国内之韩民，仇杀我华侨三百。日本之移殖韩民，实为作中日缓冲寻衅之毒计，捣乱东北治安。故国联当命韩民退回朝鲜，并扶助其回复独立国家。如是则各得其所，以杜日本之狡诡政策。而吾国亦得自行移民，开发东北。若干韩侨愿留居我国，则必须遵守我国法律，方可相安无事也。

既有上述六项理由及办法，可知中国并未丝毫侵犯日本国境，或妨碍日本主权。在事实上，乃日本侵略我国土地之完整，并破坏我国主权之独立。故国联及中国须根本撤销日本在华之一切租借地及特殊权利，方得永久维持世界之和平。否则日本之野心暴行，仍必循环未复，层出不穷，而国联之效力，亦只等于暂时敷衍之治标，无济于实在之治本，永久之和平也。

切愿国联及中国当局，急速起而强制执行。（哲隐）

《中央日报》1931年11月22日第一张第三版

148. 日公然宣称将攻击锦州，日本暴行将无底止，国联面目扫地尽矣

【(中央社)东京二十一日路透电】 今日(二十一)日本陆军部表示：日本准备进击锦州，因闻张学良有集中五万军队在锦州说。日方表示：将以新开到沈阳之一混成旅，及在齐齐哈尔之一师团，作攻锦州之主力军队。

【中央社沈阳二十一日路透电】 日本司令部所接报告称：中国军队已出现于东三省西南部，除骑兵外，步兵亦渐集中于东辽，有三列车步兵昨日(二十日)由天津北平在开至【山】海关北。

【中央社沈阳十九日联社电】 山海关附近驻扎之中国军队方面，空气渐形严重，因此山海关日本妇孺，俱于十七日避入日本兵营，以免意外危险。锦州附近之华军数目激增，步兵第十九旅主力已开往锦州以东，越过大凌河。

【中央社北平二十一日四时四十五分电】 锦州十九日电：日方派华人赵耀正，及日兵三十余名，到新民八区与法库县交界处，招集土匪五六百名，拟袭击法库县城，县当局已加意防范。此外法库南境与沈阳铁岭毗连之处，亦有日兵招集土匪八百余，以渡袭法库。

《中央日报》1931年11月22日第一张第三版

149. 美致日照会极强硬，因日军占据齐齐哈尔，促日方注意非战公约

【中央社东京二十一日路透电】 美国务卿史汀生，昨夜(二十日)有口头通知书，转达日外相币原，币原立即有答复致史汀生。官方对双方通知书内容，严守秘密。据东京《日日新闻》报告：美国通知书系关于日军占据齐齐哈尔事，美国特请日本政府注意其对非战公约之责任。

【本社二十一日上海专电】 东京马(二十一日)电，美日政府最近又非正式交换牒文一次。美牒措词颇强硬，系昨深夜到东京。币原立于夜十一时后

召集紧急会议,商议日本复牒,而于今日送出。据闻史汀生表示:美国对洮昂路战争,及日军占据齐齐哈尔非常关切。又对中立委员会提议,亦表示态度。惟两牒内容,今犹严守秘密。

《中央日报》1931年11月22日第一张第三版

150. 国联公开会议,白里安称九月决议案继续有效,日方仍坚持必须先谈判后撤兵,行政院将派调查团赴东省视察

【中央社巴黎二十一日下午五时三十分路透社急电】 国联行政院今日(二十一日)下午四时四十分举行公开会议。议长白里安将中日纠纷最近形势,作一报告。白里安称,国联行政院于九月三十日所通过之决议案,仍然继续有效,行政院必须设法以适当方法使该决议案所规定,于最近期内得完全实现。白里安继请中日双方代表于发言时,只限于对早日解决东三省问题办法有所建议。日本首席代表芳泽起立发言,彼谓日本政府始终遵守国联九月三十日之决议案,并表示日本政府随时可将东三省日军撤退,决不迟延,但有条件,即国联所派往东三省之调查委员会,不得干预中日交涉,不得监管日本在东三省军队之行动。

中国首席代表施肇基继起发言。施肇基称,中国政府决不答应,日本在东三省军队之撤退附属于其他任何问题。

撤兵问题极端困难,日称撤兵必在谈判后

【本社二十一日上海专电】 巴黎马(二十一日)电,国联历史上又一重要会议,将于今日下午四时半开会,但其前途定将又造成一僵局。目下中国代表团计划,既力主考虑其撤兵要求。而日代表则宣称,将在会中坚持派遣委员会为一事,撤兵问题为另一事,各不相关。至于撤兵,必须在中日直接外交谈判结果之后,并谓派遣调查委员会计划,若非两方面有一方面让步,结果必致失败。芳泽又谓日本对于停战提议,并未有□实答复。若谓日本已决定反对,亦非确语云云。现行政会已决定星期日不开会。

【本社二十一日上海专电】 巴黎马(二十一日)电,国联秘书处昨夜正式

宣称,中日接受停战原则之说,未免又蹈过分乐观之弊。日政府既拒绝停战建议,今日施肇基亦向美联社通讯员切实否认中国已接受停战计划之原则,并否认接受日本提议之调查委员。谓目下中国代表团,尚未接到南京训令。若行政会大会内提出日本任何提议,中国代表当然将加以讨论。但对于调查委员,即使在原则上之接受与否,亦须全视该委员与撤兵之关系以为断。又今晨十时四十五分,施氏曾与陶斯相晤。

【中央社伦敦二十一日路透电】 虽无确实报告,关中日同意于停战提议,巴黎电报谓停战提议,为解决中日纠纷之第二步办法。

【中央社巴黎廿一日合众社电】 国联空气迩颇乐观,以为本星期六公开会议中,中日两方关于停战及调查团之承受条件,如得有圆满结果,则行政院即将有下星期二闭会,德布鲁将于星期六离巴黎,英西门于未有新困难之前,大约亦未必重返巴黎也。又行政院十二国会议,讨论请中日宣告停战事,以为此系有关主义之一条款。芳泽并未送致正式公文于行政院,但对白里安曾表示日本态度之转入于温和。中国方面原则上颇赞成调查团,但亦受调查团之解决,又全视撤兵问题之如何解决。星期六公开会议时,中日两方关于撤兵问题,恐必将各有正式之声明云。

中国难接受调查会,主张日本须先行撤兵

【中央社巴黎二十一日合众社电】 中国代表团尚未接到国联组织满洲事件调查委员会之提议,但预料该项提议,华方碍难承受。中国某代表曾向合众社记者声称,日本开始侵略沈阳时,该项委员会,中国当可接受,现已太迟。中国代表团仍坚谓应依国联主张,先行撤兵。不论何项委员会,总将以撤兵问题为目标。现行政院若愿从事活动,即为极好的调查委员会,在撤兵前,所有一切委员会计划,不过为宣传之用耳。中国对于调查委员【会】,当可同意,但国联在特别会议中,应讨论中国所竭力要求之撤兵问题。

【中央社巴黎二十一日合众社电】 行政院十二国会议,赞成以公正美人培兴、陶斯或休斯为中立调查委员会会长。又中日两国对行政院所拟调查委员会之形式,在原则上已行接受,即将由双方公开说明其所要保留之条件。又昨日行政院在尽量考虑委员会问题后,当于下午六时延会,并决定令中日双方代表在星期六午后,作公开之说明。又据可靠消息,陶斯向白里安声称,美当局认满洲局势,逐渐趋于严重,并郑重主张彼将不参加行政院会议。国联行政之性质现虽未确实言明,但美国仍愿与国联合作。陶斯并称,国联步骤决定时,愿与白里安重行讨论中日事件云。

调查团将赴东三省,原则上已接受日提议

【中央社巴黎二十日路透电】 国联行政院今日(二十日)下午四时举行秘密会议,中日两国代表未出席。探闻国联行政院秘密会议,决派调查团去东三省为解决中日纠纷之适当办法。一般人推测中国代表施肇基将接受此办法,但或要求有相当保障。明日(二十一日)有公开会议,中日两国代表均将出席。据云,将无若何争执,国联已在原则上,接受日本之提议。中国之接受该提议,亦属可能。今日(二十日)会议约二小时,至六时散会。散会后各代表由法外部代备临时晚餐。散会后,各方心神略定,虽国联将受攻击与批评,一般人觉此为比较适宜之办法,明日(二十一)日不至有决议,星期一与星期二将继续开会,但将无中途发生变化之虞云。

【(中央社)巴黎二十一日路透电】 官方正式否认美国代表陶斯将军将任国联东三省调查委员会会长职。英外长西门爵士,何时回巴黎尚未定。

日本赞同调查内幕,将请各国查反日运动

【中央社巴黎二十日路透电】 日本将接受国联决议案,但有附带条件,将于明日(二十一日)及下星期会议时讨论之,日本已原则上赞同该决议。国联行政院将坚持在东三省有中立区停止战事,及挑战行为。日方条件,有请调查中国抵制日货反日行为及违背条约事件,日方表示调查委员,须为有资望及公平人员充任之。关于中国对此决议案之态度,法外长白里安向大会谓,彼觉不至有反抗。

【中央社巴黎二十日路透电】 日本代表团,今日(二十日)有照会与国联,已由秘书处公布,该照会捏造事实,历数中国违背条约压迫韩侨,公然表示收回日方权利等情,致激成现时事变。该照会并称日本态度始终如一,现时态度与事变发生时相同,毫未更改云。

旧决议案已成废物,舆论攻击国联太无用

【中央社巴黎二十日路透电】 今日(二十日)秘密会议之结果,使国联十月二十四日所通过之决议案,成为废物。该决议案之应否履行已不成问题,将来各方舆论必攻击国联，认为无用，认为无骨气，但国联方面则谓因国联向双方之劝导，得阻止战事之发生，及纠纷之扩大。

【中央社巴黎二十日电】 关于调解东三省事件，虽有种种传说，但行政会对和平解决之方法，至今仍毫无进步，本日官方亦坦然承认之。据称，各代表连续开秘密会议，并互相晤谈，达旦未休，而结果乃完全僵局。闻如此一味拖延，行政院方面渐起反对。据可靠消息，英外长西门未返伦敦之前，曾向白里安表示，如此迁延，不能解决争端，不如举行公开会议为妥。闻西门曾宣称，长此研究无意义之解决办法，徒损国联之声价，其实国联威信业已堕落云。东三省之危机，渐成国联之生死关头，此种现象，正暴露鉴于此事之危险。在国联方面，虽因停滞而生出失望，但以为可适用国联盟约第十五条者，颇不乏人。

《中央日报》1931年11月22日第一张第四版

151. 外部照会日本促速撤兵，盼与我国接收委员，商订撤退接收细目

外部昨日（二十一日）致驻华日使重光及由驻日蒋公使致日本政府照会如下：（一）依照国际联合会行政院九月三十日决议案，及十月二十四日行政院会员十三国一致通过之决议案，中日两国政府各负避免侵略政策及扩大事态之责任，而十月二十四日决议案，已经行政院主席正式指明，具有完全道德上之力量。来照又特别提及九月三十日决议案第五、第六两项，是日本政府亦深知其在行政院决议案规定下应尽之义务。乃自九月三十日起直至今日，日本政府管辖之军队，无时不在中国领土内扩张其作战行动，及即在战争中亦为国际法所不许之行动，如十月八日，飞机轰炸锦州之举，各国已深为震撼。近复变本加厉，竟至勒取中国国家税收，勾结匪类，供给枪械，嗾使扰乱侵占区域及其附近之治安。天津日本租界当局，利用其租界地位，容许大帮武装便衣队集合出发，攻击政府机关，杀伤公务员及人民。一面假修理无权修理之嫩江桥为名，进兵黑龙江省，向中国军队攻击，并胁迫省政府当局。业经中国先后提出严重抗议，并指出日本政府重大之责任在案。据最近报告，日军于本月十八及十九日竟已攻陷昂昂溪与齐齐哈尔，并先以飞机在齐齐哈尔抛掷炸弹，发散传

单宣告攻取黑龙江省城坚决之意,显系违反前项行政院决议案。如上述一切武力侵略行动,为日本政府之既定方针,则日本政府对于国联行政院九月三十日决议案欣然参加,殊不可解。(二)日本政府不先反省自责,而反谓中国人民自然而消极的属于情感之表示,系违反行政院决议案。中国政府不能承认中国人民处于日本积极侵略之下,愤慨已极,但对于日本侨民所取态度,亦仅自动偏向于商业关系,并无故意加害于生命或财产之事,而中国政府除被日军侵占之区域外,对于日本人民,尤尽力予以保护。公平之第三者,对于中国政府与人民确守非战公约及其他国际公约之信条,始终在法律范围内应付日方之横暴,方以为可异。而日本政府未能先自觉悟其种种侵略行为之非计,反于日军侵占威逼严重情形之下,强欲中国人民恢复其平常之友谊,是诚倒果为因。中国政府亦不得不指明于日本政府者,即侵占中国各地之日本军队一日不撤,原状一日未复,侵略一日不止,则中国人民对于日本人民之感情无从恢复,是当为日本政府所了解者也。(三)日本政府在国际公法国际盟约、非战公约及华盛顿九国条约之下,又在国联行政院九月三十日之决议案,及十月二十四日具有完全道德上力量决议案之下,早应依时完成撤兵,实无再加辩论之余地。中国政府兹仍请日本政府查照迭次去文,及国联行政院主席十一月一日致日本政府之复文,急速改变既往方针,与中国业已派定之接收委员,商订撤退及接收细目,俾现在侵占东北各地之军队,即日尽数撤退,而已被破坏之东亚和平,庶可因此得有转机也。

《中央日报》1931年11月22日第一张第四版

152. 社论:国联忘却撤兵决议耶?

九月十八日以至今兹,历时已两月余。此两月余之时间中,日军在我东省之行动,实开人类史上国际关系间之先例。在原始部落时代,强凌弱、众暴寡之事例,容或有之,然在吾人记忆中,则殊不易寻一类似之印象。法律学者每谓近代国际公法观念之发达,滥觞于十六世纪时代之格罗休士,蜕嬗至今,始渐底完成。惟以吾人所知,吾中华民族在二千余年前之春秋战国时代,各国间即早有一种不成文之国际惯例之存在,且极整齐严肃,有若近世国际成文规约。此其义，美儒马丁·威廉曾加以阐释，至详且尽。不谓在今二十世纪和平空气弥漫世界时代，吾人竟目击三岛倭族如此蛮无人性之行为、文明之象征耶？抑人类之退化耶？吾人何从下一转语乎！惟就记者拙陋之目光观之，日本民族性之褊窄阴险，本夙著称于世界，今兹在我东省之行为，原为其民族根性之表露与其传统侵略政策之策动，似尚不足为奇。所奇者，大战以还，举世民族扶创惩痛，懔于战争破坏文明之可怕，方谋促进人类互助，维系世界平和，而具有是种职责之国际联合会，对于暴日在我东省之兽性行为，忽忽两月余，不能以有效的方法，谋实际之制止，而惟空言和平，坐令危机之扩大，果何说乎？岂国联会员将高坐庄严灿烂之行政院议场，念孝经以退黄巾也耶？此真吾人所大惑不解者也！试迹日人之行为，其侵略之对象殊不仅中国一国，而为向全世界之故意挑衅。国联其以吾人所述者为誓言乎？请将两月余之事实作一系统之观察，不难恍然悟也。国联自九月下旬至今凡开行政会议三次，而日人在东省之暴行及其继续之扩大，则均在国联行政院正式会议之日。九一八事件之发生，正国联六十四届行政会议开幕之际，行政院突闻噩耗，即毅然以调解纠纷，弭止战祸为己任，其忠诚于维系和平之职责，殊为举世舆论所同声称道。然而九月三十日之决议，暴日竟置诸不理，国联乃有十月一日之二次会议。吾人以为国联二次会议，必将筹谋如何执行其九月三十日之撤兵决议矣。孰意国联对于日方不履行决议之义务，不加责问，讨论甚久，复将撤兵日期展限至十一月十六日。日人既窥知国联之困难，乃于国联在日内瓦二次会议之日，以大批飞机猛轰我锦州、通辽、打虎山、沟帮子等地，此非对于国联直接恫吓而何？二次限期届满，日军在东省之活动愈趋扩大，国联又于本月十六在巴黎为第三度之集议。而日人乃于国联第三次集会之日，以重兵进攻我黑龙江，越嫩江而进陷我昂昂溪与齐齐哈尔。国联试思之，日人苟非对国联极度威胁，向世界故意挑衅者，何为其暴行之发动与扩大，均不先不后恰在国联每次正式集会之日乎？以调解争端、维系平和为职责之国联，对于日人继续不已之暴行竟莫可如何，不亦自隳其威信欤！吾人犹忆白里安君于国联二次会议之后，曾明白宣称，国联九月三十日之决议具有法律效力，第二次之决议亦有充分道义的拘束。今者日本对于第一次决议义务既未履行，对于第二次决议亦置诸不理，国联何以既不执行法律制裁，复不责问道义责任。而于今兹第三次之会议，竟撇开撤兵决议不问，而迂回曲折，转接受日方提议，着手于调查团之派遣，愈转而离题愈远，国联其何以自解？夫日人在东省之暴行，为举世所共见。

在事变之始，中国即曾请示国联派员调查，借使国际间明了责任所在。当时日方坚决反对国联调查者，盖恐其蛮无人性之行为，为世界所灼知耳！今调查时期已过，国联乃旧事重提，而置重要之撤兵问题而不论，是直使日人得久据东省，吾人诚不能无深切之遗憾也！今兹之事，日方撤兵与不撤兵，两言而决，在未撤兵前而言调查，不啻延缓撤兵之时日，中国殊难接受。国联对此，宜作最后之考虑，须知中国政府与人民，决不能任令暴日长此破坏中国领土及行政之完整也！

《中央日报》1931年11月23日第一张第三版

153. 国联行政院公开会议结果如此，芳泽提议派代表调查东省情形，并欺骗各国谓日军已撤一部分

【中央社巴黎二十一日路透电】 国联行政院公开会议今日（二十一日）下午四时四十分开会。在会场开门前，群众成排在门外鹄候开门入座。各代表未到半小时前，会场已满座。议长白里安于四时三十分先到会场，日本首席代表芳泽接踵而至，口吸雪茄烟，英代表西席尔爵士最后到会。西席尔称：英外长西门爵士，定今日（二十一）由伦敦赶回巴黎参加会议。

白里安报告

白里安将中日纠纷经过作一报告，彼称：自上次会议休会后，行政院继续根据国联盟约第十一条原则，设法以和平方式解决此事。九月三十日所通过之决议案，仍然有效。行政院必设法以适当办法，使该决议案，能早日实现。白里安请中日双方代表发言时，限于对解决中日纠纷之建议发言。白里安继称：行政院与民众同样关心，于此问题，并深信双方必设法使此事，不致再加扩大。

芳泽提议：国联应即派代表当地调查实在情形，但该委员会无权干预中日交涉或监管军队之行动，如以上条件可有满意答复，日本可赶速将铁路区外军队撤回。日方已撤回一部分军队。芳泽深信各理事俱可接受该项提议，委员会之组织及工作，俱不应侵犯或更改日本原则有之权利。

施肇基发言

中国首席代表施肇基称：日本之以武力占据东三省，违反国际公约及国联盟约，实为中日纠纷之焦点，除立时停止军事行动及撤退日军外，别无其他良好解决办法。中国政府对撤兵及应允撤兵二点，无其他谈判之余地，只能商谈及保护日侨生命财产安全之细则。施肇基申明，对东三省铁路区外日侨之安全，中国政府愿负完全责任，如日方认该项保障为不足，中国可接受国联方面有理之合作办法。此时问题，极为简单，已到实行时期，因在东三省人民困苦，日甚一日，损失已不能恢复，如一再迟延，则问题将愈加困难。为求早日撤兵，中国请求国联予以按会员资格在第十一条及其他规定下之一切权利及援助。英代表西门爵士称：行政院极欲详细研究日本政府之提议，英国政府觉最重要问题在得悉当地确实情形，彼觉九月间即应派代表调查东三省事件。芳泽起立谓：日本政府觉此调查团，不单去东三省，应调查全中国实在情形。施肇基起立，请行政院注意九月三十日决议案，即派中立代表去当地调查。施代表主张派中立代表去嫩江与齐齐哈尔，彼谓，目前最重要问题乃日本之撤兵，及战事之停止。施肇基继谓，彼不能接受彼毫不知情之方案。

英代表西门爵士谓：现有一英国代表在昂昂溪。施肇基问：中立代表在东三省所得之报告，能否交诸国联调查委员会。

各代表意见

德国代表穆帝斯称：国联必有确实报告，如能采取适当之决议，国联委员会，派为判定此次纠纷之责任，或调查已过之事实，乃为解决目前之危险形势，彼深望国联可在此项原则范围内，寻求一解决此问题之方法。国联之成败，在此一举。国联之委员会，并不欲使双方放弃其原有权利，只为谋一适当办法，了结此形似战争之局势。彼因中国未完全拒绝日本之提议，表示满意。彼请双方共谋解决办法，勿再犹豫致碍合作之进行。西班牙外长勒乐对日本之提议及其政府之态度，表示乐观，谓日本为履行九月三十日之决议案，已开始撤兵（?），并表示无侵占中国土地之野心。意大利代表斯克罗亚，谓意国政府关于东三省调查事，必尽力与国联合作。波兰外长沙勒斯基称：波兰政府决与一切和平及谅解工作，共同努力。尤哥斯拉夫国代表，亦赞成派代表去东三省之提议。那威、爪［瓜］特拉马及巴拿马，亦赞成以上各意见。白里安综合各代表之意见，作一总结束，称派代表去东三省，定可使局势转趋和缓，彼表示此次并非求一暂时解决办法，乃谋一永久调处办法。

施望止战事

施肇基代表对白里安之态度，加以赞许，并表示：中国政府与人民，均愿极力设法，不使白里安之地位，再加困难。彼谓中国政府不反对调查团去东三省，调查实情，但决不应允以派调查团为由，迟延日本军队之撤退。如调查团除调查真相外，而另有作用，中国政府不能赞同。中国希望战事立时停止，日军赶早撤退。芳泽称：日侨安全有切实保障后，日军立即撤退，彼谓日本政府之提议，只将大纲说明，其余细则须日后填入。白里安称：行政院将研究日本提议，希望根据日本提议，有一全体通过之决议案，有相当进步后，再召集公开会议。如该提议不侵害中国权利，渠深信中国可于原则上赞同。

白盼华接受

该项提议，有调查团在东三省，空气立可转为和平，在调查团员派定前，双方不得再有军事行动。白里安深信在施肇基代表收到提案之详细解释后，定可取合作态度。行政院盼望中日双方帮忙，关于指定调查团之权力范围及报告方法。

下午六时二十五分散会，各理事出会场时，虽觉较为有望，但此问题尚未完全解决也。第二步工作，即为使该决议案之措词，可使中日双方，皆为赞同。国联秘书处将与著名之法律专家英外长西门爵士会商此事，初稿将交中日两国代表征求双方意见，尚有多日之活动，该决议案始能公然提交大会也。星期二或星期三可有公开大会。

《中央日报》1931年11月23日第一张第三版

154. 朱兆莘谈对日问题：国联如无办法盟约等于废纸，维持世界和平惟有自决行动

前外交次长朱兆莘，近由粤应召来京，出席特种外交委员会，记者昨与谈话，因撮录之。朱君曾任驻英义公使兼国际联盟中国首席代表，对于对日问题

之言论,谅为中外舆论所注意也。记者问:日本仍坚持先谈判后撤兵,我国是否让步?朱答:撤兵为当然之事,万难让步。问:报载日方向国联提议,派调查团赴三省,确否?答:照国联决议案之组织专门委员会系规定中立国代表,监视撤兵及接收之任务,为我国所欢迎。现闻日方主张之调查团其性质不同,我国万难同意。问:日本欲以宣布中日条约有效为撤兵之代价,我国如何应付?答:条约之中"二十一条",为全国所绝端否认,岂肯加以宣布,自受束缚。问:国联已显示袒日之趋向,将来是否强我国接受不满意之条件?答:国联如不能予我以满意之调解时,我惟有自决行动。问:施代表何以不提盟约第十五条?答:必要时当然提出。问:各国肯照第十六条之规定,对日经济封锁否?答:国联如无办法,则盟约等于废纸,世界和平亦不保矣。问:日本进兵不已,将如何应付?答:日本现仍继续军事动作,实已目无国联,无异对我不宣而战,我方亦只好以自卫而抵抗,孰为祸首,世界自有公评,何所用其疑惧乎。

《中央日报》1931年11月23日第一张第三版

155. 解决中日问题草案,送达中日政府,昨行政院秘密会议决定,草案措词谨慎不落实际,施肇基谈撤兵不容规避

决议案草案实质甚空洞

【中央社巴黎二十三日下午四时三十分路透电】 今日(二十三日)下午国联行政院,将解决中日纠纷之决议案草案,已送交中国日本两国政府征求同意。预料明早(二十四日)两国政府复电可到,定明早(二十四)十一时开秘密会议,将决议案付表决。国联行政院秘书处所拟草案原文,今日(二十三日)上午秘密会议时,修改甚多,正午十二时散会。议长白里安已将修正草案,交中日两政府。新决议案关于撤兵一层,其措词与九月三十日之决议案相同。至于调查团之权限,是否去中国,或东三省,尚未确定。关于此点决议案措词极谨慎,字句不落实际,去中国或去东三省均无不可。议长白里安定明日(二十四日)请行政院各同事午餐。

【中央社巴黎二十三日路透电】 国联行政院今日(二十三日)上午十时五十分开秘密会议,讨论解决中日纠纷之决议案草案。中国日本代表施肇基及

芳泽均未出席。国际秘书处连日与议长白里安、英外长西门爵士、美代表陶斯将军、日本代表芳泽及中国代表施肇基等几度商谈后，已议定一决议案草案，今日(二十三)提出秘密会议讨论。如能通过，即提交公开大会讨论。如不能通过时，则此次调解结果仍归失败。再者秘密会议之草案必将得全体赞同，始能提交大会。

施肇基谈侧重撤兵问题

【合众二十三日巴黎电】 施代表顷发表谈话谓，关于日军撤退问题，不能任国联巧事规避。昨星期日午，施曾与陶斯晤谈，至其晤谈之内容，是否与中国态度之强硬有关，施则指不欲谈。施云：星期六行政院会议时，彼曾语院中各代表，凡一切表面好听之计划，意欲用以为军事动作，不即停止，或日军不陆续撤退之借口者，中国方面决不承受。此项态度中国至今绝无更改。又中国方面虽极力主张，国联会员或非战公约签字国之合法权利，秘长则已训令起草委员会，将关于调查委员团任命之决议案，从速起草。此项决议案，据云非先俟秘密磋议全体一致同意后，不提出于公开会议。中国方面今日表示：调查团如另为一起交涉，亦必俟撤兵问题解决，始可赞成。有关争议之各首领，日夜商谈，极为忙碌。芳泽访白里安，松平与西门晤谈。日本方面，关于调查团之发展，已由东京得有新训令，其余各国亦正分别向其本国请训。中国则仍固守其原来地位，侧重于撤兵问题云。

【中央社巴黎二十二日下午九时〇三分路透电】 国联秘书处，今日(二十二日)公布中国代表团之二照会。关于最近东三省情形，第一照会谓：日本飞机炸死马占山在海伦部队三千余人，并谓日军进击克山，有攻热河形势。第二照会称：日军继续占据东三省其他重要地点。

芳泽坚持日方提案内容

【中央社巴黎二十二日下午七时四十分路透电】 日本首席代表芳泽，今日(二十二)下午六时与国联行政院议长白里安密谈：日本提议由国联派调查团去东三省调查实情事。为东三省事今日(二十二)下午，外交界忙碌非常，中国首席代表施肇基访美国代表陶斯将军，英外长西门爵士由伦敦赶回巴黎，今日(二十二)与日本驻英大使松平晤面，西门继后同时接见陶斯将军与国联秘书长特来孟。芳泽今日(二十二)接东京来电，有训令关于调查团去东三省事，芳泽曾向白里安详细申明日本态度为一种"助知书"，芳泽不愿有书面觉书，表示日方提议，颇有伸缩处。日本提议：调查委员会共有三人，法国有一代表，为尊重议长白里安；英国有一人，因英国素有公平之名，且在远东有重要权利；美国有一代表，因美国为世界最强国，在东三省亦有重要利益。此三国代表可为公正之保障。中日两国有代表附属于该调查团。该团将有秘书、翻译等职员。芳泽并未指定委员会限定有三人或四人，但表示人数愈少愈方便。彼提议该调查团不但调查东三省情况，同时须研究中国情形，明了此次事变之由来，如违反条约规定，抵制日货，及其他中日间之纠纷。日方提议该调查团，先到中国，芳泽坚持此点。日本再申明日方附带条件，即委员会不能干预中日交涉，不能监管日本之军事行动。第二条为使日本可于必要时，取相当自卫行动，或可撤退日军。最后芳泽宣称：已接到东京官报证实日军开始撤退之消息。

法报深刻批评日本用意

【哈瓦斯社巴黎二十二日电】 东省问题，本日在各报所占地位极少，各报对于东省事态未来变化，拟俟私人谈话获结果后，始可加以判断。左派报纸，较与中国亲近；右派报纸仍少同情。《坚持报》招有特派员在东省，顷发出惊人消息，经该报登载。《自由报》登社论，题曰《中国青年所受排外教育如是》。讨论报对昨行政院会论作结论云："重大困难，尚待解除，军事上发生新事变，亦有可能。则时局情形因愈复杂，此际若云解决，未免言之过早。于此成立协定，困难之点，仍不一而足。势须审慎谈判，以竟全功。此时有司断定者，其惟执中道欤。"《晚报》载称："中日两国所处地位，仍与九十两月相同，日本赞成调查委员团之举，实有深谋远虑存焉。日本将在满洲所处地位加以巩固，其对于调查团希望其迁延时日致数月之久，而其任务范围，又若漫无边际，日本于此自可从中渔利。观于行政院十月间所采手续，日本既拒绝于先，而此际复又赞可于后，可以见矣。日本之意，端在搜纂材料，借以反对中国。此层关系重要之点，须予以判明，否则行政院此次决议案不难发生破裂。又自他方面言之，日本与苏俄及美国不无枝节可虞。李维诺夫提出照会后，苏俄仍监视时局发展，而美国对日军占据齐齐哈尔，又认为危险之举，日本当以行将退出答之。所可惜者，履行成约一事，其迟缓程度，在远东与在他处大致不同，种种枝节，即可因之而生云。"

《中央日报》1931年11月24日第一张第四版

156. 张副司令发表宣言，如国联不令日军先行撤退，形势将更趋严重不能解决

【中央社北平二十二日路透电】 张学良今日（二十二日）下午发表一极长宣言，内称：国联不能履行其十月二十二四日所通过之决议案，该议案曾表示日本军队之撤退，为和平解决东三省问题之唯一办法。张学良称：日军不但未撤退，且进击其他各地，令人怀疑国联处置此案之能力。日本谓中国军队集中于通辽及锦州，及北平、天津军队已开往东三省，纯系谣传。日军强占东三省税收，欲以经济压力逼迫中国屈服。如国联不令日军先撤退后，开始谈判，则形势只有更趋严重，不能解决此事。最后张学良表示，国联目前所取程式为向所未有，结果必归失败。该宣言谓国联盟约、非战公约及华盛顿公约是否等于废纸。

《中央日报》1931年11月24日第一张第四版

157. 英伦舆论促日本撤兵，如不撤兵候正当解决，国联之威权将成笑谈

【中央社二十三日伦敦路透电】 伦敦《新闻纪录报》，今早（二十三日）谓国联派中立调查员去东三省之提议，颇有可取处，但日本军队如不撤退所占据各地，静候正当解决，则国际公理与国际威权，均成笑谈矣。

《中央日报》1931年11月24日第一张第四版

158. 国府令施肇基正式提出盟约十六条，中国政府坚持解决本案三要点，国联必须限期令日本迅即撤兵

国府致施紧急训令：日本违反盟约第十二、十三、十五各条，行政院应即采取办法实行第十六条，国联须立刻议决制止日军侵略行为。

顷据某外交当局谈，我政府前已训令施代表提请国联行政院，切实注意国联在盟约下，应对日本采取之切实制裁办法。闻训令大意如下：近日日军在东省各地继续进展，置国联盟约、非战公约及九国条约于不顾，致造成严重之局势。查日本在国联盟约第十条下，固与其他各会员国，同样正式担任尊重并保持所有联合会员国之领土完整，及政治上之独立，以防御外来之侵犯。又在盟约第十二条下，固曾同意对于各种争议势将决裂者，应予提交公断，或依法律解决，或交行政院调查，无论如何，非俟公断员裁决，或法律判决，或行政院报告后，三个月届满以前，不能诉诸战争。又在盟约第十三条下，固曾同意对于各项争议，认为适于公断或法律解决者，应将各该争议提交公断或法律解决，并对于遵行裁判或判决之联合会，任何会员不得以战争从事。又在盟约第十五条下，固曾承认将来未经提付公断，或法律解决之争执，提交行政院，且对于遵守行政院报告内建议之一造，不得从事战争。依照上述规定，纵令日本获得有利裁判，或判决，或行政院报告后，亦不得立即诉诸战争。况日本迄未采取任何和平步骤，自始即诉诸武力，其破坏盟约之责任，自属更大！现在国联究应采取如何办法，此项问题盟约本身已有明文，查第十六条规定：

联合会会员，如有不顾本约第十二条、第十三条或第十五条所定之规约，而从事战争者，则据此事实，应即视为对于所有联合会其他会员，有战争行为。其他各会员，担任立即与之断绝各种商业上或财政上之关系，禁止其人民与破坏盟约国人民之各种往来，并阻止其他任何一国为联合会会员，或非联合会会员之人民与该国之人民财政上商业上或个人之往来。

上述三条文中，如违背任何一条，已足构成对于所有国联会员国之作战行为，应立即适用其制裁方法。现日本同时破坏第十二、第十三及第十五各条，

是以中国深信行政院必立即进行采取办法,将第十六条付诸实行。否则世界对于国联存在基本之目的,将发生疑问。世界大战后所产之维持和平的国际的团体,将由是而发生破绽矣。

中国政府与国民自此次问题发生以来,即忠实的信任国际联合会,认为在此全世界共同所遭遇之危险时期中,拥护国际公约之权威,与信任国际共同之团体,为吾人唯一之义务。故虽任何困难与牺牲,吾人皆刻意忍受。过去六十余日,中国政府与国民之一切行动,无不为忠实的信守国际盟约与严格的履行行政院决议之表现。日本蓄意破坏全部盟约之事实,已经明白照著,危险情形,刻刻增加其严重。国联及其他各会员国,此时唯一之义务,惟在于毅然执行第十六条所规定之制裁方法,已为毫无疑义。然行政院尚十分委曲求全,希望于实施制裁办法之外,发现一解决之途径。中国政府对于国联行政院之苦心,亦十分谅察,惟须请求注意者,国联此时必须不忘其神圣之责任,迅速议决和平公道之切实办法,立即见诸实行,否则中国所取之途径,惟盟约第十六条而已。

紧急训令

闻政府已对于施代表下一最紧急之训令,大意谓中国必须坚持国联所曾经议决之下列要点为解决本问题之基础:

(一)国联必须立刻议决最有效的方法,制止日军之侵略行为。

(二)日本必须自国联议决之日起,两星期内撤兵。

(三)日本撤兵必须在中立国人监视之下。

倘国联抛弃其从前议决之办法,而以组织不包含前头条款之调查团,敷衍目前,则日本军阀之横行,将益无忌惮,而前途益加危险,世界之和平,国联将无法维持!中国此时之努力实为保障国联存在之唯一的忠实会员,不仅为自身之利益而已也。

《中央日报》1931年11月25日第一张第三版

159. 国联如无撤兵规定，中国政府绝难接受，施肇基郑重面告白里安

昨晨续开秘密会，讨论决议草案无结果

【中央社巴黎二十四日正午十二时〇五分路透电】 国联行政院今早（二十四日）十一时十分开秘密会议，继续讨论决议案问题，中日双方代表均未被邀出席。日本首席代表芳泽至昨夜（二十三日）深夜仍未收到政府训令，但各方深信，此案之进行，不致为此而停顿。今早（二十四日）开会前，白里安曾招见芳泽，有所商谈。行政院此时所最关心者为中国政府之态度，中国方面坚持原议，不愿让步。施肇基昨夜（二十三日）向白里安再郑重申明，谓如无切实条文规定日本军队早日撤退，则中国不能接受此种决议案云。

【中央社巴黎二十四日下午二时路透电】 今日（二十四）上午国联行政院秘密会议时，议长白里安将决议案全文向各理事作一简单报告，各理事对决议案之文字，有少数不重要之修改。白里安将昨夜（二十三日）与中国首席代表施肇基谈话之内容，向大会报告，彼称，中国政府关该决议案之训令，明晚（二十五日）前准可到巴黎。今早（二十四日）秘密会议，于正午十二时二十五分散会。明日（二十五日）将再有秘密会议，开会时间未定，因等中日两政府训令到巴黎后，始可开会。

【中央社巴黎二十四日美联社电】 国联行政会，于本日十一点半，讨论关于调查委员会之决议草案。闻此决议，日本赞成，而中国对此，则殊为冷淡。施肇基谓，东三省日军之撤退，乃主要问题，渠正候南京训令。该会于十二时二十分散会，施氏与陶斯先有会商。行政会以星期一、二两日，草拟两种决议案：（一）解决撤兵问题；（一）解决委员会问题。行政会拟于星期二十点半开秘密会议，重议中日委员问题。施氏致书行政会，请注意日军向锦州华军挑衅问题。施旋与白里安会商。施氏致书行政会又云，倘不撤兵，中国不能接受调查团云。

施肇基坚持撤兵，英西两国赞成施态度

【本社二十四日上海专电】 巴黎敬(念四日)电。昨夜施代表为撤兵与调查团问题，与白里安晤谈甚久，德鲁蒙亦在座，将近午夜始散。白里安昨夜原约芳泽会晤，现已展至今晨。据闻施氏不仅坚持撤兵，且要求撤兵时必须有中立国监视。又要求行政会于派遣调查委员团后，只应作为休会，不能认为闭会。当施氏出法外交部时，曾语守候之新闻记者称，双方距离犹难接近云。

【本社二十四日上海专电】 巴黎敬(二十四日)电，今晨巴黎外交界盛传施代表昨夜曾向白里安表示，行政会采用之决议案内，苟无撤兵规定，勿庸送去南京。施氏面告白里安，苟无撤兵规定之议案，不能为中政府所可接受。现施氏拟已获得英国与西班牙之赞助，据称，西门与乐勒赞成在所拟决议案内添入一另声明，派遣委员团赴远东之举，必不能用作展缓撤兵之借口。英西代表之赞同施氏态度，已使闻者为之一惊，因向未料英国将取此种态度也。

施肇基拒绝接受不顾基本事实之提议

【中央社巴黎二十三日路透电】 中国首席代表施肇基，今日(二十三日)有照会致国联，该照会称：中国政府不能接受派调查团去东三省而对撤兵及停止军事行动毫无切实规定之提议。中国对派调查团去东三省之原则，并不反对，但如该提议不确实限令日本撤兵及停止军事行动，则该提议无异于设法默许日本军队无定期的延长其非法占据中国土地之行为。在国联商谈时，日本已达到其非法目的，中国政府对不顾基本事实之提议，绝对不能承认。施代表之照会，乃十一月二十二日交与行政院各理事，今日(二十三日)由秘书处公布。

【中央社巴黎廿三日电】 据本日《巴黎公报》公布之消息，国联派往东三省及中国调查之特别委员会，拟由英法美各派代表一人组织之，调查时由中日两国代表及专家若干人，加以协助。该报称法代表为一军事家，英代表为一法律家，美代表为一精于财政及商业之经济家。军事专家一席，法国拟畀于最高军事会议副议长某将军，但因第四次军缩会议行将集会，故彼表示不就。同时中日两方对于此项委员会，仍不一致。施肇基依然坚持先撤兵后遣委员之主张，而芳泽则坚执遵守九月三十日之决议，不指定撤兵日期。该报论到此种问题时，咸认为达到双方一致尚需数日云。

决议案草案内容，草案内列有七种事项

【哈瓦斯社巴黎二十三日电】 秘密会议定二十四日午前举行，今晨私人谈话至午后始止。白里安接见陶斯及柳勒斯基，将午前讨论困难及秘书处起草决议案，未通过各情形告陶氏。先有行政院委员数人，尤以西班牙、南斯拉夫及波兰代表咸以调查委员会工作时，武力占据事，若仍存在，则行政院所采办法，将成恶劣先例，皆表示不安之意。又建议案系日本建议为蓝本，各会员多谓宜于讨论细目前，先行征求中国同意，爰以一日之力，举行谈话，冀获施肇基赞可。白氏与施氏会晤甚久，据云，关于调查委员团条文，前经日本认为不利且拒绝，中国政府自不必予以反对。南京方面对国联业经表示信用，国联在可能范围内，务必恢复原状，终当有成。要中国对国联仍信任，助其伸张法理云。决议草案，载有七事项：(一)九月三十日决议案，仍有权能，撤退日兵应速举行。(二)行政院赓续处理争端，双方当事国仍供给消息。(三)双方当事国当令行所属军事长官，制止军事行动。(四)凡足使时局益增严重行为，当由双方当事国，予以防止。(五)各代表团能在远东搜集消息者，当继续报告行政院。(六)三委员团就地调查时，双方当事国，得以人员为助，撤兵一事，须从速举行，不因遣派委员团迁延时日。(七)委员团对直接交涉，不加干预，对军事行动，不加监察，双方当事国各将目前有前第问题，向其陈述。凡此七项，明日成何局面，尚不可知。此际双方当事国，各努力引起一种印象，谓当维持原有地位，不作任何让步。

日坚决反对休战，借口中国军队集锦州

【中央社东京二十四日路透电】 日本政府今日(二十四日)表示可接受国联行政院解决东三省问题之决议案(即派中立代表团去东三省调查中日纠纷)，但日本政府反对决议案之双方停止军事行动一条。

日方谓，如中国军队仍在锦州或他处集合，则日本不能应允停止军事行动。日本政府今夜(二十四日)特根据以上理由，电令芳泽向国联详为说明，同时芳泽将请国联劝中国驻锦州军队撤退入关，只留警察维持北宁路治安。如锦州军队撤退，则日本可承认，除剿匪外，不再有军事行动。但如中国军队继续集中各地，则日本不能不有相当抵御办法云。

《中央日报》1931年11月25日第一张第三版

160. 国联形势僵持，我国坚决要求撤兵，国联对我国要求尚未明白采纳，日政府自称业已让步不能再让

秘密会议未有结果，施肇基表示信赖国联

【中央社巴黎廿五日美联社电】 国联十二代表行政会，于本日上午十一时十分开会，正午始散，下次会议须至星期三晨开。十时四十五分施肇基与陶斯晤谈，施坚决表示，日本未撤兵及停止敌对行动时，中国拒绝活动云。

【中央社巴黎二十五日下午十二时念九分路透电】 今日下午五时，国联行政院再开秘密会议，讨论东三省问题，中日两国代表俱未被邀出席。中国首席代表施肇基，又不得向大会报告，中国政府最近与彼之训令矣。

【中央社巴黎二十五日美联社电】 国联行政院各国代表关于决议案，虽未代表各该国政府有所答复，但最足重视之中国政府复书，闻已送到，现中国代表正从事于移译。据国联方面可靠消息称，南京之复书对该决议案表示反对，坚持调查委员会应赋予最广之权力，并主张撤兵问题，不能并为一谈，国联应按施代表致送于行政院之宣言书，令日本立即开始撤兵，按次进行云。

【中央社巴黎念五日美联社电】 今晨施肇基与陶斯晤谈甚久，辞出后，对本社（美联社）记者称，现在之交涉，虽属危急，但余殊乐观，迟早终有结果，中国仍信赖国联，能以公道待中国云。

日本拒绝确定撤兵，日政府声言不再让步

【中央社巴黎二十五日路透电】 今日（二十五日）有国际行政院理事多人，以私人资格，向日本代表团表示，希望日本能确定早日撤兵。日本代表团已拒绝该项请求。

【中央社东京二十五日路透电】 东京各方，对中日东三省问题，今日（二十五日）顿觉乐观。第一原因，系因日本正式公布，愿让步，接受国联行政院之提议，派代表团去东三省。第二原因，系因锦州冲突或可避免。日本政府已与军事当局，有相当谅解，在目前绝对无军事行动，如事实上非战不可时沈阳西

南区之日军司令必得政府同意后始能离步。

【中央社东京二十五日路透电】 国联新决议案草案全文,已收到,此间正在详细研究中,决议案只有五条。日本已可接受全案,但对第二条之一部分表示不满,该条谓:"双方任何方不得有何主动致引起战争与杀伤。"日方觉此条,将令日军剿匪行动,感觉种种不便,且不能有自卫行动。日本政府主张取消该条,或加以修改,改为"任何方不得有使形势更加严重之行为"。日本让步至此点为止。日本表示,此次承认派代表团去东三省及撤回承认五基本原则之要求已算让步至于极点,俾此难关可过,国联面子亦可下得去,日本决不再为让步云。

中国对案业已提出,中国代表团要求三事

【哈瓦斯社巴黎二十四日电】 据今晨传闻顾维钧业向行政院提出对案,中国代表团对此项消息,未能证实。但云:昨午后白里安与施肇基会晤,并无结果。中国代表要求三事,未能满意:(一)调查委员团目标,应明白指定,日本关于此层主张未便容纳。(二)调查委员团团员应就地选派,俾可立即开始工作,而无欧亚长途旅行之劳。(三)九月三十日决议案,虽经全体一致通过,厥后日本所采态度,迄未与之相符合,中国政府对此种条文不复认为满足,应请行政院将撤兵一事,明白规定。日代表团尚未表示意见,但坚称委员团任务,除照日本主张外,不能予以承认。白氏原定今晨接见芳泽,乃因中国提出上项异议而止。午前十一时,行政院开会,为时仅四十分。各会员因主席与双方当事国代表所谈话,毫无结果,为之惋惜,并延期明日再开会议。各会员退出会场时,答复质问,印象不佳。一般人恐顾维钧就外长时,因欲满足中国舆论,或采取比较坚决态度。顾氏在巴黎,饶有声望,此间国际政治团体中,有友好甚多,知其甚稳练,政治家对之表示信任。

又电,中国提对案已报告行政院,本日当可送达云。

我国坚持限期撤兵,若干代表劝中国让步

【中央社巴黎二十四日路透电】 东三省问题,稍有进步,日本代表团,今日(二十四日)已将东京复电,关于国联派中立调查团去东三省事,今晚(二十四)当再有训令到。据云,日本政府可接受国联提议,派中立代表团之原则,但对引言之字句等细则,或稍有争执。中国政府之复电,今晚(二十四日)可到,内容不详。据云,南京方面,有折衷提议,原则在限定日军于十五日内撤清。

此消息传到后,国联各方为之不安,如此说属实,则国联行政院将又处于一极难应付之地位。因如限定撤兵时日,恐不能得双方同意。中国首席代表施肇基,今日(二十四日)整日忙碌,访晤各国代表,与美代表陶斯将军,曾有商谈。有多数代表,劝中国代表团,谓一片面包,比无面包较强,且日本曾屡次表示愿撤兵,即依照日方条件,亦比无撤兵表示较好。彼等谓派调查团去东三省,对各方俱有好处。如中国代表团请引用第十五条,国联亦须派调查团去东三省。

【中央社巴黎二十五日美联社电】 本日白里安与芳泽密谈,旋宴请各代表于其私邸。闻席间白里安请施肇基让步,施向行政院表示,中国关于要求日本撤兵之主张,决不变更云。

目前僵局无法打破,双方意见相去犹遥远

【中央社巴黎二十四日电】 国联对于东三省问题之研究,陡然转变。此间报纸,对于鼓吹和平解决东三省问题时建议,亦只字不见。一般人俱承认目前之僵局,似无法可以打破。巴黎出版之《纽约传达报》,甚至宣言,国联行政会拟派遣特委会到东三省之决议,业已绝对打消。惟《同声报》社论坚称和平解决仍甚有希望,且宣称已得确息,委员会之调查工作,将由南京起手,以便同中国政府接洽色。又称国联将畀委员会以充分之行动自由调查之,范围亦颇宽大,使其不特能监督日本之撤兵,抑且视察中国当局保护东三省日侨生命财产之种种办法。该报又发表昨日秘密会议之详情。据《巴黎晨报》称,昨日秘密会中撤兵问题讨论甚烈。其他如《巴勒□》等报,亦有证实。该报谓最近中国觉书表示中国坚决主张,撤兵为一切交涉与调查之先决问题,各代表对此均哑然失色。昨晚白里安为此觉书曾与施肇基作长谈,特莱孟亦在座,半夜方散,故白里安不能不与芳泽会议。至今晨,闻谈话内容,似关于中国不但坚持撤兵,而且撤兵时,须由中立国加以监视。施肇基且表示,调查委员派出以后,行政会不能即告结束。施氏离法外部时语记者云,双方意见相距尚远云。

【中央社巴黎二十四日电】 本日午前十一时,国联行政院开会,中日两国代表俱列席。始由日代表芳泽宣读两照会,说明日政府对东三省之政策。第一照会内称,日军决不干预中东路之车运。第二照会向国联行政院报告,日军已撤退步兵一旅两大队,技术队数队,重炮一部分。施肇基向行政会报告,日军已开始向新民府前进,准备攻锦州与山海关云。

《中央日报》1931年11月26日第一张第三版

161. 顾维钧定今晨就职，即午赴外部对部员训话，顾谈国联应坚持日撤兵

（中央社）国府近以外交紧急，外长一职，极关重要，因任顾维钧氏代理外交部长。顾定今日（廿六）上午十时，在国府大礼堂举行宣誓就职礼，十一时即赴外部视事，并对部员训话。闻国府参军处除通知府内职员外，并函各机关派员参礼云。

顾氏谈话

代理外交部长顾维钧博士，昨（廿五）日关于国联提议组织东三省调查委员会一事，我方应付及步骤，发表重要谈话如下。顾氏谓，国联此项提议，并未确定担保，亦未担保日本于最短一定期间内完成撤兵，我国万难接受。现东省形势，异常严重，亟待有较敏捷并能奏效之方法解决。至调查真相，固所希望，惟同时仍容日本军队侵占，是国联不啻容忍日本之侵略行为。缘迁延撤兵，足以巩固日本在东省地位，并继续危害远东和平。况该地在日本军队操纵之下，发生种种复杂情形，益使将来解决不易。当九月三十日、十月二十四日，东省地方只有一部分被日军占领，其时国联认定日军应撤，且应于一定期间内完成撤退。现在东省全部，几为所占，则国联之应坚持于最短一定期间内完成撤兵，其理由自更充分。国联之首要职责，在维持和平。日本在东三省一切行为，不问理由，不加预告，无作战之名，而有作战之实，显然违反其自身对于国联盟约所负不诉武力之一种严重义务。国联为维持盟约尊严，与保持其本身之根本存在计，独不应引用第十六条之经济制裁乎？倘国联确能尽其职责，使将来世界对之，不变信用，则应于盟约范围内，极力促成日军撤退，并确保于一定期间内完全撤尽，实为解决此案之第一条件。

行政院之任务，自属非易。惟此重大问题之要点所在，极为明显，不另提办法，将此要点轻轻撇开。究竟日本以武力强占东省，可以忍受乎？抑须制裁！倘以其违反盟约认为非是，则国联应坚决力予纠正。

中国因力争维护和平与公允起见，欢迎美国与国联合作。今非战公约与

九国公约之原则,已为日本撕灭殆尽,自应共同主张,于最短一定期间内完成撤兵,以保持其尊严。

鄙人以东省事件,含有严重性质,深信美国及国联在同一立场,应共同筹一远大计划,确除和平障碍,力保国际公约也。

《中央日报》1931年11月26日第一张第四版

162. 国联办法大致商定,行政院今日开大会,派调查团赴东三省视察一切,九月三十日决议案认为有效

秘密会决办法,决定派调查团赴东,国联决议九项办法

【中央社巴黎二十五日路透电】 中国首席代表施肇基有照会致国联,报告彼所收到中国政府最近之训令。施代表不愿将训令内容发表,由议长白里安将中国态度向大会详为报告。

国联行政院,今日(二十五日)下午五时十分,开秘密会议,中日两国代表均未被邀出席。日本代表团尚未接到政府训令,故大会仅有日本首席代表芳泽,已表示过之意见。中日纠纷发生后,今日(二十五日)下午会议,为第一次真正秘密会议,秘书专员等一概退席,只有代表在场,专为秘密讨论中国政府之提议。英外长西门爵士,已回伦敦,由西席尔爵士代表出席。

派中立代表团去东三省之提议,在场之十二理事,一致赞同,但有数理事,加有附带条件:(一)中日双方赞同始为有效;(二)中日代表可要求修改提案;(三)提案措词,不能过于落实,致无修改余地。关于派观察者去东三省危机地点一层,有关时间之商谈,中国方面照会,希望国联派观察者去锦州,行政院决定由各国单独派观察者,但不能代表国联。

探闻国联所拟定之办法大致如下:

(一)九月三十日之决议案重新申述,且再认为有效。

(二)中日双方表示遵守决议案。

(三)各理事尽力设法使决议案得以实行。

(四)中国军队退入关内。(国联极注意此点)

（五）双方不得有发动引起战争之行为，使形势更趋严重。

（六）各理事将彼等在东三省代表所得当地消息，报告国联。

（七）国联派调查团去东三省，报告国联，一切影响国际关系、中日和平及两国之谅解之事实。

（八）中日两国均有襄助员附属于该代表团。

（九）调查团不得干预国联，九月三十日决议案内，所指定之日方军事行动。（如撤退军队等等）

日接受决议案，美国表示赞同该案，日方对文字有修改

【中央社巴黎二十六日下午一时五十分路透电】 日本政府之接受国联新决议案，已可确定。日方虽对文字上有修改，但对原则已完全赞同。日方对"双方严令军队切勿有主动行为，致引起新冲突"一条，主张修改。中国方面，问题较难。此间对新任外交部长顾维钧，及国民政府之政策，尚不明了。美国已赞同该决议案，并劝双方接受该项提议，美方表示或可使中国明了形势之实际方面。如一国或双方拒绝该决议案，国联应取何种态度，对此点，行政院中颇有争执。波兰、休哥斯拉夫与那威代表主张应有比空谈权力更进一步之表示。行政院已决议明日（二十七日）举行公开会议，大约系最末次会议，希望无重要变化。

日本代表团报告行政院称，据沈阳日军司令部报告，齐齐哈尔日军，已于二十四日开始撤退。芳泽对决议案之修改，将加一附带说明，即凡属正当自卫及维持秩序之军事行动，不能认为对敌行动。

决议草案内容，行政院已正式发表，双方不许采何行动

【哈瓦斯社巴黎二十五日电】 行政院发表公布云，按照国联会盟约第十一条，中日争端因欲获得全体一致通过之解决方案，并双方当事国所投之票在内，乃由本院拟一决议草案，将撤退日军至铁路区域以内，及遣派国际委员团二事，分别办理，该草案业已交付双方当事国。其大要系将九月三十日之决议案经双方正式接受者，重加申述，并请双方当事国，采取一切关于执行之必要手段，俾日军得以早日撤退。双方当事国，并当严令所属军事长官，不许作何行动，足以引起新事变，而重致杀人流血，并不许采取何项手段，足使时局愈趋严重。本院对于各会员派有代表驻在当地者，除请其供给消息外，并拟组织委员团,令其就地研究,而将足以影响国际关系、扰乱中日两国和平或扰乱中日两国间和平所关之良好谅解一切情事,报告本院。中日两国,亦可派员相助为理。至撤退日军至铁路区域以内一层,既经九月三十日决议案予以登录,又由日本允诺实行,自不应以上项委员会之组织与工作而加以何项变更云云。

【哈瓦斯社巴黎二十五日电】 本日午后,行政院秘密会议,讨论二时余之久,并延会至星期四日午后四时。重要事件,业经决定者,计有三项:(一)委托主席电请双方当事国,由此际以至解决之日,务当避免一切军事行动。(二)决议草案大约,予以公布,俾舆论加以判断,并使双方当事国,明其责任所在。(三)公开会议定于星期五日午前举行,俾双方当事国,无复回旋余地,不得不采取合于理智态度。

中国答复国联,对决议案共列七项,警告双方避免冲突

【合众社二十五日下午八时电】 行政院方面,已分电南京与东京,警告其对于锦州冲突结果。又同日下午七时二十四分电,中国对于国联议决案之答复,合计七项:(一)要求军事行动之停止;(二)日本军队之撤退;(三)中国保证东省日侨之安全;(四)中日两国应与中立国人员合作,借便获有办法,以保障日本人民之生命财产;(五)中日双方应尊重规约、非战公约及九国条约;(六)调查团之任务,应为监督日军之撤退,并确定日军所为损害之赔偿;(七)在日军撤退后,应召集与满洲有关系各中立国之国际的会议,以便将中日关于东省之各争议,为最后之整理解决。

【合众社巴黎二十六日电】 行政院将于今日(二十六)午后开十二国秘密会议,以考量中日双方,对行政院所拟议决案之意见。行政院将设法折衷,再和东京与南京提出修正之议决案,谓如是调解,仍无效验,行政院恐不得不另行提出议决案,于原则上斥查武力之占据,并声明在东省事件实一特殊事件,在盟约第十一条下,行政院实尚无先例可据,当改由美国依照九国公约召集会议,以解决之。但现在国联仍觉有许多理由,可期和平解决云。

美态度渐强硬,主日先撤兵后谈判,美代表称赞助国联

【中央社华盛顿二十五日合众社电】 美国务院仍不欲讨论东省事件,官方称,目前尚无召集九国会议可能。现美国对日态度,已渐趋强硬,美代表陶斯已经宣称,日军先撤退至南满线区域,然后再开始谈判。官方现否认,曾谓美国不加入国联于日本以惩处,但称若国联认经济封锁日本为必要时,美国或将参加云。又巴黎二十六日合众社电,美代表陶斯,已正式宣告,美政府赞助国联之意,此足表证美国已决定积极参加东省事件纠纷。施代表向记者表示,谓对日军队行动中国人民一致表示愤慨,现在中国政府唯一之办法,即援引国联盟约第十五、第十六条,因该两条规定之处罚,世界五十二国均曾慎重表示遵行者也云云。

【中央社华盛顿二十六日路透电】 美国政府正式决议,美国可参加国联所派往东三省之国际调查团,美国代表将以私人资格参加。

【中央社巴黎念五日合众电】 国联中各小国,如南斯拉夫、波兰、西班牙、委内瑞拉各国代表,均完全赞助中国。各小国之意,以为国联对于在国联中占多数之小国,应尽其应负之义务,大国之颐指气使,已为诸小国反抗。已往十日中,国联态度之冷淡,诸小国深为寒心。据此情形,国联行政院,殆非有实地之动作不可。国联正开秘密会议,秘书处职员及译员均屏不予闻,薛西尔等彼此谈话均用法语云。

施向国联提议,在锦州设立中立区,由英美法义军驻守

【中央社巴黎二十五日路透电】 国联行政院,定明日(廿六日)下午四时,开秘密会议;星期五(廿七日)开公开会议;今日(二十五日)下午开秘密会议,约半小时后,有专员列席,至晚七时廿分散会。议长白里安,有电报致中日两国政府,请双方务必完全停止对敌行动。美国政府亦赞同国联决议案,并劝中日二国接受该决议案。

施肇基今日(二十五日)下午有照会与国联,提议在锦州设立中立区。施代表称彼接中国政府之紧急报告,日本虽口头表示和平,实已进兵围攻锦州,该处恐将有激烈战事,希望国联制止。施代表提议,由国联在中日军队驻地之间设立中立区,由英法义等中立国军队驻守,但仍受国联之指挥。如照此法做到,则国联为维持和平起见,请中国军队退出锦州时,中国可照办。

【合众社二十五日下午七时卅五分电】 中国提交行政院秘密会议之各要求中有一项,系请求即刻派遣美英法义之军队,至锦州华军及侵略日军间之一中立地带。中国之意,以为依据条约,在沪平津各地之中立国军队,应即集中,以阻止日方更深之侵略。据云,陶斯得此消息后,即电美京,告以国联关于此事或即将询问美国之态度。

【合众社二十五日午后七时五十分巴黎电】 薛尔西照会国联,报告英国驻华公使,已准备并派遣英国军事随员及其他观察员于锦州及其附近各地。薛氏又谓英国并能派遣视察员于齐齐哈尔及昂昂溪诸地云。

【又二十五日下午八时电】 中国虽在国联行政院要求外国驻军于华军日军间之中立地带,惟行政院主张派遣中立视察性质之军队,任监视锦州以北之南满路一带中立区之责。各中立国如以日军势力向中国深入,将有害于彼等利益,尽可各自单独行动。但国联对此,并无所动作云。

【又二十五日下午八时○七分电】 因薛西尔之提议,在行政院之各会员国已决定,各自致电中日两国警告,不得在锦州作战。

《中央日报》1931年11月27日第一张第三版

163. 社论:国联应坚持撤兵决议

自上月二十四日国联第二次集会以十三票对一票通过日本撤兵之决议,匆匆又已月余。在此一月中,日方不独毫无撤兵表示,且变本加厉,强提三省税款,出兵进犯黑省,收买愚民,扰乱津市治安,劫持溥仪,希图复辟。凡此种种,无一非暴露其囊括东省之野心,与破坏国际公约之狰狞面目。在中国言,其事态之严重,无以复加;在国联言,其过去之尊严,扫地以尽。我国人方持镇静忍耐态度,以待世界公理之伸张,不谓在暴日炮声震动江省之日,而事变以来,标榜和平正谊、督促日本撤兵之国联,乃竟为现存事实所屈服,萎靡退缩,将议以派遣调查团为敷衍颜面之计,此诚不仅使中国人民失望,而亦使全世界爱好和平与公理者,同感世界末日之垂临也!

夫国联成立之目的何在?不外维持和平,消弭战争而已。国联十二年来努力之结果,已渐见其端倪,今者国联诚遭受空前未有之难关。然使国联今日不能突破此难关以显示其力量与地位,则将来由今日之屈服与退缩所造成之难关,更有十万倍于今日者,此可断言也。何则?日本之吞并中国,已为其一定不变之方针,而其国内之军阀,久拟占据我东三省,以渐次实现其建设大陆帝国之迷梦及威胁世界之野心。此于田中义一奏折中已明白言之,其不敢遽尔实行者,徒以国际关系不容许耳。直至今年,日本武人鉴于西方各国正陷于经济危机，而中国亦感受空前之水灾与匪祸，遂以为千载一时之机会，不暇顾及国际关系，悍然以重兵侵入东省。回忆事变之初，世界舆论几全体动员，日方形势甚为不利。是以币原一再宣称不提新要求，芳泽在九月三十日会议，不得不承认撤兵。迄国联第二次会议，日方渐已看透国联之无力干涉，遂不独反对撤兵，且更以所谓五项基本原则，促国际公认。其趋避之手段，固狡黠恶辣，其侵略之野心，尤昭然若揭，国联会员，岂不之知？今者东三省之军事占领已成，日本军阀正踌躇满志，而国联则一再退缩，甚至撤兵二字，亦不敢再提。在国联方欲维持其颜面，以为下台之阶，殊不知国联之退让终有限度，而日本军阀之贪欲，宁有止境？若日本进迫不已，不复悔祸，则中国以世界公理与和平之不可靠，而出于正当之防卫，国联不将使举世讪笑其维系和平、弭止战争之为徒托空言也耶？

　　日本之欲蚕食大陆，已为举世所共知。观于九月十八日以来，国际舆论对东省事件之重视，已足证国联各会员国，对于日本军人卤莽灭裂之举动，已深感不安。今者日本既已事实上占领东北，目的已达，遂建议国联组织调查团，借以拖延时日，徐图展布。将来新政权之卵翼完成，东北三省之政治，将尽受其支配，铁道政策实现，东北三省之富源，将尽入其掌中。数年之后，日本已如虎生翼，国际均势，将根本打破，各国在东方之市场，将受其威胁，而日本军阀之野心与气焰，当更甚于今日。斯时国联虽可充耳毋闻，而各国为自身利害计，岂肯熟视无睹？若是则国联今日为一时之苟安者，无异适启他日无穷之祸患。故国联如欲保持其盟约，保持其和平运动之历史，则必须继续且坚持其九月三十日与十月二十四日两次决议之努力，日方始能如期撤兵，中日通常关系，自可恢复，东亚和平，自可保持。否则不注意于中日纠纷之症结，而徒欲旁涉枝节，以事敷衍，断非中国国民所能承认。实逼处此，惟有出于自决。则吾恐国联之盟约与十二年来之努力，将随东省炮声以俱去，失望者宁止中国一国而已哉！

《中央日报》1931年11月28日第一张第三版

164. 锦州安全问题解决，我国向国联提出后已有办法，中日两国政府均已表示接受

外部息。锦州安全问题，自中国提出国联行政院后，数日来迭经讨论，至昨日该院已获有重要之决定，即要求能派遣观察员至锦州之各重要国家，向各该国之观察员发下列之训令：

（一）各该观察人员，应彼此互相商量，以研究在华军与日军之间，是否有建立一中立区域之可能，或更设法以避免两军之冲突。（二）彼等应与华日两军之将领，彼此联络，以便为必须[需]之措置，行政院并以为使是项致驻锦华军长官之训令，得有预备之结果，则应由中日两方政府分令各该国驻军长官，与各该外国观察员彼此联络接洽。

行政院方面，已由其议长白里安签发公文，将上述之点，请求中日两政府注意。中国政府为诚实遵行和平与和缓之政策起见，已接受此项提议，并正将必要之训令，电知驻锦之华军长官，告以行政院之决定，并令其与各该已经被派之外国观察员联络接洽。究竟行政院此项保持和平、防免形势更增严重之举动，能否生效，则全视日本对此事之态度如何耳。

关于上项消息，国府某要人发表谈话如下：星期二日，国民政府对于东省日军司令部准备进攻锦州所造成之危局，已非正式通知国联行政院。同日国府得悉日政府已向国联行政院保证，锦州一时似尚无彼攻之危险。当时英法德各国之视察员，已抵锦州，均证明中国军队并未向锦州集中，亦无援军由关内开出之事。星期三日国府接到各方报告称，日方有军事行动，中国政府当即向国联行政院正式提出紧急提案，主张立即设立中立区域，在中立国军事视察员监视之下，中日双方军队皆不得通过。行政院即于星期四召集紧急会议，当即议决，由已派视察员至锦州之各会员国，训令各该国武官，立即进行下列数项：（一）立即拟定设立中立区或划界之计划，以阻中日军队之冲突。（二）立即通知中日双方军队长官，请遵守此种办法。现中国政府已训令锦州驻军，遵照办理，并已电知巴黎，中国接受此种解决办法。由是观之，国联行政院对中国政府提出之确实警告，已全部接受，且立即予以制止，足证行政院及各会员

国,俱有令行政院议决案实施施行之决心云。

【中央社巴黎二十七日路透电】 中国首席代表施肇基,今日(二十七日)上午与白里安商谈约二十分钟。施代表称,中国政府极关心锦州形势之恶劣。白里安根据日本之表示,答谓日本决不致以武力占据锦州。

【中央社东京二十七日路透电】 日政府即答复法国驻日大使马泰尔称,日本赞同张学良之提议,将锦州驻军,撤入关内,并设中立区。日本复文将说明,中立区之警察权问题,应由当地中日当局交涉,不得有外人干预云。

【中央社巴黎二十七日上午十一时路透电】 议长白里安今早(二十七日)收到英国政府照会,内有英国派往锦州观察员之报告,据英国观察员调查之结果,锦州及山海关间中国军队并无集中或调动情形,但日军进攻锦州之行动,仍继续不停云。

【中央社巴黎二十六日下午七时五十分路透电】 中国首席代表施肇基今日(二十六日)将由北平发来二电报,转达国联:(一)日本军队于廿五日占据新民,县长被日军官拘留于总商会。(二)中国政府十一月二十五日致日本政府之一照会,否认中国军队集中锦州,并谓如锦州与新民有不幸之事发生,日本政府当负严重责任。

【中央社巴黎二十六日电】 二十五日上午国联得施代表紧急通告,谓日军实行西进图锦州,引起各国代表极大反感。同时美国陶斯将军亦致函秘书厅,谓顷奉华盛顿电令,对中国政府坚持日先撤兵,然后谈判,绝对表示同情,并谓国联如何维持正义采取断然行为,美政府自当全力扶持。英国及西班牙代表,至此亦以调查团议案,不足以应付锦州紧急局面,故正午十二时国联全体理事国代表,除中日外,计十二人,特开临时紧急秘密会议。各小国代表联合一气,以国联对华态度,似欠公正。至是大国代表反为舆论屈服,遂决议以国联名义急向中日两国提出紧急警告,立请两国政府训令在锦州附近之前线司令军官,不得前进,以防事态再度扩大,同时并以此项决议通知陶斯将军转告华盛顿政府。

《中央日报》1931年11月28日第一张第三版

165. 国联新决议案,行政院定今日举行公开会议,中日两国复文均已到达国联

新决议案复经修改,国联秘书处公布要点

【(中央社)巴黎二十七日下午四时三十七分路透社急电】 决议案起草委员会将决议案修正后,立时将全文交中国首席代表施肇基。国联行政院对委员会之修正案,将无长时间之讨论,随即可通过。施肇基将被邀出席,对修正案发表意见。

【中央社巴黎二十七日路透电】 国联方面觉明日(二十八日)或可举行末次会议,因双方已原则上同意于新决议案,但如有意外之事发生,如日军占据锦州,国联明日(二十八日)将不能闭会矣。

【中央社巴黎二十七日路透电】 国联行政院决议案起草委员会,今早(二十七日)开会约半小时。今日(二十七日)下午三时四十分,将再举行会议,讨论修改决议案事宜。该委员会散会后,将其修改结果,交行政院秘密会议再加审查通过。

【中央社巴黎二十七日美联电】 本晨此间法国各报,均表示十一月二十六日,为国联自成立以来,最重要之时期,至为吉为凶,则各有臆度。但多数意见之倾向,以为今晚幕色重临之时,中日两方复书经审查之后,行将见中国可作相当让步也。《巴黎时报》称,无论如何,国联行政院自知其本身居于何等地位,断不至屡易主张,致乱步骤。该报又称,美国亦明了其本身地位,因陶斯在大西洋长途电线中,与胡佛总统、史汀生国务卿详商之后,曾向施肇基、芳泽表示,美政府完全同意于国联决议草案。昨夜国联秘书处公布之新方案,可望中日两方予以接收[受]。该方案要点如下:(一)日军撤至铁道界内,同时中国军队亦撤回关内。(二)调查委员会开始工作,而尤着重于审查中日两方所发生之争执。(三)中日双方严令所属军官禁止,可以造成新事变,因此而损伤生命与妨害现存条约之行动。(四)中日两方均得派员参加特别委员会。(五)委员会遇有足以影响国际关系或扰乱中日和平之事件,当即报告行政院。(六)请国联会员国下令其现驻东三省与中国之代表,随时报告实情于本

国政府,再转交行政院。同时行政院又声明此新方案,与国联盟约第十一条及九月三十日之决议案相合,对于日本立即撤兵一点,尤极端注重云。

【中央社巴黎二十七日路透电】 今早(二十七日)国联行政院决议案起草委员会,于十时三十分开会,讨论决议案,内关于派调查团去东三省之部分,稍有修改,现将草案交中日两国代表团征求双方同意。

国联秘密会议纪详,另组委会修改决议案

【中央社巴黎二十六日路透电】 国联行政院今日(二十六日)下午四时〇五分开秘密会议,议决另组委员会,将决议案内关于调查团部分加以修改。委员派定如下:议长白里安,英代表薛西尔爵士,及西班牙代表马达加。开会前,中国首席代表施肇基通知白里安称,彼在原则上不反对国联之新决议案。彼提及锦州事,施代表请国联立即制止日本军队之前进,并要求日本有切实保障,遵守决议案所规定之责任。彼希望国联观察者之权力应加大,且应将观察者之报告,随时以迅速方法公布。据云,施肇基已代表中国政府在大体上接受国联之新决议案,下午会议约一时〇五分,至五时二十分散会,行政院明日(二十七日)将再有秘密会议。行政院希望明日(二十七日)开会前,可收到中国政府正式接受国联新决议案之复电,星期六(二十八日)将有公开会议。今日(二十六日)开会时白里安报告称,日本在原则上不反对在锦州设立中立区。行政院决议,派各国驻华公使馆军事参赞,与中日两方军事长官交涉中立区事。白里安谓日本对新决议案之态度甚和缓。今晚(二十六日)国联秘书处有官报公布,称今日(二十六日)除中日两国代表外,行政院各代表交换意见,因希望昨日(二十五日)向新闻界公布之决议案,可能通过。今日(二十六日)下午议决组起草委员会,于新决议案有所修正。该委员会定明早(二十七日)十时三十分开会。官报并谓议长白里安接到中日两国关于锦州情势之报告后,已与行政院各代表商谈避免战事办法。

【中央社巴黎二十六日合众电】 中国政府对于国联所拟议决案之答复,现在虽尚未到达巴黎,但施代表已将中国方面所愿意载诸最后决议之各点,告知白里安。在白氏说明中日双方意见之后,行政院特派一起草委员会,修正原议决案,以便提交中日两国政府。现正希望将双方其余意见不同各点,得以调和。据云,施代表曾告白里安,中国政府以为国联所拟决议案,颇适于为讨论之根据,借使行政院得以更进一步,不致以中国之坚执,而使此事成为僵局。

【哈瓦斯社巴黎二十六日电】　二十六日午前日代表团声明,承认行政院所拟草案,并要求文字上略加修正,而不涉及内容。午后四时许,行政院举行秘密会议前,施肇基往访白里安,说明监视撤兵与军事行动,在调查委员团任务内加以规定必要,并再度坚决请求,将草案关于撤兵条文,予以加重。秘密会议,仅一小时,当组织二人委员会,以白里安、薛西尔及玛达里加为委员,令其修正文字。二十七日午前,再行秘密会议,以接收中国答案。一般人希望中国答案,必可满意。果尔,则公开会议,将于二十八日举行。

中日复文均到国联,将于公开会议时宣读

【中央社巴黎二十六日美联电】　中日两国复文,或将于星期六公开会议时宣读。国联方面以为关于派遣调查委员会之决议,中国或将接受,因该决议案显示三特点:(一)国联行政会所给予中国者,虽不能十分满意,但较之中国在别方面所能得者为多。(二)中国所不愿见之中日直接交涉,已放弃一部分。(三)决议案已得美国之拥护,调查委员会将□国际性质,日本当初声言东三省事件纯属中日两国问题之说,不攻自破云。

【中央社巴黎二十六日美联电】　国联行政院,对此次决议草案,认为于中日纠纷之最后解决,最有希望。但中国对此项草案之复文,截至星期四正午止,尚未收到。中国代表团人员对美联社记者称:南京复文,须至晚间始可寄到。寄到后,当即于星期五晨送交白里安与行政院。同时中国代表又发布星期三中国提交于行政院之七要点,此七要点内并未提到行政会关于派遣调查委员之决议草案。对于陶斯发表美政府拥护国联决议草案之声明,亦不重视,指明美国并未接受该草案。至于草案大体中国代表认为太泛而寡要云。

【中央社巴黎二十七日美联社电】　本日下午四时,国联十二代表又开秘密会议。又电:本日下午芳泽与白里安会谈至三时,芳泽并将日本关于国联决议草案之复文,交于白里安。日方复文,对该决议大体赞同,惟须稍加修改,以保留日人自卫之权。关于委员会,亦有数不重要之保留条件云。

国联自称已尽公道,谓九国不能逾此

【哈瓦斯社巴黎二十六日电】　某要人与行政院相接近者,二十六日午后,本社记者幸得接见,据谈:行政院所拟解决方案,尚属良好。按目下情形,无以复加,缘调查团在远东无异将国际监视逐日加以肯定。该委员团就地监视,毫

不间断，对撤兵一层，自必在精神上连续加以压迫，促其实行。又云，日本接受委员团之议，似由美国坚决要求所致。九月间该团对此事不愿闻问，兹既赞成，则所处地位上、各项主要点中，已抛弃其三：（一）满洲事不容第三者出而干涉。（二）五项基本原则。（三）直接交涉。此种见解，皆已无形消灭，中国舆论于此自有满足可能。况委员团活动结果，日本终必撤兵，实亦有利中国，要之，行政院公道为怀，已充类至尽。华府九国会议，即使开成，凡所决定，未必较善于此。而委员团系中立国在满洲所设监察机关，九国会议未必能有相类之似组织。言至此，本社记者当向某要人询问委员会组织内容，据答称，委员三人之数，现在尚未变更。法国方面或主派一军人，或主派一外交家，全权公使拉齐亚（前驻上海总领事）及奈特（前商务参赞）之名，已有人道及。英国方面将以里斯特（国际永久法庭法官）充任。美国方面，尚无所闻，前国务卿休士及凯洛格均年事高，未能胜任。中日两国所派助理员，其任务至为繁杂，又极重要。尤其是中国助理员，于足资研究各事，必当唤起各委员注意。至日本军事当局与地方行政机关，现行关系，亦将大受影响，而以转移。凡此种种，不胜枚举。中国对草案，自可拒不接受，但中国因此在本国与其敌对各国间，造成一种缓冲国。此缓冲国将用世界舆论名义为之监察争端，并为满洲恢复自由，则中国拒不接受，理由何在非所敢知。国联凡此所为绝非微小，按世界现状实无再进一步办法云。

《中央日报》1931年11月28日第一张第四版

166. 国联进展异常迟缓，昨日开秘密会决议案复加修改，日如占锦中国不能接受决议案

决议案委会昨开会修正

【中央社巴黎二十八日路透电】 施肇基与决议案起草委员会晤谈，约二小时。散会后，施肇基语路透记者，谓彼对日本军队撤退至辽河东岸消息，尚待证实。施代表将其意见向起草委员会发表，关于日军撤退一层，尤为详细。

【中央社巴黎二十八日路透电】 施肇基今日（二十八日）与白里安谈话

时,对锦州形势,极为焦急。决议案起草委员会今早(二十八日)开会半小时,今日(二十八日)下午三时四十分,将继续开会,决议案修正后,交中日代表团,征求双方意见。

【中央社巴黎二十七日美联电】 国联理事会修正之决议草案,业经起草委员草就,将于本日下午十二代表集会时提出。又电,闻修正之决议草案,系就原草案,稍加修改,以调和中日两国代表之意见,但九月三十日议决之撤兵案,及界调查委员会以最广大之权力一节,均保留未动。限定撤兵日期一节,似未规定,国联将竭力劝中国放弃限期撤兵之要求,指明美国与国联合作可为保证。日本所要求之预防办法亦已插入,但对于土匪攻击一层,不甚着重,以符国际礼貌。此改正之草案,倘经行政院秘密会接受,则将送一份于美大使陶斯,然后白里安以起草委员长名义,将决议案于今晚送交施肇基与芳泽。倘中日两方同意后,召集行政院公开会议,将决议案提出,一致通过。

如锦州被占将拒决议案

【中央社巴黎二十七日路透电】 今夜(二十七日)国联行政院有短时间会议后,决议案起草委员会再开会议,讨论决议案之第二段,即派调查团去东三省事宜。今夜(二十七日)行政院会议,出席者共十二人,开会时间约四十五分钟,施肇基与芳泽均未出席。行政院决议因讨论已有相当结果,请中国首席代表施肇基出席发表意见,下次行政院会议时施代表可出席。决议案起草委员会,业将决议案之修正案全文交诸施肇基。该修正案将交行政院通过,但开会讨论时期尚未定。该委员会明早(二十八日)再开会一次,文字上略加修改。修改完毕,立交大会通过,再请施肇基发表意见。

国联对天津事变,极为注意,但天津与锦州情形略异,国联方面希望各国派往锦州之五观察员,可与日方交涉,避免日军进攻锦州。如日军进击锦州,则前功尽弃,国联月来努力之结果,将完全无用矣。日本外相币原声称,如日军攻击锦州则彼即辞职。此消息传来后,各方对前途,顿抱乐观。

【中央社巴黎二十八日美联电】 白里安虽正式保证日军不至占领锦州,但中国以及世界各地之华人团体之电报雪片飞来,均敦促施肇基力持东省日军须定期撤退,故施氏对于现局殊以为虑。中国代表团向国联理事会表示接受可能之和解,但理事会仍须极端审慎进行。施希望中立国视察员与锦州中国当局,均予以精确报告。中国代表宣称:"吾人接受决议,尤其关于日军进攻锦州之决议时,绝不能忽视中国民众。日军占领锦州之举能避免时,中国始可接受修正之决议案云。"

【中央社巴黎二十八日电】 国联行政会,于本日下午开会时□采纳修正之决议案草案,秘书处预料星期二以前(一日)不举行公开会议,因中国代表须俟锦州方面局势上发展如何,始出席公开会议也。

【中央社巴黎二十八日美联社电】 据可靠消息称,因锦州危急,中国对国联理事会修正之决议,将拒绝接受。

【中央社巴黎二十八日路透电】 国联行政院议决,今日(二十八日)下午开秘密会议,中日两国代表不参加。今日下午会议时将讨论决议案起草委员会今日(二十八日)商议之结果。

白里安否认拟提十六条

【中央社巴黎二十八日路透电】 国联行政院议长白里安,今日(二十八日)否认彼曾告中国首席代表施肇基,称彼拟引用国联盟约第十六条(有美国政府作后盾),如日本军队攻击锦州。因交涉形势极严重,行政院今日(二十八日)下午决无公开会议。国联盟约第十六条规定,如有一国不遵守国联决议案,擅自用武力者,各盟约国与该国断绝外交与经济关系。施肇基与白里安商谈关锦州事约二十分钟,白里安称,日政府已保障决不进击锦州,并谓日军已撤退过辽河。

【中央社巴黎二十八日路透电】 施肇基向决议案起草委员会表示,彼之地位极难,因日本军队在东三省之活动,仍继续不停。施肇基称,商谈国联决议案毫无益处,如对日本是否履行国联决议案一层,毫无保障。

【中央社巴黎廿八日美联电】 此间国际和平社开会由副会长比利时参议院议员拉芳坦主席,通过决议案,催促国联理事会,迅即依国联盟约第十六条所规定,实行对日本加以制裁云。

日复白里安决避免战事

【中央社巴黎二十八日路透电】 日本今(二十八日)答复白里安之照会,关于双方停止敌对行动一层,日本称,中国军队在锦州人数极多,日本军队情形极危险,再者日方谓中国利用土匪及便衣队扰乱东三省之治安。日本照会称:"日本在东三省之军队服从日本政府之政策,决无挑战行为。但为自卫,或维持治安，至必要时，得取相当军事行动。日本尽力避免在锦州发生战事，日本并不对此提议。如中国军队撤退至山海关以西，可声明决不侵入中国军队撤退之区域，但为保护日侨生命财产，于必要时，始进该区。日本政府可训令当地军队，与中国当地代表交涉各细则。"

【中央社巴黎二十八日路透电】 中国代表团今日（二十八日）交国联，自南京发来之二十七日一电报，内称日军猛攻锦州，中国在绕阳河之铁甲车被日军攻击，该处铁桥亦被毁。该电报称，于二十六日夜，天津日军以重炮轰击中国地，枪炮声直至昨早（二十七日）始停。中国警察死四人，伤二十人。昨早（二十七日）九时，日本军队又进击，压迫中国警察退却。

《中央日报》1931年11月29日第一张第三版

167. 社论：国联应坚定其公正之立场

　　国际联合会之成立，迄今已十年有奇。在此十年以上之时期中，国联虽因环境上及事实上之障碍，对于其本身所负维系和平弭止战争之使命与职责，未能适如全世界民族之所期望，达到其理想中之成绩。然国联确在向和平途径努力，则为举世之所共见而不容盲目否认者。如一九二十年之阿兰事件，一九二一年之上西雷西亚事件，均因国联之努力而达到和平解决之结果。凡此成绩，自足予世人以良好之印象。虽然，该两事件之解决，固不能不归功于联盟，然而联盟之调解争端，不仅于该两事件而止。若一九二三年之意希科甫事件，则适足以动摇世人对于国联之信念。盖科甫事件之解决，即国联自身，亦未尝认为圆满也。于此，吾人有当疑问者：国联既以维系和平弭止战争为其最终职志，何以有时能克尽厥职，得到圆满之归宿，有时则反是，此其故果安在欤？回溯过去之事实，吾人可得一简单之结论，即国联在调解争端时，如始终本其固有之维系和平弭止战争之正当的立场，加以处理，必能获得适当之解决；反是，若投鼠忌器，意存顾忌，则其结果必难乐观，科甫事件之所以致世人之失望者，即因国联自始即有所顾忌也。兹再就过去之事例，以观察此次中日间之纠纷，吾人对于国联之态度，颇有促其注意之必要。

　　当九一八事件发生之时，国联行政院适在日内瓦举行第六十四届例会，中日两国既均为会员国,则此种重大事件自应由国联处理。彼时即无中国之提请,国联亦应过问,此征诸盟约第十一条已有明白之规定。按盟约十一条有谓:"凡任何战争,或战争之威吓,不论与本联盟任何盟员有无直接影响,因其有关联盟全体,联盟应采用适当办法,以保持各国间之和平,如此等意外之事发生,秘书长应依联盟内任何盟员之请求,立即召集行政院会。"当时既适在行政院集会之日,自无庸另行召集。故于例会终了之时,行政院即开始考虑中日事件,并于九月三十日通过限令日本撤兵之决议。斯时行政院之受理中日事件,了无迟疑,并能根据事实,着重撤兵一点,其坦白与公正之态度,尤足符世界爱和平之民族之愿望。盖东省事变,起于日军之突据我沈阳,若日方遵守决议实行退出,则釜底抽薪,其他一切皆可迎刃而解,又何纠纷之可言?迨限期届满,日军不唯未实行撤退,且继续占领其他地域,行政院二次集会,不从执行九月三十日撤兵决议着想,复迂回曲折,另行成立新决议,致事件愈趋扩大。日军乃得从容占领辽吉,更进而陷我黑省。国联无丝毫有效方法以遏止日军之进展,仅屡次为"双方勿扩大事件范围"之无益声明。夫扩大事件范围之责任,纯在日方,使日军不继续推进者,事件范围固无由扩大也。国联果以"毋扩大事件范围"为坚定不移之限制者,何为对日军继续推进之事实不加责问耶?乃坐视日军之横行,由辽省而进达吉省,最后复进及黑省,国联所谓"勿扩大事件范围"之低微的呼声,殊不能稍震太平洋对岸倭人之耳鼓。最近辽吉黑三省皆陷,日军且骎骎向山海关内之平津谋发展,国联仍以无效力之"毋扩大事件范围"为言,是其所谓"毋扩大事件范围"者,不啻掩护日军之继续发展,而令中国勿作自卫抵抗。吾人虽不欲谓国联之态度真偏袒之处,然国联之不从执行撤兵决议及有效制止方面着想,而徒托诸空言,欲日人之自行罢休,则实不能不启举世期望国联者之重大疑虑。国联之所以致此者,无他,即与一九二三年处理科甫事件相同,有所顾忌故耳。盖国联行政院中有一二会员国因其本身之关系,颇不愿开罪于东方之倭日,故事事不能不牵就其本国之立场。因其牵就本国之立场,乃有时竟忘却国联之立场。国联之立场为维持和平弭止战争,本国之立场为纵横捭阖拉拢提携,而纵横捭阖拉拢提携之结果,和平正义乃至牺牲于不知不觉间矣。再退一步言,其事实纵非如此,然国联震于日本之顽强而不敢真正以有效的方法执行其决议,则终无可讳言。非然者,何为于此次第三度集会,忽撇开撤兵,而转至调查团之派遣乎?总之,国联如欲确实的不负其维持和平弭止战争之使命,必须首先坚定其以国联为立场之立场。果能如此,日本决不敢以三岛弹丸之地,逆世界和平之潮流,而甘冒天下之不韪,□在国联之如何自处耳。吾人将拭目待之!

《中央日报》1931年11月30日第一张第三版

168. 行政院秘密会,努力制作新决议案,施肇基发表对于决议案意见,决加入调查团报告撤兵一条

【中央社巴黎二十八日路透电】 国联行政院今日(二十八日)下午四时四十分开秘密会议,至五时四十五分散会。行政院议决明日(二十九日)下午四时再开会。日方大约可接受中国首席代表施肇基所提出之修正各点。锦州日军撤退,尚无确实报告,此点颇令行政院关心。因日方屡次表示,不攻锦州,下星期三(十二月二日)或可将决议案全体通过。

行政院今早(二十八日)听施肇基关于决议案发表意见,施代表仍坚持决议案应确定日军撤清日期。彼提议指定限期,但不填入时日,此点未得大众赞同。最后议决在决议案内加入一条,令调查团向国联报告日军撤退及中国保护日侨情形。

行政院今日(二十八日)下午已暂时通过此提议,同时有扩大调查团之提议。关于改锦州观察员为调查团之提议,已被否决。行政院觉各观察员可协助调查团,但应分别报告各政府,由各政府再转达国联。明早(二十九日)日本首席代表芳泽将被邀出席决议案起草委员会,讨论决议案内容,下午当再有一次会议。

【哈瓦斯社巴黎二十八日电】 今晨自十一点至十二点四十五分决议案起草委员会开会,先由施肇基陈述一切。白里安未出席,以外部政务商务司长勒越及马细格里代之。日军向锦州停止进攻消息传来后,空气为之和缓,但中国代表不放心,仍主张其已经陈述理由,要求行政院定一撤兵期限,远近在所不计。起草委员会已将此意告知国联会,国联会因施代表坚持,即将下列条文列入草案,大要谓调查委员团,到达东省时,日军若仍未撤尽,则双方均有权柄,请求委员团考虑,是时安全状态。其于修正处无甚重要,亦经采纳,已报告。午后四点半所开十二委员会,经该委员会于词句上又略有保留,交由明晨十一

时开会起草委员会将全文校正,然后再接见芳泽。兹事在中国方面,似已大体决定,静待日方完全赞同,起草委员会将于明日午后四时,将拟定议决案,送交秘密会议。据可靠消息,有谓某种条文,如关于设立中立区域等问题,将不列入议决案中,而由双方与主席间以换文行之云。

【中央社巴黎二十八日路透电】 英国代表团今日(二十八日)报告国联秘书处,谓据英方报告,天津事变起于二十六日晚,终夜枪炮声未停,直至次晨。中国方面称便衣队攻击公安局,日方用机关枪与轻炮,且谓中国方面故意攻击日军。十一月二十七日,日本飞机曾往锦州视察,英军官在北宁路打虎山见有战壕,但觉中国方面并无武力抵抗之意。

【哈瓦斯社巴黎二十八日电】 白里安接获日本政府复文,大要于次:(一)二十五日白里安君来电已悉。(二)锦州附近驻有多数中国正式军队,中国官吏并招集匪徒与便衣兵,以为扰乱满洲治安之用,日军队因感受威吓,但如因自卫或因执行警察职务,决不采取敌对行动。(三)贵主席希望锦州附近中日两国军队,在可能范围内避免一切冲突,日政府完全同意。南京复文又称,中国军队若由锦州附近退至山海关以西,日军队并不将其退出之地,加以占据,但日侨民及军队之安全,若受紧急而又严重之威吓时,不得以此为例。凡此日政府各宣言在原则上,并无异议。又当地日官吏得与当地中国官吏商议执行细则,日政府准备给与所属官吏以必要命令。

《中央日报》1931年11月30日第一张第三版

169. 日皇制止日军行动,因币原报告外交失败

【中央社北平二十九日电】 蒋作宾电平云,币原外相近向日天皇报告谓,日本最近外交非常失败,因日军人到处自由行动,故日外交在国际上诸多失信,希天皇对日军人之行动,设法制止。现日皇已谕令各地日军,非奉政府令不得自由行动云。

《中央日报》1931年11月30日第一张第三版

170. 国联重心集中锦州，日本态度突然变化，拒绝中立观察员参与设锦州中立区，施肇基认日表示不攻锦不足为保障

日本拒绝观察员，日方称中日可直接交涉，白里安及日照会均公布

【中央社巴黎三十日正午路透电】 中日问题突生变化，日本拒绝中立观察员，参加设立中立区。一切交涉，日方坚持中日问题直接可解决问题，不能有第三者干预。日本称中立观察员之组织，实似东三省之国际共管委员会。

日本首席代表芳泽昨夜（二十九日）往访白里安说明日方态度，白里安答复芳泽之照会，已于今日（三十日）公布。白里安照会之大意如下：

"余（白里安自称）深觉贵国（日本）未能切实明了国联行政院之提议，并非如贵代表所云，有以第三者地位，干预中日间直接可解决之问题。行政院之提议，不过为设法应付一极危险之形势；行政院所提议之办法，乃一种临时例外办法，立时可以实行，借可避免锦州中日军队之冲突，且免牺牲多数生命财产。行政院觉所议之办法，乃一极重要问题，双方应尽力与各观察员合作。再者，行政院之办法，并不阻碍日本方针，日方可同时向中国政府提出任何其他办法。中国政府曾主张，由国联派国际军队在中立区内，维持治安，行政院觉此办法，难以实行，故另有新提议，交诸中日两国。"

【中央社巴黎二十九日下午六时四十六分路透电】 国联行政院秘密会议，今日（二十九日）下午五时三十分散会。对日本提议研究时，颇有赞同之意。决议案起草委员会，明早（三十日）与中国代表交换意见，希望进行可较顺速。今日（二十九日）下午使国联担忧者仍系锦州事件，日本答复白里安之照会，今日（二十九日）已收到。虽芳泽有口头保证，但该答复之措词，令一般人心中不安。白里安于其二十六日之照会内，劝中日两国训令锦州军事长官，与各国观察员，协商设中立区事宜。中日两国答复，今日（二十九日）均已收到。中国接受该提议，但日本反对第三者干预中日二国可直接解决之问题。日本

答复白里安之照会如下："关于余（芳泽）十一月二十七日之公函，吾政府称已详细考虑国联行政院之提议。日本政府一向政策，即为中日两国真正友谊起见，一切纠纷由两国直接了结，不由第三者出为调处。于月前事件，日本仍坚持原定政策，于此范围以内日本随时可容纳避免战事之意见。根据此精神，日本政府欢迎新近中国由法国驻日大使撤退至关内，只留行政与警察组织。在锦州至山海关间，则日本军队非有因保日侨生命财产受妨害有紧急必要时，日军决不侵入退出之区域。日本政府可令当地负责人员，与中国当地官长交涉中立区之细则。日方希望上列提议，可为各方所容纳。芳泽。"

白里安有照会答复日本之复文，内称，行政院觉各国观察者在锦州可协助设立中立区，避免战事，兼可保障锦州之治安。日本代表团今早（二十九日）与决议案起草委员会交换意见，虽原则上不反对调查团之扩大，但不赞同此办法。日方觉该调查团随时可邀专员出席。

施肇基怀疑日本，日不攻锦表示不足保障，国联注意顾与重光谈话

【中央社巴黎三十日十二时路透电】 国联决议案起草委员会今日（三十日）上午十一时开会。中国首席代表施肇基出席，与各委员商谈二小时，至下午一时始出。施代表退席后，委员会继续讨论，约十五分钟后散会，定下午四时再开会。

行政院于今日（三十日）下午五时开秘密会议。于今早（三十日）委员会时施肇基对日本决不进攻锦州之表示认为不足以保障其无进攻行动，施代表希望能有各国出任保障职务。国联各方极注意北平张学良与矢野及南京顾维钧与重光葵之谈话，各方均觉锦州事件，或可有国联范围以外之方法解决之。

【中央社巴黎二十九日美联电】 国联建议以锦州划为中立区域，以防止中日两军之接触。施肇基致书白里安，表示赞成此议，并称中国政府已令驻锦将领组织连［联］络视察团云。

【中央社巴黎二十九日美联电】 中国代表团致书国联行政会，报告日事仍继续向锦州前进，励家窝铺以北已发现日本步马军，目的在进占打虎山云。

中日英法备忘录，白里安提议往锦观察员，考察设立中立区担任调处

【中央社巴黎二十九日下午五时〇八分路透电】 日代表今（廿九）日与决议案起草委员会，商谈约一小时，日方提出意见多种，关于日方军队剿匪及杂

牌军队之便利等事。

国联方面印象,觉谋一各方可同意之协定,并非难事,但如有军事发展,类似占据锦州情事,则问题将益形复杂矣。

白里安二十六日致中国与日本之照会,及中国答复白里安之照会,今日(念九日)均已公布,白里安提议各国派往锦州之观察员,考察设立中立区之可能,并设法于中日两方军事长官间,担任调处责任。

英国代表团,今日(二十九日)交国联秘书长一备忘录,内载有英国在齐齐哈尔观察员之报告。该观察员于十一月二十四日离齐齐哈尔时,该城完全为日本占据。电报局与交通机关,由民政人员管理。日本按户搜寻军火,但尚无抢劫或强暴行为。马占山部队退却及日军进齐齐哈尔时,秩序甚佳。中国一切官厅事务皆停顿,主要官员已离此他去,公安局副局长与外交特派员尚在此。公安局部队只余三分之一,日本军队并不干预公安局,但因警察人数过少,维持治安颇感困难,副局长与总商会组织一治安维持委员会。日侨多已回齐齐哈尔,日军无北进形势,但每日仍有军队外出视察。日军情况极劣,因推进过猛,加以天气酷冷,日军死伤数目过多,有三百五十人冻伤。中东路通行无阻,铁路区内亦无日本军队。

中国首席代表施肇基今日(二十九日)交国联秘书长由南京转来一紧急锦州电报称,日军仍积急进攻锦州,日军骑兵一百名,于二十八日上午一时出现于励家窝堡北部;步兵一百名,至该堡南,目的在进击打虎山。中国军队现已退驻北岭。日本代表团有照会与国联秘书长,详述十一月十九日与十一月二十五日在新民与敦化之匪患。

日本驻华公使向中国外交部提一关于天津事件之抗议照会,全文亦已发表。法国代表团今日(二十九日)交国联秘书长一无日期之备忘录,想在白里安照会发出之后,内称法国在锦州之观察员,极力提议设中立区。法国备忘录谓日军向锦州出动,中国军队并无抵抗之准备,锦州秩序甚佳。

白里安昨日(二十八日)赴乡间别墅休息,今(二十九日)赶回巴黎参加行政院会议。中国代表团今日(二十九日)公布二文件,一为上海《大美晚报》锦州记者所发新闻电,内容与英法观察者之报告相同,即中国军队并无准备攻击形势;二为日方强占中国人民土地,并载入路透沈阳记者电报关于日军在皇姑屯车站枪杀二良民事。

《中央日报》1931年12月1日第一张第三版

171. 国联新决议案将草竣，日方竟提议有清剿东省土匪全权

决议草案可告完竣，调查团范围费考虑

【中央社巴黎一日正午十二时路透电】 国联决议案起草委员会，希望能于今日（一日）将起草之困苦工作，完全毕事。该项工作最难点，在能得各方之同意。目前未能解决者，即日方所谓剿匪之全权。关于日方反对"训令双方军队不得有挑战行为"之规定一层，亦可设法补救。日本代表称，训令军队为日本天皇之权，决议案中不应有该项规定。大致决议案之措词，将略有修改，避免干预日本宪法之字句。中国方面对确定日军撤清时日一层已决定完全放弃，目前问题为决议案中关于国际调查团之范围，及保护日侨生命财产安全之办法等条，须加以慎重考虑。起草委员会闻已有相当办法，避免双方对决案有所争执。凡困难各点，不列入决议案正式条文，由议长白里安解释决议案时，口头申述一切。因白里安之演词，无需乎一致赞同，始可通过。而国联会议纪录上可有该项意见与办法，虽未由大会正式通过，亦可代表国联行政院之意旨。关于锦州事，中立观察团及指定中立区之办法，并未作罢，仍将继续进行。

英代表团今日（一日）有二备忘录交国联秘书长，锦州之英观察员称，彼目睹日军由北宁路向沈阳撤退，北宁路于十一月二十六日被阻于天津，未能照常通行，天津形势目前已较和缓。

剿匪意义极费解释，日提全权清剿东匪

【中央社巴黎三十日路透电】 国联方面，今日（三十日）整日之大半部，为解释土匪二字之意义，此点乃目前最重要问题，日本坚持彼可有剿匪全权。行政院对此，尚无适当办法，既可承受日方要求，又可不违反国联盟约。如决议案中加入日方提议，则于国际法规上创造一极危险之先例，以后或有人引用此例，竟进剿远东以外之"土匪"。决议案起草委员会，与日本驻法大使馆参事，今早（三十日）商谈过一小时。该委员会，下午继续讨论日本新备忘录。行政

院于下午五时十五分,开秘密会议,讨论委员会之报告。下午六时四十五分散会。今日(三十日)深夜或明早(一日)行政院有对案提交日本政府。日本代表团之新备忘录,将调查团之权力范围,由日本方面着想,有切实之说明,同时提议日本于必要时,可有全权清剿东三省之土匪。昨夜(二十九日)日本代表交与英国薛西尔爵士(决议案起草委员会委员长)东京训令之译文。关于决议案之草案问题,此训令特别注意日方剿匪权事,此事为目前唯一之焦点。起草委员会明日(一日)将再开会,对此问题,或有解决办法。在决议案之引言中,可将该提议意见,加入一二。

中国不坚持撤兵期,中立区内两军同撤退

【中央社巴黎一日路透电】 中国代表团今日(一日)发表一公报,完全解决中日纠纷之焦点(即确定日军撤清时期问题)。中国代表团今日(一日)公布,如锦州之外国观察团,证实日军撤退,且无新事变发生,则中国可承认国联之决议案,不再坚持确定日军撤清日期。

【哈瓦斯巴黎三十日电】 今日午后,施肇基与白里安会商设立中立区域事件。昨晚芳泽与白里安会晤,曾以东京发来消息,告知白氏。据云,中国若得国联会保证,即不要求中立国观察员襄助,而允将军队撤至长城以南。所谓国联会保证,在顾维钧之意,只须日本签订协定,承认中立区域内,各不相犯,于事已足云。此事实在情形若何,业已由白里安转询中国代表。一般印象尚佳。据局中人观察,日本方面所引起之困难:(一)中立区域内警察职务;(二)国际观察员之任务,将从下列方迂回解决,即中日两国军队同时撤退,日本军队撤至沈阳,中国军队撤至长城以南,而于其间留出一广区域,非所谓中立区域,而成为无人烟区域,则冲突无由发生,而观察员自不必到场。至于当地警察,可以地方团体及民团行使其职务。关于最后决议案,一般印象尚佳,但谓中国已决定接受,则为时过早。中国对于某项条文,尚欲加以讨论,其最注意者,端在调查团之任务,如何规定。中国之意,欲请其判断完全问题并决定日军撤退事件,而伊藤侯爵在起草委员会中,既谓盗匪将在中立区域内横行无忌,又谓即他处匪徒亦有概行剿除之必要。因之日本对于剿匪一事,要求在最后决议案中加一宽泛条文。各国代表数人,对此提议拟加以研究,但各小国代表,则认此项为重要原则问题。日本若果坚持不让,渠等势必提出严重抗议。伊藤退后,起草委员会将欲将议决案条文删去一语,致发生剧烈而又长久之争论，至十二委员公开会时，仍继续不已。此语即行政院对于撤兵一事，认为关系极重云。若干代表以此语在法理上系属一种评论，其在以作决定为目的之条文中，实无加入之余地，结果此语仍被删去。此际所获成绩人或认为极其微小，但行政院对若干要点能将讨论范围限制，实亦多所出力。一般意见，国联会若能办到下列各节，即已尽其所能至于最大限度：（一）在南满则立一无人烟区域，俾日本占据之地不致扩大。（二）遣派调查团，以树立国际监察，并使日本军队逐渐撤退云云。

【中央社巴黎十一月三十日美联社电】 本日上午十一点半，施肇基与特莱孟会晤，闻系讨论中国军队退入长城以内之保证条件。一般人俱以为日本如果对于不侵犯中立区域有满意之保证，则中国愿放弃请中立国派兵至中立区域之要求。据云，日人坚持保留正当防匪之权利云。

《中央日报》1931年12月2日第一张第三版

172．社论：国联新决议案属草中之两大问题

自九一八事件发生以后，以调解国际争端弭止战争为其职责之国联，即毅然负荷艰巨，以处理之责自任。两月以来，国联行政院诸君，不惜殚精竭虑详加研讨，冀为此严重之事件寻一适当之解决方案。此种为世界服务、为人类谋和平之精神，实足予世人以良好之印象。所惜者，在国联努力和平之际，暴日乃在我东省为极度之肆虐。事变之范围，因之日趋扩大。截至现在止，三省冲要区域几全在日人掌握中矣。故就事实言，国联之努力固值得赞许，然语及实际之效力，则殊微弱。吾人若细加推勘其所以致此之由，国联本身亦不能不负大部分之责任。何则？彼暴日之敢于故逆世界和平潮流，甘冒天下不韪者，殆已窥破国联力量之脆薄耳。使国联果能坚持其维护公理正义之主场，不为威力所胁，不为暴力所迫，绝无投鼠忌器、稍存顾忌之心理，吾人敢断言事件之范围及严重性，决不致如今日之状态。此非谰言，有两月来显著之事实可资佐证。当第一次国联决议限令日方撤退侵入东省之军队时，日代表芳泽在会议席次固未敢立异而自外于国际之林也。国联二次集会，日人对于撤兵决议未曾履行，未尝不惴惴于国联方面之质问，乃国联竟不敢以此为问，而孜孜于新

决议案之成立。国联本身之恇怯,至此已全然暴露。故第二次决议案正付讨论之时,日政府乃突然以所谓五项基本原则提请国联认可,日人此种得步进步之顽强态度,非国联有以促成之耶?过去事实,吾人今亦不暇再事赘论,兹所欲言者,国联为中日事件今方为第三度之努力,新决议案目前又正属草中,在新决议案未成立前,有两大问题,吾人以为国联应加以深切之注意。

一、调查委员团职务之范围。调查委员团之意义,不外求明了事件之真相,及确定事件之责任问题。就常理言,调查团之派遣,本应在事变开始之时,盖必在此时期,一切证据始易于搜集。证据既得,则责任之认属,不难尽释而得。故在第一次国联会议席上,中国代表即曾以此为言,乃为时日方对于其兽军在东省之暴行,深恐因调查之结果而暴露于世界,故竭力反对。国联亦竟为其所蔽,置不议及。今地事变两月之后,不着重于撤兵决议之有效执行,反旧事重提而着手于调查团之派遣,吾人对此轻重倒置之事实,实已不无遗憾。然以日军在东省之暴行,事实终为事实,日人虽已为湮没一切证据之准备,决不能一手掩尽调查委员之耳目。苟国联调查员真能秉公视察,不负于其职责,则事变之责任问题,终不难因调查之结果而愈趋明确。惟据巴黎电讯,日方对于调查团之职务,一再声明其一相[厢]情愿之愿望,如谓调查团调查之范围应为中国全部而不限于东三省,又谓调查团不能干预中日交涉,不能监管日本之军事行动。凡此种种,皆足证明其蛮横无理,不复有人性。夫此次纠纷之症结,全在日军之强占东省,东省以外之任何事实,皆与纠纷之本身无涉,何得以东省以外之中国本部为调查之标的?若谓中国各地之抵货运动为仇日之事实,则须知此中因果关系。日军在我领土内之暴行为其因,中国人民因受此种重大之刺激,故自动的起而为种种爱国运动。此种纯洁之爱国运动,为独立自决之民族受外力侵略时必然之现象,非任何他力所得干涉。吾人敢坦白的向国联向世界声明,调查团之职务,应以事变之真相及暴行之责任为限界,不应以中国本部为对象。苟不如此,是国联对于派遣调查团之出发点即已根本错误,中国政府与人民决不能承认此种调查团之派遣为正当也。

二、日方提议清剿东省土匪全权之无理。东省者中国人之东省也,中国领土内无论有无土匪均非日人所得过问,况日民之逐渐移居东省者迄今已达二十万,在此长久之时期内如许之日侨,并无若何不安全之事实。在九月十八日以前,日民之居于是土者,熙来攘往,安居乐业,中国官宪始终以全力保护其生命财产,绝未受何种侵害。中国在东省有二十万之国军,保持领土内之安全,绰有余裕,何劳日本军队远涉海洋而负清剿土匪之责?日人之为此提议,不过欲借此以掩护其军队在东省为继续不已之暴行,并为实际永久占领东省地步耳!此其阴谋浅显而易见,日人竟向国联为此绝无意识之提议,苟非视国联为木偶而任意玩弄,即为藐视国联而公然劫持,二者必居其一。国联其竟敢受此嘲弄,甘受此公然劫持,自处若土偶若赘疣乎?抑将断然拒绝而为国际间留些许公理正义乎?然无论国联如何,中国决无接受此种无理提议之可能,则可断言也。

总之,国联之努力于国际和平之维系,吾人与世界爱好和平之民族,同具无限同情。惟和平须以绝对公正之方法始能维系,非屈服于既成事实、空泛敷衍所能奏效。以上两点为日方之片面提议,吾人亦知庄严灿烂之国联,决不肯为日人所玩弄,而任十余年努力和平之成绩,为东省事件而毁灭。兹之所言者,不外促国联对于中国民族之意识,加以注意而已。

《中央日报》1931年12月3日第一张第三版

173. 国联决议草案已定,拒绝日方保留防匪权,草案外将附以主席解释及演辞,征求中日同意后举行公开会议

决议草案已决定,规定日撤兵及派调查员,现正征求中日两方同意

【中央社巴黎二日美联社电】 国联理事会十二理事,于昨晚六时十分开会研究最后之修正决议草案。

又电,决议草案业经理事会十二理事一致通过。该草案规定日本撤兵与调查委员之派遣,至于日方所提之预防土匪一节,并未列入。惟草案外附以理事会主席解释,并叙明日本所谓警察权之演辞一点,则十二理事会均同意。现国联正征求中日两方之同意,以便提出理事会全体公开会议通过云。

【中央社巴黎二日美联社电】 日代表团法律顾问伊藤告美联社记者云,行政院决议案删去保留防匪权一节,插入理事会主席之申述,日本大约可以接受。吾人已以国联之建议,告知东京,须候其答复,但吾人以为现象殊属顺利。但伊藤坚称如果接受此项决议案,则警察权与保卫日侨生命财产之特权必须

明晰确定云。

【中央社巴黎一日下午九时四十二分路透电】 国联决议案之引言，将详细解释决议案条文之范围，关于东三省警察及剿匪事宜，尤为注意。

行政院赞同决议案起草委员会之主张，修改处极少。日方之对案，未得通过。中国首席代表施肇基，态度极和缓，预料南京政府决不与国联为难。

行政院主张国联调查团团员应为第一流人物，均为世界闻名之流。

中国与日本正式答复收到后，行政院将举行公开会议，各代表将着大礼服赴会，会期暂定星期六（五日）。开会时决议案之引言将由全体代表十四人表决之。

白里安之演讲词，明日（二日）可交起草委员会讨论。白里安将中日纠纷之经过，详细说明，并解释国联对此案所取之态度及其工作。措词颇哲学化，均从大体方面下断语。在国联行政院将决议案付表决前，白里安将解释该决议案法律方面之重要意义。中国代表团已交国联秘书长关于天津事中国答复日本十一月二十七日要求之照会，中国复文之要点如下：

"中国政府曾屡次申明，一切行动只为防御便衣队，并无仇日之意。中国甚希望日本了解中国之态度。

"中国对日本一向持友好态度，希望双方均尽力制止一切可引起误会之行动。中国军队已撤退至离日租界二十里之地，由当地警察维持治安。如依日本之要求，将军队警察完全撤退，则撤退区内中外人士之安全，将毫无保障矣。如天津友邦军队，能共同努力，设法维持治安，则中国军队亦可完全撤退。且中国已训令天津当局，制止一切排日运动。"

开会之一小时三刻钟间，起草委员会之工作，大有进展。至下午十二时四十五分散会。开会时将决议案各条文字，加以整理，使各条均能互有联络，同时亦讨论及白里安之演词，彼将对决议案之条文，有所补充，且有意见发表，解释或扩充条文之范围。

日方坚持剿匪权一层，仍为一大问题。委员会或可有折衷提议，俾中日双方均不致反对。国联所提办法，法国关于此点，态度极坚强。法代表要求日方将"匪"字意义详为解释，法代表团关心此点，因恐开不良之先例云。

起草委员会今日（一日）下午三时三十分再开会，委员会散会后，行政院各代表将开秘密会议，讨论委员会所提出之草案。中日代表不出席。草案之通过，当无大问题。

路透社探悉国联调查团人数由三人增加至五人,此外尚有中日代表襄助一切。

日方提出防匪案,理事会各会员均予反对,修正草案对此并未容纳

【(中央社)巴黎二日美联社电】 修正之决议草案,已由起草委员草就,将于今晚六时,理事会十二代表开会提出。据本社确讯,草案内容并未容纳日方提出之防御土匪一节,盖理事会会员对此节均予反对,因其(一)违反国际公法;(二)开创恶例;(三)南美各会员国均激烈反对假借剿匪之名义,畀任何国家以军事侵略他国之特权云。

【(中央社)巴黎二日美联社电】 国联理事会以日本仍坚持防匪一点,现拟由白里安以主席名义,于公开全体会议时,用口头说明日方关于防匪之要求,俾具有法律之意义。又闻调查委员会亦将依主席演辞之意旨而行,理事会预料日方将反对决议草案中,删去防匪一节,现白里安正竭力使芳泽接受理事会决议案。据云调查委员将加至五人,南美方面将有一名云。

【(中央社)巴黎二日美联社电】 起草委员会于今晨十一点半开会,并将竭一日之力以研究之。或将与施肇基、芳泽商酌修正之最后草案,不久可望提出于十二理事,并送交中日两方。因该决议案具有广大力量,须经中日两方之法律家作缜密之研究。故公开全体会议,尚须迟数日始能举行。至于日本提出所谓镇压土匪之要求,白里安将于决议案提出后用口头说明,作为决议案之补充云。

【(中央社)巴黎一日下午六时四十七分路透电】 日本代表团今日(一日)已接受起草委员会所拟就之国联决议案。日方对议长白里安之演词有反对处,已提有对案,起草委员会正研究中。日方对案系关于东三省剿匪之警察权,起草委员会今日(一日)下午将决议案全文扩白里安演词均已拟毕,如行政院容纳日方对案之意见时,日本代表团将请日本政府正式接受国联之决议案及议长白里安之演词。

东三省问题之决议案及引言,均已由行政院通过,修正处极少,且俱不关重要。该决议案及引言,现已交中日两国征求双方同意,行政院并于大体上讨论及调查团之职务。

行政院今晚(一日)七时三十五分散会,起草委员会明早(二日)十一时继续开会,讨论白里安演词之各细则。行政院明日(二日)下午六时尚有会议,决议案及引言,于最末次整理时,文字上略有修改。中日两国答复或于四十八小时内始可收到。国联行政院此届末次大会大约可于星期六日(五日)举行,明日(二日)委员会将起草,白里安于决议案通过后之尾语。此处想无争执点,故可无征求中日双方同意矣。

【(中央社)北平二日电】 锦州一日下午十时四十分电,来锦视察之某国武官今日接巴黎来电,报告日方连日向国际间作违反事实之宣传,谓中国继续向打虎山、山海关一带增兵,并指二十七日绕阳河一带系华军向日军炮击等情。但据各国视察员连日在此视察之结果,皆认为事实昭然,日方之反宣传,不攻自破。划分中立区域问题,因日方殊无诚意,坚欲抛开国际代表与我直接磋商,适与我方原意相反。形势如此,恐难即时开议。

调查团员定五人,法英美各一,意大利加入,另于各小国选一代表

【(中央社)巴黎二日路透电】 国联决议案起草委员会今早(二日)十一时开会,讨论议长白里安在末次大会时之演讲词,及国联派往东三省调查团之人选问题。国联行政院已有理事多人,向国联呈请被派为调查团团员。意大利已指明,将来该调查团内必得有意国一代表。

行政院已议定该团有团员五人,法英美三国各有代表一人,已无问题。如意大利当选为第四国时,第五国代表,或由国联行政院各小国中,选一代表。

日本首席代表芳泽向议长白里安报告,谓中国驻锦州军队尚未撤退。

【中央社巴黎二日下午三时路透电】 国联决议案起草委员会今日(二日)下午一时散会。

国联派往东三省调查团之人选问题,迄未决定,将交行政院大会讨论。有人提议调查团员中,应有小国中一代表,且该国与远东无直接关系者。

行政院今晚(二日)将开秘密会议,讨论调查团人选问题。

锦州问题,为今日(二日)会议时一主要问题。国联觉在行政院闭会前,锦州中立区之设立,必须做到。各方俱认为如锦州间无一缓冲区,则中日形势,时时俾有危险,时时可发生新事变。

【(中央社)巴黎一日美联社电】 中国代表团最近由施肇基署名发表声明,称中国得到日军已停止向锦州前进之消息,殊以为慰。又称此讯果确,则中国将以此举为日军撤兵之初步。

(中央社)外部接施代表一日电称,上月三十日已将下列各电,转达国联行政院:一,关于中国对日本上月二十七日关涉天津事件要求之答复。二,关于上月二十八日日军经由汉城前往满洲事项之电文。三,关于上月二十八日日军攻击厉家窝铺飞机在附近掷弹,及破坏打虎山铁路桥梁之电文。四,关于上月二十九日日本马队偕同炮队进至营口,及日飞机巡视沟帮子、锦州及日本机关枪在天津日界边境轰击事项之电文。

【哈瓦斯社巴黎一日电】 各报对于满洲争端,尤其是对于锦州附近之警察问题,有所评论,咸谓行政院与中国成立协定已见曙光,此项协定须由日本重行让步而后可。《晨报》载称,决议案以停止敌对行动为原则,对于日本不计其在拟议中之中立区域以内,或在其左近地点,有所活动。如有匪患,亦所不计,日本代表于此未必毫不为难而加以赞可。日报载称中国代表以日军撤退,当由外国观察员加以证实,又以新事变若果发生,则中国重提要求之权利,必当预为保留,业已剀切言之。所可惧者,新事变极易发生,而有齐齐哈尔方面已在酝酿之中。

《中央日报》1931年12月3日第一张第三版

174. 社论:再斥日方所谓防匪权

国联此次为中日事件在巴黎作第三度之集会,开会以来,又逾旬日,新决议案闻已属草将竣,内容约分六款。关于国联行政院九月三十日在日内瓦通过请日本撤兵之决议案,国联特重复申述确定其继续有效,此自为应有之义。盖日方之用尽心机以图逃避者,即此最扼要之撤兵一点耳。苟目前之现状多继续一日,则日人在东省军事上之布置及政治上之劫持必益臻进步。及其预定计划实现之日,则东省全部已不战而攫入日人之掌握矣。彼之所以延宕狡展者以此,彼之所以欲避免履行国联决议义务者亦以此。中国民族为生存自卫计,决不能任此种情状无期延长,国联欲真正维系世界平和弭止东亚危机,尤决不能轻轻放过此扼要之撤兵问题。秉此立论,国联仅仅以文字宣称九月三十日之撤兵决议继续有效,殊不能谓为已尽其应尽之职责。由过去以例未来,难保日方不再狡展。国联若欲使此项决议具有法律上之制裁力量,必须从现在起,为执行此决议案之有效准备。非然者,过去一切之努力将皆等于零,是非举世爱好和平之民族所企望于国联者也。

新决议案中其他各款,有关于调查委员团之派遣及调查委员之职务范围者,吾人最近亦曾数数加以论述,兹不复赘。惟关于日方所谓"防匪权"部分,似有再事驳斥之必要。据巴黎电讯,国联于新决议案属草时,对于日方所提在东省有清剿土匪全权,以其极费解释,且恐开将来恶例,已加以摒斥。今新决议案中,果未列入,足征国联会员国之目光如炬,洞烛日人之肺腑,其奸计固未易得售也。惟闻决议案引言中,仍将提及"日本为保护日侨生命财产,及日本军队安全,于必要时,可取相当行动,应付土匪及杂牌军队"等语。虽措词尚在研究中,大致将不免加入此意。吾人以为此实绝对不可!其理由吾人已在昨论中稍稍述及,是宜在国联举行公开会议以前,为再度之驳斥。夫日人之外交,世界著名之曲线的外交也。惯行曲线外交者,其举措常纵横捭阖,极尽迷离惝恍之能事,迷阵所张,真意全隐,即在此种光怪陆离之局面下,劫取他国之权益,日人过去对华一切交涉,几无不如是。十七年国民革命军北伐过济时,日人欲趁乘机攫取山东,曾以保护日侨为名,大事增兵,结果酿成空前之济南惨案。本年东省事件发生以前,日人曾以有计划有组织之步骤,造成万、鲜两案,并凭空臆造所谓中村事件以为借口地步。又如从前之蓝辛石井协订,日人以圈套嵌入所谓"特殊权益",后即以此为实施对华侵略之广大宣传。凡此皆足证明日人之狡展也。日人之所以忽以剿匪权提请国联加入决议案中者,无非因袭其传统的惯技,以为将来陆续增加军队实行永久占据东省地步耳!苟国联为敷衍日本计,含糊加入此种文句,必起将来无穷之纠纷,是国联之所谓调解争端者,不啻增加藤葛。国联之所谓遏止战机主张公道者,其结果将适得其反,反与暴徒以强有力之掩护,是岂为举世爱好和平民族所瞩目之国联所宜出者哉?国联如以此为警言者,请证以已经实现之事实。北平二日电:"本庄答沈领团质问,讨伐盗匪,不受拘束,帝国已向国联声明云。"夫日军之侵我黑省,其本身纯然为一盗匪行动也。今彼反以攻黑为剿匪,反以已向国联声明为其掩饰之词,其魑魅魍魉之技俩,在目前已显露其原形。果国联而许其所谓剿匪权者,将来之发展,尚可想像耶?吾人昨已言之,东省为我国之东省,无论过去秩序安定、地方宁谧,除居留该地之日韩浪人恃强滋事外,根本无所谓土匪。纵或有之,清剿之责,自有中国之国军及地方官厅负之,何劳日本越俎代庖?日人欲以此为借口而为纵横东省之掩护,无乃玩弄世界玩弄国联太甚!无论国联如何,中国民族决不能承认此绝无理由之防匪问题也。在公开会议举行以前,愿国联其三致意焉!

《中央日报》1931年12月4日第一张第三版

175. 国联宣言内促日撤军，日对第五款调查撤军报告持异词，国联正待中日答复明日尚难闭幕

我力争决议草案第三次修正有进步

国联行政院讨论决议草案，因我方力争不懈，已屡次容纳吾国主张，加以修正，如[此]第二次修正案，已较第一次草案为有利于吾国。今第三次修正案，采纳吾国意见，较第二次为尤有进步。吾国外交当局现仍在力争之中，以期贯彻最有利于我国之主张云。

外部息，施代表二日电称，英国观察员报告国联行政院，谓在锦州视察及与该地官员谈话之结果，足证该地甚安，店铺学校均已开门，政府机关亦照常工作，军队亦有秩序。惟财政则以商务停滞，税收减缩。无扰乱，无土匪。又有日军四十□，于二十七日晨抵哈尔滨，旋即戴[带]往日本领署，东路当局似并无何种留难。又巴黎法国代表团通告行政院如下计：（一）据锦州法国观察员之报告，谓报载中国在锦州及秦皇岛军队有调动及增加数目等等，均属无稽。（二）据云日本军事长官，已决定尽可能范围内，将日军撤退至南满铁路区域，惟于齐齐哈尔驻两营，于吉林长春及新民对岸之辽河各驻一营云。

新决议案之内容日对第五款有异辞

【中央社巴黎三日路透电】 国联行政院关于中日东三省问题，决议案共六款，探闻内容如下：

第一款，国联行政院九月三十日在日内瓦通过请日本撤兵之决议案，继续有效。

第二款，中日双方承认避免新事变，设法不致再有冲突或生命之丧失。

第三款，中日双方随时将最近情况，报告国联。

第四款，行政院各理事国，在东三省之视察员，随时将当地情况转达国联。

第五款，国联派调查团调查凡影响中日两国邦交谅解及和平一切事件，如调查团抵东三省，而中日双方已履行九月三十日决议案时，调查团应即报告国

联。调查团不得干预中日间之交涉,或双方军队之调动。

第六款,行政院议长可取适当方法,使此决议案发生效力。行政院下届会议,于明年正月十八日举行之,但如必要时,议长可提前招[召]集行政院会议。

决议案之引言,说明国联希望日本在东三省之军队能早日撤清,此点原列入决议案中,但因日方反对,故准许日本请求将该点列入引言内。引言中并提及日本为保护日侨生命财产及日本军队安全,于必要时,可取相当行动,应付土匪及杂牌军队。此段之措词,正在研究中。引言中亦提及锦州中立区事,关于此点,文字上尚须考虑,对调查团之范围权力职务及人选,亦有详细说明。关于此点,措词亦尚未十分确定。

【中央社东京三日路透电】 日本政府可接受关于东三省问题之新决议案,日本对第五款有异辞。按第五款说明,如国联调查团抵东三省而日本军队并未撤退时,该调查团应立即报告国联,并建议相当应付办法。日本政府反对此点,觉该款似已确定日本撤兵日期,认为日方决不能接受此款。

日外相币原已拟毕关于剿匪事之一对案交国联,今日(三日)可发出。此对案为更换白里安演词之第二段,用白里安演词中提及剿匪事,谓日本于必要时,可有警察行动。日方表示无不坚持,必依照日方原拟文字,但力争日本应有剿匪全权。除以上二点外,尚有少数不重要之修改处,官方觉决议案及白里安演词之通过,已无问题,但日方仍坚持所提议之修改处。

行政院主席宣言郑重声明日军速撤

【哈瓦斯巴黎二日电】 决议案初稿外,尚有主席宣言一件,昨日已报告。此项宣言全文,本社顷已觅得,其开始处系将决议案之目的,加以说明。其一,对于现状,足以胁迫和平之事态,予以制止。其二,对于中日两国争端各种原因予以彻底平息之便利,自此以下,即将决议案逐节加以解说,俾将九月三十日全体一致通过之决议案重行加以申述,并郑重声明,日本军队应依决议案所定案件,从速撤退至铁路附属地以内。又谓,此项决议案行政院极端重视原因,外国军队占据中国领土,实造成一种反常局势,为和平计自应立即予以纠正。以此之故,行政院相信中日两国政府,对于此事所发诺言,必能迅即完全履行。宣言至此,又将十月二十四日以来所发生各项严重事变,加以申述,随即解说。第二节云,此际必当避免者,且应立即避免,即军事上之新行动,以及其他足使恶劣时局,愈增严重之一切行为,但有一点必须辨明者,则在满洲以前特殊情形之下行政机关，实感运用失效之苦，而在若干区域以内土匪及不逞之徒，足使居民及其中若干日本人之生命财产发生危险。行政院选据日本请求，谓在军队撤尽之前，一时期以内，日本臣民若遇有实在危险，日本政府当有临机应变之必要权利，得充分执行警察职务，以保障其侨民之安全。关于第三节之解说云，行政院鉴于该地一时特殊情形，对于此项警察职务，未便谓其无执行之余地，但此项职务，虽仅以维持治安为目标，亦足滋生严重该[误]会而增重当事两国国际紧张情形。昨承双方当事国政府，允以研究此项警察行动之机会，给予中立国观察员，行政院深以为幸。关于第四节之解说云，行政院各会员国除双方当事国外，应将各该国代表就地所得消息，报告行政院。按之过去经验，此项消息，素极有益。各会员国凡可派遣代表至满洲各地者，相约愿以全力继续此种办法，并当改善之。因欲达到此一目的，各会员国应与双方当事国赓续联络，俾当事国得将观察员应前往地点，随时通知。第五节之解说，与调查团之机能有关，谓具在顾问性质范围以内，其任务甚为广大，凡关于中日两国关系各项问题，该团认为应行研究者，在原则上毫不予以除外。中日两国政府对于一切问题，若欲该团加以研究，亦有提出之权利。该团对于何种问题，应向行政院提出报告，可自由决定之。其对于特别要点认为有益时，亦得随时提出报告。此外别有明白规定之工作，即中日两国若举行交涉，该团无权加以干涉，而中国或日本在军事上所取处置，该团亦无过问之权。但该团搜集消息之权利，绝对不因最后一层而受何项限制。该团因作成报告而欲搜集消息，其动作究属完全自由也。

调查团人选困难，意选定翟录第充任

【中央社巴黎三日路透电】　国联调查团英美法三国代表人选问题，颇感困难。英国代表本有海牙国际法庭法官黑尔斯特氏之说，但《巴黎日报》今早（三日）谓黑氏恐一时不便离开海牙。法国代表人选问题，亦颇棘手，政府征求同意各人，皆不愿负此重大责任。为解决此困难，有人主张请德国与意大利派代表加入该调查团。

英国代表薛西尔爵士与其他理事请中国与日本直接商定该调查团之人选。巴黎《沙西尔报》，今日（三日）称意大利前驻华公使翟录第，已被选为国联调查团之第四人。荷兰自推为第五代表，但荷兰并非小国，其殖民地极多。比利时恐有人反对，因比国在中国之铁路权益过巨。

今日(三日)国联一切皆停顿,专候中日两国政府之答复。预料双方答复到后,尚须再有会议。故星期六即散会一层,恐难实现。

锦州问题之讨论,施肇基亦被邀出席

【中央社巴黎三日下午八时三十二分路透电】 国联行政院理事十二人(中日代表未出席),今日(一日)下午五时,举行秘密会议,至晚七时散会。

讨论锦州问题时,中国代表施肇基被邀出席。行政院觉日本已将北宁路军队撤退,中日两国设法协商,中国军队撤至关内一切事宜,指定中立区界线双方军队均不准越过该界线。施肇基已电告政府请示。关于日本要求将锦州省政府撤消事,此间毫无所闻。

施肇基向国联提请,由国际委员会暂管该中立区,中国政府以可靠军队五百至一千人,由公推之外国军官统辖,维持中立区内之治安。行政院表示,目前尚未能讨论及此种办法。此问题之困难点,在指定日本军队界线,恐必须至该地调查后始能规定。

施肇基甚望秘书处将其备忘录交诸行政院各理事,中国极望国联能早日规定中立视察员之职务。日本反对观察团出任管理或调处职务,日方坚持该团之职务限于视察。明日(三日)有无会议,尚未定,中国与日本之答复日内可到。

【中央社巴黎三日美联社电】 此间接到东京急讯称:"日外部以为关于中立区域内之管理问题,国联与日本间似有误会。"此讯虽无官宪证实,但国联方面,均引以为虑。该讯又称:"东京坚持,不特华军须撤退关内,抑且张学良派之地方官亦须撤退,由日人所支配之沈阳傀儡政府首领袁金铠接收。"但国联以为此种趋于极端之办法,中国与国联均不能接受,且足以使交涉成为僵局,东京谅不至出此。日代表团顾问伊藤告本社记者,称:吾人并未接到日政府此种消息,现在所得之训令,系谓华军必须撤退,惟地方官与警察可以不动云。

《中央日报》1931年12月4日第一张第三版

176. 外部紧急训令施肇基,正式拒绝日本提案,日本提议之缓冲地办法不能接受,原案不过为日掌管东省全部张本

外部紧急训令,向国联拒绝日本提案

(中央社)关于锦州问题,外交部昨发致紧急电令于施代表,拒绝日本提案。兹探得其大意如下:

(一)日方向国际要求在锦州设立中立区域提案,吾国不能接受。

(二)我国认锦州问题业经十一月二十六日行政院开会予以解决,将其付托于中立国视察人员,设法阻止双方军队可能之冲突。

(三)我国应重行申明,中国对此间三国公使并无何项提案,因各该国政府,对于保障问题并不赞成。

(四)如日本宣称不进攻锦州之意,果系出于至诚,并将自锦州附近撤回之军队,令其不出铁路区域以外,自无发生冲突之可能。至中国方面绝无令其驻在锦州之军队,向日军推进之意思。

(五)行政院自始即受理日军撤退问题,现设对日让步,要求将中国军队自中国领土撤退,则中国全国均将深为骇异。

(六)日方提案流弊甚多,不过为日本掌管东省全部之张本。例如某项条件下所称维持中国政府一节,日本可指为仅系县政府而非省政府,或竟指为阿附日本之行政机关。又在某项条件之下,日本可要求将某种军队予以除外。又其对于华北发生危及日侨或日军情事声明保留一节,足使全部计划在中国方面失其价格。

(七)日本提议之缓冲地办法,依照中央政治会议关于锦州问题之决议,中国决不能同意。如遇日方攻击锦州时,行政院应以有效之方法予以制止,否则中国将不能不采取自卫办法。

(八)日本造成所谓锦州问题,其用意显欲对于撤兵之主要问题,节外生枝,故不得使该问题牵涉行政院决议案。

(九)此间舆论,对于中立区之议,甚为激昂,民众及政府均反对将中国军

队自锦州撤至长城以内,盖目下锦州之在东北已成为最后之堡垒矣。

中国接受草案,日撤兵须有充分保证

【中央社巴黎四日美联社电】 施肇基左右告本社记者称:"中国此时正候日本之态度明白表示,与国联予南京以满意之保证,中国业已表示,如果日本有充分之保证,不至不撤兵,以及将来不至假托剿匪或其他口实再施攻击,则修正之决议草案,中国未尝不愿接受。"云。

【中央社巴黎四日美联社电】 日本代表团顾问伊藤告本社记者云,东京回训,今晚迟到。伊藤称:"余闻该训令表示目下之决议草案,与白里安演词,非加以几处修改,日本将不接受。"国联方面以为日方所持修改之点,与以前东京方面所传之消息,大致相同云。

【中央社巴黎三日路透电】 国联方面整日等中日两国政府答复,但至傍晚时日本答复只到一部分,其余夜深或可收到全文,须明日(四日)始交与白里安。中国政府答复尚未到,据闻关于锦州事,中国政府仍在考虑中。日本政府仍拟设法与中国直接交涉,但中国似不为所动。日本驻英大使松平,今日(三日)与英代表薛西尔爵士晤谈。

【中央社巴黎三日美联社电】 锦州天津间之秦皇岛总有日舰三艘,但据此间中国代表团所得之报告,谓本庄部日军退新民返沈。此项消息,施肇基正候国联派往之中立观察员正式证实,然后始能通知国联理事会,中国正式接受决议案。中国代表称,现在使中国不能立即赞同者,只有一事,即目前日军殊无和平撤退之表现也。南京方面将批准决议案似属无疑,星期五或可举行公开会议。

调查团之组织,各小国反对荷兰参加

【中央社巴黎三日美联社电】 十二理事昨日开会讨论调查团之组织问题,各小国之代表,反对荷兰参加,咸以为荷兰领有远东各处之殖民地,应列入强国之例,不如较小而无利益关系之国家,如瑞士、比利时等国为适当。

【中央社柏林三日下午路透电】 德政府主张国联派往东三省之调查团人数,愈少愈好,俾该团之行动,及实行该团之意旨时,处处方便。德方觉调查团有三人已足能应付,但如国联主张增加人数时,德方亦可派代表参加。据云德国将派前驻日大使萨尔夫为调查团之德代表,但深恐德国于调查团中有代表时,或引起某种误会,此点正为德方所极力设法避免者也。

【中央社巴黎三日路透电】 法国代表团,今日(三日)交国联行政院在锦州法国视察员之报告书,内有十一月二十六日沿北宁路中国军队布置之情形,该报告称:中国军队在此区内者,共约二万七千六百人。此数日内只有一万六千人至一万七千人,为正式作战军队。军队之布置与人数,与九月十八日以前情形大致相同,只多骑兵一旅、步兵一旅与工兵一营。各军队驻地情形,一如恒日,各军官亦未接到任何特别命令。

《中央日报》1931年12月5日第一张第三版

177. 国联行政院进展甚缓,日本复文反对决议案第五款,施肇基表示决不撤锦州军队

日政府答复国联,反对决议案第五款,起草会不接受修改

【中央社巴黎五日路透电】 日本代表团今日(五日)已收到关于国联新决议案之日本政府训令。今早(五日)决议案起草委员会开会时,日本代表伊滕[藤]出席,说明日本政府训令内容。据云,日方态度与报载略同,日方反对新决议案之第五款,该款系关于国联派调查团去东三省事。日方并于剿匪警察权一段,文字上有修改处。国联行政院定今日(五日)下午四时开秘密会议,讨论日本政府之复文。日本代表伊滕[藤]与决议案起草委员,会商谈至下午十二时三十分,仍毫无结果。散会后,伊滕[藤]与其他日本代表协商,拟去电东京,再向日本政府请示。

决议案起草委员会将与行政院会商该委员会今早与日本代表伊藤晤谈之结果,目前最大困难,在议长白里安之演词,及决议案之引言,尤其关于日军剿匪警察权事。决议案起草委员会坚持国联调查团之原议,不愿接受日方之修改,委员会之态度极为强硬。委员会一向态度极为和缓,对日方主张多有容纳处,此次突变强硬,拒绝日方修改,实出人意料以外。决议案讨论之进行,或因等东京新训令,而为之迟延不决。据云,中国代表团已向国联表示决不将锦州军队撤退,此层或使中日问题更形复杂。今早(五日)决议案起草委员会开会

时,并未讨论此事。中国首席代表施肇基,今早(五日)有照会交国联行政院,中国方面主张,缓冲区不应在山海关,应在锦州以东,主要原因,系中国方面觉锦州应为中国管理,不能放弃。中日问题谈论已有二十日,但仍无若何进展。

巴黎有活动形势,芳泽施肇基均访白,中日态度无接近象

【中央社巴黎四日下午七时〇三分路透电】 今日(四)下午,各方顿有活动形势,日本首席代表芳泽与中国首席代表施肇基,先后往访国联行政院议长白里安。日本政府与芳泽训令之全文尚未到巴黎,芳泽今日(四)仅将日方关于决议案第五款及引言之意见,申述一遍。彼并说明国联调查团之职务,不能与日本军队撤退时期有连带关系,对日军撤退一层,日本仍坚持九月三十日决议案之规定。引言中芳泽主张修改:"日方有以警察应付土匪权"一段,俾日方可接受该段。中国首席代表施肇基,接到自南京发来两长电,故得将中国方面意见,向白里安详为说明,但施代表并无照会或公函,交与白里安。据云,施肇基对锦州事亦有所解释,中国与日本态度,并无接近之状态。

行政院今日(四日)下午六时开秘密会议,七时四十五分散会。白里安将彼与芳泽谈话之内容,报告与行政院,国联秘书长特来孟将中国代表施肇基之谈话作一报告。施代表之谈话,多半系关于外长顾维钧与国府各要人对锦州事之谈话。今日(四)行政院会议因日本训令未到,故所讨论者仅此而已。明早(五)开会时,可讨论及日方之答复。东三省又有军队调动消息,现已证实,行政院会议散会后,决议案起草委员会在国联秘书长室内拟就一问答方式文书。今夜(四日)国联电询东京,关于应付土匪警察权及中立区界限事,请明白解释,希望此电可即到东京,明早(五日)开会时,日方答复可到巴黎。据云,日本代表团准备接受目前决议案之原文,但保留如东京答复中主张修改时可再提文字修改权。

国联待中日复文,芳泽向白致备忘录,施将说明缓冲意见

【中央社巴黎四日美联社电】 国联尚未接到日本反对决议案,与白里安演词之复文,仅由日代表团顾问伊藤方面得知大略。今晚五点,可望由芳泽将该件亲手交于白里安。预料施肇基将与起草委员会商,再说明关于缓冲地之意见。行政院暂停开会,以候今日下午之接洽。

【中央社巴黎四日路透电】 今早(四日)中国代表团尚未接到中国政府训

令,日本政府训令,亦未全到,故国联行政院之开会,又将有待矣。此间传闻日本首席代表芳泽,曾告议长白里安谓,如缓冲地有变故时,日本军队可经过缓冲地。日本代表团今日(四日)否认此消息,日方称如决议案内欲包括一切意外事变时各方向国联之报告与通知书,将永无尽时矣。据云,芳泽曾有备忘录交白里安,其内容尚未公布,且关于此事所有来往文件皆非照会,故不能认为官方正式文件。关于四十名日兵由长春去哈尔滨,日领署消息,日方之解释,甚为滑稽。据云,有四十名童子军往军队驻地参观,因天气酷寒,故军队中将军队大衣借与各童子军。行政院暂定今日(四)下午六时开会,甚望届时中日两国答复可到,芳泽与施肇基均未被邀出席。

《中央日报》1931年12月6日第一张第三版

178. 国府对新决议案迭令施肇基坚持重要保留,绝对否认日本在国土之警察权,第五款正修改剿匪权问题难决

我国对决议草案,持重要保留与声明

关于国联行政院决议草案,及行政院主席之宣言,我国政府已迭令施代表,坚持重要之保留,例如日本保证将其军队撤退至铁路区域内。所谓"铁路区域",中国声明绝不承认日本得根据任何条约或协定,在该区域内驻扎队伍。中国并保留要求其退出该区域之权。又关于中日双方承诺避免扩大事态一节,中国政府说明此项承诺在日本方面实包含一种义务,即应制止从事或扶助任何图谋,足以引起政治上之纠纷而影响中国领土或行政上之完整,例如唆使所谓独立运动,或利用不法之徒,以图达此种运动之目的。又中国对于日本要求在中国领土内执行中国当局之警察权,自当绝对予以否认。

草案正会商修改,日本政府决接受新案

【中央社巴黎六日正午十二时路透电】 国联决议案起草委员会,今日(六日)下午与日本代表伊藤会商,修改决议草案事宜。日方所争持之最重要二点,现均可解决。伊藤昨夜(五日)往访英代表薛西尔爵士(起草委员会委员

长),互商修改决议案之第五款。日方主张国联调查团之范围与职务,与日本军队之撤退,不应有连带关系。二人会商之结果,觉行政院与日本政府俱可接受修正后之第五款,如东京复文亦表示赞同,则今日(六日)下午,此问题即可有完满之解决。行政院中多数理事反对日本在东三省有剿匪警察权,有人主张决议案正文引言及白里安之演辞内,均不提及剿匪一层,开会时由日本代表申明,保留日方如必要时有应付土匪及散兵权,行政院对此申明,加以注意,但无容表决。日本代表团尚未接受该项提议。今(六)日下午开会时将讨论此点,该提议是否须征求中国代表团同意一层,尚未确定,故剿匪权问题之解决,仍遥遥无期。

【中央社东京六日路透电】 日本政府之接受国联行政院新决议案已毫无问题,所争持者尚有二点:(一)国联派往东三省调查团之范围。(二)日方在必要时有剿匪权。

施肇基提备忘录,反对锦州设中立区域

【哈瓦斯社五日巴黎电】 昨日中国提出备忘录,业由行政院加以考虑,盖以今晨伊藤递送之意见书,行政院忙碌实甚。至施氏提出之备忘录,共计十款,大要如下:施氏反对中立区域之议,倡自三大国,兹既不能向日本取获不再在满洲前进之保证,则中国军队撤退问题,无复成立之余地。且日兵已向铁路撤退,则在锦州与铁路之中间,已有中立区域,而予行政院以保证,俾敌对行动,不致重行发生,要在日军不向前进展日本亦既允之。至于中国自始即采取和平方式,业已证明,如此而欲中国军队退出锦州,可称无的放矢。但各大国若愿派国际军队前往该地,用以维持治安,则中国亦可承受。倘日军若再向长城,则中国将采取正当防卫所必需之行动,特于此保留之。施氏备忘录结论称,中国退出本国领土一事,他人未便相强云。本日特征,厥惟中国态度突变强硬,起草委员会明日开会,其任务自感困难。

国联甚注意施顾,因国府慰留为之稍安

【中央社巴黎五日下午十八分路透电】 中国首席代表施肇基及外交部长顾维钧呈请辞职消息,由南京传到此间后,国联各方为之大为震惊。国联行政院各理事,除中日代表未出席外,于今(五)日下午四时,举行会议,下午五时十五分散会。决议案起草委员会向行政院报告,今早(五日)与日本代表伊藤会

商之结果。行政院赞同该委员会之主张,行政院或将容纳日方之主张,对决议案之第五款,加以修改,剿匪权及缓冲区问题仍未解决。决议案起草委员会定明日(六日)下午三时三十分,与中国代表施肇基晤谈,与施代表会商后委员会将与日本代表伊藤再交换意见。此间已接有南京中国政府之复电,谓决不接受施肇基与顾维钧之辞职。旅欧华侨委员会今日(五日)发表宣言,内称,昨夜(四日)旅欧华侨在巴黎之"拉丁区"开大会,对施肇基之态度,及国联之无力解决东三省问题,表示不满。开会后,推举代表五人往见施肇基,将大会之五决议案,转达施代表。施代表随即电告南京政府呈请辞职。中国代表团今晚(五日)公布,谓施代表因华侨之要求,已呈请辞职,但政府已拒绝其辞职云。

旅欧华侨之五决议案如下:(一)日本军队撤退日期确定后,始可开始直接交涉。(二)国联调查团,只能为视察团,其权力限于监视日本军队撤退及设缓冲区事宜。(三)引用国联盟约第十条,至必要时引用第十六条,不应引用第十一条。(四)如以上决议案不能有满意结果时,请勿参加行政院会议。(五)至必要时退出国联。南京政府方面不准施肇基与顾维钧辞职消息传到后,国联各方人心为之稍安,最初辞职消息传来,如青[晴]天霹雳,人心惶惶。

《中央日报》1931年12月7日第一张第三版

179. 社论:国联其屈服于暴日武力耶

沉痛之九一八事件,迄今已届八旬矣。在此八十天之时期中,吾国人神经上所受之震荡与刺激,实不一而足。其始吾人犹信赖以维系和平弭止战争之国联,对此严重之纠纷,必能披荆斩棘,谋一具体之解决办法,并对于日本之违反国际正义及法则之暴行,予以有效之制裁。迄于近日,则此种愿望,已渐就消失。所以然者,国联在东省事变初起之时,立即决议限令日方撤退侵入东省之军队,其态度之严正,颇足示世人以不负于其使命之决心。第二次行政院会议,对于最初本旨,亦尚未全然脱幅[辐]。此次移巴黎开会后,形势突变,对于日方所谓警察权等无理请求,亦竟予以考虑,未即严峻拒绝。若谓国联真有偏袒态度,吾人亦未便遽然断言。然国联之渐由委曲求全而变为屈服之形式,则为显然之事实。以负有维系世界平和之国联机关，竟为日本武力政策所挟持而屈服退缩，吾人实为国联深深惋惜。尤望其能幡然改辙，速图挽救，毋自隳其十余年来努力和平之成绩与光荣之历史也。因国联态度之渐及于屈服与退缩，国人近有倡退出国联之议者，吾人以为此举亦可不必。今日之事，国联如欲屈服，吾人须使其必不能屈服；国联如欲退缩，吾人须使其无得而退缩。国联既以维护公理正义为其屹立世界之立场，吾人须促其克尽其本职，使彼不能丝毫有所诿卸。其道维何？即吾人应以为国联后盾之责自任而已！

考国联之产生，原于一九一九年之巴黎和会，而倡此议者，厥为深具世界眼光及和平理想之威尔逊氏。威氏于一九一六年在美国国会中演说，关于国际问题，曾提出三项原则：各民族有自择主权者之自由，一也；国家主权，不问强弱，一律平等，彼此互相争重领土之完整，二也；凡扰乱世界和平者，举世各国应加制裁，三也。威氏之新国际政治思想，及其所宣布之和约原则，本非各国惯于传习的外交策略之旧式政治家所能领会，所能接受。故巴黎和会之结果，此一鸣惊人之和平理想家，竟至于铩羽而归。至国际联盟之所以终告成立者，实原大战之后，疮痍满目，举世人民企望和平之实现，各国政治当局，不得不采纳舆情，以为敷衍之计。其心目中，实未能超越狭义的爱国心理及本国利益而入于世界和平，人类互助之新思想领域也！职是之故，国际联盟虽于一九二零年巴黎和会闭幕后得告成立，然一按其实际，距威尔逊理想中之国际组织，殊相迳庭。再查国联成立后调解争端维系和平之工作，除一九二零年芬兰、瑞典间之阿兰岛事件，及一九二一年德、波间之上西雷西事件，系因国联之努力而得和平解决之方式，足予世人以良好之印象及记忆而外，颇不易寻一其他类似之事件。如意、希间之科甫事件，世人对于国联之承认既存事实，未能极力主张公道，已不无微词。此次东省事变，为国联成立以来所未曾有之重大事件。盖当事国家，一方为以武力雄视东亚之暴日，一方为地大物博，拥有四万万人民之中国。且列强之在中国，有复杂之利益关系。国联处理此次事件之棘手，早在吾人意料中。使国联不幸而失败，其已往之成绩，将从此一笔勾消，全归于零。若竟于荆棘丛中，排除万难，寻一适当之解决，则举世之怀疑国联者，必将得一新印象，觉世界公理正义，并非毫无保障者，国联在世界之声誉位望，必因此次事件之解决而愈益隆起。吾人之所望于国联者，固在此也。吾人且信国联会员国，不能不向此方面努力也。若国联而竟失败者，吾中国民族有四万万之众，占全世界人口总数四分之一，今日虽因环境关系，国力未充，然我果能一心一德,整齐步伐,以共赴国难,蕞尔岛国,安见遽能猖狂得志耶?为国联之后盾,树世界之和平,舍我其谁?

《中央日报》1931年12月8日第一张第三版

180. 国联仍在商决议案,施肇基昨出席起草委员会,日本对案尚在推敲未决定

【(中央社)巴黎七日路透电】 中国首席代表施肇基,今早(七)十一时,与国联决议案起草委员会,有秘密会议。今日(七日)下午五时,国联行政院十二理事(中日两国代表将不出席),举行不公开会议。

今早(七日)委员会散会后,路透社记者往晤施肇基,施氏谈,彼今早与委员会商谈决议案之全文,委员会将日本代表团所提之对案,亦向施氏说明。施肇基谓,关于决议案事,现已无不能解决之问题。

国联秘书处,今日(七日)公布中国代表团之二照会:(一)中国否认近新民各地,有中国军队。(二)报告哈尔滨货栈发现日本军火。

【中央社巴黎七日路透电】 此间今日(七日)突有惊人谣传,谓中国学生曾打施肇基,且有施氏头部受伤说。中国代表团已正式否认此说,今日(七日)路透社记者往访施肇基时,见施氏面部并无伤痕。

【中央社巴黎六日下午六时四十二分路透电】 此间谈判,仍无若何进展。今日(六日)下午二时三十分至四时四十五分,决议案起草委员会与伊藤会商,其最要者为决议案中第五节关于调查团权限之文字。日本提出之对案,谓若下次国联行政院训令调查委员会报告撤兵事件时该委员会始能照办一节,起草委员会认为不能接受,因如此调查委员会权限即受限制也。经许久之讨论后,乃有修正方案之拟议,但尚未有若何决定。日代表芳泽准备在公开大会发表关于日军剿匪权之声明问题并未讨论,因伊藤尚未奉到日政府之训令。决议案起草委员会,定明日(七日)上午继续开会。

《中央日报》1931年12月8日第一张第三版

181. 顾维钧复沪友电，陈述一周来办理外交经过

顾维钧昨复上海友人电称，弟自就职外长，甫经一周，所办交涉，悉秉承政府与外交委员会既定方针，实非弟一人所得擅专。承询各节，兹谨答复如下：（一）锦州一隅，关系东省全部存亡，吾国一面准备实力，以资捍卫，一面仍先运用外交，以保国土。故当上月二十日左右，日军进逼锦州，且夕可危之时，施使在国联要求紧急处置。同时此间与英法美公使接洽，请三国担保日军不再前进。凡此种种，原系临时办法，内外协力，苦心以求，皆欲牵制日军，而破其攻锦之谋。现在日军已退，日本在国联要求吾方亦将军队后退，中国一切行政机关及地方秩序之警察，照旧执行职务。我对于撤退本国军队，拒绝未允。目前争点，即在此层。日本所谓锦州中立区问题，即是双方退兵问题。在我锦州仍在一兵未撤，而日军竟已后退至所谓铁路区域，方幸形势稍见和缓，徐图应付，而国人不谅，竟至疑窦丛生，不胜感慨。惟事实具在，无可讳言。（二）天津问题，绝无共管之议。天津为锦州后方重镇，设有变故，锦州军心动摇，难期苦战。日驻津日军，已两次肇衅，几成不可收拾之局。津埠当局，以及地方绅商，鉴于对方之阴谋险辣，有请驻津各国官绅出为援助之议，希望于沿日租界附近数百米突地带内，临时帮同维持治安，以制日方之谋我。惟以各国深惧牵入漩涡，此事迄无头绪。（三）关于直接交涉一层，重光曾两次来部晤见，说明日军已退，希望吾国亦能自锦州撤兵。经弟拒绝，并说明吾方之见解与立场，不承认有另行商议办法之必要，并言明所谈并非交涉性质。渠亦同意，且谓彼之来部，亦仅系说明日方之立场。盖日方正在与国联商议，此事雅不愿与我方开始交涉，使国联有所借口，而将日方提案，置之不理也。总之，我国与日既未绝交，自不能阻日使之来部，既来不能阻其发言，彼既发言说明日方主张与见解，我亦不能不说明我方之意见与观察，此种谈话之非为交涉，甚为明显云。

顾氏求去原因

自顾维钧请辞消息传布以来，各方多不明真相，以为顾氏到任，方仅数日，何竟遽萌去志。兹据接近顾氏者告称，顾氏消极理由决非由外交紧急畏难求去，实因到任仅数日，正值外交最吃紧关头，昼夜从公，尚虞不继，乃各方请见

及请愿者,纷至沓来。青年学生热衷国事,如不接谈,则似乎斤斤于一面之情,反累及跋涉久候,于心实有不忍。若一一接见,则人多费时,不免贻误要公。职责所在,方寸难安。因值此紧急关头,自晨至夕,外交形势,一日数变。至若出席会议,处理部务,研究要电,颁发训令,及与施代表电商紧急问题等等,实已绝无余晷,左右为难,不觉顿生去志云。

《中央日报》1931年12月8日第一张第三版

182. 国联决议案商妥,将经公开会议通过,白里安望日军勿再越过驻地,锦州中立区计划已完全作罢

中日问题谈商业已告一结束

【中央社巴黎八日下午二时路透电】 中日东三省问题之商谈,现已告一结束,明日(九日)或星期四(十日)举行国联行政院公开会议,该会即为本届末次会议。国联决议案可正式付表决,并与以通过矣。

行政院议长法外长白里安有公函与日本首席代表芳泽,内容不便公布。该公函系答复芳泽致白里安之一秘件,白里安表示,希望日本军队勿再越过目前日军所驻地界,中日双方尽力避免冲突,或其他不幸事件。锦州中立区事现以完全作罢,由在锦州方面之中日两国军事当局,负责避免战事。决议案起草委员会今早(八)开会将决议案全文引言,及白里安之演说,作最后审查。下午四时日本代表伊滕将再出席该委员会,与各委会交换意见,想无若何修正与讨论矣。

【中央社巴黎七日下午七时十二分路透电】 国联行政院预定本星期三(九日)举行公开会议,该会或为本次行政院最末次会议。

【中央社巴黎七日路透电】 今晚(七日)巴黎方面盛传谓行政院已决定将调查委员会之人数增至六名,由法英意德美及北部某小国共同派员组织之,但其后此说已遭否认,谓该会将仍维持其原定五名办法。至调查员人名及其代表之国家,均未完全确定。截至现在止,已决定者仅英美法三国云。

放弃中立区议，我曾坚决反对

【中央社巴黎七日下午七时十二分路透电】 今日(七日)下午日代表芳泽往访白里安，据闻芳泽对于锦州问题，已提出正式建议。芳泽于谈话时，向白里安解释，日军已由锦州撤退，但中国军队仍逗留锦州，应请国联催促华军撤退，以免冲突。芳泽并力主对中立区域划界问题，由中日双方就地直接交涉。今日(七日)下午五时十五分行政院复行开会，中日双方代表皆未出席，该会闻系讨论锦州问题，行政院会议于六时四十五分休会。其后决议案起草委员会继续开会，伊滕亦被约出席。闻对于决议案及白里安宣言之文字，均有决定，此项决定，因已商诸伊藤，想不致再有修改之处。日代表对日方得发表单方面之声明保留剿匪权之提议，已经通过。同时决议中第五款，关于调查委员会应向国联行政院报告日军撤兵情形之规定，已决定取消，另由主席于其宣言中，概括的提及此点。

今晚(七日)行政院已决定放弃在锦州设中立区之计划，将另由白里安通知日政府主张在锦州方面暂时维持现状，于该函中白里安将同时对日军由锦州撤退一事，表示满意云。

【中央社据巴黎电讯】 昨日(七日)下午国联行政院开秘密会议，日本要求在锦州、山海关之间，设立中立区，中国军队即日退入关内。行政院因中国之坚决反对，已完全拒绝日本要求，并告诫中日双方军队，各不得越过现在驻扎地点，以进攻他方云。

【中央社巴黎八日美联社电】 中国代表向行政院报告谓，日军托名剿匪，竟向辽河以西移动，新民附近尤多日军云。白里安接到是项报告，旋即与芳泽商谈中立区之范围问题。又锦州每日飞机侦察之事实，亦由施代表报告国联行政院。

国联将警告日，勿抱过激态度

【中央社巴黎八日美联电】 国联行政院以为若用大刀阔斧之手段，将决议案与主席宣言，屏而不论，以及限定日期撤兵，与日方所谓剿匪权之棘手问题，亦一概删除，则于东三省事件之困难当中，终可寻得一条途径。盖行政院之意，系欲许芳泽于行政院公开会议席上，将日方关于剿匪权之论旨，概述一遍，由各理事自由批评，借此于无形中警告日本勿抱过激之态度。至于锦州是否划入中立区之问题，现尚未解决，闻行政院相信调查团，一经到达东三省，即可下一有力主张，以调整撤兵之困难。国联秘书处现讨论最后公开会议，是否可于本星期三(九日)举行。

【中央社巴黎美联电】 国联行政院十二理事，于下午五时开会。日代表伊藤告本社记者称，国联决议案未提及土匪问题，惟芳泽力主须附加宣言，以保留日军自由行动之权。关于此点，日代表团正候东京之训示。至于中国方面，对此会提出何种保留案，日代表殊无所闻云。又中国代表对本社记者称，中国代表团对日本主张坚决反对，盖日方将借口于此重开衅端云。

【中央社巴黎七日路透电】 国联决议案起草委员会，今日(七日)下午七时开会，至八时三十分始散。该会对日方保留剿匪权之引言一事，虽已同意，但日方提议，谓该项引言发出后，各方不得批评一节，则未同意。因此该引言之发表，或将稍迟。至外传日方得不论剿匪与否，保留军事自由行动一权一说，绝对不确云。

《中央日报》1931年12月9日第一张第三版

183. 国联行政院今日大会，政府训令施肇基坚持删除剿匪，撤兵问题白里安将有公开声明

我国坚持删除剿匪，宣言中不涉及锦州问题

关于国联行政院决议案内，剿匪一条，政府又发训令与施代表，着其继续坚持，要求删除。倘行政院拟将该条载在白里安之说明内，亦须坚持反对云。

【中央社巴黎八日下午五时四十五分路透电】 伊藤因日政府训令尚未到达，今日(八日)下午并未出席决议案起草委员会。国联行政院公开会议，预定明日(九日)下午五时举行。该会或可为此次行政院之末次会议，今晚(八日)行政院已将决议案及主席宣言之原文草就，即将向日方征求同意。闻关于剿匪问题，将于主席之宣言中提及，将不复成为日本之特别保留条件，主席宣言将不涉及锦州问题。至于调查委员会人员之选举，将由国联秘书长特拉蒙与关系各国直接协商。至于该调查委员会之人员，仍定五人，并无更改。众料中

日两国对于决议案及宣言均不致反对,闻两项文件在公开会议前无法探悉。行政院已放弃锦州中立区计划,但日本得提出比较可接受之新提案。盖国联暂时不愿过问中立区问题,并已准备对锦州问题,不成立正式协议云。

【哈瓦斯社巴黎八日电】 政界因行政院决定举行公开会议,极端赞成,盖以形势因而明了。日本反对将无以自圆其说,而经美国赞成之后,尤将无以自解。但日本舆论方面,发生困难,不无可虑。惟是日本舆论在若干问题上,业已获有满意结果,其对于行政院主张各点,日应表示赞成。行政院所主张者:(一)九月三十日决议案及主席坚持从速撤兵两层,均当重行申明。(二)锦州现状,须予维持,中国军队不必撤退,张学良所主持之行政,亦不必迁让,此事系中立区域又一见解,日本官方仍持反对意见。(三)依日本主张调查团原应研究中国方面过失,兹定该团工作特别在满洲行之。巴黎方面以为调查团到达之后,地方情形,自必为之大加改善,但日本对该团任务,其□地与行政院不同。按之以上各项理由,日本在最后时间或以延宕为事,或竟拒绝接受,均不可知。但全体人员,盼望结局至为迫切,公开会议必于此日举行,而芳泽终将首肯,行政院亦深信云。

行政院昨开秘密会,中国拟抗议日提东省税款

【中央社巴黎九日路透电】 国联行政院今日(九日)正午十二时举行秘密会议,中日两国代表俱未出席,议决:今日(九日)下午五时开公开会议,但如日本首席代表芳泽请求,改期明日(十日)举行公开会议时,行政院亦可准其所请。同时行政院表示,极愿今日(九日)下午能有公开会议,即非本届末次会议亦可。各方皆望中日两国政府答复,能于今日(九日)下午收到,并望中日双方俱能完全接受国联行政院拟定之决议案及引言,不加修改。今日(九日)正午开会时,议长白里安将决议案及引言全文向全体代表朗读一遍。据云,日本代表芳泽将请行政院改明日(十日)举行公开会议。明日(十日)行政院公开会议后,将有秘密会议,讨论国联行政院在巴黎开会一切费用问题。据云,法政府已提议由法国捐助该费用之大部分款项。因法政府深知,此次行政院之由日内瓦移往巴黎开会,纯为与法外长白里安以充分便利也。

中国代表团今日(九日)有正式照会交国联行政院,关于日本在东三省,擅提税款事。该照会称宋部长子文,已有训令与海关总税务司,如日本干预东三省海关行政事宜,或提用海关税款,则东三省之各海关办事处,将一律封闭。

海关不独为中国之唯一信用机关,即各国亦极注意其安全,如有毁坏海关信用者,则中国必取严厉方法应付之。

其一切直接或间接之影响,日本政府必负完全责任。日本代表团今日(九日)发表照会内称,据十二月四日报告张学良集中军队于锦州,情势至为紧急。

美国赞成国联议案,施肇基将作有力之宣言

【中央社巴黎八日下午五时四十五分路透电】 美国驻英大使陶斯,定今晚(八日)晤白里安。闻美国对国联决议案起草委员会草就之决议及宣言,均表示赞同。又巴黎八日路透电。美大使陶斯于今晚(八日)各代表离开行政院后,即访白里安及国联秘书长特拉蒙,商洽一切。闻陶斯访白里安之目的,在表示美政府赞助行政院行动之意,但陶斯对外不愿有所表示云。

【中央社巴黎八日美联社电】 (一)美大使陶斯用大西洋长途电话,向史汀孙报告起草委员会订正之决议案内容,至美国如何答复,陶斯将于今晚通知白里安云。(二)闻关于决议草案第五款,国联业已依日本所要求,予以修正。关于撤兵问题,白里安另有公开声明。(三)国联负责人员告本报记者云,公开会议虽经起草委员会要求于星期三(九日)举行,但关于剿匪问题,在白里安主席宣言中,究应如何声明,日方尚须候东京之训示,故星期四以前不能开会。(四)国联行政院十二理事,于今日下午五时十分开会,将已修正之决议草案,加以最后之考虑,闻华盛顿方面,已训令陶斯,嘱其向白里安表示美国赞成国联决议案。(五)日代表预料日政府接受决议案之复牒,今晚可到,因日方所提关于土匪及调查团之权力两点,决议草案内业已包含。至于中国方面谅亦可接受。(六)国联决议草案经行政院十二理事一致认可,现正讨论白里安主席宣言之问题。芳泽要求由渠以审慎无瑕之形式草拟关于剿匪之宣言,宣言内复由白里安提及土匪之事。行政院对此俱不赞成,闻日方虽再欲有所修改,但中国方面以为中日两方,对于决议案不另提议,即称满意。又闻施肇基拟于公开会议时作一有力之宣言,以批评日本之行为。(七)国联行政院十二理事开会,方以为可得到最后之解决时,忽接到私人方面之消息,谓日军已占营口,全场为之沮丧。(八)国联行政院十二理事,决定于本星期三(九日)下午五时举行公开全体会议,据国联秘书所称,倘此次会议不能得到一致时,将于星期四继续开会。(九)国联行政院十二理事会议,于六时四十五分散会,起草委员会将于九日上午十一时开会。(十)今晚七点白里安与陶斯会晤,闻白里安于星期三公开会议时,将发表关于锦州问题之宣言。(十一)公开会议虽已定于星期三举行,但中日两国代表以尚未接到本国政府最后训令,均要求延迟二十四小时。(十二)日本政府已令芳泽转告国联谓,如果缓冲区成立,日军亦不渡辽河,以向锦州。芳泽拟于公开会议时,发表宣言。日代表团宣称,未接到东三省日军前进与截断铁路之确讯。

调查团人选与任务,日本对剿匪问题未放松

【哈瓦斯巴黎八日电】 行政院定于明日午后五时,举行公开会议,本届会议或即从此结局。本日午后十二委员会,所作决定如是:语其理由,则以大众不能再耐,而有即速了案之必要也。日本代表团,似有向东京请示,则投票表决势须俟至星期四日或俟至星期五日,乃可举行。要之公开会议时,行政院决议案及主席宣言,均当提出朗读,俾使世界舆论尤其是美国舆论知其究竟。陶斯将军在公开会议之际,可将美国政府意见当众发表。其对于行政院,提议各节,亦可以美国威权赞助云。本日午后七时,陶氏与白里安晤见,据本社所知,渠二人所谈,不外此意。美国赞成行政院之意,与美国之同情,表示将于明日午后会议时重行声明,或以外交方式出之,亦未可知。明午十二委员会,再度开会,俾决议案条文,得以审定。目前情形有如下述:(一)调查团员定为六人,即美、英、法、意、德暨一小国代表,此小国代表,殊不易选定。某某方面,以为委员人选,当视个人成绩,而以个人资格为准,宜由白里安暨德鲁蒙指定之。其他方面,则主张由行政院委任,现尚未能一致。至于小国代表,仍有瑞士与脑威之辩。意大利代表闻系帅何愈白,德国闻系索鲁夫,本社业已报告。至于法国代表,经白里安推举马曰里氏,马氏曾任驻德大使及政务司长,其声望甚高,对于远东情形,尤为熟悉,盖马氏曾以公使资格,驻在暹罗盘[曼]谷及中国北京也。此外比各氏、得斯伯孩上将及色里尼将军之名,亦均提及。(二)剿匪问题,日本欲在此层保留行动之自由,人皆知之,或谓不必列入决议案。芳泽当声言云,此层若不列入决议案,渠当作一片面宣言,请行政院不必置答。现此议已被打消,各方而正设法觅一方式,俾全体均可接受。芳泽因所接命令只许接受决议案原文,而其修正,业由东京政府认可者,乃要求四十八小时之时间,以便请训。但行政院对于舆论认为有及早使其明了之必要,仍决定举行公开会议,届时芳泽若未奉到训令,则投票表决,改于公开会议第二日举行。(三)调查团任务,此一问题,日本获有满意结果,即该团任务,不在决议案内规定,而于主席解说词中提及之。日本政府之意,此点不在表决之列,白里安则以宣言列在朗读决议案与投票表决之间,其中解说自有公文效力。

《中央日报》1931年12月10日第一张第三版

184. 国联昨末次会议,施反对日本无理要求,芳泽仍声明日军得随时出动,违反决议案精神我决不接受,决议案原文及主席诠释内容

国联行政院昨日下午为本届末次会议,于决议案及主席宣言发表后,将中日意见,作一总束而付表决,其关系至为重大,本报截至今晨三时尚未接巴黎方面之最后电讯,结果如何,尚未知悉,兹将所定末次会议之程序,及决议案宣言之内容,以及前昨两日之经过情形,分志如左:

【(中央社)巴黎十日路透电】 今日(十日)上午国联行政院议定今日(十日)下午国联本届末次公开会议之程序如下:

(一)日本首席代表芳泽起立,即读日本政府关东三省有自由剿匪权之申明书,及关九月三十日国联行政院所通过之决议案第二款,有保留声明。该款有中日两国应避免一切挑战行动字句。日本代表芳泽将声明,于必要时,如东三省之日侨生命财产有危险时,日本军队得随时可出动,保卫日侨之安全。(二)日本代表芳泽将上项保留声明即读毕,将有日本政府一正式宣言公布。(三)中国首席代表施肇基起立发言,反对日本政府之保留申明。中国政府认该项申明违反决议案之原有精神,且与决议案之不符,并宣布中国政府不能接受日方之保留申明。(四)行政院其他理事发言,英国首席代表薛西士爵士亦有意见发表,大意均谓各方均明了日本地位之困难,但希望日本再无行动,致扩大现有之冲突区。(五)议长白里安将以上发言者之意见,作一总结束。(六)白里安将决议案全文、引言及宣言付表决。

昨晨秘密会议讨论日所提剿匪申明书

【(中央社)巴黎十日下午二时路透电】 国联行政院十二理事(中日两国代表未出席)今早(十日)开秘密会议,讨论日方对东三省剿匪权申明书之文

字。日本首席代表芳泽根据日外相币原之训令，已有关剿匪申明书之草案，提交国联行政院。此点极为困难，国联一方面须容纳日本之意见，而一方面不愿开一含极重大危险性之先例。行政院中多数理事，反对日本在东三省有自由剿匪权，其理由因深恐如此例既开，则欧洲南部之马斯董里亚各小国，将发生极复杂问题。该处常有匪乱，且欧洲各强国均欲乘隙并吞该处各小国。东三省日本剿匪权之例一开，则欧洲南部之政治风云，亦将随之而起矣。中国首席代表施肇基今日（十日）有照会致国联秘书长特莱孟，内称于十二月九日日本飞机三架去田庄台掷炸弹二十二枚，又同日在大洼掷炸弹七枚，该二处均在牛庄北部。中国代表团并称日本骑兵现正向辽河以西推进，日方军事当局在东三省各处，委有所谓团长者，共约十九人。

【（中央社）巴黎九日美联社电】　国联秘书处告本社记者，称对于决议案原稿第五款末，规定"日方如未实行撤兵时，调查团得报告行政院"一句，日本显然误会，现此点已移入主席宣言内，泛泛提及，既无法律上拘束，亦无须日人之接受。芳泽对此点，将有答复。二，起草委员会于上午十一时十五分开会，由白里安主席，商议主席宣言之措辞。据日人方面称，芳泽俟公开会议时，拟求延至星期四再开，俾得将第五款显然误解之处，弄个清白。三，国联行政院十二理事于今午十一时半开秘密会议，研究主席宣言，公开会议是否可于星期四以前表决，殊难预测云。四，据可靠消息，施肇基拟于公开会议时主席宣言宣读完毕之后，即提出要求日军尽速撤退，否则中国保留提出盟约第十五条或诉诸凯洛非战公约与华府九国条约之权。五，又公开会议时如主席宣言提到所谓剿匪权一层，施肇基拟坚决反对，指斥日人于中国领土内，行使警察权，为国际公法所不许。行政院方面，觉甚难应付，正研究可否泛泛提及。又闻白里安于秘密讨论此项问题时，赞成不提土匪一点，果尔则芳泽与施肇基间，不免有一场舌战也。六，国联行政院十二理事秘密会议，于十二点半散会，公开会议于下午五时举行，届时白里安将宣读订正之决议案，与主席宣言，次由日代表要求延期表决，因渠等正候东京之训令。七，今午行政院十二理事秘密会议完全和平解决东三省事件之方案，并决定于下午四时召集全体公开会议。溯自行政院秘密开会以来，回旋往复，虚掷光阴，迨将一月。若公开会议召集之后，一切特别会议，行将停止矣。至于公开会议之是否举行，须以中日两国代表，可否于今晨接到其本国政府之训令为断。此项训令，倘表示不满意，则将延至星期五开会。但行政院以为断不至拖延。目前唯一事件，即调查团之派遭。据云人数已定五人，今晨西班牙代表主张六人，乃至七人之议，业已打销[消]云。

昨日外部某重要职员称，政府认为日本在东省之剿匪主张，绝对不能承认，已迭电施代表，令其严行拒绝。盖此项主张，如经行政院承认，是不啻国际公法中，创一空前之原则，任何强国，因此尽可借剿匪为口实而侵占其较弱邻邦之领土。其影响国际间和平，殆非浅鲜。且此项无理要求，实违反国联盟约第十条及九国条约第一条，因该二项条款，均规定各签字国有尊重中国领土完整之义务云。

【(中央社)伦敦九日路透电】 西门爵士称此次国联行政院在巴黎开会，纯为与法外长白里安以相当之便利，并无此后不在日内瓦举行国联行政院会议之□。英外长谓英、法、德、意及美政府，在东三省均有代表，视察该地情形。

前午公开会议白里安宣读决议案宣言

【(中央社)巴黎九日下午六时美联社电】 (一)行政院公开全体会议之情形。国联行政院全体公开会议，于九日下午五点五分举行。主席白里安宣读决议草案及主席宣言，宣言内未重述及提到剿匪之事。芳泽随即发言称本人尚未接到东京训令，请行政院明(十日)再开会。行政院遂决定明日午继续开会，五时五十分宣告散会。(二)决议草案内容。决议案包括六款：(一)重行确定九月卅日之决议案。(二)中日两国须采取一切必要之方法，以避免时局增加严重，勿启衅端。(三)中日两方须以时局之进展情形报告行政院。(四)国联各理事国视察员亦须将进展情形通知行政院。(五)派调查团往东三省调查团团员，须将足以影响国际关系与危及中日两国和平之情事，报告行政院，但不得干预中日两国之直接交涉与军事动作。(六)在来年一月二十五日第六次会议以前，行政院主席须随时留意关于东省事件之各问题，必要时得召集紧急会议。传闻最后或尚加一句，表示起草委员会仍在巴黎继续开会，并候新发生之消息。(三)主席宣言之大略。闻主席宣言，系注释体裁，将决议案逐条加以注释。该宣言释第一款云，国联行政院极端着重九月三十日之决议案。释第二款云，日政府自以为有权保卫南满邻近以及满铁附属地内之日侨，但日军一经撤到满铁界内，保卫权当然停止。释第四款云，中立视察员可与中日两方接洽。释第五款云，调查团行使职权无疆域上之限制，但不得干预军事动作与直接交涉。

【又巴黎九日下午六时十八分路透电】　国联行政会今日(九日)下午五时举行公开会议,但因芳泽称彼尚未接到本国政府训令,会议至五时五十五分即散,至明日下午四时三十分续开。当今日开会时,到场人数,并不踊跃。因会议延长太久,社会人士已渐感倦意也。

在会议厅之后室,中国代表施肇基与日代表芳泽握手言欢,施代表后复与德代表莫蒂斯晤谈,至会议开幕时始散。

会场中白里安坐于意代表和国联秘书长特拉蒙之间,议长于开会后,即向大会诵读国联行政院决议案草案。原文如下:

第一款　行政院认九月三十日一致通过之决议案仍继续有效,中日两方亦均声明承认履行,故行政院请中日两国政府速采必要之步骤,履行该决议案,俾日军根据该决议案在最短期中,撤往南满铁路沿线。

第二款　行政院认自十月二十四日行政院会议以后,形势益趋恶劣,特提议请双方采必要之手段,令形势不致更趋严重,亦不得采任何能致发生战争或损伤生命之行为。

第三款　行政院请中日双方随时将最近情况报告国联。

第四款　行政院各理事国应随时将彼等接到各该国在东三省代表之报告通告国联。

第五款　行政院决派调查委员会,到当地调查一切能危及国际关系,破坏中日和平,或一切影响中日两国友谊之事件。该调查委员会由五人组织之,中日两国均得派襄助员一人,偕同该委员会办理一切需要之报告。

若中日两国政府,开始任何交涉时,调查委员会不得过问。该团亦不得干涉双方军队之行动。该调查委员会之委派及其考虑之事件,均不能影响日政府于九月三十日决议案中对于日军向南满路撤退之担保。

第六款　在行政院明年一月二十五日下次会议以前,请议长随时注意中日纠纷之发展,并可随时召集行政院会议。

其后白里安将决议案草案加以解释,谓该议决案之目的有二:一为消灭目前和平之危机,二为谋将发生纠纷之原因根本解决。行政院之召集,原为考察危害中日关系之情形,而谋得一中日两国均可接受之解决办法,故行政院极欢迎十一月二十一日所提出设立委员会之建议。至该委员会之设立及职权,均已于决议案末节中加以规定。

其次白里安即按节将决议案加以批评,该决议案第一节仍认九月三十日之决议为有效，对于该决议案中规定日军迅速撤回南满路区域一层，尤加注意。

行政院对此议决案，极加重视，并盼中日双方能立即履行彼等对于九月三十日决议案之诺言。

关于第二节白里安谓自上次行政院会议后，东三省形势益趋严重，致发生恐慌，故请中日两国不再采任何能令再发生战事或令形势更趋严重之行为。

关于第四节中日两国以外之国联行政院会员国，应继续供给所得消息于行政院。此项消息，在过去证明，极有价值。各国派代表至东三省各地时，曾同意用全力继续此种制度，因此故各国应与中日两国随时接触，庶中日两国得随时请调查委员会之各国代表，赴彼等所希望各代表前往之地点，调查一切。

关于第五节调查委员会，虽属顾问性质，但范围颇广，该会将审查一切能影响中日两国邦交之行为。中日两国均得请该调查委员会审查任何事件，并得请该会加以解决。该调查委员会，亦有全权决定彼等向国联报告之事项，同时国联亦得令该会对某项事件提出报告。若中日两国对九月三十日之决议案之担保，在调查委员会抵东三省时尚未履行，该会应即将此种情形，向行政院报告，但若中日两国已开始谈判时，则该调查委员会不必过问，同时该会亦不得干涉双方军事之行动。但此项并不限制该委员会调查之权限，该委员会有绝对之自由行动，并得调查一切该会所需要之报告云。

【(中央社)巴黎十日美联社电】 日代表如果于公开会议前，接到东京训令，则会议大约可于今晚结束，否则将只由白里安报告行政院工作经过以后即散会。闻日代表希望行政院继续与中国讨论锦州华军撤退问题，决议案声明调查团未到时，中立视察员仍继续工作。主席宣言新添一点，谓中日两方得请调查团注意某特种问题，但未指调查团之沟通员与军事行动。

【(中央社)伦敦十日路透电】 关于调查团之权力事，西门爵士谓国联行政院正在研究此点，彼对此不能有意见发表，但谓该调查团之范围，限于调查团东三省之各问题。

《中央日报》1931年12月11日第一张第三版

185. 国联决议案正式通过，芳泽仍称不得限制日军必要行动，施肇基声明八点促日军立即撤退，不能容许任何外军攫夺警察职权，白里安希望日军即撤退万勿再延

施肇基声明八点，立即停战短期内占领终了，日军撤退为唯一妥善办法

【中央社巴黎十二月十日路透电】 国联行政院，于今日(十)下午四时四十二分举行公开会议，由白里安主席，驻英美国大使陶斯并未列席。白里安致开会辞毕，即请日首席代表芳泽发言。芳泽首谓对行政院各会员接受日方请求延至本日开会，表示谢意，同时代表日政府，对行政院对于东省事件之努力，表示感谢。彼继谓因特种情形，若距离之远近，及利益之不同，致令中日纠纷不易解决。芳泽其后即宣称日政府已决定接受国联行政院决议案，并谓行政院对中日事实以和协之善意的忍耐的精神应付之，同时决议案起草委员会，以敏捷的手段，草就解决中日纠纷之最佳之决议案，殊堪感谢。日政府已命彼于下列之谅解下，接受该决议案，即该案第二节之规定，不得限制日本军事当局在东三省为保护日侨之生命财产对土匪及其他不法份子所采之行动是也云云。

芳泽言毕，中国首席代表施肇基即起立发言，将中国政府之八点声明，加以详细申述，其原文云：本国政府拟以诚意履行其所同意之决议案内之义务，如行政院主席所解释者，此项整个办法，既为应付紧急悬案之一种实际办法，则为谋得充分了解起见，本席实有就原则上将以下数端之观察及保留载诸记录之必要。

（一）中国必须保留，并实行保留在国联盟约下在中国为缔约分子之一切现行条约下，及在国际公法惯例公认之原则下，中国所应行或可行享有之任何及一切权利、补救办法及法律地位。

（二）现经决议案及行政院主席宣言所证实之办法，中国信为系一种实际上之办法，包括四项互相关连之要点如下：(甲)立即停止战事。(乙)日本占领东省在最短期内终了。(丙)中立人员，对于今后一切发展之视察及报告。(丁)行政院所派遣之委员会，对东省全局作实地详赅之调查。本办法在实际

上及精神上,均基于上述四点而成立。此四要点中,若有一点不能如原来之期望而实现,则本办法之完整性,显将为之破坏无余。

(三)中国了解并期望决议案内所规定之委员会,如于其到达目的地时,日本军队之撤退,尚未完成,该委员会将以调查该项撤退情形,并附具建议提出报告,为其首要之职责。

(四)中国推定本办法,无论直接间接,于中国及中国人民因东省事件而发生之损害及赔偿问题,均不生影响。中国关于此点,特提出特殊之保留。

(五)中国于接受本决议案时,对于行政院努力避免再启战争之任何衅端,或是使局势益趋险恶之其他任何行为,表示感佩。然有须明白揭示者,行政院力诫争端之禁令,不得借口于现在事态所造成之无纪律情形,而予以破坏。盖决议案原来之目的,即在于解除该项事态也。所应注意者,东省现有之无纪律情形,实因日军侵入,使生活失其常轨之所致恢复寻常平安生活之惟一妥善办法,厥为迫促日军之撤退,而使中国当局得负维持治安与秩序之责任。中国不能容忍任何外国军队侵略,并占领其领土,更不能容许此类军队,攫夺中国当局之警察职权。

(六)各国代表之中立视察及报告,其现行办法,将行继续改善,中国得悉此旨,颇为满意,中国并将就情势之需要,随时指示各该代表,应行前往之地方。

(七)有应了解者,中国对于本决议案,规定日本军队应向铁路区域撤退一节,表示同意,绝非对于在该铁路区域内驻扎外国武装队伍一事,退让其向来所取之态度。

(八)中国对于日本所有任何之图谋,足以引起政治性质之纠纷,影响中国领土及行政之完整者(如嗾使所谓独立运动或为此种目的而利用不法份子),将认为显明违背避免再行扩大局势之承诺。

各国代表之发言,破坏调解负破坏和平重责,国联会员国不能冒大不韪

施言毕英代表薛西尔即继续发言,彼首对中日代表对于起草决议案之合作,表示谢意。彼续称行政院对于日本方面,关于决议案第二节之解释,已加讨论。东三省之地位,颇为困难,亦极特殊。在此特殊情形之下,或致有危害日侨生命财产之事发生,但此不过为特殊局面下之事,将来东省形势恢复常态,即可无此危险。西班牙代表马达利加对英代表薛西尔之议论,表示赞同,并谓日代表芳泽之言,对于决议案并无不合,且对于该决议案之精神与文字,亦相吻合。

白里安次即将决议案交行政院付表决,当即一致通过。

白里安于申述东三省情状时,称行政院对于日军撤退之期限,虽未加以规定,但行政院切盼日军之撤退,能早日实行。彼续称数月日国联会皆在设法避免战争中,而历次之会议,皆必展缓战争之危机。白里安继谓两国联会员国,能冒世界之大不韪,而作战,以彼观之,乃不可思议之事。

关于锦州问题,白氏称中立视察员,已向行政院报告日军撤退情形,及中国军队并无作战准备之状况,故行政院深信锦州方面,虽无缓冲地之设,当亦不致发生战事。因对设缓冲地问题,实不能得一圆满之决定也。白里安其后即称颂美国自始至终,赞助国联之好意。英代表薛西尔当亦表示赞同,白里安之意。彼称国联行政院根据国联盟约第十一条不采公断办法,而择劝告与调停之手段,已得一能令中日双方信赖之结果,实为国联之成功。若中日两国,任何一方,破坏此项调解之工作,则该方对世界应负破坏和平之重责。国联调查委员会之赴东省,其责任异常重大,彼等之行动,实得中日两国及各之同情云云。公开会议于六时三十五分闭幕,数代表已定今晚(十日)离巴黎,英代表薛西尔明早(十一)离去。

决议案起草委员会将再续议数日,讨论调查委员会之详细办法。英驻法大使将代表薛西尔出席起草委员会。

南美洲各国代表咸称此项决议案,实为应付一特殊复杂局面,将来不得引为先例,并谓小国之主权及不干涉之原则,皆不应危及云云。

施代表在会议闭幕前作最后之报告,声明条约效力之范围,东三省亦不能除外云云。

【(中央社)巴黎十一日美联社电】 一,白里安于行政院公开会议席上,综合讨论结果,而作一结论,谓本人希望决议案之接受,乃解决辽案之确定步骤。同时又宣称本人希望日军撤退,万勿再延。现战事危险,业已避免,行政院已使事变之进程延缓,余不信决议案经双方接受之后,再有新事件发生。吾人之解决方法,并不至使国联之原则与凯洛非战公约,所规定之责任,发生影响。彼又表示不设中立区,最后彼对于美国此次协助国联合力维持远东和平,表示感谢。

二,行政院开会时,美大使陶斯始终逗留客室,并未列席云。

三,薛西尔爵士于白里安演说之后,起立致辞,谓余对于白里安结论,极端附和，吾人现已得一重要之结果，此后之成功，胥系于中日两方，无论何方，首先破坏此种协定者，即须负重大责任。时至今日，任何国家，俱无权自命公平也云云。

四，秘鲁代表泊拉达起立发言，谓任何一国，均不得以武力强迫他国，承认条约，亦不得先占他国领土，复胁迫与之直接交涉。瓜特马拉代表摩陀司主张维持一九〇七年海牙和会解释，并经国联盟约与凯洛条约增加保障之国际公法原则。波兰代表洽普洛斯基，谓中日事件，属特别性质，行政院须用特别方法解决之。

五，施肇基宣称锦州现状并不反常，中国政府亦未令其作何更动。

行政院十二理事，力劝芳泽收回剿匪声明书，以免受理事国代表之批评

【（中央社）巴黎十日美联社电】 闻美国拟派前菲律宾总督大伟充调查委员云。特莱孟向行政院报告施（肇基）芳（泽）谈话情形。陶斯向施肇基谓锦州附近之华军，愿退若干里，施表示极端反对，陶斯拟访日代表，设法调解。

行政院十二理事，力劝芳泽收回剿匪权之申明书，谓如果于公开会议时提出，则理事中之小国代表必加以批评云。

施芳会谈时，特莱孟亦在座。据云所谈之问题甚形复杂云。

芳泽申明书，系由日代表伊藤交于白里安，由其向大会宣读。众料施肇基依白里安之请示，抑制感情，为时已久，迨公开会议时，谅必继芳泽之后，大发议论矣。

今午施肇基与陶斯晤谈，旋与法律顾问奥深斯商议，本人拟于公开会议席上发表之宣言中，法律上立足点，施曾将该宣言草稿交于陶斯阅看。

【中央社巴黎十日美联社电】 一，今日下午公开会议之后，大约将开十二理事秘密会议，商议委派调查团之事，预料将请白里安通知应派代表参加调查团各国政府提出人选云。

二，松平拟于十日下午四时搭车返伦敦。

三，陶斯与特莱孟于下午三时会谈，论及日本坚持华军须由中国领土之锦州撤入长城以内，殊属不近情理。

（中央社）据美联巴黎消息，谓施肇基、道威斯、松平三人谈及锦州问题，为中日直接交涉之初步，绝对不确。记者所得可靠消息，施代表与道威斯、松平二人所谈，系因我国坚持反对日本所要求之剿匪权，列入白里安议长宣言内，因此道威斯力劝芳泽抛弃日方此项主张。此项谈话,当然非直接交涉也。又据美联消息,谓施代表与道威斯谈话,微露华军可退出锦州之意,兹由记者询诸外交界要人,谓此项消息,绝不足信,因政府并未接有施代表关于此项之报告,且从未发出此种训令,故施代表绝不能有此种意思表示云。

施代表宣言说明,昨日政府某重要当局发表,施宣言要点秉承政府训令

(中央社)昨日政府某重要当局,对于国联行政院通过决议案时,中国施代表所为之宣言,加以说明如下:(一)此次国联行政院开会时,日本迭次要求行政院,承认日军在东省有剿匪之权,初拟明白规定于决议案内,经中国坚决拒绝,行政院亦因日本此项主张,系属国际创例,不予容纳。继日本要求剿匪一节,移入主席宣言内,施代表当将此节草案,电达政府,请示办法,复经政府电令严行拒绝。日方遂知中国态度,至为坚决,对于原拟决议案及主席宣言不得不予接受,仅对于决议第二条声明片面之保留,当经施代表完全驳复。其宣读之声明书第五节,称"依照决议案第二节双方不得有再启战争或扩大事态之行动,此项规定,自不得借口于无法纪状态而予以破坏"。须知东省现有之无法纪状态实为特殊之情形所造成,而此特殊之情形,即决议案所欲铲除者也。东省受日军之侵略,使人民之生活失其常轨,恢复通常平安之生活,其惟一妥善办法,厥为迫促日军之撤退,而使中国当局得及早回复其维持治平之责任,中国不能容忍任何外国军队侵略并占领其领土,更不能容许此项军队攘夺中国当局之警察权。(二)日本于九月三十日及十二月十日两次决议案内,均承认于最短期内,将军队撤退至铁路区域内,但所谓南满铁路区域内驻军一节,中国始终未尝承认有任何条约。根据华盛顿会议时,并经中国郑重声明在案。故吾方对于日军撤至铁路区域内一语,不得不为显明之保留。施代表迭奉外部电令后,于其声明书第七节内,说明关于在该铁路区域内驻扎武装队伍一事,中国对于其始终所持之地位,绝对不稍让步。(三)日军占东省各地后,以利诱威胁,从事所谓新政权之组织,我方不独不能承认,且视为违反不得扩大事态之保证。故亦迭电施代表,嘱向行政院切实声明。施代表于其声明书第八节内,谓中国对于日本所有任何图谋,足以引起政治性质之纠纷,影响中国领土及行政之完整者,如唆使所谓独立运动或为此种目的利用不法份子,认为显系违反避免再行扩大局势之约言云。

《中央日报》1931年12月12日第一张第三版

186. 国联决议案通过后,日内阁昨日总辞职,若槻提出总辞空气甚紧张,外交财政之恶劣为其主因,日皇派铃木征求西园寺意见

【(中央社)东京十一日路透电】 东京今日(十一日)因有政府总辞职之消息,全城空气异常紧张。今日下午五时三十分,若槻首相由官邸往皇宫,呈递内阁总辞职书。但众料非至二十四小时后,新首相人选不能拟定。因宫内大臣已往访元老西园寺,向彼征求意见,因西园寺为日皇以下日本第一有势力之人也。由东京至西园寺处须历五小时,而宫内大臣在西园寺处又须有数小时之谈话,然后始能返东京,向日皇报告一切,及定若槻首相之继任人选。众信无论新阁之组织如何,现任藏相所坚持反对之禁金出口令,在本月底以前,必须颁布。至现内阁辞职之最大原因,为财政经济问题,同时又因外交局面之恶劣,不得不出辞职之一途。但闻国内希望组织混合内阁之要求,亦为促成若槻辞职原因之一。至主张组混合内阁最力者为内务大臣,彼极盼政府党之民政党及反对党之政友会,能共同组织国民政府,以应付目前之紧张财政外交难关云。

【本社十一日上海专电】 日联东京真(十一日)电,阁议结果:劝告安达内相单独辞职,内相断然拒之。若槻以须负不统一之责,遂决总辞职,真(十一日)下午五时半觐日皇,捧呈辞表。又电,日皇派铃木侍从长官赴兴津,向西园寺公商新阁揆人选。

【本社十一日上海专电】 路透东京真(十一日)电,数方面现料高桥普[是]清将组新阁。

(外部息)南京使领方面对日本东京内阁辞职之消息批评,为日本认国联行政院决议案通过,乃日本外交上之失败,是以改组混合内阁,以应付国联决议案通过后之新形势。

《中央日报》1931年12月12日第一张第四版

187. 国联决议案通过后，起草委员会前日开会，商议成立调查团问题，施肇基因受劳过度前日已离巴黎，国联前日秘密会议讨论国联财政

【(中央社)巴黎十一日美联社电】 起草委员会今日午后开会，商议成立调查团问题，大约此事非短时所能办，盖于五国各种专家之中，选出工程家、法学家、经济家、军事家与普通商业家各一人，殊非易易，恐费相当时日。

【又巴黎十一日路透电】 国联决议案起草委员会，恐将至下星期始能继续开会讨论中日政府之报告，及确定国联调查团之人选。截至现在止，该委员会之人选，尚未确定一人。日方在巴黎与国联方面，仍在积极联络中。

【(中央社)巴黎十一日美联社电云】 一，施肇基因受劳过度，今日离巴黎赴某处休息。二，国际条约与公约不能适用于东三省之说，施肇基正式否认。

【(中央社)巴黎十一日美联社电】 一，国联行政院宣布，决议案一致通过之后，未几即有一封半官式电报，交于秘书处，报告日军正向锦州前进。但据秘书处宣称，此讯不确云。二，行政院于下午六时二十分开秘密会议，六时四十分散会。闻系讨论国联财政问题。

【哈瓦斯社伦敦十一日电】 下院某议员为便裨国际关系直系，建议在满洲事件完全解决以前，商务大臣对于运往中国及日本之军火，应拒绝发给出口执照。外交次长当予以答复，称此议于国交上毫无实益，未便接受。

《中央日报》1931年12月13日第一张第三版

188. 史汀生对报界声明，东省问题解决方法，应不危及世界和平

【中央社北平十三日电】 北平美使馆接到美国务卿史汀生，于十二月十二日对报界之声明，兹译文如下：

美政府对国联理事会十二月十日之决议案经理事会全体通过一节,极为满意,此乃表示白里安氏及其同仁以极大忍耐进行长时间及困难的交涉之一确实进步。当九月二十八日①满洲事件勃发时,适国联理事会集会之时,中国方面根据国联盟约第十一条,立即向理事会提出请求。理事会亦立即审查此项请求,中日两国遵照对国联所负之义务,参加讨论。美政府于事件发生之始,即设法假手驻中日两国使节,进行一切,对理事会之努力加以合作并赞助。此不仅美人对满洲事件,与国联设法阻止不幸战争及获得和平解决抱同一宗旨,并因中日两国均系凯洛克非战公约及一九二二年二月六日九国条约之签字者,美政府为此次条约之发起者,负有义务,并有直接关系。此次之决议规定立即停止战争,重申日军于可能中早日撤至南满铁路地带之神圣誓言,并规定委派五人调查委员团,赴肇事地点调查,并向理事会报告一切扰乱和平及妨碍中日两国友好谅解之形势,组织中立委员团之规定为理事会最后并公正解决满洲困难问题之一重要而又积极的步骤。此表示以中日两国所以同意之近代公开的和解方法。解决满洲事件,其所根据之原则,为许多和解条约所有,美国亦为该各条约之一份子,且是项条约在最近数年中,在世界建设和平机关中占重要地位。此项委员国之工作,使此次争执之热度减退,并使其基本问题有小心研究之可能。满洲事件之最后解决方法,必须由中日两国间自行获得协定,美国所关心者为解决之方法,应与美国所参加之条约之义务相符合,所采之方法应不危及世界之和平。再者解决不应为武力压迫之结果。以上系美国及各理事国所力争之重要原则。在此事件中,有一堪注意之成功,系在此项原则后有世界各国之坚固阵线之一致合作。反而言之,此次理事会所采取之决议案决无承认,迄今在满洲方面所采之任何行动。美国为凯洛克非战公约及九国条约之签字者,故对此次满洲事件,毫不关心。此次理事会决议案之将来效力,视中日两国遵守不再揭登战争誓言之信用及决议案直接对最后解决之精神如何转移。美政府将继续根据美国参加各条约之义务,注意此项形势之一□发。

《中央日报》1931年12月14日第一张第三版

---

① 编者按:疑为笔误,应为"九月十八日"。

189. 国联调查团可扫除远东战争，英薛西尔爵士乐观语

【(中央社)伦敦十三日路透电】 薛西尔爵士，谓国联之决定派调查委员会赴东三省，实地视察，为目前最好之机会，或能将远东方面战争之危险，永予扫除云。

《中央日报》1931年12月14日第一张第三版

190. 法报对国联之批评，对此次调处东北事件毁誉参半

【哈瓦斯社巴黎十二日电】 法国报界，对于本届行政院大会结束多所评论。《尔克西有报》，谓两阅月来白里安努力和平，率能避免战事再度发生。《少巴黎人报》，对于白里安之坚忍稳练、手腕灵敏而实事求是、深致赞美。该报谓，中日两国既经接受决议案，即不啻对众宣布诺言，事后规避，势不可能。白里安个人之势力，所裨实非浅鲜云。《晨报》谓本届大会，主要效果在于派遣委员五人，前往争端发生地点，但据该报载，此次之事，所谓取得同意者，不过大众对于空泛之决议案暂与通过而已，实则不和情形，显而易见。其故以中日两国对于协定之解释，既各执一说，而行政院各会员之评论，亦极其参差，只各会员国因急欲了事，更不欲以躁急出之，故会议未见破绽云。《巴黎回声报》称，中国曾片面提出八项保留案，其实在目的在准备从新要求行政院开会，一有机会，此项要求，定将提出云。《事业报》称即使行政院之结果仅在调和中日使之接近，其功已在不少。白里安为各人言所动，疲敝所困而坚持到底，卒之一般人所认为不可救药者，而白里安竟奏肤功云。

【哈瓦斯巴黎十三日电】 社会党机关报《人民报》载论文，题曰《国联会失利》，其言有曰，国联会中人，对于行政院所作举动表示满意，吾人未敢赞同。国联会在满洲事件中，未必能顾全其荣誉，则以未能顾全其原有之原则故也。日本违反条约，占据满洲，虽经国联会出而干涉，不愿退出，厥后虽允许撤兵，而行政院未敢以此为请。吾人作批评，不必有害于国联会之前程。国联会之

职责,一在保护被害者,以与侵略者相抗争,一在维持和平。兹对于日本侵入满洲,殆有认可之势,其有亏乎应尽之义务,安可曲为之恕云云。

《中央日报》1931年12月14日第一张第三版

191. 东省调查团名单正在研究中

【中央社巴黎十五日路透电】 国联决议案起草委员会,现正忙于集会,讨论即将派往东三省之调查委员会问题。现起草委员会,正将各会员国,提出之调查委员会人员名单加以研究,但尚未有若何决定。惟闻法国将选派陆军大将一人,代表法国前往东省调查云。

【中央社日内瓦十四日路透电】 国联行政院会议,虽已闭幕,但行政院各会员,对于东三省局面之发展,均极注意,国联秘书处随时以关于东省之消息,通知各会员。

《中央日报》1931年12月16日第一张第三版

192. 调查委员团组织正在接洽,日内即可决定,法国代表将派赫尔中将

【哈瓦斯社巴黎十五日电】 国联会行政院起草委员会以私人谈话手续,向各方接洽,以便拟定赴满委员团名单。现正由各代表团推荐之多数候补人名中举行预选,正式名单,大约明日可以拟定。名单成立以前,不举行正式会议。法国代表将为某将官现已证实,陆军部与外交部正以此意互相磋商。

【哈瓦斯社巴黎十六日电】《晨报》载称,国联会调查委员团之组织,须俟明日或后日,乃可决定。法国委员前由陆军部长推荐纪佑玛将军,纪氏以体气不佳,业经谢绝。顷有人提及海军中将赫尔之名,按赫氏系法国远东舰队司令,现在上海。

《中央日报》1931年12月17日第一张第三版

193. 国联闭幕后，日芳泽踌躇满志，谓满洲为日人最重要之国家问题，内阁虽改组但并不改变根本计划

【路透十四日巴黎电】 路透访员今日访驻法日大使芳泽，询其对于国联满案决议之意见。芳泽称，渠对于国联行政会所成就之结果，极为满意。满洲问题乃行政会会员所极难了解之一事，但在巴黎最后会议时，会员已深悉满洲问题之特别性质云。访员询以东京政府变更，将否碍及国联之解决。芳泽答称，根本上无妨碍，日本人民对于满洲问题，全国一致，视此为日本所遇之最重要国家问题，政府之变更，虽或改变枝叶问题，但不改变根本问题。芳泽又谓，议长白里安虽健康欠佳，然勤劳不倦，以解决满洲难题之工作，渠深为感动，而国联秘书长德鲁蒙之筹备行政会议，应付适宜，亦殊可嘉。访员又询以其自己在行政会中之工作。芳泽微笑，承认不少艰苦工作，并谓渠之地位，为东京与巴黎双方之中间人，常极感困难云。谈话时，芳泽接电颇多，堆置案头，皆贺其升任外相者。惟芳泽对于此事，不发切实言论，仅谓尚未接官电，故未便宣布愿否就职云。

《中央日报》1931年12月17日第一张第四版

194. 调查团组成，各国人选大致已定

【中央社十八日巴黎美联社电】 正设法成立调查团之起草委员会，可望于本星期将报告草拟完竣，送交日内瓦秘书厅。至于发表时期，则大约须在二周后云。

【中央社日内瓦十六日电】 此间国际方面，昨晚接到巴黎之消息，据云，起草委员会对于调查团之组织意见，业已一致，惟法国委员，尚未经法内阁委派。闻明日将作最后决择，预料黑昂①省长梭利尼将被任此职。其他各国已

---

① 编者按：原文如此。

提出之人选，为意大利人前任财长史铿萨、德国前任东非总督喜尼、英国张伯伦爵士及美国铁路专家奥德，但此数人似尚未确定。闻美国派奥德加入调查团，其任务只限于为一专家，并为一美国之视察员，因此或将请第三等强国荷兰派一委员以补美国之缺。

【中央社柏林十七日美联社电】 德政府拟任前德属东非洲总督喜尼为辽案调查团委员，此间官场与政界聆讯，均甚表满意。喜尼向在殖民地服务，于国内政治，殊无显著之功绩，但颇孚众望，被视为德国政界著名人物之一。按氏现年六十五岁，曾在法属沙尼亚、新几内亚等地著有劳绩，于一九一二年被任为德属东非总督。欧战暴[爆]发，与沃伯克将军组织殖民地卫国义勇军，与英将斯玛稚抗衡，但现今二人已成契友云。

《中央日报》1931年12月19日第一张第一版

195. 法政府派定调查团委员，克劳特尔将军已允担任

【哈瓦斯社巴黎十九日电】 法政府派克劳特尔将军为满洲调查团委员，克氏已允担任，一俟各国人选齐全后，即将名单征求中日双方同意，然后再由行政院主席白里安会同国联会秘书厅正式发表。

【哈瓦斯社华盛顿十九日电】 国务院通知国联会，赞成以汉斯为满洲调查团委员，汉氏曾在欧战时，任铁路督办。

《中央日报》1931年12月21日第一张第一版

196. 国联调查团名单，委员会将于一月底东来

【中央社巴黎二十一日路透电】 此间今晚（二十一）接到日内瓦方面消息，对国联派赴东三省调查委员会之人选，加以预测。该项电讯，谓前英驻印度总督赖顿爵士，将任委员会主席。其委员之名单，法为克劳特尔将军，德为前德驻东非洲总督施克尼博士，意为前意驻柏林大使勃兰地尼公爵，美为前美在法铁路总办海因斯。闻该委员会将于一月底离欧东来。路透社记者闻日内

瓦所传之名单，尚嫌过早，国联虽曾向彼等征求意见，但彼等迄今尚无确实答复。故彼等之名单，尚未向中日两政府征求同意。因未得中日双方同意以前，调查委员会不能正式成立也。惟闻美国方面之海因斯，加入调查委员会之可能性最大。海因斯根据和约，曾任国联公判员办理河道运输纠纷事宜，其后海因斯复代表国联，调查莱因河及多瑙河之航运事宜。日本驻土大使将任调查委员会之襄理员，闻彼即将至巴黎研究调查委员会之事务，然后再首途返日。美国务院对于海因斯任调查委员，并不反对。法代表克劳特尔将军为著名之军事会议人员现任法殖民地军总检察云。

【中央社北平二十二日电】 东京二十一日电，日政府令召集驻义日大使吉田归国，据传将任该氏为国联满洲视察团中之日方代表云。

《中央日报》1931年12月23日第一张第三版

197. 调查团名单，巴黎方面正式公布，英代表兼任委员长

【中央社巴黎二十二日路透电】 国联派赴东三省之调查委员会人员，今日（二十二）已由此间官方正式公布，计法国代表为前最高军事会议会员克劳特尔将军，德代表为前德领东非总督斯克尼博士，意代表为前驻德意大使勃兰地尼公爵，美代表为前美国在法铁路总办海因斯，英代表为前英驻印度总督赖顿爵士，并任该调查委员会委员长云。

《中央日报》1931年12月24日第一张第一版

198. 日军攻锦州违反国联决议案，白里安与芳泽胡世泽谈东事，若日本引起战事我将提申诉

【中央社巴黎二十三日路透电】 国联派赴东三省之调查委员会之人选，尚未正式发表，仍在征求中日两国政府之同意中。闻中国方面，认日本最近在东三省之行动，为违反国联议决案第二条之规定，拟再向国联申诉。今日（廿三）白里安以国联行政院主席之资格，与芳泽及中国驻巴黎之胡世泽讨论东三

省事件,其讨论者大致分为两点,一为调查委员会之组织,一为锦州形势问题。

委员会中,预拟之人员有数人尚未有鲜明之表示,英代表赖顿爵士,亦未有明白表示。巴黎中国方面,对于日军在东三省之剿匪,颇多疑惧。彼等请胡君将此情形转知白里安,并与白讨论,将来日军若果进攻,将取何步骤。中国方面认日军若果进逼,则系违反国联决议案第二条之规定,则中国将再向国联申诉。按决议案第二条规定,中日双方应采任何必要之手段,不令形势益趋严重,亦不得有能引起战事或丧失人命之行为。且根据国联决议案第六条之规定,国联行政院,并未卸责。故万一日军在东三省之行动再引起战事,则中国将立向行政院提出云。

《中央日报》1931年12月25日第一张第三版

199. 调查团人选困难,英美委员均未应允

【哈瓦斯社伦敦三十日电】 满洲调查团委员人选发生困难,缘英国委员李顿爵士及美国委员海恩士尚未应允,其他人物可胜此任者,亦多拒绝。据《每日电闻报》意见,满洲气候严寒,与调查无结果,实为各委员拒不应命之理由。

《中央日报》1931年12月31日第一张第三版

200. 胡世泽访法外部,报告日军开始战斗

【中央社日内瓦三十日路透电】 胡世泽今日(三十日)下午复至法外部晤国联科长,称日军在东三省重复开始军事行动,国联会应立即有所表示云云。前胡氏亦将此意以照会通知白里安,白已将此项照会,转知各会员国。但国联行政院为东省事召临时会议之说恐难实现云。

【中央社日内瓦三十日路透电】 今日日本方面,又有照会致国联行政院,谓日军混成旅已由朝鲜开至安东附近,同日中国方面已有照会致国联行政院,报告日军飞机轰炸北宁路沿线之大洼、盘山及彰武等站之情形,并谓日军现分

为三队,向锦州前进,中国照会所称日机轰炸各节,已由英国驻锦武官来电证实。

《中央日报》1932年1月1日第一张第三版

201. 胡世泽促白里安,调查团有速即出发必要,英国代表人选迄难确定

【中央社日内瓦三十日路透电】 关于国联赴东省调查委员会之组织,近又发生阻碍,其他各国之代表,虽大体拟定,但英国代表,迄难确定。闻美国代表将非海因士而为一武官,但非陶斯,其名尚未宣布。中国驻巴黎代表胡世泽近向白里安申述国联调查委员会有即速出发之必要。白里安对胡所陈各节表同情,但称迄今尚未接到英国政府派定人员之答复云。

《中央日报》1932年1月1日第一张第三版

202. 我请国联制止日军,白里安转知会员各国

【中央社巴黎一月一日路透电】 巴黎之国联会及中国方面,对于东三省之形势,极为关切。中国代表胡世泽今晨访外交部,请国联会立采有效办法制止日军令东省形势益趋严重之行为。白里安已将胡氏之请求,转知国联行政院其他会员国。巴黎方面中国人,希望胡氏之请求,能促成国联行政院立取有效办法,或在一月二十五日以前,提前开行政院会议。

至中国方面是否将除国联盟约第十一条以外引用其他条款,完全将以东省形势发展如何为转移。

白里安现力促英方派定调查委员会代表,俾得该委员会之全部名单,早日向中日两国征求同意云。

《中央日报》1932年1月3日第一张第三版

203. 胡世泽赴日内瓦，中国照会已分送会员国

【中央社巴黎四日路透电】 胡世泽已于今日由巴黎乘汽车赴日内瓦，此间料胡氏之行，关系重要，或系因日军占领锦州，要求国联会立即召集行政院会议，因此为与国联会有关之中国方面素来所抱之目的也。若国联行政院将提前开会时，胡世泽即将遄返巴黎，否则留日内瓦以待一月二十四日行政院会议之召集云。

【中央社日内瓦四日路透电】 国联行政院议长白里安已将中国代表胡世泽致国联之照会，分送行政院各会员，胡氏于照会中唤起国联会对于日军在东三省进攻之注意，并请国联设法，不令东省情形益趋严重，俾十二月十日之国联行政院决议案，得以遵守勿渝也。

【哈瓦斯五日巴黎电】 激进暨社会党机关报《共和报》载称：中国顷因锦州事，将在国联会作无上之努力。吾人务当加以襄助，俾克获有胜利。吾人务必出此，其理由非为一人增加威信计，乃为国联会所代表之思想前程计云云。

《中央日报》1932年1月6日第一张第三版

204. 施肇基返抵伦敦，将赴马拉加或北非洲养病

【中央社伦敦四日路透电】 中国驻英公使施肇基，自国联行政院会议在巴黎闭会以来，即在乡间休养，现已返抵伦敦。经医生检查，施公使神经尚有病态，非数月之休养不可。闻施已定本月九日赴马拉加，或迳转往北非洲一行。闻施公使以将长期离英，已向中国政府呈请派员接替，俾使使馆事务不致中断云。

《中央日报》1932年1月6日第一张第三版

205. 颜惠庆将继任国联代表，施肇基坚辞慰留无效，调查团英代表定赖敦

我国出席国际联合会代表施肇基，前因迭次出席会议，致积劳成疾，现已遄返伦敦，电呈政府坚辞代表职务。闻外交部以政府慰留无效，拟改派驻美公使颜惠庆担任，已于前日致电颜氏征求同意。如颜氏复电愿意担任，则本月二十五日国联再举行会议讨论锦州事件时，即由颜惠庆出席云。

【中央社伦敦六日路透电】 英外长西门氏，今日招待外国记者谓：在下次国联行政院会议开会时，欧亚两洲最困难之东三省事件，即将提出讨论，西门爵士希望对赖敦勋爵士，任国联东省调查委员会英国代表，各方代表能表热烈欢迎，因赖敦爵士对于远东之情形，极为熟悉也云云。

【中央社伦敦六日路透电】 此间正式公布，赖敦爵士已允任国联赴东省调查团之英国代表。

《中央日报》1932年1月8日第一张第三版

206. 国际形势一转，美国干涉东三省问题，昨日正式照会中日两国政府，不认任何事实上情势为合法，昨晚中央临时常会讨论应付

日军占领锦州，进犯热河，已引起世界之注意。美国政府突于昨日（八日）向中日两国提出照会，并分致签字华府会议九国条约之各国，该照会系正式通牒，业经美国驻华公使詹森派驻京外交代表贝克氏，于昨日下午一时将该项照会送达外交部面交外长陈友仁接收。行政院长孙科闻讯后，昨午亲赴外部访陈，披阅该项照会，并商议我国应取之态度及方针。昨晚中央特开临时常会，讨论美国来照及我国复照，闻复照约今日可送出云。

【中央社华盛顿八日路透电】 美国外交部发表宣言，补充美政府致日本之照会，于该宣言中美国表示：（一）美政府决不干预日本在东三省之一切合

法权利。(二)美政府决不干预中日两国解决东三省之办法,但不得侵犯美国在东三省之权益,且不得违反非战公约之精神。

【中央社东京八日路透电】 日外务省尚未收到关于九国条约之任何文件,但日政府表示:若果有此照会,政府必予以最慎重之考虑,日官场对新照会除再唤起日政府对于九国条约之担保外,是否有进一步之表示,似表怀疑云。

美国照会内容

美国政府因锦州陷落,形势严重,分送同样照会于中日两国政府,致日照会由驻日美使馆交日政府,其致中国之照会,业于昨日由美国驻华公使在京代表裴克送致我国外部,内称:"最近锦州方面之军事行动业将一九三一年九月十八日以前中华民国政府在南满最后存留之行政权威破坏无遗,美国政府仍深信国联行政院近日所派之中立调查团必能使中日两国间现时困难易得最后之解决,但美国政府鉴于目前情形,及其自身之权利与义务,认为有对于中日两国政府,作下列通知之义务,即美国政府不能承认任何事实上之情势为合法,凡中日两国政府或其代表所订立之任何条约或协定,足以损及美国或其人民在华条约上之权利,或损及中国主权独立或领土及行政之完整,或违反国际间关于中国之政策,即通常所谓门户开放者,美国政府均无意承认。又凡以违反一九二八年八月二十七日,中日美三国在巴黎签字之非战公约之方法,而造成之情势,或缔结之条约或协定,美国政府亦无意承认之。"

美取干涉态度

【中央社华盛顿八日路透电】 美国对于东三省事件,已决定实行干涉,今日已有照会分致中日两国,其大意略称:经最近锦州附近战争之结果,九月十八日以后,南满方面中国仅存之行政机关,已被破坏无余。美政府固深信国联调查委员会能设法解决中日两国目前困难之局面,但美政府不能不通知中日两国,声明美国决不能承认任何事实上已形成之局面为合法,亦决不能承认中日两国或两国之代表缔结任何妨害美国在华条约上权利,美国人民在华权利,及妨害中国之独立行政领土完整及门户开放之条约,换言之,即美政府决不承认违反巴黎非战条约而成立之任何条约云云。

该项照会除分送中日两政府外,美政府亦分送九国条约之各约国,但未付任何意见。自此照会发表后,各方咸转而注意于一九二九年胡佛总统与英总理麦唐纳所发表承认非战公约,为执行国家政策必要义务之联合宣言。至美国将采何种方法,保护美国之利益,官方尚无表示。各方认此次照会之明显用意,在引起世界对于破坏保障中国条约者之愤怒。至进一步之表示若何,将以东三省形势之发展如何而定。官方对于立采积极步骤,若对日断绝邦交等事,均无表示。总之,美国发出此项照会,足证美国对于东三省事件态度之改变,已改劝告之态度,而为直接保护美侨在华利益之行动云。

美引九国条约

【中央社华盛顿七日路透电】 美国务院宣称:关系各国对东三省事件已决定采整个确定的行动,美政府已实行援引九国华府条约,因该约规定无论何国,不能在华获得妨碍他国利益之特殊权利云。

【又伦敦七日路透电】 薛西尔爵士对路透记者云:美国已实行援引九国条约,关系颇为重大。吉尔勃氏称:美国应早日援用该约,则冲突必不致若是之多。

外交界认美国之行动,或将是促成召集新会议讨论东省事件之可能,劝〔因〕九国条约,规定若九国中某一国违反条约,则其他与约国应开会讨论云云。

【中央社巴黎七日路透电】 美国方面消息:谓驻法日大使,即将向日政府有所表示,请注意法国在东三省及中国本部之利益。此说巴黎方面,亦不否认,但谓此种表示之范围及性质,尚难预定云。

我决提十六条

(中央社)自锦州失陷后,日军仍积极前进,情势颇形紧张。本社记者特于昨(八)晚访问外交当局,询以外交上究采如何步骤。据某外交当局云:锦州失陷以来,形势甚为严重,在日方始则借剿匪之名,认为地方冲突,事实上实系军事行动。因日方侵占锦州,乃在联决议中日双方应停止军事状态,及我国警告之后,而日方仍向锦州施其军事行动,竟侵占我全国民众精神所寄,与东北仅存行政机关之锦州,使东三省完全丧失行政上领土上之独立主权,诚属日方之野心暴露。但以目下形势观察,外交当局业已决定采取外交上种种方式,以期消灭战事保护主权。至于以采取之步骤,大约有四种方式:第一,充分应用国际盟约,以增加国际盟约之力量,如前此我国要求国际联合会应用盟约第十一条,但迄无效果。我国现在须要求国际联合会,应用盟约第十六条,即为日方不遵国联决议时联盟国可采最有效之办法,对日经济封锁。第二,应用国际盟约以外国际上之外交方式,以制止日军暴行,如今日美政府对中日事件取干涉态度,警告中日双方政府表示其主张(已详美政府致中日照会原文内),乃为联盟以外应用国际上外交方式之一。第三,昔者华盛顿会议,因解决远东问题而订九国条约,以及凯洛克非战公约,我国既为华盛顿九国条约及非战公约之签字国之一,此时当有权力要求九国条约签字国,及非战公约签字国召集会议,保障华盛顿条约及非战公约之信用,以制止破坏远东和平之日本。第四,在中国本身亦可使用强有力之办法,唤起世界之注意,以促日方之觉悟,譬如即刻宣布中日断绝邦交,撤回使馆之有力办法,亦未始不可于相当时期采用也。

英美报纸论调

【中央社伦敦八日路透电】《满城护卫报》有社论,关于美国对日本照会事,该报表示惊讶,为何美国不早引用华盛顿九国公约,解决东三省事件。该报称:日本一向在东三省之政策,不能认为与该国对九国公约应负之责任相符合。现各国本身利益,既发生危险,想可有切实办法,不致如国际联盟失败之惨也。

【中央社纽约八日路透电】 美国政府致日本之照会全文,纽约各晨报,均载于第一版之极重要地位。《纽约时报》并请华盛顿条约签约各国,取同样态度。《纽约讲坛报》认该照会为美国与日本之警告,切实保障门户开放主义。华盛顿各报发号外,均以为美政府致日本之照会,措辞虽极坚强有力,但态度极和平云。

《中央日报》1932年1月9日第一张第三版

207. 美政府对日态度坚决,中国政府复美照会尚未送出,英法两国未与美采一致态度

(中央社)外交界息:外部前日接美政府关于九国条约之照会后,即由外长陈友仁报告行政院长孙科。孙当嘱陈部长饬由外部主管司,拟具答复。并闻

该项答复，将郑重表示，中国政府对日外交之方针，故措词较为慎重。草稿日内即可拟就，惟须俟孙科由沪返京详细审阅，或再请求中央核准，方可发出云。

【中央社巴黎八日路透电】 外交方面消息，法政府认为解决中日纠纷事件，既已交国际联盟处理，法国对于此事之努力自当注重日内瓦方面。又可靠方面发表声明称：英法两国已决定与美国采一致态度，实行干涉东三省事件之说，完全不确。并称美国在中国之利益甚多，为慎重起见，美国不得不声明否认东三省方面已成之局势。因此种局面之形成，系由于日本之破坏其本国对于九国条约及非战公约所负之义务也。该项声明续称：美国所采之外交方针，与欧洲各国所采之外交方针，条件不同，因美国并非国际联盟会员国也。美国已将美政府致日本之照会，正式转知法政府，但法政府目前尚不能改变其态度云。

美政府有决心与国联依旧合作

【中央社华盛顿八日路透电】 此间当局表示，美国之警告中日两国尊重美国在华条约上之权利，实具决心。虽美国将单独警告，亦不能变更此决心。并谓美国务院态度，与一九一五年日本向中国提出"二十一条"时所采之态度，初无二致。至于美国之新表示，决无与国联会停止合作之意云。

【哈瓦斯社华盛顿八日电】 美国向中日两国所提照会，可认为一种严重警告。谓美国对于日本占据满洲，不能认为合法，而占据后所树立之制度，因其违反门户开放主义，并违反九国条约，亦不能予以承认。至美国将采何项手段，以拥护本国利益，此间官场不愿明言，则以国际条约所定制裁方法不甚明切故也。美国提出照会目的，显欲促使世界舆论对于妨害中日自由任何行为，加以反对，此外当作何项举动，则以他日情形为断。外间风传美国以严重手段出之，甚或与日本断绝外交关系，官厅对于此层，未予证实。美国向中日两国所提照会，未附何项说明，其意若曰：美国对于日本在满洲，合法权利问题，并不提起异议，亦不欲加以干涉，但以不牵涉美国利益为限，美国此举与国联会，毫不相涉。当此照会提交九国条约各签字国时，亦未请其采取同一态度。关于此点，一般人以为《凯洛克非战公约》成立之际，胡佛总统及麦克唐纳首相均宣言称：吾两国政府对于非战公约，决认为国家政策上一种积极业务，美国政府希望其他签字国，具有同一感想，自属显而易见之事。

日接到美照会，日政府如此狡辩

【中央社东京八日路透电】 日政府已接到美国方面照会，但其他各国之照会，并未收到。今日日政府发言人称：美国认日本军事当局在东三省之行动，为破坏中国之行政完整，但事实上南京政府并不能在东三省行使行政权，虽有亦系有名无实。被[彼]续称：此次照会之措词，与一九一五年中日缔约时，美国之照会相同，彼宣称：日本对于东三省之行动，仅限于保护日本在东省合法之权利，日本除要求条约上所赋与之权利外，对于门户开放及机会均等之政策，仍当尊重不渝。彼末谓日本对于日前因环境关系，不得不暂予占领之土地，并无保留之意云。

【中央社东京九日路透电】 日本官方表示：谓若果将召集九国会议，讨论适用九国条约之规定，于东三省之局面时，则日本将提议修改九国条约。因各方对于该约中之"中国行政之完整"一点，解释互有不同，历来对此，并未加以定义。故为免除误会起见，对于字义不明之处，应加以述明云。

英法德之态度，暂时尚无何表示

【中央社伦敦八日路透电】 美政府致中日两国，关于九国条约之照会，此间尚未收到。闻二日前美政府曾向华盛顿英大使，征求对于此事之意见。同时美政府亦将美国之主张，转知各关系国。闻英政府今日即将讨论英国对此问题，应取之态度云。又伦敦八日路透电，此间表示：美国致中日两国之照会，或不致影响国联之派调查委员会来华。驻伦敦法大使，今晨至外交部讨论新局面之发展云。又伦敦八日路透电，英外部已收到美国分致中日两国照会之副本，英国对于美国照会之意见，将由英驻美大使转达美政府。英国或有直接致照会于日政府之可能云。最近国联行政院开会时日代表曾向英代表声明，谓无论日本在东三省采何种军事政策，中国及东三省之门户开放，必仍旧遵守，故此整个事件，现已成为各国对九国条约文字若何解释问题云。

【中央社巴黎八日路透电】 法国非[虽]为九国条约与约国之一，但美国虽已对中日两国发出照会，法国恐一时尚不能有所表示。法政府现须应付之问题甚多，对内有外交部长之辞职，对外须准备赔款会议与国际裁军会议之召集，且于裁军会议中，日本之地位极关重要。巴黎方面，尚未接到美国致中日两国照会之副本，故法外交部尚难有所表示云。

【中央社柏林八日路透电】 关于美国分致中日两国照会,援引九国条约事,德政府表示:德国对于能解决中日纠纷之任何办法,皆所欢迎,但德国愿与中日两国维持和平关系。至于美致中日照会事,德以九国条约之与约国,故并不发表直接关系云。又柏林八日路透电,美国分致中日两国照会引用九国条约之消息,各报对之均加重视。《chesisse U 报》称日本之破坏条约,已无疑义,因日本借口保护南满路,而实行其军事行动。但该报谓若国联行政院,不援引盟约第十五条,且证明日本已同时违反巴黎非战条约,则美政府之表示效力恐甚微小云。又《Kreuz Zeitung 报》称:日本对华政策决不能改变,因若有变更,则日本之威望将大受打击也云云。

英报议论庞杂,所论皆不关痛痒

【中央社伦敦九日路透电】 伦敦各报,今早(九日)对美国致照会与日本事件,议论极不一致。

《每日邮报》称:吾人应极诚恳与切实表示,无论如何,英国人民不能应允,使英国与日本发生战事。《每日电讯》称:觉美国与日本之照会,不能认为美国干预东三省事件,美国不过使日本注意及美国在东三省之权利,免为日本所忘却,或置之不理。《晨报》称:如中国能肃清土匪,刷新内政,则日本或其他侵略者,亦无隙可侵占中国之土地所有权矣。《新闻纪录报》称:在近三月内,日本已违反九国公约之一切意义及责任,美国此次领首纠正日本行动,必有良好结果。该报并称:英国与国际联盟,可从此明了早应采取此种行动矣。《每日快报》劝民众应平心静气处置此事,美国决不因此事而与日本宣战,因东三省之中国管理机关,现已由日本之组织取而代之矣。《每日呼声报》谓:美国、国联或其他各国,决无进一步之表示东三省事件已告一段落,从此日本将进行其征服东三省之工作矣。

《中央日报》1932 年 1 月 10 日第一张第三版

208. 英对东三省事件，外部发表正式宣言，要求日遵守东三省门户开放诺言，中国尚未向国联要求惩罚日本

【中央社伦敦九日路透电】 英外部今日发表正式宣言，谓根据十月十三日代表在日内瓦之声明，及日总理十二月二十八日之声明，谓日本仍遵守东三省之门户开放政策，英政府认英国无向日政府致送与美政府照会性质相同之照会，但英政府已请驻英日大使，向其本国政府要求上项声明之保证云。

【中央社日内瓦九日路透电】 中国政府尚未采任何步骤向国联要求实行惩罚日本，中国代表胡世泽今晨往访国联副秘书长阿文诺，但并未有何声明。

【中央社】 日军攻陷锦州后，外交当局曾表示，外部将要求国联应用盟约第十六条，对日施行经济封锁。闻该项消息传至美洲，美国务卿甚为注意，特电驻京美领裴克，探实报告。闻裴氏已于昨日电复该政府，报告中国政府之态度云。

英报持论冷峭

【中央社伦敦十日路透电】 今日《星期观察报》社论，谓美国致日政府之照会，虽属重要，但无可惊之处，该照会仅发明一新原则，即无论何国，不愿他国一意孤行，用武力实施土地侵略者，美国绝不承认而已。

【哈瓦斯社伦敦九日电】 美国向日本所提照会，经《孟却斯特保卫报》加以评论云：日本侵入满洲，现已成为事实，或为满洲居民之福（？）亦未可知。但国联会意旨所在，日本全然不顾，目未可视为国联会之胜利。美国国务卿以门户开放及中国领土完整大意提醒中日两国，虽嫌迟缓，亦属幸事。此外别有一问题，即日本商业利益是也。日本已在满洲经济上取获主人翁地位，列强自必反对，且较之国联反对为尤烈，中国正在纷乱中，假使列强不愿有一国乘中国政府之弱而因缘为利，则中国之弱亦即中国之福也云云。

《中央日报》1932年1月11日第一张第三版

209. 国联专员到沪后，定明日偕哈斯同入京

【中央社上海十日电】 国联委派来华调查我国建设专员吏维经到沪后，定文(十二日)偕同国联派来襄办交通之哈斯入京，与叶部长及建委会讨论治水及整理交通办法。又国联卫生委员斯舟巴，因受我国卫生署长刘瑞恒之邀约，篠(十七日)可到沪，即转京设计处理全国防疫及筹划中央卫生实验处种种实施事宜，在华约勾留九个月即返美云。

《中央日报》1932年1月11日第一张第三版

210. 顾维钧谈美国照会观察，或能防阻日人侵略政策，吾人有一线光明及希望

【中央社北平十日路透电】 顾维钧博士对路透记者谈：美国分致中日两国之照会，目的在表示美国对去年九月十八以后，东三省情形变化之态度，美国之表示，或能防阻日本不顾一切条约上之义务，而进行其侵略政策。美国之行动，足以表现其政治家之态度，及主张和平发起非战公约，主张中国门户开放，保障中国领土行政权完整，及发起有日本与约之九国条约国家之精神。

顾氏续称：日军在东三省之行动，已笼罩东省全部，彼等之行动，已将一切保障和平之条约废弃无遗，国际之空气，因以黯淡。美国之照会发出后，吾人乃有一线之光明及希望，认非战及保障和平之条约，在文明国间仍有效力，而故意破坏和平之侵略主义国家，不能长得宽恕。余信美国之照会，定有重大效用，因美国之动机，在用坦白的态度，为友谊的劝告，并根据国际关系之大原则，以和缓及勇敢之措词，表示其主张也云云。

《中央日报》1932年1月11日第一张第四版

211. 美报调查占据东省之日军,有关东军等数约十万

【大连讯】 暴日于九月十八日发动其暴力以来,由朝鲜方面继续增派师团,据最近美国纽约《泰晤士报》驻连记者调查,各地日军详数如下:

(一)关东军,常备兵数原有一万八千七百人,九月以来,临时征发之新兵计有七千五百人左右,共计二万七千二百人。(二)朝鲜军(由朝鲜派来之日军),其入满部队有平壤步兵第三十九旅团及第十七、十八联队,龙山步兵第七十九及八十联队,骑兵二十八联队,野炮兵第七六联队,马山重炮大队,罗南第十九师团,由吉会路方面入满,进攻马占山军,总计朝鲜军,总数当在三万八千人以上。(三)弘前师团分驻于北满及锦州两方面,攻击锦州最出力者,即该师团,为日军之最精锐。(四)航空队,平壤第六联队二十架,福冈太洗刀第四联队十三架。又据日人方面讯,日陆军省决派熊本、广岛及姬路三师团,增驻于南北满洲,果尔,则满洲日军总数将达十万左右云。

《中央日报》1932年1月11日第二张第三版

212. 外部昨晚答复美照会,全文今日可公布

外部接美政府照会后,经外长陈友仁报告行政院长孙科,作一度考虑,认为对美方须先没表示,当责成陈友仁亲自草拟节略,以答复美政府。据闻初稿已于陈氏赴沪前拟就,顷正由外次甘介侯负责整理。设该项节略,能于即日整理妥善,不必俟外陈返京。昨晚即可由外部发出,转送华盛顿政府。至于复文内容,询诸外部负责人,此时尚不愿泄露,拟今日将全文公布。又据外部人员称:华盛顿九国公约签字国,除中日外,其余如比英法意荷葡等国,自美国发出牒文后,其间多有表示赞成美国主张者,惟外部迄今午止,尚未接其他各国与美同样之照会云。

【中央社东京十一日路透电】 日外务省已接到驻英日使来电,谓英政府请日本对于尊重东三省门户开放之诺言,重新再予保证。日官场对于英方要

求,虽认多此一举,但对英国较美国采"比较友谊"的态度,则表示满意云。

《中央日报》1932年1月12日第一张第三版

213. 东三省事件,美朝野表示愤慨,惟盼中国人民力自振作,林百克致中国友人函

前国府顾问美人林百克氏,顷由华盛顿致函在京华友,谓自日军强占东三省后,美国朝野,均表示愤慨,彼个人根据人道与公理,在华盛顿方面,亦极力唤起美人对华之同情。美舆论界,金表示厌弃日本之蛮横,而对华表示友谊上之好感,希望中国人民,力自振作,与强权奋斗到底。末并对华表示无穷之希望。函中又谓前拟今春二三月来华游历,并访问故友,现将俟中国政治有发展后,再行起程云。

《中央日报》1932年1月12日第一张第三版

214. 东省调查团,今明日正式成立,十六日首途东来

【哈瓦斯日内瓦十一日电】 据国联方面消息:东省调查委员团,将于明日或后日正式成立,并在日内瓦举行预备会议,即于本月十六日首途,届时或当假道美国,以与该国代表马克贵将军会议。该委员等于到达目的地之前,先在东京、南京两处与中日两国政府接洽。国联会运输交通股主任哈斯,现在上海,业任为调查团秘书长,而以国联情报股之奋[奢]亥尔辅助之,另有该股股员特乐或亦派充帮办,此二人现均在上海云。

《中央日报》1932年1月12日第一张第四版

215. 外部复美照，昨日下午方行送出，陈友仁今日可回京

外部答复美政府照会，经外次甘介侯整理，直至昨日下午五时，由外部派员送美领事馆，面交使馆驻京代表裴克。闻裴氏该项复文后，即致电平美使詹森转达华盛顿政府。至于复文内容，外部以国际礼仪关系，在对方政府尚未正式接我国复文以前，暂不公表。微闻措词方面除表示接受美政府意见外，尤希望美国维持公理，以保障九国公约之信用云。

外长陈友仁前日赴沪，慰问汪精卫氏疾病，并就便与行政院长孙科向汪先生请示外交方针，闻陈氏现已定今日（十三）上午九时乘车返京。

《中央日报》1932年1月13日第一张第三版

216. 日复美照会，待芳泽回国决定

【中央社东京十二日路透电】 日本致美国照会之答复，将于本月十五日左右送出，因须俟芳泽十四日抵东京就任后，始能决定也。

《中央日报》1932年1月13日第一张第三版

217. 调查团人选中日均表示同意

【中央社巴黎十一日路透电】 中日两国，对于国联调查委员会人选，俱已表示同意。现一俟各国联会员国对于该调查委员会之组织，表示同意后，该会即可正式成立，出发远东云。

《中央日报》1932年1月13日第一张第三版

218. 日政府一味无赖，谓美照会使直接交涉机会展缓，又说中国政局未固不进行交涉

【中央社东京十三日路透电】今日官方宣称：美国致中日两国之照会，使中日直接交涉之机会展缓。据称当美国向中日政府分送照会时，中国外交部长陈友仁，近向日本驻沪总领事，索取日政府所求之基本条件，为中日直接交涉之张本，但陈于接到美国照会后，即终止进行。日本官方虽对于美国照会，妨碍中日直接交涉之抗议，表示不满，但谓中国政局，尚未稳定，日政府尚无积极进行交涉之必要，因在中国现政府基础未巩固前，不必开始此类重要谈判也云云。

《中央日报》1932年1月15日第一张第三版

219. 外部复美照会全文，东案责任应由日政府担负，日本暴行已破坏国际公约，盼美继续增进公约之效力

外交部十二日发出致美国公使照会，昨日下午，业已由外部公表，原文如次：为照会事。准一月八日来照，以最近锦州方面之军事行动，业将一九三一年九月十八日以前中华民国政府在南满最后存留之行政权威，破坏无遗。美国政府仍深信国联行政院，近日所派之中立调查团，必能使中日两国间现时困难，易得最后之解决。但美国政府鉴于目前情势，及其自身之权利与义务，认为有对于中日两国作下列通知之义务，即美国政府不能承认任何事实上之情势为合法，凡中日两国政府，或其代表所订立之任何条约或协定，足以损及美国或其人民在华条约上之权利，或损及中国主权独立或领土及行政之完整，或违及国际间关系中国之政策，即通常所谓门户开放政策者，美国政府均无意承认。又凡以违反一九二八年八月二十七日中日美三国在巴黎签字之非战公约之方法，而造成之情势，或缔结之条约或协定，美国政府亦无意承认之等因。足见贵国政府对于日军在东省之非法行动，至为关切，而贵国政府维持国际公

约及非战公约尊严之精神，尤所深悉。查中国政府自上年九月十八日东北事件发生以后，即始终遵守非战公约所规定之义务，故中国政府迄不采取任何扩大之步骤，而依据现有国际公约之规定请各签约国，予以注意。乃日本军队竟于国际九月三十日决议及十月二十四日开会以后，仍继续扩大其侵略行为，嗣又于国联十二月十日决议以来，公然侵夺中国地方政府所在之锦州。近且进占绥中，乃至山海关。并在秦皇岛、天津等处，增派军舰军队，复有攻击热河之势。其破坏国联盟约、九国公约及非战公约，并蔑视国联屡次决议，已为不可掩饰之事，实是本案一切责任，应由日本政府完全担负。贵国政府对于本案不承认任何事实上之情势为合法一节，查中国政府对于上年九月十八日以后，日军种种侵略及一切非法行为，迭向日本政府提出严重抗议，并向国际声明概不承认在案。至来照所称之条约或协定，中国政府本主权独立及领土行政完整之原则，绝无订立之意。甚望贵国政府继续增进国际公约之效力，保各该公约之尊严，相应照会贵公使，即希转达贵国政府查照办理为荷。须至照会者。

外部当局解释复照

外部答复美政府照会，于十二日发出，昨日下午，始由外部正式公表。至于复照内容，除对来文所应答各点，业已答复无遗外，惟关于外交政策等点，尚未能表示于字里行间，记者特询诸外交部负责者。据云：在未解释该项复文意义以前，有两个要点，不可不予以注意。第一，复文中虽把来文胪列几点，逐点答复，但关于争执点，并未列于其内，正所以谋增加来文效力，免为他方瞩目，致成为争执焦点，反使进行失效。第二，充分促进来文效力，因美对锦州事件，尊重九国公约、非战公约，而照会中日双方，我国即根据其意旨，以促进该约发生效力。此外就复文本身方面解释，对美国来文之厚意，固不必字里行间表示感谢之意，但对美政府维持九国公约、非战公约一点，表示接受外，而我国更进一步表示不但注意非战公约，同时更注意九国公约，以其效力较为雄厚也。复文内对中国政府始终尊重国际公约、非战公约、九国公约，另一方面对日方破坏各种公约，如何侵犯我国事实上之责任特郑重声述。次答复美方对于本案不承认任何事实上之情势为合法一节，乃表示独立国家应有之态度，当然如此办法。最后关于答复来文所称中国政府本主权独立及领土行政之完整之原则，绝无订立抵抗满蒙开放政策及美国人民在华所应享受之权利云云。对前一问题，为我国固定之原则；对后一问题，当保持国家之尊严，以不背原则为要云。

《中央日报》1932年1月15日第一张第四版

220. 维持九国公约，他国将有同样表示

外交界息，华盛顿九国公约签字国，自美方表示主张后，曾由关系方面征询其他各国意见。据闻有数国，近均电复有同样表示云。

《中央日报》1932年1月15日第一张第四版

221. 调查委会组织成立，白里安及秘长已盖印

【中央社日内瓦十五日路透电】 白里安与国联行政院秘书长已正式在国联调查委员会组织法盖印，该调查委员会之组织如左：

意大利高第，法国克劳特将军，英国赖顿爵士，美国马克奥将军，德国斯克凝。

【哈瓦斯社日内瓦十四日电】 满洲调查团各委员履历如下：

德国委员斯克凝，一八七一年生于普鲁士，曾在沙摩群岛殖民地任法官，并于一九〇五年任伦敦大使馆参赞，一九一二年任德属东非洲总督，自一九二四年以来，即被选为众议员。

意大利委员高第伯爵，一八七六年生于巴黎洛岸，系法博士，曾任驻美国及拉丁美洲各国领事，外交部秘书长，凡尔赛媾和会议意大利代表团秘书长，驻荷兰、保加利亚、埃及、阿根廷各国公使，并于一九二五至一九二九年任驻柏林大使。

法国委员克劳特将军，一八七一年生于服区①，曾在圣西军官学校毕业，并在西非洲殖民地服务，一九〇五年至一九〇七年，任驻扎中国军队参谋长后，奉派赴马洛哥，又于一九二二年任非洲殖民地事队司令，一九二四年改任

---

① 编者按：原文如此。

殖地军队军长,一九二七年任法国高等军事委员会委员,曾被派往越南及中国两处。

英国委员赖顿爵士,生于新拉,在一九一六至一九一九年间,任印度事务副大臣,一九二二年任孟加尔省长,一九二五年代理印度总督,并于国联第十次大会时任英国代表。

美国委员马克奥中将,系潘雪而凡尼洲人,生于一八七四年,曾任罗斯福及塔夫特两总统之侍从武官。一九一六年参加墨西哥及法国战事,旋任为斐列滨总督。一九二三年日本地震,经任为美国救灾团主席。一九二九年南美洲波里维亚及乌拉圭两国发生争端,设有调解委员会,曾任为委员长。

《中央日报》1932年1月16日第一张第三版

222. 日答复美牒,自称并无领土野心,词意间对美甚不满

【中央社东京十六日路透电】 今晨日新外务大臣芳泽,已将日本对美复牒,送交美国驻日大使福勃斯,该项复文,言词间颇有对美不满之表示,其要点如次:(一)重申日本尊重东三省之门户开放主义之意,但谓中国年来秩序之不宁,门户开放主义,致未能为有效之实行。(二)对美牒中称:美国不能承认任何妨害美国权利之事件为合法,及美国不能承认违犯非战公约而造成之局面二点,日本均予以注意。(三)当九国条约订定时,并未料及中国近年局势之纷乱,该条约之拘束效力,虽不能更变,但其适用须视环境如何而定。(四)东三省政府人员之变更,实因原任官吏之逃避及辞职,不得不另委他人维持。(五)日本对东三省无领土野心,但美国应知东三省之安宁发展及贸易,均与日本之关系非常重大云云。

【中央社伦敦十五日路透电】 今日驻英日大使,向英外交部正式转送日政府对于十月十三日代表在日内瓦声明,及十二月二十八日日首相声明之保证。日大使谓日本对东三省绝对无领土之野心,对于开放门户政策及九国条约,亦将继续遵守云。

《中央日报》1932年1月17日第一张第三版

223. 俄德舆论抨击日侵略行为，俄报揭发倭奴用心在破坏中国革命，德斥责其动摇国际军缩及世界平和

【世界新闻社莫斯科讯】 在莫埠出版之《莫斯科工人报》对于满洲时局近载有种种有批评，凡苏俄之出版物概经官场审慎检查，故该报所载可认为苏俄政府对远东问题之态度，该报力言苏联在北满并无任何"势力范围"或特别权利之要求，日本势力之扩及北满虽于苏联极为重要，而与苏联方面之利益无关，续云："日本活动之影响苏联利益者，并不在此，而在其为（一）攻击世界革命运动之一种实际的预备，（二）干涉苏联之一种初步，（三）破坏中国革命及瓜分中国之一种新帝国主义之开始。"该报又载对于各工厂工人所提出疑问之解答，其中有一解答云："日本之侵入满洲及其后果，于苏联有极大意味。在事实上，彼等乃多分为对抗苏联而发者，日本依于齐齐哈尔之侵入及扩大所谓在满之'华'政府之势力，已占据一密接苏联国境并为中东路所跨越之区域，彼从事对华侵略及'势力范围'政策之诸帝国主义之列强，正在希望牵引苏联陷入一为满洲而对日本之战争也。"

【哈瓦斯社柏林十五日电】 国家主义党机关报《当地博令使报》载，远东方面，发生战争，多所破坏，而列强未能以有效方面阻止之，则行将开会之军缩会议，恐将成为滑稽戏剧。日本军队向北平方面前进，足见满洲之役，非殖民军之远征而具有一定限度者。世界强大之国，在其进取途中，决不为若干"废纸"所阻遏。但日本与苏俄邦交，趋于紧张，日本或将感受困难。现于苏俄军事上之准备，及以互不侵犯条约为手段，而欲使欧洲若干国家保守中立，则苏俄对于日本之意向，可以见之云云。

《中央日报》1932年1月17日第一张第四版

224. 英使向日严重抗议，反对榆沈段归南满经营

【中央社北平十七日电】 英使蓝浦森，鉴于日方已决定将北宁路榆沈一段，划归南满路公司附带经营，实属妨碍英国在该路之债权，特于昨日向日方提出严重抗议，其大要不仅为保持英国持券人之利益，并以破坏中英间之借款合同为言。

《中央日报》1932年1月18日第一张第三版

225. 救济财政困难，中央厉行紧缩政策，国府派定颜惠庆出席国联，提盟约十五六条制裁暴日，孙院长昨在国府纪念周报告

国民政府昨（十八）日上午十时，举行总理纪念周，到主席林森，各院部会长官孙科、陈铭枢、朱培德、陈绍宽、茹欲立、魏怀、吕超、吴铁城等，及职员三百余人，林主席领导行礼后，孙院长报告"打开财政、外交困难的途径"，兹志其演词原文于次：

主席、各位同志。自统一政府成立以来，迄今已逾半月。在此半月多日中间，政治上感觉到很多困难，与一时不易获得解决的问题。其中最重要的有两桩，一桩是财政问题，一桩是外交问题。

财政问题

本来政府财政上的困难，不是从今日始的，过去多年来无时不在状况中。不过到了现在，困难的程度，比前格外来得重，格外不容易解决。因为目下军政等费，每月预算须二千二百万元，而财政部国库收入，每月只六七百万，两相比较，每月不足达一千五百万之多。财政上既有此重大困难，政府为谋弥补起见，不得不厉行紧缩政策，希望把军政费紧缩到可能的最低度，来渡此难关。根据此项意思，所以日前中央特务委员会，曾作下列两决议：一，缩减军政费，

军费每月自一千八百万缩至一千六百万；政费每月由四百万缩至二百万，两共缩减四百万。军政费虽如此，但两共每月尚须一千八百万，依目下财政的支绌，不足之数仍在一千万以上。此数只望财政当局尽力设法筹措，以资过渡。二，决议中央各机关，自本月起在最近半年内，每月经费减发五成，同时裁撤骈指机关以节浮费。但是政费中有两种不能缩减的，特委会已决议认为有特殊情形，不在缩减之列。这两种不能缩减的经费，就是外交费与教育费。因为我国外交费本来很少，过去积欠尤多，各使领至有不能维持生活，而下旗归国的，故目前在势不能再减。至教育费中央向来积欠甚多，国立学校时有不克维持之虞，故目下势须维持现状，以免停顿。这是中央目前对于财政问题治疗的办法。治本之图，现尚难以决定。

外交问题

至外交问题，自去岁九月十八起，日本出兵占领我东北三省以来，全国人民，无不痛憎异常，要求政府采用积极手段，挽救这个危局。但由政府的立场言在目前政局状况之下，一时实无从取得妥善的办法。本来各方面的主张，激烈方面，有宣战绝交，与退出国联种种，但都不能即时实行。持重方面，是根据国际公约，请由国联处理。现在国联理事会，定本月二十五日举行，中央为重申前请起见，当然还要进行提出。政府顷已派驻美颜公使前去出席会议，并预备根据国联盟约，提出第十五、十六两条规定，要求各会员国主持公道，以经济的力量，制裁日本横暴的举动，使破坏东亚和平的现状，得以消除下去。

其次，最近美国提出了一个通牒，致送中日两国政府，声明不承认东三省因军事行动所造成事实上的状态，及因此次事变而造成有侵害美国在东三省权利的条约或协定。美国这个通牒，在我国是很应该接受的。但更希望美国能充分应用非战公约，使发挥其效力。这非战公约，本是美国前外交部长凯洛氏所主张的，故美国更应尽力维持其尊严。同时更希望美国能根据九国公约，来维持东亚以至世界的和平。再进一步，希望美国在将来必要时，能够开第二次华盛顿会议，来解决东三省的问题。我们记得当欧战告终，欧战和约对山东问题没有能够解决，其后由美国特地召开华盛顿会议才把此问题解决。根据此种有效的事实和成绩，相信美国如果能再开第二次华盛顿会议，或者可把东三省问题，得到一个相当的解决，亦未可知。

此外，尚有人主张和日本直接交涉者。在以前，政府本决定日本不撤兵我国决不与日本直接交涉的政策。但自东事发生以来,日本不但未尝撤兵,并且日日增兵,续攻黑龙江,继夺锦州城。在此种严重情势之下,日本事实上在东三省的军事行动没有一天停止,所以我国决无与直接交涉的可能。况且日本在国联,尚有所谓五项原则的提出,要我国先承认这原则,再来进行交涉,这更是滑稽,我国决不接受。日本如欲与我交涉,一定先停止其在东省一切军事行动,撤消五项原则,在非武力控制之下,才可以进行谈判。

至对日绝交一问题,曾经中央讨论过多次。这原是一种比较积极的表示,但因关系重大,一时尚未能遽行决定。

以上所说两种困难问题,其最后的解决途径,还是要由中央来决定。现在中央三位领袖汪先生、蒋先生、胡先生,都没有来京,所以必须待他们来后,才可以决定进行。

这几天有一种比较好的消息,就是蒋先生已经到了杭州。汪先生也因国事危急,已经力疾由沪去杭,与蒋先生晤谈,允共同担负救国的责任,不过待胡先生将来,然后共同入京。现在中央已派于右任先生去香港敦请胡先生,希望不日即可北来,实现最高领袖的精诚团结,解救国家严重的国难。目下财政外交,虽然困难已达极点,但只要我们大家团结一致,以革命精神去应付,相信必可打开一条新的生路,使国家转危为安。目前我们唯一的希望只盼各领袖,于最短期间来京,共同负责,决定救国具体方略,使诸同志有所秉承,依遵奋斗,党国才可得救。

《中央日报》1932年1月19日第一张第四版

226. 日复美照会侮我太甚,某外交当局之谈话

日本答复美国照会内容要点,经日本外务省宣布后,记者即往外交部采询对于日本复文之意见。当由该部负责当局发表意见,说明日本复牒不独最后一语,与美国毫无关系,且其全部,对于中国不胜侮辱。其词如左:日本复牒声称因中国(东三省包括在内)之不定状况,满洲区域内门户开放政策之效力,大为减少,证之以日本方面屡次宣言日本在满洲已使全境免于内战及骚乱,其为虚构可知。至谓在满洲门户开放政策之效力已大受影响,如果属实,其原因实

由于日本之积极进行其经济侵略,此种经济侵略,为日本割据满洲政策之一部分。日牒又谓中国目前之不定,及混乱状况,为华盛顿会议到会各国所未料及,故九国公约在其适用上已有修改之必要。此不过为日本违背条约之借口,此语若可认为合理,则日本政府对于该国参谋本部及在东省驻军毫无统驭能力之情形,未为华府会议各国所料及,亦可认日本破坏条约之理由。盖华府会议各国心目中,原以日本政府为近代有组织之政府,可以绝对获得该国军队之服从,然在满洲之骇人听闻之事实,已足证明曩昔与各国时通往来之所谓日本政府,并非真正的日本政府,而真正的日本政府,则在日本参谋本部即幕府(明治以前军阀专政时代之将军府)之继承者。日牒提及满洲之幸福及安全,与夫一般贸易之便利,日本人民视为最足关心,与非常重要。此语诚然,盖日人之所以认此事为最足关心,与非常重要,实因满洲出产原料丰富,且为日本侵略中国之要道。日本参谋本部久已视征服太平洋之战争,为必不可免,而准备战争,舍取道于满洲莫由。余深恐继承幕府实际治理日本之东京参谋本部,又将师昔年对华对俄挑衅之故技,计划与准备对华作战也。

《中央日报》1932年1月19日第一张第四版

227. 外部研讨国联盟约,决将提出第十五十六条

(日日社)对日外交,已入最严重之时期。国联行政院将于二十五日再度开会,讨论处置辽案之办法。政府当局,已决定引用国联盟约第十五、十六两条,要求各会员国,以经济封锁,制裁破坏盟约之日本。闻此问题,外交部连日邀集在京条约委员及各专家,研讨条文之解释,及提出之方式与步骤。

《中央日报》1932年1月20日第一张第三版

228. 国联调查团中国委员派顾维钧

国联调查团,中国委员人选,兹闻昨日行政会议已决以顾维钧充任,即呈请国府任命云。

【中央社北平十九日电】 顾维钧皓（十九日）晚应召入京，协商对日外交。

《中央日报》1932年1月20日第一张第三版

229. 美舆论界驳斥日对美复牒，日本复文为近代狡辩杰构，外务省毫无诚意于此可见

【国民新闻社十七日华盛顿电】 日本对于满洲事件之复文，送达美国国务院后，美国舆论方面，显有不满意之表示。《华盛顿邮报》今日载一论文，认日本之复文，为近代狡辩之杰构，并指斥日本外务省之勾结军阀，侵凌中国。该报称日本外务省之复文，实可宣示日本之真实计划，并可证明日外务省前此之推诿，归罪于军人，为毫无诚意。该报又谓倘日本人之运用英文之字母，一如吾人所习知者，则日人实难以掩饰其心目中之真意。然则日人何妨再进一步，而声明日本之征服中国，即所以维持中国之门户开放，又何妨迳言中国必须受日本之征服，然后中国领土治权之完整始可保存乎？或者日本之所欲者，为并吞中国之全部而维持其独立，亦未可知也。

《中央日报》1932年1月20日第一张第四版

230. 国联理事会将举行定期会议，主要议案为军缩筹备，东省事件竟搁置耶？

【国民十七日日内瓦电】 国联理事会第六十六届会议，即将于一星期后在此间开幕。当初希望开会期内，对于辽东至少可得一调查团之临时报告，但迄今调查团犹未启程，此种希望追成泡影。惟此次会议，当有许多要案，其最重要者，当推世界军缩会之最后筹备。次则欧洲经济联盟委员会之报告，该报告书内将包含各重要问题，如承认工业界资本制度与苏维埃制度之并行不悖，如苏维埃提议国际经济不侵略公约之最后搁置，如比国所提建设欧洲国际水电制案，如失业问题，如建设国际农业放款银行之进行等，皆将罗列在内。更

次则有委托统治委员会建议之伊拉克独立案,亦希望在本届理事会议通过,俾九月全体大会时,可以撤销伊拉克之英人代治制,承认其自由独立国家,加入国联为会员。同时英法联合提出伊拉克与叙利亚划界案,料此次亦将迅予进行云。

《中央日报》1932年1月20日第一张第四版

231. 比对美照会表赞同,比政府通知中日代表盼和平解决

【中央社比京勃鲁赛斯十九日路透电】 比国外交部长海门斯,已令比国驻华盛顿大使,通知美政府,谓比政府对于一月八日美国分致中日两国之照会,已加慎重考虑。比国对于尊重条约之义务,认为非常重要,而美国照会中声明美国决不能承认用违反巴黎非战公约方法,在东省造成之局面一点,比政府尤加注意。

比外长令比驻美大使向美政府通知,谓比政府已向中日驻比外交代表表示:希望国联之努力能将中日事件用和平解决云。

《中央日报》1932年1月21日第一张第三版

232. 顾维钧入京,辜仁发等同行

【本社二十日济南专电】 顾维钧号(二十日)早过济入京,辜仁发、熊观民同行,葛光庭同车返济,定当晚赴青。

《中央日报》1932年1月21日第一张第三版

233. 国联调查团，白里安称二次决议案责任仍严重，昨日开会讨论赴东省行程及计划

【中央社日内瓦二十一日路透电】 国联东三省调查团，今早（二十一日）开会，公推英国代表李顿爵士为委员长。美国代表麦柯将军未能出席今日（二十一日）会议，但于调查团启程后，或能赶同赴东三省。调查团今早（二十一日）讨论该团赴东三省行期及一切计划。

【中央社日内瓦二十一日路透电】 国联行政院主席白里安，今日（二十一日）向同僚报告：国联东三省调查团，已派定之时，称调查团此时之工作及东三省之情形，与上次国联行政院闭幕时所希望者，大不相同。白里安谓二次全体通过行政院决议案责任之严重，则仍然存在无异。该决议案继续为抵抗在东三省有侵略土地野心势力之唯一保障。行政院认东三省目前情形为特殊形势，须于最短其间，恢复常时状态，并须不得与九月三十日决议案之原则，有所违背。

波兰政府今日（二十一日）正式抗议，东三省调查团，并无非常任理事国之代表，波荷认不得日后援以为例。

《中央日报》1932年1月22日第一张第四版

234. 英报痛责日本

【中央社伦敦二十一日路透电】《满城指导报》将陆续刊登四专著，讨论国联与东三省问题。今早（二十一日）所登之第一篇，即痛责日本。关于日人借口东三省土匪事，该报谓如中国军队未向日本宣战者，日人即目为土匪。但世界各国人士应明了东三省之真正土匪，系日人，而非中国土匪。该报复称，日本已与世界政局一重大打击，创痕之深重，将非短时期所能养好。

《中央日报》1932年1月22日第一张第四版

235. 顾维钧过京赴沪,对记者畅谈对日绝交问题

前外交部长顾维钧,因料理乃兄葬务,特于日前由平南下,昨(二十一日)晨道出浦口,与日日社记者相值于轮次,因即叩询应付目前对日问题,究以采取何种方策,比较有力而见效。顾氏答称:观察最近国内各方态度,似颇趋向对日绝交之途径,斯固办法之一种,不过予意如果对日绝交,当以事先之充分准备为先决问题。所谓准备者,对内如关于军事上之如何配备,财政上之如何筹划。举凡一切实力之补充,莫不应加以郑重之考虑。对外如国际方面之联络与接洽,尤为急要之图。若斯二者,而有办法,固无不可宣告绝交。否则徒凭一时愤懑,存万一之希望,则绝交后之利害得失,有非所敢涉想者。盖隐思屈辱固不可,以国族为孤注一掷尤不可,国家人格固应顾到,而国家生命,尤应保全也。或谓我国对日宣告绝交后,国际情势,势必一变,是说固有相当理由,殊不知当今欧美列强,自身难题,方兴未艾,度何有余心余力甘愿挺身而出,作仗义抑[扶]弱之举,充其量亦不过在口头上表示同情而已。譬如邻舍突遭盗劫,而本宅正肇焚如,欲其舍自身危险而不救,以援助他人,事理上乌乎可得。谈至此,记者曰:然则以先生意见,是否仍信赖国联靳求解决之道欤?顾氏答:国联对九一八案过去表示之力量,已为我人认识,固不应再存幸望。但余意国联为本身威信计,势不能以自身缺之实力,遂置正义公道于不顾。盖国联而果能议决公平之处置办法,则无论日本是否服从,可不必顾虑。因国联对自身之责任已尽,日本如仍悍不服从,是日本对国联不尽义务,甘愿违反正义破坏和平,世界舆论力量,亦将有以钳伏之。记者问:先生对政府任命国联调查团中国代表一职,将如何准备。顾氏答:此事予曩曾有相当计划,即外交部方面,谅亦必预作整个的应付方针。但予就职与否,尚未决定,故准备云云,尚不能确切奉告。谈至此,轮已傍埠,遂相与握别。闻顾去沪后,即赴原籍嘉定,为乃兄料理葬务毕,再行来京云。

《中央日报》1932年1月22日第二张第三版

236. 国联调查团下月初起程东来,过京沪均将盘桓

【中央社日内瓦二十一日路透电】 国联派赴远东之调查委员会,今日着手讨论具体组织问题。该委员会定二月初起程赴美,转赴远东。该会抵美时,美代表麦克将军将加入同行云。

【哈瓦斯社日内瓦二十一日电】 满洲调查团在日内瓦开会,仅有一日。该团遵照行政院训令,所应就地完成使命初次办法,在此一日短时间内,已决定。据半官式消息:该团约于二月二日或三日离欧,在法国某埠乘船往美,与美委员麦科爱中将会合,即由美乘船往横滨,转赴东京,小作勾留,然后再由东京前往上海、南京。在南京盘桓八日至十日后,始往满洲。在满洲约留四星期,即行回欧,其时约在六月中旬。该团报告,可于八、九月间国联令行政院开会时,提出讨论。该调查团并由国联秘书处调用若干人员,以资助理,计有六人:(一)国联运输暨交通股长哈斯,伊目下正在辽东,将任为调查团秘书长。(二)国联秘书厅情报股股员荷人贝尔脱,将任调查团副秘书长。(三)国联政治股股员捷克人巴斯笃洛夫。(四)国联秘书处总务课主任科尔兹。(五)法人狄佛。(六)意人奢亥尔均随同调查团出发。李顾爵士经法委员克苗[劳]特尔提议,被推为调查团主席。

【中央社伦敦二十一日路透电】 外交大臣西门爵士以阁务忙碌,二十四日国联行政院会议已决定不出席,行政院会议初开会时,将由薛西尔爵士代表英政府出席。

《中央日报》1932年1月23日第一张第三版

237. 国联行政院明日在日内瓦开会,外部长电训示颜使

国联行政院,鉴于中日东北事件,益趋险恶,爰根据上次决议,准于明(二十五)日在日内瓦召集全体理事会议,共筹正当办法。兹各国出席代表,均已纷纷前往。我国此次出席总代表,因施绍[肇]基抱病未痊,乃改派驻美公使颜惠庆氏充任。颜于十六日由美首途,二十二日已达目的地。外部方面已将我

国紧急提案,暨指示应付日本暴行事件之方法及步骤,昨有长电拍至日内瓦中国代表办事处,命颜氏接电后,先将提案送交国联秘书处,同时与各国代表分头接洽,俾将东案最近情形,使国联各代表深切明了。昨据外交某当局谓:此次会议结果之良否,其利害不仅关系中日两国之本身,实为世界安危之关键,换言之,可谓人类公道能否存在最后试验之机会。过去我国不欲国际间发生纠纷,以故处处隐忍,满望日方觉悟,讵意事实的演进,与吾人之愿望适得其反。故此次不得不根据盟约第十五、十六两条,请国联共同的制裁。或谓对于此种提议已失时效,我人深叹作此论调者之太不了解事实与法理。倘不幸而国联方面对于我国之提议,不能通过,国联自身威信之破产,固不必论,在我国当然有采取更进一步抗制强权的准备。为民族争生存计,不得不尔。予作此言,绝非作危吓。顾此次会议形势,已至短兵相接的时期,太平洋上之凶涛恶浪,能否避免,当于此会卜之云云。

《中央日报》1932年1月24日第一张第三版

238. 外部搜集东案材料,日本尚坚持总括的调查

国联调查团已定下月初由欧起程来华,吾国代表业派顾维钧氏,充任斯职。顾氏前日南下,先行赴沪料理私事,日内即须来京与外部商洽准备事件。其重要者为日本暴行以来,各种材料之搜集。但自暴日侵占东北后,关于重要证据,都被掩没,因是进行上颇感棘手。闻东北外交委员会,稍有搜集,惜非全豹。而日本方面则早已捏造许多伪证,预备欺骗调查团。外部爰特电请东北当局选派外交人员数人,赶速来京协同进行云。

【日内瓦二十二日电】闻日本曾向国联提出关于国联调查委员会备忘录,其大旨如下:该委员会调查范围,不仅以东省为限,应根据去年十一月十九日日本向白里安提出之建议(按此建议并未经白氏接受),即在中国本部及东省须为总括的调查,并应注意在中国之排外及反日运动,外人安全问题,及条约适用问题,中日条约适用问题,自包括在内。又决议中所称"影响于国际关系"一语,即谓调查委员会不特东省为限,并应除去足以扰乱中国国际关系之原因,俾调查委员会之工作更有价值。所谓"避免使局势趋于严重"之一语,亦

包括反日运动在内云云。

《中央日报》1932 年 1 月 24 日第二张第三版

239. 国联行政院昨午公开会议，讨论中日问题后开秘密会议，颜惠庆详述东省及沪案经过

【（中央社）日内瓦二十五日路透电】　日本首席代表驻比利时公使佐藤、与英国首席代表薛西尔爵士，于今日（二十五日）正午国联行政院举行公开会议时，对法国前外相白里安未能出席事，深表遗憾。佐藤表示日本深感激白里安于上届会议对解决东三省问题之努力。

中国首席代表驻美公使颜惠庆博士，虽对白里安有颂扬语，但表示上届会议后之情形，不幸与白里安所计划者，迥不相同。

因中国代表团力争之结果，国联行政院决今日（二十五日）下午讨论中日问题。中国代表团坚持东三省问题，因提前讨论。颜惠庆博士有长篇演说，详述东三省问题之经过。据云颜博士对上海日侨暴动事，亦将有所发挥。此后颜博士所采取步骤，将依国联行政院之态度而定。今日（二十五日）下午不致提出引用第十五或第十六条事。

行政院今日正午公开会议至下午一时休会。下午五时三十分将再举行公开会议，讨论中日问题。正午公开会议后，有秘密会议。国联秘书长特莱克辞职事，曾提出讨论。

《中央日报》1932 年 1 月 26 日第一张第四版

240. 顾维钧来京筹划国际调查团事

前外交部长顾维钧日前赴沪，闻顾氏将于今（二十七）日离沪来京，筹划参与国际调查团事项，俟该团各国代表来华时，即同赴东北调查一切云。

《中央日报》1932 年 1 月 27 日第一张第三版

241. 国联行政会中中日代表一场舌战，颜谓东事对世界和平有重大危险，上月来日对行政院决议置之不理，颜惠庆电外部请再颁给训示

我国出席国联会首都[席]代表颜惠庆，自首途赴日内瓦后，曾电外交当局请示训令。当由外部电示对东省事件之交涉方针，并呈行政院转呈中央政治会议。昨日颜氏又电外部，请再示训令。闻该部须俟今日中政会决定后，再行电复颜氏，遵照办理。

颜惠庆侃侃陈词，日破坏允诺之议案

【中央社日内瓦二十五日路透电】今日下午五时四十一分，国联行政会复正式集会，该会已决定将利比里亚蓄奴制度之调查报告，暂时搁置，俾使专心讨论东三省事件。

会场中空气异常严重，中国代表颜惠庆首先起立发言，略谓：昔日各方认为地方问题之东三省事件，四月以来，已形成对世界和平有重大危险之问题。各人俱知九月十八日事件之发生，为某一国非法侵占其他一国土地计划之第一步。现被日本以武力侵夺者，已达土地二十万方哩，人口二千万。现在之事实，均可证明此事。中国有二路可走，一为自作准备，一为信赖条约及国际联盟。中国因非兵强之国家，故向国联要求公断。

以前国联行政院，曾以六星期之工作，经二十次之会议，努力谋东省事件之解决，同时又根据日方声明撤兵之担保，采纳二议决案。但迄今日本之允诺，已经破坏。日军非但未撤，且自上次国联行政院闭会后，日军之前进与日俱增，侵略之进行，更形急进。至美国务卿对日提出照会，谓中国在南满仅存之行政机关已告破坏后，始渐缓和。现锦州及其以南各地，若山海关等，均已为沈阳、长春、安东、吉林、齐齐哈尔及其他各城市之续而为日军占领。

现日军又向中国北部之热河省进攻，以致危及华北、华南各中心地带。最近日本又复威胁，将侵占上海与福州。现一切形势不致再形严重之希望，亦无存在可能，现形势之进化及日本侵略政策之方向，皆在日本吞并东三省，一面

再令中国官吏制止中国人民之排日。

自十二月一日起东省形势日非,国联行政议决案,日本竟置之不理。而此次调查团先则迟迟不行,继则不择近路而绕经美国,中国政府实难满意云。

日本代表佐藤即起立答复:将上海与东省之地位,加以解释,并谓占领锦州亦系临时性质,日本对东省并无领土野心,且仍须尊重门户开放主义。日本之目的,在将东三省做成一令能中日及其他各国人民得享和平与保障之地点云。

颜代表至此乃起立驳复,谓日军进兵东省,借口每不一致。最初谓南满路被毁,其次即谓自卫,再次为保障日侨生命财产。此完全不确,日本之真意在消灭反日运动耳。关于此事,无论何国政府不能令其人民购买彼不愿购置之货物,迄今中国对日侨未发生事变,殊属意想不到,因中国人民对日之仇恨已极深刻矣。

最后颜代表谓:行政院对于中国之利权,应加相当之承认,中国固愿根据国联盟约十一条谋解决,但事实上则令中国逐渐感觉引用其他条款中之救济办法之必要云云。

日代表一味狡辩,谓占领锦州系合法

【中央社日内瓦二十五日路透电】 日本代表佐藤,于中国代表颜惠庆发言后,即复立起发言。首先表示彼对于在军缩会议将开幕时,而将东省事件在如此形势之下提出,认为遗憾,继称:中国代表所称日本已以二万五千军队占领东省二十万方里之土地之说,为"无稽之谈"。彼谓东三省仍为昔日之东三省,中国人民仍居该地,而中国当局仍有多处城市,并未更换,所受影响者,仅中国在东省之行政机关而已。日代表其后又述锦州之形势,及占领锦州之动机。彼谓当时顾维钧曾提议,中国在关外军队一律撤退关内,结果未成事实,此不能不认为遗憾。彼谓日军原已由锦州撤回,但日军屡次受非正式军队兵队、警察、义勇军及土匪之攻击,日军司令除下令占领该地外,无他法。故日军之占领锦州,实为合法的,及为应付张学良挑战行为之必然结果。锦州警察虽曾一度被解除武装,但其后武装又复发还,仍旧恢复保安工作,日军仅在城门及车站派步哨驻防云云。其后佐藤即解说东三省匪患,彼谓日军已开始剿匪工作,绝不能半途中止。佐藤称:上海形势确甚严重,但事变之起因,实由于中国当局煽惑群众所致。其最能引起日人恶感者,即为上海某报登载日皇遇刺消息，其标题有"不幸又误中副车"等语。日人对此虽极忍耐，但华人更为进一步之侵害。日本政府决定保护日侨，不使其受华人损害。各国亦时有派舰及军队事，何以日本派兵即认为系欲占领东三省及取消门户开放主义？足见此种传说之不确。事实上日本欲维持门户开放主义，及中外人士均得在东省享受和平及保障。日本原欲以诚恳之意，与中国交换意见，谋将一切中日间悬案，加以解决。但中国竟加以拒绝，并煽惑空前之反日运动云云。至此，颜代表乃复起致答谓：固然日本欲维持门户开放主义，但该项门户已为日人所挤满，想难容他人插足云云。

《中央日报》1932年1月27日第一张第四版

242. 国联漠视东省问题，多主暂时搁置俟调查后再讨论，行政院对沪案先为友谊劝告之

【中央社日内瓦二十六日路透电】 最近消息，闻国联行政院已决定向中日代表提出和平劝告，故中日代表已接到约请今晚与议长彭格尔会晤之通知。众盼此次会晤后，则东三省问题，可暂时搁置，俟来华之调查委员会提出报告时，再行讨论云。

【哈瓦斯社日内瓦二十六日电】 本日晨间国联会行政院，举行秘密会议，以讨论中日争论，中日两国代表均未出席。各会员似赞成一种意见，以为行政院当将去岁十二月十日以前发生各事，包括在巴黎开会时，双方当事国所同意通过之决议案以内，不各再行追溯。一般人相信，行政院目今最为注意者，厥为关系上海情形，均认为随时可变成危急。十二委员会自今日起，即以全力注重此点。行政院与其主席暨国联会秘书处之愿望，均在设法使上海城所受之威胁，不致更形严重。

【中央社日内瓦二十六日路透电】 路透访员得悉，外传国联行政院已决定对上海事件向中日两国警告之说，并非事实。惟行政院已请代理议长彭古奥向中日两方为友谊的劝告。故其后彭克奥即分别接见中日代表，即系接洽此事。今晨行政院会议已将零星事件，迅速解决。故预定明日开会之会议，已决定展至二十八日举行。

【哈瓦斯社日内瓦二十六日电】 中国代表颜惠庆及日本代表佐藤均于傍晚时由行政院主席彭古分别接见，英、意、德三国代表亦均在座。会晤情形，当为欢洽。彭氏及英、意、德各国代表坚请颜氏及佐藤转请各该国政府，设法防止冲突，勿使扩大。去岁十二月十日决议案所载各节，对于远东事变告一段落，并由英、法、德、意各国代表会同决定不再提出讨论。又上海地方若果发生军事行动，则结果至为不幸，且有种种枝节可虞，亦经伊等说明。颜氏与佐藤允立即报告各该国政府之外，未及其他。此间接获上海信息：本日晚间时局情形，似较和缓，印象尚佳。行政院对于时局演进，将切实予以注意，并于星期五日专议中日争端。过此以往，本届会议未必再行提起。各会员国代表之意，调查团即将首途前往，远东必俟调查结果及各项建议案提出报告以后，始可作最后决定。

《中央日报》1932年1月28日第一张第三版

243. 国联已起草宣言，注重维护国联盟约原则，调查委会下月二日起程

【中央社日内瓦二十七日路透电】 今日下午四时，举行之行政院秘密会议，于五时十五分休会，当即由起草委员会起草代理议长彭格尔在下次行政院会议预备之宣言。其词大意将注重维护国联盟约之原则、门户开放主义，同时并提及上海事件。其原文至明日始能揭晓。

行政院各会员皆盼东省事件不致拖延不决，若在巴黎时之情形，故现皆以最坚决之努力，谋一圆满之解决。

起草委员会开会两小时半，但宣言之原文，尚未起草完毕。但词中之要点，均已确定。闻演词约三张，并不向中日政府征求同意，故该文在法律上不发生任何效力。起草委员会系由英、法、西班牙、挪威代表组织之，一俟起草完毕，即将原文交其他八国参阅，然后即将在下次公开大会宣读。此次行政院会议，即告结束，明日将有公开会议一次，讨论议程中之例行事务。

国联派赴东省之调查委员会，将于二月二日由哈佛出发，由美国转道赴东省云。

【哈瓦斯社日内瓦二十七日电】 昨夜调查委员团各国代表,与日本代表佐藤谈话之际,有人主张请该代表在行政院下次公开会议时发表宣言,正式承认满洲门户开放政策该国答复美国照会所云,此外日本当尊重国联盟约所载各种原则,亦须剀切声明。凡此各节,多有为难,宜以何种方式出之,即将赓续接洽。行政院似已同意,在本届会议时,图谋通过一种新决议案。日人对提此项要求,虽云迭次宣言业已给有满意结果,此后或仍赞成上项意见,亦未可知。据某某日人宣称:东京政府最顾虑之要点,端在防反日运动,此项运动之中心点,似在上海一隅云。

《中央日报》1932年1月29日第一张第三版

244. 外交方针,昨日中央详密讨论,外部昨训令颜惠庆

(中央社)中央执行委员会,于昨日(二十八日)上午举行常会后,随开中央政治会议谈话会。闻对于外交事件,暨行政院责任问题,均有所讨论云。

中政会外交委员会,昨日下午三时,在中央党部开会,各委员均出席,中政会常务委员汪兆铭、蒋中正亦均出席。闻对于外交方针有所讨论云。

(中央社)中央外交委员会,于前(廿七)晚开会,专讨论中央政治会议交下对日外交问题,曾决定较为具体之办法。前夜即由外交部次长甘介侯秉承中央决定办法,草拟电文训令出席国联代表颜惠庆,遵令办理。闻该项训令始于昨(二十八)晨二时发出。

《中央日报》1932年1月29日第一张第三版

245. 国联会代议长将发表宣言,行政院开密会讨论

【中央社日内瓦二十八日路透电】 国联行政院会议今日下午开秘密会议,讨论下届公开会议时,代理议长彭格尔应发表之宣言。中日两方代表,均未约请与会。行政院虽一致议决婉[挽]留国联秘书长特里蒙,但特氏坚持告退,大约一九三三年即将辞职云。秘密会议举行一时后,即将宣言之原文拟

妥，明日将正式宣读。该项宣言之原文，虽尚未发表，但路透记者闻该项文件，措词较理想中者更为透澈。其中对于美国之照会颇多提及，而美照中之对于国联工作及国联派遣之调查委员会之希望，尤多注重。同时宣言中声明东省之门户开放主义，不仅关系中日两国，凡华府九国条约之与约国，皆有同样关系。故国联行政院决不能赞同任何违反盟约精神之解决办法。其后宣言又提及盟约第十条，谓根据该条，凡盟约国皆应互尊彼此领土之完整，若此事日久，牵[迁]延不决，则将来之解决，将愈形困难。但在调查[委]员会未有报告以前，国联行政院将无新议决案云云。现宣言原文已定今晚交中日两国代表参阅，此间甚盼中国方面能对此宣言表示满意，因中国代表近日极注意上海之形势云。

《中央日报》1932年1月30日第一张第四版

246. 英报主张调查团赴沪，国际应采严厉方式

【中央社伦敦三十日路透电】 伦敦《泰晤士报》，今晨社论主张国联调查委员会，应先至上海调查，然后再赴东省，如此则国联会可得一正确之报告。该报对英政府向日表示一层，颇表赞同，但谓若日军在沪之举动，能事先知悉，则向日之表示，至必较为严厉也云云。

《泰晤士报》希望英美两国能继续合作，并谓若欲恢复上海之治安，国际方面应采较前尤为严厉之方式始可云。

《中央日报》1932年1月31日第一张第三版

247. 国联行政院讨论上海案，颜惠庆向国联报告，军缩会议势将延期

【（中央社）日内瓦三十日路透电】 今日（三十日）国联行政院上午公开会议，将例行公事完毕后，国联秘书长特莱蒙提议除中日二国外行政院各理事国在上海之代表组织一委员会，将上海情形详细报告国联秘书处。

中国首席代表颜惠庆博士今日（三十日）向国联行政院演讲，称行政院欲制止上海纠纷之努力，甚可钦佩，但行政院治病须治根。东三省问题一日不能解决，形势终有危险性，且随时可有新纠纷发生。彼之引用国联盟约第十五条，并非因上海事件而有此意，因在未接到上海事变消息以前，彼已决引用第十五条矣。闸北虽为主要城市之一部，且有重要之国际关系，但祸难之中心点在东三省。彼希望可向中国政府报告，国联行政院已决用有效方法制止中日纠纷。颜代表末谓上海固重要，但东三省尤为重要。

【中央社日内瓦三十日路透电】 中国因不得已所采之行动，已令行政院极觉不安，预定今日开会之公开会议，已延至今日下午三时三十分举行，想因议程尚未拟妥之故。今日下午开会时，中国引国联盟约第十五、十六两条之事，将提出讨论。根据十五条之规定，国联行政院应立即开始调查，然后动作。根据第十六条，凡两国陷于战争状态时，本条约发生效力。而中日现时尚无此种现象云。

行政院代议长彭格尔，今晨与五大国代表举行秘密会议。行政院在今日下午公开会议以前半小时，将开会一次，中日代表均将不出席云。

【中央社日内瓦三十日路透电】 各国代表正研究延期举行国际军缩会议事，其目的在使国联行政院可多有时日处理中日问题。

《中央日报》1932年1月31日第一张第四版

248. 国联行政院待沪报告再开会，国联将组委员会来沪

【中央社日内瓦三十日路透电】 国联行政院表面上尚继续开会，但并无会议，俟远东方面有新变化，或接到上海方面报告后，始再开会云。

【中央社日内瓦三十日路透电】 国联将组委员会赴上海调查，会员为英、美、西班牙、挪威、德、法、意等国。

【中央社日内瓦三十日路透电】 国联行政院，今日重行集会，然议程上并未列入讨论东省事件，仅含各项例行公事云。

《中央日报》1932年2月1日第二张第三版

249. 国联调查团今日乘法轮东来

【中央社日内瓦二日路透电】 国联调查委员会定明日乘法轮"巴黎号"出发。

【中央社海牙一日路透电】 据闻国联秘书长特莱蒙,曾由日内瓦用电话与荷兰皇家航空公司接洽,拟令国联调查委员乘飞机东航,现尚无具体决定,但飞机已准备妥当。

【中央社日内瓦一日路透电】 因东省中东铁路之交通已断,国联调查委员会主席赖敦爵士,已决定令团员于本星期三乘轮赴纽约,然后于最短期间出发远东。

《中央日报》1932年2月3日第一张第三版

250. 国联调查团昨日抵纽约东来

【中央社日内瓦八日路透电】 国联之东省事件调查团主席赖敦爵士,及其他团员,预定二月九日可抵纽约,转往远东。经美国务院之接洽,原定由旧金山即日开行之"柯立芝总统号",决定展缓一天,以待调查团之抵旧金山搭轮东来云。

《中央日报》1932年2月10日第一张第三版

251. 东案调查团出发,先至日本再来我国

【中央社旧金山电】 国联东省事件调查团,及其主席李东伯爵,乘"茄[柯]立芝总统号"轮船出发。李东谓:将先至日本,若中日战事缓和,则将再赴中国。

《中央日报》1932年2月16日第一张第四版

252. 国联调查团任哈斯为秘书

【中央社上海十五日下午二时十分电】 国联交通运输组主任哈斯,刻已被任为沪案调查委员团秘书,将于三四日内赴东京,迎迓国联满案调查委员团来平。

《中央日报》1932年2月16日第一张第四版

253. 国联调查团过檀赴日

【中央社檀香山二十日电】 国际联合会所派遣之调查团,十八日过檀香山,前往东京,将于三月十一日乘"亚当士总统号"赴沪。

《中央日报》1932年2月21日第一张第四版

254. 国联调查团已抵东京

【中央社东京廿九日路透电】 国联所派之东省事件调查委员会,已于今晨抵此。

【中央社东京二十九日路透电】 此间各报对于国联调查团之抵日,皆表欢迎,但谓调查团应明了事实之真相,以免感情用事云云。

《中央日报》1932年3月1日第一张第二版

255. 国联调查团即来京,该调查团不仅为调查事实之机关,目的在使中日发见永久协定基础

【中央社东京一日电】 国联调查团,昨(二十九)午后历访日总理、外陆、

海相后,向记者谈话:谓调查团代表国联,仅对国联负责。按照十二月十日决议案,调查团权限广泛,在其调查报告范围内,一任调查团之决定。现拟先与中日政府接洽,就中日政府所提示之资料,予以友谊助力,现尚不能有详细计划。惟调查团不仅为调查事实机关,其主要目的,在使中日两国得发见永久协定之基础,对中日两国提供国联之援助,俾中日两国均感此种援助之有效。调查团所代表之国联,在保持远东和平,调查团将根据既往经验,尽其助力,所期望于两国所予之报酬,惟在得两国之信赖,改善两国间之关系而已等语。闻该调查团并表示抵沪后,将赴南京与中国政府接洽云。

《中央日报》1932年3月3日第一张第二版

256. 国联调查团在日本之酬酢情形,日皇及芳泽均设宴招待,莱顿爵士说明任务

【中央社上海六日下午十时十分电】 国联辽案调查团,将于寒(十四日)乘大来公司之"雅门士总统号"抵沪。沪各团体及市府各机关于该团抵沪时,决分别招待。该团在沪约有一周勾留,并对沪案将附带实地调查。

【东京三日电】 日皇于目下滞日本之国联调查委员一行,为慰劳起见,三日正午于宫中丰明殿举行午餐会。日皇着陆军通常礼服,偕后出御千草间,对该委员一行与以优渥之慰劳后,即赴丰明殿之宴。宴罢,复于牡丹间赐咖啡,并种种恳谈,至二时一行始退出。

芳泽片面之辞

芳泽外相,在外相官邸开晚餐会,招待国联调查委员。永非外务次官及陆、海、铁道、拓务各省次官,并石井子爵等,均行出席。外相当即于该宴会席上,演说如左:

帝国以确保东洋和平为其根本意义,其在国联各次会议中,所抱和平精神,亦殊不让于他国。乃不幸而属于邻邦之中国,自明治四十四年革命以来,即内乱不绝,而予远东和平以威胁。各党派则依自方之利害,利用外交问题,收揽人心,实行革命外交。似此种过激的直接手段,自难予中国国民以福利,

而足使列强大感不安也。我国虽以他国关系上颇受影响，迭促注意，仍充耳若无闻。且近年排外的空气，更起于满洲，以致不幸事件相继发生，使日本官民感情大受刺激。于是我方遂不得已而于去岁九月，采取自卫措置以保护国民、拥护权益之手段。要之，刻下中日两国关系，颇为复杂。今后华方若能舍弃排外态度，则两国关系之恢复，自非难事也云云。

莱顿说明任务

莱顿爵士亦演说，谓吾侪以在受信者地位，未便对于外务大臣之演说，加以批评之苦衷，当为诸君所谅悉。盖吾侪之任务，非为发表意见而来，而在由日方探求日方之意见，由华方探求华方之意见后，即赴现地调查实情，以便向国联再陈关于维持和平之最善方策也。又吾侪以得与国联创设以来忠实的理事者之阁下畅谈一切，颇为愉快云。国联调查团，于二日下午五时，经吉田大使之手，由外务省收到关于满洲事变及上海事件之英文报告书，当即开始研究该项问题。该一行拟赴上海逗留数日后，即转赴南京，而于四月由陆路赴满洲方面，并预定六月内调查完毕。

《中央日报》1932年3月7日第一张第三版

257. 国联调查团十四日可抵沪

【中央社东京八日电】 前（六日）晚中国使馆招待国联调查团，英委员谓十三晚可抵沪，十四登岸。抵沪后视情形如何，即赴南京与中国政府接洽。该团秘书哈斯氏，并发通知，称该团如无特别事故变更沿途行程外，拟在南京上海共住□日至十二日云。

【本社八日北平专电】 庚（八日）政委会例会议决招待国联调查团办法。

【中央社上海八日下午九时电】 国联调查团八人，刻已离东京，准真（十一日）由神户乘大来公司"阿丹穆斯总统号"轮船来沪，约于删（十五日）可抵沪。

《中央日报》1932年3月9日第一张第二版

258. 国联调查团赴西京,定十一日由神户乘轮赴沪

【路透社八日东京电】 国联调查满案委员团,抵此一星期中,逐日忙于宴会与会议,并与日当局及非政界名人作私人谈话,交换意见。兹已于今日离此,乘火车赴西京,然后于三月十一日在神户乘"阿丹姆斯总统号"赴沪。

《中央日报》1932年3月10日第一张第二版

259. 国联调查团来华,抵沪后先赴南京再往辽宁

【中央社上海十日晨九时电】 国联会所派辽案调查团,由英国委员长李顿勋爵,率领各团员秘书等,今日离东京到神户,转乘大来洋行"亚丹士总统号"邮船来沪。该轮定明日离神户,直放上海。昨得确息,准定十四日晨八时到吴淞。大来洋行,已特派小火轮一艘,至吴淞外迎接,约九时三十分在新关码头上陆。委员团来沪后之行程,将先赴南京,再往辽宁。兹将团员名单,调查如下:

英国调查团领李顿爵士,美国代表麦考一氏,意国调查团委员麦里施谷德,德国调查团委员希纳,法国调查团委员李奇亚氏,国联会所派之秘书柏斯德河、比德及柯士。又据日文长崎《日日新闻》云,天皇于三日午后在宫中丰明殿,恳请国联调查团李顿氏等午宴,由吉田驻土耳其大使之引导,赴帝国饭店迎接。进宫先与秩父宫、浅[朝]香宫同妃会见,继由林式部长官、铃木侍从长、河井宫大夫等之导引,参见天皇与皇后。皇后由高木女官通译应答。旋入丰明殿午餐时,宫中音乐齐奏。同时秩父宫、朝香宫偕妃入席,芳泽外相大妇、吉田土耳其大使、牧野内府、一木宫相、铃木侍从长、林式部长官,以及河井竹屋等宫大夫、女官各侍奉者,亦相继陪座。欢谈至三时,始行散席。又据本埠消息,日外相芳泽,昨日电令派遣来沪之松冈辛石[洋右]留沪,担任外交事宜,并与将由日本来沪之国际调查团周旋,勿急于归国。

《中央日报》1932年3月11日第一张第二版

260. 国联调查团即到沪，国府派顾维钧筹备招待，本京之招待亦在准备中

【(中央社)上海十一日下午一时四十五分电】 国联调查团李顿爵士一行，于灰（十日）乘"亚丹总统轮"离神户来沪，寒（十四）可到。闻国府已派定顾维钧为代表，在沪筹备欢迎事宜。

【本社十一日夜十一时十分上海专电】 国联调查团定寒（十四日）抵沪，国府派顾维钧为代表欢迎。兹录已定宴会程序如下：删（十五日）午郭泰祺，晚顾维钧；铣（十六日）午各大学校长，晚吴铁城；篠（十七日）午新闻界，晚宋子文；巧（十八日）晚沪市府；皓（十九日）晚银行公会；号（二十日）晚经济学会；马（二十一日）午律师公会，晚孔祥熙；养（二十二日）午西教士，晚太平洋学会。

（又讯）国联调查团一行，已于昨日离神户，定十四日到上海。外部方面，已电外次郭泰祺，及外委会委员顾维钧、上海市长吴铁城等，会同招待。闻该团在沪约耽搁一星期，即行来京。关于京中一切招待事宜，外部亦正在筹备，届时中央各委员及国府主席林森等，均将集京接待云。

《中央日报》1932年3月12日第一张第三版

261. 国联调查团即到沪，中日各派定陪查员，利便调查监视本国利益

【中央社上海十二日下午一时卅分电】 国联调查团行将抵沪，闻中日双方政府，为便利该国调查及监视本国政府利益计，均已任定陪查员。我方为顾维钧，业已在沪正筹备欢迎该团事宜。日方为前驻土耳其大使广田弘毅①，由东京随行该团来沪云。

国际调查团定十四日来沪，在京沪两地，约留住十日，即行北上。该团抵

---

① 编者按：原文如此。

京后,将寓铁道部宿舍或励志社,现外部已派定总务司长应尚德,会同地方当局,筹备招待。

【中央社上海十二日下午一时电】 外讯,国联调查团寒可抵沪,将下榻华懋饭店。英、美、法、意四公使,定铣(十六日)为该团设宴洗尘。我方招待调查团地点,择定西摩路何东爵士私邸。市府拟巧(十八日)欢宴各团员,蒋光鼐、蔡廷楷[锴]亦将被邀与会。

(中央社)南京特别市党部于昨(十二日)下午三时,召集本市各民众团体各学校代表开会,讨论筹备欢迎国联调查团来京事宜。到代表三十余人,由张忠道主席。决定各项欢迎办法,并定从下星期一起,每日下午三时在市党部集会一次。又有代表提议,首都民来[众],届时应公宴国联,亦经一致通过云。

【本社十二日下午十一时上海专电】 国联调查团乘"亚丹姆士总统号"轮,元(十三日)晚可抵淞口,准于寒(十四日)进浦江,定在新关码头登岸。

《中央日报》1932年3月13日第一张第二版

262. 国联调查团今日下午可到沪

【中央社上海十三日下午八时电】 国联调查团寒(十四)午二时可抵沪,我国陪查员已派定顾维钧,顾氏并以王广圻为秘书长,张祥麟为总务兼宣传主任,钱泰为议案主任,严恩棪为招待主任。顾氏及各团体代表,已准备于调查团到埠时前往欢迎。

【本社十三日下午十一时专电】 国联调查团乘"阿丹姆轮"预定寒(十四日)午可进【吴】淞口,吴铁城元(十三日)代表全市市民,致电欢迎该团全体委员来沪。

【本社十三日下午十一时专电】 吴铁城元(十三日)接京市党部来电,请尽量引导国联调查团,参观沪战区域及文化机关损失焚毁惨状。

《中央日报》1932年3月14日第一张第二版

263. 国联调查团即来京，旬内可到本京各界筹备招待，各校抗日会决议发告该团书

全体团员住励志社

国联调查团委员长英国李顿爵士，团员美国麦考一，意麦里斯谷德，德国希纳，法国李奇亚，国联特派秘书柏斯德河、比德及柯士诸人，在今日下午，即将由大来洋行"亚丹士总统号"邮船到达上海。本京某方面昨日已接上海来电，谓调查团将于十九日由沪来京，转往东北云云。各团体代表业经今日下午在市党部议决，确定励志社为调查团下榻之所，并通知市卫生局、警察厅自今日起，将下关车站以至华侨招待所一带街道扫除清洁。至各团员谈话人员，由中央指定外交部及各级党部分任云。

各校决议揭日阴谋

又首都各校抗日救国会，昨日（十三）下午一时举行常会，主席黄承铎，纪录张树德，决议要案如下：一，国联调查团行将到华，本会如何表示案。议决：发表敬告该团调查委员会书，要点如下：甲，申述日本破坏国际公约；乙，日本指使东省独立阴谋；丙，沪案真相；丁，请该团主持公道。二，溥仪等在满甘为日本傀儡，叛国昭彰，如何裁决案。议决：请政府即日声讨。三，如何慰劳前方将士案。议决：甲，由本会派员前往慰劳；乙，赠旗；丙，通知各学校集款援助。四，通知各校抗日分会，具报本学期组织及工作状况，其因特殊情形会务停滞者，须切实整顿案。议决：通过。五，八十七师留守处刘可同志，在花牌楼祥丰洋货号检获日货，送交本会，应如何处理案。议决：转送各界抗日会日货检查部严办。

《中央日报》1932年3月14日第一张第三版

264. 国联调查团昨已抵沪，各界代表均至码头热烈欢迎，希望秉公调查暴日侵华真相

【中央社上海十四日下午十一时廿七分电】 国联调查团李顿勋爵一行，乘"亚丹士总统轮"，寒（十四日）晚六时进吴淞口，七时二十分抵浦东白蓬泾大来码头。顾维钧、郭泰祺、吴铁城等，七时半由江海关码头乘小轮渡浦欢迎。公安局军乐队及警察大队，亦在码头奏乐欢迎。八时十分，顾代表等登"亚丹士"与调查团员握手寒暄约十数分钟，即导引各团员换乘小轮渡江。九时在江海关码头登岸。时在码头欢迎者有军政部代表张汶、军部代表郑礼庆、张学良代表周守一，及各界代表袁履登等计二百余人。日外相代表松冈，及日使馆秘书堀内亦与焉。团员登岸后，即由市府秘书长俞鸿钧等，分别陪乘汽车至华懋饭店下榻。李顿勋爵在小轮中语记者：在沪勾留日期，现尚不能决定，匆匆不能详谈，约删（十五日）晚六时在华懋与报界晤见云。寒（十四日）全市遍贴欢迎调查团，及拥护盟约公约，制裁日本暴行等中西文标语。市商会定巧（十八日）晚宴调查团，并陈述商界对该团之热烈希望。

【中央社上海十四日下午十一时四十五分路透电】 国联调查委员会已于今日下午抵此。当李顿勋爵士等委员在浦东大来公司码头登岸时，军乐大作，以电光摄影者拥护异常，岸上且有中国警察一大队，保护李顿勋爵一行之登陆，欢迎者有顾少川博士、吴铁城、郭泰祺及少数日本官吏。调查团过江以后，在海关码头登岸，围观者极众，且有中国学生多人，持有欢迎旗帜。

李顿勋爵士与路透记者谈话时，称中日双方如欲委员会对结束战事举行圆桌会议等事，加以援助时，则各委员亦乐于合作云云。该委员会预定十九日启程赴京，但有否更改，尚难预料。各中国报纸满载欢迎委员会之言论，并希望委员会以第三者之地位，将中日纠纷，加以公正之解决云。

【本社十四日午后十一时卅分上海专电】 国联调查团寒（十四日）晚九时抵埠，全沪各马路及商店，遍贴欢迎调查团，反对强权，我们仅求公理，拥护非战公约、九国公约、国联会章等标语，以示民意。

【本社十四日午后十一时卅分上海专电】 英使偕英美法各领，赴闸北、江

湾、浏河、大场一带，视察日军阵地及驻兵数目，以备供给国联调查团参考。

【中央社上海十四日下午七时二十分电】 国联调查团因航程延缓，须寒（十四日）晚六时进淞口，七时后始可抵沪。

外部设招待委员会

外交部以国联调查团一行，业已抵沪，瞬将来京，关于该团抵京后之招待事宜，以及配定招待日程，与介绍欢迎团体接洽等情，须有专人负责，昨特以部令派定总务司长应尚德为招待国联调查团委员会委员长，并派刘乃蕃、王光、许志曾、葛祖燨、王祖年五人为委员，专与地方当局，筹备招待国际调查团一切事务。又国际调查团来华后，在各国华侨，尤异常注意。闻昨今两日，旅欧美华侨各团体纷纷电呈外部，请转达国联调查团，维护盟约，主持正义，以秉公调查暴日侵华破坏我国领土主权之真象，报告国联，以期切实制裁强暴，而伸国际公理云。

（又讯）国际联合会调查团，此次来华，中外属目。中国在外华侨各团体，昨今两日，纷电外部转达该团者，计有代表二十万华侨之泗水各团体，代表四万九千六百四十五人之望加锡华侨各团体，代表六十个分会之坎拿大中国国民联合会，以及温哥华中国商会，美尔钵中华公会等，均一致对该团表示诚恳之欢迎，并请求该团维护正义，拥护盟约，抑制强暴，望加锡来电并有不惜最巨牺牲，以为该团之后盾等语云。

《中央日报》1932年3月15日第一张第二版

265. 国联调查团抵沪后，决努力进行远东和平，郭泰祺吴铁城设宴招待致欢迎词，李顿爵士表示来华负有和平使命

吴铁城向调查团沉痛致词，当此欢迎和平使者之际，亦正日本继续占据远离上海二十公里以外之城市之时，中国军队已奉令停止军事行动，日本尚每日增加援军深入内地。

李顿爵士重要表示

【中央社上海十五日下午十时半电】 国联调查团五委员及秘书哈斯，删

(十五日)上午至宋子文、郭泰祺、吴铁城宅访谒,下午访顾维钧,均系答拜性质。略事寒暄即辞出。中午赴郭泰祺宴,下午五时顾维钧假程霖生宅,招待调查团茶会,邀各国使领、海军司令及沪各界领袖作陪。晚吴铁城在华懋饭店宴调查团,由顾、郭等作陪。铣(十六日)午大学联合会在华安大厦宴该团。铣(十六日)下午孔祥熙、宋子文两夫人,在孔宅茶会招待,晚英美法公使及意代办邀宴。李顿爵士语人,该团拟于离沪前赴前方作一度视察云。

【中央社上海十五日下午一时电】 李顿勋爵删(十五日)在郭泰祺午宴,及吴铁城晚宴,代表调查团答谢,词意略同,谓此次该团来华,赴满洲调查,负有和平使命,抵沪后蒙郭次长等及其他各界欢迎招待,甚为感谢。国联为一世界和平机关,自成立以来,迄已十余载,在此十余年中所经过办理之和平事件,均有相当之成功。深信此次中日事件亦可得相当之成就,俾远东及世界均得以和平,而使中日两国归于友好云云。

【中央社上海十五日路透电】 今日中午郭泰祺宴请调查团时,李顿爵士演说,谓彼等为国联之代表,此次东来,系将国联能力所能及者,完全贡献于吾人之前,凡能有助于此次危机之解决者,国联皆愿为之。国联之利器非武力乃和平,若中日两国能接受和平,则两国将均受其利云云。吴铁城起称,若调查团,至吴淞、江湾、闸北等处视察,即知日本完成其破坏工作之彻底。自九月十八日以来,日本侵略中国之政策,并未稍改,但中国仍盼国联能主张公道云。其后路透记者询李顿爵士,外传"满洲国"政府将设法阻止调查团之前往及阻挠其调查工作一说,是否果有其事。李顿谓此说无法证实云。

【中央社上海十五日下午十时四十分电】 李顿爵士本定删(十五日)晚六时半,在华懋饭店招待中西各报记者,嗣因出席顾维钧茶会,七时半始克举行。中外记者列席甚多。李氏作一简单之谈话云:此次调查东省,完全出于公正态度,在沪约有一星期或旬日之逗留,然后赴南京,再转道赴东北,希望舆论界能信赖该团及国联确能成功。大约在离沪前尚须赴吴淞、闸北等战区,作一度之视察。至沪案和平运动如双方邀请,亟愿努力,但不自动参加云。

【中央社上海十五日下午一时四十五分电】 外讯,国联调查团寒(十四)晚抵沪后,并无谈话发表。主席委员李顿称,该团在有机会考察沪上情形之前,未能作概括宣言。至在沪调查之范围及勾留之久暂,亦待删(十五)与各方接洽后,始能确定。但若经当事方面之请,该团自将尽力协助沪地和平谈判之进行。又称渠希望删(十五日)晚可对各报纸发表:一,宣言调查团在日时李顿曾对日本各报表示调查团之任务,不仅在调查其主要点,实在将国联全部能力,奉献中日两国之前,俾能获得永久之协妥。该团目前尚无确定主见,对华对日同样友视。其抵沪以后之行程,将完全在沪商定。如沪事渐趋平靖,当即赴宁,与政府当局接洽。否则如沪局严重,该团或将在沪进行和平工作。在沪宁两地作初步调查后,再北上赴满洲调查。调查团虽有英、义[美]、法、意、德五国团员各一人组成,但各该团员并不代表五国,而实共同代表国联,并仅对国联负责。美籍团员麦考益于调查工作完毕后,亦将不另作报告于华盛顿。该团第一步进行步骤,为向中日两政府搜集官方材料,然后再行实地考察。国联对远东方面,除维持和平外,绝无其他企图,其所希望于中日两国者,亦仅为信任而已云。

郭泰祺氏致欢迎词

【中央社上海十五日下午七时半电】 外次郭泰祺,删(十五)午十二时,在何东寓所宴国联调查团,到调查团员及随行秘书专家等,及顾维钧、吴铁城各界代表共六七十人。郭致欢迎词,李顿爵士答谢。二时许尽欢而散。郭氏欢迎词云:最近数星期,上海区域发生空前之非常状况,鄙人因此驻沪时较多。而国联调查委员团诸君,今日莅临,鄙人因得代表国民政府,首致正式之欢迎,曷胜荣幸。今日欢迎诸君,并邀本市商学各界领袖参与。鄙人敢信在诸君勾留沪上期间,如有所咨询,吾人视能力所及,无不尽量赞助。自一九二七年国民政府在南京成立以来,吾人视线移注于日内瓦,以观国际联盟会机能之发展。盖世界道德及物质幸福相依相继,日甚一日,实有赖于大战后之伟大机关,以增进之也。自一九二八年以来,吾人对于国家之建设计划,亦曾时常征询国联之意见,与其合作。最初国际劳工局长汤麦斯君来华,不数月又继以国联副秘书长亚符诺君。嗣后年复一年,国际与吾人无不诚挚合作,我人每年得国联所派有关于卫生、教育、劳工、工程及财政专家等之协助各种计划,或则已经实行,或则已经着手。去年春间政府决定设立最高经济委员会,志在与国联密切合作,由国联派遣专家,协助实施一广大及可行之国家建设计划,俾我国可获迅速进步之效。去夏大水为灾,亘古罕见,富庶之区,多被淹没,国联专家亦莅止协助应付巨灾。对于国家之善后工作,我人已得寻觅国联之具体密切合作,为一主要之政府政策矣。此项政府之政策,向受民众之竭诚赞助。今日在会之各界领袖,可资证明。吾人始终期望在谋和平方术上,我国与国联间有切实之合作。现虽因去年九月东三省可惊之事变以来相继而起之各种事变所阻碍,但亦仅暂时之不幸耳!吾人恳切之希冀与愿望,即系诸君之克己工作,其结果可恢复远东之和平,并在国联及白里安凯洛条约保障之下,可以获得一永久之了解,俾四万万人民所组之中华民国,能与各邻邦在相互尊重平等之地位,敦睦相处,自由发展其国家生命,俾得尽其力之所能,于各种和平事业,足以促进人类进化者有所贡献焉。

吴市长欢宴调查团

【中央社上海十五日下午九时廿分电】 吴市长铁城删(十五日)晚在华懋饭店,宴国联调查团。吴欢迎辞云:诸位国际联盟会所派调查满洲案件之调查委员会各委员,道经上海,本市长今夕得借此机会,设宴招待,并表示欢迎之诚意,感觉非常荣幸。调查团诸君皆为世界伟大之领袖,故国联委派诸君来此调查。本市民众,皆共庆得人。中国现所希望者,只求本案之事实,得有坦白确实之表示;虚伪之宣言,及捏造之事实,得有彻底之暴露而已。现在诸君以一秉大公之态度,进行调查,中国自极端信赖。在过去一月余,上海所经历之惨状,即君等在旅途中亦必洞悉。全上海民众皆早已渴望君等之光临,尤其本市内闸北、江湾百余万之人民,亟盼君等能及时莅临,满望君等之努力及工作,可以阻止日本海陆空军之残暴行为。鄙人等本希望诸君来华之日,能见到兴盛之市区及日即发展之村镇,但此刻不幸,只可请诸君观察为日本摧残之灾区。当君等他日行至闸北、江湾时,自可洞观日本武器肆意摧残之成绩矣。日本并未向华宣战,然君等将来所视察之地,必能使君等不期而然回念以前欧战之余怖也。千万间之屋厦被摧为平地,文化机关如商务印书馆、东方图书馆及多数之大学校,皆被日本军队任意视为飞机野炮及纵火之目标,无论妇孺强弱皆不获免。夫日本军队之以飞机毁炸人烟稠密、绝无防卫之城市,毁炸水灾难民收容所及无辜平民,已将世所认为文化基础之原则,破坏无余,而日本自己所签定之条约,亦撕毁已尽。抑尤有进者,当鄙人等在此欢迎和平之使者之际,亦正日本继续占据远离上海二十公里以外之城市之时。日本在上海及其附近于七星期中所造成种种恐怖,犹以为未足。虽中国军队已奉令在前方各线停止军事行为,日本尚且增加援军,深入内地也。中国和平之希望,既因日本所提完全无理之要求,变为幻影,而中立国人士之友谊的努力,亦不能稍减日人之野心。上海外国代表设法使上海暂时和平,亦因日方不时变迁之要求,而终归无效。盖日本自去年九一八事件发生以来，其侵占中国之野心未曾丝毫稍变也。诸位自中日事件发生以来，中国政府与人民，完全信仰国联，深信公理与和平必得最后胜利。以前国联在技术方面，对中国屡加襄助，中国殊深感激。此次感受惨痛之余，仍希望由国联中能获得其盟约所赋予之公理。吾人绝不信武力终能战胜公理。日本之占据满洲及占上海，可谓为日本向条约之神圣挑战，吾人对此种挑战，果能不闻不问乎！诸位今夕莅临，又聆听鄙人之陈述，至深感谢。鄙人敢为诸君告者，即中国必尽力与列强合作，以谋世界之公理与和平之实现也。

首都各界筹备欢迎

国联调查团，昨已抵沪，并已定十九日来京，首都各界为表示热烈欢迎起见，曾由京市党部，于上星期召集本市各团体学校等代表，开始筹备。业经举行筹备会议多次，关于欢迎办法，亦经妥善议定。为维持欢迎时之秩序计，特议定由各团体推派纠察指挥一人，分别负责，并定于今日（十六）午前十时，在市党部图书室先行召集各纠察指挥人员，举行一度会议，以便磋商进行云。又本京新闻界拟向该团为文字上之表示，冀其主张公道，制裁暴日，兹定于本月十六日下午二时，假平江府南街四号新闻报驻京采访部，开会讨论立言要点，盼各通信社报馆各推代表一人，届时出席共策进行云。又本京各商号、学校、工团等，亦决定在调查团到京之日，一律悬挂党国旗。欢迎人员，除正式代表外，尚有学生、工人及普通民众，每人手中均执欢迎旗帜，由下关车站起，至励志社为止，沿途分队迎接。届时之一番热烈情况，可以想见。在该团到京之翌日，即由政府当局及各民众团体，先后欢宴，表示招待诚意，而希望该团将我国正确事实及中日事件之是非曲直，一秉道德上公正之言论以报告国联，并定在调查团未离京以前，举行悲壮沉痛之追悼抗日阵亡将士大会云。

又顾维钧顷电外部，报告国联调查团李顿等一行，已于昨日抵沪，将在沪有一星期或十日之勾留，始可过京北上。又外部所派招待国联调查团委员长应尚德，及委员等以该团拟由沪乘轮来京，并在下关三北码头上岸，特于昨（十五）日下午四时，与地方机关代表接洽，筹划关于该团抵京时在下关登岸及乘用车辆等事，并商定假铁道部宿舍为我国方面随该团来京之顾维钧、郭泰祺、刁作谦等下榻之用，假励志社为该团全体委员李顿等下榻之用。闻该团抵京后，拟留连一星期左右，即行离京。又政府为隆重招待起见，特将励志社全部拨为该团下榻地点,并令该社总干事黄仁霖负责筹备一切。黄奉命后,已于昨日起,开始布置。除将内部积极整理外,所有粉饰油漆,一律加新,并将起居地点划拨,计励志社正屋二楼为宿舍,楼下为休息室、会客室、餐室,东楼为宿舍,及阅报室,临时办公地点,一切桌椅床铺亦已配备,务求适意,约一二日内即可竣事。励志社门外之草场,亦正派工铺平以壮观瞻云。

《中央日报》1932年3月16日第一张第二版

266. 远东问题应由国联特委会解决,颜惠庆向西姆士声明

【中央社日内瓦十四日路透电】 中国首席代表颜惠庆,已函大会主席西姆士,表示中国政府正式接受国联大会决议案,并提出两点:(一)在日军未撤退以前,不能开圆桌会议。(二)远东之全部问题,应交由大会特别委员会解决云。

《中央日报》1932年3月16日第一张第二版

267. 国联调查团到沪后,和平似呈曙光,日称十一师团廿四旅即撤,蓝溥森前晚邀美法意日诸使茶会,郭泰祺同被邀,据称和议已渐接近,沪和平会议顾维钧被任首席代表

蓝溥森邀茶会

【中央社上海十五日下午一时四十五分电】 外讯,英使蓝溥森寒(十四日)晚茶会,到美、法、意、日四使,我郭外次亦被请赴会。闻对和会有非正式交换意见,结果不详。

【中央社上海十五日路透电】 今午据郭泰祺谈,经昨日在英领馆中日代表及各国公使会议之结果,中日双方对于和议之意见已渐接近。昨日之会,共

开两小时。其结果已电南京政府请示,一俟收到复电,即将作进一步之接洽云。

【中央社上海十五日下午十时卅分电】 沪案中日会议我国首席代表,政府已任定顾维钧。顾以招待国联调查团,不克分身,表示逊谢。闻汪院长、罗部长现又电顾敦促云。

【中央社日内瓦十四日路透电】 美国政府已正式通知国联大会秘书长特莱蒙,谓美国对世界各国一致否认以违犯条约之事故造成之局面,表示满意。并谓此种表示,为对国际公法加增力量,巩固和平基础。故美政府已训令驻上海之美国代表,与各国代表合作,促成日军之撤退及停战云。

日军一部将撤

【中央社上海十五日下午七时半电】 外讯。由下元统领之日步兵第二十四旅,已奉命于巧(十八日)登舰回日,第十一师团亦将于次日遣发回国。至第九师团及十四师团,则仍将留沪。闻遣回日本之军队,将由浏河上船,不再经沪租界。

【中央社上海十五日下午二时十五分路透电】 白川大将今晨宣称,彼已下令将日军第十一师团及久留米混成旅撤回日本,定三月十八日开拔云。

【中央社昆山十五日下午一时五十分电】 关于日军最近计划,此间得两种矛盾的消息,一说谓日资本家及觉悟份子,鉴于国内经济恐慌,及我军之不易欺侮,主张在不损帝国颜面情况之下,促成和平会议,除留必要部队外,余均撤退回国,以谋沪案之及早解决。一说谓已脱政治羁范之日军阀,野心未死,坚主继续用武,以图侵占吴越平原,以威力征服正方兴未艾之中国。据军方观察,沪和平运动,日来惨淡无光,且日军不断在国内出动,前途甚难乐观。中央已抱定长期抵抗之决心,蒋、蔡、戴三军事长官,又为绝对不能签订辱国条约者。故蒋总指挥虽已赴沪,亦须视日方有无诚意。如日方仍不惜穷兵黩武,我亦只有抵御,以观长期抵抗是否真不能克服帝国主义者之侵略政策耳。

《中央日报》1932年3月16日第一张第三版

268. 日本四实业团体招待国联调查团情形，朗读颠倒黑白之对华问题意见书

（东京通讯）五日东京报载：日本经济联盟、日华实业协会、日本工业俱乐部及东京商工会议等四个团体，于四日午后四时，在工业俱乐部开会，欢迎国际联盟调查委员，首由会长致开会词，嗣朗读实业家对华问题意见书之要点，其内容如次：（一）日本因排货所受压迫情形，（二）中国违背条约之实例，（三）中国国民教育鼓吹排日思想之实状，（四）主张国际协力促中国觉醒，（五）中国之赤化状态。门野、乡两氏对于莱顿爵士关于对华借款问题之质问，答谓除政治借款外，电信等借款，约七万万日金，均未付本息。麦可劳依氏询排货问题，由船津举实例详细说明。五时半散会。

《中央日报》1932年3月16日第一张第三版

269. 微言：国联调查团到了

国联调查团来华，我们当然表示热烈的欢迎和诚挚的愿望。可是，我们千万不可忘记自身的责任和立场。他们的职责是"看"和"听"；我们就要使他们看得明白，听得真确。他们在日本所得的种种诬蔑中国的宣传，现在亲自所见亲耳所闻的事实，当可证明其虚伪了。我们不对他们撒谎，不向他们乞怜；只把过去和现在的事实，赤裸裸地摆在他们的面前，请他们审查和判断。"主张公道维持正义"，是他们应有使命，我们用不着铺张扬厉的宣传，也不迷信他们有排难解纷的特殊权力。国际的同情和好感，我们绝对需要；然而，自身的努力和奋斗，我们必不可一刻懈怠！西谚所谓"天助自助"，正是我们今日要紧记着的啊！

《中央日报》1932年3月16日第一张第三版

270. 国联调查团将参加中日和平谈判，日军撤退后之警备问题待讨论，日仍提议设立中立区我已严拒，传十一师团明日撤回留沪日军尚有七万，日轮昨又满载十四师团工兵及军械到沪

【中央社上海十六日下午七时电】《大美晚报》铣（十六日）据官息，国联调查团删（十五日）晚已接受关系方面之请，将参加沪案和平谈判，协助停止敌对行为，及撤退日军办法。调查团原定漾（二十三日）进京，刻已改宥（二十六日）起程，希望届时中日谈判，可得一最后协定。调查团以双方确定焦点办法，至为重要，否则该团行后，沪地难免不再发生敌对行为，故铣（十六日）和平前途，顿见乐观。闻蒋光鼐、戴戟寒（十四日）抵沪即加入和平谈话。

【中央社上海十六日下午二时三十五分电】 日来非正式和平谈话，仍在进行，颇有开展。闻华方允不再由目前防线进攻，日方亦允将其驻军第十一师团，及步兵第廿四旅撤遣回国。双方第一次会晤，系在星期一午后，到会者除我郭外次及日使重光外，英、美、法、意四公使亦在座。其第二次会议已定铣（十六）或篠（十七）举行。闻首次会议仅及双方让步停止敌对行为问题，此后尚待讨论者为日军撤退后警卫地方治安，日方提议设中立区，由华警在外人指挥下警卫地方治安，华方已严拒此议。又一月俭（廿八）吴市长答复日领村井要求四项之复牒，亦在会中提及。日方坚称任何办法违反该项复牒者均不能考虑之。散会后，重光即将结果电告东京请示。据称日政府已令十一师团及廿四旅调遣回国云。

【本社十六日上海专电】 十一师团除辎重军实及少数兵士，业已装运归国外，其余大队兵士及骑炮各队，均已调回淞沪及浏河一带，定巧（十八日）起派军舰十四艘装运归国。至留沪敌军及在前方者尚有七万余名，日轮"福朗特丸"满载十四师团之工兵及军械铣（十六日）到沪。日军粮五百余吨，铣（十六日）晨由沪运汉，以供沿江敌军需用。日运输船两艘，运敌兵千余铣（十六日）到沪，代替十一师团防务。

（中央社）上海和议事，昨经外次郭泰祺将接洽结果电呈外交部请示，该部

已于今日电复,开会前途,设日方能诚意接受各友邦好意不再另生枝节,或不致再生波折。又闻国联调查团如得中日双方同意拟在沪参加会议后,再定期来京云。

【中央社东京十六日路透电】 闻日政府已训令上海日当局,原则上接受调解之停战计划。至其详细办法,则由上海之日当局负责磋商云云。

【中央社上海十六日下午二时三十五分电】《大陆报》载国联调查团主席李顿,删(十五)招待报界时称:调查团在沪案和平会议进行之前,拟不离沪。渠希望该团离沪时,沪地敌对行为,将再无爆发之可能。

《中央日报》1932年3月17日第一张第二版

271. 英美法义四使昨欢宴国联调查团,并邀英美各领事及我国代表等作陪,沪大学联会欢宴李顿爵士曾致答词

【中央社上海十六日下午十一时廿分电】 英使蓝浦森、美使詹森、法使威礼敦,及义代办齐亚诺,铣(十六日)晚八时假华懋饭店,设宴款待国联调查团委员等,并邀英美各领事及海陆军武官,我外次郭泰祺、市长吴铁城与代表顾维钧等作陪。席间随意谈述,未有何重要讲演。至晚十时即散。

【中央社上海十六日下午七时电】 李顿勋爵及其团员,铣(十六日)晨迭访我方当局,及各国使领代表,有私人谈话。

【中央社上海十六日下午十一时二十分电】 孔祥熙夫人宋蔼龄女士与宋子文夫人张乐怡女士,铣(十六日)下午五时,在孔宅举行茶会,招待国联调查团。赴会者该团只意德两委员未到,其余有丹使高福曼、义代办齐亚诺、捷克公使费芝尔、英美领事及英美各国海军武官等。我国方面计到顾维钧、郭泰祺、孔祥熙、宋子文、吴铁城、许世英、郑毓秀等各要人均列席。用中式,席间并奏国乐助兴。至晚七时许始尽欢而散。

沪大学联会之欢宴

【中央社上海十六日下午十一时电】 沪各大学联会,铣(十六日)午宴调查团于静安寺路华安公司。列席者除调查团五团员及秘书长一人外,其余华

人有王景岐、吴经熊、何世桢、胡庶华、曹梁亚、刘湛恩、黎照寰等共数十人。首由黎照寰主席,用英语致欢迎词,略谓:中国为联盟会员国,不幸遭战争之惨。年来水灾饥荒,痛苦万分。邻邦乘患图我,吾人志在求存不得不抵抗。吾人信赖国联,因侵略与阴谋行为,关系世界也。诸君为人道正义而来,深觉前途有一线光明云。后王景岐用法语演说,我辈学界中人,现最感困难者,对青年说法,将使其信武力万能乎?抑当告以世界自有公道,在于违反人类之举动,全世界将起而反对之乎?及尚有国联,在视作战者为违背信义乎?诸公此次来华,必能使吾学界所负之重大使命,得以易举。国□道义思想,应使其实现为真确明显的事实。李顿爵士答辞谓:国联职责在谋弃恐惧,来讲正义公理。我们不仅宣传和平,还希望真正和平,否则世界上惟有精神革命来成功和平。国联会望消弭武力,世界非真正和平合作不可。教育界应起而前进之云。

【本社十六日长沙专电】 省市党部电请国联调查团,主持公道,将日本暴行直陈国联。

【本社十六日北平专电】 招待国联调查委会铣(十六日)成立,决定招待办法十八条,并定北京饭店为住所。

【中央社杭州十六日下午一时五十五分电】 浙省党部以国联调查团抵沪,或将过杭,今特邀集各机关商议筹备欢迎。

《中央日报》1932年3月17日第一张第二版

272. 日人无耻欺骗国联调查团,极力掩饰闸北一带之炮火惨状,逼令商民开市图掩遮团员耳目

【上海航讯】 十五日八时许,记者赴闸北战区视察于宝山路口,骤遭日军阻止,仅称"等等来"。记者示以通行证,亦不准许。遂转道虬江路,继四川公路、广东街均不许通行。后至西宝兴路方得通过。但见中兴路、天通庵路、严家阁路、青云路一带,均有日军督率数十汉奸,于炮轰弹炸之败垣瓦碟堆中,掘发被难平民尸体。盖因国际调查团昨晚抵沪,欲赴战区实地勘查,故日军为销灭惨残形迹,加紧工作云。

日令悬旗掩野心

日军以国联调查团抵沪，为掩饰其久占野心起见，令闸北商店住户，遍悬青天白日旗。昨日上午九时许，闸北宋公园路俭德新村附近，突有形如工人者十余人，每人袖口均钉有小太阳旗一面，携手枪、木棍等，操不完全之沪语，挨户强迫该处居民悬挂青天白日旗。其第十号张阿德以无旗对，遂被若辈掀倒痛殴，头部被棍击破，血流如注。当时倒地，不省人事。后经其家属送往天通庵某医院求治，闻生命恐有危险云。

日胁我商民开市

自沪战以来，早成寂静荒野，交通断绝，行人寥寥。近来日军突向我商店勒令开市营业。昨并有闸北日军森可司令之通告，促我闸北境内商民，安居乐业，勿自惊慌，以完整市面秩序之安谧云云。

又据外人消息，日军当道以国联调查团已来沪，拟恢复市面以掩遮其残暴，用计至狡。

工部局清洁工作

闸北方面之清除工作，已由工部局工务处派人着手办理。开始之区域，为兆丰路及公平路以北沙泾港以东之一带，其东北界为一新造之路名长浜路（？），及接连岳州路之某路，计其面积约等于公共租界中区之一半。该区内现有积存粪秽垃圾最多，工部局工务处派出西籍职员六名，统率工人一百五十名，将此项秽物，运往乡间空地掘坑掩埋，约计每日可以出三百吨之多，但至少须一星期方能出清也。

《中央日报》1932年3月17日第一张第二版

273. 首都全市民众筹备欢迎国联调查团,全国即将到京各界筹商欢迎办法,切盼国联对日暴行予以有效制裁

市党部拟定宣言原则

国联调查团,于二十左右可抵南京,各方准备热烈欢迎,各情迭志前报。南京特别市党部,昨特制订原则六点,作草拟欢迎该团宣言之标的原则,原文探录如次:(一)表示欢迎调查团莅华之诚意。(二)对日本侵略中国之事实,及违反国联盟约、非战公约及九国公约之罪恶,尽量举发。(三)过去中国对于沈阳事件之容忍,与此次上海事件之抵抗,系中华民族争生存,及维持世界正义与公理,拥护国际联盟条约及国联决议案之表示。(四)须说明日本破坏东亚和平,即所以破坏世界和平。(五)国际联盟会应站在正义公理,与本身职务之立场上,制裁日本之暴行,以维持国际之神圣盟约。(六)如国联对日本侵略中国之暴行,不能依据国际盟约及世界正义迅采有效之制裁时,中华民族惟有取自卫手段,继续抵抗,宁为玉碎不为瓦全云。

教工学界等请主公道

首都工界于昨(十六日)上午十时,在报业工会会址,召集全市第四次代表大会,计到二十二工会及代表三十人,推定临时主席,王树藩略谓国联调查团行将来京,该团负有主持公道责任,本会应即热烈欢迎,详述日军暴行及民众意旨等语。旋即通过议案如下:(一)通过欢迎国联调查团来京办法:(甲)人数以二千至三千五百。(乙)各会会旗一律白布黑字,长五尺宽二尺。(丙)指挥纠察各会自推二人,并推程秉智、井振亚担任总指挥及总纠察。(丁)茶水等,各会自备。(二)公宴调查团时,推王树藩、□拱之、林云亭、曹家秀、井松泉出席报告。(三)电国联调查团,表示欢迎。(四)本会发出犒劳将士募捐簿,有人指为捏造,决交工界抗日会办理。

京市各学校于昨下午三时召集联席会议,当经决定俟国联调查团抵京时,各校学生全体整队,出发欢迎。自下关至新街口由中校列队迎候,新街口至励

志社一段由各小学担任。同时推派代表致欢迎词,并发表宣言,要求该团对此次调查事件,予以重视云。又讯京市教育界全体同人,经会商决定,公宴该团,推金陵女大校长吴贻芳代表致欢迎词,并请该团于调查后,根据实地情形,向国联详为报告云。

国民外交会陈日暴行

本京中国国民外交后援会执行委员蒋宸予、董葆谦、杨镇华、向曦、纪晋开、张长海等,业经根据旧案积极筹备就绪,刻因国联调查团不日至京,该会昨(十六)日特开全体大会,公推代表董葆谦、程浩吾、杨家腾、李秉恒等四人参加欢迎,并拟公宴调查团,陈诉日军□杀□炸掠夺之残暴,并表示全国国民誓死不受丧权辱国之任何条件,请该团转达国联,□公□正义之有力制裁云云。兹录其致行政院、外交部及外交委员会等机关之公函如下:敬启者。敝会当此外患紧张,国难万急之时,所有敝会原有会员,纷集首都,借群策群力,合全国国民力量,以为政府外交之后援,业经根据旧案,呈达市党部、市政府、警察厅、警备司令部查照在案。刻因国联调查团不日即将由沪至京,敝会以国民立场为合法组织,所有此次暴倭侵掠之酷杀、轰炸之横,文化、慈善机关之毁坏,以及目下佯假和平之形式,暗增兵力之实情,亟应痛切陈诉于各委之前,而我国民为自卫抗争,誓死不受任何丧权辱国之条件,此乃全民意志,尤应充分表示。敝会连日开会议决,对于此次国联调查团到京,实有参加欢迎之必要。并议决以敝会名义,定期公宴。用特函请钧府贵部会,于国联调查团到京之日,先期通知,以便派全权代表参加欢迎,俾上下一心,表现团结。幸祈鉴核,不胜叩祷。(下略)

市府及报界定期招待

市政府昨(十六)日举行第二〇〇次市政会议,议决要案多起,兹择要探录如下:(一)市长交议教育局签呈核复社会局科员卢誉等呈请在停薪期间豁免市立中小学费一案情形请提会讨论案,决议不准。(二)市长交议社会教育两局及参事室先后审查南京市自治区区立民中学校办法报告案,决议修正通过。(三)市长临时动议国联调查团来京时本府应如何招待案,决议关于本府招待事宜,指定秘书长参事及各局长负责筹备。

又首都新闻界为欢迎国际调查团,于昨日下午二时假平江府街新闻报社驻京办事处，举行谈话会，届时到会报社记者廿余人，由余树立主席，议决：该团抵京后，定期举行本会招待，并撰写赖琏、余树立、石信嘉、朱虚白四人，负责筹备一切云。

童军八百余参加服务

京市童子军团长，于昨十六日下午三时在市党部图书室举行团长会议，出席者：马幼镛、王练钢等二十余人，主席张其清。讨论事项：（一）各团参加欢迎国联调查团服务人员，规定如下：（甲）小学方面：（一）西区两小队，（二）汉西门四小队，（三）船板巷两小队，（四）卢妃巷两小队，（五）崔八巷三小队，（六）考棚二小队，（七）升平桥三小队，（八）兴中门三小队，（九）三牌楼两小队，（十）督粮厅三小队，（余略）。（乙）中学方面：（一）钟英六小队，（二）中实三小队，（三）马群十小队，（四）遗族（女）二小队，（余略）。（丙）中山路沿线各段指挥人员，计中山码头二人，鼓楼二人，新街口至励志社三人。（丁）议决推马幼镛、朱翰题担任下关段指挥，推刘克刚、夏士杰担任鼓楼指挥，推王叔渊、徐治亚、尹鳌担任新街口段指挥。至五时散会。

《中央日报》1932年3月17日第一张第三版

274. 沪新闻界及顾维钧等昨欢宴国联调查团，史量才代表致词望主持公理争和平，李顿表示各会员国应守不侵略政策

新闻界宴请国联调查团

【中央社上海十七日下午七时十五分电】篠（十七日）午沪新闻界在万国体育会，宴国联调查团，邀各西报代表及顾维钧、郭泰祺等作陪。史量才主席致欢迎词云：国联调查团诸位先生，诸位来宾，我们于遭遇强权劫持的严重情势中，于遭遇炮火荼毒的惨淡环境中，能得与携来公理与和平之曙光的使者国联调查团诸位先生见面，实在感到非常的荣幸与愉快。在这里我们谨以挚诚之意敬致欢迎之忱。调查团诸位先生，此次膺受国联郑重的付托，远渡重洋，

来实地调查中日间不幸的争端,很显然的是负有庄严而伟大的使命。此次的工作,是为中日为国际。诸位此行,是为全世界爱护公理与和平的人士所共同热望瞩目。在人类文明史上将保有永久不磨的光荣。由去年万宝山惨案,韩人屠杀华侨案,以至九一八日军突然袭取我沈阳,及此次上海祸变所造成的中日间不幸的局势,显示世界和平,已遇到了巨大的暗礁。此事责任谁属,待诸位先生实地调查之后,必能获得公正而显明之答案。调查团诸位先生是正直的,全世界还有无量数正直的人们,在以正直的眼光,致无限的热望于诸位此行。在诸位实地调查之下,我想必能予全世界热望者的人们以正直的答复。事实与理论,都显呈诸位的眼前,我们不必详加陈述。然而我们还有不能不加以说明的,即日[本]不仅是亲手做下了不正直的行为,并且极力压抑一切正直的呼声,我们是新闻界同人,我们深知我们的责任,是共谋人类的和平与福祉,同时对于迫害人类和平与福祉的行为,应当严正的揭露。然而青岛的《民国日报》竟被日人焚烧了,上海的《民国日报》竟在日人威胁之下停刊了。此外在福州在长沙在北平都有同样的事情发生。本月十五日天津电①《大公报》,又因为刊载一张插画,遭日本领事的威胁。诸位,日本既多行不义,复欲一手抑止我们正直的呼声,掩尽世界人士的耳目。可是世界舆论不早已同样发出正直的呼声吗?最近不是更形一致了吗?可见世界人士的耳目,决不能一手掩盖,而这种行为更决不能为正直的人士所原恕。对于国联调查团诸位先生,我们不愿有何要求,但是国联的责任是维护公理,维护和平,我们唯一的要求,亦即公理与和平。但我们认为应当持公理争和平,绝不能以和平牺牲公理。合乎公理的和平,是光荣的,是永远的。背乎公理的和平,事实上既绝不能维持其永久,抑且决不为全世界正直的人们所希望。十年来国际联盟调查国际间纠纷,曾积下了不磨的光荣。我们热望国联常保此荣光,因为国联的荣光,即是全世界的荣光,即是全人类的福祉。调查团诸位先生,我们谨为世界人类和平,祝诸位健康!

顾维钧欢宴并致欢迎词

【中央社上海十七日下午九时半电】 顾维钧于篠(十七日)晚八时,假西摩路一百二十号荣宗敬宅,宴国联调查团,陪客有各国海军司令,暨随员、英总

---

① 编者按:原文如此,疑"电"是衍字。

领事,及宋子文、孙科、孔祥熙、陈策、郭泰祺、吴铁城、虞洽卿,暨英法工部局华董,各团体领袖,报界代表等约百人。席间由顾氏致词云:鄙人奉命为参与国际联合会调查团代表,今日有机会欢迎诸君,不胜欣幸。诸君或系政治家,或系军事家,或系外交家,著名于世界。国联指派诸君来华,调查中日纠纷,可谓人选确当。鄙人欢迎诸君,因诸君系正义及和平之信徒。国难其间虽不能作盛大欢迎,然欢迎自是恳诚的热烈的。诸君来自国联,国联的基本原则,与中国的历代理想,最多符合。自孔子到宋儒鼓吹民吾同胞、物吾同与的理想,不遗余力。国联的精神,即是中国文化的精神,所以创议设立国联时,鄙人为首先赞成设立是项联合会之一员。当时盟约起草委员会美国前大总统,鄙人亦曾参是议。国联成立之初,鄙人亦曾为行政院理事参加大会。此皆鄙人生平之幸事也。诸君初入中国国门,想已察及中国国家之新运动及新生命。诸君行踪所至,当益能明了中国版图之广大,户口之繁庶,及问题之复杂。生长于中国之邻近者,不无忽略。但诸君来自远方,胸无成见,定能用公平眼光,观察中国。中国现在处于过渡期间,国家正在改造,新陈代谢,进行极速。近来外力侵入,事情逐渐扩大,中国所受的损害,暂且从缓全盘托出。但中国改造的前途,因此受极大打击,政府的行动,亦因此受有严重的阻挠,盖无庸赘述。诸君调查期间当能发现中国人民于中日关系的问题,民气极为激昂。但是诸君作更进一步的研究,便知中国人民的愤慨,实在是武力政策对付中国的反响。表示愤慨之方式,虽各有不同,或用言,或用文字,或在购买外货上表示区别。但无论用何种方式表示,原因却都在中国以外,且均非中国政府所能控制者。换言之,九月十八日以后各种事变,影响尤为重大。贵调查委员会的使命,不但中国重视,世界各国亦深为关切,具有远大眼光之政治家,苦心孤诣,用国联盟约及非战公约导世界于和平。然而此项约章,是否能为国际关系之健全原则,是否有保障和平之效力,现在已成绝大疑问。和平公约能否实行,世界前途如何实现,均成为问题。然而国联对于现在远东问题,异常关切,不断努力于维持和平,力图一种永久之解决。加之美国对于维持和平诚挚之合作,贵团诸君就地调查真相,鄙人深信对于尊重中国领土行政之完整,必有相当办法,和平公约尊严,必能重行恢复也。

国联调查团李顿之表示

【中央社上海十七日路透电】 国联调查团为避免酬应,以便分出时间赴各处视察沪战之状况起见,已将多数中外人士召宴之请求拒绝。但今晚该调查团将赴顾维钧之宴会,明后等日,将赴孔祥熙、宋子文、律师公会、太平洋协会及美国亚细亚舰队司令台东之宴云。

最近调查团主席李顿爵士,曾表示:彼对于国联会之观念,彼谓国联固就防阻侵略行为,及予各会员国以公平之待遇,但各会员国亦应遵守不侵略之政策,而避免向其他会员国进攻。各会员国,均应有和平之心,非口头上之和平也。若先养成国际间之仇怨及冲突,然后希望国联援助,以避去因此种仇怨而发生之结果,殊不可能也。

【中央社上海十七日下午十时三十分电】 李顿勋爵篠(十七)在新闻界招待席上,代表调查团答谢,略谓:鄙人等得参与言论界之盛宴,甚为荣幸,但对于言论界人发言必须慎重。余等闻中日均有军阀,但其力量究不如在此舆论界宴会中主席之大。昨日余等应各大学宴会时,余亦如是说。盖因言论界与教育界,全为领导人民与指导人民者,因此余等调查团,亦须言论界之指导也。顷所告余等者,中国并无如何之奢望,但求与以公正之判断耳!但公正与判断字意不同,判断是经法庭之判断公正,非一国判断别一国即为公正也。余每次说到和平,余均以为公正将战胜武力,惟有将此意申述,祝中国言论界之健康云云。

【中央社上海十七日下午十时卅分电】 吴市长篠(十七日)午后三时偕秘书长俞鸿钧,赴华懋饭店答拜国联调查团,晤谈甚欢,四时许始辞出。

【中央社上海十七日下午十时三十分电】 市商会、银行公会、律师公会及各学术团体,派定代表,要求谒见国联调查团,陈述意见,该团允定期接见。

《中央日报》1932年3月18日第一张第二版

275. 上海罢市乃日军暴行所造成,市民联合会等将事实报告,国联调查团非常关怀

【中央社上海十七日下午十时半电】 国联调查团,对于沪商开市问题,非常关怀。市民联合会等六团体,特将罢市事实,拟具报告书,函送调查团。报告书详述一·二八后日军凭借租界作战,破坏租界警权,强占捕房,擅捕良民。工部局及防守委员会,迫于武力不敢发言。纳税华商,因工部局不能保障安

全,不得不有罢市之举。继谓现工部局尚未完全恢复警权,且对于恐怖区域,现仍受害之纳税商民,毫无办法。故迄未敢开市,仅有少数商店因协助公众需要之便利,为有戒备之营业。故上海今日之罢市状态,乃日军破坏工部局警权,扰乱工部局行政秩序,非法行为所造成。甚望国联调查团能劝勉参加防守委员会之各国在沪军事领袖,根据防守原则用其力量斥责违背防守责任之会员,以维公共租界整个安全及秩序。否则上海各国发展商业之进程,将因之留一可以破坏之恶例云云。

《中央日报》1932年3月18日第一张第二版

276. 国联对远东事件表现其犹豫不决及软弱,英自由党领袖乔治之演说

【中央社伦敦十六日路透电】 自由党领袖劳合·乔治,今日在自由党青年俱乐部演说时称:数星期以来,国联所表现对于远东之犹豫不决,及软弱之态度,对于国联之影响异常重大。唯一之希望,即为华军抵抗之坚决及各小国之抗议耳云云。

乔治又称:英国对军缩会议提出之议案,缺乏勇气,较之德、俄、意、美、法等国,相去远甚云云。

《中央日报》1932年3月18日第一张第二版

277. 平市筹备招待调查团,刘哲等为招待会委员

【本社十七日北平专电】 平市招待国联调查团委员会,篠(十七日)发表刘哲、胡维德、陈篆、汪荣宝等三十二人,刘为主任委员,周大文为招待处长。平报界,篠(十七日)议决组招待调查团筹委会,拟与津报界共同招待。另设编审委会,从事编制各国文字报告书。

《中央日报》1932年3月18日第一张第三版

278. 上海和会希望极少，日代表所接受条件日政府均拒绝，国联委员会讨论指导上海会议事，十日已过未获解决，大局满含危险

【中央社上海十八日下午十一时二十五分路透电】 日方大宗军火，仍继续运沪。中日和平会议目前无进展。据中立方面消息：双方同意希望极少，在上海参加和平会议日方代表所接受之条件均为日本政府所拒绝。各方现时目标，颇有转重于日本内部问题之形势，因日本军人推翻政府，另组新内阁之传说颇甚。

【中央社东京十八日路透电】 关于上海和平会议，日本最后训令已电达日本驻华公使重光葵。据云：日本可同意目前只讨论中国代表团在日内瓦大会所提出之三点，但日方说明，和平协定后，必再开圆桌会议，且在圆桌会议时，抵制日货及日侨安全等问题，均得提出讨论。在各种问题有圆满办法后，日兵始可完全撤退。

【中央社上海十八日路透电】 中日双方之临时协定，规定下列数则：

（一）中国军队暂保守现驻之阵地，同时日军亦由现时占领之区域退出。

（二）军队撤退区域内之警察事宜及行政事宜，仍由中国当局负责管理。

（三）由中日双方合组委员会，由中立国代表参加监视日军之撤退。

委会讨论沪和会，委会须监督议案

【中央社日内瓦十七日路透电】 今日大会委员会开会时法代表彭古尔对主席西姆士之主张，表示赞同，彼谓：大会决议案件中所称之监视撤兵之委员会，并非皆为中立国代表，文中所谓"加以援助"一节，即可表示，委员会之主体仍为中日两国。至于日本提出关于吴市长一月二十八日之函件事，是为政治性质，此时不应提出，应俟将来开圆桌会议时再议。

此时日代表佐藤，复起立答复颜代表及其他演说者之言论，彼谓和平会议进行十日，尚无显著之进步，非日方过误。日方自三月四日至十四日，皆在等候中国派定代表，以便负责交涉。至于中国方面委员会之组织事，彼之意见，

与西姆士主席之意见相同。关于吴市长函件事,彼称此事之提出,并非条件性质,仅为日本希望中日关系早得增进之一种表示耳。惟此事关系日本经济问题颇巨,日本认为重要。若中国政府反对,则此时日本可不提出,俟将来圆桌会议时,再行提出云。最后彼称若委员会,能予上海正在进行中之会议,加以指导,则彼将极端感谢云云。此后委员会即讨论指导上海会议事,莫他代表云:经佐藤对于吴市长函件一事之声明后,各方对于委员会所处之地位,已趋明。因事实之困难,委员会不能兼顾会议之一切小节,委员会所应负之责,即为干涉违反国联决议案之一切云云。西姆士称:委员会为大会之代表,故委员会之责任,在监督决议案本其原来之精义实施之。至于就地监视会议之进行,及决定停战条件等,皆非其责。委员会非经请求,不能过问会议事。此后西姆士即请中日代表将委员会之意见,转达各本国政府。西姆士继称:彼主委员会应即停止,由秘书处负责监视远东之形势。若形势恶化,则委员会可即开会。若小事则委员会无开会之必要云云。颜代表当即起立,对委员会中各人发表之意见,表示感谢。同时日代表亦接受委员会之意见,并称:彼将立即电告日政府,请对于日方所提之条件,不必悬念。颜代表又称:此时应将各方对于上海会议错误之关[观]念,加以说明,即上海会议之目的,在如何保证上海外侨之安宁及解决一切当地各问题,而非讨论抵制日货事。因抵制日货,系全国之问题。若日军撤退,友谊关系恢复,则抵制日货自能自动取消云云。西姆士不愿见双方在会议中讨论抵制日货事,彼称:上海会议将讨论一切可促成两国邦交恢复之各问题。日代表佐藤称:彼个人甚盼此次会议能将抵制日货事解决。彼又谓关于上海和议条件事,彼未接东京政府之报告,故保留一切之权云。西姆士称:在上海会议中,双方皆可自由提出意见云。公开会议至下午六时闭会,各委员当即续开秘密会。

秘密会继续开会,讨论我提备忘录

秘密会首先即讨论中国政府所提出之备忘录,指明委员会对于三月四日大会之决议案,及九月三十日及十二月十日行政院之决议案,应负之责任,其大意谓:委员会应向中日政府通知大会决议案之意义。因日本现有曲解决议案,压迫中国承认日方哀的美敦书条件之意,同时委员会应请中日双方在复活节假期后,委员会重复开会时提出各该政府对于国联决议案,实行至何种程度之报告。委员会亦应请国联调查委员会在可能范围以内,报告日本对国联历次之决议案之实行,已至何种程度。因仅国联之监视,始可阻止日本侵略东三省及上海之野心云云。

委员会对中国之备忘录,讨论三刻钟之久,结果决定:请中日政府提出报告声明,两方对于国联各决议案之实行已至何种程度,同时请调查团在最近期内对东三省情形提出报告。有一部委员谓:东三省问题,较上海问题,尤为重要。西班牙代表主张国联调查团调查东三省新国如何成立,及人民对之是否拥护。但结果已遭否决,因众认上海问题有先解决之必要,故不愿令此问题愈趋复杂云。至于中国备忘录中之其他各点,众认委员会之行动,已包含一切云云。

沪事草案之要点,日修正无理由

【中央社日内瓦十七日路透电】 今日国联特委会,西姆士曾诵读由中国政府发来之电报一通,报告在蓝溥森茶话上讨论解决上海事件之草案,其要点有二:(一)在事件解决以前,中国军队暂守原阵地。(二)日军应由现时占领之区域及虹口各租界以外之路线,撤至公共租界内。惟以日军人数众多,一部日军或暂驻于租界附近之地点。同时派一委员会,监视日军之撤退云云。西姆氏继称:日本提出之修正案,与原案第三条,无甚区别。草案中末段谓在和平谈判中,关于原则之问题,不应提出。日本之修正案,并无理由,且与大会之决议案抵触。所派之委员会,仅监视军队之撤退及治安等事宜,并不牵及原则问题。且日方关于吴市长函件之条件,为政治条件,故与大会决议冲突云云。下次会议议定明日复开。

颜代表侃侃陈词,大局仍满含危险

【中央社日内瓦十七日路透电】 国联议会之十九人委员会今日午后三时三十分举行第一次公开会,主席希孟声称,渠闻上海休战与日军撤退之谈判,现已进行中,当请日代表佐藤、中代表颜博士,供给消息云。佐藤起称:日军第十一师及久米留混成旅,已接撤退命令,故将士之将回国者,约一万四千人。关于谈判第一次会议,乃在三月十四日举行,渠尚未奉命报告详情。但今可告者,前进的一重要步骤,业已实现。佐藤又谓:日政府诚意希望能并合对华之争端,而得一解决。于是颜博士起称,中政府已在英使蓝博森斡旋下,发起谈判,并未约定须守秘密,实无不将详情公布之理由。颜博士又称:渠顷接一电,系今日所发者,内称:因日使重光尚未接日政府训令,故今日未开会议。颜博士于是解释中国反对关于确认一月二十八日上海市长去函日本之规约,及反对派共同委员团以中立国人员加入监察退兵区域一切状况,以至商定最后解决之理由。颜谓市长之函,关涉设法中止抵制,故此乃政治条件。至第二规约亦属政治性质,且违反国联之决议案。盖共同委员团者,即一中日团体之谓,夫以业已撤退之侵略者,复许其返来监视一切状况,此实不能忍受云。颜又谓:十日已过未获解决,故大局仍满含危险。中日和议之僵局由各国公使从中斡旋,及国联调查团抵沪后借道德上之感应力,已逐渐打开中日外交,当各电达本国政府请示。我方业已接获复电,然日当局迄未接到该国训令。惟是否另有枝节,则尚难逆料。然则中日和平前途正未可乐观也。

《中央日报》1932年3月19日第一张第二版

279. 外次郭泰祺谈上海停战会议经过,经各国使领调停曾拟定基本原则数项,但重光以未奉训令为辞会议遂陷停顿,沈觐鼎昨对新闻界之报告

【中央社上海十八日下午十时电】 日来外间对于中日和议之进行传说纷纭,莫名真象,记者因此事关系至大,易滋误会,乃往谒外次郭泰祺氏,询问和议进行经过情形,当承郭氏答复如下:

自本月九、十两日,中日双方关于停战和议问题,以书面声明意见后(均由英使转达),和议已成僵局。英、美、法三使及意代办,均以书面交换意见迁延时日,而目前僵局亦须及早打开,因此于十四日下午在英领署开一茶会,邀余与日使重光列席(此为余与重光第二次会晤,第一次则在旬日以前,亦系在英领署应英使茶会之约)。各方遂作一长时间之非正式交换意见,结果得到对于停战会议议程之基本原则数条,即颜代表在日内瓦所发表者是也。彼此双方约定请示政府,我方早得政府训令,其意见亦经颜代表在日内瓦披露。惟日使则始终以未奉到东京训令为辞,以致原订星期三下午四时开正式会议,决定停战会议议程之约未能举行。迄于现时止日方尚无消息。尚有一节,外间亟须明了者,即系目前吾人所进行之会议,系停战会议,除中日双方外英美法三使

义代办,及各方军事代表亦均将参预。其所议事项,仅以有关于停战及撤兵事件为限,完全系根据国联议会决议案。凡有关于政治性质之问题,概不列入。与外间所传之圆桌会议或上海会议截然两事云云。

沈觐鼎报告

各报社记者,于昨日上午十一时,拟谒见外长罗文干,适罗氏因公外出,乃晤亚洲司长沈觐鼎,询问最近外交情势如何?据沈氏答复云:(一)据昨日路透社电,谓日代表佐藤在国联称上海之中日代表已成立谅解云云,乃系佐藤宣传作用。按外交上所谓谅解者,即含有妥协之义,在上海会议过去情形,并无有何谅解之事实。(二)上海和平会议,由各国使领居间奔走之结果,对日本撤兵办法,已议有头绪,对会议前提亦已大致决定。故外部方面,接郭次长之报告,我方仍根据国联之决议,及颜代表在国联声明各点之既定方针,对该项前提,仅略加修正,表示接受。故第二次晤面之时间与地点,亦已决定。不料日代表重光葵以未接政府训令为词,希望会议延期。外部接非正式报告,日政府对沪会议前提,已表示同意,重光葵仍称未接政府训令,恐系托词,上海会议因之遂陷于停顿中。究竟日方是何用意,尚待推测。(三)国联调查团原定二十日或二十一日来京,近以沪事之故,或将多延四五日,始能成行。抵京后约勾留三日即行北上。(四)据外传日对和议条件有:一,日兵撤退区域,中国兵队不得进据。二,上海附近二十基罗米内,中国不得有军事设备。三,沪战责任,由中日双方担负,中国不得提出赔偿要求,等点。此项传闻,或系事实,但日方至今尚未正式提出。然外部方面决难予以同意,因上海事件,完全由日方负责,我国于屡次抗议中,均有要求保留此点云。

《中央日报》1932年3月19日第一张第二版

280. 各省市纷电国联调查团,请戢暴日凶焰

【中央社上海十八日下午九时四十五分电】 各省市民众团体纷电沪市府,请转国联调查团,表示热烈欢迎,并望以公正态度,戢暴日凶焰。

【本社十七日济南专电】 鲁当局电沪,欢迎国联调查团,并令市府筹备过

济时招待。

《中央日报》1932年3月19日第一张第二版

281. 顾维钧辞沪会代表，因须偕国联调查团北上，暂由郭泰祺氏负责接洽

（中央社）政府对上海和议事件，曾任顾维钧氏为我方首席代表，出席会议，以期解决沪案。顾氏以本人已经政府任为参与国联调查团中国代表，现该团业已抵沪，须与接洽一切，并将相偕北上调查东省实况，对上海会议事件，势难兼顾，因而向外交部一再恳辞。闻政府尚未照准。但事实上关于沪和会事，闻已由外次郭泰祺负责接洽云。

《中央日报》1932年3月19日第一张第二版

282. 调查团将视察战区，尚拟视察两军前线阵地

【本社十八日上海专电】 调查团定马（二十一日）晨九时出发视察战区，预定先由闸北至江湾，经吴淞而抵浏河，然后再行视察最前线之两军阵地。

《中央日报》1932年3月19日第一张第二版

283. 国联调查团定期来京

【中央社上海十八日下午九时四十五分电】 国联调查团定有（廿五日）或宥（廿六日）乘海军部特备之轮船入京，马（廿一日）上午九时出发赴战区视察，孔祥熙、宋子文均定皓（十九日）晚各在本宅邀宴。

《中央日报》1932年3月19日第一张第三版

284. 沪市商会欢宴国联调查团，王晓籁痛陈暴日侵略野心

【中央社上海十八日下午十一时电】 巧(十八日)市商会在华懋饭店宴国联调查团，顾维钧、郭泰祺、吴铁城及各界领袖作陪，主席王晓籁致欢迎辞，李顿答词。欢迎词甚长，略谓：国联历年处理国际纷争，虽未能充分发挥权威，尚有相当效果，使人知除武力外，别有解决争端之途径。不幸自去年九一八以来，日本武力侵华着着进逼，国联盟约、九国公约、非战公约，均为之破坏无余。国联开会一次，则日军在华之暴行，进展一次，直接予全世界以威胁，间接即予国联以威胁，国联遂遭遇从来未有之困难，不得已乃有调查团之派遣。诸公此来，任务非常重大。查国联派遣调查团，本以满案为主，然日人之攻击东南，本为欲巩固其在东北窃据之势力而起，故沪事仍当纳于东北事件之中。

现在东三省无一中国能自由行使政权之机关，既无中国官吏可以访问，又无公家档案可以参考。敝会敢断言，诸公在东三省调查所得之资料，必均为已经过日人修改或出于日人制造之资料。故敝会以为欲求明了事实之真相起见，对于东三省以外我国公私各团体之叙述，诸公实有竭诚倾听之必要。日人指摘中国最大之理由，第一为不尊重条约。以敝会观察，则不尊重条约者，当在日本不在中国。盖日本今日在东三省酿成中日外交史上稀有之恶化，皆由于：(一) 设置所谓满铁守备队，(二) 设置所谓满铁附属地，(三) 于辽吉两省，设置日本警察。查满铁设置守备队，本系援照中东路俄人先例。自日俄议和后，日本曾与中国订约，一俟俄人将东铁守备队撤退，日本即当同时撤退。然俄国在东铁之守备队，民七即已撤退，而日军则踞守满铁如故。由此言之，究系日本不尊重条约乎？抑系中国不尊重条约乎？

其次所谓满铁附属地，援照中俄所订东省铁路合同，只有铁道用地免付地租之权利，他无规定。而宣统元年中俄所订哈尔滨公议会办事大纲，明认铁道用地治理之权属于中国。至中日两国所订东三省善后条款，对于所谓满铁附属地者，更属毫无规定。而日本则以满铁视为关东租借地之延长，行政司法无不攘夺净尽。由此言之，究系日本不尊重条约乎？抑系中国不尊重条约乎？

日人在辽吉两省,遍地设有日警。曾于郑家屯案件结束时,令其照约撤退,日人虽毫无可以借口之根据,而设警区域迄今依然如故。由此言之,究系日本不尊重条约乎?抑系中国不尊重条约乎?

其指摘中国最大之理由,第二谓悬案不解决。此层下列三点说明:(一)悬案延不解决,系国与国间常有之事。即以中国论,与其他各国亦有历时许久未能解决之案。惟不诉之外交方式,而突用兵力占据,则显系蔑视国联盟约之暴行。(二)中国提出向日本交涉之案,日本延不解决者,据我国外交部所宣布,亦有数十起之多。假使中国亦效日本之举动,日本是否容认。(三)日本于东三省自由行动,如安奉铁道改筑宽轨,鲜农之强占华人良田,皆以军警为护符,为事实上进展。故悬案延不解决,系日本之益,中国之苦痛。中国自始并无延不解决悬案之意思,其所以延不解决者,实由于日人之播弄手段,欲以地方政府为对手,而不愿中央与闻,以致迄今成为僵局。

其指摘中国最大理由,第三即所谓铁道平行线问题。此层吾人亦可以下列四点说明:(一)中日所订东省善后条款,只承认日本继承俄国所割让之满铁权利,关于平行线之问题,该约并未提及。嗣后只有两国使臣交换商谈之照会,未经政府批准,不能作为根据,此层即日本学者亦予承认。(二)即照两国使臣之互换之照会而论,关于平行线之距离,亦以俄国借款所办之正太铁道为标准,而我国所办之打通、沈海各路,距离南满线已在三百华里之外,绝无发生平行线争议之可能。(三)东三省当局,以洮昂路向日本借款之时,日人以该段路属于北满范围,既得此借款利益,自愿将打通、沈海、合海之争议,置诸不论,日后何能再行借口。(四)中国在东省新筑各路,实际上并未足以威胁满铁之生存。

根据以上事实,可得下列结论:(一)日本所谓东三省权利,被中国侵害至不能容忍之地位,多系张大其词,按诸事实,绝对相反。(二)争论不诉之于外交手段,而令武人穷兵黩武,自由攻夺其邻国领土,依照国联盟约,实为绝不可恕之罪恶。更有一层,吾人应注意者,日人初占辽吉,犹谓一俟侨民生命财产能确保安全,即当撤兵,犹未敢公然认东三省为彼国领土,提倡永不撤兵也。嗣占据黑省,国联不能制裁;占据锦州,国联不能制裁。于是由其一手制造之傀儡国家,公然出现,大开其所谓伪国会议,列席者有日本领事、关东州属员,而海陆军人,亦靡不莅止,今尚有何辞以自解乎?从前虽不愿撤兵,而不敢公然谓不撤兵,今则竟主张移植内地三师团或五师团于满洲以充伪国之国防矣。

诸公尚以日本历次对世界之宣言为可信乎？诸公应知现在国际间含有无数危险之种子，辽东事变，纵可得一强国之意旨敷衍了结，而世界大战之动机，或即由此加增速率；国联威信如因辽东一役而全被破坏，势必举全世界十五万万生命以殉之。凡在人类，当不忍见此惨祸。故敝会所望于诸公者，惟求此行能得一详确之报告，公平之纪述，使国联为最后之措置而已。

《中央日报》1932年3月19日第一张第三版

285. 欢迎国联调查团，本京三百余团体热烈筹备，望其以公正态度报告真相

国联特派调查团一行，将于本月二十四日由沪乘轮来京，在京留约四天，至二十八或二十九日，即将离京北上，经平津而往山海关外，调查东北辽案之真相。本京各界以调查团此来之使命重大，并希望其将沪案、辽案实在情形，用公正之态度，以报告国联，同时使中国之民族性及国家之组织情况，得以介绍于世界各国，因此极力筹备欢迎。

参加极踊跃，欢迎队将沿途排列

闻本京参加筹备欢迎之各界团体，已有三百〇九个，内分党部及农工商学妇女暨各机关。工商界参加之团体为最多，计有一百八十余个。其次为学界，本京共有大中小学校一百余，学生在一万以上。除各大学尚未开学外，中小学生之可以参加欢迎者，约有七千余人。商界方面，拟每一商店推派一人欢迎。在调查团到京时，自三北轮埠或中山码头起，至励志社为止，沿途将有继续不断之欢迎队排列。学界尚决定选择年龄幼小而极其聪慧之小学生二人，届时往轮埠欢迎，以点缀此盛大之欢迎会云。

南京市政府，为热烈欢迎国联调查团起见，特令社会局会同首都警察厅，通知各商店住户，所有悬挂党国旗，须重行更新，尺寸大小亦须一律，并于是日各商店均派代表一人，参加欢迎云。

国民外交会，驰电申述所抱希望

中国国民外交后援会，致国联调查团欢迎电云：上海市政府吴铁城先生转

国联调查团各委员鉴：慨自欧战以后，世界各国受战祸之惨毒，备尝痛苦。贵会为谋制止野蛮武力之再见而重苦人群，应运产生，以公理正义之主张，促进人道光明，全球人士，同深钦感。而非战公约、军缩会议，所以消弭人类危机者，筹画尤为缜密。本会代表中国国民，表示敬谢无量。岂料际此非战公约签字以后，军缩会议将开之时，东亚之日本，竟倾其国中之海陆空军，于一九三一年九月十八日起，用强暴之武力，占领我东三省土地九万余方里，损失人命财产不可数计，尚以为不足，更以海陆空重兵十余万，占领我淞沪，轰炸我文化、慈善机关。总计上海闸北一隅，被惨杀之老幼人民，殆无一幸免，极地狱之惨酷，灭人道之光明。直接受害者为我中国之无辜人民，然间接即不啻与主张人道之贵会对抗。中国国民深知贵会维护世界和平之苦心，故自闻诸公来华调查之信，人人欢忻仰望。盖以制止日本野蛮武力之扩太［大］，免除我国人民之横遭杀害，及保障一切中外人士工商各业之安全，全赖诸公今日以公明之观察，定平正之判断。世界上公理正义之能否存在，人类和平之能否永保，亦当视诸公对此次事件之判断而决定。本会系四万万国民所结合，为政府对外之后援机关，谨代表全国国民，致其希望，并热烈表示欢迎诸公之诚意。特此电达，伏维公鉴。

欢迎之标语，用中英法三国文字

首都各界欢迎国联调查团筹备事宜，连日经由京市党部，召集各界代表，一再集会磋商，大体已就绪。如欢迎时参加团体行列之排列，路线之规定，参加欢迎者服装、旗帜之准备，及指挥纠察事项之布置等，俱已一一筹划妥善。一俟接得该调查团抵京确期时，即行分别通知各团体，整队前往欢迎。至关于宣传方面，近亦拟定欢迎标语数十条，概用白布书写中英法三国文字，于该调查团到京时，即张悬各街要道，以表热烈欢迎之意云。

励志社下榻，内部业已布置就绪

预备国联调查团下榻之励志社，经数日整理，内部已布置就绪，焕然一新。正楼之大厅，陈设中国柚木檀木椅桌，及北平国货出品最华贵之地毯。四壁遍悬总理遗墨，琳琅满目。东楼布署与正厅无异。寝室用中国制之国货钢床，一切应用物品悉具；餐室则中西兼备。门外花场，满植美丽之鲜花及翠柏，天然彩色，映入眼帘，尤觉赏心悦目。此外，网球场亦经加以整理，内部外观，极为富丽堂皇云。

《中央日报》1932年3月19日第一张第三版

286. 国联调查团明日视察战区以后,将详电日内瓦报告

【中央社上海十九日下午十一时电】 国联调查团,准马(廿一日)赴战区视察,我国陪往视察者前拟九人,现日方提议至多五人,且须代表团中人。调查团视察战区,用汽车,由华方预备。日方则每车派军官引导。闻大学联合会向调查团请求,派代表随往云。

【中央社上海十九日下午十一时电】 李顿勋爵语记者:渠自到沪后,除报告抵埠情形外,尚无关于沪案事宜电致国联。现拟自各处战地返后,将详电日内瓦,借作在沪调查之一结束。至中日停战会议,现正开始,余信不久有好消息报告于诸位云云。

《中央日报》1932年3月20日第一张第二版

287. 佐藤对记者之谈话,对中日纠纷前途表示疑虑

【中央社伦敦十八日路透电】 日代表佐藤最近对记者谈话,将东三省及上海问题,分为两事,此间各报,对此均极注意。《新闻纪录报》将此谈话以问答体登出。(记者问)日本政府对于武力之表现,是否认为满意?日方军事行动之结果,是否洽如预期?佐藤答称:形势变转之方面,皆非预料所及。彼对于记者之揣测,认日本情愿对上海事件让步,而对东三省则不能放松一点,并不否认。佐藤称:上海问题或能解决,但东三省问题必将有许多困难。彼称:日本在东三省经合法手续,所获得之权利,日本自当实行。日本不愿国联干涉东省事件云云。该报记者又称:佐藤代表对一犯有过误之国家所尽之责任,可谓已尽人力,惟佐藤言词中虽表示强硬之态度,但彼对于前途之变化如何,实表示疑虑。

《中央日报》1932年3月20日第一张第二版

288. 国联调查团视察战区，外部对沪会训令昨已颁发，今日续开否全视日方如何

【本社二十日上海专电】 郭泰祺谈：皓（十九日）在英领署所开之停战预备会，对日军撤退之时间及步骤均未商妥。日方提出取缔抗日运动，因涉及政治问题，经我拒绝，故未谈判。至越界筑路之驻兵问题，须待正式会议时讨论，外传种种不确。

【中央社上海二十日下午十时四十分电】 调查团参观战地，定马（二十一）晨八时四十五分由外滩华懋饭店乘我方预备车辆出发，先至闸北，次到真茹、江湾、吴淞，沿途由日方负责保护安全，饮食亦由日方供给。同行人员调查团方面为团长英李顿爵士、美麦考益少将、法克劳德将军、德希尼博士。至于意柯迭伯爵，因在病中，如马（二十一日）病愈即同行。又秘书长哈斯等六人。我方为代表顾维钧、总务主任张祥麟、参事王硕孙，其他二人临时决定。日方为代表吉田渡大佐、盐田崎①书记官、佐藤大佐、澄田炮兵中佐。至我方各大学代表，以日方限制，不能同往。新闻记者参加，亦遭拒绝。

【中央社上海二十日下午十时四十分电】 英海军提督甘莱号（二十日）晚八时半，至华懋饭店宴国联调查团。被邀者共二十七人，我方为顾维钧、郭泰祺、吴铁城。席间无演说。

外部复训已发出

（中央社）中日双方代表前日（十九）在沪英领署举行会议，对于停战撤兵，已拟定大体办法。我外部接郭次长报告后，经一度考虑，已于昨日发出复训。设日方复训昨晚寄到，则今日将继续举行会议。

【中央社上海二十日下午十一时电】 上海和议，双方截至号（二十日）晚八时，尚未有一方接到训令，马（二十一日）续开会否尚未定。如双方训令，能于马（二十一日）午前到齐，则会议当于下午续开，否则或须改期。又关于和平问题

---

① 编者按：原文如此，应为盐崎观三。

根据先撤兵而开谈判之原则,分两会议进行:(一)讨论停战及撤兵而不及任何政治问题之会,名停战会。(二)停战及撤兵完全实现后,讨论善后事宜,为第二会议,现名称尚未决定,外传和平会议或圆桌会议、上海会议等完全不确。

沪和会谈判真相

【中央社上海二十日下午十一时电】 据我方发言人谈话云:前日会议所谈之内容,因南京尚无训令到沪,故尚不能发表,所讨论细则,完全为根据寒(十四日)中日双方所决定之停战会议议程基本原则。至抵制日货及实行一月佅(廿八日)日吴市长复文中所承认等问题,完全为政治事项,非停战会议范围内所许讨论者,故完全未谈及。又日方训令所称之共同委员监视撤兵区域之警备问题等,亦未讨论云。

【中央社上海二十日下午一时电】 皓(十九)和平会议未谈及所谓圆桌会议,但据《字林西报》载:停战及撤兵问题解决后,所有政治问题如抗日运动等,悉俟圆桌会议考虑。双方哿(二十日)或将再开一次谈话会,大致皓(十九)规定办法。如经两政府接受,则将由中日军事长官开一停战会议,讨论一切军事问题。至共同委员会之权限,仅及于监视日军撤退而止。撤退区域之行政及警务,将全由市政府及华警办理。皓(十九)会并未换文,仅由各方各别纪录。

外电对沪会乐观

【中央社上海二十日路透电】 上海中日和平之前途,今日愈趋光明,昨日在英领署之会议,既已有相当结果,明日之会议,当更有进一步之进展。现完全候南京及东京之回电,即可着手进行。

昨日之会议为双方政府官吏参加者,若该会所决定事项能得双方政府之允诺,则双方军事长官之代表,亦将开会讨论正式休战办法。一俟此事成功,双方即将派委员会监视日军之撤退,及组织圆桌会议。上海之空气,现已趋乐观云。

【中央社上海二十日路透电】 昨日下午和平谈判之结果,颇为顺利,中日停战协定,两三日内即可签字。

三月二十一将再举行会议,各方对和平谈判,皆抱乐观,咸认日方态度已趋和缓。若日本政府不发生内部变化,上海事件即可解决。又昨日下午之会议,中日代表及各中立国代表皆到。会议毕郭泰祺语路透记者,谓彼盼在下星期一以前能接到政府调令云。

共同委会待研究

【中央社上海二十日下午十一时电】 停战会议议程内第三项所拟定之共同委员会问题,现委员人选尚未决定,外传由中日英法美意六国组织之。据闻此事因我国出席国联总代表颜惠庆博士之反对,尚有研究之必要。颜代表所反对此项规定之理由,以为共同委员会,乃中日合组的团体之谓。若业已撤退之侵犯者,复来监视当地一般状况,此乃不可忍受之事。故将来此委员会之人选,是否应有日本委员在内,尚系一问题。如中国正式反对有日本委员参加,则日本亦必反对有中国委员在内。如谓中日皆不参加,则上次国联讨论上海时局时,众意对此且以为不应全以中立国人组织之,故此事须详加研究,而后可决定,总以不与国联决议案抵触为标准。

《中央日报》1932年3月21日第一张第二版

289. 东北各团体请调查团主持正义,代表三千万民众表示欢迎,希望得一公平合理的解决

(北平通讯)东北各民众团体学术团体代表昨致电上海国联调查团,代表东北三千万民众,表示欢迎,并申明希望,使东省问题,得一公平合理的解决。原文如左:上海国联调查团利顿爵士勋鉴。吾人等谨代表东三省三千万人民,欢迎公等莅此多难之邦。孔子云:有朋自远方来,不亦乐乎。吾等欢迎公等,即为中国人种此久著之诚意。然万分抱歉者竟不克欢迎公等至吾人卑陋之庭舍,以其为吾人邻人所毁坏占领也。请视日人加于上海之残暴,日人称为自卫,然其"自卫方法"竟否认吾人之生存权。请视日人加于满洲之欺人"乐园"不止,使吾国千万民众流离失所,而且"保护"之,使之死亡。凡稍表示国家思想者,日人皆称之为贼匪,而杀戮之。然日人则继续制造土匪,恫吓百姓,一面作长久占领之口实,一面借以强迫民众,请求保护。吾等谨郑重宣言,反对日本野蛮侵略,其行为既踩躏国际条约,复灭绝人类基础正义。所谓"满洲国"者,完全为日本军人之傀儡,为达到分割中国、实行吞并之阴谋。吾等之缺陷与过失,吾等自知之,吾等承认之。但吾等三千万中国人重新宣誓,吾等之决

心,即吾人乡土东三省与吾人自身必永久一致,为中国之一部,与其命运相终始。国际联盟及合众国之关注与劳苦,请公等代表前来作和平正义与国际公道之努力,吾辈中国人莫不同深感佩。吾等本四海兄弟之心,深深信赖贵调查团,希望能得一公平合理的解决,然吾等并不盲于公等前途之困难。国际联盟既以人类最大之牺牲与希望而成立,吾等敬候其证明强权在今日非即公理,同时吾人惟有毅然准备奋斗到底,使公理之终胜强权也。东三省商会联合会主席金恩祺,沈阳工会联合会会长卢广绩,辽宁省教育会会长姬振铎,辽宁省农务会会长叶奇峰,沈阳银行公会主席鲁穆庭,沈阳律师公会代理会长孟傅大,东三省报界联合会主席赵雨时,东北大学代理校长宁恩成,吉林大学校长李锡恩,东三省青年同志会会长王化一,世界妇女和平自由同盟会沈阳分会主席王寥奉献,蒙古文化协会会长达尔罕王福晋,沈阳市教职员联会主席梅佛光,太平洋国际学会东北分会干事王正黼,国际联盟协会东北分会干事王卓然,东三省外交协会主任干事苏上达,东三省基督徒协会主任干事阎宝航,东北医学会干事高永恩,中国经济协会东北分会干事萧纯锦,中国科学社沈阳社友会理事长孙国封,中国工程学会东北分会干事张卓甫,东北政治学会干事赵明高,东北矿学会会长薛志伊,东北留美同学会干事周淑清。(三月十八日)

《中央日报》1932 年 3 月 21 日第一张第二版

290. 津日军欺骗调查团,拆除所设防御物

【本社二十日天津专电】 驻津日军当局,以国联调查团即将来津,皓(十九日)起特将日租界前由津变时所设防御物,悉行拆除,以资欺骗。

《中央日报》1932 年 3 月 21 日第一张第二版

291. 李顿谈话引起报界误会,该团秘书辩正

【中央社上海二十日下午一时电】 国联调查团主席李顿勋爵,篠(十七)在各大学招待席上发言,谓任何国家仇视别国,蓄意挑衅,而希望国联出面拯救,实

不可能，致引起我国报界异议。皓（十九）经汝团发言人助理秘书贝尔德正式辩正，谓李顿之言，系指一般情形而言，绝非单指中国，我方异词，实出误会云。

《中央日报》1932年3月21日第一张第二版

292. 国联调查团到京后决留四日，招待程序均已排定

【中央社上海二十日电】 国联调查团，现已商定留京四天，俾与各方面有充分之接洽。招待程序，大约改定如下：（第一日）上午晋谒当局；正午行政院汪院长宴会；下午新闻界茶会；晚间外交部罗部长宴会。（第二日）正午国府林主席宴会，下午中央党部茶会，晚间南京市马市长宴会。（第三日）上午旅京外侨谈话会，下午民众团体茶会，晚间军事委员会蒋委员长宴会。（第四日）上午参观名胜，正午在中山陵午餐，下午渡江北上。

《中央日报》1932年3月21日第一张第三版

293. 淞沪战区遗痕宛然，宝山路一带满目瓦片无人烟，真茹防御工事依然处处可见，吴淞镇房屋全毁较闸北更惨，国联调查团昨日视察各地

【中央社上海二十一日下午十一时电】 调查团于马（二十一）晨九时出发视察。团长李顿爵士与德国德希尼博士坐第一车，顾维钧代表与法国克劳德将军坐第二车，美国麦考益少将与日本吉田代表坐第三车，中国代表处总局主任张祥麟，与日本代表处秘书长盐崎共坐一车，华方陪往者尚有参议王景岐，专门委员戈公振、张廷荣五人，日方陪往者为吉田代表秘书长等五人，国际联盟中国秘书吴秀峰亦偕行。经北四川路、宝兴路、宝山路、宝通路、中兴路，而至真茹。宝山路一带，满目瓦片，了无人烟，凡交通要口，均有日兵驻守。真茹则防御工事，处处可见。调查团入暨南大学下车后，即由日军官每人授以英文日军作战地图，并说明华军退却后，日军即来此驻扎。乃入致远堂及洪年图书

馆略观。馆外侧门贴有反对调查团来华标语，日人特举以示调查团中人，以为宣传资料。出暨南大学经大统路、新民路而至北火车站。日军预在站内月台拦布作小室，桌上陈一大地图，由一日军官说明当时作战情形。李顿爵士询问颇详，历一小时之久始退出。乃经界路、宝山路而至商务印书馆，凡钢首水泥之屋，墙垣犹存。调查团乃登东方图书馆各楼略观，阅毕出。经北四川路底天通庵车站、青云路、同济路、横浜路、三阳路、西宝兴路、朔营路、水电路、体育会西路而至江湾跑马厅，日人引调查团至屋顶说明附近作战情形。又往劳动大学及江湾车站一观，跑马场内现有美国商团四人驻守。时已下午一时有半，乃经黄兴路、翔殷路、中国路、平凉路而至公大纱厂日军司令部，调查团先入客室小憩，旋由白川大将招待至楼下进冷食。白川问李顿爵士，尚须往吴淞否？爵士不置可否。顾维钧、张祥麟力争吴淞地位甚重要，必须往观。白川无言，爵士乃意决。至三时辞出，即沿军工路而至吴淞，沿江一带纯为防御遗迹，而吴淞镇上房屋已全被轰毁，有如大地震以后，较闸北为尤惨。三时五十分抵炮台，炮甚多炸毁，炮管多轰断，旧炮且有移去者。经一小时退出，乃经军工路、平凉路、百老汇路而回华懋饭店，时已五时半。是日为便于观览，除麦考益少将有恙乘轿车，余皆无蓬[篷]。适沿途风沙大作，故回沪后，诸人均灰尘满面云。

【中央社上海二十一日中午十二时路透电】 国联调查团，今日上午九时二十分，由华懋饭店分乘汽车二十辆赴杨树浦转往江湾，视察阵线。同行者有日代表数人，中国方面有顾维钧及其他数人。调查团一行，由武装日卫队分乘汽车三辆随行云。

【中央社上海二十一日下午七时电】 外讯：国联调查团视察战区预拟如马（二十一日）未能毕事，将于养（二十二日）继续考察。三日来日军数百人在战区赶筑汽车路及桥梁等，并将华军尸骨埋葬，以灭战事之惨酷痕迹。

【中央社上海二十一日下午十一时十五分电】 调查团马（二十一）视察战区，汽车由我方预备，但日方均加以检查。每车有日本兵一名，为担任引导，并另两卡车，满载日兵随行，谓系保护调查团者。

【中央社上海二十一日下午十一时十五分电】 孔祥熙夫妇，马（二十一）晚在本宅宴调查团及秘书长，意代表因病缺席，顾维钧、吴铁城、郭泰祺等夫妇及郑毓秀等作陪。

《中央日报》1932年3月22日第一张第二版

294. 徐州各界筹备欢迎调查团

【中央社徐州廿一日电】 国联调查团,即将由京北上,津浦路已准备头等蓝钢车一列,在浦口待用,并派保安大队,在浦站随车护卫,路局并通令沿线各站,油刷票房,扫除清洁,以壮观瞻。徐埠各界,马(廿一)午在县党部大礼堂,开筹备欢迎国联调查团过徐办法。推王均、唐蔚、张明理等十一人为总代表,先期通知各机关团体学校,一律到站参加,如夜间过徐,则一律持灯迎接。

《中央日报》1932年3月22日第一张第二版

295. 国联注意东省局势,亟盼早日接到调查团报告

【哈瓦斯社日内瓦十九日电】 国联秘书长德鲁蒙,致函中日代表内开:"国联特别大会三月十一日开会时,议决设立之特别委员会,为招待大会所委托之任务起见,曾于三月十七日,举行会议,当决定邀请中日两国政府,将各该国所已经或采取之办法,以使九月三十及十二月十日行政院之两决议案,发生效力者,报告该委员会。因此特别委员会特委托本秘书长转请贵代表,设法将此种消息从速通知敝处,以便转交特别委员会。"德鲁蒙并函行政院主席,谓十二月十日决议案,曾设立一种调查团,行政院由该团所能收到之报告,渠极盼其于最近期内接到,特别委员会尤希望关于满洲一般局势之消息,能从速接到。由此两函观之,可见十九代表委员会及行政院,对于满洲之一般局势,均未尝漠视也。

《中央日报》1932年3月22日第一张第二版

296. 欢迎调查团行列及路线已定妥

国联调查团,现定于二十六日乘舰离沪来京,本市各界欢迎国联调查团筹备会,连日积极筹备,大致就绪。惟前定欢迎行列,及经过路线,颇多不妥。昨

特加以修改，现改为自三北码头起，经中山马路直达挹江门，农工界行列分排在沿江马路，党部及行政机关沿中山马路排列。第三大段，以新街口及励志社为集中地点，大学中学以新街口为起点，小学以励志社为起点。机关人员以民众资格参加，军警负维持秩序责任，不参加行列云。

《中央日报》1932年3月22日第一张第三版

297. 国联调查团即来京，现正在沪与各方作私人谈话，林主席汪院长拟欢宴调查团

【本社二十二日上海专电】 李顿及意代表决由水道晋京，余均将由杭转京。

【中央社上海二十二日下午九时二十五分电】 据国联调查团某秘书语人：该团现决定仍于宥（二十六日）晨离沪入京，杭州之行恐将作罢云。

【中央社上海二十二日下午九时二十五分电】 养（二十二日）晚太平洋学会，在华懋饭店宴调查团。

【中央社上海二十二日下午六时半电】 外讯：国联调查团晋京期暂定为下星期一，养（二十二日）各委员开始向此间中外当局作私人谈话，期得真相，颇为忙碌。大致该团在本周内尚须与当地各有关方面会谈多次，末次会议暂定星期六举行，星期日休息。该团进京路由尚未决定，但杭州方面颇望该团能假道该地，俾可一一睹日机在杭掷弹之成绩。先由专车赴杭，再由杭乘汽车进京。但该团或将乘船直接赴宁，亦未可知。抵京后任务完毕，即赴北平。闻在天津并不停留。

【（中央社）政讯】 国府主席林森、行政院长汪兆铭，以国联调查团将于本月廿六日来京，为表示欢迎该团起见，拟于第一日由林主席在国府欢宴，第二日由汪院长在铁道部欢宴，以敦友谊云。

（中央社）外交部所组之招待国际调查团委员会，于昨日下午四时，会同地方机关代表，在该部开会讨论筹备招待事宜，一切办法，大致均已决定。又闻国际调查团因在沪调查战区，稽延时日，有改定二十八日来京消息。

【中央社上海二十二日下午一时电】 外讯：国联调查团马（廿一日）赴战

区考察后,极为感动。发言人谓战地惨况,仅欧洲大战后状况,差可比拟。该团回沪后对于考察所得,尚无表示。其所得印象,足以如何影响调查团工作,据该团发言人称,亦颇难肯定云。

《中央日报》1932 年 3 月 23 日第一张第二版

298. 国联同情会欢迎调查团

【中央社北平二十二日电】 中国国际联盟同情会,马(廿一)开会讨论欢迎国联调查团,决定推唐宝潮、陈振先赴津欢迎,推周作民接洽欢宴地址,陈振先起草宣言。

《中央日报》1932 年 3 月 23 日第一张第二版

299. 各省旅沪代表昨谒调查团,陈述对该团之希望

【中央社上海廿二日电】 各省旅沪同乡团体,推派代表十余人,养(廿二日)晨九时赴华懋饭店谒国联调查团,陈述对该团之希望,并面递中英文正告书。

《中央日报》1932 年 3 月 23 日第一张第二版

300. 国联调查团即来京,各界积极筹备欢迎,建搭柏叶牌楼印制欢迎标语

首都警察厅,以国联调查团即日由沪来京,对于该团到达后,临时维持沿途秩序,及全城治安,日昨派员参加外部招待处联席会议,协商办理,并令饬所属各局所人员恪遵职守,加紧服务云。

(又讯)国联调查团,行将抵京,本市各党政机关,及民众团体,为表示热烈

欢迎该团起见,特在中山码头、新街口及各街要区,搭叶柏彩牌楼数座,上列中西文之欢迎字样。昨日起已开始赶建,一二日内可全部竣工。又欢迎该团之标语,系依照上海办法,中英文并用,刻正在印制中云。

又京市各级学校校长,于昨日下午四时,在奇望街民众科学馆开会,到有各校长袁健安、刘渤等六十余人,由裘祝三主席。兹探录其决议如下:(一)各校学生行列总路线,为新街口至励志社。由励志社到实业部后门,为小学部学生行列;由实业部后门到中央电业公司为中学部学生行列;由中央电业公司至新街口为大学部学生行列。并指定各校校长为纠察,训育主任为指挥。当推定陈裕光、吴贻芳为大学部代表,张钫、周寄高、刘芬资为中学部代表,李清悚、刘渤、张履芬为小学部代表。至五时半散会。

《中央日报》1932年3月23日第一张第三版

301. 国联调查团决分两组同时晋京,廿六日离沪廿七日可到达,津浦北宁准备调查团北上

【中央社上海二十三日下午十时十五分电】 国联调查团,现决分两组晋京。一组为主席李顿、义代表马柯迪及秘书长哈斯等九人,宥(二十六日)晨乘怡和公司德和轮赴京;另一组为法代表克劳德、美代表麦考益及德代表希尼等,则于宥(二十六日)晨专车赴杭浏览,再换汽车入京。顾代表及张祥麟则与第二组同行,由杭入京。调查团预定四月歌(五日)抵平,我方已预定北京饭店为调查团寓所云。

【中央社上海二十三日下午二时电】 外讯:调查团已决定宥(二十六日)分两组晋京,一组约十五人,乘海关汽艇直接赴宁;一组约五人,乘火车假道杭州,再由京杭汽车路赴京。大致水路组感(二十七日)晨,陆路组感(二十七日)晚可到首都,当晚休息。俭(二十八日)晨起与国府当局进行谈话。

(中央社)外交部招待国际调查团委员会,连日筹备甚忙。该会现分总务、接待、宴会三组,如须有与地方机关接洽事宜,临时派员分头接洽。又闻国际调查团,拟在京勾留四日。关于政府及各团体招待日程,已经招待委员会暂时配定,惟俟该调查团抵京后或须修改云。

（中央社）铁道部以国联调查团，不久即赴东北调查，关于北上乘车及招待事项，应令北宁、津浦两路局，妥为筹备，以尽职责。兹津浦路以该路车辆不敷支配，特呈请铁道部转饬北宁路局，酌拨车辆，交该路备作专车之用，事竣即行拨还。铁道部据情后，已令饬北宁路局，迅与津浦路局接洽办理云。

又该部于马（廿一）日电北宁、津浦、京沪三路局，关于国联调查团乘车事项，部派业务司帮办运输科长杨先芬，负责与各路接洽，特分令各该路遴派高级职员，会同办理，并将派定员名报部，以便随时与杨氏接洽云。

【中央社北平廿三日下午二时电】 北宁路局以国联调查团，即来平津东省，对于沿途警卫事宜，应有极周密之布置，全路分三段，一由平至津，二由津至唐山，三由唐山至榆关，如路警不敷，则由驻军协助。

【中央社上海二十三日下午十时十五分电】 日使重光葵漾（二十三日）晚在礼查饭店宴调查团，我方顾代表亦被邀，顾适有他约，复函辞谢。

【中央社上海二十三日下午十时十五分电】 旅沪粤人，以广隆公司名义，漾（二十三）日下午招待调查团茶会。

《中央日报》1932年3月24日第一张第二版

302. 我国促调查团应速往东三省

【哈瓦斯社日内瓦二十三日电】 上海租界中有特别利益之列强，已将其第十二次及第十三次报告，顷由国联秘书长转交大会，中国代表于三月十九日致国联秘书长，内开：顷接国民政府行政院宋副院长电称：国联调查团之留沪不便延长，该团如变更态度，实非中国所能造成。该团之任务，原系调查满洲，故中国政府盼其从速前往满洲等语。中国代表请将此电通知希孟主席，及十九代表委员会之各委员。国联秘书长答称：来函已悉。中政府意见，可由中政府自行设法，或交由中国之助理员（指参加满洲调查团者而言），或以其他方法直接通知调查团，并请中国注意三月十八日送达大会文件，该文件内载明已经采取之办法。秘书长复文又谓：调查团任务与十二月十日之决议案中所规定，毫无变更，秘书长当将中国来函及其复文，一并通知大会之特别委员会及日本代表。

（中央社）日本对此国际调查团来华调查，异常注意，无处不想蒙蔽事实。闻东北日本军人已多方准备掩饰真象，而日本新闻界如电通社、联合社、《时事新报》、《朝日新闻》等，亦拟派员随往，以便作片面之宣传云。

《中央日报》1932年3月24日第一张第二版

303. 鲁省府电沪，欢迎国联调查团，济各界组织欢迎筹备处

【本社二十三日济南专电】 漾（二十三日）济各界代表，在市府开会，议决组织济南各界欢迎国联调查团筹备处，推闻承烈为主任，王守德、刘心沃副之。

【本社二十三日北平专电】 迎国联调查团之专车（二十三日）开津，定感（二十七日）南下。

【中央社济南二十二日电】 省府今电欢迎国联调查团北上电云：上海市政府吴市长转国联调查团莱顿爵士及各团员勋鉴。贵团莅华调查，主持正义，维护和平，周历贤劳，良深钦佩。顷接京电，得悉行将北上，取道津浦，经过济南，翘瞻旗旆，无任欢迎，先行布臆，惟希公鉴。山东省主席韩复榘。马（二十一日）。印。

《中央日报》1932年3月24日第一张第三版

304. 京市欢迎调查团，积极筹备业已就绪

首都各界欢迎国联调查团，积极筹备，业经就绪。闻招待人员共分四组，设置四签到处，兹将其各段签到处地点及签到行列，探录如次：（一）第一大段签到处地点在三北码头附近，签到行列为海军部音乐队、国民政府音乐队及妇女界、下关学校、社会团体、工界、农界、党部、行政机关。（二）第二大段行列签到处地点在鼓楼保泰街口，签到行列为商界。（三）第三大段行列签到处，第一处地点在新街口中国旅行社门前，签到行列为大学及中学；第二处地点在励志社门前，签到行列为小学及其他学校。并闻各行列签到后，即由指挥人

员,指挥该行列并规定地点排队。

又悉首都各校,特于昨日召集会议,推派代表八人,计大学陈裕光、吴贻芳,中学周寄商[高]、张坊①、刘芬资,小学李清悚、刘渤、张履芬,于该团到达后,由各代表致欢迎词,并请该团对此次调查事件,依据实地情形问国联详行报告云。

(又讯)国联调查团行将由沪来京,转赴东省实地调查,外部招待处,以该团即将北上,前经分电沿途各地当局及各界团体筹备热烈欢迎,并饬军警妥为保护。兹悉平津济徐各地,纷纷电告筹备欢迎情形,并请示该团北上首途日期,俾便迎候云。

《中央日报》1932年3月24日第一张第三版

305. 调查团将过汉北上,京中筹备欢迎布置已竣,东北民众团体盼早日出关

国联调查团将于二十七日抵京,关于一切欢迎事宜,均已由外交部招待委员会筹备就绪。船靠三北码头时,由海军部军乐队码头奏乐欢迎。政府方面由外交部徐次长、南京市谷市长,暨军政部、海军部高级长官各一人,代表政府上船欢迎。调查团登岸后,即乘外交部所预备之汽车沿江边经中山码头折入中山路,直驶至励志社。至首都民众团体,如欲参加欢迎者,事前可在中山路两旁集合。俟调查团车经过时,脱帽或扬巾表示欢迎之意,不持旗或呼口号,以符国际招待外宾之礼节。闻调查团及代表,政府欢迎人员,所乘车辆,均有特别标志,余则不许通过,以重警备云。

【中央社上海廿五日上午零时四十分电】 国联调查团到京后,闻尚拟赴汉一行,有所视察,然后由平汉路北上。顾维钧决陪李顿等乘轮入京,总务主任张祥麟则陪麦考益等游杭转京。至赴京轮船因日方有代表十二人随行,德和轮舱位不敷,遂又另定招商之江新轮,备其余人员乘坐。德和轮于宥(廿六)午启碇,江新轮定宥(廿六)晚、感(廿七)晨开行。中国代表处议案组主任钱泰

---

① 编者按:该"张坊"与前文之"张钫"应为同一人,但未查到此人的确切姓名。

等一行数十人,定宥(廿六)乘轮赴津,转平等候;宣传组定宥(廿六)午结束。

【本社廿四日汉口专电】 顾维钧漾(廿三日)电汉,国联调查团拟过汉赴平,省府敬(念四日)电复,已饬属妥慎保护。

【中央社杭州二十四日电】 国联调查团美、法、德三代表,决寝(念六日)过杭游览,感(二十七日)由京杭国道入京消息到杭后,此间当局及各团体已预备盛大之欢迎,届期将分别举行欢宴,并函请驻杭各国侨民,参加调查被炸区痕迹,及伤亡人员。至代表下榻处,已定西湖饭店。

(本京消息)东北民众团体欢迎国联调查团早日北上,直往关外调查,以免稽延时日,予日人在东省有充分掩饰真象之机会。闻参加国联调查团我国代表,已将此意转达调查团云。

《中央日报》1932年3月25日第一张第二版

306. 调查团定明日来京,童军全体出发戒备

国联调查团,已定于廿六日分两组来京,本京各界积极筹备欢迎,兹将昨日所得各情分志如下:

童子军戒备

京市童子军理事会,以国联调查团瞬将来京,特于昨日召集各团长举行会议,讨论分配童子军办法。兹悉本市各童子军团,届时决全体出发,负责戒备,并由军警协助。至行列纠察,已由警备司令部及首都警察厅各推定三十人担任,于昨日起从事训练。

中英法标语

各界欢迎国联调查团筹备会,为表示欢迎起见,特印制中英法三文标语十种,并制就白布横额数十种,业已完竣,定今日派工悬贴云。

分配军乐队

国联调查团巡舰抵岸后,由国府军乐队奏乐欢迎,并领导。三北码头为海

军部军乐队,鼓楼为警察厅军乐队,新街口为市政府军乐队,励志社为中央军校军乐队,奏乐欢迎。至团员所乘汽车,已由招待委员会向各机关借就汽车十辆,专供应用云。

（又讯）南京青年会,于二十五日晚七时半,敦请马文焕博士,演讲国民对于国联调查团应采之态度。马君为金陵大学政治学教授,对此问题,颇多研究,定有良好意见发表云。

《中央日报》1932年3月25日第一张第三版

307. 调查团明日莅京,我方招待布置及日程均订妥,该团昨在沪对工商各界谈话

国联调查团已分道来京,闻外交部招待委员会以该团李顿等,由沪乘轮入京,尚较便利。惟麦考益等转杭入京,恐京杭长途汽车诸多不便,特于今日下午一时派轻快汽车十辆,前往欢迎,以表示招待之厚意。

此次国联调查团,系分两批来京。一批乘怡和公司之德和轮船,二十六早十一时开,二十七午可到。计有调查团主席英委李顿爵士、义委马柯迪伯爵、日本代表吉田、我国代表顾维钧、宋副院长子文、调查团副秘书长派尔脱、调查团主席秘书爱斯脱、调查团秘书派斯脱考夫,又打字员列希沃、罗伯兹、赫尼斯三人,又国联秘书吴秀峰,日本盐崎估澄①……等四人,又我方刘崇杰、王景岐、金问泗、曾彝进、颜德庆、顾宗林、钱泰,及外国顾问,并施肇夔、赵铁章、严恩槱、李鸿栻等。又一批则由杭来京,计有德委希尼博士、美委麦考益少将、法委克劳德将军,调查团秘书万考芝、卡勒尔,又美秘书白德耳、法委秘书觉威来脱、美委专员布勒克斯理,及调查团专员洼尔特漾,及我方之朱鹤翔、魏文彬、萧继荣、王咸、张文[汶]、张程[祥]麟、周象贤、周易适、朱少屏、张培荪、屈苏宜、黄[王]广圻,及顾问美人黑塞,并日本代表团等。由杭来京人员,均定于二十七日晚在京与乘德和之一批聚会。又调查团秘书长偕夫人则系于二十七日晚同沪来京。至欢迎该团办法业已由中央党部、行政院、外交部、京市党部及

---

① 编者按:原文如此,疑为"盐崎观三"之误写。

军警各机关代表,共同议决如下:(一)英义调查委员暨随员抵京时,政府方面由外交部、市政府、军政部、海军部各派代表一人,前往码头欢迎。(二)码头上用海军部军乐队奏乐欢迎,其余各处,概不用乐队。(三)所有迎接调查团车辆由外交部预备,车有标志,无此军警概不许通行。(四)民众可在马路傍欢迎,以自由排列为原则,不得持旗呼口号,奏乐贴标语,以免外人误会,反失民众欢迎之意。(五)美德法调查委员,由杭抵京时,只由政府四代表欢迎,民众不必参加,并由中央军校军乐队在励志社门口奏乐。(六)所有调查团留京期间,一切招待及与调查团接洽事宜,统由外交部接洽办理,任何团体,毋庸迳自进行,以免纷歧。又首都招待国联调查团日程,探悉如左:

日期	星期	上午	中午	晚上
二十八日	一	拜访当局	十二时半汪院长午宴(地点铁道部)	八时罗部长晚宴(地点华侨招待所)
二十九日	二	当局谈话谒见主席		八时主席晚宴(地点国民政府)
三十日	三			八时蒋委员长晚宴(地点励志社)
三十一日	四	游览名胜	十二时半中央委员午宴(地点陵园)	

朱庆澜氏与调查团谈话

【中央社上海二十五日电】 朱庆澜将军,于敬(廿四日)上午十时与调查团谈话,由陈立廷君为之翻译。朱君略谓:余系本吾三十年从政之经验,一论日本之侵略行为:(一)日本在东三省之行为全同强盗,彼之所欲者攫取而经营之,待我与之一再交涉,则被攫者已非我有,例如抚顺煤矿,迄今犹为中日悬案之一。(二)日本在东三省之经济势力,完全取控制行为,外人不得投资,华人亦不许投资也,投资权限为日方所独有,例如锦珲铁路美人投资,即为日所屏。日人动指华人排外,实则日人在我东省之排外势力,比我尤甚。(三)日本有坚绝肯定之主张,为破坏我国政治之完整,如北伐军进抵济南,而被演成五三惨剧,继复炸死张作霖,恐吓张学良,不许悬青天白日旗等,则其例不胜枚举之。嗣由调查团提出询问,谓日人方面力言中国极端阻挠日本在东省发展交通事业,先生(指朱庆澜)亦有所闻乎?朱君当谓事诚有之,例如吉会铁路日方名为发展东省之经济,实则别具心肝,试一展日本文部省昭和四年印行之教科书中,有日本在东三省澎涨[膨胀]势力之一课,自可了然一切矣。调查团当表示相见恨晚,并询朱君有何办法？朱君答：办法两字现在尚谈不到,日本如尊重条约,诚意和平,自应立即撤兵,我国方面对国际联盟会之公允办法,无不诚意接受也。最后尚有一言奉告,即日军侵略我国之人,均为曾充我国顾问等类之人员云。谈话时调查团全体团员均有特殊之注意。

英牧师抨击日军暴行

【中央社上海二十五日电】 敬(二十四)上午九时半,有英籍牧师数人,与国联调查团谈话,声述日军暴行之残忍,与此次日军根本无出兵之必要,因上海无论如何,决不致危及日本居留民之安全也。至十时半始告退。

调查团接见工商会代表

【中央社上海念五日下午十一时四十分电】 国联调查团,有(廿五)晨九时至下午二时,在华懋饭店接见市商会、总工会等团体代表王晓籁等,以代表上海七十万市民意见书一份,送陈李顿爵士。兹撮纪调查团与商会及工会代表谈话大要如下：(一)商会代表谈话。(王晓籁问)视察战区对空前浩劫感想如何？(李顿答)极为悲惨,吾等视察后当更努力阻止此等惨事再见。至详细报告,须俟回日内瓦时,始可公布。(美方代表麦考益问)据人谈中政府无统治全国能力,但此次事变,华人领袖办理救济难民事宜,颇有组织,收效甚广,并闻有市民维持会等团体组织,此种良好成绩,抑由人民自动,抑经政府指导发生？(王晓籁答)中国人民向极统一,不分省界。虽有政潮起伏,政见各有不同,但对外始终团结一致。(李顿问)前承市商会招宴,兄弟曾说过,假设中日两国商会主席,能被委为议和全权代表,参加会议,结果必极良好,此语曾在旅途中对日商人谈及,如诚有此事,则阁下等被推为代表开会时,将代表中国如何发言？(贝淞荪答)和平议案不能受任何人操纵,双方应开诚布公,结果当然良好。不过年来日本铸成大错,图赖武力解决东方问题,不知更易引起敝国人民恶感。敝国年来爱国思潮澎湃,日本如用武力压迫,万不可能。如欲谈判有良好结果,则须废除武人干政。中国近年来军阀渐次消灭,军事领袖颇重民意,已入民治途径。(王晓籁答)中日问题谋根本解决,须日政府履行屡次国际声明所负之责任,尊重中国领土行政完整。至东省问题,中国甚赞同门户开放，但须声明者，以不破坏中国领土行政完整为标准。（二）工会代表谈话。首由工会代表傅德衡[卫]致词，对于日本侵略中之中国政治现状，及日人卵翼下满洲伪国之背景，与工人失业影响极严重，均有恳切之伸述。末由李顿致答词，谓此次调查，决以事实为重，对于所陈各点，表示欢迎接受云。

《中央日报》1932年3月26日第一张第二版

308. 日企图欺蒙调查团，唆使叛逆组织御用民意机关，亟应深切注意以免是非混淆

京中某机关，接东省快讯，谓该地一般叛国之徒，以国联调查团即将赴东北，正积极成立各项御用的民众组织，俟调查团到达时即由此项组织出头，向该团假言伪国之建立，乃三省人民公意，根据住民自决之精神的行动，非日人所主持。此例在欧战后，各地多已行之，非创始也云云。该机关某高级职员，复对记者谈：中央国府对此事，应予以深切之注意，以免是非混淆，贻害无穷。最好于国联调查团未赴东省之前，我宣传机关应将此次参加叛国的重要人物，已往的行动和与日人之关系，东三省在我国历史上的地位，及该地住民，最大多数，皆由我鲁冀各省移住，不能脱离我国之理由等，及其他种种，作一系统的叙述，分赠该团各委员，以免为假造的事实所朦蔽。再于该团赴东省之时，我方应于可能范围内，多派熟悉东北目前情况及对于东北历史素有研究之人员随往，以便随时指正虚伪的宣传与事实云云。

《中央日报》1932年3月26日第一张第二版

309. 调查团明日抵京，欢迎办法完全决定，各参加行列规定集合地点

国联调查团，定于今日由沪启程来京，将于本月二十七日午前十时左右到达。首都各界欢迎国联调查团筹备会，已于昨日分别通知首都各团体，务于是

日按照规定地点,先期集合。凡参加人员,务须整齐,以壮观瞻,并各手持二号国旗一面。因参加行列,由三北码头沿江边马路经中山码头直达挹江门,不经大马路、交通路等处,故工界农界行列,应改沿江边马路站立,党部及行政机关行列,应一律改沿中山马路站立。各参加行列代表签到处,确定地点如下:第一大段行列签到处三北码头附近。第二大段行列签到处鼓楼保泰街口。第三大段行列签到处共设两处,一设新街口中国旅行社门前,凡大学中学行列在此处签到;一设励志社门外,凡小学及其他学校行列在此处签到。第三大段行列应以新街口为起点,沿向励志社站立。小学及其他学校行列,应以励志社为起点,沿向新街口站立。社会团体行列,在下关三北码头下关学校行列之后、工界行列之前排列。军警只负戒备责任,不加入行列。国府音乐队,在江边三北码头集合,于调查团登岸时奏乐,不必领导前行。

(又讯)本京中央大学及金陵大学,以国联调查团即将来京,该团此行,关系我国家前途甚大,拟于该团抵京后,以两大学校长及全体教职员、学生名义,开一联合欢迎会,宣达我教育界之愿望于该团云。

《中央日报》1932年3月26日第一张第三版

310. 国联调查团今日到京,李顿马柯迪乘轮来京顾维钧偕行,麦考益希尼克劳德转京杭国道来,秘书长哈斯因事定明日乘轮来京

【中央社上海廿六日下午七时半电】 国联调查团宥(廿六日)晨分两批离沪。美麦考益、德希尼、法克劳德及各秘书随员,中国代表团王广圻、张祥麟、朱少屏、朱凤千、王[魏]文彬、萧继章[荣],军政部代表张汶[海]等数十人,于宥(廿六日)晨八时半分乘汽车数十辆,驶往南站。华界沿途武装警察密布,保卫异常周密。街道亦扫除清洁,断绝交通。车站上有武装警察保护,公安局军乐队奏乐欢送。顾代表及市长吴铁城、秘书俞鸿钧、公安局长温应星等,均莅站欢送。调查团与欢送人员,稍事寒暄,即登特挂之花车。九时十分开行,欢送者均脱帽致敬。又英李顿、意马柯迪,及我代表顾维钧,暨何崇植、王景岐、金问泗、颜德庆、严恩棫、张歆海、吴秀峰、钱泰、赵铁章,日代表吉田,秘书长盐

崎等,数十人,宥(廿六日)晨十一时在怡和码头登德和轮。事先捕房已派有武装中西探捕,在码头防卫。十二时该轮启碇,欢送人员纷纷致敬。顾夫人临时中止未偕行。李顿在船中仍披阅往来文件,并谓此次同船者大多均为昔日国联中邂逅老友,今日旧雨重逢,觉有无限感慨,言毕即散步船头,态度殊闲逸。

【中央社杭州二十六日下午四时电】 国联调查员,美麦考益、法克劳德、德希尼等三代表,来杭专车今晨八时十五分由沪开出,下午一时十五分抵城站,偕三代表来者有随员及中国招待员等十余人。专车抵站时,欢迎军乐齐奏,党政各要人即上车与三代表握手言欢。各机关团体欢迎代表约二百人,高呼欢迎口号,并挥舞欢迎旗帜。三代表下车脱帽笑颜与欢迎者为礼,并在月台上摄影后,去站。站外又有欢迎群众约千人,狂呼请调查团主持正义,打倒暴日等口号。三代表旋即登汽车,直趋市府茶会。会后预定西湖游程,饱览湖光春色。晚应省府欢宴。夜宿西冷[泠]饭店。明晨七时,由京杭国道入京云。又日机轰炸杭市死伤实情,省府已拟就系统报告交三代表。

【中央社上海二十六日下午十一时电】 国联调查团秘书长哈斯因事宥(二十六)未行,定俭(二十八)乘吉轮入京。

【中央社上海二十六日下午五时路透电】 国联调查团之英义委员偕同顾维钧、王景岐、刘崇杰等,于今晨乘轮赴京。至德美委员亦于今晨赴杭逗留数日,即由京杭国道入京云。

【上海二十六日上午十时路透电】 国联调查团今晨乘德和轮赴京,中日襄理员及顾维钧等均乘该轮上驶,有一部调查委员,已赴杭由杭转京云。

日日社云,国联调查团代表已于今日上午,由沪分别乘轮搭车来京赴杭。关于沿江保卫事宜,海军部长陈绍宽,业奉国府命令,通饬经过南通、江阴、镇江驻沪各兵舰,妥密保护。陈氏于昨又分电各舰,调查团乘轮何时经过何地,务须随时急电报告,以示郑重。

介绍和平使者,国联调查团委员略历

一、调查委员

(一)英国莱腾伯爵,现年五十六岁。系前印度第一伯爵李顿之嗣子,久寓印度。曾任海军部政务次长。一九一八年任驻美英国宣传委员,一九二〇年任印度省政务次长,一九二二年至一九二七年,任印度孟加拉省省长,一九二五年曾代理印度总督数月。了解东方事情,对于东北、上海事变,颇为关心。

(二)法国克劳特将军。现年六十一岁,法国华尔求县人。陆军殖民步兵科出身。一九一四年欧洲大战时,历在法境与东欧及巴尔干地方大战。熟悉殖民地情形。当日俄大战后,曾任中国派遣军参谋长。在华约三年,洞悉中日两国状况。一九一九年世界大战终息,复任印度支那军司令官。一九二二年调任西非洲法军总司令。现任法国殖民地防御咨询委员会会长、军事参议官、殖民部队兵监等要职。此次参加准备军缩会议,计划周详。前年曾来华视察东北一次。

(三)美国麦考益将军,系美国骑兵科出身,曾任菲律滨胡德将军之参谋长,以智机果断闻于世。当尼加拉瓜发生骚动时,麦将军任为选举监督官。南美智利、比鲁纷争时,彼以公正无私手段,出任调停,大博时人赞许。前年晋级少将。其后任菲律滨总督府幕僚长,赴任时曾途次上海。至民国十二年又来华考察。对于我国情形,尤为熟悉,实为军事家而兼政治家者。

(四)德国希尼博士,系著名殖民政策专家。一九零七年任德殖民部司长,一九一二年,曾任德领东部阿非利加总督。现任国民党议员,德侨同盟委员会委员长。姓[性]甚温和,著作宏富,反对军国侵略主义。一九一四年大战勃发后,日人乘机侵夺青岛时,博士尚在总督任内,颇为不平。

(五)意国史高蒂伯爵,史氏为纯正外交系统之人材。世界大战时,在梭尼诺外交部长下任文书主任。巴黎和平会议时,任意代表团总秘书。一九二三年以后,迭任驻剳[扎]阿根廷、德意志等国大使,擅长外交,为意大利杰出外交家之一。素为墨索里尼信任,生平痛恶武力侵略为国家之工具,在欧洲外交界,声望隆崇。

二、随员

(一)秘书长哈斯,法人,系国际联盟秘书厅交通股长,年四十二岁。法国土木部出身。去年被我国聘为改良交通事业调查之职。

(二)谢雷尔,意人,系国际联盟秘书厅情报股员。

(三)彼尔特,荷兰人,国际联盟秘书厅情报股员。

(四)格溪爱,德人,国际联盟秘书厅情报股员。

(五)巴士邱好,捷克斯拉夫人,国际联盟秘书厅政治股员。

三、专家

(一)法律专家华尔太·杨格博士,美人,米内沙太大学教授。以"极东通"闻名。著有东三省专书,脍灰[炙]人口。颇悉日人之心理与日本之政策。

一九二五年出席第三次太平洋会议,一九三一年又出席第四次太平洋会议。现寓北平。

(二)铁路专家巴阿姆,加拿大人。本为联盟秘书厅交通股员。现任加拿大铁会社社员。对于国际情形与中日关系,亦甚明晰。

《中央日报》1932年3月27日第一张第二版

311. 东北同胞宣言否认叛逆伪组织,铲除敌寇严惩卖国贼,以维护政治土地完整

(中央社)东北同胞救国大会,日前宣言否认东北叛逆伪组织,足见我东北真正民意所在。兹录原文如次:国际联盟各代表,驻中国各公使,洛阳林主席蒋委员长,汪、冯、胡诸委员,各院部各军师长官,各团体各法团各报馆,及海内外同胞钧鉴:我东北同胞,自遭暴日残杀侵占以来,迄今转瞬半载,而所以未与之正式拒抗及用实力驱逐者,即知真理终胜于强权,暴力必灭于公理。故隐忍至今,企待国际正义之发扬,政府之磋办,由正当之方法,解我东北同胞之倒悬。不意在此国际公理申判之是时,而暴日尤意[异]想天开,取掩耳盗铃之拙技,法侵灭朝鲜之惯术,以强力驱策少数军阀,用金钱引诱腐败政客,以彼等作工具,而树无道理、不合法之"满洲政府",兢兢业业,遂于本年三月九日,竟而宣布成立。暴日得意洋洋,投机政客,狞狞自得。因此我三千万同胞,忍无可忍,再难缄默。对于此等傀儡政府,毋论其如何宣言、如何组织,而我东北三千万同胞,誓不承认,决不容受。即或一时之存在,已非我三千万同胞之政府。其"满洲国"者,只是日本帝国商号名辞而已,与我中国同胞毫无关系。我东北之领土政治,绝对隶属于国民政府,我国民政府有最高之威权而管辖之、而支配之。我中华民族永久团结,决不分散。维[惟]恐他方消息不达,不明事实之真象,而受伪宣传之欺骗,我东北同胞兹慎重声明,我三千万民众具有大无畏之精神,与始终奋斗之决心。务望各友邦主持正义,全国同胞同心协力,铲除蛮横鬼祟之倭奴,严惩丧心病狂之卖国贼,以维护我国政治土地之完整,而保持世界永久之和平。谨此宣言。东北同胞救国大会启。

《中央日报》1932年3月27日第一张第二版

312. 调查团今日抵京，下榻励志社，一切布置均已妥善

（中央社）国联调查团一部分委员及中日双方参加调查团人员，于昨晨由沪乘轮来京，约今日上午十一时左右可抵下关三北码头。闻外交部招待委员会，已会商地方军警机关，调查团未到以前，自下关至励志社止，沿途加紧戒严。除外交部、军政部、市政府等机关代表，政府欢迎人员，及外交部接待员所乘汽车，有特别标志可至江边外，其余人员，概不准乘车停泊江边。

本京方面，因接沪电，得悉调查团一批，乘英国怡和公司德和轮，今日到京。故于昨日起，将怡和码头一带，派员清除，并将浮摊及停车场移开，地面亦均铺以沙土。趸船及跳板，由公司派人洗涤。各街冲要路口，加派宪兵站岗，由怡和码头起，至海陵门一带街道，亦均整齐划一。海陵门及新街口所搭之欢迎牌楼，昨日下午，已经竣工。高约十余丈，上面亭式，用绿布扎成，四柱均用蓝边白布围绕，中间交接处，则用柏叶扎成，长匾衔接，绿白相间，颇为美观。此外京杭国道及中山门一带欢迎布置，昨晚亦已竣事云。

励志社之布置

（又讯）预备国联调查团下榻地之励志社，昨日已经布置竣事。大门对面，悬中西文标语两则，用白布书写，华文绿色，英文红色。右边文为"中华人民宁为公理而死，不受强权屈辱"，左边文为"欢迎主张正义的国联调查团"。大门外之铁栏杆短墙上，每墙垛交悬党、国旗两面，中挂励志社徽磁碑，墙上并缀以红绿电灯。大门置有门岗二，由宪兵担任。呢衣皮靴，极为整齐。每人并手持指挥刀一柄，以便致敬或指挥之用。门内广场柏油路，及中间花圃，亦均整治竣事。遍植美丽鲜花及葱笼翠柏。广场西之网球场，布置一新。门内秩序，由一零九团之遗族学校童子军担任，并在正厅之东，搭行军布棚七座，为童子军休息之地。励志社正厅陈设，用中国柚檀木桌椅，及国产高贵地毯，四围挂一总理遗墨。其东厅会客室，布置亦如是。楼上卧室，悉用洋式布置，钢床、桌椅、洗面台、均用国产，一切日用品悉具。侍设均衣白衣蓝边。左方署励志社三字。此外该社各干事，亦分任招待职务。

宴会中之余兴

闻政府宴请该团均吃中国菜,海味八珍,无美不备。又因该团远道来京,不无劳顿之苦,宴会时,奏中国乐,八音具备,委婉悠扬,届时调查团诸公,必当凝神以聆东方大国爱好和平之声矣。我国拳术,向著于世,欢宴时,并请老人舞剑,以示国术之妙,老当益壮、年富力强者,更可相知,其有裨于身体精神,当更为调查团诸公所深信也。

《中央日报》1932 年 3 月 27 日第一张第三版

313. 国联调查团昨莅京,李顿勋爵等昨早先到第二批晚亦到,罗文干陈仪陈绍宽等均亲登轮欢迎,各委员昨未见客与外罗作私人接谈

国联调查团李顿、麦考益等,衔国联会命,调查中日纠纷,于月初过日来沪,计在沪勾留旬日,乃于前(廿六日)由沪分道来京。第一批调查团主席英委员李顿勋爵、义委员马柯迪伯爵暨其随员,与中国代表顾维钧、日本代表吉田等,于昨日上午十时十五分抵京。第二批德委员希尼、美委员麦考益、法委员克劳德等,亦于昨晚由杭乘汽车抵京。兹将政府及民众欢迎李顿勋爵等情形分志如后:

事先戒备

首都警察厅以国联调查团此次来京,为维持沿途秩序起见,特挑选精干警察一大队,自昨晨九时起,由励志社沿中山路至下关三码头,加派步哨,另以巡逻队往来巡逻。励志社门首,由宪兵司令部派干练宪兵负责站岗,沿途并有各中小学校男女童子军维持秩序,精神异常活泼。

民众欢迎

各界欢迎团体人员,于上午八九时即分别整队,手持国旗,鹄立马路两旁,静待欢迎。其欢迎团体之站立行列程序,为妇女团体、下关学校、社会团体、工

人团体，及农人团体等，站立于中山码头至挹江门一带。顺挹江门至鼓楼一带，则为党部、行政机关、商人团体等行列。再由鼓楼至励志社一段，则为大中小学等行列。共计到者学校及各界数百团体，欢迎人员，约数万人。至本市各商店住户俱高悬国旗，以表欢迎。

沿途点缀

沿途各处，均竖有木牌中英文之欢迎标语。在海宁门及新街口广场更搭欢迎大牌楼各一座，高可四五丈；下面亭式系用蓝白布扎成，四柱均用蓝边白布围绕；中间交接处，则用柏枝扎成；长匾接衔，蓝白相间，颇为壮观。四柱二面，则悬有欢迎公正严明的国联调查团，欢迎和平使者国联调查团，中华国民决不接受丧权辱国条件，中华国民决不受强权屈辱，抗日决非排外，中华民族为求生存而抗日，中华民国宁为玉碎不为瓦全，上海问题须与东北问题同时解决等标语。

登岸情形

李顿等乘怡和公司德和轮，于上午九时四十分抵下关江心，是时外交部长罗文干、军政部次长陈仪、海军部长陈绍宽、南京代市长谷正伦，外交部招待委员接待人员，各机关代表等，即乘澄平轮前往迎接。待十时零五分，澄平轮靠三北码头，李顿、马柯迪，调查团秘书长依尔脱，秘书爱斯脱暨我方代表顾维钧、王景岐、钱泰等，以及前往迎接人员罗文干、陈仪等，均陆续上岸。事前由海军部派军乐队鹄立码头，担任奏乐，以示欢迎。李顿、马柯迪等于军乐齐奏声中，以手挥帽，向该军乐队表示谢意。

进城休息

李顿委员等登岸后，即乘外交部招待委员会特备之汽车，沿江边中山码头，经中山路，直趋励志社。至罗文干、顾维钧等，亦乘车陪彼等前往励志社，以为向导。十时三十分李顿、马柯迪等一行，抵励志社，由外交部次长徐谟、励志社总干事黄仁霖等，导往客厅休息。时有民众团体推举代表拟谒见调查团委员，陈述我国民众之意见，各委员因舟行劳顿，允改日约定时期接见云。

二批抵京

国联调查团第二批美国委员麦考益将军、德国委员希尼博士、法国委员克劳德将军，及随员秘书暨我国陪行人员等，昨（二十七日）晨八时许，由杭乘汽车循京杭国道来京。沿途均受民众热烈之欢迎。过宜兴时，江苏省政府委员，亦在该地欢迎。麦考益将军等，于晚八时许抵京。我外交部长罗文干及参加该团代表顾维钧等，均至中山门迎接，引导至励志社休息。顾代表并在社招待全体委员晚膳。该团全体委员，以舟车劳顿，除与罗外长等有私人接谈外，并未与任何方面正式晤谈。闻自今日起，始按照外部拟定之招待日程，进行一切云。

【中央社杭州二十七日电】 国联美德法三调查员暨秘书，及中国招待员等二十余人，又省府特派沿途卫队约二十人，分坐特备汽车二十余辆，于感（二十七）晨八时四十分，由西冷[泠]饭店出发，循京杭国道晋京。杭市长、省府要人多至饭店欢送。预定在宜兴午餐，由外交部招待。本晚到京。三委员在杭除游览西湖外，并未察看日机暴行损害情形。又省府昨晚八时欢宴，鲁主席因病由曾养甫代表致欢迎词。美麦考益将军致答词，略谓，中国民族素称和平，故吾人对中国极愿以和平方法解决纠纷。中山先生之主义，原与国联精神吻合，吾人相信中国此种和平之期求，必得全世界之同情云。又调查团秘书美人勃尔克思礼语记者：此次中日事件，实系全世界之事件，故国联为维护全世界之和平起见，务必努力以达最后成功云。

汉备欢迎

【本社二十七日汉口专电】 汉口各界因调查团将过汉，连日纷纷筹备欢迎。感（二十七日）新闻界在《武汉日报》社开会，勘（二十八日）各机关团体在市府会商招待事宜，商会定日内召集各帮开会。

【中央社汉口二十七日下午七时四十五分电】 武汉各机关团体，定俭（二十八日）晨十时，在市府开会，讨论招待国联调查团事宜，准备热烈欢迎。武汉新闻界，感（二十七日）开会筹备欢迎国联调查团，当议决：（一）电外部转调查团欢迎；（二）成立武汉新闻界招待调查团筹备处。

【中央社汉口二十六日下午十一时四十分电】 市府定俭（二十八日）召集汉市各机关团体，开会商议招待国联调查团事宜。宥（二十六日）已发出通知，并呈请绥靖署派员参加。武汉新闻界亦定感(二十七日)开会讨论欢迎办法。

【中央社汉口二十七日上午十二时三十分电】 国联调查团拟来汉转平，市党部昨特去电欢迎。

《中央日报》1932年3月28日第一张第二版

314. 苏省各民众团体电国联调查团，对东北之非法组织誓不承认，深望洞烛暴日阴谋予以制裁

【镇江通讯】 国联调查团抵沪后，本省各民众团体，均曾致电该团，代表全省各界民众，表示欢迎之至意，并请该团本和平精神与公正态度，调查处理中日事件。连日该团在上海调查告一结束，入京后，取道北上，转赴东省。本省各民众团体闻讯后，为东北事件，特再致电该团，促其注意，表示日人威胁利诱所组织伪满洲国之傀儡政府，中国人民誓不承认其存在。除请中央明令讨伐外，尤望国联主持正义，否认该伪国之存在，并予破坏我领土完整之暴日以制裁云云。其原电分志如下：

全省教育会电

南京外交部译转国联调查团并转国际联合会均鉴：顷闻驾将来京，曷胜欣幸。上海事变真相，想已洞悉。责任之在暴日，当亦了然。其关于东北事件，兹再进一言。我东北三省既为暴日武力侵占，复威胁利诱少数叛逆组织伪国。且向国际宣传，谓系出于民意，借图淆乱世界听闻。此种卑劣手段，殊堪痛恨。我四万万五千万人民，誓不承认此种非法政府之存在。惟查国联有保障其会员国家领土完整之义务，是望于诸代表者，务请将暴日侵占我领土之非法行为与假借民意之奸险阴谋转告国联。尤望国联尽其应尽之义务，确能保障会员国家领土之完整。则中国幸甚，世界幸甚。江苏全省教育会叩。敬。

全省记者会电

南京外交部译转国联调查团并转国际联合会均鉴：贵团在上海一带战区视察，当已深悉日军非法残暴之情形，与我方所受战祸之惨象。再言东北，尤

属令人发指。盖暴日以武力侵占我东北三省,已自知非法,乃利诱少数意志薄弱之汉奸,组织满洲伪国之傀儡政府,借以缓和国际空气,兼可实行永久占据。查我国为一独立国家,岂容他人破坏我领土之完整,我国人民誓不与此伪国并存。除已呈请我国政府加以讨伐外,惟暴日此种非法行为,实已违反国联盟约之规定,国联对此种怀抱野心之异动国家,若不加以制裁,则世界和平前途,将不堪设想。国联为主持公道之机关,贵团为中日和平之使者,务希主持正义,否认伪国之成立,以还我领土之完整,岂仅中国之幸,抑亦世界和平前途之福也。临电迫切,无任翘企。江苏全省新闻记者公会叩敬。

江苏省工会电

南京外交部译转国联调查团并转国际联合会均鉴:日人之谋我满蒙久矣,去年适值世界各国经济不振,我国复遇大水巨灾,暴日认为此乃千载一时之机会,不惜毁弃国际间一切盟约,而以武力占我东三省。近为掩饰其侵略行为,并淆惑世界人士观听计,竟又勾结我国少数叛逆,组织所谓"满洲国"之傀儡政府,威胁利诱,无所不至。其破坏我国领土完整,毁弃国际盟约尊严,事实昭彰,无可掩饰。尚望贵团尽量揭发日人阴谋,予以有效之制裁,借维护国联盟约之威信,而保世界之和平。江苏省全省工会叩敬。

江苏省商会电

南京外交部译转国联调查团并转国际联合会均鉴:东三省为中国领土,乃世界各国及九国公约所公认。日本不惜毁弃国际盟约,于去年九一八袭据我东三省,以逞其灭亡中国称霸全球之雄图。对于国联迭次之撤兵决议案,既漠视不理。近复实行威胁利诱少数叛逆份子,组织所谓"满洲国"之傀儡政府,以淆乱世界之视听,而欲以灭亡高丽之故智,并吞我东三省。此种破坏我国领土完整违反国际盟约之威胁行为,我国政府国民绝对否认。深望贵团此次赴东北调查,证以事实真相,据实报告国联,对于暴日予以正当有效之制裁。江苏全省商会叩敬。

江苏省农会电

南京外交部译转国联调查团并转国际联合会均鉴:日本为欲逞其并吞中国称霸全球之雄图,不惜公然违犯国联盟约、非战公约、九国公约,毅然于去年九一八，以武力强据我东三省。近复欲师其灭亡高丽之故技，勾结为我国所弃绝之少数叛逆，组织所谓"满洲国"之傀儡政府，以淆惑世界之观听，阴谋毒计，昭然若揭。我全国国民对于此种叛逆组织，一致绝对否认。贵团此次赴东北调查，深望能主持正义，揭发日本暴行阴谋，昭告世界，并实行国联盟约，以恢复我国领土之完整，世界和平前途，实利赖之。江苏全省农会叩。敬。

《中央日报》1932年3月28日第一张第二版

315. 调查团来京，市农会昨发表宣言，希望秉公调查并对日予以制裁，完成维护世界和平之伟大使命

京市农区广阔，农民平时集合不易，此次因国联调查团来京，为申讲调查团主张公理起见，故于昨日由市农会率领农民千余人，前往欢迎，并发表宣言。兹采得其原文如下：国联调查团诸委员均鉴：强邻日本，数十年来，无日不处心积虑，侵略我国。如中华民国四年（一九一五年）之强据青岛、迫袁世凯签订"廿一条"以丧权案，十七年（一九二八年）之济南惨案，去岁一之万宝山案，及主使韩民惨杀华侨案，以及九一八之侵占东三省，及今年之攻占上海，等等。其肆无忌惮，蔑视国联盟约、非战公约、九国公约，灭绝正义公理，实为人类有史以来罕有之暴行。今更进而利用我东北叛逆，以亡朝鲜之故技，造成傀儡独立国，蒙蔽国际耳目，遂其窃据吞并之阴谋，破坏我领土主权之完整，冀达田中征服全世界之迷梦。其阴狠毒辣，举世无匹。我中华民族，酷爱和平，崇尚正义，东三省事变发生，仍能曲予容忍，诉之国联，以期得到公正平等之解决。幸而国联亦本其所负之职责，从事调停，以维持国际神圣条约之尊严。我人对国联为公理人道正义和平之努力自然表示衷心之感谢。惟日本居心叵测，国联决议案，不特不能动其毫末，且对我国日迫日甚。若国联不再取有效之制裁，必致神圣盟约破坏无余，而日本之暴行，将日益扩大。则我人为民族争生存，为国家争人格，为拥护国联盟约决议与国际正义计，决誓死继续抵抗，宁为玉碎，不为瓦全，成败利钝，非所计及。但我人此种抵抗，实为被压迫民族不得已之自卫，全世界人士，当能共鉴共谅也。贵团膺国联郑重之付托，为世界和平之信使，远涉重洋，实地调查，敝会谨代表南京全体农民，竭诚欢迎。深盼主持

正义,公正严明之态度,报告国联,以达完成国联维护世界和平之伟大使命,此不特我国联会员国之幸,亦乃国联盟约本身之幸也。南京市农会。

《中央日报》1932年3月28日第一张第三版

316. 调查团北上专车,津浦路已准备就绪

国联调查团已于昨晨十时抵京,拟在京逗留四天,即行北上实地调查辽案。但北上途程,尚未决定,或先至汉口转道东北。至调查团北上专车,津浦路已奉部令备就,一切招待应行事宜,亦已筹备就绪。各大站内地方官民,亦分别筹备欢迎。兹据铁部消息,津浦路管理委员会,对于调查团北上专车,已经备妥,并由该路委员长拟定办法,经推定委员钱宗泽为招待主任,机务处工事课长赵国栋、材料课课长程宗阳、总医官陈琰英、工务处副工程师陈德苓等为招待委员;庶务课长杨在波,担任车上清洁。至车辆配备,除现有车辆外,并调蓝钢车八辆,借用优美花车二辆,饭车二辆。届时另有铁甲车司令部,拨铁甲车一辆压道,并选精壮铁路警士十六人,随车保护云。

《中央日报》1932年3月28日第一张第三版

317. 社论:中国民族根本无排外观念

日本朝野,最近常向国际方面宣传中国"排外",此所谓排外一词,所含之煽动性极大,各国人士或不尽明了极东情势,不尽了解中国民族之对外观念,稍一不慎,轻易为此种含有极端煽动性之名词所动,而惕然于在华侨民生命财产或有不安定之虞,在华贸易基础有将摇动之势。此实一绝大错觉!而其错觉之由来,则由堕入日人机阱,中其恶意的宣传而然。在各国明达之士,及平日留心近年中日两国之关系者,当然灼知此为日人之一种最阴险手段,其目的在离间中外人士之感情,并借此以掩饰其数月来在中国领土内之暴行,而为诿过卸责之地步。苟各国人士而听信其宣传者,则日本侵略政策之推动,乃于无形中更可得国际方面之同情,而可横冲直撞,无所顾忌矣!惟其如此,故日方

利用含有煽动性之排外名词,百计中伤,极力作诬蔑之宣传。不仅指使其浪人及无赖之文氓,在报章杂志之类之普通刊物中,以文字为宣传;而其政府中人,亦口口声声谓中国"排外"。植田在沪招待西报新闻记者曾作此言;国联调查团道经东京时,芳泽亦曾作此言;其出席国联代表佐藤,并在国联大会中诬称中国以"排外为外交基础"。日人之宣传政策,殆可与其侵略政策媲美,无所往而不施!日人虽用尽心机,以肆诬蔑,然而佐藤之在国联,仅讨得各国代表之无数嘘嘘轻叱声;调查团李顿君之答芳泽,则谓调查团之东来,仅为一收音机而非为一发音机,对于芳泽无的放矢之言,不赞一词。此种表示,已不啻明白鄙视芳泽之信口开河,而洞悉其所声言者,乃全为有所作用而发!吾人对于日人所宣传之"排外"云云,似已无再事置辩之必要。记者之欲更有所言者,特欲使友邦人士对于中国政府与人民之对外观念,能有进一步之深切了解!

  中国民族之爱和平,爱正义,乃天性使然。征之已往,验之现在,随在皆可证实其泱泱大国之风度,绝无褊狭之迹可寻。其与他民族之交往,自始即以"和平"二字为不易之原则。如"协和万邦""敦谊睦邻",胥属自远古以至今兹,数千年所垂诏之不磨之政训。历代政治迹象之变迁不穷,而其立国之大本,则始终一贯。其一贯之观念维何?曰:"以天下为一家也。"此其故训,出之于远古,发挥光大者,则为孔子。孔子自道,谓:"丘也,东西南北之人也。"其毕生之政治怀抱,与其个人之政治理想,不仅在治一国,且在平天下,利万民。"天下"一词,训以今义,则为"世界";"万民"云者,训以今义,则为"全人类"。易词言之,其政治理想之终极目的,即在:维系世界和平,增进全人类幸福。此其理想,与今兹国联所揭橥之原则,若合符节!然此犹仅以儒家言也,再就墨家之政治哲学观之,墨子所阐发之最重要之政治原则,为"兼爱",为"非攻"。其言曰:"……乱何自起?起不相爱。……故天下兼相爱则治,交相恶则乱!……"又曰:"……不爱异国,故攻异国以利其国,……视人国若其国,谁攻?……今小为非则知之,大为非攻国,则不知非。从而誉之谓之义,此可谓知义与不义之辩乎?……"儒家之孟子亦曰:"争城以战,杀人盈城;争地以战,杀人盈野。"孟、墨之时代,在距今二千年以前,而其非战之精神,视今之凯洛格白里安之非战公约之所厘订者,犹远过之!中国民族对于此类先哲所遗之政训,由数千年以来之身体力行,已无形中涵融为一种爱和平爱正义之民族精神。世人对于中国之地大物博,及其能合四万万人民而融铸为一整个之国家单位,常引为不可解之一哑谜;殊不知中国民族之所以能合四万万之多数人民而立国者,其来有自,实树立于一种颠仆[扑]不破之民族的历史的基础,决非偶然的凑和所可致此也!

　　吾先民之政治哲学,既以实现世界大同,促进全人类幸福为目的矣;也今之中山先生之主义,又何莫不然?中山先生曾明白宣示其领导民族【革】命之动机,系以"爱"为出发点。此之所谓"爱"者,即兼爱也,博也。非爱小我也,乃爱大我也;不仅爱国家也,乃爱世界也;不仅爱民族也,乃爱全人类也。夫既以爱为出发点,则其政治理想之最高观念,不惟与因"憎恶与仇视"而倡革命之马克思、列宁为绝对不侔,即与爱自国而攻人之国,爱自国之国民而牺牲他国之国民之狭义的"爱",亦已大相迳庭矣!而中山先生主义之内容,尤再三致意于拯救世界经济困厄,增进全人类之生活幸福。其主义之终极目的,在使世界共进于大同。夫吾国先哲之政治哲学如彼,中山先生之革命主义又如此。中国民族过去遵循其先哲之政训以绵亘立国,今兹又服膺中山先生之主义以谋新国家之建设,在中国民族之心理上与精神上,除去爱和平爱正义而外,根本上可谓无排外之观念,安有如日人之所谓排外?安有如佐藤之所谓以排外为外交基础?日人□言,不值识者一笑;世界人士苟能对于中国民族多所理解,则无谓之疑念,当可全然消释矣。

　　　　　　　　　　　《中央日报》1932年3月29日第一张第一版

318. 国联调查团抵京后,政府当局作重要表示,汪院长罗外长均有恳切演词,各委员昨先后谒见汪蒋林罗

　　国联调查团李顿爵士一行,前日抵京后,以旅途劳顿,未与任何方面正式晤谈。昨上午八时,由我国代表顾维钧博士陪同调查团主席李顿爵士,同坐汽车一辆,其余意国委员马柯迪伯爵、美国委员麦考益将军、德国委员希尼博士、法国委员克劳德将军,各坐汽车一辆,由励志社往华侨招待所,谒见国府主席林森氏。林主席对该团跋涉旅途,致慰劳之意。九时往萨家湾外交官舍谒外长罗文干氏,谈约半小时之久,即往铁道部一号官舍谒行政院长汪精卫氏。十一时至陵园谒军事委员会委员长蒋介石氏,谈至十二时始赴铁道部,应汪院长之宴会云。

汪院长宴团员致词

汪院长昨(廿八日)午宴请国联调查团致词,原文如下:

各位先生:各位先生受国际联盟之重大使命,远来中国,鄙人代表政府,谨致无限之敬意!

各位先生为调查中日事件而来,各位先生于抵上海后,不辞跋涉,亲赴淞沪一带察看战迹,日本海陆空军所加于中国人民土地之破坏,一切文化经济上之建设,为飞机炸弹及重炮弹,击为灰烬。从枪林炮雨中逃命而出之难民,彷徨无所归;学生失学,工人失业,社会问题,益形严重。至于因战事而致死者之家属,孤儿寡妇,凄皇[惶]无告,又触目皆是。此是一月二十八日以来淞沪一带,所受日本侵掠的战争之一幅实写,为各位先生所亲接于目闻于耳者。至于东北的情形,也就可推想而知了。

各位先生:中国与日本同为国际联盟的会员国,负有遵照《国际联盟公约》,以保障和平,杜绝战争之义务,而今竟不幸两国之间,俨然发生战争的行为,鄙人今者郑重声明,此次战争的行为之发生,中国方面实无何等之责任,中国方面实因受日本不断的攻击,始不得已而出于正当防卫的。

自从去年九月十八日日本进兵侵占东北以来,中国遵守国际联盟会员国之义务,以此重大事件,取决于国际联盟。所有国际联盟行政院之决议,中国无不诚恳接受。而日本则对于国际联盟行政院之决议,悍然违反,最近且以其陆海空之兵力蹂躏及于东南。本月国际联盟特别大会之决议,亦不值其一顾。所以日本方面,不仅是中国领土主权之破坏者,而且是《国际联盟公约》之破坏者。

鄙人如今代表政府,以中国人民希望及志愿,奉告于各位先生:国民政府奉行中国国民党总理的遗嘱,努力于求中国之自由平等。所谓求中国之自由平等,其意义与排外全然不同。盖中国之自由平等,实为中国国家及民族生存上之必要条件。中国曾将此等要求为民国八年间巴黎和会诚恳披露,继又披露于翌年之华盛顿会议。其后十四、五、六年间,中国国民党的政府及其所组织的国民革命军,由广州出发统一全国之际,更将此要求充分表现。因为这是任何一个国家为其生存上所不能不具有的条件,而其意义绝非排外。关于这一点,鄙人不能不请求各位先生加以注意。

中国不但没有排外的意义,而且对于和各国所订条约,亦无不尊重维持。

中国固然有废除不平等条约的要求,但中国绝没有由单方面进行废除的意思。中国深知不平等条约之废除,及平等条约之订定,不但为中国生存上所须要,而且于关系各国间,亦有共同之利益,关系各国,必能予以援助的。

鄙人如今举一例为证。这一次日本侵占淞沪,系以公共租界为军队登陆地点及作战根据,此于中国防卫方面,实为极大之不利。而中国因尊重条约之故,始终不肯妨害公共租界之安全。当日本军队背公共租界,而向中国军队发炮射击之际,中国军队因恐损伤及于租界,至于不肯还炮。举此一例,则中国政府及其人民忍耐程度,可以推见了。

各位先生来自日本,或者听见说过中国人民有排日的事实,如抵制日货等等。鄙人如今附带说明,中国人民之有此等事实,乃日本对于中国侵掠行为所激成。例如民国四年间,日本以哀的美敦书强迫中国签字于"二十一条",曾因此而引起中国人民抵制日货的事实。十七年间济南惨案,亦是如此。至去年九月十八日以后,则中国人对于日本之恶感,随日本的侵掠行为而日益扩大。如欲消除此等排日的事实,其唯一有效之方法,在日本消除其侵掠行为。因为中国人民本来没有排日的意思。

中国人民对于现在时局所抱的希望及志愿,为领土与主权之完整。所以对于东北最近的傀儡政府的出现,认为与日本当日灭亡朝鲜同一手法,决不能容忍。至于在东北从事于经济的开发,则中国人民必乐与各友邦携手进行,而其希望得有和平以遂其发展,亦与各友邦维持商务之热望,无有异致。

兹者各位先生受国际联盟之重大使命来华调查,鄙人深幸得此机会,贡献所见,以供各位先生参考,并愿尽其能力,协助各位先生,重完成此重大任务。敬祝各位先生为公理与和平有所成就,谨满举一杯,以祝各位先生之健康。

李顿爵士代表答词

(中央社)国联调查团委员长李顿爵士,于汪院长宴会席间代表全体委员用英语致答词,首述调查团感谢中国政府招待之盛意后,略谓:国际联合会本身所负之责任,当然维持其国际信用。此次中日事件发生,而中国政府始终信赖国联,国联亦甚表示同情。且余(李顿自称)敢说国联会处置此次事件,决不违背破坏任何国家之行政独立土地完整之原则。如有违背此原则者,国联会亦决不予承认云云。

罗外长晚宴调查团

外交部长罗文干,于昨晚(廿八)八时在华侨招待所宴请国联调查团全体委员暨随员,并请中国参加代表团顾代表暨全体职员、各部会长、外交委员会各委员等作陪,计到有调查团主席李顿爵士,调查团委员马柯迪伯爵、希尼博士、麦考益少将、克劳德将军,调查团秘书长哈斯,副秘书长派尔脱,秘书派斯脱考夫、万考芝、卡勒尔,调查团专员洼尔特漾、美国委员之专员布勒克斯理、调查团主席之秘书爱斯脱、美国委员之秘书白德耳、法国委员之秘书觉威来脱、哈秘书长之秘书太白尔。(代表处)顾维钧代表、王广圻秘书长、施肇夔秘书、张祥麟主任、钱泰主任、严恩槱主任、刘崇杰参议、王景岐参议、金问泗参议、魏文彬参议、朱鹤翔参议、萧继荣参议、颜德庆参议、吴昆吾参议。(本京各部会长)海军部长陈绍宽、财政部长宋子文、实业部长陈公博、教育部长朱家骅、交通部长陈铭枢、铁道部长顾孟余、蒙藏委员会委员长石青阳、禁烟委员会委员长刘瑞恒、外交委员会委员长蒋作宾。(各部会次长)内政次长彭学沛、外交次长徐谟、军政次长陈仪、司法次长郑天锡、财政次长李调生、实业次长郑春涛、许锡清、教育次长段锡朋、钱昌照、交通次长陈孚木、俞飞鹏、铁道次长钱宗泽、曾仲鸣、蒙藏委员会副委员长赵丕廉、禁烟委员会副委员长郑哲熙、外交委员会委员邵元冲、孔祥熙、程天放、罗家伦、唐有壬、国联秘书吴秀峰、南京市长谷正伦、中国代表团参议曾彝进,日本吉田代表,顾宗林参议、陈延炯参议、朱少屏委员、戈公振委员、桂中枢委员。席次由罗外长致欢迎辞云:诸君:诸君是代表全世界最高的权威——即国际联合会——本部长现在代表中华民国国民政府欢迎诸君,非常欣幸。这次事变发生之始,我们就立即诉诸国联,深信各国正式并自由签订的国际条约,必能为我们作正义的保障。对于国联行政院及大会殚心竭力的工作,以求缓和此次争端,或缩小事变的范围,本部长深信得乘此机会,明白表示中国感谢的热忱。尤其使我们不能忘怀的,即曾充国联行政院主席的一位大政治家的溘然长逝,引起了全法国人民的哀悼和人类的同情。诸君莅临中国,适当中国历史上一个最悲惨的时期。当诸君离欧时,东省事变的发展,已是危及中国领土的完整。随后日本在上海的军事行动,更使中国社会和政治组织的基础濒于危殆的境地。诸君都知道中国自宣布共和以来,就想法适应政治上和社会上的近代观念,希望由和平而渐进的发展。中国对于全世界的繁荣和进步,可以有充分的贡献。我国完全明了这种事业的前途，横布着许多的困难。在幅员辽阔的国家，差不多占有全世界五分之一的人口，加以交通的不便，以及其他种种原因，致智识阶级对于民众的努力，未免迟延，而少功效。中国政治和行政的组织，与诸君本国不同。中国所有关于领导和发展共和政体的大业，至为艰巨，因此各种障碍亦在所难免。我们有时不得不尝试新试验以促进，实现我们的新理想。但我们至少希望没有外来的危险，并获得各国的同情和友助，尤其是土壤相接的邻邦的同情和友助，以继续我们的努力。在我们正试行解除各种困难和阻碍的时候，不意竟有一邻邦，于事前不为预告，也不诉诸国际公法上与中日两国共同签字的条约上所规定的和平解决国际纷争的方法，而突然用军事力量，攻击我国，先袭我东省，继攻我天津，复攻我上海。我们对于这个邻邦，本来希望和他依据平等相互和互尊主权独立的原则，竭诚合作的，乃不料他竟有此等出乎寻常的举动。我们是最爱和平的国家，所以自始即采取最和平的态度，满望着以我和平的态度来改易他侵略的行为。不料此种希望，全归泡影。诸君此次在沪时，对于自一月二十八日以来关于上海事变的经过，谅已经搜集适当的情报，并以诸君公平的眼光，来估计一般和平无辜的民众所受的痛苦。我们为保护领土起见，对于侵略者曾经加以抵抗，并为自卫计将继续抵抗。但我们深愿和平并愿根据国联决议案，及现行条约缔订任何公正办法，以解决时局。我们对于诸君调查的结果，和诸君对国联的建议，很为信赖。我们深知诸君具有大公无私的精神，在调查时所需各项材料，和各种情报，自当尽量供给。我们毫不隐蔽，深信坦白无私，最足表现我方理由的公正。鄙人谨举杯祝诸君的康健，和诸君使命的成功。

国联必负责任解决

外交部长罗文干，昨晚宴请国联调查团致词后，李顿勋爵代表该团致答词，略谓：适聆罗外长讲到白里安为世界和平努力，现已溘然长逝，此诚为全世界足资痛悼之一事。但余认为白里安虽不幸与世长辞，然世界和平，决不因之中止。国际联盟为世界和平之柱石，对此次中日间不幸的问题，决负责解决。中国由旧国家一变而为新国家，中间必经若干困难。若能万众一心努力做去，必能迅速的达到预期的成功云云。李顿发言时态度极为诚恳。至十时许，宾主始尽欢而散。

调查团之各项消息

国联调查团一行,约在京勾留四日,有过汉乘平汉车前往北平转赴东北意。兹闻东北民众团体暨平津各机关极盼该团早日北上,以调查东北汉奸受日主使组织叛逆政府之真象。闻我国参加代表团人员将此意转达该团后,或将打消其原意,仍乘平浦车北上云。

国联调查团秘书长哈斯夫妇,原定前日(二十七)由沪来京,嗣以事阻,乃于昨日(二十八)上午由沪乘航空公司飞机,于下午四时二十分抵京,下榻励志社,并于今晚应罗外长之宴会云。

首都各界人士,以国联调查团负和平使命来华调查,业于昨(二十七)日到京,我全市各界团体均分别整队沿途举行热烈欢迎。兹悉本市农、工、商、学、妇女、新闻界、华侨及自由职业并社会团体等,于昨(二十八)日午后举行会议,磋商定期分别晋谒该团并面递意见书,希望该团主持正义,俾中日事件,早得和平解决云。

【本社二十八日汉口专电】 绥署勘(二十八日)召各界代表会商欢迎国联调查团事宜,决设招待处,由陈光组负责,下设总务、交通两组,吴国桢、席德炳分任主任,另聘王世杰等二十余名流任交际。住所设法租界中央、德明两饭店。

【本社二十八日济南专电】 济南各界欢迎国联调查团办法,已商妥。北平号钢甲车,勘(二十八日)早开徐州迎调查团,以便沿途保护。

【本社二十八日天津专电】 北宁路所备欢迎国联调查【团】专车,俭(二十八日)午后五时,由津开往徐州待命。

《中央日报》1932 年 3 月 29 日第一张第二版

319. 湘省府电调查团请主持正义

【本社二十八日长沙专电】 湘省府以日人侵犯我东三省并胁迫卵翼叛徒所组织之伪政府及攻击上海,均为破坏中华民国领土行政之完整,及日本自身对于世界盟约之义务,宥(二十六日)特电国联调查团,恳以公正之态度,敏捷之手段,搜集合法之事实,供献国联,维持盟约之尊严,以保存中华民族在主权国所应有之必要权利。

《中央日报》1932年3月29日第一张第三版

320. 李顿爵士对遗族校童军演说，希望为全人类服务

国联调查团李顿爵士等一行，于昨午在铁道部应汪院长宴会之后，下午二时许，即返励志社休息。国民革命军遗族学校主任史襄哉，乘李顿爵士休憩之暇，敦请李氏向该校童子军讲演，李顿爵士欣然应诺。当在励志社左傍草地上，向遗族校童子军训话，由招待委员黄仁霖任翻译。大意略谓：我今天看见诸位童子军，于不知不觉中，竟令我想到，我与童子军鼻祖鲍尔威，同在一队服务时候的光景，所以今天遇见你们，发生一种无限的兴味与快慰。你们的主任史襄哉先生，要我和诸位说几句话，所以我很快乐的和诸位谈谈。童子军是为全世界人类服务的，希望你们把童子军服务的精神，不拘时间空间，尽量的发挥出来，使全世界人类，都得到你们服务的好处云云。

《中央日报》1932年3月29日第一张第三版

321. 全国学联告调查团，说明日本毒辣侵略政策，望维护盟约予以有效制裁

全国学生联合会，昨发表敬告国联调查团书，内容分四点：（一）说明日本侵略满蒙，为对华外交之积极政策。此政策之重要在"欲征服世界，先征服支那，欲征服支那，先征服满蒙"。去岁九一八事件，不惜摧废各种国际公约者，皆此项政策下必然之结果。（二）中国为新兴民主国，国联为新兴国际政治组织，与日本迷信武力统一世界之野心，根本不能相容。故日本一方利用中国之天灾与内乱，一方面利用世界经济之衰颓，悍然出此野蛮举动。（三）中国抗日，在本身为维持其酷爱和平之民族之生存，与新兴民主势力之发扬；在国际为维护世界和平总机构——国联——之信用，与世界公约之存在。（四）希望调查团认明日本侵略中国之国际性，及中国抗日行为，为国联会员国应有之义

务。更希望主持国联重要会员国维护盟约，与中国共同制裁横暴之精神，不使热忱维护公理者失望，致变易其态度；不使摧残盟约者得志，益坚定其武力可恃之主张云云。

《中央日报》1932年3月29日第一张第三版

322. 时论：为东省事件促国联调查团注意（一）

　　国联调查团诸君应国联行政院之指派，莅临斯土，调查中日间纠纷之真相，及足以危及两国和平关系之一切情形，俾国联得以促成两国所争问题之最后的与根本的解决。诸君负此重大之责任，临此方被日人武力严重胁迫之下国土，吾人于欢迎诸君之余，实不能不搁诚向诸君进一言。

　　吾人深信诸君必能一秉和平使者之精神，以大公无私之态度，虚心坦怀，考察中日纠纷之真相，与此次被压迫者所遇之痛苦，俾国联得以善处足以危及东亚乃至世界和平之中日间一切问题。惟吾人于此有不能不先为诸君告者：日人侵略吾国，蓄意已久，其伪制事理之巧，捏造证据之工，实为日人数十年来眩迷世人视听以便于侵略邻国之最良烟幕。过去各国政治家之被此烟幕所眩迷而一时失却听明与智慧者，盖亦屡见不鲜矣。此则深望和平使者之诸君所宜再三注意而抉别者也。

　　日人最近侵略吾国，有荒谬绝伦之二种理论：其一为"满蒙非中国领土"之说，其一为满蒙为日本"生命线"之说。前者唱自日人矢野，后者则为此次代表犬养首相来沪之松冈洋右所极力鼓吹。诸君此次在沪调查之时，此松冈氏得意之论调，必已再三吹送于诸君之耳鼓矣。

　　矢野氏所谓满蒙非中国领土之谬说，自有吾国数千年之历史为事实上之雄辩，本不值吾人之驳斥，今姑就最近数十年之事实而言，即日本于对俄宣战之布告中，亦已明白承认满州[洲]为中国之领土，而华府九国公约，对于吾国国土主权之保证，尤为国际间所通知之事实。借曰满州[洲]为满人生息之地域，则吾中华民国乃系合汉满蒙回藏五族而成，久已为国际间所公认。而况今日东北(满州[洲])之住民，汉人实占全数百分之九十以上乎。故若满州[洲]而可谬指为非中国领土，则爱尔兰亦可谬指为非英国之领土矣，嘉利福尼亚亦可谬指为非美国之领土矣，荒谬之论，宁有甚于斯乎？

其次所谓满州[洲]为日本生命线之说，其荒谬绝伦，足以危及世界之和平，实不减于满州[洲]非中国领土之谬说。查日人所谓满州为日本生命线说之始见于国际公文者，为一九二〇年三月二日日本驻美大使致美国政府之照会中。该照会中之一节曰："南满与东蒙，因其与朝鲜接壤，与日本之国防与经济生存有密切之关系。在此方面一切事业之开发，每足影响日本国家生命之安全，此即为日本在此方面特殊关系之理由，同时又为日本在此方面有各种特殊权益之根据。"此照会之置重点为"南满与东蒙，因其与朝鲜接壤，与日本之国防与经济生存，有密切之关系"之一点，故充日政府当时所欲言而不言之意，即南满与东蒙，因其与朝鲜接壤，应置于日本军事的及经济的支配之下之口吻。所幸当时美国国府洞烛日本政府之奸，复照中并未接受荒谬之论据。其后日本政府之欲将此谬说旧事重提者屡矣。结果，不独徒遭国际间之齿冷，反于华府九国远东公约中确定"尊重中国之主权与独立暨领土与行政之安全"，可见世界自有公理，决不容暴论之见诸事实也。夫日人所谓满蒙生命线之谬说，虽然于最近十余年之中，但其在事实上之表演，则已见于日俄战役之前后。盖在日俄战役之前，日人已视朝鲜为其所谓生命线之范围矣。及日本兼并朝鲜为其领土之后，乃展其生命线之范围于南北满，于东蒙。使此次日本侵略东北而公理终无法伸张于天下也，则其生命线之范围，更将由满蒙而中国内地，更由中国内地而伸展于安南、缅甸、暹罗、南洋群岛、印度、中小亚细亚……充其极，非伸展至全世界任何地域不止。此非吾人主观之言而姑[故]为危词以影响诸君之视听也，试观田中义一于昭和二年七月上日皇密奏中之一节，即可知吾人所陈之不谬。该密奏中之一节曰："欲征服中国，必先征服满蒙，欲征服世界，必先征服中国。倘中国完全被我征服，其他如中小亚细亚及印度、南洋群岛等异服之民族，必畏我敬我而降于我……"可知日人所谓满蒙为日本生命线之说，完全为宰制他国生命之暴论，决非国际间真正的共存共荣可同日而语也。诚如日本学者横田喜三郎博士所言："满州[洲]在日本军事上固甚重要，而中国全部于日本军事上亦甚重要，则亦应占领乎？中欧在日本军事上亦有相当重要，亦应取而代之乎？煤在军事上占相当之地位，则法国萨尔之煤矿，日军亦必须占领，天下宁有斯理乎？"

以上为日阀侵略吾国理论上根据，其纯基于军国主义之侵略欲而应为世界和平之大敌，自无待于详细之辩明。（逸樵）

《中央日报》1932年3月30日第一张第一版

323. 来论：国联调查团应从速北上赴辽

近闻国联调查团有先赴汉口再经平汉路北上赴辽之说，此讯是否属实，现尚未敢臆断，或许为外间之谣传，亦未可知。以事理度之，当属不确。惟外间传说颇盛，似又并非全然不确者。吾人兹以为意，愿陈鄙见，幸调查团诸君注意焉！

调查团诸君之东来，世人称之为和平使者。所负之任务，为调查中日事件之真相，以为国联将来处理中日争议之张本。中日间之争议，果能由国联之处理，而得到正当的解决，则不惟远东方面之未来的战祸可以避免，世界和平亦可不致因而动摇，国联之地位更可因此愈臻巩固，而其有助于公理正义之伸张也，尤将使诸君之芳名，播乎遐迩，垂于不朽！反之，若中日纠纷不能得到正当的彻底的解决，则远东之战机固将一触即发，而太平洋之狂潮，必且使世界各国一齐卷入。以今日国际关系之密切，牵一发而动全身，殆有绝对的可能，且为必然之势也！果其如此，则国联之机能将从此倾覆，世界和平础石将从此崩裂，公理正义，将不复存在于天壤；人类相互关系，将复返于强凌弱、众暴寡之残杀的状态。事实如此，决无可疑者也！调查团诸君其试思之：诸君之此行而成功也，其所效之效能将如彼；诸君之此行而失败也，则其影响于远东风云，影响于全世界，影响于全人类者将如此，然则诸君此行关系之重大为何如乎！且也，国联之构成匪易，威尔逊之深远的和平理想非劈空自天而降，乃目击一九一四至一九一八大战中之凄惨的景象，秉于悲天悯人之念，恐人类长此斗争，世界文明，将有趋于毁灭之虞，乃发为宏愿，携其十四原则以遄赴巴黎。凡尔塞之和会，虽厄于种种事实上之障碍，致令此老铩羽而去，然国联之机能，终因此一粒和平种子之散播而卒告成立。十年以来，复赖各国无数之伟大政治家及持有和平理想之人士之不断的努力，始有今日。筚路蓝缕，此国际政治组织基础之树立，不綦难哉？乃者暴日肆虐，藐国联如无物。数月以来，战机愈逼愈紧。国联之地位，摇摇欲坠。所以尚未遽坠者，则诸君之东来，将搜集事实，寻求一线光明耳！中日争端，纠缠至此，而问题之枢纽，厥在发生九一八事件所在地之东省。诸君今日尚能迟迟其行，而使东省事件久延不决耶？

诸君此番之东来，系受行政院之委托，而行政院畀予诸君之主要任务，则为调查东省事件。范围既早确定,职权尤为明显。顾名思义,所谓"调查"云者,自以汇集事实、搜寻证据为最大之职责。以空间言,九一八事件发生之地点,在东省而不在汉口;以时间言,发生事变之日期,距今已逾六阅月。调查团之派遣,系根据十二月九日之决议案,诸君之奉命,距今亦已三月有余。倘诸君能早一月而莅止者,则日人卵翼下之伪行政组织固犹未成立,而调查之手续,必且较为简易,而能事半功倍也。今历时既已迟之又久,而诸君尚欲在遄赴东省之前,绕道于与东省事件绝无关系之汉口,令日人有从容湮灭真证据、制造伪证据之余晷,安得不深滋世人之疑虑?借曰诸君之所欲调查之范围,不限于直接的事实,并将旁及于与东省事件有因果关系之间接的事实,则诸君日前留沪时,已视勘淞沪战区,而凭吊日军破坏之遗痕矣!若欲更进而求之者,则九一八以后之天津事变、青岛事变,九一八以前之万宝山案、朝鲜惨案属之。诸君舍此而消耗时日绕道于汉口之于中日纠纷,较东省为尤要耶?此吾人所以滋惑也!诸君或谓绕道赴汉,途中不致稽延过久,至多耽搁两周或一旬之时间即为已足,吾人不必鳃鳃过虑。殊不知吾东北三千万同胞,蹂躏于暴日铁蹄之下,求生不得,求死不能,如水益深,如火益热,日盼调查团诸君之莅止,俾公理正义,终获伸张,出诸涂炭,纳诸衽席。此非吾人乞怜于诸君,乞怜于国联,乃揭橥世界和平之国联,及充任和平使者之诸君,所应尽之职责也!抑吾人更有为诸君言者:诸君之此行也,如或于固有任务而外,欲觇吾政情,视吾风俗,比较中西文化之同异,吾人亦极端欢迎。惟请俟诸君调查任务终了之日,而非所宜于此时,此又吾人愿向诸君喋喋奉告者也。(一山)

《中央日报》1932 年 3 月 30 日第一张第二版

324. 国联调查团昨会晤我国政府当局,对中日事件调查范围交换意见,调查团全体委员昨觐见林主席

(中央社)国联调查团李顿等五委员于昨下午五时,由励志社乘汽车至铁道部官邸,与我国政府当局行政院汪院长、军委会蒋委员长、外交罗部长、交通陈部长、实业陈部长、海军陈部长及调查团我国代表顾维钧等晤谈,对中日事件及调查范围等问题,互有意见交换。又闻该团现已决定于四月一日离京,乘

江轮赴汉口视察,在汉拟不多作勾留,即乘平汉车北上赴平,转往东省作详细调查云。

调查团昨觐见主席

国联调查团李顿爵士一行,于昨日(廿九)上午十一时半,至国府正式谒见国府主席。国府于事前已派有宪兵一排在二门外站岗,国府军乐队,亦站立于二门口,以备国联调查团莅止时奏乐欢迎。十一时二十分,外交部长罗文干先至国府迎候。十一时半我国代表顾维钧氏陪同国联调查团主席李顿爵士,及意国委员马柯迪伯爵、美国委员麦考益将军、德国委员希尼博士、法国委员克劳德将军及随员等,由励志社乘车至国府。行至二门口,国府军乐队奏乐欢迎。下车后,由国府典礼局招待人员引导至国府楼上主席会客室,正式谒见国府主席林森氏。谒见后,林主席与李顿爵士互致寒暄之词,由罗外长、顾维钧分任翻译。至十二时一刻始行辞出。李顿爵士赴英使署午餐,于下午三时返励志社。其余意美法德四委员,当即由国府返励志社云。

林主席欢宴调查团

国民政府林主席,于昨晚(廿九)八时,在国府第一会议厅,宴请国联调查团,并请我国参加代表暨重要人员,及各院部会长官等作陪。当调查团进国府大门及至第一会议厅时,各电影社记者均摄取活动影片。宴会时,林主席即席致欢迎辞云:本主席代表国民政府,暨中国人民,谨致极诚恳之欢迎于李顿爵士及团员诸君!吾人之热烈希望与志愿,即在诸君之使命得告成功,庶几远东之重大国际危机,得以避免,并对于因维护某种主义而为此后世界所乐于服从者创一先例。中国人民酷爱和平,吾人常信时至今日,国际和洽,尤更需要。各国间之敌对与不和行为,足使各国同蒙损害,而一无所获。吾人深愿与远近各邻邦和平相处,是以虽在此以往及现时最难堪之情势下,吾人仍竭力容忍完全信托国联,因其不但为宽大与文明之世界舆论所拥护,而且为和平主义之具体表现者。即此一端,已能导入世界各国于未来进步与兴盛之域。至此项友好关系之增进,则所有国际条约因欲相互满意及持久起见,自应以尊重各国领土及政治之主权为根据,亦即为盟约基本原则之一。吾人深信耐久之和平,非军事力量所能保持,必须出诸公正与美意,方能奏效。本主席深觉对诸君发此言时,实系代表中国上下一致之情感,竭诚望诸君经此次调查之后得一公正与永久之解决,借以整理中日关系、保全远东和平。此不仅中日有利,即有关系各国,亦同受裨益焉。兹敬再向诸君致欢迎之意。

调查团定一日赴汉

【中央社上海廿九日电】 外讯:此间华人正式非正式方面对调查团赴汉计划反对颇烈,调查团秘书长哈斯晋京时,曾称该团之不赴汉口,甚少考虑。据怡和洋行息,该行汽船隆和号已由调查团包定,该轮定东(一日)由京赴汉。

铁道部以国联调查团,即将北上,惟是否分途或全体取道津浦抑平汉,尚未确定,该部特于二十六日电北宁路局,将已备妥之专车,即日开赴徐州候命。如分途北上时,由津浦将该列车分为二列,一列驶汉,一列驶浦。倘不敷用,再由平汉津浦两路酌量添配。若决定全体均由平汉北上,则将该列车由徐转汉云。

【本社二十九日济南专电】 欢迎国联调查团北宁路特备之专车,艳(二十九日)晨过济开徐州待命。在站外宾,对该车陈列周备,富丽堂皇,交口称赞。

蒋委员长今晚欢宴

军事委员会委员长蒋中正,及其夫人宋美龄女士,定今晚八时,假座励志社中山堂,联名宴请国联调查团全体委员,并邀请汪精卫、陈铭枢、顾维钧、孔祥熙夫人、宋子文、陈璧君、朱培德、陈绍宽、朱家骅、李济深、顾孟余、吴贻芳、杜庭修夫人、张信孚夫人、王祖廉夫人、罗家伦及其夫人等作陪,并闻席间尚有各项余兴,以欢娱调查团委员,计有夏一峰先生之七弦琴,由沪聘来人人笑之口技,并有明星公司派张石川摄取有声电影。菜用中餐,由前谭院长之厨司曹某司烹调,八人一席,桌帷椅披,并燃蜡烛云。

李顿答复汪罗原词

前日(二十八)汪院长、罗部长,曾分别于中午及晚间宴请国联调查团,并分别向该团致演词。该团首席委员李顿爵士,当即分别致答。今日各报中虽间曾载该项答词,惟有首尾不具,兹特觅得原文详为译载如下:

(一)答复汪院长之演说词

贵院长代表中华民国国民政府,予敝团以诚恳之欢迎,鄙人谨代表调查团同人表示感谢。鄙人等昨晨莅止贵国,首都民众既热烈欢迎表示信任,而由杭来京之同人,沿途亦复受民众之热忱的表示,鄙人等实觉印象甚深,神志为旺。

现在贵院长又复以代表全中国之名义,予敝团以欢迎,且声明信任国联,希望国联以有效之赞助,解决此次纠纷,殆对民众之所表示者,更加以征信。敝团蒙贵院长款待,实觉非常荣幸。敝团承认中国已于情感煽动极端困苦之情形下,表示极度之含忍,而中国政府又复已具有勇气,将此次纠纷完全交由国联处置。敝团深信国联必愿证明中国并未误有所信任,鄙人且敢保证敝团必将尽其能事,以实现该项结果。凡被人信任者,则必设法以无负其信任,此盖为全球人类所公认之名誉与义务。国联对于各会员国,固承认负有此种不负信任之义务,但其帮助某一会员国时,又必以不伤害其他任何会员国为条件。国联决不能帮助一会员而伤害其他一会员国,但却有许多方法,国联可利用之,以帮助任何会员国,惟终必以无损其他会员国之权利为前提耳。顷阅贵院长云:中国人民只有一愿望,即愿保持领土行政之完整。鄙人今敢立即保证无论国联为如何之解决,要必以此点为一条件,良以国联决不能向其会员国提出任何与各该国条约上所负义务相冲突之办法也。在上云条件之下,国联特派敝团前来贵国,其任务即在于国联权力范围内尽量帮助,且保证获得一公正无偏之判断焉。

(二) 答复罗部长之演说辞

顷蒙贵部长致词欢迎,非常感谢。鄙人等此次来贵国首都,诸蒙款待,而民众对敝团之工作又觉极感兴趣,鄙人等实觉愉快非常。今午汪院长席间演说后,鄙人已代表将此意即席申述。白里安君之死,实为世界之损失,贵部长顷已谈及,且已表示非常痛悼矣。努力于国际和平之政治家,实以白里安为最;增进世界对国联之信用者,实又以白里安为唯一功臣。鄙人犹忆曩在日内瓦某次国联大会开会时,有一代表曾对鄙人云:"白里安实为现代和平之主要柱石。"现在此项柱石,已不幸不复存在。然白氏毕生之工作,要绝不因其溘逝而相随以俱亡。国联曾遭遇多次之困难,白氏均能使安然渡过,惟是此次之困难则较从来所经历者为更严重,更复杂,且更难解决,既以使国联所赖以存在之各原则呈极端紧张之状态,且将使国联各机具之效力,受一最重之试验。以白氏领导之天才,悬河之妙舌,前此所以为吾之领导,具使遭遇困难之国家,得有心理上之安慰者,今俱不可复睹,能勿使人悽恻!且也本团之派遣,即系白氏任行政院长时所为,白氏今乃于国联最感困难之时期,溘然长逝,其为不幸,岂有涯涘?惟是白氏之工作,既已成绩昭著,鄙人敢信国联终必能战胜难关,而证明其实能承受其应担之重任。吾人深悉中国当此过渡时代,应经过种种特别之困难,中国幅员既如此之广袤,交通又如此之不便,则因谋民国之统一,而发生种种之阻碍者,实属无可避免之事。此种种困难,原应获得其他各国之同情与扶助,即将来解决中日争端时,亦必绝不忽视。国民政府果能具有决心与毅力,则自能战胜此种之困难。国联方面,要亦必尽其能事,使中国得有国际之和平,以达到此项目的也。

《中央日报》1932年3月30日第一张第二版

325. 日方阴谋层出不穷,拟阻止我国代表往东省

(中央社)据某方息:日方对我国参加国联调查团人员,前往东省一事,异常注意,惟恐日人主使组织叛逆政府之真象暴露,现正阴谋阻止我方人员随往东省,并积极耸动叛逆政府,假造民意,以欢迎调查团北上,企图破坏我国领土行政之完整云。

《中央日报》1932年3月30日第一张第三版

326. 中国代表处今日招待报界

参与国际联合会调查委员会中国代表处,订于今日(三十)下午三时在华侨招待所,招待报界。届时顾维钧代表、总务兼宣传张祥麟主任,均将亲出晤谈,俾收彼此合作之效云。

《中央日报》1932年3月30日第一张第三版

327. 时论:为东省事件促国联调查团注意(二)

今请更进一言日人所谓满蒙特殊权益之意义,以明日人侵略吾国之一般[斑]。查今日人所谓满蒙特殊权益之根据,纯基于世界大战中乘机劫持之

"二十一条件"。此"二十一条件",不独未经此时吾国国会正式之通过,吾人断不能承认为正式条约之一种,即依华府九国公约之规定,当时签约各国,即已将日人所视为满蒙特殊权益者,予以本质上之否决矣,而日人至今尤哓哓然持其所谓满蒙特殊权益之说,以为侵略吾国之护符,宁为国际公理所许乎?查日政府所举为侵害日本特殊权益之最大事项,为东北铁道对满铁之包围线与并行线及在满鲜农之被压迫是。兹先就日政府所谓包围线及并行线论,其中属于日政府所谓包围线者为齐昂线(八哩)、呼海线(一三七哩)二线合计不过一四五哩,而日政府所谓属于包围线之齐克线及洮索线,至今尚属未完成之路线。其次属于日政府所谓并行线者为打通线、沈海线、吉海线、开丰线等四线,合计不过四七〇.八哩。故综合日人所谓包围线及并行线,全长不过六一五.八哩,以与日本资本支配下之铁道,即南满铁道与中日合办各线之一四六二.八哩相较,尚不及其全长二分之一,而日人尤作无痛之呻吟曰:"满铁之危机""对满政策之致命伤",是直只认强者可以杀人而不容弱者之自活而已。何况日政府所谓并行线者,去日人资本支配下之铁道,相隔多为数十里或百里(如打通线之于南满铁道)日人所谓包围线者,除沈海、吉海两线而外,皆为彼此不相连接之路线,并深入内地,适成为南满铁道良好之培养线乎?

以言日人所谓在满鲜农被压迫之问题,此乃日人就"二十一条"中之土地,商租权无法实行,因而姑为夸张其词之恶意的宣传。诸君试思以未经吾国政府正式承认并为九国公约精神所不许之无理要求无法实行,而妄称为被压迫,天下间宁有斯理乎?彼日人以计不得逞,乃出于去年万宝山案件之毒辣而卑陋之手段以压迫当地农民。嗣因压迫过甚而遭当地农民之反对也,乃意不顾正义人道而为武力之发动矣。武力发动之不足,复唆使鲜人屠杀在鲜华侨至数百人之众,毁灭在鲜华侨财产至数千万元之巨矣。彼日人残暴横蛮如此其极,而尤谓东北地方政府压迫鲜农,是又只认强者可以杀人而不容弱者自活之一例也。

此次九一八事件之所以勃发,即为日阀欲于所谓满蒙非中国领土及满蒙为日本生命线之暴论下,实行并吞满蒙而推行田中义一征服世界之毒计。九一八事件之勃发,据日人方面宣传,因中国军队爆破柳河沟附近南满铁道路线二米远,日军为"自卫"起见,不得不出于实力之发动。惟吾人查九一八事件以前数月,日政府即已积极为实力之准备,其军事与外交当局之活动,世人早已知其必有由挑衅而大举之一日。果也,日人各方面之准备已妥,乃乘九一八暗黑之深夜，捏造伪据而袭击沈阳、长春，更扩大其行为而占据东北三省，并拟席卷热河而为彼所有矣。诸君试思，如中国军队而有破坏南满路线而向日军挑衅之准备，岂尚有坐令日军于一夜之中占领东北重要都市而不予抵抗之理乎？含血喷人，希图嫁责，日人虽舌灿莲花，其如事实之不近情理何？

今日东北四省几全为日人暴力所劫持矣。彼日政府虽对世界声辩无领土之野心，但事实宣示吾人。今日在长春所成立之伪政府，乃纯粹为日人一手包办之傀儡。此傀儡政府如不即日消灭，则于最近数年之中，东北必将继朝鲜之后而日本所兼并。日本政府声辩于世界曰：东北今日之政府，乃基于东北民众自动之意志，以期于掩耳盗铃之方式下，文饰本身之责难。诸君试思在今日日人恐怖手段支配下之东北民众，其尚有自由发挥意志之余地乎？如其有之，亦惟有遭日人之杀戮或禁闭而已。东北今日在日人所谓民众的自动意志者，全由日人或威胁所造成，彼等在此威胁之下，只能暂听日人之指挥而已，故日人所谓自动者，乃纯为他动之意志耳。诸君他日赴东北调查之时，当必有若干自命为东北民众之日鲜人及在日人威胁下之无智民众，手执欢迎诸君之旗帜，口呼拥护伪国之口号，为吾人上述所见之保证。

总之，吾人所希望于今日严重局势之解决者至为平凡，而维持吾国主权之独立、领土与行政之完整是。同时吾人深信只能拥护国联盟约、九国条约及非战公约之精神与条规，方能达此上述吾人平凡之希望。吾人深愿国际间任何国家能与吾国和平合作，以增进人类之幸福与繁荣，但吾人所希望合作者为能以平等待我之民族。至于借侵略之方式，以危害我领土主权完整之民族，当不惜任何牺牲，彻底摈除之。吾国有识之士，无不希望日本与我国合作，诚以中日两国，无论在经济上、文化上具有和平合作之必要。乃日本醉心于军国主义之流，误认中国复兴有碍于日本之生存，并蔑视国际连带之真理，一味蓦进其积极的压迫，此实为中日纷纠所以发生之基因。如日本不知自悔，而一秉过去误谬之观念，一仍过去误谬之手段，则不独当前之纷纠无法解决，即此后东亚乃至世界之和平自将受极大之威胁。和平使者之诸君乎！吾全国上下，将以至诚之热情，宁候诸君公正之判断，同时准备最大之牺牲，应付国际正义破灭之瞬间。（完）（逸樵）

《中央日报》1932年3月31日第一张第一版

328. 国联调查团即赴汉，调查团与政府当局二次会谈，蒋委员长昨晚在励志社欢宴

蒋委员长欢宴，李顿有恳挚答词

军事委员会委员长蒋中正，及其夫人宋美龄女士，于昨晚八时，假励志社中山堂，欢宴国联调查团，并邀各院部会长官及我国参加调查代表等作陪，计到调查团主席委员李顿爵士、委员克劳德将军、麦考益将军、希尼博士、马柯迪伯爵、秘书长哈斯夫妇，暨随员秘书，及我国顾代表，各院部会长官等，约四十人。菜用中餐，共分五桌，调查团五委员分坐五席，首座由励志社总干事黄仁霖等殷勤招待。蒋委员长及各招待人员，均服我国常礼服，蓝袍黑褂。桌围椅披，并燃蜡烛，一切布置，纯取我国古式。席间并有夏奇[一]峰先生七弦琴，及由沪聘来人人笑之口技等以助余兴。蒋委员长于席间，致简单之欢迎词，由顾代表维钧翻译，略谓：今晚得与国联调查团诸委员，欢聚一堂，甚为愉快。当此春光明媚之时，得与委员会见面，本想陪同各委员游历各处，为更热烈之欢迎。但现值中日发生不幸事件，诸委员责任重要，不便稽延。中国素为仁义之邦，向以忠厚真诚为交友之基础，不特个人交际为然，即国际交谊，亦复如是。中国是有悠久历史，有优美文化之古国，人民众多，地大物博，由旧国家一变而为新国家，在过渡时期，进化自较迟缓。惟政府人民，均有决心，前途实有无限希望。诸委员此次周游各地，以考查有历史文化的国家，我国政府热愿予诸委员以种种之便利帮助，务使诸委员不致感受任何困难，以尽地主之义。至于调查方面，中国政府更愿尽量供给材料，以供诸委员之参考云云。

蒋委员长致词毕，调查团主席委员李顿起致答词略谓：今日承蒋委员长盛意招待，十分感谢。吾人深悉蒋委员长为中国现代之英雄，在未到中国以前，已稔知蒋委员长之名。盖因蒋委员长，不仅为中国现代之英雄，抑且为世界上一有本领之军事家，同时亦为一有名望之政治家。此次敝团奉国联之命，来到贵国调查东省事件，自当尽力做去，以期勿辱使命云云。致词毕，各来宾随意谈话，至十一时许始散。

昨日二次会议，顾访李顿谈二事

我国参加国联调查团代表顾维钧,于昨日下午二时应汪院长约,在铁道部商谈,关于调查团事件后,即于四时又约国联调查团主席李顿爵士及委员马柯迪伯爵、麦考益少将、希尼博士、克劳德将军等,与我国汪行政院长、蒋军事委员长及外交部长罗文干、海军部长陈绍宽、教育部长朱家骅、财政部长宋子文、交通部长陈铭枢、实业部长陈公博、军委会办公厅主任朱培德等,作第二次之会晤,对中日纠纷及东省事件之真象等,彼此交换意见甚多,以供国联调查团之参考云。

我国参加国联调查团代表顾维钧,以上海会议迄未解决,乃日方故意延宕,实违背国联决议案之原则。又以日方阴谋阻止我国代表参加调查团前往东省,竟造出种种空气等情。特于昨晚及今晨十时,会晤调查团委员长李顿氏,商谈良久。闻对于李顿表示决促进上海会议事之成功,至我国派代表参加代表团,系遵照国联决议,当不致有何问题云。

调查团即赴汉，专车在徐州待命

(中央社)国联调查团一行,昨定四月一日往汉视察,即乘平浦专车北上。顷闻该团又与中国代表处接洽,定一日或二日乘轮往汉口视察,约勾留二日,仍回南京再乘平浦车北上云。

【中央社汉口二十九日电】 此间各机关团体,得国联调查团行将过汉之讯,连日正筹备欢迎招待事宜,颇为忙碌。惟武汉各民众团体,以日本强占我东省后,现正赶造东北伪国,故一再设法迁延时日,借图掩饰该团耳目,而调查团受国联重大使命,自出发后,日人侵略我国之行为,日甚一日,因此甚望调查团能赶赴东北实地调查,俾得早日向国联报告,使东省事件,为公平之解决。闻武汉各工商学法等团体,拟即电我外交当局,婉达此意。至欢迎及招待仍热烈进行云。

【中央社徐州三十日下午五时十分电】 迎接国联调查团列车,陷(三十日)晨三时到徐待命南开,已电京向铁部请求该团路线,由浦抑由汉北上,决定后,该列车再驶浦或转汉待用。押送人员,为北宁路运输帮办谭耀宗,车务副段长黄爵臣,机务段长王广忠、庞永选等,并路医,其服务员工九十人。所有行车设备均充足,用两机车拖拉,共卧车三节,饭车二节,办公车二节,行李车一节,余为路员乘车,内外异常整洁,焕然一新。至随车保安队,由津浦路各段派遣,沿途亦由路警负责保卫。闻该列车定四月冬(二日)前,暂在徐待命。

《中央日报》1932年3月31日第一张第二版

329. 中国代表招待记者,张祥麟代顾报告代表处任务

参与国联调查团中国代表处,昨日(三十日)下午三时在华侨招待所招待报界,到本京各报馆、中外通讯社及驻京中外各报记者,及外交部情报司帮办李迪俊、亚洲司帮办许念曾等五十余人。吾国代表顾维钧氏临时因参加我国政府领袖与调查团各委员之谈话会,未能亲到,由代表团总务主任张祥麟及朱参议鹤翔、专门委员朱少屏、戈公振等招待茶点后,由张祥麟氏说明中国代表之地位及责任在协助国联调查团,并极愿与报界合作。自调查团到京以来,已由顾代表偕同与政府当局接谈数次。前日吾国当局与调查团已开第一次圆桌会议,讨论二小时之久。本日下午四点,仍继续交换意见,对中日问题作详密之讨论。至调查团到京以后之言行,就该团主席李顿爵士在汪院长席上答词,可见一斑。李氏是日曾表示国联决不能有侵略中国行政独立,及领土完整之主张。又美国代表麦考益将军在杭州鲁主席宴会答词,亦曾云:中国以顾维钧博士为代表,顾氏外交能手,调查团深所欣仰,中国付讬得人,将来陈述中国案由,必能作有利于中国之辩论云云。现调查团定于四月一日或二日由京赴汉,因长江乃吾国著名区域,故拟往一游,仍由南京北上。又日本代表吉田大使此次随同调查团来京后,我国罗外长及林主席宴会,该氏均被邀请。盖该氏乃调查团一份子,自当优待,以符国际礼仪。至调查团留京其间,如报界有所接洽,当由戈公振于每日下午五时在华侨招待所接洽云。

《中央日报》1932年3月31日第一张第二版

330. 王均令所部警戒津浦路南段,保护国联调查团

【中央社徐州卅日电】 津浦路警备司令王均奉军委会命令,沿途保护国联调查团。王特通令津浦南段各部,所有驻扎各车站军队,着先期迁移,届时

绝对不准军人在车站及沿线附近。至于各站及沿路之警戒保护,车站以内由车站人员及路警、地方警察负责,车站以外由军队负责。应由徐州防空警卫司令及沿路各部队长官,分别与所在地车站站长、县长、公安局长,会商妥定警戒方法。尤当特别注意者,即调查团列车到站时,除有临时出入证章者外,无论军民,一律不准入站,并不准拥留附近,勿得疏忽。防空司令部陷(卅日)晚召集各界开会,讨论至津浦北段警卫事宜,由韩复榘通饬所属,分别负责。

《中央日报》1932 年 3 月 31 日第一张第二版

331. 首都各团体代表今日谒见国联调查团,教警两界向该团痛陈日本暴行,深冀公正调查获得公平之解决

首都农工商及教育会等团体,为向国联调查团陈述意见,请求主持正义制裁暴日,特定于今日午前十一时,各推代表二人,赴励志社谒见该团各委员,并面递意见书。兹悉各该团体,已于昨日将出席代表推定为农会林庆隆、昌元明,工界王树藩、程秉智,商会徐明扬、穆华轩,教育会朱少青、王永钧等。谒见时,并推王树藩为总代表致词,陈述意见云。

(又讯)昨日上午十一时,金大及金女大校长及教授一行四人赴励志社作非正式访国联调查团,当由该团李顿爵士等接见,各代表对日违反国际信义及残暴侵略行为,作简单之申说。李顿爵士答辞,谓该团当从中日双方所说之理由及事实中,求一公道正确之报告,建议国联。闻该两校代表,即日草拟正式意见书,送达该团云。

(中央社)国民外交协会于本月十八日,在洛阳行都开成立大会,当日继开执行委员会,公推杨舒武、田云卿、李祝庭、李世庸、李梦庚等五委员来京,亲向国联调查团表示欢迎,并述暴日侵略中国之真像。闻该会搜集日本侵略我国无端开衅之确据材料多种,并由田云卿译成英文,以供调查团主张公道之参考。闻该委员等日内即将请谒调查团各委员有所陈述云。

市教界致调查团书

京市教育界致该团书云:国联调查团诸委员钧鉴:自一九一八年沉痛惨酷

之欧战结束以后,世界各国莫不厌恶战争,思永弭兵祸于将来。于是有一九一九年国际联盟会之设立,及一九二八年复有凯洛非战公约之签定。世人深信兵祸可由此永弭,民族可由此自决焉,劳资阶级可由此调和焉,国际文化可由此协进。总言之,即可由此而谋各民族各国家,日即于正义人道,而渐趋于人类康乐世界大同之域。乃我东邻日本,不守信义,违反盟约,仍希一逞其黩武主义。一九二八年五月三日之济南事件,即其铁证。然犹未为未足,于是又于一九三一年九月十八日出兵我东省。我政府以遵守盟约,维护和平,乃训令守土将士退让,以待国际之处断。孰料狡日益逞,竟于今年一月二八,侵佔(占)上海。我人民为自卫计,不得不从事抵抗,以求国土之保全。讵知暴日残忍无所不为,肆意屠杀,纵火焚烧,使我人民之肝脑,尽膏原野,沪上之民居,俱成焦土,惨目伤心,笔难罄述。其最悖妄者,摧残我国文化,致沈阳之四库全书,转徙[徙]飘散,不知所止。上海东方图书馆,为我国唯一藏书机关,亦即东方文化之枢纽,商务印书馆为我国唯一出版机关,同济大学等校为我国最高学府,今者遭此摧残,致使我国文化陷于危境,即世界之文化,亦莫不受相当之影响。吾人深盼国际间明此大义,重责日人,使世界文化,得以继续发扬。我国素以礼义之邦著于历史,酷爱和平之精神,早为世人所深许。矧值中国国民党执政之秋,素本总理热爱和平之遗教,天下为公之遗训,抱"人不犯我我不犯人"之主旨,以期人类进于平等,世界跻于大同。绝无所谓排外心理,一切惟有听诸国联之公正裁判。盖吾人坚信国联为有力之组织,公约为有效之法规。今国联委派诸公远涉重洋,来华调查。本会以十二分热忱,代表全市教育人士,恭佇欢迎。深冀诸公本公正态度,实地调查,报告国联,达公平之解决。中国文化与世界文化,实利赖之。

警察协会贡献三点

中国警察协会,以暴日侵华,举国愤慨。国联调查团过京,该会代表警界同人,时于昨日由外部译转国联调查团一电,贡献三点于下:(一)日本之传统大陆政策,首在并吞中国,次则征服列强。此次借端侵华,已实施其初步计划。(二)田中密奏及去岁东三省日本居留民会自主同盟宣言,中外报章,尽皆披露。今日事变,即由其种种阴谋所发生之结果。(三)日本灭亡朝鲜,利诱与威胁并行,现主使我国东北叛徒,组织伪政府,宣布脱离中央关系,是以灭亡朝鲜之计策,欲灭亡我东三省也。我满洲溥仪辈甘为李完用第二,受其唆使,他日予取予求，我幅员广阔之东三省，焉得不入日本版图耶。

又救国随军记者团，将前方所摄东北及淞沪战地写真照片，共数十帧，集订成册，赠送国联调查团，作为调查参考材料，已于昨日送往云。

《中央日报》1932年3月31日第一张第三版

332. 专载：敬告和平使者国联调查团

首都新闻界及全国各报社驻京记者，谨以诚恳热烈之情绪，欢迎惠然莅止之和平使者国联调查团。诸君日来亲历上海战区，亦既明了日本军阀之凶横残暴，而于中国人民所处环境之悲惨，及其情感之激昂，必已得更深切之了解。诸君今日惠临首都所在而亦即日本前以炮舰轰击之南京，同人敢以新闻记者立场，为我嘉宾进一言：

中国立国四千年，其创造文化之能力，及其酷爱和平之天性，已为全世界所共见。一九一一革命以来，全国人民不顾革新时期不可避免之困难，一致努力于新邦之建设，各种事业均有长足之进步。乃军国主义之日本，野心勃勃，竟以并吞邻邦为其传统政策。中国之生存，几无时无地不受其威胁。二十年来，日本一面施行军事的政治的经济的侵略；一面复以卑劣手段，阻挠中国进步，破坏中国统一。种种暴行，不胜枚举。近年鉴于中国民族思想之日益磅礴，更不惜撕破其文明国之假面具，悍然破坏一切国际公约。去年九月十八之沈阳事变，即为日本根据预定计划而一手所造成者也。

自九一八至于今日，日本如中疯狂，既以暴力占据东三省全部，复于一月廿八日挑起上海战事。我东北与东南同时被日本铁蹄所践踏，所蹂躏；生命财产之损失，不可以数目计。而日本军队之屠杀民众，暴厉恣睢，尤为全人类所未闻。日本固未尝对中国绝交宣战也，然而我之土地被其占领，我之房屋被其焚毁，我之文化机关被其轰击，我之经济基础被其摇动。国联与友邦虽曾一再劝告，而日本之凶焰反与时俱进，毫无忌惮，势非达到田中所谓"征服世界"之目的必不中止也！

诸君负有伟大使命来华，全世界所期望于诸君者亦至殷切。抵沪之日，我繁盛富庶之淞沪，已在日军炮击弹轰中化为灰烬。我民族生命所寄托之东北，则正由日本制造傀儡登场之伪满洲国,以朦蔽世人耳目。诸君目击闸北吴淞间之恐怖遗迹,不知其感想何若!他日亲履日本以暴力向我夺去之东省,不知其感想又将何若也!

诸君亦知日本何故必欲侵略东省乎?日人所谓"人口过剩"、所谓"满洲为日本生命线",均为不置一笑之虚伪宣传。日本所以必用全力攫取东省者,盖以东省有取之不尽、用之不竭之粮食矿产森林煤铁。日本获此无上之宝藏,一面既可伸张势力于中国北部与中部,企图实现大陆帝国之迷梦;一面即可以之为对世界作战之根据地,不至有军事上及经济上的封锁之顾虑也。

诸君又知日本既夺东省之后,何故复进占淞沪乎?日人所宣传之日僧被殴及抵制日货,均为表面之借口,实则日军攻沪之真因,在彼而不在此。简略言之,约为四端:一,转移世界注视东北之目标也;二,破坏中国文化事业及经济中心也;三,威胁中国政府使其承认丧权辱国之条件也;四,破坏各国在长江流域之贸易,对世界各国示威也。

诸君道经日本,必曾闻日人污蔑中国之种种宣传。现诸君来华,亦既二周,当已十分明了中国之真象。中国从未排外,即以对日经济绝交言之,中国人民因不堪日本压迫而拒绝与日人贸易,此实为合理而亦至可悲哀之举动,岂可目之为排外?苟日本觉悟前非,撤退日军,交还失地,赔偿一切损失,中国固愿与之立刻恢复经济关系也。中国自信为一爱和平重信义之国家,一切合法之条约义务,中国从未蔑视。在平等互惠的原则上与友邦合作通商,尤为中国人民所欢迎。中国今日在危难困苦中,一面御日,一面防共,必可排除万难,抗拒暴日,为世界保障和平。诸君目光如炬,观察入微,想决不至为日本宣传所朦蔽也。

中国已入最严重最危急之时期,我人诚悲愤万状,不能自已。顾我先民曾以不屈不挠艰苦卓绝之民族精神,赋予我人,我人誓死不为日本暴力所屈服。上月上海我军之忠勇奋战,即可证明中国民族之不可侮辱。我人有"宁为玉碎不为瓦全"之成语,此即中国对于日本暴行之态度。中国所希望于国联及友邦者,乃在主张公道,维持正义。对于日本危害中国与世界之暴行,予以有效力之制裁。此盖全人类所应负荷之道义上的责任也!

中国为国际联合会之会员,复曾签字于华盛顿九国公约及凯洛克非战公约,自当履行会员及签字者之义务。不幸日本冥顽不灵,倒行逆施,国联之警告,友邦之忠言,不但未能发生丝毫效力,且日本仍在我东北及东南,继续扩大战祸，造成恐怖局面，尽量破坏我领土行政之完整。日本已准备与全世界作战，国联苟不能采用强硬政策以制止之，则国联威信即被日本一扫无余，而世界大战之爆发，亦为旦夕间事矣！

总而言之：中国无论如何，决不以尺土寸地让人；东三省尤为中国绝对不肯放弃、不能分离之一部。沈案、沪变及中日全部纠纷之责任，全在日本。倘公理未灭，正义犹存，国联必可尽其道义上之职责。中国信任国联，尊重公约，但决不向人乞怜诉苦，亦不问世界有无制止大战之决心。惟知中国之生存，必赖我人自身之奋斗与努力。东三省一日不收回，在华日军一日不撤退，中国人民即一日不停止其抵抗暴日之行动。任何牺牲，在所不惜！我人敢以此敬告诸君，深望诸君辨别是非，判定曲直，使世界和平不为日本一手破坏也！

《中央日报》1932 年 4 月 1 日第一张第一版

333. 中委昨欢宴调查团，李顿爵士昨率全体委员谒陵，今日再与当局晤谈晚间赴汉

国联调查团委员暨随员，拟定今日（一日）下午九时乘隆和轮赴汉口视察，我国代表处将派一部分人员陪同前往。闻该团预定下星期一晨抵汉，即于下星期二日晚搭轮回京，即行转车北上云。

国联调查团到京后除受我政府当局招待欢宴应接各方访问外，并与我政府当局商谈关于中日纠纷之真象，及今后解决之方法，前昨两日已有两度之晤商，彼此交换意见甚多。昨（三十一）日下午四时，该团全体委员，与我政府当局仍在铁道部官邸作第三次之晤商，出席人员亦与前昨两日同。会谈两小时始散，闻今（一日）日下午四时将仍在铁部官舍作第四次会谈云。

【本社卅一日汉口专电】曾以鼎世（三十一日）召各舰长开会，筹备欢迎国联调查团。闻该团定东（一日）由京乘隆和轮启程，江（三日）午可到汉。此间各界连日积极筹备欢迎，定东（一日）续开会讨论招待事宜，并电浔黄各埠，于该轮过时，急电报告。

【本社三十一日北平专电】国际调查团留平日程，经数度改变，决定如下：第一日下午，张学良、顾维钧、周大文三夫人宴。第二日游三殿陈列所、雍和

宫、国子监，四时新闻记者宴，晚张宴。第三日午文化机关艺术机关宴，下午游故宫、景山，晚周大文宴。第四日银行公会及各团体宴，晚辽吉黑三省府宴。第五日游西山颐和园，午餐，下午参观清大、燕大，并茶会。第六日天坛、中山公园，北海北平图书馆，午商会宴。

调查团昨谒陵

国联调查团委员昨日上午接见各界代表后，即于十一时廿分偕该团全体随员，同外交部招待委员，及励志社干事等引导，分乘汽车二十余辆，晋谒总理陵。十一时四十二分，先至明孝陵，各委员暨随员乃下车步行，游览名地胜迹，且值春光明媚，万花争发之际，各委员无不现欢欣之色。约留三十分钟，遂驱车齐赴总理陵墓，循石级而上。十二时三十分陆续相集墓门，各电影公司摄影记者争摄活动电影。旋由管理陵墓人员，领导各委员等脱帽步入祭堂，相继题名后，乃排列于总理像前，供献花圈，稍事瞻仰，遂鱼贯而入墓道，详细瞻仰总理大理石像及墓道。一时零五分，各委员既循级而下。适行政院长汪精卫、外交部长罗文干，我国代表顾维钧，驱车而至，步行至石级中段，与调查团各委员相遇，遂陪同而下。照原定日程，原拟再游中央运动场一带风景，以时间已晏，不及前往，乃驱车赴总理陵园，应中央党部之午宴云。

中委宴调查团

中央党部、中央委员，昨(卅一)午宴请国联调查团委员，因各委员游览名胜，延至下午一时廿分始开始宴会。计到有调查团主席委员李顿爵士，委员克劳德将军、麦考益将军、希尼博士、马柯迪伯爵，秘书长哈斯夫妇，暨随员秘书等，中央委员到者有叶楚伧、蒋作宾、汪精卫、曾仲鸣、褚民谊、张道藩、萧吉珊、罗家伦，及外长罗文干，我国代表顾维钧、刘瑞恒，外交部次长、各司长等五十余人。席次由中央党部秘书长叶楚伧代表中央党部致欢迎词云：诸公远道来兹，致敬礼于中华民国国父本党总理孙中山先生陵墓之前，本党敬答诸公以诚挚之谢意。总理一生奋斗，从事革命，几历艰危，卒克推翻专制政体，创造中华民国，并手定建国大纲、建国方略，规模宏远，巨细必举，以为新中国建设之楷模，而本党及国民政府奉之以为圭臬者。然总理不仅为革命家及实际政治家已也，其手定之三民主义，包含伟大之政治理想，非仅用以救中国，且将以复兴中国民族为阶梯，而促进全世界之和平，期共臻于大同之盛治。犹忆总理于民国元年就任第一届临时大总统之时,首先即以"吾民睦邻之宣旨",通告世界各友邦,郑重声明,愿"与各国交相提挈,勉进世界文明于无穷",认为"当世最大最高之任务,实无过于此",此语想为各友邦政治家回想所能及。故总理不特对于中国大规模铁路之建设,及其他物资之建设,无时不愿与各国合作。即文化事业,凡可以融会东西文明,即综合中国固有道德与西洋近代文明,以促成世界新文化者,亦无不竭诚,愿与各国提携合作。在同一宣言中,总理复谓:"吾中华民族和平守法根于天性、非出于自卫之不得已,决不轻启战争。"现中国虽不幸处于国难严重之时期仍守此遗训,未尝或渝。诸公抵陵墓之前,过一大石牌坊,上镌总理手书之"博爱"二字,此亦即孔子所谓"四海之内皆兄弟也"之意。盖国际本一家庭,各国相处,有如兄弟。在中国有组织之家庭中,苟兄弟间有一人横暴,肆虐于其他兄弟者,必有家法予以制裁,家庭方能辑睦。吾人理想中之国际家庭中,想亦如是。此无他,为求和平正义,与国际家庭中之安宁也。诸公为国际和平而努力,吾人非常钦佩。故谨述总理之遗教,并欲诸公及国际间明了本党实为总理遗教之忠实奉行者。谨祝诸公伟大使命之完成,与诸公之健康。

叶秘书长致辞毕,调查团主席委员李顿爵士代表该团致谢词,略谓:秘书长先生,各位先生,今天承诸位热烈欢宴,甚为感谢。适才瞻仰总理陵墓,见其建筑之庄严,而念及孙中山先生之伟大,同人等不幸,未能聆晤孙中山先生于生前,然敢断定孙中山先生确为创造政治者之有数伟大人物,凡政治者读孙中山先生遗教无不景仰其人。观孙中山先生陵墓,庄严伟大,固为建筑家及工人所创造,殊不知孙中山先生实为建设今日之中国及明日之中国创造者,犹建设中国之工程师,而诸位乃建设中国之工作者。今日承秘书长指示孙中山先生遗教训示,对国际本诸和平正义,尤觉钦佩云云。嗣举杯表示鸣谢,至二时十五分尽欢而散。

接见各界代表

首都各界,于昨日上午十时,推派代表至励志社谒见国联调查团,农界代表为林庆隆、昌元明,工界代表为王树藩、程秉智,商界代表为徐明扬、穆华轩,教育界代表为朱少青、王永钧。调查团自李顿爵士以次各委员,及秘书长哈斯,均亲出接见。首由总代表王树藩发言:对调查团来华表示欢迎之意,次即述明:(一)抗日并非排外,(二)抵制日货运动,是民众爱国运动,(三)满洲伪国完全为日本一手所主持,(四)日本破坏我国文化机关,残杀无辜良民之惨状。最后希望调查团早日北上,至东北调查真实状况。调查团对代表所述各点,有极美满之表示,并希望常与民众接见。又对抵制日货事向各代表询问其详,均经一一答复。谈约三十分钟,各代表即兴辞而出。次即由国民外交协会代表十余人,入内谒见。由代表田云卿发言,所述各点,与各界代表所陈述者,大致相同。调查团均表示接受云。

《中央日报》1932年4月1日第一张第二版

334. 调查团今晨接见报界

参与国际联合会调查委员会中国代表处,前日招待报界时,报界代表,托代为约定拜谒调查团时间事,兹已由总务兼宣传主任张祥麟氏,与调查团商定,该团准于今日(四月一日)上午十时半,在励志社接见本京报界代表交换意见。(新闻界告调查团书之全文见第一版专载栏①)

《中央日报》1932年4月1日第一张第三版

335. 国联调查团昨西上,汪院长罗外长亲至下关欢送,李顿昨对新闻界有重要谈话

国联调查团主席委员李顿等一行,来京五日,迭与我政府当局接谈,以在京任务已毕,乃于昨晚九时十五分由励志社出发,九时三十分至下关,九时四十分乘澄平轮登隆和轮,十时二十分即启碇西上。该团各委员、秘书长哈斯夫妇暨全体随员,及我国代表处秘书长王广圻、专门委员戈公振、朱少屏等,行政院长汪精卫、外长罗文干,及外部招待人员,均亲往下关登轮欢送。闻该团预定四日上午八时到汉口,不上岸住宿,仍宿船上。五日下午九时乘原轮离汉下驶,七日正午十二时抵浦口,在船上午餐,下午二时离船上岸,四时乘平浦专车北上,约九日上午八时到天津。又日方吉田代表及盐崎、佐藤、澄田、贵布、根

---

① 编者按:指前文《敬告和平使者国联调查团》。

渡夫等六人，亦于昨晚随轮赴汉。至我国代表处张祥麟、颜德庆、萧继荣、王咸、傅小峰、周伯符、陈宜春等大部分职员，于昨晚随轮往汉外，其余职员则暂留京候乘专车北上云。

对新闻界谈话

首都新闻界，昨日上午十时半，访晤国联调查团主席李顿于励志社，计到各报记者赖琏、石信嘉、廖寿昌、姚文英、端木恺、徐景薇、罗时实、贺子远、朱虚白等，由中国代表团宣传组主任张祥麟，专门委员朱少屏，及外交部情报司帮办李迪俊陪往，代为介绍，李顿与各报记者，一一握手。晤谈约三刻钟。首由记者代表面致《敬告和平使者国联调查团》（见昨日本报专载栏）一文，及日军在东北及上海暴行实地写真一厚册，当承接受。

继由赖琏代表新闻界表示欢迎之意，并提出问题九则，请李顿一一答复。据其表示云：顷聆诸君所提出各项问题，除关于本团赴汉问题，容后答复外，其余各项，均系关系东北事件，亦即本团所待调查者，在本团未到达东北调查完成以前，恕不能为具体之答复，惟仍愿就概括之见解，与诸君一谈。在诸君所提出各问题中，最重要者莫过于国联对会员国制裁之能力，中日争端之是非曲直，在贵国人士固认为已甚明显，但国联应依法定之手续，妥为处置。例如两人相斗，旁观者虽能确证孰是孰非，但法院须经法定之侦察程序，方可据以判决。国联派调查团赴东北，意即在此。现在世界舆论对中日争端，已有相当之制裁，已表示无余。此种制裁，并非出于武力。但舆论制裁至穷尽时，国联自有实力表现。其实力须各会员国得调查报告，认为必要时，方能表现耳。余深信本团调查后，忠实之报告，必可申诉于世界之舆论，甚或可援引盟约第十六条，使其发生实效。至诸君所提各问题，本人愿择其可立即答复者，为诸君告：（一）自去年十二月十日国联行政院第三次决议案后，中日情势，日趋恶化，已属不成问题。因东北问题尚未解决，而上海事件又不幸发生矣。（二）上海事件为中日全部纠纷中之一部，余以为国联自当本中国之提议，援用盟约第十一条及第十五条，一并讨论。（三）本团到东省后，是否将与所谓"满洲政府"接洽，现时不能预定，俟届时斟酌情形再定。（四）抵制日货问题，是否为中日争端之原因或其结果，系一历史的问题，须充分搜集关系材料，详加研究后，始能得一结论。（五）本团赴汉，外间颇有误会，实则本团职权，在调查东北事件，忠实报告于国联，最后如何处置，仍在国联会。故本团行动，只须有利于调查工作者，任何地有需要时，即须前往。最后李顿对于此次莅临首都之印象，作以下表示，谓南京地域广阔，风景优美，新建设计划，必易实现。欧洲各国现正致力于花园城市，以求美化。余在英原任城市设计委员会主席，对城市之建设，向感兴趣。南京关于美化城市之条件，俱已具备，前途当无限量云云。

兹将各报记者所提出各问题，附志如下：（一）自去年十二月十日国联行政院通过第三次决议案后，中日情势，是否变好，抑变坏？（二）依贵团之观察，上海事件与东北事件，是否为一整个的问题？（三）对于日人一手制造之所谓"满洲国"，贵团有何意见？（四）贵团到东省后，是否与伪政府接洽？（五）国联行政院对中日纠纷，前后共有三次决议案，每次决议之后，争端是否继续扩大，国联对破坏决议案者，究有何种制裁方法？（六）东北伪政府及人民，在日本暴力压迫之下，毫无自由可言，贵团到达后，将何以进行其调查工作？（七）在日本武力占领下之东北所建满洲伪国，可否认为人民自决？东北满人不及全境人口十分之一，即使如日人宣传所言要求自决，何能完全不愿十分之九以上之汉人之意。（八）贵团亦认东北义勇军为爱国人民自动组织之抗日军队否？贵团亦认抵制日货为日本侵略中国之结果，而非原因否？（九）当东北人民渴望贵团北上之时，贵团忽有汉口之行，愿闻其故？

汉济准备欢迎

【本社一日汉口专电】 国联调查团江（三日）晚可到汉，市党部及商会积极筹备招待，并起草欢迎宣言、欢迎词，译英文印发。

此间接外部东（一日）电，调查团东（一日）晚九时乘隆和轮启程，支（四日）晨可到。团员李顿等十九人，我方陪来者有顾代表及专委三十余人。武汉招待处东（一日）午开会决定招待程序及欢迎行列，另包太平洋为住所。定微（五日）晚乘原轮返京北上。调查秘书义来德及美专员东（一日）乘飞机到汉。

【中央社济南一日电】 济各界欢迎调查团秩序规定车站扎牌坊，标语用中英文二种，文字与京同。专车未到前，欢迎各团体齐集，由韩复渠［榘］率各代表登车欢迎入候车室茶点。韩代各机关首致欢迎词，继为各团体致词，末调查团答词。车在济停卅分，故词概从简单。欢迎人员限制颇严，先须领符号，无者不准入站，出入概用警察维护。连日车站，正忙于布置粉刷。

《中央日报》1932年4月2日第一张第二版

336. 国联调查团与我当局晤谈经过，四次谈洽中日问题概况

（日日社）国联调查团莅京六日，业于昨晚乘轮赴汉，最后四日，每日下午均在铁道部汪行政院长官舍，与我国军政各当局交换意见，筹商解决中日纠纷之办法，连日报端虽有纪载，而对于讨论情形，即往询参加会议之中西代表，咸不愿举实以告，日日社记者昨日某方探得四次会议之概况，大致如下：

第一次会议时，调查团首先提出问题，约三十余项，逐条征询我国意见，由我国各当道择其可以答复者，先行答复，其不能当场答复者，均将问题录出，经过一度讨论后，于第二及第三两次会议时补行答复。

第二次会议时，我国对于中日纠纷症结之点，由汪院长作极详细之陈述。关于此后欲求解决之道，亦有非正式的启示。旋由代表团将日方当局之意见作概略的报告，次将不明了各点提出，重行追问，最后并以第三者资格对中日问题作否定意见的表示。此次会谈时间最久。

第三次会议时，最初双方将新发现问题互相征询意见，最后乃将三次谈话纪录，重行归纳整理，席间并论及上海事件，当由汪院长、顾代表等先后将我国意见，郑重表示，并希望日方经国联调查团之努力后，及时觉悟。

第四次会议系于昨（一日）日下午四时一刻，仍在原地举行。此次会议，我政府将全部意见书，由顾少川代表正式递交李顿爵士，其意见书直至昨日上午十一时方始脱稿，另备副本四件。旋又继续交换意见。至五时五十分即告散会。彼此声明对于四次会议纪录，均有重加考虑之保留权，盖恐前途局势或有变迁故也。综观四次会议，似着重于意见之陈述，以故彼此发表意见时，态度均甚恳挚。调查团方面发言人为李顿爵士，我国发言人为汪院长，而由顾代表及罗外长任翻译，其他中西人员，仅作补充式的提示。并悉此项意见书俟调查团第二次赴日本时，即向该国政府征询态度，乃将对方答复并入，重征我国政府最后之表示，而后参具调查事件，两国意见，乃调查团之意见，报告国联，作为公平解决之张本云。

《中央日报》1932年4月2日第一张第二版

337. 李顿秘书三人到汉，今日将由汉飞往重庆

【中央社汉口一日下午五时四十分电】 国联调查团定东(一日)夜起程来汉，李顿爵士秘书三人，东(一日)抵汉，定冬(二日)飞渝一行，江(三日)或支(四日)返，任务未悉。又绥署东(一日)下午召集欢迎筹备会开会，刻尚未散。

《中央日报》1932年4月2日第一张第二版

338. 汉准备欢迎调查团，推周泽春赴浔代表欢迎，调查团行程定明晨到汉

【中央社汉口二日下午七时电】 招待调查团筹备处，冬(二日)在绥靖署开四次会，决定：(一)推周泽春赴浔，代表欢迎，即晚起程，便与顾维钧接洽一切，电汉报告。(二)中学生六百人，省二中、市一女中各半，童子军尽量参加，武大中大等大学共派代表百人，参加欢迎。(三)欢迎团体各持国旗一面，不用其他旗帜。(四)调查团离汉欢送仪式与欢迎同。(五)拜会办法，俟到达后决定。(六)其他据该团秘书来汉称：调查团到达后，拟作两次演说(即在何主任与省主席宴会席上)，留一宿，仍返京北上。此间仍令平汉路备车，视该团决定用否。

【中央社汉口二日电】 国联调查团支(四日)晨八九时可到汉，在汉一宿即返京，此间招待程序如下：甲(一)上午六时欢迎。(二)十时半该团拜访何成濬，及省市长官各领事。(三)正午师[市]长欢宴，下午答拜及各团体代表访该团谈话。(四)外商茶会。(五)晚省主席欢宴。乙(一)微五日晨视察灾区堤工。(二)午商会欢宴。(三)下午视察灾区参观武大，茶会。(五)晚何成濬欢宴。又欢迎行列已规定，宾馆除预定德明、中央两饭店外，并包定太平洋饭店全部房间。何成濬东(一日)已将上项程序电外部招待处，定冬(二日)开始办公云。

【中央社汉口二日路透电】 汉口各界，已准备予国联调查团以盛大之欢迎。调查团约下星期一抵汉，星期二下午即返京。现汉口于冲要处，高搭牌

楼，并遍贴标语，以示欢迎。闻调查团将至武汉附近之水灾区域视察云。

【本社二日天津专电】 津省市当局以国联调查团，不日来津，已筹备盛大欢迎，届时并拟请在野外交名流作陪。

《中央日报》1932年4月3日第一张第二版

339. 调查团今日抵汉口，前昨经过安庆九江备受欢迎

【本社三日汉口专电】 国联调查团，准支（四日）晨八时可到汉。各界按规定行列，到英租界一码头欢迎。新闻界江（三日）推周介夫等六人代表，何键派胡燮槐代表。十时半省主席、市长、各国领事拜会，正午市长宴，下午答拜，与各界代表谈话。晚省主席欢宴，何成濬、夏斗寅及各界，均备有欢迎词。

【中央社安庆二日电】 国联调查团今晚九时卅分乘隆和轮过皖赴汉，本市各团体学校共三万余人，在江干悬挂中西文标语，欢迎情绪，极为热烈。但该轮未停，仅鸣汽笛答谢。

【中央社九江三日电】 国联调查团，昨（二日）晨过芜湖，各界代表登轮欢迎，晚过安庆，未泊岸。今（三日）晨抵九江，各界均有代表至埠欢迎并款待，轮停四小时。顾代表陪李顿，萧继荣陪克劳德，颜德庆陪麦克益，王广圻陪马柯迪，张祥麟陪希尼，朱鹤翔陪吉田，严恩槱陪哈斯，登岸游览。途中各团员与我国顾代表日有会议云。

【中央社南昌二日电】 本市各界各团体以国联调查团过浔赴汉，特致电欢迎，并揭破暴日侵华以及傀儡组织之真相，请予主持正义，以维和平。

【中央社徐州三日电】 国联调查团专车一列，定江（三日）晚由徐赴浦，欢迎国联代表由汉返京北上时乘坐。

《中央日报》1932年4月4日第一张第二版

340. 国联调查团昨抵汉，何夏及民众团体在码头欢迎，今晚七时返轮东下转车北上

【本社四日汉口专电】 调查团李顿等及日代表吉田、中代表顾维钧一行，支（四日）晨八时乘隆和轮到汉，何成濬、夏斗寅暨各要人，登轮欢迎。李等当登岸赴德明饭店，随员赴太平洋休息。十一时答拜，何、夏及市长在市府留宴。十二时赴市长普海春宴，市长致欢迎词，王宠佑翻译，李顿答辞，颜德庆译。下午四时何、夏答拜。五时赴外商宴。七时赴成濬宴，何致欢迎词，蔡光黄译，李顿有答词。定歌（五日）晨九时至十一时接见代表后，查汉堤工。下午二时赴武大。七时返轮东下。省府例会因欢迎调查团停开。

【中央社汉口四日上午十时电】 国联调查团支（四日）上午四时许抵谌家矶，稍停至七时半入口。是时武汉各机关团体领袖及民众团体代表千余人，均已齐集江汉关前怡和码头迎候，沿江马路民众聚而观者万余人，秩序整肃。八时隆和轮靠岸，何成濬、夏斗寅及市长何葆华及招待员等登轮，当由顾维钧介绍与李顿以次各团员，一一握手寒暄，并致欢迎之意。旋即相偕下船，登陆后岸上军乐齐奏，永绥舰海军士兵举枪、第十军宪兵撇刀致敬。各团员及中日代表即分乘汽车廿余辆，赴德明饭店休息，欢迎人员亦相率散去。李顿与顾维钧坐第一号先行，以下依次乘坐鱼贯而去云。是日码头一带担任警戒者，为第十军宪兵营、武汉警备旅永绥战队、公安局保安队及侦缉处、稽查处人员，戒备异常周密云。

【中央社汉口四日下午四时二十分电】 李顿抵德明饭店稍息，即由招待员陪往英领署访英领许立德。旋返德明饭店，召徐维荣询去岁鄂水灾起因及善后事宜，均经徐详为面述。十一时各团员赴绥靖署拜访何成濬、夏斗寅，由绥署军乐队及十军军乐队并宪兵一连在大门奏乐欢迎。招待员谢奋程、郭泰祯先到，十一时三刻，李顿偕顾代表到，次英法意德各代表到，均有招待员陪同。迄十二时日代表吉田亦到。在绥署二楼晤谈，约半小时，并进茶点。何谈水灾情形，李顿极注意。至十二时二十五分始辞出，由何、夏陪同赴普海春汉市长何葆华欢宴，驻汉各领均被邀作陪。何葆华主席，酒至三巡，起立致词，由

王宠佑翻译，略谓：本市因遭大水，财产及商务损失甚大。吾人正努力救灾，力图恢复之时，而东省事件及沪变突相继而起，以致各种建设，无法进行。但吾民素爱和平，相信经调查后，必有公正之报告，使正义得以伸张云。继李顿答词，颜德庆翻译，首述感谢招待之意，次谓汉口为贵国中区要埠，去年虽受二千年所未有之重大水灾，但今见市面之繁荣，及布置优美，直令人忘怀其为曾受水灾者。然表面精神虽好，内心仍不免忧闷，使人时时念及灾情痛苦。至有贵省二千一百万人直接受害三百万人，甚至无衣无食，而迄今武汉附近，尚有三十万嗷嗷待哺，缺乏日常用品。现全球各国正在设法尽力帮忙救济，尤注意贵国水灾所受之困难，因此国联特派敝团便道前来察看，以谋解决，希望各团体尽量供给材料云。词毕，举杯致谢。三时半散。晚汉商会之宴，因该团时间忽促，恐不及赴，故已作罢。商会将意见改以书面递该团。夏斗寅尚未就主席，何成濬已另有宴会，故省主席之宴，亦不举行。顾维钧定下午四时在灾区工作组招待各界代表述告调查团来汉沿途经过情形。

【中央社汉口四日上午十时四十五分电】 调查团在轮上议定之旅汉日程如下：支（四日）上午十一时拜访何成濬、夏斗寅，并赴市府投刺。十二时三十分赴市长宴会，下午接见各界代表，以一小时为度。四时何夏答拜，五时赴汉口外商茶会，七时何主任晚宴，微（五日）上午接见各界代表，（同上）十一时视察堤工，十二时三十分汉商会宴会，下午二时三十分参观武汉大学，七时三十分回船。

【中央社汉口四日上午十时四十五分电】 调查团支（四日）到汉者李顿、马柯迪、克劳德、麦考益、希尼等五人，及哈斯、培尔特及秘书随员等。中国代表处代表顾维钧、秘长王广圻，总务主任张祥麟，招待主任严恩槱、钱泰，参议颜德庆、朱鹤翔等，专门委员戈公振、朱少屏、桂中正[枢]等，秘书萧继荣、王咸、顾小孙①、施肇夔、赵铁章、李荫覃等，日本代表处吉田代表、秘书盐崎等。

【中央社汉口三日电】 何成濬江（三日）晚接九江警备司令部来电谓：国联调查团江（三日）晨八时抵浔，当登岸游览，各界作有秩序之欢迎。该团于上午十一时乘隆和轮西上。又接曾以鼎来电，谓据武穴江元舰郑舰长来电称，国联调查团于江（三日）下午二时乘隆和轮过武穴驶汉，据电支（四日）晨八时可到。

---

① 编者按：原文如此，疑是顾家林之误。

【中央社汉口三日电】 武汉各界欢迎国联调查团筹备处,江(三日)在灾区工作组设立招待处,并举行会议,决定:(一)上船人员,何成濬、省主席、汉市长、武汉警备司令、海军司令、严舰长等十二人。(二)招待工作除欢迎欢送时全体招待均参加外,余分任招待。(三)规定招待程序,第一日,支(四日)晨八时欢迎,十时卅分调查团拜会,十一时市长欢宴,地点普海春,下午三时答拜并与各团体代表谈话(地点德明饭店)。五时至六时外商茶话会(地点西商跑马厂),晚八时何成濬欢宴。第二日微(五日)上午九时卅分视察灾区堤工,十二时卅分总商会欢宴(地点普海春),午后三时参观武汉大学,四时武大茶会,七时卅分省主席欢宴,晚十时欢送。(四)招待人员除陈光组为主任外,并增加招待员廿三人,何成濬及省市政府招待时,并请美德法英意各国领事陪宴。绥署、省市府、警备部、江汉关、一码头江(三日)均已结线;各商店住宅,支(四日)六时一律悬国旗欢迎。

【中央社汉口三日专电】 调查团抵汉后,预定李顿等五团员、哈斯及顾维钧下榻德明饭店,副秘书长派特寓中央饭店,李顿秘书亚斯脱寓英领署,日代表吉田及中日人员则寓太平洋饭店,调查团打字员等仍驻隆和轮上。闻何成濬欢宴演词,已定时昭瀛翻译;省主席欢宴,定徐维荣翻译;市长欢宴,定徐维荣或李绍汉翻译。国联调查团主席李顿之秘书亚斯托,该团法律顾问华鸣杨,我国顾代表之顾问唐纳,江(三日)由渝飞抵宜昌,定支(四日)晨乘机返汉。

【中央社徐州三日电】 迎国联调查团专车,奉铁部电令,江(三日)晚五时离徐驶浦口,由一机车拖拉一机车随后开行,津浦沿站均已准备完毕,敬候该团过境。

(中央社)国联调查团一行,于一日乘轮往汉口视察。在汉约勾留二日,将于七日或八日仍回南京,再乘平浦车北上。铁部饬路局所备专车,早在徐州待命。顷悉该项专车北宁路局已备包车五辆,共可容十九人卧车三辆,四十八人饭车二辆七十座。前日电告铁道部,并将各车床位单图交由津浦徐州站递呈。该部据报后,以所拨车辆不敷应用,当即电饬北宁路局加拨该路三二二号卧车即日挂赴徐州待命。闻各车均已于今晨开到浦口站备用。又招待国联调查团餐具前由北平保管处运来七十三箱,此项餐具,在京现已用毕,外部函请铁部迅饬平浦路局备车一辆,运回北平。闻该部已饬路局于四月一日由平浦特别快车备车照运矣。

《中央日报》1932年4月5日第一张第二版

341. 国联调查团在汉接见各界代表，将赴戴家山一带视察堤工，何成濬前晚宴该团希望实现公道，李顿爵士称愿尽力促成远东和平

【中央社汉口五日电】 调查团，微（五日）上午接见新闻界时，由《武汉日报》李庶咸陈述意见，分三点：（一）抗日非排外。（二）抵货非抵日本人。（三）日人干涉汉口言论。李顿询及汉口历次抵货情形，经一一答复，李顿表示满意。次接见教界，由中大校长陈时发言，递意见书后，并交日报侮辱国联，侮辱中国元首，及挑拨中外感情之证据多种。又接见工界代表时，由王锦铺发言云。

【中央社汉口五日电】 调查团微（五日）上午九时至十一时，分别接见各民众团体代表谈话，商界九时至九时半，新闻界九半至十时，学界十至十时半，工界十时半至十一时，由李顿分别询问，各代表亦陈述意见云。继调查团赴戴家山视察堤工，一时返德明饭店，定三时过武昌赴武汉大学茶会。惟风大，是否将前往，截至下午一时尚未定。

【中央社汉口五日电】 陈光组、周泽春，微（五日）午十二时，假金城银行，宴中国代表团，到顾维钧以次十余人，并邀有各招待员及各界人士数十人作陪。

【中央社汉口五日电】 何成濬支（四日）晚八时，在德明饭店，欢宴国联调查团，计到李顿爵士以次，及中日双方代表随员全体，并邀驻汉各国领事、各国武官、各主教，及夏斗寅、陈光组、朱傅经、彭介石、朱怀冰、叶蓬、曾以鼎、俞育之、吴企云等作陪。迄九时一刻，何成濬起立致词，略谓：欢迎诸君。吾人既受水灾之祸患，又受国际事变之影响，对于招待一切，诸多简慢。但欢迎之意，全出至诚。诸公对于上海已经视察，种种战祸业已深入脑海。我国对于国联行政会及大会迭次决议案，均已表示接受。想诸公对我国切盼和平之诚意，亦毫无疑问。湖北处中国中心地位，凡中国各处一有事变，本省立即感受影响。东北上海炮声振［震］天，此间人民，岂不愤怒。本人负地方治安之责，对于人民，极力晓谕，切劝其信仰政府及国联，听候公平解决。差幸数月以来，地方平

靖,中外商人,相安无事。举此一端,实足证明苟非他人侵犯我国,决无战事发生之虞。欣闻诸公此来附带调查水灾,回想去年水患之大,实为空前仅有,被灾之区,占全省三分之二,被灾人民数达千万,堤防溃决,屋舍湮没,流离失所者,为数将百万。被灾之后,中外各慈善团体,竭力从事救济。中央政府,本有大规模救灾计划,乃因东北事变发生,该项计划,大受影响。向饥饿灾民而言治安,处理之难,良可想见。本人认为和平恢复,对于救灾事宜,当有办法,人道主义与国联主旨,若合符节,诸公于视察灾区以后,当益感同情也。诸公以国联所处的地位,对于各会员国,自属公平无偏。吾人对于中日事件,亦不过求其公道而已。深信诸公调查结果,必能实现公道,以副吾人之望云。

继由李顿答词,略谓:今天承贵主任宠召,谨代表敝团全体感谢在武汉空前未有之水灾之后,乃承隆重招待,感谢尤深。对于水灾敝团心中同具痛苦,我们以前听到武汉水灾损失奇重,即非常忧虑。但贵国在受空前未有水灾以后,更有一件格外严重事件发生,我们相信如能努力,一定可以得相当解决。此次来此,我们更能得到很多的帮助与材料。贵国对此事件提出国联,国联即派员调查,足以表示国联对贵国协作之诚意。希望贵国政府与日本政府诚意合作,希望两国人民,协助政府,以谋远东的和平,同人等亦将尽力促其成功云云。

【中央社徐州五日电】 王均支(四日)电津浦南段军警站长县长等,谓奉军政部电令,国联调查团由汉阳(七日)返浦,即乘车北上。浦口至临城段所有随车卫队,由谷正伦派遣;沿路警戒,仍由本军担任。着一体遵照规定办法,严加保护。津浦北段,由韩复渠[榘]部担任,亦将警戒兵力配备妥当。

【中央社汉口四日电】 支(四日)下午五时,汉西商联合会,假西商跑马场,举行露天茶话会,欢迎国联调查团李顿爵士以次及中日双方代表等,并邀驻汉各外领、美海军提督、各西商会长、洋行大班、何成濬、夏斗寅、叶蓬、曾以鼎,及汉商会银行界贺衡夫、周星棠、周苍松[柏]等作陪,中西宾主百余人,席间无演说。至六时尽欢而散。

《中央日报》1932年4月6日第一张第二版

342. 国联调查团今日过浦口北上，外长罗文干等今日将过江欢送，李顿离汉前特接见工商界代表

国联调查团委员李顿等一行，于一日由京乘隆和轮赴汉，视察水灾，业已竣事，于前晚（五日）九时半离汉，乘原轮下驶，昨（六日）午已过九江，约今日（七日）下午二时抵浦口，四时即乘平浦专车北上。关于该团在汉经过情形，顾维钧特于昨日电外部详细报告。闻外长罗文干及外部招待委员，均于今（七日）日下午一时过江欢送云。又铁道部技监颜德庆，昨自汉口电该部报告国联调查团，于五日下午七时离汉，约七日午可抵浦口，即于下午四时北上，恐不及进城，请将该部对于车辆各节，照核定办法，饬送浦口备用。

【中央社汉口六日上午八时电】 调查团微（五日）下午九时一刻乘隆和轮东下返浦，何成濬、夏斗寅及绥靖署、省府、警备部高级官长及工商学代表千余人欢送，招待处并电九江、安庆、芜湖、南京各埠报告该团离汉时间，以便到时招待。

【中央社汉口五日电】 微（五日）晨十一时，调查团接见工界代表王锦霞[铺]、李凯臣等。王陈述意见四点：（一）东北事件与沪案为日侵略我国之整个策略，希望国联不要将东北事件与沪案看作两问题。（二）希望国联令日本于最短期间，撤退东北及上海日军，恢复九一八以前原状，赔偿我国一切损失，并根据国联盟约十五、十六两条制裁日本。（三）中国工人头可断血可流，即剩最后一人，亦必誓不屈服。（四）中国人对日经济绝交，乃日本压迫我国之结果，并非排外，日人谓我排外乃欺骗国联以遂其侵占我国之野心。

【中央社汉口五日电】 微（五日）晨九时商界代表贺衡夫、周星棠、陈经畬、高伯常、周苍柏（?）、徐维荣等，谒见国联调查团。首由贺面递意见书，次李顿向贺等提出问题数项，贺一一答复。略谓：中日纠纷未圆满解决前，商人心理认为如发见售有日货，觉得是一件可耻的事，因日本侵略中国，故人民自动抵制日货，绝非排外，并举多例证明。又谓"九一八"以后营口食盐，东省豆饼均停止来汉，影响汉市商业与金融甚巨，但犹其小焉者也。李并询"九一八"后汉市损失实数如何，贺亦详答。

【中央社汉口六日上午八时电】 国联调查团微（五日）下午三时半，赴武汉大学参观，除克劳德因事、马柯迪因病未去外，李顿、麦考益、希尼以次均前往，并有顾维钧、我代表招待处全体人员及陈光组等百余人，偕行渡江。后先至旧抚署往妇孺教养所，视察灾童学习唱歌习字情形。李顿频露笑容，复登署后山顶观灾童学校童子军操演，并摄一影。四时许赴珈珞[珞珈]山武大新校舍，当由全校教授代表梅汝璈等与调查团谈话，并提出书面，大意分四点。李顿答俟调查完毕，报告国联，自有公平解决。旋在该校会议厅举行茶话会，六时许出校，乘汽车绕行该校一周，即循原路。归途中李顿语记者：武汉受重大水灾，损失奇重。本人睹政府对灾民之救济及修复堤防等设施，异常钦服。对武汉建筑，尤表赞扬，并称许国人建设力之宏伟。

【本社六日北平专电】 外部派林君立、施绍曾、陆士寅、雷孝敏四员，鱼（六日）抵平，办理招待调查团事宜。

《中央日报》1932年4月7日第一张第二版

343. 叛逆来电荒谬异常，反对顾维钧以代表名义赴东，外部决不理已电颜报告国联

（日日社）国联调查团，将来京转车北上，出关调查。前此曾有一度传说，谓东北伪国受日方唆使，曾表示反对我国代表随同前往。据外部息，东北叛逆谢介石于前（五）日确以伪"满洲国"外长名义致电外部，明白反对顾维钧以中国代表资格，随同国联调查团赴东北调查。闻外部以我国派遣代表，系根据国联大会议决案，且中日双方同有代表，对该措词荒谬之电文，决置不理，并已电颜代表报告国联外，昨复电告顾维钧，即与国联调查团协商应付办法云。

《中央日报》1932年4月7日第一张第三版

344. 东省日人图掩调查团耳目，伪造人民拥戴伪组织名册，汉奸于冲汉等均供其利用

【沈阳通讯】 日人因调查团行将东来，深恐数月以来，各种措施，若为调查团所闻所见，揭开黑幕，即不利于彼，故近来调集汉奸多人，供其利用，进行掩饰工作，甚为周密忙碌。关于辽宁部分，已指定于冲汉、吴恩培、阚铎三人备随时咨询顾问。于吴阚三人对军部受知较深，于一般汉奸之中，亦可称心计最工老奸巨滑。兹将日人掩饰工作及三人所献之策，实地情形，分列如次：

于冲汉所担任为总务及政事部分。于所经办之自治指导部，容纳大批日人，已一一派往各县各局，有指导员、秘书、顾问、谘议等项名目，共达日人四百名左右。本已握定全省出卖之权，此次为掩饰耳目计，临时将省城自治指导部总机关取消。于本人回归辽阳，招集书手数十名，赶造拥戴名册。凡稍有名望不肖附逆之人物，无不为之写入，并于每人之下盖印名章。名章为辽阳、沈阳两地日人图章店包刻，金光堂一家所售出已在二百块以上，为数之多可想。请愿呈文为于起草，又经过各奴隶文人之修改，不日完竣，送存本庄繁处，备交调查团阅看，作伪国成立，系民意之证据。

吴恩培所担负为金钱供应包办商界等事。日人占领东三省之后，闻结至现在在官银号所用之款，已达两千六百余万元。近日吴暗中通知各大商店，逼令听其指挥，作种种应付调查团传询之预备。先从逼索各领袖商号欠款为武器，各商号无力归还，遂均俯首帖耳，供其愚弄。

阚铎为安福系之余孽，阴谋诡计，比较辽宁土人为多。事变后，由土肥原引作四洮铁路局长，不数月即将四洮路签字卖去，并献夺取北宁路办法，日人对之非常欢迎。此次担任由山海关迎接调查团来沈阳之任务，已将由沈阳至山海关各站所用之日本人一百五十六名，一律改穿中国衣服。在吉顺丝房、新新商店等店铺，大做老蓝布棉袍黑缎马褂，一律改装。若不开口，无论何人不能知其为日人也。又以奉山路顾问参议名目，写就职书七八十份，邮致各地稍有名望之交通界人物，不问对方接受与否，即先开出名单，向各国领事方面宣传，作为各该人等虽并不在此，亦是归顺新国家之人物，以壮伪国之声势。此

间各领事均称之为日犬,其形状亦极相似也。伊并献计军部将大连大和旅馆各名为茶房、实系侦探小偷之日人,多数调来安置于此间旅馆及前往山海,俟专车出关时,换往车上,以便探听消息,或偷窃文件。此项计划将来调查团经过东三省各地时,暗中均已一律布置,总指挥为土肥原,参谋则为冲汉、阚铎是也。前数日开专车巡视各站,并赴四洮、洮昂、齐克各路宣传训练。

闻以上三种布置,于下星期起,当由军部派人秘密考验一次,以免临时不能应手,致出漏洞。日人之布置亦真谓不辞辛苦矣。

【本社七日天津专电】 本庄繁密令奉山路沿线日军,于国联调查团东来时,暂退至铁路外一英里,借资掩饰。

《中央日报》1932年4月8日第一张第二版

345. 国联调查团昨北上,行前入城至萨家湾会晤罗外长,李顿表示伪国不能阻止顾前往

国联调查团委员李顿爵士一行,此次在京沪汉各地调查所得,印象极佳。嗣以亟须赴平,与东省负责长官接洽,再往东省实地调查,乃于五日由汉乘隆和轮于昨日下午一时抵京。轮泊下关江心,二时十分乘差轮渡江,驱车往萨家湾外交官舍晤外长罗文干,接谈一小时之久。三时四十五分由罗外长陪送该团过江,四时一刻即乘平浦专车北上,预定九日下午六时抵平,勾留一星期,即前往东省实地调查。兹分志各情如次:

进城晤罗

二时十分调查团主席委员李顿爵士、委员马柯迪伯爵(意)、麦考益将军(美)、希尼博士(德)、克劳德将军(法)、秘书长哈斯,及中国代表顾维钧,代表处职员朱鹤翔等,乘专差小轮,在澄平码头登岸,由外部招待人员领导乘外部特备汽车,赴萨家湾外交官舍。是时,外交部长罗文干、次长徐谟,已如约先在萨家湾外交官舍等候。二时二十分,各委员均到,乃与罗徐两氏在外交官舍会客厅会谈,达一小时之久。闻该团认调查迄今所得印象甚佳,故此度与外交当局会晤,颇关重要。

专轮抵京

调查团在汉视察水灾实况,并与地方当局暨民众代表接谈后,于五日下午九时一刻乘原船隆和轮下驶。昨午过九江,当晚经安庆。适是时浓雾满布,碍于航行,停轮一小时始行东下。昨日下午一时抵下关,抛锚于海军码头江心,遂在轮午餐。外部与津浦路局接洽派澄平轮及差轮三艘,傍靠隆和轮,供调查团搬运行装,及上岸之用。照原定行程调查团抵下关江心,稍事休息,即过浦,于下午四时乘平浦专车北上,不拟进城,该团主席委员李顿等,以有与罗外长再作一度接洽之必要,乃临时通知外部招待人员,转达罗外长。先是罗外长以该团既不进城,将直接登车,亦拟亲往隆和轮欢送,适接调查团通知,即在萨家湾官舍等候。

渡江登车

二时四十五分各委员,离萨家湾外交官舍,除主任委员李顿爵士一人,赴英领事馆与英领稍谈,于四时五分,偕英使馆驻京代表应歌兰,乘英舰小轮至浦口外,其余意德美法四委员、哈斯等,均于四时由外长罗文干陪同乘坐澄平轮渡江,赴浦口车站。浦口澄平码头两旁贴有欢迎调查团英文标语,车站正面竖有欢迎大牌楼,缀以无数彩色电灯,月台及车站由军警严密戒备,月台停专车处有国府军乐队。外交部招待委员应尚德、王祖廉等,事前并未通知,外人不能参加欢送,临时津浦路局职员钱宗渊等竟拒绝新闻记者行入月台一步,甚且唆使军警武力干涉,声称不认识新闻记者。各记者以该钱宗渊等毫无理由,力争不获,乃即行引退。

专车北上

专车已停浦口车站多日,迨四时十分调查团委员暨随员及我方顾维钧代表各重要职员,日方代表吉田等,齐集月台陆续登车后,即于四时十五分开车。罗外长在月台与该团委员互相致礼后,专车即于军乐欢奏声中离浦北上。闻专车预计今晨四时抵济南,七时离济,九日晨九时过天津,下午二时半赴平,九日晚六时可抵北平。在北平仅勾留一星期,与东省长官详细接谈,即乘北宁车赴东省,实地调查。至我方代表尚有一小部分职员,定昨晚乘快车赴平。

李顿谈话

记者等于下午一时二十分访调查团主席委员李顿爵士于隆和轮大餐间，叩询该团此次赴汉结果及东省问题，当承李氏发表谈话云：调查团此次赴汉甚有意味。赴汉理由，以吾等在沪京两地，恐调查未周，赴汉所以谋扩大调查范围。再汉口受水灾以后，恢复建设能力如何，亦有前往视察之必要。且汉口为中国中心，及扬子江要埠，更应前往视察。吾等在汉承何主任、夏主席款待接谈，并曾视察沿江一带与张公堤，借悉恢复颇速，建设雄厚，深觉中国建设毅力伟大，恢复能力甚强。嗣后又视察收容所，见其对于孤独寡妇收容周到，诚为不易。故吾等此次所得印象极为满意，诚不虚此行。外传满洲方面反对顾维钧前往，官方尚未接得情报，万一有此事实发生，调查团决不承认任何方面阻止那一方面代表参加。语至此，记者叩询调查团经过沪京汉三地，迄今已否觅得新途径，以解决中日事件？李顿答：此行所见所闻对调查团工作得到补助甚多，在东京、南京与中日两国当局接谈，及中日两国人民接触，感觉精神异常奋发，尚希中日人民信赖两国政府，信赖调查团俾工作易于进行。现调查工作已完成一部分，俟与东省以前之当局接谈后，即往东省实地调查。至满洲方面招待调查团与否为另一问题，调查团现只承认中日两国政府云。

张祥麟谈

据张祥麟谈：调查团委员与顾代表等虽在轮次每日仍继续工作，并于每日上午十一时左右，各委员与顾代表会谈一次，接洽调查事宜，午后四时该团开会一次，讨论种种进行事务，该团除于每次调查所得陆续报告国联外，将来尚须整理一总报告，详细报告国联。我方所提意见书已由顾代表全部面交调查团。至该团调查竣事后，编制总报告，日方拟请彼等赴日整理，现在尚未决定，将来或在我国北戴河，从事整理云。

各地欢迎

【中央社徐州七日电】 路讯：国联调查团，阳（七日）晚由浦口乘北宁路专车北开，沿途大站稍停，添煤上水，夜间三点半可到徐，预定停半小时。此间军警于十二时起，对车站宣布临时戒严。站内路警，均暗佩手枪。欢迎者限制颇严，每机关团体，仅派代表二人，须佩欢迎证章，方得入站。团体学校民众，一律列队站外，为防汉奸临时乘机捣乱。

【本社七日济南专电】（一）国府接顾维钧电，国联调查团准庚（八日）午后四时抵济，停三小时，七时北开。济欢迎程序，临时变更，除车站欢迎外，并在省府珍珠泉茶点招待西餐。省府已高扎松坊。钢甲车司令戴鸿宾，奉韩命虞（七日）早带北平号钢甲车掩护队赴临城候迎，随车保护来济。（二）韩近日患咳嗽颇甚，登千佛山静养已三日，未下山办公，庚（八日）将力疾下山，招待调查团。（三）王树常代表黄宗法，虞（七日）早由津抵济候迎。（四）济南预备交敬告调查团书凡三种：一、各界代表者；二、各人民团体者；三、新闻界者。

【中央社北平七日电】 外部派林君立、施绍曾、陆士寅、雷孝敏四人，鱼（六日）抵平，专任办理招待国联调查团事。

【中央社青岛七日电】 国联调查团，将过济北上，青市各机关团体，特派代表赴济欢迎，并面陈青市四十七万民众盼该团主持正义之热望，计胶济路党部代表张晓楼、胶路局葛光廷［庭］、崔士杰，工会宋成楷、崔肇光，市府杨津生，市商会张玉田、于维廷等九人，于虞（七日）分搭胶路第三、第一两次车西上。

【本社七日芜湖专电】 国联调查团，由汉仍乘隆和轮东下，虞（七日）晨五时抵芜，停三小时，顾维钧派员登岸，发电浦口路局及北平外部办事处，通知准备专车，暨欢迎事宜。八时零五分，驶赴浦口，改车北上。

《中央日报》1932年4月8日第一张第三版

346. 李顿并未遗失物品

昨各报登载国联调查团主席李顿爵士在汉遗失物品消息，据确息，并无其事云云。

《中央日报》1932年4月8日第一张第三版

347. 英政府不承认东北伪组织，对叛逆照会不予答复

【中央社伦敦六日路透电】 英外交次长依但，今日（六日）于众议院中宣称，英外长西门爵士已收到"新满州[洲]国"外长一照会，表示希望与英国发生外交关系，英国政府并未答复该照会。外次依但并谓国联调查团于四月二十日左右可抵东三省。

当议员质问英政府何以迟延不答复"满州[洲]国"之照会，外次依但谓此并非迟延问题，英政府只未答复耳。

《中央日报》1932年4月8日第一张第三版

348. 国联调查团过徐济，沿途备受各地团体热烈欢迎，过济时张鸿烈代表各界致词

【中央社徐州八日电】 国联调查团专车阳（七日）晚四点十五分离浦北上，过滁州、蚌埠，均停廿分钟，接见欢迎人士、地方代表，面陈日本对华种种横暴，及破坏东亚和平罪恶。当由李顿爵士及麦考益将军致答，谓国联决以最和平方法解决中日一切纠纷。接见谈话时，日代表吉田、盐婴[崎]等六七人不离李顿左右，意在监视伊等谈话态度。故李麦等不便多谈，对欢迎者仅微笑点首。专车庚（八日）晨三点三十四分准时到徐，地方各界代表，已先期齐集车站候迎。嗣接顾少川令钱宗渊由蚌来电，谓专车抵徐，正在深夜，各代表业已安眠，祈即免除一切进见，惟盛意可感，特致歉意。故地方代表多又遄返，即军乐亦临时免除。当专车抵站，除站台内外临时戒严外，异常寂静。铁部特派津浦路委钱宗渊随车沿途照料。据钱谈：日方拒绝我顾代表等陪调查团到东北去，阳（七日）晨该团代表在隆和轮会议，表示所有随行中日代表，均系本团邀请，已属本团范围，任何方面不得反对，否则等于拒绝本团。议决后，故迳北上。惟日方刻又提出调查团所乘列车及我国陪行之人员，出关后日方不负保护责任。如此情形，候抵平后再讨论，否则恐不便就道。综以日方处处对我限制，

极令吾人难堪。惟该团表示汉行印象极好,日方反宣传完全为渠等窥穿。对北宁路所备专车,亦极赞美云。专车在徐停一句钟,换二七九号机车,四点半北开,过泰安停二十分钟,定庚(八日)晚四点到济南,停三时视察五三惨案遗迹,并瞻仰蔡公时临难交涉署。准佳(九日)晨九点到津,下午到平,专车沿途开行,护卫者,浦徐段由铁道炮队第三队刘文传部分两列轨道护卫,徐德段由铁道第一炮队孟宪德部分两列轨道,德直段由王树常派甲车迎候。随车队长计徐浦间为唐钧,徐济间王国珍,济津间孙金华。车上卫队除保安队外,另有首都宪兵营。又天津各界欢迎代表张伯苓、卞白眉、王文典、胡霖特电津浦沿路译转唐少川,谓特推黄约三到济候迎,黄君对津变知之甚详,特电奉闻,请赐接洽。

【又徐州八日电】 齐(八日)晨国联调查团过徐北上时,有某西人亦至车站参加,鹄候欢迎,据谈甚久。某西人云:此次国联调查团到华,赴各处调查实地状况,备受政府及民众之热烈欢迎,并贡献日本对华之种种残暴劣迹,及日人狡诈之反宣传,足征华人拥护国联酷爱和平之诚意,深为钦佩。并谓日人唆使东北叛逆,反对顾代表赴东北参加调查,不负保护责任之举动,察系反对调查团,间接即系反对国联,益增国联之恶感,并暴现其做贼心虚之弱点,国联决不承认。日本完全以强暴轻视华人,不见乎美之抵制日货经济绝交,日人未敢作一语乎!予来华颇久,情感甚笃,切望华人努力自强,谢雪此莫大奇耻云。

【中央社济南八日电】 省府虞(七日)接顾维钧由九江来电称,调查团在齐(八日)午后四时抵济,停三小时,七点北开,可备汽车二十辆,预备调查团下车。济各界筹备处,复开会商变更欢迎程序,除在车站欢迎如前外,并准备在省府珍珠泉为调查团休息处,千佛山、大名湖、趵突泉亦筹备调查团游览。韩复渠[榘]虞(七日)早派钢甲车司令戴鸿宾率甲车掩护队赴徐州,掩护调查团专车北来。冀省王树常派参议黄某,今早来济,代表欢迎。青市府亦派代表虞(七日)晚到济欢迎。

【本社八日济南专电】 张鸿烈庚(八日)代表济南各界致欢迎词,原文云:国联调查团诸位先生,受国际联盟理事会之委托,长途跋涉驾临敝国,调查日本军队强占中国领土,破坏中国主权之真象,道经济南,济南人民对此世界和平使者之贵团诸先生,表示热烈欢迎,并致诚恳敬意。希望贵团诸先生以公正严明之态度,彻底查明酿成此次不幸事件之责任,究属于谁,而加以有效之制裁。中国人民酷好和平,不后人,但为争民族生存,宁死不受强权屈辱,对日本无理压迫，不能不取敢自卫之抵抗，决非排外行为。诸先生调查后，可从事实证明，弗庸赘言。诸先生现负有维持国际公约，保障世界和平之使命，应予中国足以绝大之同情，使公理不为强权所破坏，以维系东亚和平之局，则中国幸甚，世界幸甚。敬祝诸先生健康。

【本社八日北平专电】 调查团佳（九日）下午抵平。招待处已将印就欢迎证千枚，分发各机关团体，届时按规定程序入站。警备布置亦分派极周。市招待专员宁向南、蔡元，佳（九日）晨偕张代表王树翰、高纪毅赴津迎候。

《中央日报》1932年4月9日第一张第二版

349. 国联调查团抵北平，张学良及各界领袖均在站欢迎，过天津时各界代表面递备忘录，李顿表示北上印象极佳过津济得不少参考

在津情形

【本社九日天津专电】 国联调查团佳（九日）晨九时由济抵津，七时许党政各机关领袖、各民众团体代表及驻津各国领事、武官等共千余人，齐集新车站欢迎。车进站时，省主席王树常、市长周龙光，及民众总代表张伯苓，妇女界代表黎绍芬女士等十余人，登车欢迎，与李顿等一一握手，并由黎女士献鲜花一束，面递天津事变经过及损失之英文备忘录，并启天津各界领袖五百余人之签名单后，旋即下车。各团体代表均脱帽欢迎，调查团员亦左向还礼。于军乐悠扬中出站，由招待处派定专员随同分乘汽车，经河北大马路入日法租界，至特别一区。调查团李顿等至西湖饭店，其随员则赴利顺德饭店休息，沿途临时禁止通行，以示肃静。十时许民众团体代表纷往请见，首由民众总代表张伯苓及商会王文典等七人晋谒，并面递英文备忘录。大意为：（一）天津事变为日人之故意挑衅，以便乘机挟溥仪离津。溥仪赴东北，纯系日人胁迫，并非本愿。故津变为日人之有计划行动。（二）抵制日货为民众激于爱国天良，自动行为，不仅非党政当局唆使，且恒受当局之种种压迫。（三）日人强占东北后，关内消息，因日人严加取缔，东北民众久无新闻，同时并强迫民众表示意见。故

现时东北民众意思,全失自由,绝非过去之固有意识等语。李顿等阅毕,由张伯苓略为陈述,李顿当谓:吾人所欲问者,悉为君等先说也。言时面带笑容,表示接收。张等辞出后,本拟接见东北逃津学生代表及新闻界代表,因时间傯卒作罢。十二时即由顾代表等陪往省府欢宴,中国代表团则在市府午餐。途经东马路时,并由顾代表等在车中指述津变时,日军炮击陈迹。于十时五十分抵省府,即举行宴会,由王树常致欢迎词,略谓:今日承负维持东亚和平责任之诸委员光临,殊为荣幸。现时敝国民众,对国联之期望,简单转陈。自东北事件发生,敝国政府为尊重国联盟约计,即始终以和平步骤,对付此事,已为世人共见,而东北为中国之东北,亦举世所知。但沈变之后,继以津变,实予酷爱和平之中国民众,以重大刺激。此次贵团即将出关实地调查,是非曲直,不久即明。深望诸先生始终主持公道,使正义永存,世界危机得以消弭。敝国民众精神上,亦不无小慰。谨举杯酒敬祝健康,等语。由黄宗法翻译。李顿起立答词,语句涵义重要,略云:敝人等承贵主席招待,感谢至深。关于东省问题,敝团受命之初,在各本国想像东省,皆以各本国为其背景。在日时即以日本为立场,以视中国;现在来华自亦以中国为立场,以看日本。将来抵东北时,亦当不能免此。今晨抵津,汽车所过,施行警备,此等荣遇,吾敢言非加之吾人各个人,亦非加之我等所代表之国家,实系表示信仰由法律组成之国际联盟。本席为此谨代表敝团所代表之权威,举此杯酒祝贵主席健康。宴毕摄影,于二时五十分至新站乘车赴平。各欢迎人员,仍赴新站欢送。三时半专车始离津开行。

抵平情形

【本社九日北平专电】 国联调查团李顿一行,及中日参与委员等四十九人,六时一刻由津专车抵平。张学良以下及各界领袖迎者千人。一行下榻北京饭店,警护周密。招待日程,临时定不公表。全市悬旗,冲要处悬中华民族为争生存而抗日,决死不为强权所屈辱等标语。李在车中表示:北来途中各处秩序整齐,印象极佳,过津济得不少参考。顾维钧谈:调查团过津接见各界领袖,得不少好材料,李顿极满意。在平留七日至十日,望各界少宴会,以便汇集材料。一行劳顿,拟休息一二日后,接见各界。赴东北仍遵北宁路,在北戴河编报告书未定。五月东(一)国联大会时,将先送一简明报告。伪国拒本人出关事,曾询外罗,决置不理。

【本社九日北平专电】 调查团对各界招待,仅应佳(九日)晚张学良、顾维钧、周大文三夫人之茶会,及真(十一日)晚张学良欢宴,余均谢绝。

【中央社北平九日下午八时三十分路透电】 国联调查团今日(九日)下午六时十五分抵平,张学良亲在车站欢迎,其余文武官员、各国外交官、学生团体、军乐队等,亦均在站。专车抵站后,张学良登车,由顾维钧介绍与李顿爵士,及其他调查团团员,一一晤面。调查团定明日(十日)上午正式答拜张学良,张定明晚(十日)在怀仁堂设宴款待调查团。北平今日(九日)全城悬旗欢迎,满街均挂标语,大意谓东三省上海事件应同时解决,中国人宁死不愿屈服于日人,东三省永为中国土地等等。

过济详情

【本社八日济南专电(迟到)】 国联调查团,庚(八日)过济,济全市悬旗盛大欢迎。下午三时,党政军各要人及各界代表二千余人抵站欢迎,在站外者尤众,均长袍马褂,佩红蓝黄各色符号,仪式隆重整肃。韩因患咳嗽,在千佛山就养未到,派建设厅长张鸿烈为代表。外宾英美德日各领事,及中外记者均到。站内秩序由警察并军队一部维持。三点卅五分,北平号钢甲车压道先到济。三点五十分调查团专车续抵济站。李顿、麦考益、希尼、克劳德、马柯蒂及其随员,中国代表顾维钧、专门委员戈公振、朱少屏、桂中枢,及日本代表吉田等,于军乐洋洋中下车。由顾介绍与张鸿烈并各代表握手相见,即出站分乘汽车数十辆赴省府,沿途市民观者塞途,不下十万,咸欲一瞻和平使者之丰彩。到省府由秘书长张绍堂招待赴珍珠泉西花厅茶点。席间首由张鸿烈代表各界致词,李顿代表调查团答词,次接见新闻记者代表。由张鸿渐、何冰如等面致意见书,并提三问题:(一)对上海停战会议意见如何?(二)在上海各地战区调查经过对中国认识如何?(三)对五三事件在今日有何联带感想?李顿答:以上各点,已在演说中说过,不再赘言。在沿途见中国各界和平气象,及表示之好意,足以扶助实现永久和平,解决中日纠纷。今到孔子故乡之济南,素来本早已领教孔子之教训,将来还要学他的一切来帮助解决世界问题,语间对孔子极表尊崇。五点出省府到财政厅前登船,游大明湖历下亭,并入省立图书馆参观图片古物,称赞不已,有不愿即去之意。次由北极庙登城头马路换汽车赴车站,七点十分开车北上。闻过蚌埠时因在夜间,未遑接见欢迎人员。庚(八日)早过兖州曾向县长孙斌及党部各界代表询问出产人口学校等。过泰安时,各界欢迎,对童子军军乐队盛赞其整肃。预计佳(九日)晨八时可抵津。又据总务主任张祥麟谈,各报载伪国外长谢介石电拒顾往事,罗外长谈并未得此电,李顿亦谓调查团有主权,欲教谁去谁即去。

《中央日报》1932年4月10日第一张第三版

350. 伪国拒顾问题,李顿表示严重态度,调查团员资格不准任何人疑难,如伪国拒顾入境全团均不赴东,调查团五委员昨日访晤张学良

【本社十日北平专电】 调查团灰(十日)晚返寓后,约中国欧美日本记者十数人作短时谈话,李说明由日本来华经过。日记者出长春电,谓伪拒华代表入境。李当正色言曰:华代表为国联代表之一,反对华代表即是反对国联,华代表系国联规定,顾维钧有赴东北必要。李次言滞平约旬日左右,即出关。

【中央社北平十日下午八时三十五分路透电】 国联调查团主席李顿爵士,今晚(十日)与各外记者谈:顾维钧决与调查团同去东三省。顾维钧系中国政府所派之国联调查团襄理员,决无另派他人之可能。顾氏乃调查团团员之一,余等绝不准任何人对调查团任何团员之资格,予以疑难。如拒绝任何团员中之一人,即拒绝整个调查团全体团员。李顿爵士又谓:国联调查团去东三省时,如伪"满洲国"拒绝顾维钧入境,则调查团全体不去东三省。

调查团昨访张,将与张氏正式交换意见

【本社十日北平专电】 调查团李顿等五委灰(十日)上午十时由顾维钧、刁作谦、王荫泰伴赴顺承王府,谒张学良。寒暄后,由顾陪席。李向张询东北各情形,张详答。十一时许李等返北京饭店午餐。下午五时,张往答拜,晤四十分钟,一同赴迎宾馆出席张、顾、大文[周]三夫人之茶会。调查团自真(十一日)起见民众团体,该团以东北官多在平,决日内邀齐开一谈话会。

【中央社北平十日电】 国联调查团五委员,蒸(十日)晨十时一刻由顾维钧陪同乘汽车赴顺承王府,访晤张学良,系属一种拜访性质。张接见时席间除李顿等五委员外,仅有顾维钧一人作陪。李顿对于东三省事件,向张略有询问。张均就所知一一答复。谈约一小时余,即兴辞而出。于十一时仍回抵北

京饭店,张学良定今晚五时,赴北京饭店答拜。

【中央社北平十日电】 国联调查团预定铣(十六日)由平启程出关,将于两日内与张学良正式交换意见。至交换方式,系用谈话式、采取正式会议形式,刻尚未定。

将作初步报告,在五月一日前到日内瓦

【中央社北平十日路透电】 在北平调查团可搜集极多材料,请中日双方报告上次天津事变之经过。再者东三省原有当局现在北平,对东三省事定有详细报告。由北平调查团乘火车去沈阳,作相当调查后,即作初步报告交国联。此报告仅将事实说明,希望能于五月一日前送到日内瓦。由沈阳调查团将遍游东三省,三四星期后调查团仍回北平,将东三省搜集材料,予以整理。再去日本与日本政府当局交换意见,由日本至中国或仍留日本,觅一清凉适当地点,从事写最后报告,希望能于八月间交与国联,以备九月间国联开会时采用。

【本社十日天津专电】 国联调查团定下周离平出关,北宁路特别党部及工会正筹备沿线欢迎办法,工会汇编之日军暴行,所予路工损失报告书,定日内派员赴平面递该团。

谢绝团体宴会,昨晚迎宾馆之盛大茶会

【中央社北平十日电】 国联调查团为抽出时间,搜集材料起见,且以宴会中不能多谈,决谢绝各民众团体及党部之宴会或茶会,将定时接见各团体代表,规定每一团体推代表二人至三人,先期将职业及代表中负责人之姓名与招待处接洽,以便定期一一接见。

【中央社北平十日电】 国联调查团以在京沪汉各地收到文件甚多,在留平期间极应整理完竣,俾作入东三省调查之参考,故决定在平除应张顾周三夫人及张主任周市长之宴会外,其他各团体宴会,决一概辞谢,以便从事工作。至接见各民众团体代表办法,现时尚在规定中。闻第一次将首先接见新闻界代表云。

【本社十日北平专电】 灰晚张、顾、周三夫人在迎宾馆,请调查团茶会,除各界领袖作陪外,并请德使陶德曼、美参赞巴克新、比代办甲瑞尔等外宾,共四百余人。三夫人均着国服,殷勤招待,宾主畅谈。席间张并介绍荣臻与李顿谈

话,因沈变荣在沈,故李询荣当时情形甚详。荣详答,李顿颔首。

《中央日报》1932年4月11日第一张第二版

351. 外部拒收叛逆电报,一面报告国联及调查团,一面向日本提严重抗议

外部确息,昨日由电报局递来长春谢逆介石电报一件,内容与本月四日东京传出消息,大致相同。当即由该部拒绝收受,饬由原局退回,并一面报告国联及国联调查团,请其严格执行十二月十日之决议案,一面向日本政府提出严重抗议,重申中国屡次声明各点,即在日军完全退出东三省,恢复九一八以前状态之前,所有东三省一切叛逆行为,应由日方负其全责。而此次谢逆电报,在未发出五日之前,其内容已由东京遍传各国,其为日本政府授意指使,毫无疑义。将来国联调查团或中国代表,如在东北不能完全行使其职权,或发生意外,其责任应完全由日本政府负之。至中国代表顾维钧,仍当遵照国联决议,随同国联调查团前往东北各处视察云。

《中央日报》1932年4月11日第一张第二版

352. 日本侵略东北真相,张学良报告调查团,东三省为中国之一部不能分离,日本攫夺东省乃嫉视发展结果

【本社十一日北平专电】 真(十一日)晚八时,张学良在怀仁堂宴调查团李顿等全团人员,顾维钧及日代表吉田均到。德使、英美法意各代表作陪,张作相、米春霖、万福麟、荣臻、于学忠、周大文等宾主八十余人。张欢迎词,英法语译,原词如次:李顿爵士,国联调查团诸君:今日对诸君来临,极表欢迎。因诸君所代表者,乃以国际和平及互助为宗旨之国际联合会。自贵会成立以来,十二年间,无日不以增进国际和平为职志。中国国民处此国难之中,除信任国联及各友邦必能用平和公正方法解决中日纠纷,使两国关系入于正轨。故对

于诸君之来,皆极欢忭。诸君之成功,即远东与世界之成功也。中国为素爱和平之国,自日本无端侵界以来,仍绝对遵守国联盟约,而日本对于一切盟约公约,悍然不顾,既夺东北,又扰上海,其经过情形,已为诸君所熟知。关于外交上事项,自有国民政府与诸君言及,无待余之赘言。余因久在东北,仅将少数重要事件,向诸君申述。第一,东三省向来为中国之一部,已有悠久之历史,在人种上政治上经济上皆与内地有不能分离之关系,四万万中国人民向来视东三省为中国之一部,与河北山东无异。凡谬称东三省非中国之一部,或唆之设立非法政府,与中国他部分分离者,乃包藏领土之野心,而违反九国公约尊重中国领土完整之原则。第二,中国现在正处于改革期中,政治上经济上社会上皆发生种种变化,正与十九世纪时德、义、日本之革新无异。在此改革期中,必有种种纷乱现象,各国然,中国不能除外。且中国国土比全欧为大,人口与全欧相等,经过政治上经济上社会上之全部改革,其中必经过种种困难。然现在各方面,皆在进步之中。日本人诋毁中国非统一国家,乃故意蒙蔽事实,以淆惑世界视听。第三,中日纠纷之真正原因,由于日本嫉视中国社会经济之进步,与政治渐趋统一,日本历来思将东三省攫为己有,而其主要政策为铁路政策。东北人民知欲保全领土,非使发达铁道不为功,故自行筑路。中国愈修筑,日本人愈嫉视。加以近年东北工商教育日就发达,内地移民每年在百万以上,而政治上亦完全服从国民政府,日本尤为嫉视,遂出武力侵占。今者诸君代表国联赴东北实地视察,必能坚中国人及世界爱好和平者,对于和平正义之信仰。为国联计,为世界计,及为中日两国计,中日人皆盼望能有一公平之解决,因必解决方法公平,而后和平乃能稳固。余信中国政府及人民将来对于调查团及国联行政院,所拟定解决办法,必能坦白接受也。至诸君此来凡有调查事项,余必竭力帮助,开诚讨论。希尼博士为调查团之一员,其关于德国殖民之著作书中,尝言虚伪虽在一时成功,然真理与正义,终不能隐蔽,亦决不能阻止一平和勤勉之民族向上发展也。今举杯祝诸君之康健。

【本社十一日北平专电】 调查团真(十一日)上午接见英美烟公司经理克韦,沈变时克在沈,故询及甚详。下午接见前东北矿务督办王正黻[黼],王详述东北路矿交涉,并提书面材料。又见北宁车务处长史梯理,询沈变后该路情形。该团秘长今晚谈:接到国府转知伪国拒顾电报事,该团即报告国联。顾维钧应日记者请,文(十二日)午在北京饭店与之接见。

【中央社北平十一日下午十时二十五分路透电】 国联调查团发言人今晚

向外记者谈：报载"满洲国"拒绝顾维钧去东三省，与事实稍有出入。"满洲国"致南京之照会，只云希望贵部长使顾维钧勿来"满洲国"，调查团认为并非拒绝，不过一种请求而已，调查团将置之不理云。

【中央社北平十一日电】 国联调查团真（十一日）午前未外出，亦未接见任何人，仅美代表麦考益于上午九时至十时，赴美使馆一行。原定真（十一日）上午接见熊希龄等，兹因故改文（十二日）晨接见。真（十一日）下午四时至五时接见东北矿务总办王正黻[黼]，询东北矿务等所受损失。晚八时半出席怀仁堂张学良之宴。

【中央社北平十一日电】 真（十一日）上午民众团体商会、东北留京学生抗日救国会、北平民众团体救国联合会等，咸赴北京饭店招待处接洽，请见调查团。仅商会方面，决推冷家骥、白宝铃、杨绐业三人，为请见代表，并述明请见具体意见，要求该团对此次日方暴行商界所受战事损失，希望主张公道，维持和平，合于民众团体请见条件，决予登记，候订期通知来见，余均告以请见手续，嘱其回会推出代表，并提出具体意见，再来接洽。

《中央日报》1932年4月12日第一张第二版

353. 国难会全体会员致国联调查团，请根据事实为正确之报告，使暴日受正义与公理裁判

【日日社洛阳十一日下午十时十分电】 国难会议致国联调查团委员长暨诸委员电，文曰：国联调查团委员长李顿爵士暨诸委员公鉴：诸公因敝邦遭日本强暴之侵略，负联盟之重托，秉公正之意态，作翔实之调查，远道来华，备受跋涉之劳，敝会同人，无任欢迎与敬佩。况当诸公贲临敝国之日，正值敝会集议御侮之时，敝会同人，对诸公于热烈欢迎之余，自更抱最迫切之期望。敝国数千年来，素以天下为公，世界大同为政教之最高鹄的，对各友邦，无不力求亲睦。而日本近代以来，蔑视国际信义，扰乱人类和平，侵侮敝国，无所不用其极，事实昭然，想亦为诸公及全世界人士所共悉。最近无端而强占我东北，暴兵所至，闾里为墟，奸淫掳掠之不足，又复长驱直入，蹂躏我淞沪，炮火连天，血流满地，所有学校、图书馆、印书局，一切文化机关，尽受摧残，种种惨酷之状，为诸公已所目观。敝国为自卫计，不得已而出于抵抗。初无丝毫好战之意，更

无负启衅之责。诸公行将亲临东北,东北自遭兵燹之后,近又发现日人所包办之满洲伪国,在日人野心,无非欲借保护傀儡政府之名,而施侵略我国土地之实。此种阴谋,岂足掩盖天下耳目。敝会现已一致决议,共同御侮:(一)凡侵害国家政治独立及领土与行政完整者,敝国政府应兼用武力与外交抵抗到底,有违上述原则之条约,概不得签订。(二)在政府努力实行上项原则之时期内,全国人民,不分党派阶级,概应尽最大之力量,赞助政府,共同御侮。国际联盟为世界主持正义机关,诸公更为人类和平使者,伏恳根据事实,为正确之报告,使日本强暴情形,得以明白昭示于世界,受正义与公理之裁判,非独敝国之幸,抑亦世界和平之福也。国难会议全体会员同叩。

《中央日报》1932年4月12日第一张第三版

354. 国联调查团昨与张学良等谈话,正式交换关于东北问题意见,昨日起李顿接见各团体代表

昨举行谈话会

【本社十二日北平专电】 调查团文(十二日)下午四时,在张宅与东北军政领袖举行首次谈话会,李顿等五委及秘长哈斯,张学良、万福麟、米春霖、荣臻、顾维钧均出席,七时始散。第二次会元(十三日)举行,日代表吉田亦将参加。该团铣(十六日)离平,由北宁线出关,决拒伪国招待,北宁路局为该团备专车出关后,长期使用。

【中央社北平十二日电】 调查团意委员马柯迪下午一时半曾赴天坛游览,余均未外出。下午四时各委员、顾维钧、张学良及东北当局荣臻、万福麟等,在顺承王府正式交换意见,吉田不参加。由秘书长哈斯任纪录,作将来报告国联资料。我政府已交备忘录三件与调查团,均由顾亲交,一为总说帖,二为东北铁道平行线问题,三尚待查。另有多件,将由顾陆续转交。该团仍定铣(十六日)离平,乘火车出关赴东北。该团已谢绝各团体宴会,顷对记者公会宴亦谢绝。将来抵东北时,亦拟多抽时间,从事调查及整理文稿。除司令部宴会外,其他宴会一概谢绝云。

【本社十二日北平专电】 我致调查团备忘录,包含中日路矿交涉,万、鲜两案等三百余件悬案,皆有详细说明,由顾维钧分为数百部分交李顿。至文(十二日)止只余铁路平行线问题一部分未交。

【中央社北平十二日电】 张学良致调查团备忘录,包括二十年来东三省一切中日事件,为最有力参考资料。

接见各界代表

【本社十二日北平专电】 调查团文(十二日)起接见各团体代表,正午国联同志会熊希龄等往晤,提出书面材料,并提出东省民众在日压迫下无发表意见自由,请注意,请国联采有效办法,保障及维持会员国交通之自由与商务之公平待遇,在国联内设常用监察机关等项。李顿表示接受。

【中央社北平十二日电】 调查团文(十二日)上午十一时接见刘尚清、刘哲、翟文选等,对东北事有所咨询。十一时半至十二时半,接见国联同志会代表熊希龄、陈振先、叶叔衡、廖世功等。该团除递书面文件外,并面谈数事,请该团注意。李顿表示满意,又该团原定文(十二日)晨接见各大学教授,现改元(十三日)晨接见。

李顿答词补志

【中央社北平十二日电】 张学良真(十一)宴调查团,李顿答词如下:主席暨诸位先生:余敬代表调查团同人致谢诸位招待之盛意,及适才主席所发重要之演词。敝人德薄能鲜,深有愧忝居调查团主席,且自觉拙于词令,恐不足尽量表现敝团同人之意见,且贵主席演词中,引用希尼博士之大著,故今日答词实以希尼博士发表为较宜。生存与发展,为任何国家所有权主要之条件,亦为世界各国于上次大战结局后,所郑重签定之规约,而各个国家间应相互保障其实行也。上星期六,鄙人在天津曾言及国际联盟为世界新生之势力,为一种法律所组成之势力,且由各国间之合作,亦成为共同享受之一种保险机关。对于弱国,此为防御被强国压迫之保证,对于强国,此为禁止施用自动暴力之规程。惟欲使国联盟约充分发生效力,各个会员必须将其争执原由,完全诉诸国联,而受其劝告。同人等敢以国联委托人员之资格,实行考查中日双方所呈诉之理由,虽深觉任务重大,同人等复才轻力薄,然终必能指示此二大国间永久和平之坦途。敬谢贵主席今晚所发表贵重之意见,因此项意见,发自争执双方之一造,其价值固极为重大也。中国今日在争端中所处之地位,贵主席适已以诚恳之态度说明,而解决中日争端成功,为维持远东和平之要者,尤为扼要之言。同人等固极愿解决之早日成功,且当以国际联盟之力,竭诚以促其实现。

《中央日报》1932年4月13日第一张第二版

355. 顾维钧之重要谈话：伪国无拒绝华代表权利,安全问题已向国联报告

【本社十二日北平专电】 顾维钧文(十二日)午在迎宾馆见日记者十数人、美记者一人、华记者数人,答日记者问。中国照国联上年十二月十日决议,任命代表为调查团参加员,与日政府所任命之代表同为调查团份子。所谓"满洲国",安有拒绝权利。本团所调查者,乃九一八事变后情形,伪国亦在调查范围内,华代表在任何情形下有偕赴东北责任。调查团全体之安全问题,已经向国联报告,国联当然有适当措置。东省为中国领土之一部,国联如不能筹有适当办法时,中国自必派员随同周密护卫。伪国拒绝事之背景,是否为日本,余并不重视,因日本在东北之种种活动事实,亦为调查团彻底调查之对象也。

《中央日报》1932年4月13日第一张第二版

356. 叛逆拒顾事件,全世界起严重反响,国联委员会将采极强硬手段,日自知无理声称当保顾安全

【中央社日内瓦十一日路透电】 "满洲"拒绝顾维钧入境事,使此间发生一极恶劣之印象。国联方面觉如"满洲"坚持此意,则东三省问题又将入严重时期矣。国联调查团主席李顿爵士,已将此事正式通知国联秘书处,并称:如"满洲"拒绝顾维钧入境,则彼亦不愿去东三省。国联大会委员会本星期开会时,将讨论此事。国联大会委员会或采用极强硬手段,应付"满洲"。中国代表团同时将向国联报告"满洲"之态度,纯系日人从中鼓动云。

【中央社伦敦十一日路透电】"满洲"拒绝顾维钧入境事,此间各报均有评论,《新闻纪录报》谓:"满洲"此种高压手段反使世界对日本有不良之感想。海里士有专著讨论此事,彼预料国联大会委员会将采取强硬手段,并称上海中日和平会议,当此停顿,则战事必将复起,彼觉日本最好脱离国联,不应为国联会员而常此破坏国联盟约。

国联调查团向国联正式报告

【中央社日内瓦十二日路透电】 国联调查团主席李顿爵士,致国联秘书长特莱孟电文如下:调查团阅报载有顾维钧将被拒绝入东三省消息。调查团曾讨论此事并同中日双方襄理员表示,如此项消息实现,则形势必趋严重。因调查团之组织,不能由任何人加以疑难。如有人反对中国襄理员,则调查团认为系反对调查团全体,应即立时报告国联也。

【中央社北平十二日电】 调查团副秘书长皮尔时[特]氏,真(十一日)下午六时对记者谈:调查团真(十一日)接南京国民政府转来伪满洲国电一件,拒绝中国代表顾维钧赴东省,并谓国府已拒受此电,将原件退回长春,特抄电一份,以作调查团参考。该团接电后,已于即日将该电转电国联请示云。

日方自知理屈声称保顾安全

【中央社东京十二日下午一时路透电】 日本政府发言人表示:日本不能使"满洲"改变其已定政策,撤回拒绝顾维钧入境之主张,但因日本目前既负维持东三省治安与和平之责,已正式通告国联调查团,如顾维钧偕同调查团赴东三省,日本决尽力担保其生命之安全。日方发言人表示:为日方利益起见,日方希望调查团去东三省视察当地情形,日本与国联均未承认"满洲新政府",故日本此次与顾维钧以方便,并非破坏"满洲国"主权云。

(中央社)外部对东省叛逆因由日本授意反对顾代表前往东省一事,曾于前日报告国联及国联调查团。顷闻顾维钧已致电外部,谓调查团主席委员李顿爵士接该项报告后,异常注意。又闻调查团近日在平与我方代表商洽,不出下列办法:(一)调查团及中日全体人员同时赴东省。(二)调查团及中日全体人员不赴东省。(三)中日两代表一律退出,只由调查团委员前往东省。遽闻将来趋势,当系用第一项办法云。

《中央日报》1932年4月13日第一张第二版

357. 日方虚伪宣传暴露,一九〇五年中日条约并无密约

日方屡次向国际宣传,谓一九〇五年中日条约,订有密约。兹据确实消息:该约仅正副两本签字,余如会议录,并未签字,在该约中除第三条载明双方应守秘密外,其他则无何种密约。当调查团于七日离京北上时,外长罗文干曾将该约全文交李顿爵士阅看。李顿等认日方不实宣传,悉行暴露。又日代表吉田对此,亦无词可以掩饰。

《中央日报》1932年4月13日第一张第二版

358. 沪会停顿日负全责,国联委会将开会讨论,颜惠庆将日方刁难情形详报国联,欧洲各方目标复集中于远东问题

……

【中央社日内瓦十三日路透电】 此间各方目标,复集中于远东问题,国联全体大会主席比外长海门斯,定明日(十四日)抵日内瓦,参加十九人委员会会议。

外间谣传该委员会将指定日本为侵略者并有引用第十六条经济制裁之讯,但此种消息,官方尚未证实。同时又有传说谓该委员会将继续对地方交涉,表示信任,希望能根据国联调查团考察结果,解决中日纠纷。顾维钧事颇引起一般人对东三省事之注意。

……

【中央社日内瓦十二日路透电】 日本代表团有长篇备忘录交国联秘书处,内称:中国政府不但未取缔反日运动,反有赞助之趋势,故全中国各处之反日运动,更为激烈。据国联一般人推测,日本递此备忘录,其目的在设法避免国联引用第十五条处置东三省问题云。

《中央日报》1932年4月14日第一张第二版

359. 调查团详询荣臻,将东北事变经过制成书面查考,李顿请各国使领随时协助调查

【本社十三日北平专电】 调查团元(十三日)上午十时在北京饭店接见边署参长荣臻、第七旅长王以哲,两氏当事变时,均在沈,将当时情形逐日报告。最后李顿请将沈变经过制成书面材料交该团查考,并报告国联。经两小时,荣王始出。下午三时,该团与顾维钧、日代表吉田会谈一次。四时偕顾及秘长哈斯等赴顺承王府与张开第二次谈话会,张作相、万福麟、米春霖、荣臻、高纪毅均在座。日代表未参加,六时三刻毕。第三次会寒(十四日)举行。

【中央社北平十三日电】 元(十三日)晨十时,调查团接见荣臻、王以哲谈约两小时。关于东北问题,询问颇多,荣、王均一一答复。该团并嘱荣、王将事变经过情形,以书面送达。末询不抵抗原因,荣、王答:因(一)信赖国联盟约能以裁制日本暴行,(二)复恐抵抗致糜烂地方,并非中国军队不能作战云。

【本社十三日北平专电】 元(十三日)下午三时李顿在北京饭店与日代表吉田谈一小时,系出关实地调查事宜。吉田报告已接东京训令,对顾出关可于相当范围内保护。我方随行之代表团名单,已由顾提交:秘书长王广圻,各股主任总务张祥麟,议案钱泰,编译张歆海,招待严恩樵[櫄],参议刘崇杰、周宇一、金问泗、颜德庆、朱鹤翔、杨景斌,专委陈立廷、徐淑希、朱少屏、桂中枢、戈公振,秘书施肇夔、顾善昌、李鸿栻。

【中央社北平十三日电】 调查团原定元(十三日)上午十一时至十一时三十分接见东北逃难民众代表,及东北大学教授,现因时间不敷分配,改删(十五日)午十二时三刻至一时一刻东北难民代表备有书面报告,详述九一八事变后,日军在东北种种暴行,东大教授报告亦详述东大教育受摧残情形云。

【中央社日内瓦十二日路透电】 国联行政院主席法代表达杜,于今日(十二日)下午行政院会议时,即读国联调查团主席李顿爵士来电,内称:于去年十一月廿一日行政院会议时,意大利代表曾表示,在远东一切意国代表,均可随时随地予调查团以助力。李顿谓行政院其他会员国,对此提议,必表同情,协助调查团,完成其工作。希望各国训令在平使馆及在东三省各领馆,随时与调

查团以协助。达杜宣布法政府愿接受调查团之请求,即电令法驻平使馆及在东三省各领馆随时与调查团合作云。

【本社十三日北平专电】 顾维钧元(十三日)晚在铁狮子胡同本宅,宴调查团。宴毕,顾请同到北京饭店观梅兰芳剧。该团定咸(十五日)午接见东北大学教授赵明高等,及东北难民代表关广誉等,两团体均有报告书提出。北平各大学教授代表吴宓等,亦定咸(十五日)接见,平各文化机关学术团体元(十三日)提意见书数种,陈述东北问题。

【中央社北平十三日电】 梅兰芳元(十三日)晚在北京饭店演唱《红线盗盒》,前排票价每张售美金二元,顾维钧定票四十张,大半系请调查团全体观剧。

【中央社北平十三日电】 北宁路因调查团决拒东北叛逆之招待,特将专车添浴室、养病室、冷藏室、洗衣室等车,供该团长期使用。

【中央社北平十三日电】 沈阳来人谈:沈市各机关在日人指挥下,积极筹备欢迎调查团。

《中央日报》1932 年 4 月 14 日第一张第二版

360. 张祥麟因病滞平

【中央社北平十四日电】 中国代表团总务主任张祥麟,突患腰病,医嘱静养,张已决定不随代表团,已得顾允准。

《中央日报》1932 年 4 月 15 日第一张第二版

361. 调查团出关将展期,中国代表团出关安全依然有问题,蒙古王公揭开日人挑拨汉蒙感情

出关期将展缓

【本社十四日北平专电】 调查团原定铣(十六日)离平,因中国代表团出

关及安全问题,迄寒(十四日)正尚在商洽中,势难如期成行。北宁路为备专车十八辆,在唐山装竣,定删(十五日)下午附挂北宁通车开平。

【中央社北平十四日下午五时半路透电】 国联调查团去东三省乘坐之专车,已于今日(十四日)开抵北平。该专车系为北宁路之唐山车厂所修,装饰极为华丽,有客厅、洗澡间与理发间,另有铁甲车,为沿路保护国联调查团用。

接见蒙古王公

【本社十四日北平专电】 调查团寒(十四日)上午十时接见在平蒙古王公那彦图等八人,及前燕大总务长满人全绍文,溥仪叔载涛因病未到。各代表对日本于沈变后挑拨汉满蒙感情,以及设立傀儡政府事,有详尽之陈述,并表示绝不承认。最后提出备忘录。十一时始散。下午三时,该团赴外交大楼参观,并备阅一九零五年关于东省平行线之条约。四时至顺承王府与张等开第三次谈话会,东北要人均参加,张作相、万福麟并各提出备忘录。六时三刻始毕。据该团副秘书长皮尔特谈:第三次谈话会尚有未尽事宜,准删(十五日)举行第四次谈话会。该团离平日期,因各界谈话日程未竣,暂缓二三日,并预定调查东北毕,仍一定来平再赴日云云。

【中央社北平十四日电】 调查团李顿等,寒(十四日)上午十时接见蒙古各王公那彦图(喀尔喀扎萨克和硕亲王)、汗罗扎布(喀尔沁中旗扎萨克亲王)、贺喜业勒图默尔根(科尔沁卓嘿克图亲王)、云丹桑布(土默特左旗扎萨克郡王)、阿勒坦瓦齐尔(科尔沁特勒噶台旗郡王)、阿穆尔泌格勒图(哲里木盟盟长,齐默特散峎勒代表)、多尔济(科尔沁达尔罕亲王代表,贝子)、全绍文(满人,美国耶鲁大学毕业,前燕大总务长)、杭锦寿(察哈尔十二旗群代表,总管)等,载涛(郡王贝勒,溥仪之胞叔)因病未到,谈约一小时。关于满蒙与中国关系及各项问题,均曾询及,各王公一一答复。最后各王公曾申述满蒙与中国之密切关系,有数千年之历史,满蒙为中国一部分领土,绝对不能划分为二。此次溥仪赴东北组伪国,全系受日本人之威胁,决非出自本心,希各委员特别注意。李顿等频频点首,表示满意。谈至十一时,各王公始辞出。

日方对顾吓阻

【中央社北平十四日路透电】 据可靠消息:国联调查团日本襄理员吉田曾以私人资格警告中国代表团参议,谓如顾维钧去东三省恐有个人生命危险。

日本代表团有代表往谒中国代表团，表示对顾维钧去东三省事，极为关心，因于其个人安全，颇觉可虑。国联调查团决今日（十四日）下午讨论夏季由东三省回中国后之消夏办法。

各团体之表示

【本社十四日北平专电】 平市工界抗日联合会及民众团体救国联合会，曾拟定意见书，拟于单独招待调查团时面交，嗣因该团谢绝宴会，迄未递交。两团体寒（十四日）均派员接洽会见日期。该团原定尽先接见商会代表，以时间不敷，寒（十四日）表示辞谢。

【中央社北平十四日电】 德公使定寒（十四）晚在使馆宴德代表希尼，并柬请其他各代表及平军当局。又辽宁十万义勇军上调查团，书内有敝军虽只十万，然人心思汉，有增无减，纵余一枪一人亦必奋斗到底，万不屈服于暴力之下。惟钧团悲天悯人，俯鉴下情，据实调查，转报办理，是所至祷等语。

调查团之行动

【中央社北平十四日电】 调查团各委寒（十四日）下午四时仍赴顺承王府与张学良等继续交换意见。又义委员寒（十四日）下午二时赴三殿及故宫游览。调查团与中日两国代表团寒（十四日）晨分别自行集会，商出关等问题。又前筑协和医院工程师何瑞，寒（十四日）晚八时半在南池子苏州胡同私宅宴调查团各委员。张学良寒（十四日）晚八时在顺承王府宴调查团随员。前主办《上海新闻报》美人福开森，寒（十四日）下午一时半在其私宅宴美委员麦考益将军。调查团定删（十五日）全日陆续接见各团体代表，铣（十六日）下午六时离平出关。但据观测，因日方拒绝专车出关，恐不能如期离平。

【本社十四日北平专电】 调查团五委员于寒（十四日）晨九时半开会，十一时接见日代办矢野真，及日侨代表籐原、什野、小村等三人，津日总领桑岛、津日军代表竣闻、使馆武官永津等。矢野报告平市抵货事，竣闻报告津变经过。十二时始毕。

《中央日报》1932年4月15日第一张第二版

362. 今日国联特委会，日本竟声称拒绝参加，反对大会接受中国请求讨论沪会事，并称如引十五条处理东案宁可退出

【中央社东京十五日下午八时〇五分路透电】 日本政府已有训令与日本国联代表团，谓如明日（十六日）国联大会十九人委员会，接受中国请求讨论上海和会事，则日本代表拒绝参加国联会议。日方谓中国故意稽延不愿签订协定，日方并称如国联欲知上海和会详情，日本甚愿报告一切经过，但绝对拒绝将和会移往日内瓦云。

【中央社日内瓦十五日上午八时三十分路透电】 日本代表团明日（十六）拟向国联大会十九人委员会报告，谓上海和会，所以停顿因华方代表被学生恫吓，已避居法租界某医院内，称病不出云。

【中央社日内瓦十五日路透电】 国联大会主席比外长海门斯，今（十五）日与中国首席代表颜惠庆、日本首席代表佐藤及国联秘书长特莱孟商谈明日（十六日）委员会开会事，因日方拒绝谈上海和会问题，此间议论纷纷，形势异常严重且复杂。

【中央社东京十五日下午八时〇五分路透电】 此间消息：谓日本驻英大使松平，曾口头通知英外长西门爵士，称日本宁可退出国际联盟，决不容国联引用盟约第十五条，处理东三省问题。（编者按：后略）

《中央日报》1932年4月16日第一张第二版

363. 日本训令吉田，劝调查团由连赴东，谓由山海关赴东危险颇多，顾维钧决定随调查团出关

【中央社东京十五日下午四时三十分路透电】 日本政府训令吉田，请国联调查团由大连去东三省，先视察南满铁路区，俾日军可予国联调查团及顾维钧以充分保护，并称：如调查团由山【海】关去东三省，则沿途颇多危险云。

【本社十五日北平专电】 调查团删（十五日）晨九时在北京饭店开会，日代表吉田出席，顾维钧未参与。闻系讨论出关后安全问题，但无结果。该团有拟马（二十一日）出关说，仍须视安全问题如何而定。该团上午十时接见东北各法团代表卢广绩等，十一时见北平文化机关及学术团体代表丁文江、傅斯年，并交关于东北铁路等著作。正午接见平各大学教授代表邱昌渭等五人，邱等问现闻日方在东北增兵七万五千，调查团是否设法阻止？美委麦考益答：中国诸事应诉之国联，凡用武力取得者，终局仍须由国联解决，不必虑日军增多少。邱等问：中国宁玉碎不瓦全，日侵华不独为东方祸根，且为世界障碍。李等答：本团深知此事之重大。

【本社十五日北平专电】 调查团零时三刻，接见平津记者陈博生、尹述贤、胡霖等，所谈系日人压迫各地舆论，并在东北扣留报纸事。

【本社十五日天津专电】 北宁路因国联调查团不日出关，并不接受叛逆机关招待，特出唐山机厂改造专车一辆，内有沐浴、洗衣、救急等室，以便日常起居，现已竣工，删（十五日）由唐开平备用。

（中央社）据某方息：我国派顾维钧襄助国联调查团，往东省调查，既系根据国联之决议案，亦以顾为我国较适当之人选。现日方阴阻顾氏出关甚力，并造出种种空气，恐吓顾氏，以阻其行。据闻顾氏顷电京方，仍遵中央命令，随调查团同时出关调查，设不幸中途发生意外，应完全由日本负其责云。

【中央社北平十五日电】 国联调查团，删（十五日）晨至午，分别接见东北民众团体、北平文化机关、学术团体、各大学教授、平津新闻界、东北大学教授，及难民代表等，详询三省实况，由王化一、丁文江、邱昌渭、陈博生、宁恩承、关光裕［广誉］等，详加陈述，并请以有力手段，主持公道。

【中央社北平十五日电】 辽东各界民众代表团寒（十四日）上调查团一书。

《中央日报》1932年4月16日第一张第二版

364. 日本删改东北教科书，教部已将确证汇编成册，即送外部作为交涉证据

教育部以此次暴日在我东三省，将我国教科书本内一切爱国字样删去，加以仇视及侮辱我国之种种字句，以潜移儿童心理，此种侵略，似较任何政策为毒辣。除国联调查团在京时朱部长已将此种事实用书面交与李顿爵士提国联大会作公正之处置外，并通令东北邻近各省，设法搜集此种删改确证。兹悉教部已收到此项证据甚夥，刻已汇编成册，逐页加以注释，不日将送外交部，备作将来交涉时之有力证据云。

《中央日报》1932年4月16日第一张第三版

365. 调查团出关期未定，因安全问题与日方协议未决，在平征询材料工作大体完竣

【本社十六日北平专电】 调查团征询材料之工作，大体完竣。铣（十六日）继续接见各方代表，未与张学良谈话。因安全问题，尚在与日方协议未决，出关期未定。该团因须调查锦州等地，对日方劝告由海道经大连事未允，仍注重沿北宁路。前经要求日方尽关外保护一行之责，铣（十六日）晨该团对此，有详细讨论。

马占山致调查团电陆续递到，系删（十五日）由海兰泡所发，全文甚长，述伪国内幕，及日人侵占东北实状。铣（十六日）止收到者二千五百余字，仅全电四分之一，余今明可完全收到。该团收到后，随时翻译作参考，审阅后或公布。

【中央社北平十六日电】 调查团铣（十六日）晨接见东大教授宁恩承等，询问九一八事变真相。宁等具述原委，并将有关证据，交该团参考。该团旋又接见万福麟、张作相、高纪毅等晤谈甚久，对东省现状，询问甚详。顾维钧铣（十六日）午在宅宴该团各委，现该团东行确期，因日方尚未担保安全责任，仍未决定。德美代表于铣（十六日）下午游颐和园，各代表亦自动游览北平各名

胜。三时复开本团会议。至顺承王府之谈话会，铣（十六日）暂停开，并预定于篠（十七日）乘专车赴南口、青龙桥、长城等处游历，张将陪往。

【中央社日内瓦十五日路透电】 中国代表团交国联秘书长特莱孟一备忘录，内称：中国政府已采取多种步骤履行国联行政院之九月三十日与十二月十日之决议案。颜惠庆谓中国一切准备，皆因日本破坏工作而归无效，故目前东三省之形势，完全应由日本负责云。

【中央社东京十五日路透电】 长春来电：谓"满洲"之外长谢介石表示"满洲"可收回拒绝国联调查团中国代表顾维钧之成命，但中国政府须撤换顾维钧，另派他人为代表。

仍拟乘车出关

【中央社北平十六日路透电】 据最近消息：国联调查团仍拟乘车由山海关去东三省，专车在站等候，但启行约在十七日或十八日后。调查团在此异常忙碌，每日下午与张学良及其顾问会谈约三四小时之久，上午接见其他旧东三省文武官员、蒙古亲王、东三省外侨、教育界领袖、天津中外代表。今日（十六日）调查团将与张学良谈话材料，予以整理，或将再与张学良晤谈，搜集次要材料云。

【中央社北平十五日电】 调查团删（十五）早九时开会，讨论进行，下午四时，复在顺承王府与张学良等开四次谈话会，交换意见。又继续讨论满铁平行线问题，并调阅一九零五年条约，以为参考。至六时半始散，结果未悉。该团定巧（十八）东行，如有久留必要，即展缓，专车现已开站候发。

接见东大教授

【中央社北平十五日电】 调查团删（十五）接见北平及东大教授代表邱昌渭、萧恩承、张嘉森、生宝堂、刘百昭等作次记之谈话：（问）（各教授【问】，下仿此）在报告未成以前，日本又有派兵七万五千至满洲之计划，调查团能否设法先期阻止？（答）（调查团答，下仿此）日本在满洲用武，故中国诉之于国联，不论日本派兵八万或十万，凡用武力所得，将来总归国联解决，不必顾虑。目前日本军事计划如何，阻止日本派兵，应由中国驻日内瓦代表提出国联。（问）中国系在过渡时期，贵调查团宗旨，在搜集事实，然事实须与全体事情会通观察。（答）团中有各种专家，以备咨询。此外只要有关于此种会通观察之材料,甚愿接受。(问)满洲问题发生于一强一弱之间,中国虽无实力,足与日本一战,然亦不能屈于日本武力之下。此问题不独为东方之祸根,且为世界和平之障碍。(答)本团深知此事之重大性。最末刘百昭作次记之谈话,略谓:贵团考察中日纠纷应注重事实与历史的背景,日本欲占据满洲为其五十年之传统政策。余留英伦时,英首相麦克唐纳请余为文,论东方政治、当以《中日关系与世界和平》一文应之,载之一九二一年六月《社会报》社论。当日所言,现已成为事实,不幸中国至今军备仍未充实,而日本则为世界强国,横行武力侵略。斯时余正在沈阳,于一月前即闻知此事。迄九月十八日下午二时,曾电询秘书长吴象贤,是否已准备对付。不料晚十时半,日军即以大炮攻北大营,约三时许,政府有电话嘱东北大学保持镇静,勿得与日人冲突,翌日本校交通完全为日军断绝。现在日强中弱,如国联能秉公正态度,解决此纠纷,然后能保远东与世界和平。李顿爵士对刘君所谈,极为注意,并请再以书面详细报告该团云。至十二时廿分始辞出。

《中央日报》1932年4月17日第一张第二版

366. 沈觐鼎招待记者谈中日外交,在领土内筑路何得干涉,停战会决裂日应负全责,调查团行止更不受任何拘束

(中央社)昨日(十六)上午十一时,外交部亚洲司长沈觐鼎氏,代罗部长接见本京新闻记者,发表谈话如下:罗部长顷出席行政院会议,嘱鄙人代为接见,兹向诸位一谈外交近况:

(一)关于南满铁路平行线问题。路透社载上次罗部长谈话,与罗部长所谈颇多出入,此项问题,关系重要,兹向诸位略为说明。所谓平行线者,系载在一九〇五年中日会谈东三省事宜条约之附约外之会议录,日本所发表称为密约者,与该会议录原文稍有出入。查其原文为"中国政府为维持东省铁路利益起见,于未收回该路之前,允于该路附近不筑并行干路及有损于该路利益之枝路"。此项声明,在该会议录内载明不列入条约内,只存记于会议录中,自无条约上之效力,即该会议录本身亦只有中日出席会议代表之签押,并无签字盖章,当然与条约不同。数年以来,日本所视为平行线而反对者,厥为打通线。

查打通线距南满铁路一百英里以上,并不在其附近,而方向亦非完全平等,即日本有识之士,如东京帝国大学法科教授横田博士,亦曾论及打通线不能谓为南满铁路之平行线。如谓打通线与南满铁路为平行,则日本本州之东海道线与中央线亦可谓为平行,足见公道自在人心,而法理固不能无视也。又据统计证明,南满铁路并不因打通线之问题而减少其利益。近年南满铁路利益之所以减少者,原由于其本身之经营,带有官僚气味过甚,及金价昂贵之影响,自不能以日方之主观,诿过于打通线,谓为有损于南满铁路之利益。此外日方所认为南满铁路平行者,尚有西安线,该线不独非与南满铁路平行,抑且距离更远,当然不能损及该路之利益。且中国以本国经费,在本国领土内修筑铁路,促进东北经济之发展,外人何得干预。况东北土地广袤,除南满铁路外,再筑数路,亦不为多,岂有增载一二线路,外人可凭其一己主观,妄事反对哉。

（二）关于上海停战会议问题。此项经过情形,诸位当已明了,毋庸赘述。上海停战会议,系根据国联大会决议案开会。现因日方逾越停战会议讨论之范围,以致会议停顿,我方决不视为决裂。开会以来始终以诚意磋商,惟期停战协定之成立,征之停战会议虽成僵局,而小组会议仍继续举行,足证我方并无使停战会议决裂之意。不图近日小组会议,日方代表又复提出范围外之问题,卒致小组会议亦行延会。我方当然不能负任何之责任,现惟待国联特委会之公正解释。至于本国政府应付方针,刻正在慎重考虑。本日消息,据闻日本似已训令日代表不参加国联特委会,如果属实,即不啻表示日本不愿作国联之一员,恐将自处于国际上孤立之地位。此种表示与该国欲退出国联之论调相同,兹将日本退出国联之论试一评之。近来日人颇多主张退出国联者,余个人感觉,此等言论,对国联盟约是否有深切之研究,不无疑问。查盟约载有退出国联在两年前须有预告,并须将应尽责任逐一履行,且此事对于日本自身实有重大关系。盖欧战之后,日本受国联委任统治雅浦岛,彼如退出国联,即须将该岛归还国联,日本安肯遽弃之耶! 所退出国联之说,想亦不过一种高调耳。

（三）关于东北伪组织拒绝顾代表入满问题。闻日方曾以非正式表示,如调查团视察南满铁路沿线,当负保护之责。调查团拟往何处,应由该团自行决定,自不受任何方面之拘束。至东北为中国领土之一部,我国政府或将遣派相当军队随行,任保护调查团全体之责任,现正在慎重考虑云。

《中央日报》1932年4月17日第一张第二版

367. 沪日军撤退日期，政府静候国联解决，海门斯正与中日代表商谈办法，俟商有结果再向双方政府请示，《日内瓦日报》讥特委会毫无把握

（中央社）据可靠方面消息，上海停战会议，近趋停顿，昨经行政院会议详细讨论，金以日方违背国联大会决议案，屡提超出范围以外之问题，致会议陷于僵局。现我国政府既将会议经过由颜惠庆代表报告国联特委会，请其设法解决，则我国政府当静候国联特委会之公正判断。对三月十日国联决议案，固应遵守，尤希该会此次对日军在沪撤退日期，应确实规定，须停战与撤兵两项，同时迅速办到云。

【中央社日内瓦十七日路透电】国联特别委员会主席比外长海门斯，昨夜（十六日）与中日代表晤谈上海和会问题，今日（十七日）又继续讨论，商谈有结果后，即指定特别委员会下次开会日期。中日代表须将特别委员会拟定办法及决议案草案报告双方政府请示，如中日政府表示同意后，中日代表始可正式接受特别委员会之建议。

《日内瓦日报》今日（十七日）有社评，对昨日（十六日）特别委员会举行不公开会议，表示不满。该报称该委员会不开公开会议，即可知其毫无把握，想国联此次处置上海事件，又将与上次处置东三省问题，同样无有效办法也。

【中央社日内瓦十六日路透电】国联大会十九人特别委员会今日（十六日）举行不公开会议，主席比外长海门斯。该委员会未能指定上海撤退日期，因如国联指定撤兵日期，则等于国联承认日军占据中国领土，各小国对此点极注意。主席海门斯与中日代表会商后，即可有决议案提出。委员会通过委员会中一般人主张，均觉上海是否已恢复原状一点，不应由日方决定，应由各中立国视察员决定之。散会后，秘书处所发公报称：委员会请主席与中日两国代表商谈后，提出确实办法云。

【哈瓦斯社日内瓦十六日电】本日上午十九委员会举行非公开会议，由比外长希孟主席，中日两国代表均未列席。会中对于两主要点交换意见：（一）上星期六由英美法意四国及中日双方在上海为签订停战协定而拟定之

妥协办法,已由英法意各代表电达各该国政府。谓据伊等意见,此项办法,实与上月国联大会通过之决议案精神相符合。各该国政府当将此电转达国联会,本日十九委员会对此项妥协办法,加以研究,观其与国联大会所采之决议案精神,究竟是否相合。(二)十九委员会讨论之第二问题,为上海停战协定,一旦成立,应由何种机关监视。该协定所载各项条款之实行,日本某某方面深恐以国联会所任命之十九委员会代上海之谈判者,实则并不如是。一般人确谓今日下午十九委员会将举行公开会议,中日两国代表均将参加云。

《中央日报》1932年4月18日第一张第二版

368. 国联调查团出关期路线仍未定,日方提议分两组出关我坚拒,调查团仍与旧东北长官晤谈

【本社十七日北平专电】 我方随调查团出关人数拟二十五人,日方嫌多,在争议中。该团出关日期与路线仍未定,日代表吉田提议,分两组,一由大连,由顾陪行,一由北宁路吉田陪行。我方坚决反对。该团篠(十七日)晨游览长城及碧云寺。

【中央社北平十四日路透电】 据华方半官式消息:顾维钧力劝国联调查团由山海关去打虎山,经通辽顺南满铁路至哈尔滨,再折回沈阳。同时日方代表吉田坚持国联调查团,须由海道去大连转沈阳。此问题未解决前,调查团离北平日期,不能确定。调查团每日仍与旧东三省长官晤谈,连日有张作相、万福麟等往谒。

【中央社北平十六日路透电】 国联调查团何时离平,乘车经山海关,或乘船经大连去东三省,均未决定。调查团发言人,今晚(十六日)表示已有解决办法。据可靠方面消息,调查团一部由北平去大连,绕道去东三省,中国代表顾维钧偕行。另一部乘车由山海关去东三省。明日(十七日)调查团去南口,观万里长城。

(中央社)顾维钧襄助国联调查团往东省调查,本不应成为问题,闻外部已遵中央意旨,于昨(十七日)晨电复顾氏,偕调查团同时出关,仍由北宁路前往,较为适当。至调查团主席委员李顿爵士,对调查团赴东三省办法,据顾维钧来

电称：尚须待国联之最后训令，方可决定云。

【中央社北平十七日电】 国联调查团篠（十七）晨全体乘专车赴长城等处游览，张学良、顾维钧、于学忠夫妇均陪往，定当日下午五时返平。至该团东行日期及行程，仍未决定云。

【中央社北平十七日电】 日方因国联调查团即将出关东行，为掩饰事实计，本庄特派员赴长春邀溥仪秘密赴沈，布置一切，日军部并装制一民族自决书，备交国联调查团，以为东北民意之表现。

【中央社北平十七日电】 调查团铣（十六日）晨第二次接见日本武官，续谈天津事变。据该团云：关于日本拒绝该团乘车出关事，仅闻此消息，并未接日方正式电报云。

《中央日报》1932年4月18日第一张第二版

369. 调查团出关波折多，伪国声言如顾越南满线将加逮捕，调查团准备今晚出关日方仍刁难

【本社十八日北平专电】 调查团各委，巧（十八日）除分别随意游览外，无甚对外工作。闻顾接外部复训，嘱随该团遵北宁路出关。日方仍持分组办法。据巧（十八日）晚该团舌人言：连日整理材料，有在皓（十九日）晚出关准备。我方代表团亦定束装待发，关外段安全将责成日军。我所备专车改以该团备用之名义出关。

【中央社东京十八日下午十一时路透急电】 伪满洲国外交部长谢介石向日本政府表示，如国联调查团之中国代表顾维钧，由大连入东三省，则顾氏出南满铁路区时，"满洲国"定立即将其拘捕云。同时伪满洲国表示拒绝中国新闻记者入境。

【中央社北平十八日电】 调查团对出关行程问题，连日波折甚多，传日代表吉田又提出新办法，拟将该团分为两组，一由顾维钧等陪赴大连，转南满路赴沈，一由吉田等陪同由北宁路经榆关赴沈。但我方对此项办法，决难接受。闻顾代表等已非正式表示意见，对吉田取道大连出关之建议，坚决反对，仍主由北宁路赴沈。至调查团是否同意，现在协商中。

【中央社北平十八日路透电】 国联调查团业已定就专车去东三省,该车现已在北平车站。该车现为国联所定专车而非中国所备专车,伪满洲国想必不能阻止该车入境也。据云:伪满洲国已派有专车在山海关等国联调查团,故国联调查团所定专车,或将不过山海关,亦未可知。分道去东三省之可能性甚多,一部由大连转沈阳,一部则由山海关北上。

【中央社北平十八日电】 调查团巧(十八日)晨十时开会,有决定皓(十九日)晚由北宁路出关说。但日方仍多方刁难,阻止成行。据各代表本日行动上观察,明日似难成行。德代表巧(十八日)午游故宫,参观溥仪住室。李顿及意代表亦赴颐和园游览,由周大文及唐宝潮夫妇作陪。

【本社十八日北平专电】 调查团行期本定皓(十九日)成行,惟据北宁路招待人员称:奉令于号(二十日)备车,此说似较可靠。路线亦因伪国招待专车在榆迎候,决不能乘,即借乘北宁专车,亦须经伪奉山路与之相当接洽。故据最后消息,该团为坚决拒绝伪国招待起见,决乘北宁专车至塘沽,我国及各国代表,换乘各本国兵舰至大连会合,再受日人招待。我代表随往之二十五人名单,仍未发表。

《中央日报》1932年4月19日第一张第二版

370. 罗文干谈话:调查团将改道赴东省,沪会续开待国联决议

(日日社)昨日上午十一时,记者访外长罗文干,谈约如次:记者问(下仿此)东北叛逆,将拒绝我国代表顾少川陪同调查团出关调查,外传中央拟派军队护送,此事究将作何决定?罗氏答(下仿此)顾代表出关问题,事关国联调查团整个行动,任何方面,不能拒绝。其安全问题,日方于东省现势下,更不能不负责任。前日国务会议,曾经提出讨论,认为关系重大,正在详密考虑中。至派兵护送一层,原为预防叛逆政府有不正当行动,且东三省本为中国领土,亦自所应尔。惟目前格于情势,尚未具体决定耳。现中央已电令北平绥靖主任张学良,与调查团妥商安全办法,日内当可决定。最近李顿爵士已郑重表示,可见顾代表出关之安全,当然不成问题。(问)调查团现定何日出关,暨出关

所取途径,有否确定?(答)调查团本定十六日首途出关,嗣因出关调查手续綦繁,须在事前办妥,且李顿爵士现亦正候国联复训,故稍迟延,大致明后日当可首途。至出关取途,原定由北宁路前往。该团曾定五月一日以前,编述调查所得,报告国联,俾中日事件早得解决。外部昨接我国代表团来电报告,该团现以时间短促,拟取道山海关至打虎山出通辽,然后经南满路赴哈尔滨,折回沈阳,较为省时。余已将此事请示汪院长。至该团调查完毕后,休息及总报告起草地点,现尚未决定。(问)国联特委会已在日内瓦开会,据先生观察,此次会议能否将数度开会未解决之中日问题,予以最后之公正解决乎?(答)国联曾数度决议,促日本撤兵,但日本始终置决议案于不顾,迄未履行。上次国联大会于闭幕后,特组织特别委员会,即可知对中日问题之重视。盖自英公使蓝浦森出任调停,召集中日双方在上海开会以来,日方态度,始终故意挨延。最近复提出种种越出国联决议案以外问题,使我国万难参加讨论。可见日方蓄意破坏,昭然若揭。现我国已将会议停顿原因,由颜代表诉陈国联,今国联特委会又为此事而开会。我国为国联会员国之一,且为国联公约始终维护之一国,故在此时期,应当信任国联,静待解决。一面并当寻求种种方法,以促进国联对维护公约者加紧一层保障。余敢为君告者,国联必能设法解决此悬延已久之中日纠纷,而予撕毁一切公约者以相当之惩制。国联为自身信誉计,已曾运用种种方法,俾能找寻其他有效解决之途径。盖中日问题,不仅关系中日本身,殆已成为世界和平问题。故此次特委会似较过去会议为重要,而决议案亦当较过去为有效。总之,国联会既负有解决此项问题之责任,当然能运用其智虑,消弭未来祸患。但我国如以国联必能解决,而放弃其一切应有之努力,则又不然。我人在此时期,正应谋取方法与步骤,特别的加倍的不断的努力,以促成最后之胜利。(问)上海和会最近是否再开,昨传日使重光葵向英使表示,要求我国继续会议,是否确实?(答)上海和会,系出自各使之善意调停,故特派代表参加。但开会已逾一月,因对方之无诚意,而使会议几濒破裂。英使蓝浦森,极尽调停之力,使会议破而复开者再,讵日方今次仍提出违反国联决议案之问题,致使我国万难参加。会议已于前日暂时停顿。最近能否再开,当俟国联表示而定。惟英使蓝浦森尚在努力斡旋中。至传日使重光要求我国继续开会事,余此时无所闻。(问)东北问题与上海问题是否同时解决?(答)日人觊觎东三省,系其数十年来一贯之政策。此次侵扰上海,意在压迫我国政府,签订丧权辱国条约。不料变起,即为我忠勇之十九路军,予以重大教训。

我军现虽退守第二道防线,但对方如有无理要求,无论如何誓不接受。总之,中日纠纷如果长此不决,其所受影响,将不止我一国已也。

《中央日报》1932年4月19日第一张第二版

371. 马占山通电已送达国联

【中央社日内瓦十七日电】 中国已将马占山本月十四日在黑河所发长达三千字之电报,送致国联行政院。该电称渠以黑龙江主席陆军部长之地位,因知日本在东省阴谋之性质,并知日本如何操纵傀儡政府,并誓称东省人民决不愿与中国本部分离,即彼在伪政府下服务之人员,亦已由日本军人监视,丧失个人自由云。

【中央社北平十七日电】 马占山致调查团电文,篠(十七)已到齐,长达三千余字。首述抗日经过,继陈应付环境原委,最后揭破日本侵略东省,组织满洲伪国之阴谋。该电俟李顿核阅后,可否发表,须由调查团决定云。

《中央日报》1932年4月19日第一张第二版

372. 调查团昨晚始出关,大部分团员仍取道大连赴东,仅美意二国委员乘专车出关

【本社十九日北平专电】 调查团皓(十九日)晚离平,全市悬旗欢送。一行四十人,五委及随员等十人,我代表及随员廿一人,日方十人。预定抵榆关后,李顿及克劳德尔、希尼三委与中日代表经秦皇岛海道赴大连。麦考益、麦考蒂两委,秘长哈斯,由榆关直赴沈。该团皓(十九日)晚公布:抵东后定四周往日,仍返北平,其时约在六月中,再赴日转南京,最后在华择地,编总报告。

【中央社北平十九日路透急电】 国联调查团决今夜(十九)十时离北平赴东三省。中国代表团于秦皇岛车站下车,改乘中国海圻军舰赴东三省。国联调查团,则乘车直赴东三省。

【中央社北平十九日电】 调查团全体定皓(十九)晚九时离平,先乘北宁

专车赴秦皇岛，再分道赴沈。预定华代表团乘海圻舰，日代表团乘日舰，李顿及德法二委乘中立国军舰转大连赴沈。美意二委则乘北宁专车出关，察看榆、锦情况。华代表团合顾及外籍顾问二人，仅二十人，较原有人数减去四分之三。

【中央社北平十九日电】 中国代表团巧（十八日）晚会议，讨论关于出关问题，迄至皓（十九）晨四时始散会，尚无具体决定。皓（十九）下午四时仍将在外交大楼该团办事处继续开会讨论。皓（十九）晨该团各委均未离北京饭店，或曾有会议，仅义代表乘车赴故宫。因事先未曾通知，适值今日为该馆休假日，至未游览即回。午一时半，改赴西山八大处游览。德代表十一时赴南池子外苏州胡同顾维钧顾问何遂宅午餐。美代表十一时赴美使馆。德代表十二时赴韶九胡同一外人宅午餐。李顿未出游。

（中央社）据某方息：国联调查团出关日期，虽已确定，惟各方并顾维钧襄助调查团出关事，均力主其照原定主张，勿受日人恐吓，分道出关。闻顾氏本人亦坚持前议，仍偕调查团成行。又闻日方前拟派报社记者四人，随调查团赴东省，近为拒绝我国新闻记者出关起见，将一面饬该团记者由大连赴东省，一面则宣传中日记者，不能参加调查团之消息云。

《中央日报》1932年4月20日第一张第二版

373. 国联调查团昨过秦皇岛赴大连，定今晨由大连首途赴沈阳

【本社二十日天津专电】 国联调查团专车，哿（二十日）晨十时抵秦皇岛，各委员及中日代表随员等下车后，即分登中日军舰，向大连出发，计程哿（二十日）晚七时可到大连，马（二十一日）日赴沈。日军为朦蔽该团计，迭令沈阳各伪机关及各村村长仿制各种标语旗帜，并强迫各校学生联合农民筹备，届时到站欢迎，举行大规模请愿运动，要求承认伪国。本庄繁哿（二十日）午后四时由沈抵大连欢迎调查团，满铁并备客车一列共九节，备该团赴沈乘坐。

【中央社山海关二十日下午四时二十分路透电】 国联调查团主席李顿爵士，偕顾维钧今日（二十日）正午由秦皇岛乘海圻舰赴大连。美国代表麦考

【益】将军与意代表马尼斯柯定明日(二十一日)出关赴沈阳。

【(中央社)海圻舰二十日下午九时路透电】 海圻舰今夜十时可抵大连,定明日早由大连乘车去沈阳,日程及调查范围俟抵沈后再定。

【中央社大连二【十】日路透电】 日本驱逐舰二艘,载有法国与德国调查团代表,今日(二十日)下午六时抵大连。

【中央社北平二十日电】 调查团一行号(廿日)晨十时专车开抵秦皇岛下车后,李顿及德华代表等即乘海圻军舰赴大连,法日代表亦乘日舰东行。美意代表仍留北宁车上,下午赴榆察看,其出关行程俟中日代表到连来电后,再行决定。

【中央社北平二十日路透电】 国联调查团今日(二十日)上午十时抵秦皇岛。

【本社天津二十日专电】 国联调查团哿(二十日)晨二时,由平专车抵津。因接平电,该团过津谢绝一切迎送,仅由五公安局长及省府秘书二人到站照料。车站临时戒严,除日军官二人,与日记者四五人入站外,中外人士均禁入内。津新闻界于车停后十五分,始得进站。李顿等五委员及顾代表之卧车,均熄灯入睡,往谒者均被拒。车上有平绥靖公署卫队荷枪保护。二时十五分压道车先行,三十五分专车即离津,开赴秦皇岛。据随车陪员谈:专车到秦后是否直接出关,尚不得知,究取何道前往东北,现未决定。

【中央社北平二十日电】 调查团各委员及中日代表团,皓(十九日)晚十时离平,东行专车共十九辆。张学良、张作相、万福麟、于学忠、荣臻、周大文、朱光沐、汤国桢、顾夫人等,及各团体代表约千余人,均至东站欢送,戒备甚严。我国代表处人数临行时仍为二十人,到榆是否全去尚未决定。日方为反宣传起见,特命日记者多人随行,以便传播消息云。

【中央社北平二十日上午九时电】 国联调查团抵平已十一日,所有各项事宜业已办妥,于十九日晚十时乘北宁路所备专车离平。北平全市于昨晚六时悬旗欢送。张学良主任及万福麟、于学忠等各要人,均到车站送行。专车共十八辆,该团全体代表及中日代表处人员,决分三组东行。日代表三人及日使馆馆员三人,已先于下午四时二十五分赴津,与日领等接洽,午夜调查团专车到津,即同行出关。我国代表顾维钧及随员等随往者共为七人。

《中央日报》1932年4月21日第一张第二版

374. 沈日军部利诱农民，迫向调查团请愿

【中央社北平廿日上午七时电】 秦皇岛十九日下午七时电。沈讯。日军部发给伪省农会日金三千元，由该会委员吴景山，雇用农民千名，迫令各村村长率领，即日齐集沈垣，俟国联调查团抵沈时，强迫各校学生，联合农民到站欢迎，届时举行大规模请愿运动，要求国联承认东北伪组织。

《中央日报》1932年4月21日第一张第三版

375. 铁次曾仲鸣谈所谓并行线问题，既无条约根据又无先例，日方何得向我提出对议

近日关于南满铁路之并行线问题，各报时有讨论，记者为明白此问题之内容起见，特往访铁次曾仲鸣氏于铁道部，承曾氏分别答复如下：

（记者问）日本对于南满洲铁路并行线问题，日方报纸传说已久，今国内报纸尚未有详细之登载，其内容如何，愿闻其略。（曾氏答）日方报纸所指为与南满线并行者为大通支路（由北宁路之打虎山站至通辽县，故为北宁路之支线，打虎山现改称大虎山，故现称大通路），为沈海路（原称奉海路，由沈阳至海龙），为梅西支路（由沈海改之，梅河口站至西安，故沈海路之支线，该支线为运输西安煤矿之煤而筑），为吉海路（吉林省城至海龙），为开丰长途铁路汽车（原名开拓十六改称开丰，自开原城西至西丰）。然大通支路距南满一百五十公里，计九十英里，沈海、吉海两路均距南满一百公里，计六十英里之远。以世界各国之通行惯例言，两线之距离，以全路之平均距离计算，其平均距离大概以卅五英里为准，在卅五英里以外者，虽并行亦不得谓之竞争线，故大通、沈海、吉海三线无论如何，不能由日方片面谓为并行线，或南满之利益竞争线。其梅西支线目的在运煤，开丰线为长途铁路汽车，轨道甚窄，要当别论也。日本报纸宣传者于南满并行线之外，又列有南满包围线，举凡东北所有自行筹款之铁路，概列之于包围线之内，此无非欲将中国在东北所自筑之铁路，都谓之为南满之利益竞争线而已，其片面之宣传如此。（记者问）日方所提并行线之抗议，

始于何时,其借口之点为何?(曾氏答)日方所提并行线之抗议,以光绪三十三年清邮传部拟修新法支路(由北宁路之新民屯至法库门),为开始第一次,当时邮传、外务二部据理驳复。日代使阿部守太郎坚执不允,并请示日政府由日政府训令该使,该使照录日政府意见,照会外务部(光绪三十四年五月廿九日该使馆第八十号照会),其原文节录如次:(上略)据该员驻清英使馆商务官谢文山或译称贺奇之调查新法线与南满线之距离,其平均大约不及三十五里以上,(中略)即使如清国政府所云,二线间之距离,不减于欧美各国铁路两线间之通行惯例,是直以欧美之事,例律生产事业未经发达之满洲,殊为不当。且考诸清国政府特许外国人以铁路敷设权之际,关于正太铁路露清银行与清国官吏订定之约,并是年北京福公司与山西官吏订立之约,清国不许于正太线路两侧百清里以内,敷设竞争线,详译其意,实以百清里为竞争区域,不许敷设他线,即此则清国政府不得喋喋于欧美之标准,以为立论之根据也。依当日日政府所云,其否认欧美事例,以为不适用于新法支路一案者,系指"生产事业未经发达之满洲"而言,且又引百清里为竞争区域为证,是以后之对于东北各铁路之抗议,均无理由也。(记者问)日方前向东北当局提出并行线问题,我方是否与之对议。(曾氏答)日方最近正式提出并行线问题者,二十年一月间,南满理事木村锐市奉日政府及南满会社之命,因日方发起东北中日铁路协商之事,中有并行线之一个问题,嗣以日方辗转迁延,该协商因之停顿,故并行线问题迄未正式对议也。(记者问)日方所谓违反条约有何根据?(曾氏答)日方所谓并行线我方违反条约云云者,其所根据谓是清光绪三十一年中日全权会议东三省事宜条约时,关于会议附约日方提出要求中国全权声明,不在南满线附近,修筑并行线干路,及有损该路利益之支路云云,载在会议节录内,指为有条约之效力。其实该案之正约、附约,均未引有不修并行线及利益竞争之明文规定,会议录又未正式签字,毫无条约之根据,自无条约之效力。何况"附近"二字,应有适当之界限,安得以百公里外之路,谓为并行线乎?即日方学者亦认为曲解,据日本帝国大学教授横田喜三郎,在满蒙事件演说会中所言:"日本以中国建筑打通线系与南满线路并行,是违反条约,而实际上则不如斯,满铁线与打通线相隔百英里,并非并行。应[若]以打通线与满铁是并行,则无异于日本东海道线与中央线是并行。"可为打通、吉海等线,并不与南满并行之明证。谈至此,记者以曾氏政务殷繁,会有客来,乃兴辞而退。

《中央日报》1932年4月21日第一张第三版

376. 调查团昨夜抵沈阳，李顿顾维钧等专车赴沈阳，叛逆竟声称武力拒顾入境

【中央社海圻舰泊大连二十一日上午十一时路透电】国联调查团决今日（二十一日）下午一时，乘专车离大连去沈阳，今夜可抵沈。调查团抵沈后，行程未定，因"满洲国"屡次恫吓调查团，大连水上警察严密保护海圻舰，海圻舰定今晚回青岛。

【中央社东京二十一日路透电】大连来电称：国联调查团主席李顿爵士，偕顾维钧今日（二十一日）下午一时五十分乘专车离此去沈阳。沈阳全城，满贴标语，欢迎调查团。美意代表今晨乘车由山海关赴沈阳，日联社记者在专车上往谒美代表麦柯将军，美代表不愿发表意见，谓等去沈阳与李顿爵士晤面后，始可发表谈话云。

【中央社海圻舰二十日下午十一时三十分路透电】海圻舰今夜（二十日）十一时抵大连，国联调查团主席李顿爵士，感冒未登岸，今夜暂宿海圻舰。顾维钧亦未登岸。明日（二十一日）上午十一时，李顿爵士偕德法代表、顾维钧、吉田，及中日代表团全体乘车赴沈阳。德法代表与吉田乘日本驱逐舰，今夜九时即抵大连。海圻舰抵大连时南满铁路与日本关东军司令代表，均登海圻舰欢迎调查团代表。中国代表团一部，今夜登岸，宿大和旅馆。在沈阳时，调查团全体将下榻大和旅馆云。

【又北平二十一日电】顾维钧电平，中国代表团及李顿等，于号（二十）晚十一时抵大连，沿途安适。李对海圻舰甚表谢意。又美意代表马（二十一日）晨六时仍乘伪奉山路所备专车迳经锦州赴沈。伪路局派车务处长李长振沿途招待云。

【中央社海圻舰二十日路透电】调查团哿（廿日）晨十时抵秦皇岛，海圻舰长姜鸿滋、参谋刘襄、旅长何柱国，及民众约数百人，到站欢迎。十时半抵海滨。李顿、顾维钧及中国代表团乘海圻，十一时廿五分开大连。海军司令委派参谋鲍长义，沿途招待。德法代表与吉田分乘日舰朝颜蚯蓉同时离港，晚九时半可抵大连。美意代表赴山海关换乘来车赴沈阳。顾维钧谈：决以大无畏精

神为国家权益作辩护者,一切危难非所措意。李顿表示:沿途感想极佳,海上春意融融,尤增愉快。

【中央社海圻舰泊大连二十一日正午十二时路透电】 国联调查团即乘南满路所备专车去沈阳,沈阳准备举行盛大欢迎会,于芷山部队担任沿路保护事宜。"满洲"态度仍强硬,日方谈:调查团只能去长春

【中央社海圻舰泊大连二十一日上午九时三十分路透电】 国联调查团主席李顿爵士昨日感冒,今早仍未起床,但调查团决今日由大连乘车去沈阳。长春来电:谓"满洲"拟以武力拒绝顾维钧入境,至必要时或将顾维钧扣留于普南店(译音)。顾维钧向路透记者表示,彼决与调查团偕行,不为任何恫吓所阻。"满洲"谢介石向国联调查团主席李顿爵士抗议,质问国联调查团为何将"满洲"意旨,置之不理云。

《中央日报》1932年4月22日第一张第二版

377. 马占山致调查团电全文,揭发日人一切鬼蜮伎俩,望该团加以实际之调查,东省无一人愿脱离本国

(北京航空快信)黑龙江主席马占山致国联调查团电文已于日前到平,原文如后:

上海中国电报局转洛阳国民政府、北平张绥靖主任钧鉴:兹拟通告国联调查团一电,谨恳译转。查自满洲人民与我汉族混合,三百年来,居此满洲,相安无事,政治文化习俗语言宗教,莫不相同。故一九一零年之政治革命,虽将清政府推倒,改制共和,而汉人与满人之间,不特无丝毫仇恨之表现,抑且满人与汉人名辞上之分别,亦随之而消灭于无形。此固世界人士略明中国情势者所共见共闻,当非占山一人之私见也。故所谓满人与满洲者,已成为历史上之名辞,决无引用于今日之价值,而日人必欲据为奇货,窃用此字典上之陈旧名辞,以分裂我民族,割据吾土地。不图于二十世纪之文明世界,尚有藐视国际正谊、惨无人道之行为,诚为破坏东亚和平之导火线也。

查国联盟约第十条,有联合会会员担任尊重并保持所有联合会各会员之领土完全之规定。又一九二二年华盛顿九国条约,有保证中国领土行政之完

整,及东三省门户开放与机会均等各规定,此皆不便于日本并吞东三省之企图。乃假借民族自决之名义,用绑匪手段,强劫逊帝溥仪,自天津挟赴旅顺,又威迫利诱,原有东三省之官吏,以演成其一幕滑稽剧。溥仪尝于途中屡次以药自杀,均为监视之日人所发觉而阻止,求死不得,其所处之境遇,亦云苦矣。

占山奉国民政府命令,充任黑龙江省政府主席,兼任东北边防军驻江副司令官,凡黑龙江之主占山责无旁贷。乃自客岁九一八事起,日军先后占领辽吉两省,复蓄意图黑,以修复嫩江桥为名,偷袭吾军。占山当即身列前线,力图自卫。互相以炮火周旋者计阅二周,以器窳弹尽,退守海伦。而日本军司令部,屡次遣人来,谓辽吉两省军政当局,现已议定组织两省新政权办法,俟新政权成立,日本即当退兵,决无干涉行政之意。今惟黑龙江一省为梗,致陷全部于杌陧不安。为重三省治安,即日回省,黑龙江政权无条件交还。至省后,日军即时撤退等语。同时并有辽吉两省伪长官,由日人授意派人来言,谓新政权确系独立性质,因即允予回省,借以察看情形,再行定夺。

讵进省后,日人以堂堂国家,罔顾信义,顿食前言,不但一兵未撤,转以利用三省一致为名,成立伪国家,以为实行侵吞梯阶。于是政务委员也,黑龙江省长也,陆军总长也,伪命稠叠而至。占山得借此窥暴日之肺腑,伪国之真相,以供献于吾维持世界和平主张国际公道,当此唯一机关之贵会,是亦不幸中之大幸也。兹将一月以来,占山实地经历之日记摘要披露于贵调查团之前,以资参考,幸垂览焉。

二月十六日,勉徇日人要求,乘飞机赴辽会议。

二月十七日,晤本庄繁。据称日军已占东三省大部,仅黑龙江及吉林之一小部分绝难抵抗,请与日人合作。是晚在赵欣伯宅开会,凡占山所提取消伪国家产生之方案,竟被日方枚[板]垣严词拒绝。是日会议无结果而散。

二月十八日,托病乘车返海伦,旋得赵仲仁报告,十九日日军司令部令张景惠成立新国家筹备委员会,又迫命张景惠、赵仲仁牵同辽吉黑三省由日人贿买之伪代表十二人同赴大连敦请溥仪为伪执政,并授意溥仪三次推辞,代表三次敦请,始定受命。

三月八日,日人复再三邀赴长春,占山拟托故推诿,又恐转生猜疑,不得已赴长春迎接溥仪。

九日溥仪就伪执政职,一切仪节,均由日人主持,傀儡登场,此之谓也。最可恨者,是日本本庄繁来长监视溥仪就职,预令溥仪必须恭往东站迎迓。经一再恳请,稍留体面,当允由伪国务总理郑孝胥代表,足见本庄实以统监自居,其所谓共存共荣者,完全欺骗之技俩也。

三月十日,日方由驹井、板垣持日军之命令,开伪国务会议,同时并发表满洲伪国政府设总务厅长,由日人充任,掌管各部一切实权,凡不经该伪厅长签字盖章,一切政令,不得执行。

三月十一日,大佐参谋板垣,伪总务厅长驹井,在伪国务会议席上声称日政府原拟在"新政府"及各伪省府官员中参加半数,现经极力减少,仅在"长春新政府"加入日人百数十名。又称日人住居东三省者,即属新国家国籍,凡一切公权,均与满人一律享受。至是否脱离日本国籍,自有权衡,他人不得过问。当派定辽吉两省应由日人充任之总务厅及警务厅厅长,掌管各该省一切实权,凡不经其签字盖章,一切政令,不得施行,并议定黑龙江省暂缓三月,再行派定。

三月十六日,本庄繁来齐齐哈尔,并视察大兴地方。于途次谈话:(一)日本全国已具决心,宁拼任何牺牲,决不放弃东三省。(二)无论何人,有反对"新政府"者,当由日本军队负完全扫灭责任。(三)如有任何第三国出面干涉,已下与之宣战最后之决心。(四)关于一切政令,自可按步进行,惟须经过驻在地之日本军部及特务机关许可,方能执行。

又伪国务院议决:(一)凡东北之土地,已经出放者,若地主为官吏或军阀,则全数没收。若民户亩数较多者,则以官价收买其半数,悉数收归伪国所有,以备日政府移民之用。(二)呼海铁路,为黑龙江省粮运之枢纽,日人与张景惠订约,以十分之一代价三百万元强迫抵押,订明五十年,实不异于永久占领,恐占山不承认,商补签字,虽经严词拒绝,近又向伪国交通部强迫进行矣。(三)筹设伪国家满洲银行,以朝鲜银行之办法,以为操纵金融吸我脂膏之企图。(四)摧残我学校,侵略我文化,凡学校除驻兵外,将我原有部定各级启发爱国之教科书,悉加删改,参以亲日意旨,以尽其消灭我民族之能事。

又驻哈特务机关长土肥原及铃木旅团长,曾声称日本既得东三省,一俟军费充足,即将凭之以为作战策源地,始能北侵苏俄,东抗美国,渐及其他各国。

以上为占山所亲历事实之经过情形,现辽吉二省各县,均派有日人两名,办理特务事宜,凡事不经其许可者,不能执行。所有东三省各报馆电报电话,均由日人背后主持,而报纸除顺从日本意旨外,实无真正之舆论。现因贵调查团行将东来,日人对于知识阶级份子,均予警告。凡有不利于日本之言论者,即予以断然之处置。凡有反对日本之人，均被日人在黑夜间闯入家中逮捕杀戮，并警告其家人如将消息泄露，即同样对付。即所谓东三省庆贺伪国成立之民意，均系日人伪造。现又收买无赖奸民，宣传其德政。以上为马占山调查所得之事实。

兹闻贵调查团业已惠临吾国，占山为救国计，遂决然冒最大之危险，设计自日军严密监视下之齐齐哈尔，潜来黑河，执行黑龙江省政府职权，一切政务，秉承中央，照常进行，用将满洲伪国组织之实情颠末，供献于特奉使命来华之贵调查团，及世界欲明此事真相人士之前。兹敢以十二万分之诚意，立誓告曰，吾东三省实无一人甘愿脱离本国自外生存者，即今从事于伪政府之官吏，均被日军严重之监视，已失却其自由，务请贵调查团对于此层特别注意，加以实际之调查，以作陈实之报告，则世界人类和平之前途，方得保障。贵调查团之有功全世界人道亦得永垂不朽焉。

再占山尤有进者，客岁秋间，吾华侨在朝鲜被杀死者数百人，财产损失数百万，吾国政府何尝借口于保侨，遣一兵一将入朝鲜。近年以来，日侨在吾国境内，并未发生若何危险，而该国政府，竟借口保护侨民生命财产，悍然出兵，侵占我东省，攻击我淞沪。两相比较，世界主持公道者，自有公论。且日本侨民，遍于五洲各国，倘该国政府有时亦借口保护侨民利益，派兵遣将，侵略其侨民所在地，则吾实为世界和平危焉。尚祈贵调查团三思云。除迳电日内瓦敝国颜代表外，特此通告，顺颂公祺。黑龙江省政府主席马占山。文。发自黑河。

《中央日报》1932年4月22日第一张第三版

378. 日报禁载马占山消息

【中央社上海二十一日路透电】 此间接日本最近私人通信，称全日本各报纸，不准登载马占山行动，即马占山之名亦禁止登载。

《中央日报》1932年4月22日第一张第三版

379. 国联调查团昨开始在沈阳调查,本庄繁派密探监视调查团,叛逆声称将拘捕顾维钧等

【本社二十二日天津专电】 李顿及顾维钧、吉田等十余人,养(廿二日)晨十时由本庄繁导引赴兵工厂、航空处、北大营等地调查,沿途临时戒严。午后二时始返大和旅馆。本庄派密探三十名,暗中监视调查团行动。长春叛逆机关马(二十一日)晚十时由日人走狗谢介石等开秘密会议,讨论应付该团办法。

【中央社北平二十二日电】 沈阳马[廿一]电。调查团美义委员于今晚八时由山海关抵沈,旋李顿偕顾维钧等一行,亦于八时三十分由大连到,下榻大和旅馆,随员等多分寓东方饭店。

【中央社沈阳二十一日下午九时四十分路透电】 国联调查团美意代表二十一日夜八时抵沈,李顿爵士、顾维钧、德法代表与吉田八时三十分抵沈,调查团人员下榻大和旅馆,中国代表团大都下榻东方饭店。

【中央社北平二十二日电】【秦皇岛廿一日下午二时电】 国联调查团美意代表及哈斯一行,马(廿一日)晨乘北宁专车抵榆,旋换乘伪奉山专车出关。该车全列十一辆,叛逆派员多名,号(二十日)晚随车到榆,以示欢迎。乃各代表登车后,态度沉寂,迄未周旋。出发前电驻锦日军依田旅长,以示此行不与叛逆接洽。六时专车于我方盛大欢送中出关赴沈,预定晚六时到达。日军甲车则先开压道车云。

【中央社东京二十二日路透电】 长春来电称:满洲已决意如顾维钧及其他中国代表出南满铁路区时,立即将彼等拘捕,并处以极刑,以侵害满洲主权,危害地方治安罪论。

《中央日报》1932年4月23日第一张第二版

380. 日阀发狂，警告国联勿干涉东事，以强硬手段应付沪会

【中央社东京二十二日路透电】 日本陆相荒木，今日于大阪青年爱国团演讲时，警告国联，请国联切勿干涉东三省问题，并谓日本绝对拒绝引用九国公约。日陆相表示：北满形势异常严重，因苏俄集中军队于边境，且扩充远东空军。但无论国联或苏俄有何行动，日本原定主张决不更改，日本应下决心与"满洲"合作云。

【中央社东京二十二日路透电】 如国联引用第十五条处理东三省问题，则日本宁可退出国联，日方对此极为坚决。目前日方复主张以强硬手段应付上海和会问题，认国联特别委员会，无权处理此事云。

《中央日报》1932年4月23日第一张第二版

381. 丁李电国联调查团，望主持正义公道，详述日军暴行真相，自卫军决奋勇抵抗

【中央社北平二十三日电】 东线护路军总司令丁超、吉林自卫军总司令李杜，日前电致国联调查团报告书，陈述自九一八以来日军在东北之暴行，极为详尽，内分六点如左：

吉自卫军组织

（一）吉林自卫军之组织

日军既占锦州，东北最后之壁垒已失，仅有吉林省政府统治下之宾县等廿县为一块干净土。而哈尔滨一埠为三省北部重心，日欲取之，乃唆使熙洽等出兵，于一月十六日攻榆树等县，张作舟、冯占海各部，力与敌抗。同日土肥原赴哈，任日方特务机关长，秘谋北侵。时冯占海军因不敌，于廿五自阿城绕道至哈东，廿六晨攻入哈埠。杜部马团同时开到，廿七日与于【深】澄部在距哈十五

里之上号交战,于军败溃阿城。同时日机三架飞哈,向廿六旅部投三弹,被骑兵击落一架。超等职责所在,必作正当之防卫。杜所率廿四旅,超所率廿八旅,与廿二旅旅长赵毅,十五旅长程宪章,廿六旅旅长宋文俊,廿九旅长王瑞华,暂编第一旅长冯占海,骑兵旅长宫长海,成立吉林自卫军,推杜为自卫军总司令,超为东线护路军总司令。同时合超杜所部组织联合军,设总部于宾县,遂于一月卅一日电告中外,说明护路抗日卫国卫民之宗旨。

日军破坏东铁

(二) 日军破坏东铁,与我军防卫之情形

日军为进占哈埠为东铁所拒,日军取直接行动,于一月二十八日强占东铁宽城子站,枪杀路工,扣留车辆货物,强迫路员开车,输送军队。晚九时,日军铁甲车两列,载满日军离长赴哈,占领窑门以南各站。我军为护路计,遂采取正当防卫。自一月二十六日起至二月四日止,与敌激战于双城堡、三间堡一带。直至五日,日空军复来掩护陆军前进,投弹多至数百,我军遭受轰炸,损害重大。日军长谷旅团、多门师团,仍继续攻击。我军因虑中外侨民生命财产,退出哈埠。至四时四十分,日军入据哈埠车站。超等率部分退宾县、阿城、依兰等处,徐图规复失地。

义军协力抗日

(三) 义军与自卫军协力抵日

超等撤退后,日方复于二月十八、十九等日,由长春派出日机六架,重炸宾县。自卫军总部因移方正。时日军迫同熙洽军,四出攻击,自卫军民众愤激,义军王德林部,首先加入我军。二十日与日军在迫吉荡化激战,超等率部收复东线哈绥线。二十二日克乌索河,进抵至一面坡。二十四日占苇沙河,二十六日杜复率部向哈推进。时日方正酝酿伪组织,恐为击破,又派天野旅团开向一面坡一带。超等不得前进。三月一日王德林部袭宁安海材,击败日军。三月二十一日超等率部击破熙洽,日军围攻下城子。时各地义军来投,声威大振。乃日军欲消灭我国实力,以掩中外耳目,又由宾县、珠河两路猛进。我军复作正当防卫,自三月二十六日至四月三日止,以全力抵抗,将日军击退。日复以飞机二十架掩护作战,并在方正、依兰各县各村镇轰炸,投掷重二百五十磅之炸弹多枚,炸毙多人,损失极重。本军总部因由方正移依兰,四月五、六、七等日日机又飞依兰轰炸,我方损失尤重。

暴力下之伪国

(四) 暴力下之伪组织

日军铁蹄纵横,其目的在树立新政权,与中国脱离关系,以实行其并吞之步骤,三月九日已摆布就绪,代溥仪发表荒谬宣言。关于伪国之组织,及人员之指定,均系日人之伪造与强制。溥仪乃前清皇帝,中国革命时已自行退位。日本因愿借溥仪以掩世界之注目,为其完全吞并东三省之准备行为,绝对不能不以民族自决欺骗国际。当溥仪在长春就职之日,各地民众,皆有反对表示。三月十日,吉林各法团即通电否认伪国。又本庄于返沈途中,复遭便衣队三百人之袭击,此种日本人之所谓匪,实即愤日本侵略拼其生命,以为中国民族表现正义之志士也。此中真相,尤望贵团诸公有切实之认识。至于伪政府一切伪政,均由日员指挥,各省政府之各机关亦然,县之权在地方自治指导部,而指导部之权在日人,所有军警行政各权,均直接为日本所操,三千万人民之生杀,属于关东军之自由,此诚可痛心也。

东北民众痛苦

(五) 东北民众之痛苦

自日军占东北之后,强收各交通机关,施行严厉之检查,稍涉嫌疑,即遭捕杀,更时有闻。惟其不幸而居战地者,则妻子离散,转乎沟壑,乱股原野。年来世界经济已极致恐慌,其能维持远东之经济而不至破产者,实惟东三省而已。乃自九一八以还,东北各地,因日暴力之扰乱,农村经济已实行破产,商业为之凋敝,财源因之枯竭,经济为社会之动力,经济告窘,社会愈呈不安,此皆日本使之然也。况今春耕期至而暴力之压迫未除,农者不得耕其田,商贾不得营其业,一切停顿,危机立至,则此危机必由东北而波及远东,以至全世界,故此尚不仅为东北民众之痛苦与不幸也。

自卫军之决心

(六) 自卫军之决心

东三省为我汉族胼手胝足所开发,人口三千万,纯粹汉人占其十分之九五,又为中国过剩人口之消纳地,且为华北物质建设一切原料之取材地,超等为保存中华领土之完整,与夫中华民族之生命财产计,日本以强力夺去,如不遵国联决议,即予退还,我必以强力取回之,不拘年限,不得不止,此应向贵团诸公声明者也。东北三千万人民,未入日本势力范围,尚得自由者,现只依兰、勃利、方正、华川、富锦、穆稜、宝山、宝清、同江、抚远、饶河、虎林等十二县,仍悬中华民国国旗,其余各县,遍插伪旗,人民已丧失意志之自由。倘贵团尚欲于其得求民意,借资研究,则直成一滑稽的悲剧矣。现可断言,贵团一旦出关,必所至皆致欢迎,而队中必有我丧失保护的同胞,持日本所颁发之标语。倘问其人曰君等脱离中国为本心乎?则其人者必将嗫嚅以答曰:愿。在日军组织之下,凡在公式机会上晤见之中国人,将一致的答复曰:愿脱离中国。何则?苟一语违犯,灭家亡身之祸立至矣,乌能立得真正之民意。今日本包办伪国盐税、关税,均已宣言独立,归并各路,接收邮电,举凡一切均入其掌握,侵略事实,已大暴露。诸公出关之后,即见九一八事变真相,陈列于前,就此真实之情形,为研究之对象,于促进实行国联决议上必有最大之补益,则东北三千万民众之所切望,而诸公将告使命之成功矣。超等率部,对日作正当之防卫,军事紧急,未能趋谒诸公详述一是,谨电述我军自卫经过,兼致欢迎之意也。

《中央日报》1932年4月24日第一张第二版

382. 于冲汉等向调查团表明心迹,受日人威胁不得不暂为屈服,商人承认伪国家者均非诚意

【中央社北平廿三日电】 于冲汉、张景惠、袁金铠,前以调查团抵平,曾找某君代向该团,表白心迹,略谓冲汉等久受日人威胁,不得不暂为屈服,今贵团行将莅沈,是冲汉等可死之期已至,兹谨泣诉各项如次:(一)凡东北官绅商民承认伪国家成立者,均非诚意。(二)日人雇用韩人多名,兼称华人预备包围及制止贵团之行动,以掩饰其惨杀商民之真迹。(三)日人惨杀华商共十万以上,并活埋四洮路员工二百人。(四)降日各军民均系威胁,待贵团到沈立即反正。(五)冲汉等现如囚犯,一切均失自由。(六)日军派警三千搜索各乡农产物,声言将向世界备战,所定官价不及市价念分之一,故华商多团结为救国军。(七)日移韩人卅万,分占各县民田。

汉奸均失自由

（中央社）兹据吉林来人云，最近东北汉奸，多遭日本疑忌，以故人人自危。最近遭其诛囚者，实繁有徒。如吉林师范学校校长吴献之，初曾欢迎日军入城，现日军诬为勾结王德林反正，已遭杀害。又充吉林商会会长之张洁涛，亦为汉奸，因民友人通信，发生误会，为日军毙于大连。又曾充吉林训练副监之李子铎，以涉某种嫌疑，遭日军杀害。满人荣厚，为建议溥仪，不宜亲近日司令本庄，以保伪首领之尊严，结果为日军拘押，现虽保释，仍在监视中。溥仪宅之四角，日人皆设有放音机，其言语行动，皆失却自由。又熙洽每日苦闷，日打骂其小姨太太，以解余愤。近自马占山反正，各地义勇军纷起后，日本对一般汉奸，尤有猜疑云。

【中央社东京二十三日路透电】 满洲派四日人担任财政、外交、内政及警察重要任务，此四日人俱前日本政府官吏。本庄司令部之顾问长，被委为内政部总务司司长。日本驻哈尔滨之总领事，被委为外交部总务司司长。前日本侨务省之要员，被委为财政部总务司司长。前日本宪兵司令被委为沈阳公安局长。

《中央日报》1932年4月24日第一张第二版

383. 叛逆喋喋，对顾入东等事，复又照会国联

【中央社东京二十四日路透电】 长春来电称："满洲"有照会与国际联盟及英美政府，关于顾维钧入东三省及国联调查团未正式通知"满洲"，而擅往东三省事。

《中央日报》1932年4月25日第一张第二版

384. 日在东省侵略路权真相：积极投资敷筑支路，操纵东省商运经济

（沈阳通讯）东省铁路，不但使东三省互相联络，并可使之与世界各国相沟通。关外素不开化，自有铁路以来，蒸蒸日上，乃渐进而为新时代最有价值之区域。迩来东省价值之所以被人认识者，胥可为铁路之赐。而中日争端之主因，实亦非东省铁路莫属。惟世人多注意于军事上、政治上之种种问题，东省铁路夙被漠视，除非炸弹一声，令人不得不略为注目耳！

日本在东三省握无上之权力，骎骎乎有席卷囊括之势。此种势力，盖东省铁路赋予之也。东省铁路，如强有力之杠杆，然增高日人之声势，至于大莫于京。试一思日人侵略东省之动机，当更有趣。夫日人年来极力扩张工厂，自必需要充分之原料。在东省富有天产煤铁诸矿，多未开采，不难一掘而得。且日本地狭人稠，其升平时代所积之财，又因国内实业有限，不足以供其投资，故日人乐于渡一衣带水而至东省，而投巨资于东省焉。计东省每年贸易额为日金四万万元，日本在东省之贸易，则约占此款之半。

南满铁路由大连通至长春，与中俄合办之中东路相接。该路通至西伯利亚边境，与西伯利亚铁道相接。故南满铁道在东省极为重要，日人因投以巨资，该铁道之价值，合日本商埠大连与其他营业计之，共约日金七万万元。日人以该铁道获利甚厚，乃鼓励华人建筑支线，借以资本，以期增加日本与东省铁路之关系。迨至一九三〇年，东省铁路之有日人投资者竟占全哩百分之三十九，东省铁路计长三千七百哩，中办者为一千八百哩，日办者为七百哩，中俄合办者为一千一百哩，中日合办者为一百五十哩。

东省中国支路之借日本资本以开办者，约占三分之一，北宁铁路北段之建筑，计三百八十八哩，英国亦有一部分之投资。凡支路之补充南满铁道者，极易借得日本资本。诚以该铁道之扩张，即日本权力之伸展，而握得路权，便可操纵一切也。我国人于东者，筑得重要之铁路二，曰大通路，曰吉海宁路。两路与北宁路相接，可由东省中心直达中国本部，不必乞灵于南满铁道也。此纯粹中国之铁路，日人屡经抗议，以为该两路与南满铁道竞争营业，殊与一九〇

五年所订之协约相违背。华人以两路路线较短，出路较佳，票价亦较公允，故对之极为满意。中国为力图发展计，更拟于附近北宁路之葫芦岛，筑一海港，日人又从而抗议焉。日本进而借口于筑路借款之未付利息，责备中国。中国则谓日方尚未索息，又未明定付息期限，中国当然得宽假时日。既而日方屡索不已，为他日攫取中国铁路主权之预兆。东省变起，南满铁路总裁日人某，宣布取消日资华办之四洮铁路之抵押品赎取权。吉长、吉敦、洮昂诸铁路其命运亦须如是，目下此等铁路方筹划改组及分利事宜。闻日人有私人投资者，仅居少数，盖大都系国有故也。

东省铁路改组其权悉操于日本顾问之手，某路取消，某路扩展，惟日人之利害是视。中国各支路，务使其补充日本铁道俾成铁路之网，而蔚为大南满铁道之壮观。总之，各路之组织与管理，皆由日人任意改变，所谓华人管理者，一子虚乌有之谈而已。沈阳某支路，能通至纯粹中国铁路，与关内外相连贯，该路虽小，关系极大，不幸为日人所劫。因此中国在东省之铁路交通业已十分断裂，目前除中东铁路外，东省铁路之管理权，几无不在日人掌握中也。四洮铁路某支线，亦被毁数哩，归于土匪之手。中国铁路既断裂，于是东省沃壤，只南满铁路得贯通之；四洮铁路既经毁坏，于是东省西部，只日本铁道得直达之。

日人更拟造军用铁路，在军事上犹为重要。该项铁路之计划，已经公布，由敦化至朝鲜边境之某线，旧时为中国所反对，故未能筑成。今日既无阻碍，且日人之欲筑成该线以期与朝鲜诸路线经联络也，其他军用路线，则将由捷徐以通过东省各地云。尤使人奇异者，日人于公布文中竟□□□，□道路由热河至齐齐哈尔，按该道前曾让与美国，今日人乃有此并吞之计，美国果肯甘心乎。

《中央日报》1932年4月25日第一张第二版

385. 十年前之日本国防方针，竟将我国大陆划入范围，以东三省为粮食征集地

（世界新闻社）当一九二二年华府会议终了之后，日参谋本部曾开会议，讨论依于华会各条约，国际形势更后之日本国防方针。当时英文《日本纪录报》

曾记该部决定之新方针概略。据其内容,直将中国大陆划入其国防范围之内。兹特觅录如左,以供我国民之参考。

日参谋本部预期在一将来之战争中,日本必须准备单独应战。故陆军、海军必须尽其全力,协同保持与亚洲大陆之确实联络,直至最后。为达此项目的,拟定某种国防线如下:

在海一方面。联结科里尔群岛中立之澄洲布宁岛、海见大岛及台湾之线,应为第一道防线,对于邻近之太平洋东中国海、日本海以及黄海之控制,应绝对保持之。

在陆一方面。联结汉口、山东、哈尔滨及萨哈连国境之线,应为第一道防线,应绝对保持之。在此线内之地域,应与亚洲大陆保持之(此句之《纪录报》原文为 Shall be Maintained With the Mainland of Asia,似有连同大陆保持之意义)。对马岛应为第二道防线,以使一种持久战之可能为目的。

陆军作战之总计划。为巩固国防,台湾、萨哈连及高丽须首先增援,应确保与〇〇之交通,以期达到大陆。又应确保与〇〇之交通,以期取得铁料,同时为预防国际关系之一种突变之可能,应占领〇〇,为从满洲取得食物,应占领〇〇及〇〇,其余军队应组成战斗线,预防万一海军主舰队之力不可靠时,由此项战斗线依海陆军之辅佐舰,经由对马岛保持联络。

海军作战之总计划。因主力舰之被限制,高海上攻势行动情形不利,故第一道防线必须保持到底,并以利用突击为常规。倘保有一种力之均衡时,攻势行动可于近海为之。在战事中,始终须谨记与大陆保持交通之重要。

上文空白处之地名,只须将远东地图略披阅,即不难恍然也。

《中央日报》1932年4月25日第一张第二版

386. 戈公振被捕,日人唆使叛逆实施暴行,复称遇有意外不能负责

【中央社上海二十五日电】 国联调查团中国代表团团员戈公振,在沈被捕。沪日方已接沈电证实。

【中央社沈阳二十五日路透电】 昨日(二十四日)中国代表团团员某君,

无意间离南满铁路后,入"满洲"境,被"满洲"当局所拘捕,但随即释放云。

【中央社长春二十五日路透电】 国联调查团,事先未正式通知伪满洲当局,"满洲"决以寻常旅行者待遇之,并表示如调查团去东三省各地,遇有意外时,"满洲"当局,不能负责云。

《中央日报》1932年4月26日第一张第二版

387. 调查团在东省行程,由沈而长春吉林哈尔滨及各地

【中央社北平二十五日电】 大连二十四日下午一时三十分电。国联调查团抵沈后,预定行程如下:

二十一日晚抵沈,停留四天。二十五日下午离长春赴吉林,二十六日抵吉,稍停留,即于当日午后离吉转长春,停留两日。二十八日晚离长春赴哈,二十九日晨抵哈,约留五日。定五月四日离哈,经洮昂、四洮、南满各路回沈。七日抵沈,拟留六天,即赴抚顺视察煤矿。十三日离沈赴大连,中途拟在鞍山下车视察铁矿。抵连后再留五日,即回天津。

《中央日报》1932年4月26日第一张第二版

388. 美顾问谈调查团,东北治安大坏将予注意,三月份匪案达四百余件

【中央社上海二十五日电】 外部顾问美人路义思博士,此次任国联调查团中国代表团顾问,随调查团北上,该团出关路氏未偕往。敬(二十四日)由平抵沪,记者有(二十五日)晤路氏于外部办事处。路氏谈:调查团在平虽蒙平市各界热烈招待,因为注意调查,仅赴宴会、茶会各一次,余均婉谢。对于各界所递说帖报告等,均译成英法文,悉心研究。不独注意政府官员之陈述,即平民之声诉,亦乐予接受。至满洲叛逆拒顾入满,绝对无法律根据,因该叛逆组织未经各国承认,拒顾之举,殊堪诧异。调查团出关时,亦未予通知,自不与发生任何关系。调查团拟在东北勾留若干日,现不能预定。东北自被日本占据后,

地方治安情形大坏。闻本年三月份发生匪案达四百余件,上年四月仅有四十余件,可为明证。调查团对于此等实在情形,亦须详细调查。调查团预定须于九月一日以前作成报告,将来或以青岛为撰制报告之地。近传调查团在沈似失自由,但调查团在平时,日方再三声明,予该团以种种便利,俾完成其任务。余意调查团在东北,当能行动自由,不应受任何牵制云云。

《中央日报》1932年4月26日第一张第二版

389. 中东路严禁总罢工

【中央社哈尔滨二十五日路透电】 中东路经理,严令禁止该路职工总罢工事。

《中央日报》1932年4月26日第一张第二版

390. 调查团仍滞留沈阳,顾维钧决定偕李顿赴北满,日本侦探满布调查团四周

【中央社沈阳二十六日路透电】 国联调查团意大利代表向记者谈,顾维钧决与调查团同去北满至齐齐哈尔,沿途将由调查团主席李顿爵士妥为保护,日本关东司令本庄曾向调查团有所报告云。

【中央社天津二十六日路透电】 路透特派记者去东三省曾赴哈尔滨、长春、沈阳、吉林等处,由北宁路南下,今日(廿六日)抵津。据该记者谈:国联调查团仍为"满洲"拒绝顾维钧入境事,滞留沈阳,大约最后办法不外下列四项:(一)全体团员去北满,顾维钧紧随李顿爵士时刻不离,以免意外。(二)调查团英美法意德代表,单独去北满,中日代表俱留沈阳。(三)调查团一部去北满,另一部伴中日代表同留沈阳。(四)调查团认为无法进行,中止一切调查计划。

调查团之总机关,在大和旅馆。该处形形色色甚为离奇,凡大厅走廊俱满布日本侦探,街上亦满布日本宪兵,并有多数日人穿中国警察制服。由沈阳至

山海关间，北宁路上兵车往来异常忙碌。路透社记者由该路南下时，沿途目睹多数兵车，满载日军，开往沈阳，连日由哈尔滨南下开往沈阳者亦复不少。据云：在哈尔滨日军有一师团约三万余人，准备即向中东路东段之吉林军开始总攻。车过北宁路南段之绥中县时，日军以利刀相对，按名检搜乘车旅客，即外侨亦不得免。

【中央社北平二十六日电】 顾维钧电平谓：本人仍住大和旅馆，是否随赴吉哈现尚未定云。

【中央社北平念六日电】 调查团抵沈后，东省民众代表吴家兴等，特上书该团，陈述日本蹂躏东省惨况，并表示民众真正之主张，略谓：日本目空天下，志在五洲。自九一八事变以后，如何无故出兵，如何任意杀人，如何树立伪政府，而友邦各领事侨民，畏其凶焰，莫敢实告。至于建设伪满洲独立国之用意，犹不须我民众辩白。我军为遵守国联公约起见，撤退关内。倘满洲伪国如有存在之必要，则国联前途诚有不可言者等语。

《中央日报》1932年4月27日第一张第二版

391. 国联调查团北行期未定，各委员再晤本庄繁

【中央社沈阳二十七日路透电】 国联调查团主席李顿爵士，病已全愈。调查团各代表，今日再晤日本关东司令本庄，有所商谈，北行日程仍未定。

【又长春二十七日路透电】 "满洲"谢介石电李顿爵士，表示满洲欢迎调查团去长春，并可予以种种方便云。

【中央社北平二十六日电】 调查团抵沈后，马（二十一）休息，养（二十二）各访本国领事。梗（二十三）五委同访森岛代理总领事，问九一八事变情形，及日侨在东北实况，均由李顿发言，追诘颇深刻。敬（二十四）访本庄繁，诘问尤烈，步步紧迫，峻严过于法官。对事变真相，业得确证，可下断语。有（二十五）晨十时再访本庄，为最后询问。午有自称辽宁五十八县法团代表二人，访调查团，由李顿接见面交日本代制之陈述书，其可注目。日方传调查团已有正式公函致叛逆外部，声明欲行实地调查，除沈阳各地外，尚拟赴长春、哈尔滨、吉林各处。日认为事实承认叛逆，颇形得意。但有无其事，此间难证实，想系日方

宣传而已。闻调查团内定宥（廿六）或沁（廿七）开始调查事变地点及各军事机关，顾维钧决同行。敬（二十四）夜六时，戈公振赴商埠地访友，被日探拘捕。调查团得讯，立由李顿与吉田交涉，始于深夜释放。

《中央日报》1932年4月28日第一张第二版

392. 调查团初步报告书，专述日军撤入南满路区问题，顾维钧决偕调查团入伪国境

【中央社东京二十八日路透电】 沈阳来电称：国联调查团已着手起草初步报告书，于五月一日交国联。据云：初步报告书专包括日军撤入南满铁路区之问题。

【中央社东京二十八日路透电】 沈阳来电：谓伪满洲当局已表示，可准许顾维钧偕国联调查团入"满洲"境。

【本社二十八日北平专电】 沈讯：顾维钧在沈态度镇静，外传神经衰弱不确。

《中央日报》1932年4月29日第一张第二版

393. 东北叛逆之下场，赵欣伯被拘即押解东京，溥仪等将送往大连豢养

【中央社北平二十九日电】 沈讯：马占山前次"投日"，原拟骗取巨额军费千五百万元，后因某种关系，仅将确存现款五十余万运往黑河，以为抗日军费。故日人近对一切"汉奸"，心存疑忌，认为绝不可靠，决定揭开假面，由后台转入前台，完全治理东北，结束伪国之命运，并将溥仪等叛逆送往大连豢养。

【中央社北平二十八日电】 某方确息国贼赵欣伯确被沈阳日宪兵司令谷川扣押，并拟日内解赴东京。

【中央社北平二十九日电】 日本新委四人为叛逆统监，驹井德【三】为伪

国务院总务司长，大析[桥]忠一为伪外部总务司长，阪谷希一为伪财部总务司长，三谷清为伪辽省警务厅长。所有叛逆行政，悉在四人支配之下云。

《中央日报》1932年4月30日第一张第三版

394. 日本积极移民东省，在沈阳等卅余县设立鲜民村，令其开辟水田并设警察保护

【中央社北平二十九日电】 沈阳来人谈，日本移垦东北之鲜民，已拟定在沈阳、辽阳、海城、营口、新民、锦县、柳河、清源、抚顺、辽中、台安、本溪、凤城、安东、通化、海龙等三十余县，创设朝鲜民村。沈阳已择定沿新开河、运河沿岸，辽阳在刘二堤一带，海城在腾鳌堤、七岭等处，设立鲜人村落，每村以鲜人四百至六百为暂定数目，以村为单位，以后再逐渐扩充，专门开辟水田种植水稻。凡鲜人村落，日本并设警察以为保护。

【中央社北平二十九日电】 沈阳来人谈，倭民五十万拟移往东北，地点定为吉林镜泊尔湖及洮索沿线，刻正加以训练，开发调查等工作。预定三年后以三千至五千人占一区，不足再由国内移补。十年即可增至三百万人，约占东北人口十分之一，其侵略计划实极惊人。

《中央日报》1932年4月30日第一张第三版

395. 东北叛逆令人民售地外人，日设昭和土地公司收买土地

【中央社北平二十九日电】 沈阳来人谈，日人上月挟制叛逆，公布人民自由出售土地于外人，其布告大意谓，"新国家"成立，布施仁政，非军阀时代禁售国土于外人，今后一般人民，可勿再存盗卖国土之戒。此外日人更设一昭和土地公司，专行收买土地。沈阳、抚顺、辽阳、海城等处，近有日、鲜人于沿河两岸，擅自埋桩圈地。辽阳一处被圈之地，计东西长六十余里，南北六七十里。

被占之村民，前曾来省请愿，均无结果。现沈、抚一带，亦有划价购买，名为永租卅年为期，每亩租价分卅元、四十元、五十元三等，如出售则每亩可加十元。至今沈阳一县被日、鲜人强买者约十万亩，日军部并令沈阳县公署发出布告令村民自由出售。

《中央日报》1932年4月30日第一张第三版

396. 沈觐鼎报告外交：沪会正式会议待特委会议决后，日军干涉京沪路税关执行职务

外交部亚洲司长沈觐鼎氏，昨（二十九日）上午十一时，代罗部长接见本京新闻记者，谈话如左：

（一）上海停战会议。昨日（廿八日）已续开非正式会议，通过英国公使所提之折衷办法，并整理协定草案，预料不久当有结束。但我方意见，须俟国联十九委员会或大会通过议决案后，始能开正式会议。

（二）傀儡政府对于国联调查团之招待。傀儡政府一向运动招待国联调查团，而调查团方面因调查上之便利，对于傀儡政府已有一种表示。但此系李顿爵士个人对于谢介石个人一种来往周旋而已，绝非承认所谓"满洲国"之存在及其地位。

（三）中俄关系。闻苏联将承认傀儡政府为事务接洽对方之意，果有此举，则是违反其所称中立政策。我国外交政策系联络世界上以平等待我之民族，设使苏联对于此点，果有一种诚意见诸事实，则我对于复交问题，必与以善意之考量。但复交并非承认共产主义，此不待言也。

（四）日军之侵扰行为。旬日以来，迭据地方报告，日机屡向苏杭一带飞翔，业由本部迭次提向驻华日本公使抗议。又据海关方面报告，日本干涉京沪路税关执行职务，虽经海关当局向日方抗议，而日军当局依然在彼妨害。本部正筹应付俾使日军觉悟，不至再有如上之侵扰行为云。

《中央日报》1932年4月30日第一张第三版

397. 我代表团在沈被日人监视，代表团所在地侦探密布，顾维钧拟偕调查团赴黑

（中央社）沈阳来客谈：日方对于参与国联调查团之中国代表团在沈之动作，百计阻碍，使之不得自由。代表团所在地，侦探密布，状极离奇。顾代表住房外，常有六七人轮值。虽至饭厅或至他室，亦必尾随。出门散步，更不必说。职员诸人亦受严重监视，卧房时被侵入。彼此谈话，有时且被干涉。来访之人多被阻止，且有因此被逮者。某晚该代表团速记员某君，饭后遄返住室，见有一日人已在户内，立奔门外，乃门外亦有数人站立。该速记员大声呼援，某委员到场，该日人等始皆逸去。推其用意，或系意图劫取重要文件。现调查团各员亦未能避免监视，此与国联决议案所云双方政府应予各种便利之语，完全相反云。

【中央社北平三十日电】秦皇岛二十九日下午八时电。沈阳确息：调查团展期离沈，拟先经四洮、洮昂路赴黑龙江，顾维钧决同行。沈报界受叛逆及日军部指使，向调查团提声明书，述伪组织成立后之安定。

《中央日报》1932年5月1日第一张第二版

398. 马占山声明，黑省从未与日签订契约，如有伪造名义概不承认

【黑河二十九日来电】（衔略）均鉴：日人侵略东北，狡计阴谋，层见叠出，其最为酷虐者，以片面所拟条约合同，强迫签字，尤为惯技。占山前在省时，日方持其所拟齐克、呼海两路借款合同，及航空条约等件，当均予拒绝，迄未照签。近闻日方有与伪交通部长丁鉴修签订之说。查占山前与日人虚与委蛇四十余日，虽在日人势力范围以内，从未签一任何条约，自问上可对国家，下可对民众。迨四月二日离省以后，努力抗日工作，更无签订条约之事，国人当能共谅。惟恐日人假托名义，或迫胁留省其他官吏，有签订契约之事，特通电声

明,黑龙江从未与日人订有条约,如有伪造占山名义,或任何人出面订立之契约,概不承认,均属无效。惟希公鉴为荷。黑龙江省政府主席马占山叩。俭(廿八日)。印。

《中央日报》1932年5月1日第一张第二版

399. 国联调查团抵长春,李顿爵士及顾代表等同行,日军监视严行政[动]殊不自由

【本社二日天津专电】 国联调查团李顿及顾维钧、吉田等念余人,冬(二日)晨十时由沈抵长春,下榻日方所备之名古屋旅馆。李顿表示:对该非法组织招待概不接受。十一时李在旅次接见谢介石,仅谈该团在长春安全问题,旋即赴各街市调查。因日军监视甚严,行动殊不自由。该团定支(四日)赴吉林,微(五日)返长春,鱼(六日)日赴哈。

【中央社沈阳一日下午九时四十五分路透电】 国联调查团明日(二日)上午离沈阳赴长春,顾维钧同行,中国代表团有六人偕行。调查团行程如下:长春二日,吉林省城一日,哈尔滨七日,齐齐哈尔二日。顾维钧主张往黑河。调查团二旬后回沈,留三日,往大连三日后回北平,整理材料后,再赴日接洽,回北平作报告书。日代表吉田,今午宴中国代表,中国代表团一部,今日(一日)已离沈阳,经大连赴北平,因日方拒绝同往长春。

【本社二日济南专电】 冬(二日)早张祥麟由平过济返沪,其夫人陈宜春同行。彼谈:因病未随调查团出关,现奉中国代表团委为驻沪办事处主任,调查团大致规定在青岛编报告书。

《中央日报》1932年5月3日第一张第二版

400. 国联调查团初次报告书,将在日内瓦及沈阳公布

【中央社日内瓦二日路透电】 国联秘书处已收到国联调查团之初次报告书,该报告书内容,闻与东三省军事情形有关,日内该报告书全文,即将于日内

瓦及沈阳同时发表。

《中央日报》1932年5月3日第一张第二版

401. 调查团初次报告书,陈述东省军事情形全依日本报告,所列日军数及满洲军额皆非确报

【中央社日内瓦三日路透电】 国联调查团由审[沈]阳发往国联秘书处之初次报告书,大意如下:国联调查团为调查与东三省问题有关之中日情形,曾去东京、大阪、上海、南京、汉口、天津、北平等地,除与中日两国政府人员接谈外,并曾与九月十九日以前东三省负责人员晤谈一切,在作正式报告前,仅将目前东三省军事情形略述一二。调查团在沈阳与日本驻沈阳总领及关东军司令本庄,亦曾接谈。据日方报告:于四月底,日本在东三省南满铁路区内有军队约六千六百人。在南满铁路区外有一万五千八百人,"满洲"(按"满洲"并无军队)军队共约八万五千人。九月十八日后,"满洲"军队由日人协助组织,日军官任顾问,多订有一年的合同。"满洲国防委员会",亦有日本顾问。"满洲"军队大半驻沈阳、洮南、长春、齐齐哈尔、通化及沿中东路各地,时时与反"满洲"军队及义勇军作战,各处均有不安状态。据日本称:因日侨生命财产安全关系,日军目前不能撤退。日军之能否撤退,纯依"满洲"军改组之进行若何为定。中国政府在东三省各处,已无法施行其职权。调查团决即赴长春等等。

【中央社长春二日路透电】 国联调查团,今晚七时三十分安抵长春。

外部息:国联调查团中国陪查员顾维钧氏,已于昨日(二日)上午九时三十分偕调查团赴长春,同行者为刘崇杰、萧组[继]荣、施肇夔、端纳、何士。留沈者,有游弥坚、李鸿栻,仍寓大和旅馆。其余人员闻均分道回平云。又据确息:日方对于中国代表团与国联调查团共赴东省北部进退一致问题百计留难,几经顾代表向调查团争持,由李顿再三与日方交涉,现始告一段落。日方于原则上,不复托词反对,惟要求代表团专事辅助调查任务,不为有碍治安之谋。又中国代表团人数减至四五人,顾代表坚持须有充分随从帮同办事,现已遴选切身随员数人,与调查【团】一同前往长春,其余人员或留驻沈阳,或分道回平。

惟闻顾代表与调查团等,仍被日方到处监视,工作难望有效云。

《中央日报》1932年5月4日第一张第二版

402. 日本阻碍调查工作,调查团与中国代表团同受监视,颜惠庆向国联报告顾维钧去电

【中央社日内瓦四日路透电】 中国首席代表颜惠庆,交与国联秘书处,中国政府四月三十日与五月一日所发电文二件,内称:日本在沈阳多方阻碍国联调查团之中国代表,处处与中国代表以难堪,阻拦中国代表协助国联调查团,时时均有日本侦探监视,即国联调查团团员亦受监视。

日本军队仍阻止吴淞海关人员施行职务,上海海关当局向日方提出抗议。但日本驻沪领事表示:日本军事当局,不难容纳海关方面之请求。

中央社外交界息:颜惠庆接顾维钧随国联调查团赴沈,受日方种种牵制监视,致执行调查,诸多窒碍消息。闻颜氏已据实报告国联,请国联予以注意云。又顾维钧现已抵长春,闻中央方面仍希顾氏继续前进,偕调查团前往黑龙江哈尔滨等地视察,以完成调查工作云。

【中央社北平三日电】 调查团(二日)赴长春后,我国代表随员偕行者,仅顾维钧及刘崇杰、游弥坚、施肇夔、何士、端纳(英人)、杨承基六人,其余均先后南返。计第一批为谢恩增、杨景斌、顾执中等,冬(二日)晚已抵津。第二批为戈公振、萧继荣、陆宜长等,江(三日)可抵大连。此外鲍静安、陈立廷尚留沈未发,严恩椿则已由大连迳返南京。据谢恩增谈:调查团及我国代表到沈后,日人监视极严,所派侦探寸步不离,不但寄信发电感受困难,即吃饭理发亦被监视。凡亲友来访者,多被日宪兵捕去,严行拷问。至调查团在沈,与本庄晤面五次,李顿曾以至北大营视察为请,被日拒绝。顾代表亦请赴黑河与马占山晤面,亦为日人阻止,并声明调查团过长后,日方即不负保护责任,意在恫吓该团不再北行云。

《中央日报》1932年5月5日第一张第二版

403. 调查团报告全文，外交部昨晚正式发表

国联调查团之第一次报告，已经该团于四月三十日由沈阳电达国联行政院，计分两大篇，第二篇更分三章，关于东省近况所言甚详，经我方顾代表与该调查团双方约定于本月四日下午七时发表，兹特披露全文如左：

国联调查团委员会初步报告

第一篇

本调查委员会，自经依照行政院十二月十日决议案第五节指派成立，已于四月二十一日抵沈阳，现正从事于就地调查。自抵辽东以来，本委员会已将蔓衍于中日两国之一般情形，就其与本身工作有关者，加以调查。本委员会曾赴东京、大阪、上海、南京、汉口、天津及北平等处，与两国政府人员晤商，并接见两国中多数有关系各界代表。在北平会晤九月十九日以前东北各省主管当局之代表。自抵沈阳后，会晤日本代理总领事、关东军司令官本庄将军及其他人员。查行政院主席宣言，关于十二月二日决议案，命委员会于到达当地后，将现有情势，就其与中日两国政府是否履行九月三十日决议案所包含十二月二日决议案重述之某数项保证有关者，尽速具一初步报告，提交行政院。该数项保证为：（一）日本政府当"以日本人民生命财产之安全，得有切实之保证为比例，继续将其军队从事撤退至铁路区域以内。"（二）中国政府"对于该区域以外日侨生命财产之安全，在日军继续撤退中国地方官吏及警察再行恢复时，当负责任。"（三）双方政府"当采取一切必要步骤，以防止事变范围之扩大，或情势之愈加严重。"关于此三点，本委员尚未能提出充分报告。关于"防止事变范围扩大或情势愈加严重"双方所负保证之考虑，必须留待以后报告。但行政院对于关系上述（一）（二）两节中日两国所负保证之现有情势，等候早日报告。是以兹将下列报告第二篇送请查照。

第二篇

东省之实际情形

关于东北三省军事情形之消息，已由日本军事当局供给。计分五章，前三章叙述日本军队以及其他与日军合作之军队，后二章述及反对日军之军队，关

于第四章消息,亦系得自华人方面。

兹应注意者于所采之分类中,发现一种新特点,此为去年九月本案进展中行政院所未经计及,而为此次调查之目标者,即当地之行政组织,业经变更。治安维持委员会,由日方协助,初成立于公历一九三一年末数月中,该委员会嗣由一九三二年三月九日所成立之政权号称"满洲国政府"者替代之。为说明日本军事当局用"满洲国"军队等字样,此项解释系属必要也。

第一章

日本正式军队,据称九月十八日南满铁路区域内日军之数一万〇五百九十人。十二月上半月南满铁路区域内四千人,南满铁路区域外八千九百人,计共一万二千九百人。四月下半月南满铁路区域内六千六百人,南满铁路区域外齐齐哈尔、洮南辽阳铁路、沈阳山海关铁路、中东铁路哈尔滨以东,以及吉林敦化铁路北段各地方,计有一万五千八百人,总共二万二千四百人。

第二章

"满洲国"军队:(一)经日本军事当局所指为"满洲国"军队者,其中一部分闻系九月十九日以前驻满之中国正式军队,嗣后改编者;另一部分乃新募之兵士。此项军队,乃由日军事当局协助创设。多数退伍之日军官,或现仍在日军服务之日军官,已被聘为军事顾问。其数目日见增加,且有订定全年合同者。日本参谋本部某军官,被任为长春"满洲国"政府国防部之顾问。

(二)此项军队,大半在沈阳、长春、洮南、齐齐哈尔、敦化及沿中东铁路区域驻防或作战。此项军队,以前在铁路东段与不承认"满洲国"政府政权之军队作战,据云截至三月底止,总数为八万五千人。现因关于此项军队报告不甚翔实,尚未确知其实数。

(三)地方警察。此项警察之数目,约十一万九千人,其中六万人系地方警备队。据称此项警察队,大部分系九月十八日以前已有者继续存在,经日官员协助改编。

(四)反对日军及反对"满洲国"之军队。本调查委员会在北平时,由张学良将军告知九月十九日事变之时,其军队在关外者,包括非战斗员,计驻辽宁者六万人,驻吉林者八万人,驻黑龙江者五万人,共计十九万人。其中驻辽宁之军队,嗣有五万人左右撤入关内,故剩留关外者,有十四万人。据日本军事当局所述,现在关外军队之数为十一万人,其中八万人已加入"满洲国"军队,三万人则在吉林之东北抗御日军及"满洲国"军队,约有二万或已加入所谓义勇军。据彼等所述情形如下。甲，旧中国军队之一部，不承认"满洲政府"之政权：(一)在哈尔滨东北之一军，当有三万人(据中国正式宣称，系由李杜将军指挥之吉林自卫军及丁超将军指挥之中东铁路护路军组织之)。乙，义勇军：(一)在辽宁者之西部，所谓东北反日义勇军，大部分在锦州之南，约有在一万五千人至三万人之间。(二)所谓东北国民义勇军，系吴庆所指挥，大部分在沈阳四周活动。此项部队，曾与日军冲突数次，现在兵力未详。(三)热河义勇军，此项军队纪律较佳，由汤玉麟指挥，约有三千人，包括有张学良将军之第一、第二师之骑兵残部在内，据报在热河、辽宁边境活动。(四)势力较小之义勇军数队，一部分在山海关一带，一部分在敦化及天宝山间作战，彼在该处与敌对"【满】洲国"政府之正式军队连成一气，本节第一段之第四段所述之非正式军，据称约有四万人。

(五)土匪。土匪原非为政治目的而组织，因纷乱情形，其数已见增加。据日方报告，彼等散处全满，各地在中东铁路之南部尤多，日方估计其总数为四万人。此外在吉林城之北部及东部，另有土匪一万二千人。据云与上文(四)(甲)(一)所述驻在哈尔滨东北之中国军队合作，此等各方势力，当有武力冲突。如土匪劫掠及日军及"满洲国"军队剿匪之企图，并各方军队谋维持新政权与反对新政权之战事，其结果则为生命之丧失，财产之破坏，并咸感不安焉。

第三章

本调查委员会在此时期，对于上列之事实及数目，特不欲加以批评。日方当局主张目下不能撤兵，以免在铁路区域以外日侨之生命财产发生危险，彼等似以为撤兵必须视其所称为"满洲国"军队改组之进步如何以为定准。中国政府在满洲任何部分，现不施行政权，并以近日事件之发展，故履行其责任之实际问题，尚未发生。本委员会在最后之报告中对于足以恢复和平与安全之可能及公正办法，与造成全满好感之合理办法，当予以考量。本委员会当于下星期前往长春，然后至满洲其他各地继续调查。

《中央日报》1932年5月5日第一张第二版

404. 英报评国联行政院，过于谨慎几近于无意识

【中央社伦敦三日路透电】《满城卫报》谓国联行政院之政策过于谨慎，几近于无意识。

该报称，如日本强占中东路，因而引起日俄与日美战争，则国联是否应负相当责任。该报复谓日本之侵略政策，系因欧美各国均禁止亚洲人入口而起，国联应设法解决此问题，以避免战端云。

《中央日报》1932年5月5日第一张第二版

405. 乌烟瘴气之沈阳，各机关职员大半为日人，东北遍地已兆饥馑

【中央社北平四日电】 沈讯：(一)沈阳之天齐庙会，日人特在会扮演建设伪满洲国新剧，角色则系由大连聘来之日学校之中国学生。(二)国联调查团在沈，日方又举行建设伪满洲国扩大宣传，如演讲、遍贴标语、演电影等，不一而足。(三)沈阳之靖安游击队，又拟招募新兵数百名。(四)沈阳中学开学日期，因种种关系已属绝望。(五)沈阳各机关之职员，如非日方之保荐，决不能录用。(六)各种营业亦均将于日内实行增加重税，沈商歇业者当必更多云。

【中央社北平三日电】 哈尔滨来人谈，东北饥馑已兆，现东北叛逆，厉禁面麦出境，各种粮食不得过山海关。自九一八以来，日兽兵四出蹂躏，农民被逼辍耕，多投义勇军，作"反叛运动"。即有在乡农民，亦无资本、种子，并亦无播种机会。今岁下半年势必有重大饥馑发生，日人欲趁机攘夺土地为播种，然义军纷起，决亦无成功之望云。

《中央日报》1932年5月5日第一张第三版

406. 国联调查团定今日赴万宝山，在长春社晤见国贼溥仪等，并有伪代表请见李顿爵士

【中央社长春五日路透电】 溥仪今日接见国联调查团，并请调查团午餐。调查团定明日（六日）去万宝山。调查团与熙洽亦曾晤谈。

【中央社北平五日电】 长春三日下午八时电。国联调查团冬（二日）晚抵长，寓大和饭店。过公主岭时，曾停车参观农场。有自称商民代表者，由日警带见各委员。李顿询之，言语支吾，日招待员当请委员登车。

《中央日报》1932年5月6日第一张第二版

407. 颜代表向国联送备忘录，对调查团初步报告有所说明

【中央社日内瓦四日路透电】 中国首席代表颜惠庆，今日送交国联秘书处备忘录二件，对国联调查团之初步报告书，有所说明。颜代表向路透社记者谈：该报告书，表明日本不但并未履行国联行政院十二月十日决议案所规定（即日军应撤入南满铁路区内），日本并阻止中国政府履行该决议案之条文（即日军撤退后中国政府应保障铁路区外日侨生命财产之安全）。颜代表复称，日本一向表示日军在东三省军事行动，均为剿匪，但调查团之初步报告书，已证明日军现攻击反"满洲"之中国有组织军队。颜代表觉形势非常严重，深恐中日问题将愈趋复杂，但对前途仍未失望，谓此问题终久或有完满解决办法也。

《中央日报》1932年5月6日第一张第二版

408. 英报严刻批评国联调查报告书,不过日军事当局之传达者

【中央社伦敦五日路透电】《满城卫报》今日曾有社论,批评国联调查团之初步报告书,谓调查团过去之功用,仅为东三省日本军事当局之传达者,初步报告书完全根据日方消息,报告东三省日军之数目及布置,本庄司令可直接报告国联,并无需乎调查团之去东三省也。

《中央日报》1932年5月6日第一张第二版

409. 苏俄声称拒绝与调查团合作,谓俄非国联会员亦未参加调查

【中央社莫斯科四日路透电】 苏俄政府拒绝国联请求,令俄国驻东三省官员,与国联调查团合作。国联秘书长特莱孟与俄外长李维诺夫之来往文件,均已公布。李维诺夫表示,苏俄政府极愿协助国联调查团,并很愿将东三省确实情形,报告调查团,但苏俄并非国联会员,讨论组织调查团之会议,苏俄亦未参加。再者调查团中苏俄又无代表,苏俄驻东三省官员无正当资格向调查团供给材料,且对调查团将来之决议,亦无法负责云。

《中央日报》1932年5月6日第一张第二版

410. 国联调查团初步报告书内容,已足证明日军在东省之横暴行为,罗外长昨对记者发表谈话

国联调查团上月三十日,已将其初步报告呈送国联行政院,记者以该项报告,极关重要,特走谒外交部罗部长,叩询意见。兹特纪其谈话如次:

国联所派遣就地调查中日情势之调查团,业已将现在东三省之状况,制就初步报告,呈送国联,于此有宜予注意之一点,即该项报告之电达国联,系在该团留沈未满十日,且系在该团尚未出发至东三省其他各地调查之前是也。该团所得关于东三省军事上之各消息,均系由日本陆军当局供给。然即按照此种由日本陆军当局所供给之消息,已足证明自去岁九一八以来,东三省方面日本军队之激增,土匪之蔓延,以及因此而生之生命损失财产破坏,及一般的不安之感。又按照该项报告之所载,且为日方所承认者,则傀儡政府之叛逆军队,现正由日本之陆军军官及顾问之训练指挥。调查团更指明中国若干万之正式军队及义勇军,现正与日本军队,及其他由日本管辖之兵队,从事于剧烈之战斗。是故国联调查团之初步报告,已将下列关于东三省之各事实,确切证明,即:(一)日本军队不似未按照去岁九月三十日及十二日国联行政院之决议案,撤退至铁路区域,而且于各该决议案通过以后,占领东三省全境,增加兵队数目,积极为种种活动,而使事态愈趋地严重。(二)叛逆之军队,全为日方一手创立,且受其扶助与指挥。(三)多数人民,对于日本之窃取政权,现正积极反抗。东北方面在日军撤退之前,殆将无治安可言。(四)中国政府虽充分准备履行上述各决议案之责任,但现在在东三省之任何部分,均属无法行使职权,即对于生命财产之保护,亦属无从行使。现所最切望者,即国联调查团以中国代表之协助,在东三省各地调查工作完毕之后,将必发现更多之事实,足以使国联各决议案之所规定者,得以从速实行。且使彼原属中国领土一部之东三省,得以完全恢复治安并使中国在该地克以完全恢复其统治之权。

《中央日报》1932年5月7日第一张第二版

411. 调查团昨日赴吉林,但一切行动均被日人监视,日仍指使叛逆拒顾入北满

【中央社长春六日路透电】 国联调查团明日去吉林省城,当晚即折回长春,星期日(八日)去哈尔滨。

【中央社长春六日路透电】 "满洲"当局正式公布取销通缉顾维钧令,但顾维钧须尊重"满洲"自主权,"满洲"派三人为国联调查团之"满洲"襄理员,三

人中有一系日人。

又电。"满洲"当局已正式宣言,凡有认为不良份子之外人,得随时将该外人等驱逐出境。

【中央社北平七日电】 日本仍指使叛逆,坚决拒绝顾维钧随国联调查团赴北满,现尚由李顿与日方折冲中。据传叛逆态度强横,殊难圆满解决。

【中央社北平七日电】 昨有某报记者,自长春来平谈,国联调查团自抵长春后,日方监视,较在沈时益严,对于中国代表尤甚,行动均失自由,华人之往访者,多遭逮捕,即外国顾问外出,亦有便衣日警队同行,形同押解。三日下午,顾维钧在房中接见美国教士二人,忽有长春日警五六人,推门闯入,坚询来客所谈何事,态度强横。顾拒不以告。适李顿之秘书阿斯德来访,睹状甚愤,严词斥责。彼竟询代表团见客,已否得有警厅许可,凡"满洲"人民来访,事先须请求警厅。阿氏乃告以代表见客,业经李顿委员长许可,警厅无权干涉。彼等始去。事后顾氏乃备文致调查团,请转向日方抗议,请保障代表见客自由。调查团各委员所处环境之险恶,精神上感受之痛苦,更非言语所能尽述也。

《中央日报》1932年5月8日第一张第二版

412. 罗文干谈片,沪事与东省须整个解决

上海中日事件,已告一段落,此后东三省问题之解决,政府正在殚精竭虑以图之。日日社记者昨访外交部长罗文干,叩询此后交涉程序,当蒙一一见答。兹纪其表示如下:(记者问)上海中日停战协定,虽已签字,然关于上海事件之政治问题如赔偿损失等项,将如何交涉?(罗氏答)关于政治问题,须待东三省事件解决后,方能合并交涉,因此次中日纠纷,我方所蒙损失者,不仅上海一地,矧此系整个的,当然以全部交涉为宜。(问)东三省交涉,将如何着手?(答)此事须观察形势而定交涉之方法与步骤,比因国联调查团调查工作,尚未竣事,政府正在筹谋妥善方法,准备从事。(问)日军将于何日撤退暂驻地带?(答)据报已在开始撤退中。(问)我国警察,何时前往接收日军退出地?(答)按步前往接收,此事我国已有充分准备云云。

《中央日报》1932年5月8日第一张第二版

413. 中国代表团对调查团报告书评语，证明日本志在并吞东省，并未履行国联各决议案

【中央社日内瓦七日路透电】 中国代表团送交国联秘书处，对于国联调查团初步报告书之评语，内称：该报告书足以证明，中国关于东三省问题，所取态度之合理。由该报告书可见调查团觉日本并未履行去年国联行政院所通过之各决议案。日本之目的，在组织一武装政府于东三省，受日人之操纵。此即日本并吞东三省之初步，此种行动，不能为国联或世界舆论所能容忍。

《中央日报》1932年5月9日第一张第二版

414. 国联调查团我国随员先后返平，因在东省均被日人监视

【北平通讯】 国联调查团一行，已于前日（二日）由沈阳专车赴长春，中国代表，因被日方限制，同行者仅顾维钧及秘书杨承基、施肇夔，专门委员刘崇杰、陈立廷、顾问何□、端纳等七人。此外，则分二批于上月三十日及本月二日先后南返。第一批之招待主任严恩栒，秘书杨景斌，委员刘广沛、顾执中、谢恩增等于一日晚抵大连，刘广沛因事暂留大连，严恩栒则由大连登轮直返上海，顾执中、杨景斌、谢恩增等，于二日抵津，顾杨则于三日搭津浦车返沪，谢于三日上午十二时十分返抵北平。此外如戈公振、鲍静庵［安］、陈宜春等，途中如无耽搁，今明日即可到平。据闻调查团到东北后，受日人监视甚严，而对中国代表，尤无礼貌。当由大连专车赴沈时，车中所备房间，将李顿与各委员分配于最前之车辆中，中国各代表则居于最后，日代表居中，为之隔绝，以免我代表与调查团之接触。抵沈后，日方即声称已在大和旅馆备妥房间，而中国代表二十余人，彼仅代订房四间，我代表不得已，遂大都自觅东方饭店居住，但所有一切房饭费用，即彼代订之房间，亦均由代表自行付款。

抵沈之次日，即有大批日探分别监视一行人员，有以侦探二人监视一人

者,稍重要者,则由侦探四人监视。我代表之行动,尤感困难,每出入均有侦探紧随左右。如与当地朋友在途中交谈,或稍有往来,其朋友必当时即行被捕。调查团之离沈赴长春,我方代表原拟同去,但以日方之再三拒绝,始限定除顾维钧外,只有六人同行。其不克同行者,本拟在沈等候,俟一行返沈时,再同行返平,而日方复以我方代表如有一部在沈,犹须加以监视之麻烦,极力反对,该一行不得已,遂先后被遣大连南返。调查团在沈之调查工作,除与本庄作五次之谈话外,对中国官吏,均未能接见,故所得之材料,除与各国领事及外国商人中之接见外,其他所得之比较真确者甚少。李顿本极欲与臧式毅一谈,但日方不欲使臧一人与调查团单独晤面,遂未果。此外尚有曾充商家代表之汉奸份子,谒调查团,亦均一□媚日之陈词。一日李顿拟赴北陵打球,日方闻讯,即雇大批流氓,每人给日钞五角,手持请愿小旗,在北陵等候。结果李顿因事未能前往,日方之滑稽手腕,亦未克成功。(四日)

《中央日报》1932 年 5 月 9 日第一张第三版

415. 调查团已抵哈尔滨,沿途均由叛逆监视,顾维钧等全失自由

【中央社哈尔滨九日路透电】 国联调查团今晚已安抵哈尔滨,因恐反"满洲"军队袭击,由长春至哈尔滨,沿路均有重兵掩护。

【中央社北平九日电】 哈尔滨电。国联调查团一行,七日晨乘叛逆所备之专车赴吉,我代表顾维钧,仅偕随员二人同行。闻顾此行,虽经李顿之折冲得叛逆允许,但尚附有限制性之条件,顾及李顿等为意在完成调查使命起见,只得委曲接受。同时叛逆并派伪外部总务司长日人大桥等三名,同行赴吉,纯为监视。一行于即日午前抵吉,即访驻吉日总领事,对万宝山事件及日军攻吉事件,作种种诘问。辞出后复于午后三时半离吉,七时半返长春。闻该团有今晨自长来哈说,顾仍同行。此间已准备接待及发表一切虚伪宣传事宜。自今晨起车站方面已从事警戒。

《中央日报》1932 年 5 月 10 日第一张第二版

416. 调查团初步报告书,将交九月国联全体大会讨论

【中央社日内瓦十日路透电】 国联行政院开会时,主席马托斯宣称,国联调查团之初步报告书,已由东三省送到国联,但该初步报告书,既仅将事实报告,国联行政院暂时将不讨论,决将该问题移交九月间国联全体大会讨论之。日本首席代表长冈对主席马托斯之意见,表示赞同,对日本关于东三省之态度,复向行政院再作一度申明。中国代表胡世泽接受主席马托斯之意见,并无若何保留之声明。

《中央日报》1932年5月11日第一张第二版

417. 戈公振抵平,谈东行不自由

【中央社北平十日电】 戈公振灰(十日)抵平。据谈:中国代表赴沈时,沿途日人百计恫吓,意阻止东行。余所搜集之材料,拟于整理后,至相当时期发表云。

《中央日报》1932年5月12日第一张第三版

418. 日方监视顾维钧,颜惠庆将政府去电转致国联

【中央社日内瓦十日路透电】 中国首席代表颜惠庆,将【我】国政府本月九日来电转致国联秘书处,内称自顾维钧抵长春后,日方之监视,更加严紧,当顾维钧与数美教士谈话时,日人多名,冲进顾室,坚询各美教士姓名,及谈话内容。调查团主席李顿爵士之秘书爱士脱,目睹此种干涉行动,予日人以申斥后,日人始退出。爱士脱并称日方警察,无权干涉顾代表之一切合法行动。

《中央日报》1932年5月12日第一张第三版

419. 调查团在长春严诘叛逆郑熙张等，各叛逆觍颜答复词甚支吾

某机关昨接长春报告，国联调查团在长春曾分别与伪国总理郑孝胥、伪吉林长官熙洽等谈话，有所质问，日人管理下当地中文报纸皆有披露。兹特择录如左：(一)调查团委员长莱顿与伪总理郑孝胥于本月四日下午二时半在伪国务院秘书室晤面，至三时四十分始谈毕。谈话内容，郑不发表，但对日本记者作下列之谈话："今自国家成立之后，由旅顺寓所来京出席，而今莱顿问以成立历史，余未能作答，只答以前事请问委员会可也。关于国家之行政，余观民国二十年以来政策，悉为不适当。'满洲国'行政，吾决不采民国之方法。所谓以王道为基础，为我三千万民众之幸福与安宁计，并以国家百年基础巩固为存心。最后莱顿谈及委员会成立方法，如质问委员会依民意而产生抑或由强大机关督促而成立，我无若何答语，请其再问委员会。"云云。(二)五日下午二时莱顿、克劳德尔、麦考易、希尼、马考蒂五委，秘书长哈斯及顾问杨华特等接见伪吉林长官兼伪财部长熙洽。调查团对熙洽有严重之质问，其问答语如下。莱顿问：九一八事变后，出任为吉林省长之理由安在？熙洽答："因被民众推举，固辞不得，乃出而膺为省长，维持治安。"问：反吉军首领为谁？答："全部已反，彼事因一时不知新国家之实体，而行反对，全系误解。"问：反吉军之目的如何？答："彼等殆无目的，虽于表面上声称尽忠报国，惟其实则不过欲求把握政权而已。"问：所谓"满洲国"建国运动如何？答："依民众之意志。"问：民众之意志，果何以证之乎？答："农商工各界代表对本人恳求速行脱离旧军阀而建新国家，然该代表等可以为三千万民众之代表。"熙洽问：贵团到满后之感想如何？莱顿答：现尚未到发表时期。谈至此，熙洽不再发言。莱顿乃出一册关于财政问题之详细质问书，手交熙洽请其逐项答复。熙洽当时无法回答，乃约以改日以书面答复。(三)调查团五委于五日上午十一时接见伪实业部长张燕卿，以下为该团质问之情形。调查团问：中国民国时代之产业上既得权如何处理，譬如中日合办事业，或中国与欧美各国合办事业，或纯粹日本经营事业等项。张答："以中国时代之合法手段处理之既得权利，在现时亦无别种处理

法。"问:各国商人如向满洲投资,能平等处理之耶? 答:"妨害国家治安之商品例如武器类,或有害卫生之商品,如雅[鸦]片、海洛英等以外,均平等处理之。曩日曾宣言满洲门户开放事项,阁下当能知悉也。"问:关税一项完全与中国分离,归"满洲国"直接管理而其收入之款,归外债担保部分者何如? 答:"'满洲'成为独立国家,与中国分离。至外债担保之详细事件,请询财政部方面。"问:"汝个人对于在满洲之产业政策如何? 曾于新闻纸上所载者,吾愿得详闻若何。"答:"并无此事,此乃新闻记者之误传,目下正向各方面调查,俟调查完了,即作成真实政策。"

《中央日报》1932年5月16日第一张第二版

420. 顾维钧即赴黑垣,声明此行始终未发表意见,日人竟无端造谣盼勿置信

【中央社北平十七日电】 顾维钧电平,定今明日离哈赴齐齐哈尔,将来是否赴黑河现尚未定。并声明本人此次随行,始终未发表任何意见,个人行动,亦概从调查团意旨,乃日人无端造谣,谓本人表示如何,均系无稽之谈,盼勿置信。

【本社十七日济南专电】 顾维钧自哈电平,称调查团定今明赴龙江,再往黑河,抑即返平尚未定。

《中央日报》1932年5月18日第一张第二版

421. 调查团拟晤马占山,叛逆坚决反对纠纷复起

【中央社东京十七日路透电】 哈尔滨来电,称"满洲"当局与国联调查团又复发生纠纷,调查团欲与马占山晤面,而"满洲"当局则坚决反对此议。

《中央日报》1932年5月19日第一张第二版

422. 调查团决放弃晤马计划,因日本及叛逆极力反对

【中央社哈尔滨十九日路透电】 国联调查团,已宣布放弃其会晤马占山之计划。

【中央社北平十九日电】 哈电,马占山密使与调查团会见,引起日本及叛逆之恐慌,日军正竭力搜索密使踪迹。叛逆奉日军命令,向调查团声言,不负保护责任。调查团仍主张赴黑访马占山,日本及叛逆极力反对。

东北民众声明,不承认伪组织

【中央社北平十八日电】 辽宁自卫军唐聚五,对调查团陈书,陈述该军之意旨:(一)誓不承认叛逆组织。(二)除日兵驻地外,仍多悬青白旗,足证民意何在。(三)服务叛逆组织之官吏,均系威胁。(四)贵团若远离日人耳目,询问任何官吏及绅民,即可知其真意。(五)日本既声明叛逆组织,则本军反抗叛逆,日本不能以本军为敌,如日本借口出兵,请贵团严加干涉。(六)日本收东省铁路为日有,关税为日主,系实现满蒙政策,中日两国并无是项特许之条约。(七)本军始终信赖国联。(八)东省邮电均被日人监视,民众无法陈情,近来因发请愿书而遭惨杀者,已达百余人。(九)日人威胁各县代表,承认叛逆,均非真正民意。以上情形,请贵团诸公维持公理云。

《中央日报》1932年5月20日第一张第二版

423. 调查团定明日返沈,齐齐哈尔改由专家视察

【中央社哈尔滨二十日路透电】 因中东路西段形势危险,国联调查团已决定放弃赴齐齐哈尔之计划,定明日返沈阳,但属于调查团之专家十人,则仍将乘飞机赴齐,代表调查团前往视察。

《中央日报》1932年5月21日第一张第二版

424. 调查团离哈,返长春后再定行止,苏俄拒绝假道晤马

国联调查团暨中国参加代表顾维钧等抵哈尔滨后,原拟赴齐齐哈尔调查,再转道往晤马占山,详询日本操纵东北叛逆之秘密,乃以日军多方作梗,不得前往。嗣以绕道俄境,往晤马占山,事实上亦发生困难,终无结果。闻顾维钧昨日已有电致外部,报告经过,并称偕调查团定日内返沈,再定以后行程。

【中央社哈尔滨二十一日路透电】 国联调查团,预定今日离哈,除一部委员返长春外,有一部人员若安全无问题时,将赴齐齐哈尔一行。调查团原欲晤马占山,现已不能办到云。

【中央社莫斯科二十日路透电】 苏俄政府已拒绝国联调查团假道俄境,往萨哈连晤马占山,俄方谓此为俄方遵守不干涉东三省内部事件之原则云。

【中央社长春二十一日路透电】 叛逆谢介石指顾维钧有政治活动,特向李顿提出抗议。李顿已电复,认此事属于误会,并谓调查团即将发表声明,解释调查团与顾维钧之关系云云。

《中央日报》1932年5月22日第一张第二版

425. 调查团遄返沈阳,在沈留五日即赴大连

【中央社哈尔滨二十二日路透电】 国联调查团依预定计划,已于今晨离哈。

【中央社哈尔滨二十一日路透电】 国联调查团已于今晨将未了各事办毕,培尔特、多福曼及邓纳莱三人,将暂留至下星期一日返沈;西曼、高尔兹、摩斯、爱斯特、彼□等数人,定星期日中午乘飞机赴齐齐哈尔;其余人等则将于明晨(二十二)上午七时十分乘专车赴沈阳,在沈阳将留五日再赴大连。调查团又向"满洲"提出说帖,要求会晤马占山,略谓各方对于东省之事件,意见不一,故各方之主张,皆应搜集,故马占山亦应有发表意见之机会云。

《中央日报》1932年5月23日第一张第二版

426. 国联调查团抵沈，顾电平准备军舰专车迎接

【本社二十三日北平专电】 顾维钧电平，谓同调查团抵沈即返平，请通知路局预备专车迎接，并请转知沈鸿烈准备军舰候用。

【中央社北平二十三日电】 顾维钧已随调查团抵沈。李顿等以日方阻止晤马，认为发生障碍，不再进行调查。现与日方交涉，拟取道北宁路返平，并顺便视察关外情形。惟日仍坚阻，恐难实现。我方现已饬沈鸿烈及路局准备军舰专车，届时迎接云。

《中央日报》1932年5月24日第一张第二版

427. 国联调查团将赴威海卫

外交界息，国联调查团以日方阻止未及往晤马占山，现闻该团俟过沈抵平，稍事留连，与张学良及在平各军政当局，再度接谈，并报告国联后，李顿等将拟赴威海卫一行云。

《中央日报》1932年5月25日第一张第二版

428. 国联管理东省谣传，外部对此并无所闻

记者昨晚匆晤外长罗文干，询以外电谣传调查团拟将东省置于国际联盟管理之下，设一行政委员会，以张学良为领袖之说，外部所接日内瓦电讯如何。据答，外部毫无所闻。

(中央社)关于路透社日内瓦电谣传国联调查团，拟提议东三省由国际共管之说，顷据外部发言人声称，外部毫未闻知，实为无稽之谈，想系某方造出空气，借以鼓惑世界听闻云。

《中央日报》1932年5月26日第一张第二版

429. 国联调查团即离沈返平，到平后将赴北戴河

【本社二十六日北平专电】 顾维钧电平，调查团定下月支（四日）离沈，经陆路乘北宁专车返平，在平留一星期，赴北戴河避暑，编制报告书。如无事阻，支（四日）决离沈。另息，调查团离北戴河后，赴日再来宁。

【中央社北平二十六日路透电】 顾维钧电平，谓调查团定六月四日离沈返平，但此间又闻调查团将留大连三四日，约五月三十日由大连返沈转平云。

《中央日报》1932年5月27日第一张第二版

430. 北平准备迎调查团专车开赴榆关

【本社二十七日北平专电】 调查团决支（四日）离沈来平，平招待处定陷（三十日）晨十时，在市府开会筹备招待事项。北宁专车，定江（三日）赴山海关迎候。

《中央日报》1932年5月28日第一张第二版

431. 国联调查团将在榆关实地调查，访晤何柱国询榆关情形

【本社二十六日上海专电】 调查团定歌（五日）在山海关晤何柱国，视察该地情形，对伪国驻山海关警察之行动，将予以实地调查。

【本社二十八日北平专电】 榆关日军因调查团将经榆来平，昨将前掘战壕拆毁，铃木旅团一部五百人，向绥中撤退，边墙外之伪国旗亦撤，伪警察七十余退锦州。

《中央日报》1932年5月29日第一张第二版

432. 调查团将视察榆关，返平后将再与平津当局晤谈

外交界息，国联调查团定下月四日由沈返平，将与张学良及平津军政当局再度晤谈，约勾留旬日，即往北戴河整理报告书。至威海卫之行，李顿有前往意，但日期尚待确定云。

【中央社北平二十九日电】 调查团预定下月歌（五日）到榆视察，并与何柱国晤面。日军为掩饰耳目起见，突于前日，将月前所掘战壕拆毁，并将铃木部五百人撤至绥中，叛逆警察撤至锦州，并卸下墙外所树之伪旗，日守备队亦停止演习，榆关形势大见缓和。

【中央社北平二十九日电】 沈讯。国联调查团一行，在大连旅程中，先往旅顺视察要塞，再赴鞍山参观制钢所。三十日返沈，翌日由伪奉山路入关。过榆关下车访晤何柱国旅长后，换乘我方预备之北宁路专车西行。歌（五日）下午可抵北平。

《中央日报》1932年5月30日第一张第二版

433. 调查团决遵陆入关，日方限定过锦州大凌河不许停留

【本社三十日北平专电】 调查团决定支（四日）离沈，经北宁来平。惟日方仍积极反对经过伪奉山路，莱顿与日方交涉结果，允通过，但经锦州大凌河时，不准停留视察。哈斯定世（卅一日）晚八时先至山海关视察，东（一日）晨可抵平。调查团一部随员端纳等六人，世（卅一日）由连到塘来平，余随员均随团行动。市府今晨开会讨论招待一切，仍同前次。北宁专车东（一日）由津开山海关，医师谢恩增三十日赴津转榆。

【本社三十日天津专电】 调查团支（四日）自沈起程来榆，北宁专车江（三日）东开，支（四日）抵榆迎候调查团。秘书长哈斯世（三十一日）晚先由沈来榆，随该团出关之多脑，自大连乘长平丸返平，计程世（三十一日）可抵塘沽。

【中央社北平二十九日电】 平市府以调查团准下周来平,定陷(三十日)召开招待调查团委员会,讨论招待办法,一面已向北京六国两饭店,包定房间,以便各代表居住,一面配备专车,定下月东(一日)开榆候用。

【电通社二十九日大连电】 中国方面陪员,与调查团同到大连之顾维钧,昨日(二十八日)访问内田总领,为秘密之会见,谈话甚久。在会见以前,顾氏曾与张学良之使者二名密谈二时间之久,此二使系昨晨(二十八日)由天津乘长平丸到大连者,故顾维钧与内田之会见,或系关于张学良之某种要务。

《中央日报》1932年5月31日第一张第二版

434. 国联调查团即入关,预定在平留两星期,专事整理调查材料

【本社三十一日天津专电】 调查团李顿等一行,定四日搭伪奉山路车来榆。翌日上午十一时半,自北戴河回平。北宁路原备之专车,西上计程,当晚八时半可抵北平。北宁专车刻正在布置一切,定江(三日)东开,支(四日)晚抵榆迎候。

【本社三十一日天津专电】 顾维钧随员一部,由大连来津,北宁路派员赴塘沽往迎,世(三十一日)已转平。国联调查团支(四日)可由沈赴榆,张已电何柱国保护。路局为招待调查团,已派员筹备房屋。

【本社卅一日北平专电】 调查团预定留平两星期,除与张作数度谈话外,对团体及私人访问者,已声明概不接见,在平专事整理调查材料。

【中央社天津三十一日电】 调查团准支(四日)由沈到榆,北宁专车世(三十一日)赴榆迎候哈斯先来平。北宁已另备包车,派华南圭往迎。中国随员,世(三十一日)由连抵塘沽,路局世(三十一日)晨派包车三辆驶塘备用,世(三十一日)午可过津赴平。顾维钧仍随李顿等由沈同行。

《中央日报》1932年6月1日第一张第二版

435. 李顿否认谣传，哈斯昨抵北平，哈过榆关访晤何柱国，颜德庆抵平担任招待

【本社一日上海专电】 日联沈阳电，调查团世（三十一日）发表重要声明书，谓传李顿与英使会见后，关于解决满洲问题成立谅解说，完全谣言。

【本社一日北平专电】 哈斯及铁道专家汉姆斯，东（一）由榆抵平。哈世（三十一日）午至榆访何柱国及松平，晚十时离榆。哈氏经榆关时，极为平静，伪国警察亦减少一部分。秦皇岛日舰由八艘减为两艘，此系日人遮掩调查团耳目。又调查团来平途中，将先往北戴河一行，预定留一日即来平。颜德庆东（一日）午抵平，招待调查团。

【本社一日天津专电】 东（一日）晨七时，国联调查团秘长哈斯，偕铁路专门委员兰必斯，由沈过津赴平。由北宁路在榆备车，事先迎候。哈斯到平系与国联调查团招待处接洽，该团定微（五日）可抵平。调查团专车今晨开赴丰台车厂修理，冬（二日）晨即开榆迎候调查团。

【中央社北平一日电】 国联调查团秘书长哈斯，偕中校随员一人，于世（三十一）晚随伪奉山车到榆，当于十时乘北宁路包车赴平。何柱国旅长到站接待。李顿等定六月四日或五日离沈西来。

【中央社北平一日电】 秦皇岛三十一日下午七时十五分电。沈讯：日方近以国联调查团，将过榆关赴平，乃对图谋榆关之真相，力图掩饰。故连日在沈，虚构种种对我不利之反宣传，其最显著者，如诡称我何柱国旅长在榆关编便衣队、筑阵地，及华军在滦东增兵等。

【中央社上海一日电】 日使馆参赞矢野，因调查团将返北平，定冬（二）搭大连丸取道青岛返平，准备招待，俟调查团离平后，再返沪。又日领馆参赞横竹，亦将返国报告云。

《中央日报》1932年6月2日第一张第二版

436. 召集国际会议，解决中日纠纷，外部当局称原则上不反对，但必须讨论中日整个问题

（中央社）为迅谋中日纠纷之解决，日来盛传英美法意等国有同意日方所主张召集圆桌会议之说，记者昨（二）日往访外交部某要人，叩询究竟。据谈：召集国际会议，以解决中日纠纷，我国在原则上并不反对，且国联决议案对此亦曾提及。但先决条例，必须此项会议所讨论者，为中日纠纷之整个问题，如只为讨论上海之安全问题，或甚至欲进行所谓上海自由市之谬说，则我国绝无考虑之余地。英美等国亦万不致违背国联决议及九国公约精神，与日本沆瀣一气。又日方极力主张此项国际会议在东京举行，此亦与国联决议违背，我国亦万难同意。至报载李顿爵士对东省问题，已拟定解决方案，由中国承认某种条件，而日本必须撤退东省日军一节，外部尚无所闻。据个人臆测，李顿爵士等一行，既亲往东省调查，当然将有意见贡献国联，但在该团尚未编制报告书以前，谓已拟定方案，未免传说过早。至国联共管东省之谣传，既经李顿否认，当然不确耳。

《中央日报》1932年6月3日第一张第二版

437. 斋藤实谈片，日俄形势险恶无根据，对东省自称无并吞意

【中央社东京二日路透电】日本新任首相斋藤，今日（二日）向路透记者谈，日俄形势险恶之谣传，毫无根据，希望俄方信任日本之诚意，停止集中军队于远东。彼谓俄方军事调动，实为谣言之起源。斋藤不赞成日俄互不侵犯条约，一则减轻凯落克非战公约之效力，再则此种特殊亲善之表示，足以引起反感。彼称苏俄中东路之权利并不影响日本在东三省之地位，该处纯门户开放，一切合法权利不论任何人种，均一体看待。他人在中东路之权益，日本并无夺取之意。斋藤并表示：（一）彼希日本不致被逼迫而退出国联。（二）日本与

"满洲"并无订定关税或经济同盟之意。(三)日本是否承认"满洲国",纯看其有否自主能力而定。(四)日本无意并吞东三省,且亦无把持"满洲"政权之野心。明(三)日斋藤将于国会中宣布其外交方针,演讲词全文,由日本驻外各重要使领馆公布之。

《中央日报》1932年6月3日第一张第二版

438. 调查团明日离沈,经过锦州将下车视察,王广圻奉命赴榆关慰劳顾维钧

【中央社北平二日电】 秦皇岛一日下午九时电。沈阳电讯。国联调查团一行,决定支(四日)由沈首途入关。日方虽阻该团在锦州下车,便经李顿爵士强硬抗议,结果过锦时,决下车作一度之视察。过榆仅作三五小时勾留,访何柱国旅长后,即乘北宁阶车去平。

【本社二日天津专电】 日军为朦蔽调查团计,昨将绥中、延西一带驻军,大都移往朝锦、葫芦岛两支线,仅留少数警备。伪奉山线绥中留百人,前所五十余人。另有大批伪国警察,及伪奉山路警,分在各小站协同警戒。

(中央社)国联调查团,日内即将由沈返平。该团返平后,将与该地最高军政当局,作详细之晤谈。至编制报告书地点,以北戴河之成分居多。但因日方之坚决主张在大连编制,恐最后取折中办法,改在威海卫亦未可知,此事俟该团李顿爵士等一行返平后,即可决定。又此次我国代表顾维钧博士,随该团出关,到处受日方监视,不但行动不得自由,且屡有被日方怂恿叛逆拘禁之危险。最近顾代表为坚决主张调查团赴黑会晤马占山,叛逆认为有背不作政治活动之诺言,又欲加以拘禁。闻中央以顾代表此次不畏艰险,为国宣劳,颇著劳绩,特派我国代表团秘书长王广圻代表赴山海关欢迎,宣达中央慰劳之意。闻顾代表抵平后,将来京一行,向中央报告此行之经过云。

《中央日报》1932年6月3日第一张第二版

439. 斋藤对外方针如此,希望圆桌会议早日召集,决定扶助叛逆傀儡政府,斋藤向议会报告之侵华政策

【中央社东京三日路透电】 今晨斋藤以外相资格,在第六十二次国会报告新内阁之外交政策,其原文译文如下。

余利用此时机,将过去之日本外交关系,略加报告。自五月五日之上海停战协定成立以来,上海已渐恢复和平状况,此事余殊认为满意。余甚乐于言及者,即在此次会议中,历经艰难,但以英国驻华公使及其他各国驻华外交代表,极力调解,谈判卒告圆满解决。此外余复欲对于派往上海作战之海陆军卫国之精神,表示谢意。

根据停战协定中国军队应在上海若干距离以外驻扎,并在该区域内不得有作战之行动。若中国军队所采之行动,有令人感受疑惧时,则英美法义之外交代表,将调查形势之真相。故在双方遵守协约中之规定期间中国军队,至少暂时在上海不致有意外之行动。

上海之形势既属如此,故日本政府即决定将上海之陆军调回一部,皆信任协约中之规定,及各友邦保障上海安宁之行动。而日军之撤退,复可证明日本屡次声明无政治野心之事为不伪。

但该项协约所规定者,仅为中日停战之事,对于确立上海永久和平,并未言及。故现有采进一步办法之必要,以谋上海之中外人士皆得安居乐业,共求数十年来所建设上海国际都会之发展。若上海得免去近年来上海附近所受之纷扰,则不但与在上海之中外人士有利,且全中国皆将蒙其利益,而对华有利益关系之各国,亦将悉受其利。故余不得不盼前日本政府所提议国联行政会二月二十九日经中国政府表示同意后,所通过议决案中提及之圆桌会议之能早日召集,并盼其能得圆满之结果。

在东三省方面,"新国家"已在建设中。余承认日本政府对于"满洲国"之前途极为关切,因此为自然之理。而余信任将来关于满洲事件之国际交涉时,亦不能不承认"满洲国"之存在也。余信为谋远东之安宁及"满洲"之发展起见,"满洲国"应能早日得健全之组织。但目前"满洲国"尚不能维持国内秩序

之安宁,而由外人所操纵之匪乱,一时亦无法荡平。因此日本在"满洲"之军队,不得不与新政府合作,以防万一,或变乱范围之扩大,以免危及日侨生命财产之安全。于此余不得不向每日有生命危险、在"满洲"为国服务之日本警察致谢。

在历史中,吾人深知在与"满洲"目前同样情形之下,一般失意份子及法外之徒,必皆大肆活动,即使无外界鼓励,亦均跃跃欲试,与"满洲"之情形,初无二致。故在此情形之下,欲政府稳定,自需相当时日。

余认对于满洲之局面,应有忍耐心。因今日之局面,非相当时日,不能稳定也。因满洲局面之发展,日军为保护日侨之生命财产,乃有与中国军在北满作战之必要。但日本对于苏俄在北满之利益,皆极力尊重,并无侵犯之事。日本在北满之行动如何,可为明证。日政府亦曾对苏俄屡次声明,日军北进除保护日侨生命财产外,无其他野心。外间虽谣传满洲事件之结果,将引起日俄战争,但余信苏俄政府,必能明了日本之地位也。同时余希望国人应适用个人良好之判断力,勿被此类谣言所惑。诸君应知国际联合会对于上海事件之发展极端重视,当上海谈判一度告停顿时,中国曾向国联提出此事,乃该时谈判之能得圆满结束,业经确定,故国联决定俟谈判之结果,再行计议。至四月三十日,国联全体大会召集特别会议,当时即通过一议案,主张将上海谈判迅予结束。但日代表曾反对中日纠纷适用盟约第十五条,故对于议案并未投票。关于国联调查团,现在满洲为实地调查事,日本已予以种种便利,令其能达到目的。惟盼调查团能本公平之态度,报告及满洲实际之情形耳。

除中日之关系外,日本次要之外交关系,即为国际政治经济之改善。自本年二月起,在日内瓦开会之国际裁兵会议,即大半系讨论此类问题。国际裁兵会议,为讨论军缩问题之第一次大会,故其讨论必须历相当时期,始能结束。在此会议中日本将坚持所提出之各点,因此系日本之确定政策也。吾等甚盼为国际和平及经济设想,裁军会议应能有良好结果。

最后各国为保护本国之利益,皆采用种种方法,妨碍国际贸易之发展。日本曾以全力设法打破妨害国外贸易之障碍。关于此事,日本曾与葡萄牙订立贸易协定,与安南订关税协定。日前世界所受之困难甚多,经济压迫为其最显著者。有许多问题,必须国际间共同合作,始能解决。是以日本对外关系之前途,困难尚多。故今日必须人民一致团结,国家意志统一,始能应付。此严重之局面,余依赖君等之援助,同时余必以全力应付一切也云云。(编者按：后略。)

《中央日报》1932年6月4日第一张第二版

440. 罗文干谈最近外交,目前严重问题在东北,望国人一致沉毅应付

近日外传盛传中俄复交即可实现,本报记者特于昨午访晤外长罗文干,询其究竟。据谈,中俄复交非不可能,惟须俄方有诚意解决以前一切悬案。其问题至繁复,非一片言可决之事。政府对此,正在缜密考虑,外传即可实现云,殊非事实。上海日海军陆战队之缓撤,不难解决。目前严重问题,仍在东北。望国人一致振发精神、沉着刻苦,作长期抵抗,以求最后之胜利云云。

(中央社)本社记者昨(三)日往访外长罗文干,叩询最近外交问题,承接见作答。兹略志如次。

罗氏谓上海方面,日本海军陆战队未能依照停战协定撤退至一·二八以前之原防,已由共同委员会我国委员进行交涉。此次日陆军撤退之迅速,实超过停战协定预定之程期,则海军陆战队,当然亦可按照协定精神,从事撤退。此事共同委员会当可解决,不致成何问题。

中日纠纷之结症在东北问题,盖东北问题为中日纠纷之因,而上海问题则为其果也。现在国联调查团亲往东北调查,业已竣事,明日将由沈启程返平,从事编制报告书,大约六、七、八三个月,将为编制报告书日期。至九月间国联当可根据此项报告,召集会议,讨论以求解决。但国联已往对中日问题,所能表现之能力,与夫日本所能服从国联决议之程度,国人当已深悉。故国联此次能否使中日纠纷得一圆满之解决,系一极大问题。是以吾人之出路,仍在精诚团结,充分表现民族之精神与力量,所谓求人不如求己者是也。

此次调查团赴东北所得之调查印象,据个人所得消息,颇为良好,对我颇能表示同情。盖日本为强者,为侵略者,我方弱者,乃被侵略者,事实俱在,公理昭彰。该团虽欲对我不表同情,亦不可得也。但同情为一事,中日纠纷能否因此同情,而得圆满之解决,为又一事。故吾人亦可不必因此同情而自满、

自得。

至外传圆桌会议之说，甚至谓英法意等国亦同意日方所主张召集之说，则纯为日方之片面宣传。我国在原则上虽不反对召集国际会议，以解决中日纠纷，但只为讨论上海安全问题之会议，则我国绝对不能同意。

中俄复交问题关系至为重大，中央对此问题，当然须权衡利弊之轻重，作详细慎审之考虑。如俄方能有诚意复交，亦非不可能。

关于使领馆经费，以前积欠至巨。余任外长后，虽对部内之经费，极力节省，省至不可再省之地步，但对所领得之使领馆经费，则完全发放。计第一个月三成，第二月五成，第三个月十足发给。现与财部商洽，宋部长亦深知使领馆之重要，允极力筹拨。一俟经费问题解决，则对人选之补充整顿，当然须继续进行。大约经整顿之后，使领馆经费，每月可节省七八万元。现驻日公使蒋作宾、驻英公使郭泰祺，不日即将出国。以后外交之喉舌，当可日趋健全云。

谈至此，记者即兴辞而出。闻罗外长于沪战爆发时，出任巨艰，折冲樽俎，颇为辛劳，且以原任司法行政部长职务忙繁，曾一再呈请中央恳辞外长兼职，现经中央恳切慰留，决仍继续负责云。

《中央日报》1932年6月4日第一张第二版

441. 国联调查团今晨离沈明晚可抵北平，顾夫人等昨晚赴榆欢迎

【本社三日北平专电】 顾维钧夫人等，江（三）晚八时赴榆。调查团决歌（五日）午十一时半离北戴河，过津不停，八时半抵平。警卫事宜，已由主管机关筹妥。平新闻界以顾维钧此次赴东省，不避危险，备历艰苦，拟定期茶会欢迎顾氏，借表慰劳之意。

【本社二日下午六时四十五分北平专电】 调查团全体支（四日）晨离沈，晚八时抵榆，稍停赴北戴河，留一日，歌（五日）晨午启行，当晚八时可抵平。该团为便利调查，特召集专门人材参加，全团人增至廿七人。日代表团亦由满铁会社推代表四人，同来北戴河。张别墅及吴鼎昌宅均扫除备用。专车江（三日）由平开榆，顾维钧夫人等，乘该车赴榆欢迎。（迟到）

【本社二日下午六时四十五分北平专电】 哈斯向人表示，调查团莅平，专整理材料，决不接见任何方面代表。但如于调查工作有须要询问处，则邀请该一团体代表咨询。哈并希我方欢迎，勿过事铺张。（迟到）

《中央日报》1932年6月4日第一张第二版

442. 调查团昨抵榆关，过锦州时下车稍留当晚赴北戴河，全团月底赴日本顾维钧亦将偕行

【本社四日北平专电】 朱光沐、蔡元代张江（三日）晚赴榆关迎调查团，朱蔡及顾夫人等支（四日）晨八时抵榆关。榆关电调查团全体，支（四日）晨七时离沈，晚七时抵榆。何柱国已派员在车站招待。蒋、汪、罗、郭电平王劼孚，嘱代表迎顾并调查团。

【本社四日上海专电】 东京电。调查团定月底赴日，顾维钧将同行。外务省照会调查团欢迎，惟须声明顾赴日非为调查，外务省谓调查团仅调查满洲与中国情形。斋藤支（四日）亦训令随员吉田，转请李顿注意，谓日政府对此并不反对，然如推广调查范围至日本领土，则断难容忍。又外务省议决云，顾来并不反对，但国联不令调查，日本已训令吉田转知李顿。

【又电通锦州电】 调查团午一时十分抵锦州。

【本社四日天津专电】 国联调查团江（三日）在沈与日官方作最后会见，并赴北大营视察后，支（四日）晨六时乘伪奉山路专车西来，过锦州稍留。晚六时可到榆关。日军铁甲车已先于下午五时余压道到榆。北宁专车与铁甲车，亦于下午四时余由秦皇岛开抵榆关站。王广圻、颜德庆、蔡元、宁向南、张威斌、顾夫人及绥署所派卫队一排，均于下午五时，随专车到榆迎迓。榆站至北戴河沿线，已由第九旅派队警戒。何柱国旅长届时除在榆站欢迎外，为指挥便利起见，偕参谋何镜华欢送至北戴河。今日榆站扎有各界欢迎彩牌楼，天桥上缀有欢迎标语。日本与伪满洲国旗并在车站飘扬耀武，长城外亦插有伪旗。津站已搭彩牌楼，准备欢迎。调查团在津不下车迳赴平。

【中央社北平四日电】 秦皇岛三日下午九时电。国联调查团定支（四日）晨八时，由沈阳首途，过锦州时约留六小时，计程当晚八时可到榆关，拟与何柱

国旅长一晤,即换乘亲宁路专车,赴北戴河休息。榆关车站已搭欢迎彩牌。北宁专车与中山号铁甲车江(三日)午到榆试道,旋仍开回秦皇岛候用。张绥靖主任派朱光沐、宁向南等届时到榆欢迎。

【中央社天津三日电】 调查团定支(四日)入关,微(五日)可过津赴平。北宁路江(三日)晚续派邱润初等赴榆协助招待。王广圻、王承传等江(三日)晚由平过津赴榆。省市府对欢迎已准备,因该团过津无耽搁,故未作宴会准备。

《中央日报》1932年6月5日第一张第二版

443. 外交界某要人批评日阁外交方针,上海安全决不成为问题,援助叛逆毫无国际信义

(中央社)日本斋藤首相,昨向日议会演说新内阁之外交政策,记者以其颇关重要,特往访外交界某要人,叩其意见。据谈如下:

(一)上海停战协定,斋藤氏所云中国军队应在上海若干距离以外驻扎,其实中国军队现暂驻原防,且协定并未限制中国军队之行动,斋藤氏之解释,系片面的。盖沪案原由日军侵犯我国领土所激成,如日军不再有此种暴举,则上海必不致有意外之行动,如斋藤氏所称者。

(二)日方所谓圆桌会议,以谋上海中外人士安居乐业为标榜,惟按诸实际,沪案以前,上海安全固已不成为问题。如日军不再侵犯,则中外利益,当然不受影响。即英美法义等国,亦认为现无开此会议之必要。但如召集一种国际会议(其形式如华府会议者),以解决中日整个事件,中国政府尚可赞同。

(三)东三省伪组织,迭经中国政府向日方严重抗议,并向国际发表宣言,绝对不能承认。日政府初则设词掩饰,嗣则谓中国方面之抗议,皆属臆测之词,尚不敢公然援助叛逆。今斋藤氏竟正式宣称与该伪组织合作,足见其仍师亡韩之故智,以谋我之东省,令人对于日本之国际信义,愈滋疑虑云。

《中央日报》1932年6月5日第一张第二版

444. 国联注意斋藤演说

【中央社日内瓦四日路透电】 昨日日斋藤首相在国会之演说,已引起此间之注意,以故谣言蜂起。经调查之结果,国联会方面认为无改变国联大会计划之必要,加以上海日军业经撤退,更无此必要云。李顿爵士之报告,一时不致提出。中国代表自五月卅一日提出说帖质问日军何日退入铁路区域外,以后亦无新说帖提出云。至于外传李顿爵士主张由日本统治满洲事,此间已切实否认云。

《中央日报》1932年6月5日第一张第二版

445. 调查团昨晚返北平,晨游北戴河后启程下午过津,顾维钧谈此行感想极为沉痛,所见皆伤心惨目愿人人勿忘东三省

【本社五日北平专电】 调查团专车歌(五日)午后五时四十分抵津,六时离津,九时抵平。张及各机关代表千余人,赴站欢迎。

【本社五日北平专电】 平方对欢迎调查团已布置就绪,全市均悬旗欢迎。东站悬欢迎顾代表、欢迎国联调查团之白布标语数方。欢迎人员到站,仍按序排列站台内外,已扫除清洁。平各界将定期举行慰顾会。

过津情形,顾氏谈片

【本社五日天津专电】 国联调查团微(五日)下午五时五十分专车到津,车站欢迎人员周龙光、林成秀、王一民等十数人,外人方面有驻津日领、法军司令等。抵站后,李顿及顾维钧等均下车,与欢迎人员一一握手。顾氏对记者谈,余等于本日十二时廿分,由北戴河动身,仅在唐山略停,即开驶来津。余此次东行,纯为国家服务,纵有危险,亦不避。东行感想已在北戴河略为发表,抵平后,经一度整理,再详细宣布。李顿等在平,约有旬余勾留,从事整理所得材

料及经过感想,即赴日一行。至本人在平,无多耽搁,即赴京向中央报告一切。至偕同李顿赴日一层,须由中央决定。又作报告书地点,此刻亦难预定。并谓我人应勿忘记东三省。于六时许车即向北平开行。

顾氏发表沉痛谈话

【本社五日天津专电】 顾于昨抵北戴河休息后对往访记者发表下列谈话云。本人此次参与调查团赴沈阳、吉林、哈尔滨、大连、旅顺、鞍山等处,由鞍山回沈,又去抚顺。今日入关,车行所经如皇姑屯、沟帮子、锦州、兴城、绥中、前所皆停车,抵锦州下车视察,均留一小时。本人对此行不愿多说,所可奉告者,即同去之人,皆觉甚难过,所见者皆伤心惨目。东三省地方有沿海八九省之大,比德法两国还大,锦绣山河,膏腴土地,天然宝藏,三千万同胞,身受亡国痛苦。今天只简单的说经过,此次之事,应时时刻刻将东三省三字记在心头,要知道三千万同胞,在那里向受亡国痛苦。国内的人眼光要放大,个人意见,皆系小问题,任何事皆牺牲,对外要无办法,就得同归于尽。中国人常说土地大人口多不会亡国,我们看过东三省后,觉得靠不住。东三省不过有五万日兵,我们三千万同胞却无如之何。所经各地,看见我们的同胞后,想向我们说话,但是不敢说;我们亦想向他们话,但又不能说,因为皆受着严重的监视。凡是来见我们的人,第二天必被捕,真是哭诉无门。这回到东三省,虽未能多与同胞谈话,但有一件事值得注意者,即尚得到许多的信,内容都是希望政府与关内同胞,速设法救济他们。本人认为保全东三省领土及三千万人民,在朝在野的人,皆有应尽责任,此为目前最大的事,其余皆不要紧。本人到平后,亲赴京报告。关于驻法公使,事前曾提过,但尚不及参加调查团工作重要。政府如有此意,当再考量。关于重任外长事,顾称尚未得此消息。今天只简单的谈谈,详情俟到平再为细谈。

过北戴河,沿途欢迎

【本社五日北平专电】 北戴河电。调查团等八十余人,歌(五日)晨七时同游连峰山,李顿在鹿圈以望远镜观浪景,并摄电影,状至愉快。十时半下山登专车,十一时离北戴河西行。赴榆欢迎之朱光沐、蔡元、顾夫人、何柱国等,均同车来。压道车先开,专车沿路不停,四时抵津,留半小时,八时可抵平。

【本社四日下午十二时天津专电】 支(四日)晚七时许,调查团抵榆关。

八时换车赴北戴河,十时半到。定微(五日)晨十一时西行,下午五时可过津,不停即转平。何柱国偕来。

【本社五日晨二时天津专电】 国联调查团主席李顿爵士,暨美、法、意、德、日各委员,及我代表顾维钧等一行,支(四日)晚七时乘奉山路专车由沈抵榆。下午一时在锦曾视察交通大学,经半小时后,即西来。奉山路专车共十一辆,列车首交又①伪满洲国旗,车厢外注有国联调查团乘用专车。到时由何旅长及各欢迎人员登车,首与顾维钧致宣慰意,次由顾向李顿等分致欢慰意。旋全体换登北宁车,晚八时专车开往北戴河。

《中央日报》1932年6月6日第一张第二版

446. 调查团整理文件忙,顾维钧痛谈东北陷后惨状,三千万同胞极盼政府拯救,不到东北不知自由之可畏

【本社六日北平专电】 调查团自鱼(六日)起,每晨十时会,交换意见。午后二时至五时整理文件。对外应酬,概予谢绝。李顿因整理文件忙,青岛、威海将派员代表往视察。某代表谈,不到东北,不知自由之可畏;不到东北,不知痛苦。人民处水深火热中,无时不盼拯救。

【本社六日北平专电】 顾电中央,定青(九日)赴京谒汪、罗报告东省详情。中央鱼(六日)电顾慰劳,吴铁城等纷电顾慰问。

【本社六日北平专电】 顾鱼(六日)午谈,东省人民痛苦,非关内人可想而知。智识者尤被压迫,当被驱使,作违心之事。由哈返沈后,某日大和旅馆前,开全满学生运动会,数千人游行,持日旗及伪旗。行授旗时,日生高歌若狂,中国生全垂头丧气。此种状况,代表团观之颇觉痛心也。东省各界人民,爱国心极浓,如仆役及船夫,均愿尽力,冒险去做。代表团在东行动,全被监视,在哈则三五人不等。某日在公园散步遇青年很多,想将哈情报告,此时监视者面露凶色,予对彼等阻止,使作书面报告。彼等以机会难得,竟遭阻,颇觉惝惝。他如马占山、丁超、李杜等,以少数军队,交通均在日人掌握,彼此联络,极感不易。

---

① 编者按:原文如此。

惟为人民吐气,以我与准备充足之敌兵抗,故每战敌损一我损十,其牺牲之巨,极堪惊人。如此下去,必被日人消灭,为时间问题耳。操纵言论机关,禁阻人民自由外,复摧残教育,中等学校被军队占用,小学则将课本改造,实行彻底侵略办法。数年后,东省青年将不知有中国也。

至所设伪机关,表面为华人而日顾问咨议操纵于后,欺骗世界,谓为民意表现。现日对军事上肃清反抗力量,军队不足,由地方收编,对政治亦积极进行,如整理财政以东省收入作扰乱东省用,如此下去,不独东省脱离中国,将来恐还要做成侵略关内之策源地。东省之失,为国难开始期,将来西北、西南都可发生同样危险。愿国人知地位危险,须切实作工夫,念世纪时代,国家生存全凭真实力量,开辟新途径,使国家强盛,化除意见,以保国土,而免危亡之痛云。顾谈时语极悲痛。

【本社六日北平专电】 顾谈调查团留平两星期,整理文件编报告书,地点未定。初拟在北戴河,因日人反对,其理由不明。李顿日内将赴青岛、威海视察,以后再定地点。总报告俟赴日后草作,内容除事实外,作一结论并建议,以待国联参考,而由行政院决定办法。赴日时或仍循东省而去则未定。

《中央日报》1932年6月7日第一张第二版

447. 调查团今晚赴青岛,顾维钧吉田等均将同行,制作报告书地点仍未决

【本社七日北平专电】 调查团决定庚(八日)晚六时启行,青(九日)晚九时抵青岛,王广圻、刘崇杰、游弥坚、施肇夔随顾行。日方初强该团在星浦作报告书,经调查团拒绝,改先赴青视察后,再决定编报告书地点。

【本社七日北平专电】 调查团晨行例会后,美德法日各代表,分赴各本国使馆,有所接洽。德代表午后赴颐和园游览。哈斯、吴秀峰晨赴旧外交部整理文件。李顿及德意两代表,定庚(八日)晚专车赴青,顾维钧、吉田同行。定灰(十日)返平。顾抵青后,即转京,除向中央报告赴东视察经过外,并商今后方针。

【中央社北平六日路透电】 路透记者顷晤李顿爵士,据李云,彼及意德委

员将于本星期三赴青岛，星期四晚可抵青，星期五再由青岛返平，约星期六可抵平。此行中日陪查员或均将偕行。路透记者复询调查团将在何地避暑，以便起草报告。李顿答称，此事须俟由青岛返平后再议。

调查团方面意见，以为顾维钧将偕调查团赴日，但此事尚未完全决定。昨日调查团方面有一书面声明交天津报界，大意谓调查团在东省，六星期中之所得将在报告中申述之，此时尚非发表时期。日本政府及军事当局并非对调查团工作有妨碍之处，与在日本及中国之情形相同。至于调查团将来之计划如何，现时尚难预定，须俟再至数处访问后，始能决定。调查团决利用中日政府所表现之善意，深信为国联特性之和平精神，将可援助中日两国所发生不幸事件之解决云。

《中央日报》1932年6月8日第一张第二版

448. 调查团昨晚赴青岛，英德义代表及中日代表均行，顾维钧谈东省事若不依条约解决，则爆发之日不远全世界将受影响

【本社八日北平专电】 调查团英德意三代表及日代表吉田、我代表顾维钧等，六时离平赴青。编报告书地点俟返平决定。韩因招待嘱沈鸿烈赶回青筹备欢迎。

【本社八日北平专电】 国联调查团决定庚（八日）晚六时专车赴济，佳（九日）晨转车赴青。中国随员计颜德庆、萧继荣、刘崇杰、施肇夔、游弥坚、端纳、何塞及陆海代表张汶[海]、郑理[礼]庆随行，义法两委留平。调查团副科长皮尔特及英法等随员，虞（七日）晚由连返平。

【本社八日天津专电】 国联调查团齐（八日）晚九时，由平过津赴青，计李顿及日法义代表均偕行，均乘该团专车。闻系在青整理东北调查文件。

【本社八日上海专电】 电通东京电。青岛消息，调查团草报告书地点，似已决定为青岛。

【本社八日济南专电】 庚（八日）晨调查团日委员随员久保田久晴下①、林出贤次郎及克尼等，由平过济赴青。

顾维钧谈东省事不速解决，必危及世界和平

【中央社北平八日路透电】 今日顾维钧与路透记者谈话时称，在东三省各处，皆可见日本大规模军事活动之进行，以谋吞并东北全部。在东三省之华人，处境之苦，不堪言状。但受日本之压迫，不得不表示服从。东北之形势，非常危险，充满爆发性，若东北问题不根据国际条约及公平态度予以解决，则爆发之日必不远。届时不但危及远东及太平洋之和平，恐全世界均将受其影响。在今日路途之远近，殊不能阻战事之波及，故一旦战事爆发，全世界均将被卷入漩涡云。顾称，此次到东北益觉和平危机之迫切，满洲问题不但对中国重要，且成为世界之一最严重问题，其结果如何，不但将影响世界之富裕，且将危及世界和平。现满洲之局面，已极危殆。除非关系各国采公平敏捷之共同行动，则危机之发展，将不易避免云。

关于日方设法阻止调查团工作事，顾称因"满洲"当局限制之严，彼并未能尽陪查员应尽之责任。对方不但严重监视顾之行动，且中国代表团所有人员之行动无一不受监视，即调查团各委员于执行职务时，亦极感受困难云。

顾称调查团工作之公正，不但彼个人表示钦佩，即中国全国人民，亦莫不表示钦佩。调查团实事求是正大不偏之精神，实获得华人之好感云。顾谓彼等虽由华人方面获得不少之资料，但因日方对于中国代表团限制之严，竟不能得一华人出向调查团作证。至于未出关时所希望能得之材料，亦未能完全达到目的。

路透记者复询以使法事是否事实。顾答彼甚愿赴巴黎，但以此间事忙，何日能成行，尚难预料。故须向政府一商，始能决定。顾谓彼今晚将偕李顿德义委员及日本陪查员赴青岛，此行毕后，调查团即可决定在何处起草最后之报告书云。

《中央日报》1932年6月9日第一张第二版

---

① 编者按："下"疑为衍字。

449. 外部正式声明，叛逆擅派东路理事长，我政府绝对不能承认

外部发表正式声明，自日本以兵力占领东北各地后，屡行唆使叛逆及其他不良份子，摧残我国行政主权，树立各种非法组织，曾经我国政府迭次声明，不予承认，并向日本政府提出严重抗议各在案。最近据报，东北伪组织，又复有委派中东铁路理事长、理事、督办等情事。查中东路系中俄合办，按照一九二四年五月所订中俄协定中东铁路之前途，只能由中俄两国取决，不许第三者干涉。现伪组织在日方支配下，竟擅派中东路理事长、理事、督办等，显系非法行为，我国政府绝对不能承认，所有一切责任，应由日本负之。

《中央日报》1932年6月9日第一张第二版

450. 日方宣传四国答复圆桌会议，谓原则上无异议但不愿在东开

【本社八日上海专电】　电通东京电。英美法意四大使，庚（八日）午六时偕访斋藤，转达四国政府对芳泽所提在东京开圆桌会议预备会意见，四国回答内容严守秘密，对促进开圆桌会，原则上无异议，但对在东京开预备会，似无给与日本满足之回答。

《中央日报》1932年6月9日第一张第三版

451. 调查团昨下午到青，此行系决定编制报告书地点，李顿过济南时对记者发表谈话

（中央社）国联调查团主席李顿爵士及德义两国委员，我国代表顾维钧等，昨日由平抵青，闻李顿等此行与编制报告书地点有关。盖该团原拟在北戴河编制报告书后，以日方反对颇力，故有改在威海卫或青岛之说。李顿等特往视察，并调查一切。明（十）日即离青返平。又我国代表顾维钧博士，顷有电来京，称于该团离青返平时，即抽暇来京一行，对此次出关赴东三省调查经过作详细之报告云。

（中央社）国联调查团以中日两国在东三省之纠纷，以铁路问题为其中心，九一八事变之发生日方亦以铁路问题为借口。此次该团赴东北实际调查后，对东省铁路纠纷之结症，已稍为明了。兹为彻底了解东省各路之历史及与国际之关系起见，特请外交部转咨铁道部将东省各路之案卷，暨关于各路与各国订立之条约档案，送该团查阅，以便编制调查报告书时作为参考。闻外部昨日已咨请铁部照办矣。

【本社九日济南专电】 佳（九日）晨九点半，调查团李顿及德义代表，我代表顾维钧，日代表吉田等，由平专车抵济，韩代表张鸿烈、市长闻承烈等，及各机关团体代表二百余人，抵站欢迎。胶济路委员长葛光庭，亦由青岛来迎，并有保安队、警备队。

李顿等下车先入候客室休息，由顾介绍记者与李顿谈话。记者叩以赴东北调查后之感想，及对中日前途之希望。据谈，对东北感想，现在不便发表，现报告尚未着手，正在整理材料中。可说者为在东北时，调查团大家甚努力，得材料甚多，决定最后结论后，再作总报告。对中日前途之希望，亦不便说，不过中日问题范围甚广，过去已有许多争点，现在争点虽与以前有不同之处，但原则上大体相同。远东中日问题，国联一切机关，能帮助解决之，能力尚未完全行使。原则既有相同，中日一切争点，不外关系条约权利等。国联对此问题，可以根据原则，尊重国联调解之精神，予以圆满之解决。此次调查团在关外遇有许多困难，亦当有时解决者，亦有特殊状况下不能免者。

又顾谈：前在平已发表谈话两次，现在希望大家不要忘记东北应知有大问

题,须国人共同努力,方可打破国难。此非仅个人意见,亦东北全体人民托以转达国人者。本人先往青岛再赴京,公毕方可由京返平。

李顿等灰(十日)晚离青返济北上,拟顺便游泰山、曲阜,但尚未定。至十点,李顿等登车过胶济路,十点一刻开车赴青岛。葛光庭亦随行,闻青住所已备定前提督大楼。

《中央日报》1932 年 6 月 10 日第一张第二版

452. 斋藤约四使"秘密谈话",英报严词指摘,若各国借此交换意见,对华提条件殊欠公正

【中央社东京八日路透电】 斋藤首相以外相之资格,今晚约请英法意美四国大使谈话,其内容不明。惟闻当谈话时,各大使曾将各本国政府对于三月十三日芳泽上海提案之态度,加以述明云。

【中央社伦敦八日路透电】 今晨《孟却斯特指导报》称:在东京进行之"秘密谈话",已引起严重之误会。现国际间虽有数种重要会议,即将召集,但不能因此即小视东京之谈判。此种侵略国与有"特殊利益国"间之"秘密谈话",其意义殊为不善。若各国借此先交换意见,为对华提出条件之张本,则殊欠公正。且中日事件自始由国联会员国主持,若此时令侵略他国土地破坏条约之日本,对华提出条件,实无理由云。

《中央日报》1932 年 6 月 10 日第一张第二版

453. 不承认叛逆,日本决定从缓

【中央社东京九日路透电】 承认"满洲国"一层,虽某方主张甚力,但据可靠消息,在九月国联大会开会前,日本决不予以承认。如国联态度于日本不利,则日本将退出国联,再行考虑。

《中央日报》1932 年 6 月 10 日第一张第三版

454. 中俄复交方针已定，拟先订中俄互不侵犯条约，外部亚洲司长沈觐鼎谈话

外交部昨日下午四时半招待新闻记者，到二十余人，由亚洲司长沈觐鼎接见。席间记者叩询最近外交问题，沈氏一一答复如下。

中俄复交

中俄复交问题，中央经详细考虑，迭次会商后，已决定方案，拟先订中俄互不侵犯条约。中国为爱好和平之国家，对世界和平，尤有热切贡献，不但相信国联盟约，热心支持非战公约，凡一切条约，能切实保障两国乃至其他各国之和平者，中国政府莫不乐于签订。中俄互不侵犯条约，能使国联盟约、非战公约，尤有切实保障，与其精神完全相符。故如俄国有意订约，中国政府极愿促成。中国政府不但愿与俄国订定此项条约，即其他各国愿维持世界和平者，中国政府随时均可与其订约，即如日本，如愿放弃其侵略政策，与我订定互不侵犯条约，亦无不可。与俄订约后，两国邦交，当然可自动恢复。但外交当局已屡次声明，中俄恢复邦交，与联俄容共决非一事，此点舆论界亦早有深切之认识与了解矣。此次进行复交之根本原因，即为维持两国友谊，进而供献世界和平，决非为中东路之形势，有促成订约之必要也。中俄会议全权代表莫德惠现在意大利养病，现既决定进行复交，莫代表当然可返俄接洽。至将来正式进行复交及订约时，是否由莫代表负折冲之责，抑或另派代表现尚未定。至俄方态度如何，现在尚未明悉。但鉴于俄国过去之态度，进行复交，当极有望也。

圆桌会议

日来日方对圆桌会议之宣传，其热烈几与近来之气候相同。日斋藤首相日前邀英美法意四国大使谈话，据日方所传消息，谓各使对日本前外相芳泽之提议，有所答复，表示各本国之态度。内容究竟如何，因未经发表，尚不得而知。但据个人观察此纯系日方之片面宣传，各国对日本所主张之所谓圆桌会议均认为无召开之必要，故截至现在止，各国对专以讨论上海安全问题之圆桌

会议，均不致赞同。

国联会议

国联大会将于本年九月间在日内瓦召集，此次会议讨论者为李顿爵士所领袖之调查团报告书。顾维钧氏为国际联盟会之最初发起人，此次随国联调查团亲赴东北调查，对一切真象均极明了。九月间国联大会开会时，顾氏如能亲赴日内瓦出席，对各方面均必大有贡献。日来外间所传中央有派顾氏为驻法公使兼出席国联会议代表一节，中央确有此意，而罗外长对此主张尤力，但现在尚未完全决定。

李顿报告

李顿爵士及德意两国委员，此次赴青岛原因，纯为视察该地，是否适宜编制该团报告书。因日方对编制报告书地点，坚决主张大连，而我方则主张在北戴河，将来取折中办法，改在青岛亦未可知。此事俟李顿爵士等视察后，当可完全决定。至我国代表顾维钧氏，亦随李顿爵士赴青。俟李顿等离青返平时，顾氏将由青取海道赴沪来京，详细报告此次赴东北调查经过。中央于顾氏返京报告后，将有详细之讨论，并有所决定。

日本侵略东北日益积极，据东京所传消息，日在东北将有新的组织设置最高行政长官。此种步骤与日本吞并朝鲜时，所取者完全相同。外部对此事之态度，须视日方进行如何而定。如日方决意进行，则外部必有重要之表示。

上海日海军陆战队未能按照停战协定撤退，现正由共同委员会我国委员俞鸿钧氏，与日方进行交涉中，此乃时间问题，预料日海军陆战队最近必可撤退云。

《中央日报》1932年6月11日第一张第二版

455. 调查团游览泰山，昨晚离泰山北上，顾维钧今日飞京

【本社十一日济南专电】李顿等一行专车，晨七时抵泰安，八时五十三分乘小轿游泰山，午在碧霞宫午餐，二时游南天门登玉皇顶，并摄影纪念。李顿游兴颇豪，上山时步行三分之二约廿里，无倦容。顾亦陪行，解释名胜，李更感

兴趣。吉田体胖，轿行甫半路，即因天热折回旅舍休息。五时下山到站，专车于六时半北开，八时十分抵济，各界致送如仪。李因鲁当局招待周到，特表示谢意。顾与刘崇杰、施肇夔下车，寓胶济饭店。文（十二日）晨八时过津，午可抵平。王广圻晨到泰代顾伴送北返。顾等定文（十二日）飞京，福特机文（十二）晨可由平到。顾除向中央报告东行经过外，并请示借调查团赴京事宜，在京留一二日即返平。调查团草报告书地点略定青岛，此次游览后，李等所感湿气太重。参观海滨建筑后，李亦无表示。现该团对外，仍称返平后考虑决定。

【本社十一日北平专电】 泰案电。调查团灰（十日）晚离青。真（十一日）晨抵泰山，在普照寺午餐。定晚五时离山北上，文（十二日）晨八时到津，文（十二日）午抵平。顾定文（十二日）飞京。

【本社十一日济南专电】 真（十一日）早济大雷雨，街水成河。韩代表张鸿烈、闻承烈等，早三时冒雨赴胶济站候迎李顿等。专车于早四点一刻由青岛抵济，彭东原押压道车，早一刻先入站。李顿等睡中未下车，即过轨津浦站，于四点五十分开往泰安。时已雨止天明，张鸿烈即随车南下招待。闻李顿等决定只游泰山，不往曲阜。真（十一日）午后五时，离泰北返，顾维钧则由泰入京。闻该团编报告书地址，在青岛已有八九成，缘日方对李顿到青，事先早有准备。青日油商峰村有大楼房一幢，极美好，绘有图样。日代表吉田于李顿等到青时，即导往视察，主张即以该房为编报告地。李顿似表同意，但我代表反对，主张房屋地址在其次，应以能否自由为先决。

【中央社北平十一日电】 青岛电。调查团灰（十日）晨九时视察青岛海港房屋，李顿、希尼、马考蒂、顾维钧、吉田均偕往。先至湛山路二号，盘视良久。继至海港三号，该处风浪过大，雾气弥天。及大和旅馆附近之新建筑楼房，最后吉田引导至牟平路日人峰村住宅，吉田并携有地图，向李顿表示，此处布置适当。李氏视察后，默无表示，旋偕希尼等至金口一路疗养院休息。十二时许李顿等赴沈鸿烈宴会。午后二时游劳山。蒸（十日）晚六时前后离青赴济。真（十一日）上午七时游泰山。顾维钧随李顿返济后下车，文（十二日）晨偕刘崇杰、施肇夔乘福特号飞机赴京，颜德庆等送调查团返平。李顿视察青岛后，未发表意见。

【中央社北平十一日路透电】 据非正式消息，日本对于在北戴河编报告，极反对。故调查团方面为调停起见，或将在北平起草报告书云。

《中央日报》1932年6月12日第一张第二版

456. 调查团抵平，编制报告地点未定

【本社十二日北平专电】 调查团文（十二日）午十一时半抵平，招待处人员均到站迎候，未铺张，仅路警在站维持。李顿等下车后，即回饭店休息。至编制报告书地点，李顿尚无表示。惟意代表患骨疾，因青岛雾重，于病体不宜，极不赞成在青作报告书。李顿等拟数日内先赴日，吉田在济时，曾接见济日领及日侨代表，密谈颇久。

【中央社北平十二日电】 调查团李顿等一行，文（十二日）午十一时专车抵平。顾维钧留济，于文（十二）晨乘福特机飞京报告经过。该团编撰报告书地点，现仍未定。我方对于北戴河之布置，仍照常筹备，已派宁向南赴海滨布置。李顿等此次游泰印象甚好，据一般推测，青岛工厂颇多，原属闹市，颇不适于该团办公之用，最后或将仍在北戴河海滨云。

【本社十二日天津专电】 李顿等一行，文（十二日）晨八时十五分由泰安抵津，周龙光、王一民到站欢迎，第二军卫队警备车站，八时半离津赴平。

《中央日报》1932年6月13日第一张第二版

457. 顾维钧昨日来京向中央报告陪查东北经过，顾氏昨对记者发表谈话

国联调查团我国代表顾维钧博士，此次随该团赴东北实地调查，历尽艰险，为国宣劳，颇为全国人钦敬。日前该团赴青岛视察，顾代表亦随行。兹以该团返平，顾代表亟须来京向中央详细报告此次出关经过，乃于昨日上午十时，由济偕刘崇杰、施肇夔、游弥坚等，乘福特飞机来京，于下午一时二十分降落。在机场欢迎者，有汪院长代表褚民谊、罗文干代表徐谟、严尚德、沈觐鼎及各院部会代表共二十余人。一时二十分飞机停定后，顾氏即偕同来之专委施肇夔、刘崇杰及秘书游弥坚等下机，与其欢迎人员握手为礼。褚民谊氏，并为摄影数帧，以志纪念。顾氏身衣国产山东府绸西装，戴巴拿马草帽，着白皮鞋，

精神甚旺。旋各欢迎人员致慰劳词，顾氏答谢后，外次徐谟即将罗文干亲笔函件面交顾氏，并偕乘汽车同赴萨家湾外交宾馆休憩。一时五十分抵外交宾馆，适汪院长电请顾氏即赴铁道部官舍一号私邸午餐。顾即偕徐谟、刘崇杰、施肇夔、游弥坚等同车赴铁部。汪院长偕同实业部长陈公博，铁道部长顾孟余，海军部长陈绍宽，军政部次长陈仪，内政部长黄绍雄、次长罗贡华、甘乃光等，迎之于舍外。顾等下车后，相继入室午餐。由以上诸人作陪。席间顾对调查团今后之行动，及本人赴东北襄助调查之经过与印象，均有简略报告。至三时半席终，顾即乘汽车赴励志社正厅二楼下榻休憩，并接见来宾。外部各重要人员，均往访问。闻顾因调查团事务甚多，须待襄助，故拟不多耽搁，至多以六日为度，即行返北。兹将顾刘游三氏谈话，分别志之如次：

顾维钧谈话

本社记者于下午六时特驱车往访，由顾代表及刘崇杰亲自接见，作下列之谈话，略谓：此次余等随调查团赴东北，以中国人入中国之土地，而竟受种种之严密监视，几至全失自由，实堪痛心。东北在日人之严厉压迫之下，人民之痛苦艰难，若非亲历其境者，决难想象。余等由东北返平后，觉关外与关内几判若天堂地狱，但东北一般青年，仍能不顾一切，努力奋斗，其精神实堪钦佩。又黑龙江我国军队，虽明知后援绝望，交通不便，不足以当器械犀利之日军，然为争民族之生存与光荣，仍不断努力决斗，此种精神，亦极足尊贵。关内人民，虽未亲遇其难，但心目中应时刻以关外同胞之疾苦为念。盖东三省乃中国之东三省，吾人如不能拯救东三省人民之疾苦，则来日大难即将临于吾人之身矣。余今日在飞机中，自知不久即可到达首都，但处于水深火热中之东北人民，不知何日始得渡彼岸也。现在国难方殷，吾人欲渡此国难，一面固应在外交上努力，一面更应刷新内政，力矫以往之过错，团结一致，勿再发生内战，保全国家与民族之生存。至调查团此次赴青，虽为视察编制报告书地点，则将来是否即在青岛，现尚未定。因地点之是否适合，不在气候如何，而在其他之是否适于编制报告也。此事想调查团诸委员必能有自主之意见也。余等今日抵京后，已谒汪院长，对出关经过，已作详细报告，个人并有意见贡献。余等因急须返平，与调查团合力进行工作，故在京不多勾留。必要时或将赴沪一行，亦未可知。至余赴日与否，尚未一定。调查团诸委员颇望余能同行赴日，但余因在东省时精神上异常痛苦，是否实有必要，当请示中央决定。至于出使法国一节，现因调查团之工作甚多,尚未暇考虑及此云云。谈至此,记者即兴辞而出。

游弥坚谈话

予等此次随同国联调查团及中国代表赴东北,所受日人监视与压迫,大致已经平津报纸纪载,无须赘述。此次目睹东北三千万同胞所受痛苦,令人心酸泪下。当调查团经过沈阳、长春、哈尔滨各地,中国代表及国联人员,无一人不有三四日本侦探跟随。即原在东北昔日旧朋友,彼此亦不敢见面。即在路上遇见,亦假装不认识。稍有知识之人,日本人尤为注意。每看见当地人民,似有满腹痛苦,想向调查团报告,但无从接近,其惨痛隐情,不言中已形容于外。调查团虽与臧式毅、张景惠等见面,但臧等均无真意可说。因为臧等四围均为日人监视,且系日人翻译,其不能自由情形,可想而知。溥仪在长春完全由日人摆弄,亦非常痛苦。据闻溥仪即在室内出入,亦不能得寸步自由,每日有七人日人跟着,监视并纪述其言行。溥仪夫人亦有五个日本妇人跟随,并在室内装有无线电播音机,即在私室一言一动,日人无不耳闻目见。据闻溥仪现因受刺激过甚致患肺痨病,非常厉害。东北各机关无一处不为日人把持主使,即一县政府,亦有三个日本人,任秘书、顾问等职。东北汉奸,惟赵欣伯为最可恶,彼现在竟将其私产在沈组织同仁学校,一切组织与课程,完全为教育初来东北日本人,侵略东北之计划,诚莫明其用心。东北义勇军约有十余万,个个均愿牺牲,抵抗日人,但枪械子弹皆不充足。日本人现正设法谋于青纱障未起时,消灭义勇军。近日准备巨金,招募中国新青年,由日人教练指挥,以中国人攻打中国人,如日本此种毒辣计划完成,三个月以后,东北义勇军恐不能久持,望我全国上下赶速一致团结,以国家为重,牺牲一己意见,以谋最后之挽救。不然恐整个国家,亦甚危险。调查团已离济南回北平,至其作报告地点,原拟在北戴河,因日本反对甚力,而青岛气候亦不甚适宜,将来或在北平亦未可定云。

刘崇杰谈话

顾代表于本午与汪院长晤面时,已将调查印象,略为报告,现定与罗外长晤面后,赴沪晤蒋公使(作宾)即转回北平。调查团赴日本之期,及顾代表是否随往,现均未决定。予与顾代表等,此次随同调查团赴东三省协助调查任务,其间所受之恫吓监视,罄笔难书。顾当时之思想为牺牲奋斗四字,对一切意外均膜[漠]然置之。惟以完成我等之任务为职志,故不觉其有若何顾虑与畏葸。

东三省三千万同胞现已处于暴力压迫之下,毫无自由,予等目睹同胞受此非人待遇之惨象,实晓夜不安,更不知抛几许热泪也。又当予等到东三省各地时,日人必假造民意,大开运动会,压迫民众及中小学生参加。忆在沈阳时,曾有一小学生某,年仅八岁,私将其课程本书一极简单之函,致调查团,原文略谓:"我等小学生参加运动会完全系受日人之压迫。盖我等不参加,我之父母必受刑罚。我等何所运动。调查团诸公,当知我等所受环境之苦衷。我等只知有中华民国,盼望我中华民国来救我们等语。"予等得阅是项函件后,均不禁痛哭。又如下级工作劳动同志,因教育程度关系,未能以书代意,亦均设法私告予等,报告其所受之压迫与痛苦,期望予以实际之援助,俾得脱离水深火热。总观东北全体同胞之痛苦,我全国同胞当看作自己身受之痛苦,应举国上下,一致团结,泯除一切意见,消灭一切私嫌,同心同德,共谋应付。则东北或可有超拔之一日。否则人方挟其全国整个之力量以临,我仍涣散如故,吾恐东北数万里之河山,永无重返之时,而我中华民国全国,亦将继东三省之后。予等因目睹东三省同胞,所受之惨痛,脑筋受刺激甚深。即现在叙述之时,亦不觉伤心落泪。谚云:"人必自救,而后人救。"深愿举国人士,能奋发精神振作自救。至顾代表赴法使任,现在尚谈不到。日前在山海关时,曾有记者将此事致询,顾代表颇为不怿,并曾语予等谓中国人仍重视作官,即在此紧急关头,予等由东三省来,乃不问东三省情形,而问予使法,不以国事为重,而以人事为重,宁非倒置。故予个人主张,为国家作事,不要官,不要名义,更应认清救国家,即所以救自己云云。

顾离济一瞥

【本社十二日济南专电】 顾维钧等本定文(十二日)晨九时飞京,因平张派来之福特机,真(十一日)午抵济,在张庄降落后,一小桨损坏,须元(十三日)晨六时方可修妥。当急电平,由张另派一新福特机,于文(十二日)晨十时一刻抵济。顾于十时半由张庄登机飞京。刘崇基[杰]、施肇夔、游弥坚随行。闻此机只须两小时半即可抵京。损机定元(十三日)晨飞平。顾行前真晚九时,由张鸿烈陪至省府晤韩谈一小时方出。顾对调查团赴东北及到青泰情形,谈甚详,表示国际纵可主持公道,然如国内自己无办法,则效力绝少。专靠他人,终必无济,并代达李顿等意致谢招待。韩亦表示对外必须国内团结,欲使国内安定,尤须先使人民安居乐业。

又电。顾维钧文(十二日)午偕刘崇杰等由济飞京,谒汪、罗报告。李顿至泰山时,拟与冯晤面,事先由韩电冯征求意见。冯复电谓病剧不能接见外宾,故李顿未见冯。闻患疾喘,往访者概拒绝。

《中央日报》1932年6月13日第一张第三版

458. 调查团报告书将决在平编制

【本社十三日北平专电】 调查团返平后,对编报告书地点,经各委会商后,以文件多,往返不便,将舍北戴河青岛,拟即在平编制。委员已多同意,日内可决定。该团俟顾返,即同赴日,预定留旬日转赴南京,再来平着手编报告书。美代表接其夫人来平,将寓西山。

《中央日报》1932年6月14日第一张第二版

459. 顾维钧今日飞浔,谒见蒋委员长报告赴东北经过,顾因在东北受刺戟深将不赴日

国联调查团我国代表顾维钧博士,昨日由济乘福特飞机来京,报告此次赴东北调查经过详情,已志昨讯。昨晨八时顾代表由励志社驱车再赴铁道部汪院长官邸晋谒,时外交部长罗文干已于今晨由沪乘车抵京,亦赴汪院长官邸晤谈。国府林主席及行政院各部部长各中委,亦均前往参加讨论。席间对东三省问题,经顾代表等之亲往调查,并贡献意见后,我国今后所应采取之步骤与方针,精密商讨,颇为详尽。正午汪院长即在官邸设筵欢宴。宴毕,仍继续商讨,直至下午四时,始告完毕。顾代表告辞后,即偕罗外长同返励志社,再作一度谈话。外次徐谟旋亦赶到,参加讨论。至五时一刻始散。晚八时罗外长在萨家湾外交官舍设宴为顾代表洗尘,并欢宴林主席、汪院长及行政院各部长委员长,外部各司长。席间对东三省问题又作一度之详密讨论。闻顾代表来京报告后,经三次之讨论,大致已有所决定,惟具体方针,因尚须征求蒋委员长之意见,故尚未作切实之决定。顾代表定今(十四)日上午八时,乘航空公司水上

飞机飞浔,赴庐山晋谒蒋委员长报告一切,并请示蒋委员长之意见。中委李石曾氏同行。明(十五)日即返京,并决赴上海一行,然后再转京返平云。

顾维钧谈话

本社记者今日(十三)下午六时再赴励志社访顾代表,叩询一切,承接见作答。顾代表谓余此次来京,专为报告此次赴东北调查经过,并请示一切。现已与汪院长及中央各要人一再讨论,对今后外交之方针及步骤,因尚在讨论之中,故未有具体之决定。余定明(十四)晨乘飞机赴庐山,晋谒蒋委员长,报告此次赴东北调查之详细经过,并请示蒋委员长之意见。留一日即返京。返京后决赴上海一行。因此次东三省问题,乃整个中华民族之生存问题,非全国人民一致兴起,不能渡过此严重之困难,而使此关系国家民族生存之东三省问题得一圆满之解决。余之赴沪,一面固与行将赴日之蒋作宾公使有所商谈,一面并拟晤上海各界领袖,交换意见。由沪返京后,即行返平。盖余由济来京时,调查团各委员,均促余早日返平,俾协力进行一切工作,故本周之内必须返平也。调查团李顿爵士等一行,此次赴青岛视察编制报告书地点,据余所知,青岛似不适宜,想调查团各委员,日内必能决定一适当之地点也。调查团将赴日一行,余因此次赴东北,精神痛苦异常,恐难同行。政府究派何人陪行,现尚未定。调查团俟由日返平后,即将开始编制报告书,大约八月中旬,即可完竣,俾九月间国联大会,可提出讨论。至余之使法,兼充出席国联大会代表一节,政府如有此项任命,余亦义不容辞。凡与国家有益之事,余无不乐为,个人之安适辛劳,决非所计也云云。

施肇夔谈话

本报记者昨日往访顾氏于励志社,适因公出,承专委施肇夔接见。据谈,此次本人随顾代表赴关外,陪同国联调查团调查东省,本拟沿北宁路出发,以日方阻挠乃改由秦皇岛赴大连再至沈阳、长春、吉林,沿途日人监视綦严,名为保护,实等囚禁,即入厕所亦有暗探尾随。一切行动,极不自由。东省民众屡欲将所受日人压迫及日人操纵伪国情形,向我调查团沥述一切,徒以日人监视极严,无由表示。其心中之痛苦当为何如,不言可知。然吾人在日人极严重监视之下所得报告,已足证日人一切阴谋操纵鬼蜮伎俩。虽欲一手掩尽世界耳目,亦不可能。盖日人派以监视吾人行动之中国警察,虽为暴力所迫,然爱护祖国，情出天然，故多将目睹耳闻日人横暴情形及亡我阴谋涕泣以告。马占山将军初调查团本有意往晤，嗣以日人散布流言，称调查团与马占山作政治活动，违反"满洲"治安，对于调查团将撤消保护，危词耸听，不一而足，晤马之意即因此打消。由沈回平沿伪奉山路一带，所有膏粱，据日人称系东省人民自动限制种植，实则日军于青纱障未起时，急欲坚壁清野，以消灭我义勇军。总之日人谋我手段之毒辣，组织之严密，在在令人惊叹。处兹危局，倘我人犹不精诚团结，全力御外，匪特东省民众永沦异族，恐我华四万大众，亦将万劫不复也。国联大会，定九月举行，报告书当于大会开会前编制完竣。至编制地点，日人以青岛日侨日警日人所办报纸及旅馆，均为数甚多，阴谋较易，故力主在该处编制。但调查团由沈回平时，曾顺道一游北戴河，印象极佳，兼以青岛大雾潮湿，调查团中又有因病不适宜于此种气候者，故将来编制报告书地点十九当在北戴河。

《中央日报》1932年6月14日第一张第三版

460. 汪院长偕顾罗等昨午飞庐山晤蒋，商外交财政剿匪大计，李济深黄绍雄李石曾偕行，汪等定今日即乘原机返京，顾临行痛陈国人亟应团结

行政院院长汪精卫，及外交部长罗文干、调查团代表顾维钧、内政部长黄绍雄、中委李石曾、豫皖鄂三省"剿匪"副司令李济深等一行六人，昨（十四）日上午十一时三刻联袂乘塞可斯脱号蒋委员长自用飞机飞浔晤蒋委员长，商谈外交、财政、军事等国家大计。各机关要人均赴飞机场欢送。汪、顾、罗、黄并定今日返京。兹将详情分志如次。

决定赴浔经过

国联调查团我国代表顾维钧博士日前来京，报告赴东三省调查经过后，汪院长即召集中央各要人会同顾代表在铁部官邸，会商对东三省问题应采之方针与步骤，大体上虽已有所决定，惟因尚须与蒋委员长交换意见，俾作具体决定，故初拟由顾代表飞浔谒蒋报告并请示意见，后以东三省问题，乃我国整个

国家民族之生存问题,欲使此严重问题得一圆满之解决,则其关键不仅应在外交上努力,对于剿赤军事及国家财政等问题,均应通盘筹划,谋一整个的解决,故前(十三)晚外交部长罗文干在外交官舍欢宴顾代表及中央各要人时,席间决定推行政院长汪精卫、外交部长罗文干、中委李石曾、豫鄂皖三省剿匪副司令李济深、内政部长黄绍雄,及顾代表等,联袂于昨(十四)晨同乘飞机赴浔,与在牯岭之蒋委员长,作整个之商榷。

汪院长等决定赴浔后,随即电告蒋委员长请派蒋氏自备之塞可斯号飞机来京,以备乘坐。蒋委员长本有塞可斯号飞机两架,其正号机早于蒋委员长出发时飞往九江,副号机则在京。但副号机又因机师毛邦初在杭,不克来京,故必须正号机来京迎接。昨(十四)晨七时半,蒋委员长即派美机师史密士驾其自备之塞可司脱水陆机由浔飞京。本定十时半可以到达,惟因沿途重雾,故迟至十时五十七分始降落飞机场。

顾代表于昨晨八时起床早膳后,至九时半,应本社记者之请,出见谈话(词长见后)。同时励志社职员,即用电话通知汪院长等各赴浔要人,告以飞机到达时间。至十时一刻,李济深氏首至励志社顾代表寓所往访。十时三十五分行政院会议完竣,汪院长衣灰色西装,亦乘车而至。罗文干、李石曾、黄绍雄等亦接踵而来。实业部长陈公博、铁道部长顾孟余、次长曾仲鸣,教育部长朱家骅,中委张静江、张群,行政院秘书长褚民谊,侨务委员会委员长陈树人,副委员长周启刚,蒙藏委员会委员长石青阳,内政部次长甘乃光,驻日公使蒋作宾及各机关代表,均接踵而至。各要人以机尚未至即在该社对外交财政诸问题复再作一度之商讨,至十一时二十分,始各下楼。时飞机已到达机场,正在加油。各要人遂即乘车向飞机场进发。

飞机启航西上

十一时三十分汪院长等到达明故宫飞机场,各部会长官顾孟【余】、朱家骅、陈公博、甘乃光、陈仪、褚民谊等亦同时莅临欢送。因机油尚未加竣,汪等即与欢送人员,在场闲谈。曾仲鸣氏手持摄影机与赴浔人员及欢送人员摄影数帧,借留纪念。

至十一时四十分,汪院长始偕顾维钧、罗文干、黄绍雄、李石曾、李济深等相率登机,驾驶者美人史密斯。闻美人在华任驾驶员者以史氏技术为最精。机门已起,机轮推驶前进,欢送者挥帽为礼,历五分钟,一跃临空,盘旋天际,环旋飞航一匝,渐飞渐高,霎时机上入云霄,如渺小蜻蜓,迳向庐山飞去。

汪院长谈

本社记者在飞机场与汪院长作下列之谈话:(记者问)先生此次赴浔,任务如何?(答)余此次赴浔,因顾少川先生从东北归来,对于调查所得及一切观察,均可作对日外交方针参考,故今日偕同顾先生、罗部长等,赴浔转往庐山与蒋先生等对于外交方针再作精密讨论,使外交前途,得一新开展,以期东北事件,早日解决。(问)日前宋部长在沪发表谈话,详述今后剿匪军费之困难,现在政府对此有无办法?(答)国家财政,在本年度上半年度之困难,已达极点。下半年度起,拟从开源节流着手。于今日言开源,惟有发行公债,但连年因国家财政拮据曾发生巨额公债以补不足,现在政府虽感财政困难万分,但以连年天灾人祸,经济破产,势难再发公债,以增人民负担。至节流问题,亦一大难事。依现在各机关之行政费及军费,已减发五成三成,若再缩减,势将不能维持。宋部长所谈,诚为实情。余等此行,即拟在浔与蒋先生等会议,作一具体决定,务使财政得一新的办法。至剿匪问题,关系极大。在一二·八事件发生之时,中央除饬十九路军、第五军奋勇抵抗外,并电限第九师蒋鼎文部,于二月二十五日以前赶到浏河防守。不料"匪共"闻该部将调沪讯后,竟集"匪众"包抄后方,致该师且战且行。俟"匪"击退,开拔抵此,已在三月四日,而浏河已为日人所占领。当时人民或疑中央不派援兵,此种苦衷,实亦难以置辩。现若不将国内"匪共"肃清,对于国防有极大之阻碍。此行之意义,亦在决定剿匪根本计划,限期肃清。(问)宋财长最近是否即行来京?(答)宋部长之复职已不成问题,盖国难已如此严重,今日之问题,乃整个之政策问题,而非个人之进退问题,日前余赴沪与宋部长晤面时,宋部长亦毫未计及个人之去留进退,而仅注意于今日之财政难关能否打破,故目前只须财政有新的办法决定,渠即可返京主持。(问)先生何日可返京?(答)今日赴浔,抵达该处大约在下午三时左右,当即转往庐山,在今夜(即昨夜)及明晨之时间,将上述诸大计得一具体结果后,即定明日下午乘原机返京。

顾维钧谈

国联调查团我国代表顾维钧氏于昨日(十四)上午十时,在励志社语本社记者作下列之谈话:(记者问)闻先生今日将赴浔,其任务如何?(答)此行将赴东北调查经过,报告蒋委员长,并贡献个人意见。(问)昨日汪院长在铁部官邸召集先生及各部长谈话,是否已决定新的外交方针,内容可否见告。(答)昨日谈话时,余已将赴东北调查经过情形详细报告,并将国际最近形势,以及余个人意见,贡献政府,作为外交方针之参考。最后顾氏并谓,余等此次赴东北调查,备受压迫侮辱,精神殊为痛苦。我国代表团,尚有外国顾问二人同往,彼等此次出关,不用我国代表团顾问名义,必可受尽优待,今与余等同受污辱者,盖日方已不以中国为国,不以中国人为人,推究其故,实因我国一盘散沙,毫无力量,而日方则实力充厚也。国家为人民土地政治三要素组织而成,非仅具备此三要素,即可称为国家,且亦必须健全,方能发挥一独立国之精神。试观我国土地虽广,人民虽多,但门户洞开,国防松懈,各行其是,涣无团结,政治则因种种原因,不能入于正轨,以致强邻侵略,国难日深。今后吾人必须一心一德,共同负起救国雪耻责任,否则非但不能御侮救国,行见民族国家,同归于尽。目前世界上尚无一有力制裁狡狯之组织,譬如每一个国家的人民发生纠纷,官厅可以依法律制裁,而国际间尚无此最高有力之制裁机关。现世所恃为评理诉说之处,只一国际联盟会,但国际联盟亦须各国舆论之扶助与各国能对国联盟约之遵守,始能克尽其本身之责任。故在目前,实无一以武力保持正义之国际组织。各国如欲维持其本身之独立,舍自己靠自己外,绝无他法。如此次日本以武力占据东三省,而我国不尽自身应尽之责任,使各国均不明了我国为何放弃自身责任,盖我国为独立国家,即力有不逮之处,倩人臂助则可,不能完全诿责于人,冀得最后之胜利。余以为国与国之间,人与人之间,必有情理势力,相辅而行,比如一旦发生纠纷,初则讲情,可和则和,否则即评理,以定谁屈谁直,最后惟有出于力之一途。所谓力者,即互以力较而分胜负。我国此次被日人将东三省用武力夺去后,有人向日本质问,此为中国领土,何得无故侵占?日本人均一笑置之。须知此一笑之间,寓有多少讽刺与侮辱。盖其意若曰,此为我以武力夺汝之土地,汝为何自己不能保住?现在我已夺来,汝有力尽可夺回。诸君闻之,能不痛心?现各国虽在高唱军缩,但对于军备,均在无形中极力扩充,如英美等国国势强盛,商业教育均甚发达,对军备尚如此其重视,而我自顾如何,宁可漠视。二十世纪国家的生存,全靠真实力量。试观现在我们中国仍是一盘散沙,外侮来侵,一方作战,一方议和,前方作战,后方援兵不来。故各国对我国的组织,均感莫明其妙。其他不健全之处犹多,此皆国际对我不甚重视之理由。现在东三省的三千万人民,日处于暴日铁蹄之下,辗转呻吟,呼救无路。此种状况,实极人间之惨剧。现在科学昌明时代,凡事均用科学方法,即亡人国家亦以科学。日本最近在我国东三省,极力改换青年脑筋,使到十五年后,即完全可以忘记自己为中国人。此种亡国之科学方法,实令人不寒而慄。有人还高唱东三省一年不夺回,二年总可夺回;二年不夺回,三年五年总可夺回;即十年二十年百年终可夺回。此种主张,实为肤浅之见。倘如此因循,人民仍不极力团结,一致对外,东省恐永无夺回之一日。非予故作危言耸听,实事实如此耳。现在唯一办法,希望全国人民勿忘东三省,眼光要放大,牺牲任何一切,以求四万万人民之精诚团结,一致对外。果能痛下决心,急起图强,则最近的将来,或有还我东北河山,拯救三省民众于水深火热之中之一日也。言下至为沉痛,记者复问其返京后是否即返平。(答)谓余拟明日返京后,赴沪与沪上各界有所报告,并即返京,勾留数小时即转赴北平。因今晨予复接到李顿爵士等来电促返,故返平之日,决在本周。

罗文干谈

罗外长对记者谈中日纠纷之结症在东北问题,而不在上海问题。余已一再言之,上海问题,犹如吾人割破手指,尚不关轻重。东北问题乃如肺病,足以置人死命。故国人应时时以东北问题为念,团结力量,一致对外。则国家前途,或可有救,否则前途真不堪设想。余日前赴沪视察,一·二八之创痕犹在,但人民之情绪,与未经事迹前相差无几。健忘如此,令人不寒而慄。至吾人之办外交,一切惟以国家人民之利益为前提,凡事均可公开,但外交之运用,在一种政策尚未成熟之前,往往有不得不保守机密者,如一经泄露,致使功亏一篑,为国家人民之利益计,亦殊堪叹息云云。

此外在场各要人,记者均分别与之晤谈。蒋作宾谈:余不久即赴日,但确期尚未定,因种种问题,尚待商讨。汪院长等此次赴浔,对外交问题,将有整个的决定,余俟汪院长返京请示后,即去沪赴日云。

李石曾谈:余等此行赴浔,对外交财政军事诸问题,与蒋委员长作一具体的讨论,俾能打破僵局,为国家民族求出路。余返京后,即放洋赴法。盖第六届国际新教育会议,定七月一日在巴黎开幕,会期已迫,急待前往云。

三省"剿匪"副司令李济深氏谈:今日余赴庐山,系与蒋委员长商讨"剿匪"办法,并报告最近军委会事务。至赴皖督剿,则尚待蒋与各省军政当局商定办法,再行决定日期。如蒋总司令命予不返,参与"剿匪"会议,则当留山,再听令决定行止。内长黄绍雄氏谈,此次赴浔,系临时决定,任务大致与汪、罗诸先生相同,别无其他事件,定明日即行返京。据在场照顾之励志社总干事黄仁霖氏语记者,此机飞行甚速,预计三小时即可到达九江,将停泊于水上,然后乘轮赴庐山麓,尚须乘舆上山,总计离开此间六小时内可到达牯岭,与蒋会晤。预计到达时间,约在下午六时左右。当晚汪等均将宿于庐山,晚间尚有会商。今日即将返京,约下午六时亦可抵此云云。

闻顾氏返京后拟即偕随员刘崇杰、施肇夔、游弥坚等赴沪,向沪上各界报告此次东北调查经过云。

《中央日报》1932年6月15日第一张第二版

461. 李顿谈报告书内容,调查团定二十二日赴日

【本社十四日北平专电】 李顿谈定养(二十二日)赴日,报告书分两部,一历史的,二建议的,俟与日当局商好再编。中日对建议未必满意,但希两方从此中得一解决办法。编制地点,拟在平。

【中央社北平十四日路透电】 国联调查团之报告,将分数章,内有一章,专述该团之建议。该报告将来将在中日两国,用英法文字同时发表。该项报告,初述历史上之事实,并附加批评。次即根据历史上之关系,谋解决之办法云。

有某团员称,余等此次再度赴日,系谋得一结论。上次余等在日本时,曾向日方要求解释日本在满之利益,及所谓满洲利益,为日本立国要素之真象。但余等并不十分了然,仅由读报章及听人谈话中略知一二,但此次有调查满洲之经验,及与人之会谈,对此情形,已较明了。但余等赴日,仍系向日本访问,并非对日有所指示。故余等不言欲建议何事,因余等欲多知一二也云云。

《中央日报》1932年6月15日第一张第二版

462. 日议会通过承认叛逆组织，内田访荒木永井长谈

【中央社东京十四日路透电】 今日下院已通过民政党、政友会两派请求，立即承认"满洲国"之联合提案。内田任外相之空气益浓，内田今日访陆相荒木，及拓相永井。闻对各种问题，已有具体决定云。

【中央社东京十四日路透电】 国会两院均将禁止资本流出案通过。如此，政府事实上可左右汇兑云。

【中央社东京十四日路透电】 国会定明日行开幕礼，首相今日在贵院中答复质问时，称政府在最短期内，将谋救济农区办法。政府现认对于日本及满洲之税率有规定政策之必要云。

中央社东京十四日路透。内田已非正式表示，愿就外相，但彼要求首相，俟六月二十日南满铁路股东大会闭幕，再行正式宣布云。

外部将有表示

【中央社上海十四日电】 记者寒（十四日）访郭泰祺。（问）日本承认叛逆伪国，违背九国公约，外部将有表示否？郭（答）日本在满一切侵犯行为，均为九国公约所不许，外部自当有相当表示。（问）日本秘密进行召集圆桌会议，是否各国将不邀我国参加遽尔开会？（答）圆桌会议非我国参加不能开会，须知圆桌会议之召集，系国联大会主席彭古所提议，故其进行必须根据国联决议案，日本种种对外宣传，无非对内而已。盖日本出兵淞沪，师出无名，结果一无所获，且失国际信赖，不得不以圆桌会议为号召。（问）东北关税被扣，政府将如何处置？（答）外部业向日方抗议，同时对英国方面已有接洽。至恢复中俄邦交，俄国无时不有此希望，当无甚问题。本人赴英期尚未定。

《中央日报》1932年6月15日第一张第二版

463. 社论：圆桌会议

自上海停战协定签订以来，召集圆桌会议之声浪，喧腾于沪上之外侨，传载于东京之报纸，究其所恃之依据，为二月二十九日国联理事会主席发表之声明，其所举之理由，则为解决（一）中国驻军（二）越界筑路（三）上海特区法院等三项问题。吾人根据事实，按照法理，不能不为辞辟之。

按照二月二十九日理事会主席之声明，其中曾有"中国出席会议（此系指停战会议而言）基于公共租界及法租界安全完整之必须保持于商订办法之下，俾此等区域及其居民免受危险"之一语，按此一语，仅有商订办法之主张而无召集会议之提议，商订办法以保持上海租界之安全，是否须待于圆桌会议之解决，固任何人不能断定。即使承认其有召集之必要，理事会主席之声明，仅为一种声明耳！初非理事会之议决案所可比拟，在法律上实无何种重大价值可言。中国如拒绝会议，自不得谓为有背国联之命令。故召集圆桌会议，依据之薄弱，至为显然。

吾人首应认明圆桌会议如有召集之必要，其唯一目的，应为解决如何可以保持上海租界之安全。依此目的，圆桌会议所应讨论之问题，决非外人所举出之（一）中国驻军（二）越界筑路（三）上海特区法院等三项问题。盖此类问题，与上海租界之安全，初无直接之关系。假定获得解决，上海租界之安全，是否即得借此保持，此亦任何人不敢置信。试述其理由：

就中国驻军问题言，外人主张，上海周围，中国不能驻军，如是则上海安全即得保持，此项主张实不值吾人一驳。盖上海既为中国领土，中国应有遣派军队之权力，任何国家，不能干涉，不能阻止，今竟声言，召集会议，讨论中国在其领土内驻军问题，违反公法，侵犯主权，背谬孰甚。外交部罗部长曾谓"上海事变，纯由日本利用租界攻击中国军队所造成……中国军队守卫中国领土，系最正当之合法行为，断无因日兵违犯条约、无理侵略之军事行动，反使中国放弃领土以内之生存自卫权之理"，辞意明豁，主张召开会议者应加以郑重之注意。

至于越界筑路问题，乃工部局与上海地方政府之问题，与上海租界之安全，更无丝毫关系。况并已议有办法，现虽尚未公布，在最近之将来，当有圆满解决之希望，更无须另行召集会议，讨论此项行将解决之问题。

至于上海特区法院问题，业已于一九三十年签订协定，在最近期间内已暂告解决。乃外人竟欲废除现有之特区法院，设立国际法院以管理租界内之司法。按外人不满于现有法院之理由，一为对于抗日案件之忽视，一为办理民事诉讼之迟滞。关于此二点之非难，第一特区法院院长周先觉、高等法院第二分院院长沈家彝，以及上海市政府秘书长俞鸿钧，先后均有谈话发表，驳斥其谬，无俟赘述。惟吾人所欲声明者，上海租界安全之能否保持，与租界内司法制度实亦无何种关系，各国在沪侨民应知其本国之司法制度果否已尽臻于完善之境。租界中司法制度如果尚有缺点，亦可由我当轴加以改良，任何国家不能借口上海租界司法之不良，遽行使用武力，破坏租界安全。故圆桌会议，如为保持租界之安全而召集，则此租界内之司法制度问题，不应列于讨论范围以内。综上所述，召集圆桌会议，理由之不充分，亦至明了。

吾人并非绝对拒绝圆桌会议之召集，吾人认为上海安全诚有保持之必要。惟吾人之意，圆桌会议之目的，既为保持租界之安全，圆桌会议之对象，应为讨论如何保持此租界安全之问题。此项对象维何？约言之，一为消弭破坏上海安全之原因，一为确定破坏上海安全之责任。破坏上海安全之原因，如能消弭，方可免兵戈之复兴。破坏上海安全之责任，一经确定，始得明是非之所在。夫如是，上海租界之安全，如得以保持，圆桌会议之召集，乃有意义，有理由。

吾人当能忆及一·二八事变之来，以负责防卫上海公共租界之日本海军陆战队，由其防卫区域为出发点，攻击吾国之军队，上海租界安全之突然破坏，其直接原因，即在乎此。按上海租界虽为中国之领土，乃外人当借口自卫派遣军队，常用驻扎，且于中国军队，须先得领袖领事之通行证，方得通过租界。此种情形，在原则上破坏中国之主权，在实际上更威胁中国之安全。日人之突然攻击吾国闸北驻军，即为一显著之先例。上海公共租界之日本军队，既得无故攻击，则其他各国之军队，亦岂不能效尤。是中国将发生不断之忧虑、猜疑，以防意外之侵犯，而上海租界之安全亦时有意外破坏之可虑。为保持上海租界安全根本计，上海租界既为我之领土，不应有外国军队驻屯其间，安全之责应由中国之警察与军队负责维持，外人之生命与财产亦由中国担任保护，圆桌会议所应讨论之问题此其一。

日人之攻击淞沪，显然违犯国联盟约、非战公约之规定，事实昭示，无待吾人之深论。至于日本军队之种种残酷行为尤属破坏国际战争法之规定，亦为不可否认之事实。故破坏上海安全之责任，亟须确定由日人担负。因战事而所有之种种损失，亦应由日人负责赔偿。至于维持安全之租界当局，亦应担负一部分之责任。盖日军自攻击吾国军队之后，已放弃其保护租界之责任，而成为中国敌对之一方。乃上海租界当局于优容日本军队攻击中国军队之后，仍许其从容退入界内，租界当局此种态度不得不认其有偏袒日本之嫌。日本自进攻闸北未能获胜之后，复将当初划归他国军队驻守之路线，亦一并由日军占据，公共租界当局亦熟视无睹，不加干涉，是更明白予日军以军事上之便利，俾遂其侵略之野心。犹忆癸丑二次革命时陈英士先生领导之革命军根据闸北，攻击江南兵工厂时，租界当局竟实行驱逐陈烈士之革命军，而此次上海公共租界当局对于攻击吾国之日本军队，反任其以租界为护符，动则由租界冲出，败则退入，用心所在，殊难索解。驻沪日军既以公共租界为军事根据地，而日本续来之援军，租界当局更容其由虹口登岸，从容布置，以袭击中国军队，租界当局之庇护日本军队，昭然若揭，未可为讳。故上海战事之扩大与延长，租界当局实不得不负一部分之责任，圆桌会议所应讨论之问题此其二。

此两问题者，乃解决保持上海租界安全之先决条件。外人而果有保持上海租界安全之诚意，圆桌会议之召集，应以讨论此两项问题为对象。在此条件之下而召集圆桌会议，吾人固亦深望其能及早实现也。

《中央日报》1932年6月15日第一张第二版

464. 苏俄与东北问题关键在"东海滨省"

本文为《孟却斯脱导报》特约访员之通信，文中于日本侵占东北后，俄国国内一般之观念及俄政府之行动，特别注重，记者亟为译出，以饷读者。

就大体言，苏维埃政府对于满洲之地位，已日趋于极端兴奋，而对日开战则仍所畏惮，此一般情势大概也。俄人将不因维持其北满利益而对日开战，盖其不愿自侪于帝国主义者，与日本相对垒。顾事实上有难于容忍者，苏俄之佣工，在中东路沿线一带，常被日本卵翼下之白俄与华人所驱逐拘捕，甚或屠杀，而俄国国内，一般人且猜度日本人将以攫取中东铁路为侵占苏维埃领土之第一步。然苏俄政府决定在中日冲突中保持中立，并严取守势，因其认五年计划较任何事为重要，不愿为满洲任何物质的利益而流血也。故苟非联邦之边疆确被侵占，苏维埃政府不致诉诸战争。

另一方面，俄国国内又有许多人恐惧日本人有侵凌俄国领土以挑起战争之决心。彼等信日本军界中人，已久决定攫取财源极丰之北满。中东路之于南满铁路，早如芒刺在背，日本早有攫取归其管辖之奢望。然除非日本人亦能攫取滨海省，因而建立受日保护之反苏维埃缓冲国，以与共产党势力相搏，决不能安然保有北满也。彼等重视海参威[崴]（现为第一航空场，更能成为一大海军根据地），认为足予日本以莫大恫吓，且垂涎于滨海省饶富之沿海捕鱼权，必欲得而甘心（过去十年中，造成苏俄与日本间继续不断之争执）。自一九一八年至二二年，尝试行实现此政策而遭失败，惟该次失败适足以增强日本军人之贪欲，益使为大规模之企求。现在有许多本在捷克及巨哥斯拉夫之俄国退职军官与未经委派之官佐，均经补充，加入满洲方面服务，即日本人复用种种方法，在满洲组织白俄，助其侵略行动。中东路东段，日本钳制下之傀儡政府与中国之自卫军间，已发生许多剧战。俄国人之思想中，颇虑此种种扰攘与战役，将散布蔓延于苏维埃边疆之可能也。

俄人且作如是想：日本军阀之意果得与苏俄一战，彼等在满洲之地位便得巩固。盖若彼等能迫苏维埃政府签字让出中东铁路，并承认满洲伪国政府，则更有利于日本之形势，不难造成。同时对俄之战，足以使日本军队增高其地位于国内及世界舆论界中，因其军队得借词反对共产主义而战，保障法律与秩序而战也。若干俄国人亦复如是看法，倘日俄间发生战争，日本在世界舆论上，将重获其已失之同情。

俄国已于前此数月间，耗费许多金钱，准备应付此危险矣。种种准备，无非抽剥国家之财源，且使政府方面不得不变更其五年计划。冶金工业之程序，大加变革，改为制造战斗用品。当局现已储存足量之米谷，以备军队一年之用。凡此存储及供给远东军队之必要运输，对于现在食粮之短缺与一般情形之减缩，其影响实难估计。俄国现已集中其精华军队于东方，确数不可知，有谓三十万者，或过甚其词耳。

俄人对其远东军队，主张人数愈少愈妙，材料愈多愈妙，彼等特长于坦克车及飞机。日本只能每年出飞机三百架，苏俄则能造成千架以上。且日本因其国内天然多小山，难于使其航空员为适当之操练。故日本空军极劣，俄军则反之，空军甚佳，论者评其能与欧洲任何国家媲美。海参威[崴]方面，俄军有大队之长列爆炸机在焉。

俄国远东军,由加仑将军(Blücher Galen)所统率。加仑氏为退职工人,前曾在国民党军队中,襄助练兵,且曾亲与北伐之役者也。参谋长为普诺(Putno),文学研究所毕业生,曾任军事随员于东京。故俄国方面之意见,甚望俄国为极彻底、极充分之自卫准备,得由此戢止日本军阀之跋扈。

《中央日报》1932年6月15日第二张第二版

索 引

A

阿部守太郎 508

阿城 515,516

阿勒坦瓦齐尔 491

阿穆尔泌格勒图 491

阿文诺 331

爱狄 82,83

爱斯脱（义来德、亚斯脱、亚斯托、阿斯德、爱士脱、爱斯特） 412,422,432,458,464,540,543,547

安东 7,10,12-14,26,31,61,321,352,527

鞍山 523,550,562

俺极 71

昂昂溪 191,199-201,204,233,235,237,256

奥德 319

奥深斯 311

B

巴克新 480

《巴黎晨报》《晨报》 110,213,218,250,281,316,317,330

《巴黎公报》 246

《巴黎回声报》 316

《巴黎日报》 110,285

《巴黎时报》 207,260

《巴黎之声报》 118,211

白宝铃 483

白德耳（比德） 363,366,412,432,562

白里安 61,68,71,74,75,80-83,91,92,94,95,97,99-102,104,105,107-112,116-118,124-131,133-136,138,139,141,142,145-147,149,151-153,156,157,163,165,166,171,173,174,177-180,186-189,191-197,199-202,204-207,209-219,221,222,230-233,235-241,245-247,249,250,252,255,258,259,261-265,268-274,278-280,284,288-292,297-308,310,311,315,316,318-323,338,347,350,351,371,428,433,442

白鲁宁 68,75

白旗堡　37,84
百老汇　403
阪谷希一　527
蚌埠　474,478
宝山路　378,402,403
宝通路　402
宝兴路　378,402,403
趵突泉　475
鲍长义　509
鲍尔　19,435
鲍静安　532,541
北戴河　472,477,549－552,554,558－564,568,571－573,575,577,579
北京饭店　378,407,477,479,480,482,483,489,490,494,505
北四川路　402,403
贝克(裴克)　324,325,331,335
贝淞荪　414
本溪　169,527
本庄繁(本庄)　7,33,37,60,61,84,158,168,180,199,216,282,288,469,470,501,505,511,512,514,517,519,524,525,531－533,538,542
毕鲁可　68
碧云寺　500
卞白眉　475
宾县　515,516
波拉　221
泊拉达　311

勃勒特　203
布勒克斯理(勃尔克思礼)　412,423,432
布鲁(布鲁尔)　206,212,231

C

《Chesisse U 报》　330
蔡公时　475
蔡光黄　462
蔡廷锴　365
蔡元　476,559,562
蔡元培　24,155,156,225
曹家秀　380
曹梁亚　378
昌图　61
昌元明　449,455
长沙　17,237,378,383,434
《朝日新闻》　65,409
陈璧君　441
陈博生　494
陈布雷　225
陈策　384
陈德苓　427
陈孚木　432
陈公博　432,447,574,580
陈光甫　24
陈光组　434,464,465,468
陈经畬　467
陈立廷　413,489,532,541
陈箓　386
陈铭枢　156,341,432,441,447

陈三立　24
陈绍宽　56,341,417,421,422,432,
　　　　441,447,574
陈时　465
陈树人　580
陈延炯　432
陈琰英　427
陈仪　421,422,432,574,580
陈宜春　457,530,541
陈寅恪　24
陈英士　588
陈友仁　156,324,327,333,335,336
陈裕光　407,410
陈振先　406,485
程秉智　380,449,455
程浩吾　381
程霖生　369
程天放　225,432
程宪章　516
程宗阳　427
滁州　474
褚民谊　454,580
川岛浪速（川岛）　184
重光葵　5,31,32,163,271,387,
　　　　391,408,503
崔士杰　473
崔肇光　473

D

达杜　489,490
达尔罕王福晋　401

打虎山（大虎山）　81,83 - 85,93,
　　　　105,119,132,149,235,269,
　　　　271,272,280,281,500,503,507
大连　98,105,123,124,148,154,
　　　　175,182,183,208,333,470,
　　　　493,495,500 - 502,504 - 506,
　　　　509 - 511,514,519,520,523,
　　　　526,530,532,536,541,542,
　　　　547,549 - 552,554,562,571,
　　　　578
大凌河　158,159,229,550
《大陆报》　377
《大美晚报》　19,272,376
大明湖　478
大洼　304,321
大伟　311
大桥忠一　527
大冶　76
戴传贤　10,16,58,225
戴鸿宾　473,475
戴戟　376
戴家山　465
戴愧生　225
道威斯　311,312
得斯伯孩　302
德夫格勒夫斯基（德夫勒夫斯基、道
　　瓦尼夫斯基）　204,205,213,
　　214
德明饭店　462,464,465
邓纳莱　547
狄佛　349

刁作谦　372,479

丁超　515,535,563

丁惟汾　16,58

丁文江　494

东北大学　6,14,401,489,490,494,497

东北矿学会　401

东北留京学生抗日救国会　483

东北留美同学会　401

东北医学会　401

东北政治学会　401

东方饭店　514,541

东方图书馆　371,403,450

东三省报界联合会　401

东三省官银号　60,159

东三省基督徒协会　401

《东三省民报》《民报》　37

东三省青年同志会　401

东三省商会联合会　401

东三省外交协会　401

东线护路军　515,516

董葆谦　381

董霖　225

董显光　24

杜庭修　441

端木恺　457

端纳（唐纳）　326,464,531,532,541,550,565

段锡朋　432

多尔济　491

多福曼　547

E

恩克巴图　225

《尔克西有报》　316

"二十一条"（"二十一条件"、"廿一条"）　24,116,117,122,123,154,162,226,227,239,328,426,431,444

F

法库　229,508

樊光　58

防守委员会　385,386

非战公约（凯洛格条约、凯洛克公约、凯洛克条约、凯洛公约、凯洛克非战公约、巴黎条约）　3,13,18,19,22-24,26,31,34,39,40,43,60,67,71-73,75,77,78,87,89,93,100-103,106-108,111-114,116,126,127,129,131,133,136,140,142,144,149,153,154,156,166,173,176,178,179,190,192,195-198,201-203,210,211,215,221,222,224,226,227,229,234,240,242,243,251,254,304,310,315,325-328,332,336,337,339,342,346,367,380,384,393,396,425,426,428,445,450,452,553,570,587

费芝尔　377
冯占海　515,516
凤城(凤凰城)　9,61,159,527
《奉天公报》　37
伏洛希荣夫　22
福白寿(福勃斯)　54,339
福开森　492
福州　76,352,383
抚顺　61,124,159,413,523,527,562
傅德卫　415
傅冠军　7
傅斯年　494
傅小峰　457

G

盖平　61
甘介侯　333,335,356
甘莱　398
甘乃光　574,580
高福曼　377
高纪毅　476,489,495
高凌百　57
高桥是清　313
高维岳　50
高永恩　401
戈公振　402,432,448,456,463,478,489,522,526,532,541,543
葛光庭　346,568,569
葛兰第(格兰第、葛兰梯、格兰地)　68,71,75,100,101,106

葛祖燨　368
工部局　379,384-386,586
公大纱厂　403
公共租界　379,386,389,431,586-588
宫长海　516
龚德柏　122,182
沟帮子　7-9,13,14,37,38,81,83-85,93,105,119,126,132,149,168,235,281,562
辜仁发　346
古应芬(古勷勤)　13
谷正伦　18,422,432,466
顾孟余　432,441,574,580
顾善昌　489
顾维钧(顾少川)　8,24,50,56,57,59,167,170,181,200,249,251,253,271,274,290,292,293,296,332,344-346,348,350,351,353,364,365,367,369,370,372-374,377,382,383,385,392,393,398,402,403,410-412,416,417,421-423,429,432,439-441,443,447,448,453,454,459,460,462-465,467,468,470-475,477-479,481-496,500-502,505,506,509,510,514,519,524-526,529-532,539-543,545,547-549,551,554,558,559,561,563-566,568,571-574,

576-581
顾小孙　463
顾执中　532,541
顾宗林　412,432
关广誉　490
广田弘毅　364
桂中枢　432,478,489
郭秉文　24
郭德华　24
郭泰祺　364,367-370,372,373,376,377,382,384,390,392,393,398,399,403,558,585
国际联盟协会东北分会　401
国联同志会　485
国民外交协会　449,456
国民新闻社　1,48,345
国难会议　483,484

H

哈斯　332,334,349,360,362,368,398,407,416-418,432,434,441,446,454-456,461,463,464,470,471,484,489,504,514,544,550-552,559,564
海参崴　40,208,589
海城　354,527
海拉尔　191
海兰泡　495
海里士　487
海龙　7,110,119,181,507,527
海圻舰　505,506,509,510

韩复榘　409,449,458,466,475
汉口　17,76,411,423,424,427,434,438-441,447,453,456,458,460-468,472,522,531,533
汉姆斯(巴阿姆、西曼、兰必斯)　419,547,552
汉斯(海因斯、海恩士、海因士)　319-322
汗罗扎布　491
杭锦寿　491
何葆华　462
何冰如　478
何成濬　460-467
何崇植　416
何键　461
何镜华　559
何士(何瑞、何塞、何遂)　492,505,531,532,565
何世桢　378
何柱国　509,549-552,554,559,562,563
贺衡夫　466,467
贺喜业勒图默尔根　491
贺耀组　58
贺子远　457
赫尔　317
赫尼斯　412
黑尔斯特　285
黑河　504,513,526,529,530,532,545

黑塞　412

黑山县　84

横浜路　403

横田喜三郎　175,185,437,508

红十字会　58

虹口　389,588

洪兰友　225

后藤新平　184

胡佛　64,83,96,111,116,131,260,325,328

胡汉民　19

胡霖　475,494

胡世泽　320-323,331,543

胡适（胡适之）　23,24

胡庶华　378

胡维德　386

胡燮槐　461

葫芦岛　84,521,554

花牌楼　366

华安大厦　369

华懋饭店　365,367,369,371,377,385,393,398,403,405,406,414

华南圭　551

华侨招待所　366,413,429,432,443,448

华盛顿会议（华府会议）　2-4,23,122,123,136,140,144,147,148,162,165,312,324,327,342,344,430,521,560

《华盛顿邮报》　190,345

华洋义赈会　58

皇姑屯　6,8,9,14,38,60,83,84,158,168,272,562

黄承铎　366

黄爵臣　447

黄侃　24

黄仁霖　373,422,435,446,584

黄绍雄　574,579,580,584

黄显声　169

黄兴路　403

黄约三　475

黄宗法　473,477

J

姬振铎　401

及奈特　263

吉尔勃（吉尔白、吉尔勒、吉勃尔、杰尔勃脱）　75,91,96,100-102,107,111,117,118,120,134,151,153,326

吉林大学　401

吉林自卫军　515,516,535

吉田渡　398

戢冀翘　59

纪晋开　381

纪佑玛　317

济南惨案（五三惨案、五三事件）　282,426,431,475,478

暨南大学　402,403

加仑（Blücher Galen）　590

嘉多庚　203

甲瑞尔　480

《坚持报》 241

间岛 33

江海关 367

江汉关 462,464

江湾 369,371,392,398,403

江元舰 463

姜鸿滋 509

蒋宸予 381

蒋鼎文 581

蒋光鼐 365,376

蒋介石(蒋中正、蒋主席) 11,18,19,50,51,56-59,75,77,173,225,356,429,441,446

蒋连瑞 169

蒋作宾 54,78,160,180,216,269,432,454,558,578,580,583

金城银行 465

金恩祺 401

金光堂 469

金陵大学 412,416

金问泗 412,416,432,489

锦县 73,79,84,119,159,169,527

锦州 8,53,62,64,73-76,85,93,105,107,119,132,149,169,181,182,186,193,201,229,233,235,242,245,247,248,250,252,254-256,258-261,264-266,268-274,280,281,283,284,286-290,292,296-302,307,310-312,314,320-326,331,333,336,337,343,352,353,394,495,509,515,535,549,550,554,559,562

井松泉 380

井振亚 380

镜泊尔湖 527

九国公约(九国条约、华盛顿条约、九国协约、九国协定) 23,31,39,66,71,73,77,78,87,133,138,140,142,149,166,173,176,190,195,196,201-203,215,216,221,222,224,226,227,234,243,252,254,304,305,315,324-330,332,333,335,337-339,342,344,357,367,380,393,425,426,436,444,445,452,482,510,515,553,585

九江 461,463,467,471,475,580,584

久保田久晴 566

驹井德三(驹井) 512,526

巨流河 37,79,83,84,98,158,169,170,180

觉威来脱 412,432

K

《Kreuz Zeitung 报》 330

卡勒尔(奢亥尔、谢雷尔) 334,349,412,418,432

凯洛格 3,18,72,113,263,428

阚朝玺 55,158,159

阚铎 469,470

康母尔　206
克和兰　179
克劳德（克劳特尔、克劳特、克苗特、
　　克劳德尔）　319,320,338,349,
　　398,402,407,412,416－418,
　　421,423,429,432,440,446,
　　447,454,461,463,468,470,
　　478,504,544
克勒满　205
克利昂饭店　210
克韦　482
孔祥熙　13,14,18,38,364,369,
　　377,384,385,392,403,432,441
宽城子　7,13,14,22,26,27,37,57,
　　516

L

拉芳坦　265
拉齐亚　263
赖伐尔　116,131
赖琏　382,457
蓝浦森（蓝溥森、蓝博森）　341,373,
　　377,389,503
蓝辛　2,149,282
劳合·乔治（勒乐）　3,20,25,30,
　　31,41,45,46,49,63,64,68,69,
　　74,75,114,206,237,386
勒越　268
雷孝敏　468,473
棱利尼　318
冷家骥　483

黎绍芬　476
黎照寰　378
礼查饭店　408
李秉恒　381
李长振　509
李迪俊　448,457
李调生　432
李定（吕丁、李丁、吕定）　62,63,68,
　　71,75,82,83,94,100－103,
　　116,125
李杜　515,535,563
李顿（赖顿、赖敦、李东、莱顿、利顿、
　　莱腾）　319－321,324,338,
　　339,347,359,361－364,366－
　　370,372,375,377,378,382,
　　384,385,393,397,398,400－
　　403,405,407,409,410,412,
　　414－417,421,422,428,429,
　　431－433,435,439－441,446－
　　449,453－468,470－474,476－
　　481,483－489,491,495,497,
　　500,502－506,509,510,514,
　　524－526,528,530－532,537,
　　540－544,547,548,550－554,
　　559,561－566,568,569,571－
　　573,576－578,583,584
李鸿栻　50,56,57,412,489,531
李济深　441,579,580,583
李锦纶　58,59,163
李凯臣　467
李梦庚　449

李奇亚　363,366
李清悚　407,410
李绍汉　464
李石曾　8,11,16,24,56,156,578 - 580,583
李世庸　449
李庶咸　465
李完用　450
李维诺夫　241,538
李文范　156
李锡恩　401
李荫罩　463
李祝庭　449
李子铎　519
吏维经　332
励志社　50,56,57,59,365,366, 372,373,382,395,396,405, 407,409,410,412,413,416, 420 - 423,429,434,435,439 - 441,446,449,454 - 457,574, 577,578,580,581,584
利顺德饭店　476
辽宁省教育会　401
辽宁省农务会　401
辽阳　8,9,13,14,159,169,469, 527,534
辽源　28,61,76
辽中　527
廖世功　485
廖寿昌　457
列希沃　412

林百克　334
林成秀　561
林出贤次郎　566
林君立　468,473
林庆隆　449,455
林森　225,341,364,405,429,440
林秀义　199
林云亭　380
凌印清　167,169,181
刘百昭　496,497
刘渤　407,410
刘崇杰　412,417,432,489,531, 532,541,564,565,572 - 575, 577,584
刘芬资　407,410
刘广沛　541
刘鸿生　24
刘可　366
刘克刚　382
刘乃蕃　368
刘瑞恒　332,432,454
刘尚清　485
刘文传　475
刘襄　509
刘心沃　409
刘湛恩　24,378
刘哲　167,170,181,386,485
柳河　444,527
柳勒斯基　247
卢广绩　401,494
卢誉　381

鲁荡平 9

鲁穆庭 401

陆士寅 468,473

陆宜长 532

路义思 523

吕超 341

《伦敦观察报》 69

罗伯兹 412

罗贡华 574

罗家伦 225,432,441,454

罗津 175,208

罗时宝 225

罗斯福 215,339

罗文干（罗外长） 103,167,170,391,421-423,429,432-434,440,447,448,454,456,459,467,470,471,479,488,502,538,540,548,557,558,571,573-575,577,579,580,583

M

马长亮 78

马达利加（马大利埃加、麦达利亚加、马德和、马德加、马达加、玛达里加） 74,102,141,152,153,157,225,261,262,309

马第亚斯（穆梯斯） 75,112

马丁威廉 235

马柯迪（勃兰地尼、高第、麦里施谷德、麦里斯谷德、柯迭、史高蒂、马柯蒂、麦考蒂、马尼斯柯、马考蒂）319,320,338,363,366,398,407,412,416,418,421,422,429,432,440,446,447,454,461,463,468,470,478,484,504,506,544,572

马托斯 543

马文焕 412

马细格里 268

马幼镛 382

马曰里 302

马占山 177,187,188,191,194,199,204,209,215,221,224,240,272,333,495,504,510,513,519,526,529,530,532,545-548,554,563,579

麦考益（马克贵、马克奥、麦柯、麦克、麦科爱、麦考一、麦可劳依、麦克益、麦考易） 334,338,339,347,349,363,366,370,375,398,402,403,407,410,412,414,416-418,421,423,429,432,440,446-448,454,461,463,468,470,474,478,483,492,494,504,509,544

麦克唐纳（麦唐纳） 328,497

《满城卫报》《满城护卫报》） 327,536,538

满特 198

《曼城指导报》《满城指导报》《孟却斯脱导报》《孟撒斯德指导报》） 23,110,157,347,588

毛邦初 580

梅佛光 401

梅兰芳 490

梅汝璈 468

《每日电迅报》《每日电闻报》、《每日电讯》）64,321,330

《每日呼声报》 330

《每日快报》 330

《每日邮报》 99,330

门户开放 215,216,325,327-329,331-333,336,339,343,345,353-357,511,545,553

蒙古文化协会 401

孟傅大 401

《孟却斯特保卫报》 331

孟宪德 475

米春霖 481,484,489

《密勒评论报》 148

民政党 313,585

《明星报》 19

摩斯 547

摩陀司 311

莫德惠 570

莫他 388

墨索里尼 3,418

木村锐市 508

穆帝（穆帝斯） 206,237

穆华轩 449,455

N

那彦图 491

南满铁路（南满、满铁） 6-9,13,19,22,24,32-34,39-42,44-46,49,50,56,57,60,61,71,80,81,83,84,89,93,103,108,110,111,114,117,118,123,124,138,148,154,156-158,160,175,176,182-186,190,192,196,197,204,208,211,212,227,228,254,256,275,283,305-307,312,315,325,330,336,341,352,353,393,394,437,444,445,493,496-498,500,501,503,505,507-510,514,520,521,523,526,531,534,537,558,585,589

内田康哉 114

嫩江桥（嫩江铁桥） 185-187,190,192-194,196,199-201,233,511

宁恩成（宁恩承） 401,494,495

宁向南 476,559,560,573

牛庄 7,61,168,180,190,193,208,304

《纽约传达报》 250

《纽约晚报》 66

O

欧伯 113

欧阳竟无 24

P

派尔脱(贝尔脱、贝尔德、彼尔特、培尔特、派特、皮尔时、皮尔特、培尔特、依尔脱) 349,402,412,418,422,432,463,464,487,491,547,565

派斯塔柯夫(巴斯笃洛夫、柏斯德河、派斯脱考夫、巴士邱好) 349,363,366,412,418,432

潘公展 225

盘山 84,321

庞永选 447

彭东原 572

彭格尔(彭克奥、彭古、彭古尔) 354-356,358,387,585

彭济群 225

彭介石 465

彭学沛 432

皮耳 168

平凉路 403

蒲良柱 225

《朴资茅条约》 148

普诺 590

溥仪 167,169,191,209

溥仪 209,219,256,366,450,476,491,501,502,511,517,519,526,537,575

Q

齐齐哈尔 65,177,186,193,199,200,202,214,216,218-221,224,229,230,233,235,237,241,253,256,272,281,283,340,352,512,513,521,524,530,531,534,545-547

齐亚诺 377

奇子俊 225

洽普洛斯基 311

钱昌照 432

钱泰 365,410,412,416,422,432,463,489

钱宗渊 471,474

钱宗泽 427,432

秦皇岛 60,159,283,288,337,504-507,509,514,529,552,554,559,560,578

青云路 378,403

清津 175,182,208

清源 527

邱昌渭 494,496

邱润初 560

屈荪宜 412

全国学生联合会 435

全绍文 491

犬养毅 120

R

绕阳河 158,266,280

《人民报》 316

《日本纪录报》 521

日华经济协会 66

日华实业协会　66,375
《日来佛报》　86
《日日新闻》　65,148,229,363
荣厚　519
荣臻　6,9,14,34,480,481,484,
　　　489,506
容揆　63,96,190
茹欲立　341

S

萨尔夫(索罗夫)　288
萨哈连　522,547
萨家湾　429,470,471,574,577
三谷清　527
三间堡　516
三间房　191
三阳路　403
色里尼　302
山海关(榆关)　6,29,33,93,183,
　　　229,250,259,266,267,269,
　　　271,280,290,298,337,352,
　　　395,408,469,493,496,500-
　　　505,509,514,525,534-536,
　　　549,550,552,554,559,560,
　　　562,576
商谋　198
商务印书馆　371,403,450
上号　516
《少巴黎人报》　316
邵华　9
邵力子　18,58,225

邵元冲　16,432
沈鸿烈　548,565,572
沈家彝　587
沈觐鼎　390,391,497,528,570,573
沈阳工会联合会　401
沈阳律师公会代理　401
沈阳市教职员联会　401
沈阳银行公会　401
生宝堂　496
《盛京报》　34
施绍曾　468,473
施肇基　18-20,30,38,41,42,45,
　　　46,48-50,53,60,62,64,71,
　　　74,75,80,82,83,85,97,101,
　　　106,107,111,116,117,129,
　　　133-135,138,139,141,142,
　　　145,146,152,153,156,158,
　　　163,173,176,177,179,180,
　　　186-189,193-199,203,205,
　　　206,209,211,212,214,215,
　　　218,219,221,222,226,230-
　　　232,237-240,243,245-250,
　　　252,255,259-265,268,270-
　　　272,274,275,278-280,286-
　　　293,295,299,301,303,304,
　　　306,308,311,314,323,324
施肇夔　412,432,463,489,531,
　　　532,541,564,565,572-574,
　　　576,578,584
石井菊次郎　149
石青阳　432,580

石信嘉　382,457

《时事新报》　409

时昭瀛　464

史铿萨　319

史量才　24,382

史密士(史密斯)　580

史梯理　482

史汀生(史汀孙)　29,34,35,43,54,
　　63,72,75,77,96,118,120,127,
　　131,190,196－198,215,222,
　　229,230,260,301,314

矢野真　15,492

《世界电讯晚报》　66

世界妇女和平自由同盟会沈阳分会
　　401

《事业报》　316

帅何愈白　302

双城堡　516

水电路　403

朔营路　403

斯玛稚　319

斯舟巴　332

四平街　33,84,170,196

松冈洋右　436

宋蔼龄　377

宋成楷　473

宋美龄　441,446

宋文俊　516

宋子文　18,31,32,50,57,364,369,
　　377,384,385,392,432,441,447

苏上达　401

绥芬河　159

绥中县　525

孙国封　401

孙金华　475

孙科　13,14,156,324,327,328,
　　333,335,341,384

孙中山　70,454,455

T

塔夫特　339

台安　527

台东　385

太白尔　432

太平洋饭店　460,464

太平洋国际学会东北分会　401

《太平洋星报》　40

太平洋学会(太平洋协会)　364,
　　385,405

太原　17

泰安　475,478,571－573

《泰晤士报》　2,109,158,182－185,
　　333,357

谭耀宗　447

汤尔和　8,13,167,170,181

汤国桢　506

汤麦斯　370

汤玉麟　37,535

唐宝潮　406,502

唐聚五　546

唐钧　475

唐山　76,408,491,494,561

唐少川 39,475

唐蔚 404

唐有壬 432

韬昂 198

洮南 65,76,114,170,177,186,187,202,531,534

陶德曼 480

陶斯 197,198,203,206,207,209-211,213-215,217-222,231,232,240,245,247,248,250,254,255,259,260,262,264,301,302,308,310,311,322

特莱孟（德鲁蒙、特莱克、特吕蒙、特里蒙、特拉门、特鲁孟、特来孟、特拉孟、达拉蒙、特拉蒙） 61,63,118,125,154,173,178,180,185-188,195,199,200,205,240,246,250,275,290,299,301,302,304,306,311,318,351,356,404,487,493,496,538

特乐 334

剔帝勒司哥 35

天津事变 264,269,439,476,480,501

天通庵车站 403

田云卿 449,456

田中义一 121,188,256,437,444

田庄台 79,304

通化 527,531

通辽 28,38,75,76,84,114,126,132,149,167-169,181,186,202,235,242,500,503,507

同济路 403

《同声报》 250

佟兆之 55

图门江 84

土肥原贤二（土肥原） 25,60,469,470,512,515

豚乐嘉 100

W

万宝山惨案（万宝山案） 40,79,88,228,383,426,439,444

万福麟 59,481,484,489,491,495,500,506

万国体育会 382

万考芝（柯士、格溪爱、高尔兹、科尔兹、奋亥尔） 334,349,363,366,412,418,432,547

汪精卫（汪兆铭） 155,156,223,335,356,405,429,441,454,456,579,580

汪荣宝 386

王承传 560

王宠佑 462,463

王德林 516,519

王光 368

王广圻 365,416,432,456,461,463,489,554,559,560,564,572

王广忠 447

王国珍 475

王化一 401,494

王劼孚　559
王锦铺　465
王景岐　378,402,412,416,417,422,432
王均　404,448,466,489
王开江　168
王练钢　382
王寥奉献　401
王陆一　225
王启沈　169
王瑞华　516
王世杰　434
王守德　409
王叔渊　382
王树常　76,473,475-477
王树藩　380,449,455
王树翰　59,476
王硕孙　398
王文典　475,476
王咸　412,457,463
王晓籁　393,414
王一民　561,573
王以哲　9,14,84,97,119,489
王荫泰　479
王永钧　449,455
王正黼　401,482,483
王正廷　12,16,18,25,29,31,154
王卓然　401
王子壮　225
王祖廉　441,471
王祖年　368

威尔逊　75,294,438
威海卫　548,550,554,568
威礼敦　377
威廉·马丁　39
维勒　203
魏道明　56
魏怀　341
魏文彬　412,432
温应星　416
温州　76
闻承烈　409,568,572
闻钧天　225
沃伯克　319
渥尔脱·杨格（华尔太·杨格、华鸣杨、杨华特、杨格、洼尔特漾）　40,412,418,432,464,544
芜湖　461,467,473
吴鼎昌　558
吴恩培　469
吴国桢　434
吴家兴　525
吴经熊　378
吴景山　507
吴昆吾　432
吴宓　490
吴企云　465
吴庆　535
吴思豫　18
吴淞　363,367,369,392,398,402,403,452,532
吴铁城　8,11,16,50,56,58,167,

170,341,364,365,367-370,
377,384,393,395,398,403,
416,563

吴献之 519

吴象贤 497

吴秀峰 402,412,416,432,564

吴贻芳 381,407,410,441

吴稚晖 16,23,24,56

伍朝枢 156,223

武汉大学 463-465,468

《武汉日报》 423,465

武穴 463

X

西爱罗甲(斯克罗亚) 206,237

西尔伯 203

西勒斯基(查斯基、沙勒斯基) 206

西泠饭店 417,423

希孟(海门斯、西姆士) 346,373,
387-389,408,488,493,499

希尼(喜尼、施克尼、斯克尼、斯克凝、
希纳) 319,320,338,363,366,
398,402,407,412,416-418,
421,423,429,432,440,446,
447,454,461,463,468,470,
478,482,485,492,504,544,572

熙洽 54,191,515,516,519,537,
544

席德炳 434

夏斗寅 461-463,465-467

夏启麟 24

夏士杰 382

夏一峰 441

厦门 76

祥丰洋货号 366

翔殷路 403

向曦 381

萧纯锦 401

萧恩承 496

萧吉珊 454

萧继荣 412,432,457,461,463,
532,565

小三家子 191

谢恩增 532,541,550

谢奋程 462

谢介石 468,479,496,501,510,
514,525,528,530,547

谢寿康 24

谢文山(贺奇) 508

新民 33,57,60,76,79,83,84,98,
158,159,168,229,250,259,
272,283,288,295,298,403,527

新民屯 51,61,84,107,183,508

《新闻纪录报》 207,242,330,397,
487

兴城 562

《星期观察报》 331

邢格 148

熊观民 346

熊希龄 483,485

休士 234,263

徐景薇 457

徐明扬　449,455

徐谟　422,432,470,573,574,577

徐淑希　489

徐维荣　462,464,467

徐治亚　382

徐州　404,434,441,447-449,461,
　　　464,466,472,474,475

许静芝　225

许立德　462

许念曾　448

许世英　377

许斯　165

许锡清　432

许志曾　368

薛西尔(西席尔、薛西耳)　20,30,
　　　35,38,41,45,62,71,75,140,
　　　145-147,152,157,162,195,
　　　203,205,206,215,220,236,
　　　252,255,256,261,262,274,
　　　285,288,291,309,310,316,
　　　326,349,351

薛志伊　401

Y

亚符诺　370

严恩槱　365,412,416,432,461,
　　　463,532,541

严鹤龄　190

盐崎观三(盐崎)　398,402,412,
　　　456,463

阎宝航　401

颜德庆　412,416,432,457,461-
　　　463,467,489,552,559,565,572

颜惠庆　24,58,59,324,341,349,
　　　351-353,355-358,373,400,
　　　488,493,496,499,532,537,543

兖州　478

晏阳初　24

杨承基　532,541

杨绐业　483

杨家腾　381

杨津生　473

杨景斌　489,532,541

杨舒武　449

杨树浦　403

杨先芬　408

杨镇华　381

姚文英　457

窑门　516

叶楚伧　225,454

叶蓬　465,466

叶奇峰　401

叶叔衡　485

依但　474

依兰　516-518

怡和公司　407,412,420,422

尹鳌　382

尹述贤　494

应歌兰　471

应尚德　365,368,372,471

营口　5,6,8-14,27,33,83,158,
　　　202,208,281,301,467,527

永绥舰　18, 462
游弥坚　531, 532, 564, 565, 573－576, 584
于冲汉　55, 84, 209, 469, 470, 518
于深渊　122
于维廷　473
于学忠　481, 501, 506
于右任　16, 56, 58, 225, 343
于芷山　510
余日章　24
余树立　382
俞飞鹏　432
俞鸿钧　367, 385, 416, 571, 587
俞育之　465
榆树　515
虞洽卿　384
袁健安　407
袁金铠　54, 55, 209, 286, 518
袁履登　367
袁世凯　227, 426
云丹桑布　491

Z

载涛　491
臧式毅　9, 14, 37, 542, 575
曾养甫　423
曾彝进　412, 432
曾以鼎　453, 463, 465, 466
曾仲鸣　432, 454, 507, 580
闸北　358, 367, 369, 371, 378, 379, 392, 396, 398, 402, 403, 452, 587, 588
翟录第　285
翟文选　485
詹森　324, 335, 377
张伯苓　24, 475－477
张伯伦　178, 319
张长海　381
张道藩　454
张钫　407, 410
张鸿渐　478
张鸿烈　474, 475, 478, 568, 572, 576
张嘉璈　24
张嘉森　496
张洁涛　519
张景惠　511, 512, 518, 575
张静江　156, 580
张乐怡　377
张履芬　407, 410
张明理　404
张培荪　412
张其清　382
张群　167, 170, 580
张绍堂　478
张石川　441
张树德　366
张树森　169
张廷荣　402
张威斌　559
张汶海　367, 416, 565
张祥麟　365, 398, 402, 403, 407, 410, 416, 432, 443, 448, 456,

457,461,463,472,479,489,490,530

张晓楼 473

张歆海 416,489

张信孚 441

张学良 76,126,168,181,229,242,259,271,286,300,301,353,367,413,453,476-481,483-485,492,495,496,501,502,506,534,535,548,550,551

张学铭 9

张燕卿 544

张玉田 473

张忠道 365

张竹平 24

张卓甫 401

张作霖 184,413

张作相 37,76,167,170,171,181,481,489,491,495,500,506

张作舟 515

章太炎 24

彰武 169,321

赵国栋 427

赵明高 401,490

赵丕廉 432

赵铁章 412,416,463

赵欣伯 55,158,511,526,575

赵耀正 229

赵毅 516

赵雨时 37,401

赵仲仁 511

《真理报》 40

真茹 398,402

镇江 17,76,417,424

郑春涛 432

郑洪年 14

郑家屯 22,33,51,57,169,170,196,394

郑礼庆 367

郑天锡 432

郑孝胥 512,544

郑毓秀 377,403

郑哲熙 432

政友会 96,120,313,585

中村事件（中村案） 7,19,40,175,282

中国工程学会东北分会 401

中国国际联盟同情会 406

中国经济协会东北分会 401

中国警察协会 450

中国科学社沈阳社友会 401

中兴路 378,402

中央大学 225,416

中央电业公司 407

中央饭店 464

周伯符 457

周苍柏 467

周大文 386,453,454,478,481,502,506

周寄高 407,410

周介夫 461

周龙光 476,561,573

周启刚　580
周守一　367
周淑清　401
周先觉　587
周象贤　412
周星棠　466,467
周易适　412
周宇一　489
周泽春　460,465
周作民　406
朱傅经　465
朱光沭　506,559,560,562
朱鹤翔（朱凤千）　412,416,432,
　　461,463,470,489
朱怀冰　465
朱家骅　16,432,441,447,580
朱培德　16,59,341,441,447
朱庆澜　413
朱少屏　412,416,432,448,456,
　　457,463,478,489
朱少青　449,455
朱虚白　382,457
朱云光　225
朱兆莘　238
《自由报》　241
《字林西报》《字林报》　69,399
邹鲁　156,223
佐藤尚武（佐藤）　351,353,355,
　　356,387-389,391,397,398,
　　428,429,456,493

图书在版编目(CIP)数据

《中央日报》报道与评论. 上 / 屈胜飞，陈志刚，杨骏编. — 南京：南京大学出版社，2019.12

(李顿调查团档案文献集 / 张生主编)

ISBN 978-7-305-22834-6

Ⅰ.①中… Ⅱ.①屈… ②陈… ③杨… Ⅲ.①中国历史－史料－民国 Ⅳ.①K258.06

中国版本图书馆 CIP 数据核字(2020)第 003875 号

项目统筹	杨金荣
装帧设计	清　早
印制监督	郭　欣

出版发行	南京大学出版社
社　　址	南京市汉口路 22 号　　邮编 210093
出 版 人	金鑫荣
丛 书 名	李顿调查团档案文献集
丛书主编	张　生
书　　名	**《中央日报》报道与评论(上)**
编　　者	屈胜飞　陈志刚　杨　骏
责任编辑	徐　熙
照　　排	南京南琳图文制作有限公司
印　　刷	南京爱德印刷有限公司
开　　本	718×1000　1/16　印张 41　字数 675 千
版　　次	2019 年 12 月第 1 版　2019 年 12 月第 1 次印刷
ISBN	978-7-305-22834-6
定　　价	180.00 元

网址：http://www.njupco.com
官方微博：http://weibo.com/njupco
官方微信号：njupress
销售咨询热线：(025) 83594756

* 版权所有，侵权必究
* 凡购买南大版图书，如有印装质量问题，请与所购
　图书销售部门联系调换

ISBN 978-7-305-22834-6

定价:180.00元